Kohlhammer

Der Autor

Dr. Heinrich Tröster ist seit 2001 als Professor für Rehabilitationspsychologie und Psychologische Diagnostik an der Fakultät Rehabilitationswissenschaften der Technischen Universität Dortmund tätig. Seine Schwerpunkte in der Forschung sind die Früherkennung von Entwicklungs-, Lern- und Verhaltensstörungen, Stress und Stressvulnerabilität von Schülerinnen und Schülern sowie die Emotionsregulation im Kindes- und Jugendalter.

Heinrich Tröster

Diagnostik in schulischen Handlungsfeldern

Methoden, Konzepte, praktische Ansätze

Verlag W. Kohlhammer

Dieses Werk einschließlich aller seiner Teile ist urheberrechtlich geschützt. Jede Verwendung außerhalb der engen Grenzen des Urheberrechts ist ohne Zustimmung des Verlags unzulässig und strafbar. Das gilt insbesondere für Vervielfältigungen, Übersetzungen, Mikroverfilmungen und für die Einspeicherung und Verarbeitung in elektronischen Systemen.

Die Wiedergabe von Warenbezeichnungen, Handelsnamen und sonstigen Kennzeichen in diesem Buch berechtigt nicht zu der Annahme, dass diese von jedermann frei benutzt werden dürfen. Vielmehr kann es sich auch dann um eingetragene Warenzeichen oder sonstige geschützte Kennzeichen handeln, wenn sie nicht eigens als solche gekennzeichnet sind.

Es konnten nicht alle Rechtsinhaber von Abbildungen ermittelt werden. Sollte dem Verlag gegenüber der Nachweis der Rechtsinhaberschaft geführt werden, wird das branchenübliche Honorar nachträglich gezahlt.

Dieses Werk enthält Hinweise/Links zu externen Websites Dritter, auf deren Inhalt der Verlag keinen Einfluss hat und die der Haftung der jeweiligen Seitenanbieter oder -betreiber unterliegen. Zum Zeitpunkt der Verlinkung wurden die externen Websites auf mögliche Rechtsverstöße überprüft und dabei keine Rechtsverletzung festgestellt. Ohne konkrete Hinweise auf eine solche Rechtsverletzung ist eine permanente inhaltliche Kontrolle der verlinkten Seiten nicht zumutbar. Sollten jedoch Rechtsverletzungen bekannt werden, werden die betroffenen externen Links soweit möglich unverzüglich entfernt.

1. Auflage 2019

Alle Rechte vorbehalten
© W. Kohlhammer GmbH, Stuttgart
Gesamtherstellung: W. Kohlhammer GmbH, Stuttgart

Print:
ISBN 978-3-17-025148-9

E-Book-Formate:
pdf: ISBN 978-3-17-025149-6
epub: ISBN 978-3-17-025150-2
mobi: ISBN 978-3-17-025151-9

Inhalt

	Vorwort	9
1	**Aufgaben der Diagnostik in schulischen Handlungsfeldern**	11
	1.1 Diagnostik als Methode zur Problemlösung	11
	1.2 Diagnostik in schulischen Handlungsfeldern	13
	1.3 Adaptiver Unterricht	18
	1.4 Adaptive Lehrkompetenz	22
	1.5 Doppelfunktion der schulischen Diagnostik	24
	1.6 Weiterführende Literatur	25
2	**Beobachten und Beurteilen**	26
	2.1 Freie Verhaltensbeobachtung	28
	2.2 Systematische Verhaltensbeobachtung	29
	2.3 Formen der systematischen Verhaltensbeobachtung	30
	2.4 Methoden der Verhaltensregistrierung	34
	2.5 Beurteilungsfehler	46
	2.6 Verhaltensbeobachtung in Schule und Unterricht	53
	2.7 Weiterführende Literatur	57
3	**Psychodiagnostische Tests**	58
	3.1 Arten psychologischer Tests	61
	3.2 Schulleistungstests	64
	3.3 Gütekriterien psychologischer Tests	67
	3.4 Klassische Testtheorie	84
	3.5 Normen und Normierung	98
	3.6 Testfairness	106
	3.7 Weiterführende Literatur	112
4	**Schulische Leistungsbeurteilung**	114
	4.1 Funktionen der schulischen Leistungsbewertung	116
	4.2 Bewertung von Lernergebnissen	120
	4.3 Bezugsnormen im Vergleich	124
	4.4 Bezugsnormorientierung von Lehrkräften	130
	4.5 Bezugsnormorientierung im Unterricht	131
	4.6 Diagnostik der Bezugsnormorientierung	136
	4.7 Psychometrische Qualität der Benotung von Schulleistungen	140
	4.8 Schulische Benotungspraxis	145

	4.9	Auswirkungen der schulischen Leistungsbeurteilung auf die Lernenden	148
	4.10	Weiterführende Literatur	155
5	**Diagnostische Kompetenz von Lehrkräften**		**156**
	5.1	Diagnostische Kompetenz als Urteilsgenauigkeit	158
	5.2	Spezifität versus Generalität der diagnostischen Kompetenz von Lehrkräften	166
	5.3	Diagnostische Kompetenz von Lehrkräften und Lernerfolg	167
	5.4	Erweiterte Konzepte der diagnostischen Kompetenz von Lehrkräften	169
	5.5	Weiterführende Literatur	172
6	**Intelligenz und Intelligenzdiagnostik**		**173**
	6.1	Die Anfänge der Intelligenzmessung	174
	6.2	Die Messung der Intelligenz	177
	6.3	Intelligenz als Konstrukt	182
	6.4	Pluralistische Intelligenztheorien	203
	6.5	Intelligenz und Lernerfolg	208
	6.6	Weiterführende Literatur	212
7	**Lern- und Leistungsmotivation**		**213**
	7.1	Lernmotivation	215
	7.2	Leistungsmotivation	225
	7.3	Das Selbstbewertungsmodell der Leistungsmotivation	236
	7.4	Messung des Leistungsmotivs	239
	7.5	Das Leistungsmotiv und Schulleistungen	252
	7.6	Weiterführende Literatur	254
8	**Motivationale Zielorientierungen**		**255**
	8.1	Lernzielorientierung	256
	8.2	Leistungszielorientierung	256
	8.3	Arbeitsvermeidung	257
	8.4	Generalität versus Spezifität der Zielorientierungen	258
	8.5	Typologischer Ansatz	260
	8.6	Motivationale Zielorientierung und Leistungsattribution	260
	8.7	Motivationale Zielorientierung und Bezugsnormorientierung	262
	8.8	Motivationale Zielorientierung und Lernleistungen	263
	8.9	Motivationale Handlungskonflikte	268
	8.10	Diagnostik motivationaler Zielpräferenzen	270
	8.11	Weiterführende Literatur	273
9	**Schulisches Selbstkonzept**		**274**
	9.1	Selbstkonzeptmodelle	276
	9.2	Selbstkonzept und Schulleistung	278

	9.3	Ausbildung fachspezifischer Selbstkonzepte	285
	9.4	Diagnostik schulischer Selbstkonzepte	293
	9.5	Weiterführende Literatur	298
10	**Lernstrategien und selbstgesteuertes Lernen**		**299**
	10.1	Taxonomie der Lernstrategien	302
	10.2	Modell der guten Informationsverarbeitung	309
	10.3	Lernstrategien und Lernerfolg	311
	10.4	Diagnostik von Lernstrategien	315
	10.5	Weiterführende Literatur	332

Literaturverzeichnis	333
Sachverzeichnis	355

Vorwort

Lernprozesse von Schülerinnen und Schülern im Unterricht in Gang zu setzen und zu optimieren, gelingt am besten, wenn das methodisch-didaktische Vorgehen im Unterricht an den Lernvoraussetzungen und Lernbedürfnissen der Lernenden anknüpft, so dass jede Schülerin und jeder Schüler ihr bzw. sein Lernpotenzial ausschöpfen kann. Für eine in diesem Sinne adaptive Gestaltung des Unterrichts benötigen Lehrerinnen und Lehrer diagnostische Kompetenzen, die es ihnen ermöglichen, Lernergebnisse, Lernprozesse und Lernvoraussetzungen der Lernenden zu beurteilen. Die diagnostischen Aufgaben von Lehrkräften beschränken sich daher nicht nur auf die Benotung von mündlichen und schriftlichen Schulleistungen, sondern schließen auch die gezielte Beobachtung und Analyse des Lernverhaltens der Schülerinnen und Schüler mit ein.

Dabei können Lehrkräfte auf Methoden und Konzepte der Diagnostik zurückgreifen, die ein wissenschaftlich fundiertes und kontrolliertes Vorgehen bei der Erhebung, Verarbeitung und Beurteilung relevanter Informationen über Lernergebnisse, Lernvoraussetzungen der Lernenden und schulische Lernprozesse ermöglichen. Um diagnostische Verfahren für eine adaptive Unterrichtsgestaltung nutzen zu können, benötigen Lehrerinnen und Lehrer jedoch nicht nur das methodisch-technische Wissen darüber, wie Tests und Fragebögen eingesetzt werden können, sondern auch Kenntnisse der theoretischen Konzepte der Psychologie und insbesondere der Lehr-Lernforschung, die zur Analyse von Lehr-Lernprozessen im Unterricht beitragen können.

Diesem Ansatz entsprechend werden in diesem Lehrbuch nicht nur die methodischen und konzeptionellen Grundlagen der Diagnostik erläutert, die notwendig sind, um die Konzepte der psychologischen Diagnostik zur Analyse von Lehr-Lernprozessen im Unterricht nutzen zu können. Darüber hinaus werden auch theoretische Ansätze aus der Psychologie, insbesondere aus der Lehr-Lernforschung miteinbezogen, die einen Zugang zum Verständnis schulischer Lernprozesse bieten. Im Mittelpunkt des Lehrbuches steht daher die enge Verbindung von theoretischen Konstrukten zu Lehr-Lernprozessen und diagnostischen Ansätzen.

Einführend wird im ersten Kapitel eine Standortbestimmung der Diagnostik in schulischen Handlungsfeldern vorgenommen: Welche Funktion hat die Diagnostik in schulischen Handlungsfeldern und welche diagnostischen Aufgaben stellen sich Lehrkräften im Unterricht? Kapitel 2 gibt eine Übersicht über Methoden und Ansätze zur systematischen Verhaltensbeobachtung im Unterricht: Wie können Lehrkräfte aus den Beobachtung des Lern- und Sozialverhaltens der Schülerinnen und Schüler im Unterricht wichtige Informationen zur Steuerung und Evaluation ihres Unterrichts gewinnen? Im Kapitel 3 werden die konzeptionellen und methodischen Grundlagen psychometrischer Tests vorgestellt. Im Mittelpunkt des Kapitels 4 steht die schulische Leistungsbeurteilung: Welche Funktion hat die schulische Leistungsbeurteilung, nach welchen Kriterien werden Schulleistungen beurteilt und welche Auswirkungen hat die Leistungsbeurteilung auf das schulische Lernen. Thema des Kapitels 5 sind die diagnostischen Kompetenzen von Lehrkräften: Welche diagnostischen Kompetenzen benötigen Lehrerinnen und Lehrer und wie gut gelingt es ihnen, Lernleistungen und Lernvoraussetzungen der Schülerinnen und Schüler zu beurteilen? In den nachfolgenden Kapiteln werden Konzepte zu schulischen Lernvoraussetzungen jeweils zusammen mit den entsprechenden diagnostischen Ansätzen vorgestellt. Als wichtige Voraussetzungen für schulisches Lernen haben sich kognitive Lernvoraussetzungen (Kapitel 6), motivationale Lernvoraussetzungen (Kapitel 7 und 8), das schulische Selbstkonzept (Kapitel 9) sowie Strategien zur Selbststeuerung des Lernens (Kapitel 10) erwiesen.

Den Anstoß, ein Lehrbuch zur Diagnostik in schulischen Handlungsfeldern zu schreiben, bekam ich im Rahmen meiner gleichnamigen Vorlesung, die ich seit einigen Jahren für Lehramtsstudierende der Technischen Universität Dortmund anbiete. Gemeinsam mit Kolleginnen und Kollegen aus verschiedenen Fakultäten verfolgen wir in dem Modul »Diagnostik und individuelle Förderung in pädagogischen Handlungsfeldern« das Ziel, angehenden Lehrerinnen und Lehrern diagnostisches Grundwissen zu vermitteln, das es ihnen ermöglicht, die Konzepte und Verfahren der Diagnostik zur individuellen Förderung von Schülerinnen und Schülern zu nutzen. Durch den Austausch mit Kolleginnen und Kollegen verschiedener Fachrichtungen, aber auch durch die Diskussionen mit Studierenden habe ich vielfältige Impulse erhalten, mich mit der Frage auseinanderzusetzen, in welcher Weise Konzepte und Methoden der psychologischen Diagnostik zur Optimierung schulischen Lernens beitragen können. Diese Impulse würde ich mit dem Lehrbuch gerne weitergeben und angehende und praktisch tätige Lehrerinnen und Lehrern dazu anregen, schulische Lernprozesse unter diagnostischer Perspektive zu betrachten.

Dortmund, im Januar 2018
Heinrich Tröster

1 Aufgaben der Diagnostik in schulischen Handlungsfeldern

1.1	Diagnostik als Methode zur Problemlösung	11
1.2	Diagnostik in schulischen Handlungsfeldern	13
	1.2.1 Heterogenität der Lernvoraussetzungen	13
	1.2.2 Strategien im Umgang mit heterogenen Lernvoraussetzungen	15
1.3	Adaptiver Unterricht	18
	1.3.1 Aptitude-Treatment-Interaction	19
	1.3.2 Grenzen der adaptiven Unterrichtsgestaltung	21
1.4	Adaptive Lehrkompetenz	22
	1.4.1 Diagnostische Aufgaben im Rahmen der adaptiven Unterrichtsgestaltung	24
1.5	Doppelfunktion der schulischen Diagnostik	24
1.6	Weiterführende Literatur	25

Im Alltag trifft man oftmals auf die Vorstellung, psychologische Diagnostik ziele darauf ab, die grundlegende Persönlichkeitsstruktur des Individuums zu ergründen und verborgene Persönlichkeitszüge des Individuums offenzulegen. Nach diesen Alltagsvorstellungen wird unter psychologischer Diagnostik eine Methode zur Beurteilung von Menschen verstanden, die darauf ausgerichtet ist, verborgene Schichten der Persönlichkeit aufzudecken.

1.1 Diagnostik als Methode zur Problemlösung

In der Praxis werden diagnostische Methoden jedoch nicht eingesetzt, um die Persönlichkeit des Individuums zu ergründen und verborgene Motive oder Konflikte offenzulegen, sondern um praktische Probleme zu lösen. In diesem Sinne kennzeichnen Jäger und Petermann (1999, S. 11) die psychologische Diagnostik als »das systematische Sammeln und Aufbereiten von Informationen mit dem Ziel, Entscheidungen und daraus resultierende Handlungen zu begründen, zu kontrollieren und zu optimieren«. Diesem Ansatz zufolge dient psychologische Diagnostik nicht der Beurteilung und Analyse der Persönlichkeitsstrukturen von Menschen, sondern der Lösung praktischer Probleme. Damit ist psychologische Diagnostik als eine Methode zur *Problemlösung* gekennzeichnet, mit der gezielt solche Informationen über die Person und ihr Umfeld erhoben und aufbereitet werden, die zur Entscheidungsoptimierung beitragen.

> **Diagnostik als Methode zur Problemlösung**
> Diagnostik als Methode zur Problemlösung ist ein problembezogener und zielgerichteter Prozess, bei dem von einer konkreten Problemstellung ausgehend solche Informationen über die Person und ihr Umfeld erhoben und zielgerichtet aufbereitet werden, die zur Entscheidungsoptimierung beitragen.

Diagnostik als Methodendisziplin

Jäger und Petermann (1999) nennen in ihrer Definition drei Stufen des diagnostischen Prozesses: die Sammlung, die Verarbeitung und die Interpretation diagnostisch relevanter Informationen. Welche Informationen gesammelt, wie sie verarbeitet und welche Schlüsse daraus gezogen werden, sollte nach Regeln erfolgen, deren Nützlichkeit sich empirisch erwiesen hat. Diese Regeln zu entwickeln, zu begründen und zu überprüfen, ist Aufgabe der Diagnostik.

Damit ist die psychologische Diagnostik auch eine methodische Disziplin, der die Aufgabe zukommt, ein *Methodenrepertoire* zu entwickeln, mit dem Informationen über Personen und ihre Umwelt-Bezüge erhoben, verarbeitet und interpretiert werden können. Grundlage dafür sind theoretische Konzepte und Paradigmen, die in Kapitel 3 dieses Lehrbuchs näher erläutert werden. Welche Informationen diagnostisch relevant sind und wie diese interpretiert werden, ergibt sich jeweils aus den wissenschaftlichen *Konstrukten* (z. B. Lernmotivation, schulisches Selbstkonzept), die in den weiteren Kapiteln dieses Lehrbuchs dargestellt werden.

Diagnostik als angewandte Disziplin

Die Diagnostik ist kein Selbstzweck; sie erhält ihre Berechtigung erst dadurch, dass mit ihrer Hilfe praktische Probleme gelöst werden können. Damit ist die psychologische Diagnostik als eine *angewandte Disziplin* der Psychologie gekennzeichnet, die Konzepte, Methoden und Verfahren bereitstellt, die in unterschiedlichen Praxisfeldern zur Lösung von Problemen eingesetzt werden können.

Welche Probleme mit Hilfe diagnostischer Methoden und Verfahren gelöst werden sollen, wird vom jeweiligen *Praxisfeld* vorgegeben. In jedem Praxisfeld stellen sich der psychologischen Diagnostik spezielle Aufgaben. So werden beispielsweise in der Verkehrspsychologie diagnostische Verfahren eingesetzt, um die Fahreignung von Verkehrsteilnehmern festzustellen. In der forensischen Psychologie (Rechtspsychologie) kommen diagnostische Verfahren zum Einsatz, die zur Entscheidungsfindung im Rahmen der Rechtsprechung beitragen, zum Beispiel zur Beurteilung der Glaubwürdigkeit von Zeugenaussagen oder zur Entscheidung über die Schuldfähigkeit und strafrechtliche Verantwortlichkeit von Angeklagten. In der Markt- und Werbepsychologie werden diagnostische Methoden herangezogen, um zum Beispiel die Wirksamkeit von Werbemaßnahmen zu überprüfen oder die Marktchancen eines neuen Produkts zu erkunden. In der Klinischen Psychologie tragen diagnostische Verfahren unter anderem zur Klärung der Frage bei, ob der Klient therapiebedürftig ist und wenn ja, welche Therapie für ihn am besten geeignet ist (Therapieindikation).

Wie an diesen Beispielen deutlich wird, stellen sich in den verschiedenen Praxisfeldern jeweils spezifische Probleme, zu deren Lösung diagnostische Methoden und Verfahren beitragen können. Welche Aufgaben sich für Lehrkräfte in Schule und Unterricht ergeben, soll im Folgenden erörtert werden.

1.2 Diagnostik in schulischen Handlungsfeldern

Aufgabe der Lehrkräfte ist es, Lernprozesse bei allen Lernenden in Gang zu setzen und zu optimieren. Dabei treffen die Lehrkräfte in ihrer Klasse auf Schülerinnen und Schüler, die unterschiedliche Lernerfahrungen gemacht haben und unterschiedliche Voraussetzungen für das schulische Lernen mitbringen. Sie verfügen über unterschiedliche Vorkenntnisse, haben verschiedene Interessen und Vorlieben, unterscheiden sich in ihren kognitiven, sprachlichen und sozialen Kompetenzen und darin, wie sie lernen, welche Lernziele sie verfolgen und wie sie zum Lernen motiviert werden können. Diese und weitere Merkmale und Eigenschaften, die Einfluss darauf haben, wie Schülerinnen und Schüler lernen und wie erfolgreich sie lernen, werden zusammenfassend als *schulische Lernvoraussetzungen* bezeichnet.

Angesichts heterogener Lernvoraussetzungen stellt sich die Frage, in welcher Weise den individuellen Lernvoraussetzungen der Schülerinnen und Schüler in der Organisation des schulischen Lernens und in der Gestaltung der Lernprozesse im Unterricht Rechnung getragen werden soll. Die Herausforderungen, die sich angesichts heterogener Lernvoraussetzungen der Schülerinnen und Schüler für die Lehrkräfte stellen, sind keineswegs neu. Bereits am Anfang des 18. Jahrhunderts erkannte Johann Friedrich Herbart (1776 - 1841), einer der Begründer der modernen Unterrichtswissenschaft, in den unterschiedlichen Lernvoraussetzungen der Schülerinnen und Schüler das »größte Hindernis der Schulbildung«:

> »Die Verschiedenheit der Köpfe ist das größte Hindernis der Schulbildung. Darauf nicht zu achten ist der Grundfehler aller Schulgesetze, die den Despotismus der Schulmänner begünstigen und alles nach einer Schnur zu hobeln veranlassen« (Herbart 1808, S. 453).

Herbart bezeichnete in diesem Zitat die »Verschiedenheit der Köpfe« zwar als das größte Hindernis der Schulbildung; das eigentliche Problem – den »Grundfehler alle Schulgesetze« – sah er jedoch darin, diese Verschiedenartigkeit der Köpfe *nicht* zu beachten und stattdessen »alles nach einer Schnur zu hobeln«. Dieses Monitum hat auch nach mehr als 200 Jahren nichts von seiner Aktualität eingebüßt.

1.2.1 Heterogenität der Lernvoraussetzungen

Geht man vom Einzelnen aus, sind Schulklassen notwendigerweise heterogen. Jede Schülerin und jeder Schüler besitzt eine eigene Persönlichkeit, jede Schülerin und jeder Schüler unterscheidet sich in vielerlei Hinsicht von anderen Schülerinnen und Schülern. Die Zahl der Merkmale, nach denen sich Lernende unterscheiden, ist prinzipiell nicht begrenzt. Dazu gehören soziodemografische Merkmale wie zum Beispiel Geschlecht, Migrationshintergrund, Nationalität, Konfession, Wohnort, Familiengröße, aber auch lernrelevante Eigenschaften wie zum Beispiel die Lernbereitschaft, die Lernfähigkeiten oder die Interessen der Lernenden (Wischer, 2009). Für schulische Bildungsprozesse sind prinzipiell solche Heterogenitätsdimensionen wichtig, die einen engen Zusammenhang mit den individuellen Lernvoraussetzungen der Schülerinnen und Schüler aufweisen und damit Einfluss darauf haben, wie Schülerinnen und Schüler lernen und mit welchem Erfolg sie lernen.

> **Schulische Lernvoraussetzungen**
> Unter der Bezeichnung schulische Lernvoraussetzungen werden die Merkmale und Eigenschaften von Lernenden zusammengefasst, die Einfluss darauf haben, wie Schülerinnen und Schüler lernen und mit welchem Erfolg sie lernen.

Unterschiede in den für organsierte Lehr-Lernprozesse relevanten Voraussetzungen ergeben sich aus dem familiären, sozialen, ökonomischen, kulturellen und ethnischen Hintergrund der Schülerinnen und Schüler, etwa aus dem sozioökonomischen Verhältnissen der Familie, aus dem Bildungs- und dem Migrationshintergrund der Familie, aber auch aus dem Geschlecht oder der physischen und psychischen Konstitution (Behinderung, chronische Krankheiten) der Lernenden (Prengel, 2006). Aus den damit einhergehenden Sozialisationserfahrungen entwickeln die Kinder unterschiedliche Lernbedürfnisse und Lernvoraussetzungen, beispielsweise unterschiedliche kognitive, sprachliche und soziale Fähigkeiten, die für das schulische Lernen notwendig sind.

In den letzten Dekaden des 20. Jahrhunderts richtete sich die Aufmerksamkeit zunächst auf *einzelne* Schülermerkmale, wie zum Beispiel die soziale Herkunft, das Geschlecht, die Behinderung und den Migrationshintergrund der Lernenden (Wischer, 2009). Anlass war die Erfahrung, dass bestimmte Gruppen von Schülerinnen und Schüler – beispielsweise Kinder aus bildungsfernen Familien oder Kinder mit Migrationshintergrund – im Bildungssystem benachteiligt werden. Um diese Benachteiligungen auszugleichen, wurde gefordert, den spezifischen Lernbedürfnissen dieser Schülergruppen in besonderer Weise Rechnung zu tragen. Durch schulorganisatorische Maßnahmen, aber auch durch gezielte Förder- und Unterstützungsangebote sollten die Benachteiligungen einzelner Gruppen von Schülerinnen und Schülern ausgeglichen und damit Chancengleichheit hergestellt werden.

Pädagogik der Vielfalt

Eine andere Antwort auf die Frage, wie heterogene Lernvoraussetzungen der Lernenden im Unterricht zu berücksichtigen sind, gibt das Konzept der *Pädagogik der Vielfalt* (Prengel, 1995). Im Rahmen dieses Ansatzes werden nicht einzelne Heterogenitätsdimensionen herausgestellt, auf die sich der Unterricht im besonderen Maße einzustellen hätte. In Anbetracht der Vielzahl von Merkmalen, nach denen sich Lernende unterscheiden, wird die Verschiedenheit als *Normalfall* und nicht als eine unerwünschte Ausnahme betrachtet, die den Lernerfolg gefährdet (»Jeder ist anders!«, »Alle sind verschieden!«). Dementsprechend soll die Heterogenität der schulischen Lernvoraussetzungen nicht durch kompensatorische Maßnahmen (z. B. Förderunterricht) abgebaut werden, sondern die Grundlage für die im Unterricht organisierten Lernprozesse darstellen.

Damit der Unterricht allen Lernbedürfnissen gleichermaßen Rechnung tragen kann, sind die schulischen Lernprozesse so zu gestalten, dass jeder Schülerin und jedem Schüler die Lernwege und die Lernziele offenstehen, die ihren individuellen Lernbedürfnissen und Lernmöglichkeiten entsprechen. Ziel ist nicht die Kompensation von Benachteiligungen einzelner Schülergruppen, sondern ein Unterricht, der allen Schülerinnen und Schülern ungeachtet ihrer individuellen Lernvoraussetzungen ein optimales Lernen ermöglicht.

Das Ziel, jeder Schülerin und jedem Schüler individuelle Lerninhalte, Lernziele und Lernwege zu eröffnen, erfordert nicht nur eine Individualisierung des methodisch-didaktischen Vorgehens im Unterricht, sondern beinhaltet auch eine *Dekategorisierung*, also den Verzicht auf eine Einteilung der Lernenden in Gruppen bei der Organisation schulischen Lernens. Somit wird mit der *Pädagogik der Vielfalt* auch die grundsätzliche Frage aufgeworfen, wie Schule und Gesellschaft zu organisieren sind, um »der geschlechtlichen, kulturellen und individuellen Verschiedenheit der Menschen gerecht werden [zu können]« (Prengel 1993, S. 17).

1.2.2 Strategien im Umgang mit heterogenen Lernvoraussetzungen

Ungeachtet aller Änderungen der Curricula und der schulorganisatorischen Rahmenbedingungen in den letzten Jahrzehnten stellt der Umgang mit heterogenen Lernvoraussetzungen im Rahmen organisierter Lernprozesse in der Schule nach wie vor eine zentrale Herausforderung für das schulische Lernen dar. Die Grundsatzfrage lautet: In welcher Weise und in welchem Maße sollen und können heterogene Lernvoraussetzungen der Lernenden berücksichtigt werden und welche Konsequenzen ergeben sich daraus für die Organisation des Unterrichts und der Gestaltung schulischer Lernprozesse?

Im Umgang mit heterogenen Lernvoraussetzungen lassen sich drei allgemeine Strategien unterscheiden. Gemeinsam zielen sie darauf ab, den Lernerfolg für alle Schülerinnen und Schüler trotz unterschiedlicher Lernvoraussetzungen zu sichern; sie unterscheiden sich aber in dem Weg, auf dem dieses Ziel erreicht werden soll (vgl. Trautmann & Wischer, 2011; Wember 2001).

Bildung homogener Lerngruppen

Traditioneller Weise orientiert sich die Lehrkraft bei der Planung des Unterrichts an den »mittleren« Lernvoraussetzungen der Klasse, etwa an der durchschnittlichen Lernfähigkeit, den durchschnittlichen sprachlichen Kompetenzen oder den durchschnittlichen Vorkenntnissen der Schülerinnen und Schüler. Diese Strategie geht auf Unterrichtskonzepte zurück, die bereits Ende des 18. Jahrhunderts von dem ersten Inhaber eines Lehrstuhls für Pädagogik an einer deutschen Universität, Ernst Christian Trapp (1745-1818), formuliert wurden, der Lehrkräfte mit der Frage konfrontierte:

»Wie hast Du dies alles anzufangen bei einem Haufen Kinder, deren Anlagen, Fähigkeiten, Fertigkeiten, Neigungen, Bestimmungen verschieden sind, die aber doch in einer und eben derselben Stunde von Dir erzogen werden sollen?« (Ernst Christian Trapp, 1780).

Seine Empfehlung für die Lehrkräfte lautete: »Unterricht auf die Mittelköpfe kalkulieren.« Hinter dieser Empfehlung steckt ein Kalkül: Wenn sich die Anforderungen im Unterricht am mittleren Leistungsniveau orientieren, werden leistungsfähigere Schülerinnen und Schüler zwar etwas unterfordert und leistungsschwächere Schülerinnen und Schüler etwas überfordert, beide Gruppen könnten aber dennoch vom Unterricht profitieren. Diese Strategie, den Unterricht auf die durchschnittlichen Lernvoraussetzungen der Klasse abzustellen, ist jedoch nur dann erfolgreich, wenn sich die Lernenden nicht allzu stark in ihren Lernvoraussetzungen unterscheiden. Weichen Schülerinnen und Schüler in ihren Lernvoraussetzungen weit vom Klassendurchschnitt ab, können sie die auf den »imaginären Durchschnittsschüler« zugeschnittenen Lernangebote nicht optimal nutzen. Insbesondere Lernende mit ungünstigen Lernvoraussetzungen profitieren nur wenig, wenn sich die Anforderungen im Unterricht am mittleren Leistungspotenzial der Klasse orientieren, mit der Folge, dass die Unterschiede zwischen leistungsschwachen und leistungsstarken Schülerinnen und Schüler nicht abgebaut werden, sondern im Verlauf des Lernprozesses zunehmen.

Im Rahmen dieses Ansatzes werden heterogene Lernvoraussetzungen der Schüler als Erschwernisse betrachtet, die den Lernerfolg gefährden. Denn ein Unterricht, der auf »mittlere« Lernvoraussetzungen ausgerichtet ist, funktioniert umso besser, je ähnlicher die Lernvoraussetzungen der Lernenden sind, das heißt, je weniger sie sich in ihrem Vorwissen, ihrem Lernpotenzial, ihren Lernzielen und ihren Lernstrategien unterscheiden. Folglich ist man im Rahmen dieses Ansatzes bestrebt, möglichst *homogene* Klassen zu bilden.

Dieser Strategie folgt das gegliederte deutsche Schulsystem, das traditionell durch eine *Leistungshomogenisierung* gekennzeichnet ist (Tillmann, 2007). Dazu werden durch institutionell verankerte Selektionsmaßnahmen (z. B. Zurückstellung von der Einschulung, Klassenwiederholungen, Unterricht in Förderklassen, Rückstufung auf eine andere Schule mit geringeren Qualifikationsanforderungen, Auswahl der Schülerinnen und Schüler für weiterführende Bildungsgänge) homogene Lerngruppen gebildet, etwa Klassen für Schülerinnen und Schüler mit gleichem Leistungsniveau (z. B. Förderklassen) oder mit ähnlichen Lernproblemen (z. B. Klassen für Schülerinnen und Schüler mit sozial-emotionalen Verhaltensproblemen). Ziel der Leistungshomogenisierung ist es, Lernende mit ähnlichem Förderbedarf bestmöglich unterrichten zu können, zum Beispiel in Förderschulen, in Förderklassen oder in Klassen für hochbegabte Schülerinnen und Schüler.

> **Bildung homogener Lerngruppen**
> In einem selektiven Schulsystem werden leistungshomogene Klassen gebildet, um Schülerinnen und Schüler mit gleichem Förderbedarf besser unterrichten zu können.

Im Rahmen eines selektiven Bildungssystems kommt es vor allem darauf an, die Lernenden nach ihrem Leistungsniveau der passenden Unterrichts- bzw. Schulform zuzuführen. Die diagnostischen Aufgaben der Lehrkraft bestehen dementsprechend darin, die Zuweisung von Schülerinnen und Schülern zu homogenen Lerngruppen zu optimieren, zum Beispiel bei der Entscheidung über die Versetzung der Schülerin oder des Schülers, bei der Empfehlung zu weiterführenden Schulen am Ende der Grundschulzeit oder bei der Feststellung eines sonderpädagogischen Förderbedarfs. In einem selektiv ausgerichteten Schulsystem fällt der Diagnostik die Aufgabe zu, die Schülerinnen und Schüler entsprechend ihres Förderbedarfs der passenden Schulform zuzuführen.

> **Diagnostische Aufgaben der Lehrkräfte im selektiven Bildungssystem**
> Die diagnostischen Aufgaben der Lehrkräfte im Rahmen eines selektiven Bildungssystems bestehen vorrangig darin, die Zuweisung von Schülerinnen und Schülern zu homogenen Lerngruppen zu optimieren.

Remediale Strategie

Die remediale Strategie ist darauf ausgerichtet, eingeschränkte Lernvoraussetzungen der Lernenden direkt auszugleichen (Wember, 2001). Der Ausgleich kann durch unterschiedliche didaktische Maßnahmen erreicht werden, etwa durch eine gezielte Förderung lernschwacher Schülerinnen und Schüler im Förderunterricht, um Lerndefizite zu beheben, durch die Verlängerung der Lernzeit, damit langsamere Lerner den Lernstoff nachholen und Wissenslücken schließen können, oder durch spezielle Vorbereitungskurse, um lernschwächere Schülerinnen und Schüler an den Lernstand der Klasse heranzuführen.

Im Rahmen einer remedialen Strategie werden heterogene Lernvoraussetzungen der Schülerinnen und Schüler als *überwindbare* Hindernisse (»obstacles to be overcome«; Corno 2008, S. 171) angesehen, die durch spezifische Fördermaßnahmen, durch Zusatzangebote oder durch geeignete Lernbedingungen beseitigt werden können. Statt homogene Leistungsgruppen zu bilden, indem leistungsschwächere Schülerinnen und Schüler durch vorgeschaltete Maßnahmen (z. B. durch Klassenwiederholung, Zurückstufung in eine Schulform mit geringen Qualifikationsanforderungen) selegiert werden, zielt die remediale Strategie darauf ab, die Heterogenität der Lernvoraussetzungen in der Klasse durch eine gezielte Förderung leistungsschwächerer Schülerinnen und Schüler zu reduzieren, so dass auch diese vom Unterricht profitieren können.

1.2 Diagnostik in schulischen Handlungsfeldern

> **Remedialer Ansatz**
> Der remediale Ansatz zielt darauf ab, individuelle Lerndefizite durch spezifische Fördermaßnahmen zu beseitigen oder zu reduzieren.

Der Vorteil eines remedialen Ansatzes wird darin gesehen, dass eingeschränkte Lernvoraussetzungen der Schülerinnen und Schüler direkt angegangen werden, um allen die Teilnahme am Unterricht zu ermöglichen (Wember, 2001).

Die diagnostischen Aufgaben der Lehrkraft im Rahmen dieses Ansatzes bestehen darin, den spezifischen Förderbedarf der Schülerinnen und Schüler zu diagnostizieren, um darauf aufbauend geeignete Förder- und Trainingsmaßnahmen zum Abbau individueller Lerndefizite ansetzen zu können.

> **Diagnostische Aufgaben der Lehrkräfte im Rahmen des remedialen Ansatzes**
> Die diagnostischen Aufgaben der Lehrkräfte im Rahmen des remedialen Ansatzes bestehen vor allem darin, den spezifischen Förderbedarf der Schülerinnen und Schüler zu diagnostizieren.

Aufgabe der Lehrkraft ist es, einen etwaigen Förderbedarf der Lernenden möglichst frühzeitig zu erkennen, damit rechtzeitig gezielte Fördermaßnahmen eingeleitet werden können. Dazu stehen erprobte Förder- und Trainingsprogramme zur Förderung motorischer, kognitiver, sprachlicher oder sozialer Kompetenzen zur Verfügung (vgl. Arnold, Graumann & Rakhkochkine, 2008; Langfeld & Büttner, 2008), die darauf abzielen, die Lernvoraussetzungen der Schülerinnen und Schüler zu verbessern, damit sie vom Unterricht profitieren können.

Kompensatorische Strategie

Im Rahmen einer kompensatorischen Strategie ist man bestrebt, den Einfluss heterogener Lernvoraussetzungen durch die *Unterrichtsgestaltung* auszugleichen. Das Leitprinzip lautet: Nicht die Lernvoraussetzungen der Schülerinnen und Schüler an die Anforderungen des Unterrichts angleichen, sondern den Unterricht an den Lernvoraussetzungen der der Schülerinnen und Schüler ausrichten! Dazu muss der Unterricht inhaltlich und methodisch an den individuellen Lernbedürfnissen und Lernmöglichkeiten der Lernenden ausgerichtet werden, damit auch diejenigen, die nur über eingeschränkte Lernvoraussetzungen verfügen, die Lernangebote nutzen können. Die Inhalte, Methoden und Lernziele des Unterrichts sind so an die individuellen Lernvoraussetzungen der Lernenden anzupassen, dass jede Schülerin und jeder Schüler vom Unterricht profitieren kann.

Im Unterschied zu einer remedialen Strategie, die darauf ausgerichtet ist, ungünstige Lernvoraussetzungen von Lernenden durch eine gezielte Förderung anzugleichen, bleiben bei einer kompensatorischen Strategie heterogene Lernvoraussetzungen erhalten. Es wird jedoch versucht, durch die Unterrichtsgestaltung die *Auswirkungen* unterschiedlicher Lernvoraussetzungen auf die schulischen Lernprozesse so weit wie möglich zu minimieren, so dass alle Schülerinnen und Schüler trotz unterschiedlicher Lernvoraussetzungen vom Unterricht profitieren können. Eine in diesem Sinne kompensatorische Unterrichtsgestaltung soll es zum Beispiel auch Schülerinnen und Schüler mit eingeschränkten sprachlichen Kompetenzen, mit begrenzter Aufmerksamkeitsspanne oder mit Verhaltensproblemen ermöglichen, ihr Leistungspotenzial auszuschöpfen.

> **Kompensatorischer Ansatz**
> Der kompensatorische Ansatz zielt darauf ab, durch das methodisch-didaktische Vorgehen im Unterricht die Auswirkungen eingeschränkter Lernvoraussetzungen von Schülerinnen und Schüler auf das Lernen zu minimieren.

> **Diagnostische Aufgabe der Lehrkräfte im Rahmen des kompensatorischen Ansatzes**
> Die diagnostische Aufgabe der Lehrkräfte im Rahmen einer kompensatorischen Strategie ist es, die individuellen Lernvoraussetzungen der Lernenden festzustellen.

Im Unterschied zur remedialen Strategie werden bei einer kompensatorischen Strategie die Defizite nicht behoben (Wember, 2001). Es geht vielmehr darum, die nachteiligen Folgen eingeschränkter Lernvoraussetzungen dadurch zu verringern, dass alternative Lernwege und Lernziele angeboten werden, die es auch lernschwächeren Schülerinnen und Schülern ermöglichen, ihr Lernpotenzial auszuschöpfen. Diese Strategie im Umgang mit der Heterogenität schulischer Lernvoraussetzungen ist geprägt durch das Bewusstsein, »dass durch Unterschiede in den individuellen Lernvoraussetzungen nicht alle Schüler alles lernen und Gleiches leisten können [...]« (Weinert, 1997, S. 52).

Die vorrangige diagnostische Aufgabe der Lehrkraft im Rahmen einer kompensatorischen Strategie ist es, die individuellen Lernvoraussetzungen der Lernenden festzustellen, um den Unterricht methodisch-didaktisch auf die Schüler ausrichten zu können.

Eine Anpassung der Lernangebote an die Lernvoraussetzungen der Lernenden lässt sich in einem unterschiedlichen Ausmaß realisieren. Die weitestgehende Anpassung wird mit der *Individualisierung des Unterrichts* angestrebt. Diese zielt im Sinne einer *Pädagogik der Vielfalt* (▶ Kap. 1.2.1) darauf ab, jedem Lernenden individuelle Lernwege zu ermöglichen, die seinen Lernvoraussetzungen entsprechen. Eine weitere Möglichkeit eines kompensatorischen Ausgleichs heterogener Lernvoraussetzungen besteht in einer *Differenzierung des Unterrichts*. Statt für jeden Lernenden individuelle Lernangebote bereitzustellen, zielt die Differenzierung des Unterrichts darauf ab, die Lernangebote im Unterricht an Gruppen von Lernenden mit ähnlichen Lernvoraussetzungen (z. B. mit ähnlichem Leistungsniveau, ähnlichen Interessen oder ähnlichen Lernstrategien) anzupassen (Bohl, 2011).

1.3 Adaptiver Unterricht

Seit den 1980er Jahren wurden in der Lehr-Lernforschung Unterrichtskonzepte entwickelt, die im Sinne einer kompensatorischen Strategie explizit darauf ausgerichtet sind, den heterogenen Lernvoraussetzungen in der Klasse Rechnung zu tragen (Corno, 2008; Corno & Snow, 1986; Snow & Swanson, 1992). Diese Konzepte werden unter dem Begriff des *adaptiven Unterrichts* zusammengefasst und umfassen »Strategien und Verfahren der Differenzierung und Individualisierung von Unterricht [...], die von einzelnen methodischen Ansätzen und unterrichtlichen Bausteinen bis hin zu komplexen und umfassenden Programmen der Gestaltung ganzer Lernumwelten reichen« (Wember, 2001, S. 161).

Corno und Snow (1986, S. 621) definieren adaptives Unterrichten als »teaching that arranges environmental conditions to fit learners' individual differences«. Ziel der adaptiven Unterrichtsgestaltung ist es, das Lernpotenzial der Schülerinnen und Schüler durch eine Anpassung der Lernbedingungen an ihre Lernvoraussetzungen optimal auszuschöpfen. Dazu sollen Lernziele, Lerninhalte, Lernbedingungen und Lehrmethoden so weit wie möglich auf die individuellen Lernausgangslagen und Lernbedürfnisse der Schülerinnen und Schüler ausgerichtet werden. In diesem Konzept gelten heterogene Lernvoraussetzungen der Lernenden nicht als ein Hemmnis, das dem Lernerfolg im Wege steht, sondern als Ausgangspunkt für das methodisch-didaktische Vorgehen im Unterricht.

> **Adaptiver Unterricht**
> Adaptiver Unterricht ist ein Sammelbegriff für Strategien und Verfahren der Differenzierung und Individualisierung von Unterricht (Wember, 2001).

1.3.1 Aptitude-Treatment-Interaction

Das Konzept des adaptiven Unterrichts basiert auf dem »Aptitude-Treatment-Interaction« Ansatz (ATI; vgl. Cronbach & Snow, 1977; Snow, 1989). Dieser Forschungsansatz betrachtet die Ergebnisse schulischen Lernens als Resultat einer *Wechselwirkung* (interaction) zwischen den Maßnahmen im Unterricht (treatment) und den Lernvoraussetzungen der Lernenden (aptitude) (Hasebrook & Brünken, 2010).

In Sinne des Aptitude-Treatment-Interaction Ansatzes gibt es kein Lernarrangement, das für alle Lernenden gleichermaßen geeignet ist. Ob eine Unterrichtsmethode erfolgreich ist, hängt vielmehr von den lernrelevanten Merkmalen der Schülerinnen und Schüler ab, zum Beispiel von ihren Fähigkeiten, ihren Lernzielen oder ihren Lernstrategien. Folglich benötigen Lernende mit unterschiedlichen Lernvoraussetzungen auch unterschiedliche Lernangebote, um optimale Lernergebnisse erzielen zu können.

> **Aptitude-Treatment-Interaction (ATI)**
> Der Aptitude-Treatment-Interaction Ansatz (ATI) geht davon aus, dass die Wirksamkeit instruktionaler Maßnahmen im Unterricht von lernrelevanten Merkmalen der Lernenden abhängt. Untersucht wird die Wechselwirkung (interaction) zwischen den Lernbedingungen (treatment) und den Lernvoraussetzungen (aptitude) der Lernenden, um Grundlagen für eine optimale Passung von Unterrichtsmethode und Lernvoraussetzungen zu finden.

Wenn die Wirksamkeit methodisch-didaktischer Maßnahmen im Unterricht wesentlich von den Lernvoraussetzungen der Schülerin und des Schülers abhängen, müssen die Lernangebote an den Lernmöglichkeiten und Lernbedürfnissen der Lernenden angepasst werden, um Lehr-Lernprozesse zu optimieren. Je besser dies gelingt, desto größer ist der zu erwartende Lernerfolg. Lehrkräfte können also nicht auf bewährte Unterrichtsmethoden zurückgreifen, die bei allen Schülerinnen und Schülern zum Erfolg führen, sondern sind gefordert, ihr methodisch-didaktisches Vorgehen im Unterricht an den Lernvoraussetzungen ihrer Schüler auszurichten.

Ziel der ATI-Forschung ist es, die Wechselwirkungen zwischen Schülermerkmalen und Unterrichtsmethoden aufzuklären. Wenn diese Wechselwirkungen bekannt sind, können Unterrichtskonzepte entwickelt werden, die auf die spezifischen Lernausgangslagen der Lernenden zugeschnitten sind. Die angestrebte Passung zwischen den Lernangeboten im Unterricht und den Lernbedürfnissen der Lernenden kann entweder dadurch erreicht werden, dass für Gruppen von Schülerinnen und Schülern mit ähnlichen Lernvoraussetzungen im Sinne einer *inneren Differenzierung* des Unterrichts passende Unterrichtskonzepte entwickelt werden oder dadurch, dass mit dem Ziel einer *Individualisierung der Lehr-Lernprozesse* für jede Schülerin und für jeden Schüler individualisierte, auf die ihre bzw. seine Lernvoraussetzungen abgestimmte Lernangebote bereitgestellt werden.

Der ATI-Ansatz wurde insbesondere in *förderdiagnostischen Kontexten* aufgegriffen, da er Strategien aufzeigt, auf der Grundlage empirisch ermittelter Wechselwirkungen zwischen Schülermerkmalen und Unterrichtsmethoden für Lernende mit ungünstigen Lernvoraussetzungen speziell auf ihre Lernmöglichkeiten zugeschnittene Unterrichtsmethoden zu entwickeln (Walther, 2008; Wember 2001). Für dieses Konzept sprechen insbesondere die Ergebnisse von Metaanalysen, die zeigen, dass von adaptiven Unterrichtskonzepten vor allem leistungsschwächere Schülerinnen und Schüler profitieren. Diese erzielen in heterogenen Lerngruppen mit binnendifferenzierendem Unterricht nicht nur bessere Lernergebnisse (Kulik & Kulik, 1992; Lou et al., 1996; Slavin, 1987), sondern zeigen auch eine höhere Lernmotivation (Saleh, Lazonder & de Jong, 2005) als in leistungshomogenen Lerngruppen. Zwar können durch eine adaptive Unterrichtsgestaltung ungünstige Lernausgangslagen nicht vollständig kompensiert werden; leistungsschwächere Schülerinnen und Schüler können aber ihr Lernpotenzial in heterogenen Lerngruppen besser nutzen als in homogenen Lerngruppen, sofern der Unterricht an ihre Lernvoraussetzungen anknüpft.

Der ATI-Ansatz war mit hohen Erwartungen verbunden. Man glaubte, auf der Basis empirisch gesicherter Wechselwirkungen eine Matrix erstellen zu können, der man für bestimmte diagnostizierbare Schülermerkmale das jeweils optimale Unterrichtskonzept entnehmen konnte. Diese Hoffnung wurde nicht erfüllt. Zwar wurden zahlreiche Wechselwirkungen zwischen Schüler- und Unterrichtsmerkmalen entdeckt (z. B. Snow, 1989); diese erwiesen sich jedoch oft als zu vielfältig und komplex, um aus ihnen praktisch nutzbare Unterrichtskonzepte entwickeln zu können. Viele Interaktionen zwischen Schülermerkmalen und Unterrichtsmethoden zeigten sich zum Beispiel nur in experimentellen Studien, aber nicht unter den komplexen Bedingungen im Unterricht (Walter, 2008; Wember, 2001). Zudem erwies es sich als schwierig, die für den Lernerfolg maßgeblichen Merkmale komplexer Unterrichtsmethoden differenziert zu erfassen (Blumenthal, Kuhlmann & Hartke, 2014). Somit wissen wir trotz zahlreicher Studien, in denen Wechselwirkungen gefunden wurden, immer noch wenig darüber, »welche Unterrichtsmethoden, bei welchen Schülermerkmalen für welche Lernziele besonders geeignet sind« (Hasselborn & Gold, 2013, S. 284).

Helmke und Weinert (1997, S. 140) fassen in ihrer Übersicht über die Bedingungsfaktoren schulischer Leistungen die zentralen Ergebnisse der ATI-Forschung zusammen. Danach profitieren Schülerinnen und Schüler mit *ungünstigen Lernvoraussetzungen* (z. B. niedriges Intelligenzniveau, geringes fachspezifisches Vorwissen, ausgeprägte Leistungsängstlichkeit, bildungsferner familiärer Hintergrund) am meisten von einem hochstrukturierten, von der Lehrkraft gesteuerten Unterricht. Sie lernen am besten, wenn die Lerninhalte genau vorgegeben werden, der Lernstoff stark strukturiert ist, im Unterricht kleinschrittig vorgegangen wird und die einzelnen Lernschritte weitgehend von der Lehrkraft gesteuert werden (Swanson, 1999). Der hohe Strukturierungsgrad reduziert die Komplexität des Lernstoffes und erleichtert dadurch schwächeren Schülerinnen und Schülern die relevanten Informationen aufzunehmen, zu verarbeiten und zu behalten (Klauer & Leutner, 2007).

Bei *günstigen Lernvoraussetzungen* ist es dagegen vorteilhafter, den Lernenden mehr Eigenständigkeit zu überlassen. Leistungsstarke Schülerinnen und Schüler erzielen den größten Lernerfolg, wenn ihnen der Unterricht die Möglichkeit bietet, ihre Lernprozesse selbst zu steuern. Freiräume zur Selbststeuerung der Lernprozesse ergeben sich vor allem bei offenen Lernformen wie beispielsweise beim Projektunterricht, bei der Freiarbeit, beim entdeckenden Lernen oder beim forschenden Lernen. In offenen Unterrichtsformen, bei denen die Lehrperson vor allem eine Moderatorfunktion ausübt, hängt der Lernerfolg in hohem Maße von den individuellen Lernvoraussetzungen des Lernenden ab. Offenbar können leistungsstarke Schülerinnen und Schüler, die meist auch über bessere Kompetenzen zum selbstregulierten Lernen verfügen (▶ Kap. 10), die Freiräume in offenen Unterrichtsformen besser nutzen als leistungsschwächere Schülerinnen und Schüler.

Wenngleich der unmittelbare praktische Nutzen der ATI-Forschung für Unterricht beschränkt ist, hat der ATI-Ansatz dennoch das Denken über Lehr-Lernprozesse nachhaltig beeinflusst. Nicht mehr die Suche »nach der idealen Lehrmethode, dem besten Unterrichtsmedium und dem erfolgreichsten Lehrerverhalten« (Hasselborn & Gold, 2013, S. 285) steht im Zentrum, sondern das Bestreben, das methodisch-didaktische Vorgehen im Unterricht bestmöglich an die individuellen Lernvoraussetzungen der Schülerinnen und Schüler anzupassen.

1.3.2 Grenzen der adaptiven Unterrichtsgestaltung

Oftmals wird aus einer normativen Perspektive heraus von den Lehrkräften gefordert, sich bei Planung von Lehr-Lernprozessen an der Individualität der Schülerinnen und Schüler zu orientieren, ohne jedoch genauer zu begründen, welche Lernvoraussetzungen denn bei der Unterrichtsgestaltung zu berücksichtigen sind. Geht man von der Perspektive der Lernenden aus, lassen sich sicher viele Schülermerkmale und -eigenschaften aufzählen, die Einfluss auf das schulische Lernen haben. Würden Lehrkräfte versuchen, in ihrem Unterricht jederzeit allen möglichen lernrelevanten Schülermerkmalen gerecht zu werden, wären sie sicher schnell überfordert.

Realistischer Weise können im Unterricht nicht alle lernrelevanten Merkmale bei allen Schülerinnen und Schülern jederzeit berücksichtigt werden. Zudem stehen nicht für alle denkbaren Merkmale und Merkmalskonstellationen entsprechende Unterrichtskonzepte zur Verfügung, die auf die damit eingehenden Lernbedürfnisse zugeschnitten sind. Auf diese Problematik hat bereits Weinert (1997, S. 50) hingewiesen, der feststellte, dass »die Notwendigkeit der Individualisierung abgeleitet [werde], ohne im Einzelnen anzugeben, welche differenziellen Unterrichtsformen, Lehrmethoden und soziale Interaktionsmodi unter welchen klassenspezifischen Bedingungen und im Hinblick auf welche pädagogischen Zielsetzungen zu praktizieren sind, um die erwünschten Effekte zu erzielen, unerwünschte Nebenwirkungen zu vermeiden und den Lehrer nicht heillos zu überfordern«.

Diese Einschätzung gilt auch heute noch. Die Forderung, die individuellen Lernvoraussetzungen der Schülerinnen und Schüler zum Ausgangspunkt der Unterrichtsgestaltung zu nehmen, ist sicher für das einzelne Kind pädagogisch wünschenswert, stößt jedoch angesichts der Vielzahl lernrelevanter Schülermerkmale einerseits und eines begrenzten Repertoires an erprobten Unterrichtskonzepten und didaktischen Strategien andererseits an Grenzen. Damit ist die Forderung nach einer adaptiven Unterrichtsgestaltung zwar nicht hinfällig, Lehrkräfte werden jedoch auswählen müssen, an welchen Schülermerkmalen sie ihr methodisch-didaktisches Vorgehen im Unterricht ausrichten.

Zudem hat die Lehrkraft nicht nur die Aufgabe, den individuellen Lernvoraussetzungen der einzelnen Schülerin oder des einzelnen Schülers gerecht zu werden, sondern muss auch gleichzeitig den Lernerfolg aller anderen Schülerinnen und Schüler der Klasse sicherstellen. Dabei kann es leicht zu

Zielkonflikten kommen, wenn die Anpassung des Unterrichts an die Lernvoraussetzungen einer Schülerin oder eines Schülers die Möglichkeiten einschränkt, den Unterricht an die Lernvoraussetzungen der anderen Schülerinnen und Schüler anzupassen. Einer Lehrkraft, die ihre Lernziele und Lehrmethoden nach den Lernvoraussetzungen einer Schülerin oder eines Schülers ausrichtet, bleibt unter Umständen nur noch wenig Spielraum, die Lernbedürfnisse der anderen Schülerinnen und Schüler der Klasse miteinzubeziehen. Die besondere Herausforderung bei der adaptiven Unterrichtsgestaltung besteht darin, jeder einzelnen Schülerin und jedem einzelnen Schüler, aber gleichzeitig auch allen anderen Schülerinnen und Schülern der Klasse gerecht zu werden. Bei der Konzeption des Unterrichts hat die Lehrkraft daher abzuwägen, inwieweit die Lernvoraussetzungen einzelner Schülerinnen und Schüler berücksichtigt werden können, ohne die Ansprüche der anderen zu vernachlässigen.

Mit dem adaptiven Unterricht, der darauf ausgerichtet ist, dass auch Schülerinnen und Schüler mit ungünstigen Lernvoraussetzungen ihr Lernpotenzial optimal ausschöpfen können, wird oftmals die Hoffnung verknüpft, dass sich langfristig Leistungsunterschiede innerhalb der Klasse verringern, wenn der Unterricht an die individuellen Lernvoraussetzungen anknüpft. Ob durch die Individualisierung des Unterrichts ungünstige Lernausgangslagen vollständig kompensiert werden können, ist jedoch zweifelhaft. Vielmehr ist davon auszugehen, dass auch bei einem Unterricht, der jeder Schülerin und jedem Schüler individuelle Lernwege eröffnet, der Lernerfolg von den Lernvoraussetzungen der Lernenden abhängt und Lernende mit günstigen Lernvoraussetzungen stärker profitieren als Lernende mit ungünstigen Lernvoraussetzungen. Die Lehrkraft steht somit vor der Herausforderung, Lernarrangements zu realisieren, die einen möglichst großen individuellen Lernzuwachs für alle Schülerinnen und Schüler gewährleisten, ohne dass die Leistungsunterschiede in der Klasse immer größer werden (Helmke 2008, S. 22).

1.4 Adaptive Lehrkompetenz

Aus dem ATI-Ansatz folgt, dass der Unterricht nur dann eine optimale Wirkung erzielt, wenn er sich an den Lernvoraussetzungen der Lernenden orientiert. Leutner (2006, S. 266) sieht »die Grundidee adaptiven Lehrens […] darin, für eine optimale Passung zwischen dem Unterstützungsbedarf des Lernenden und dem extern in der Lehr-Lernsituation zur Verfügung gestellten Unterstützungsangebot zu sorgen«. Um die Lern- bzw. Unterstützungsangebote an den Bedarfen der Lernenden anzupassen, benötigt die Lehrkraft besondere Kompetenzen, die es ihr ermöglichen, unterschiedliche Lernbedürfnisse der Schülerinnen und Schüler wahrzunehmen und die Lehr-Lernprozesse im Unterricht entsprechend dieser Lernbedürfnisse zu organisieren. Diese Kompetenzen werden unter der Bezeichnung der *adaptiven Lehrkompetenz* zusammengefasst (Beck et al., 2008; Brühwiler, 2014).

Brühwiler (2006, S. 430) bezeichnet die adaptive Lehrkompetenz als »die Fähigkeit einer Lehrperson, die Planung und Durchführung des Unterrichts so auf die individuellen Lernvoraussetzungen der Schülerinnen und Schüler auszurichten und während des Unterrichts laufend anzupassen, dass für möglichst viele Schülerinnen und Schüler bestmögliche Bedingungen für das Erreichen der Lernziele geschaffen werden«.

> **Adaptive Lehrkompetenz von Lehrkräften**
> Die adaptive Lehrkompetenz bezeichnet »die Fähigkeit einer Lehrperson, die Planung und Durchführung des Unterrichts so auf die individuellen Lernvoraussetzungen der Schülerinnen und Schüler auszurichten und während des Unterrichts laufend anzupassen, dass für möglichst viele Schülerinnen und Schüler bestmögliche Bedingungen für das Erreichen der Lernziele geschaffen werden« (Brühwiler, 2006, S. 430).

Die adaptive Lehrkompetenz umfasst eine Reihe von Einzelkompetenzen, die notwendig sind, um den Unterricht an die Lernvoraussetzungen der Lernenden anzupassen. Weinert (1996) nennt vier Kompetenzbereiche:

- **Sachkompetenz**
  Ein fundiertes Sachwissen ist eine Voraussetzung für die Planung und Umsetzung adaptiver Vermittlungsprozesse. Nur wenn die Lehrkraft auf ein klar strukturiertes und flexibel nutzbares Sachwissen in dem Unterrichtsfach zurückgreifen kann, kann sie den Wissenserwerb bei Lernenden nachvollziehen und optimale Lernwege für Lernende mit unterschiedlichen Lernvoraussetzungen konzipieren.
- **Didaktische Kompetenz**
  Zur Gestaltung adaptiver Vermittlungsprozesse benötigen Lehrende fundierte methodisch-didaktische Kompetenzen, um Lernarrangements gestalten zu können, die unterschiedliche Lernwege für Schülerinnen und Schüler mit unterschiedlichen Lernvoraussetzungen ermöglichen. Diese Kompetenz zeigt sich darin, Unterrichtsinhalte und -methoden auszuwählen und solche Arbeits- und Kommunikationsformen aufzubauen, die es Schülerinnen und Schülern mit unterschiedlichen Lernvoraussetzungen gleichermaßen ermöglichen, sich aktiv am Unterricht zu beteiligen.
- **Klassenführungskompetenz**
  Die Klassenführungskompetenz der Lehrkraft bezeichnet die Fähigkeit, eine Klasse so zu führen, dass Lehr-Lernprozesse reibungslos ablaufen können. Dadurch setzt die Lehrkraft die Rahmenbedingungen für die Vermittlung des Lernstoffes (Helmke, 2008). Eine effiziente Klassenführung zeigt sich darin, dass den Lernenden im Unterricht viel Zeit für das Lernen zur Verfügung steht. Die aktive Lernzeit kann zum Beispiel dadurch verlängert werden, dass die Lehrkraft auf die konsequente Einhaltung sozialer Regeln in der Klasse achtet, wodurch Störungen des Unterrichtsablaufs reduziert werden und die Zeit für die Beschäftigung mit Störungen minimiert wird. Eine adaptive Unterrichtsgestaltung erfordert zudem die Förderung eines Klassenklimas, das durch wechselseitigen Respekt und Wertschätzung geprägt ist, um Barrieren abzubauen und allen Lernenden die aktive Mitarbeit im Unterricht zu erleichtern.
- **Diagnostische Kompetenz**
  Für eine adaptive Unterrichtsgestaltung müssen die Lehrkräfte die Lernvoraussetzungen, die Lernprozesse und den Lernstand der Schülerinnen und Schüler zuverlässig beurteilen und Gefährdungen des Lernprozesses rechtzeitig erkennen können. Die diagnostische Kompetenz ist damit eine zentrale Komponente der adaptiven Lehrkompetenz.

Um im Sinne einer adaptiven Unterrichtsgestaltung individuelle Lehr-Lernprozesse initiieren, steuern und begleiten zu können, müssen die verschiedenen Funktionsbereiche koordiniert werden. Beck et al. (2009) differenzieren zwischen einer adaptiven *Planungskompetenz* – der Fähigkeit, bei der

Unterrichtsplanung verschiedene Voraussetzungen (z. B. Sachstruktur, Fachdidaktik, individuelle Lernvoraussetzungen der Lernenden) angemessen zu berücksichtigen – und einer adaptiven *Handlungskompetenz*, der Fähigkeit, Informationen über Lernvoraussetzungen der Schülerinnen und Schüler in ihre Handlungsentscheidungen umzusetzen.

1.4.1 Diagnostische Aufgaben im Rahmen der adaptiven Unterrichtsgestaltung

Die diagnostische Kompetenz ist ein zentraler Bestandteil der adaptiven Lehrkompetenz, die Lehrkräfte benötigen, um ihre Lernangebote im Unterricht an den individuellen Lernvoraussetzungen der Schülerinnen und Schüler auszurichten. Dazu müssen sie Informationen über Lernergebnisse, Lernvoraussetzungen und Lernprozesse der Lernenden erheben und sie für die Gestaltung des Unterrichts nutzen.

Die diagnostischen Aufgaben der Lehrkräfte stellen sich in fünf Bereichen:

- Beurteilung der Lernausgangslagen, um die Anforderungen im Unterricht inhaltlich und methodisch an den Kenntnisstand der Schülerinnen und Schüler ausrichten zu können,
- Beurteilung der Lernergebnisse, um ihre Lernangebote im Unterricht an den Lernstand der Schülerinnen und Schüler ausrichten und den Erfolg ihres Unterrichtens abschätzen zu können,
- Beurteilung der Lernfortschritte, um bei ausbleibenden Lernfortschritten rechtzeitig Korrekturen in der Unterrichtsgestaltung vornehmen zu können (Monitoring),
- Beurteilung der Lernprozesse, um jede Schülerin und jeden Schüler individuell fördern und Gefährdungen des Lernens rechtzeitig erkennen zu können,
- Beurteilung der kognitiven, motivationalen und emotionalen Lernvoraussetzungen, um den Unterricht an die Lernbedürfnisse der Schülerinnen und Schüler anpassen zu können.

> **Diagnostische Kompetenz von Lehrkräften**
> Die diagnostische Kompetenz von Lehrkräften umfasst die Fähigkeiten, Informationen über Lernergebnisse, Lernvoraussetzungen und Lernprozesse von Schülerinnen und Schülern zu erheben und sie für pädagogische Entscheidungen zu nutzen.

1.5 Doppelfunktion der schulischen Diagnostik

Die Beurteilung von Lernergebnissen, Lernvoraussetzungen und Lernprozessen soll jedoch nicht nur eine adaptive Unterrichtsgestaltung ermöglichen, sondern ist auch Grundlage für *Schullaufbahnentscheidungen*. Solche Schullaufbahnentscheidungen betreffen zum Beispiel die Versetzung der Schülerin bzw. des Schülers, die Empfehlung für weiterführende Schulen am Ende der Grundschulzeit oder die Erstellung eines Abschlusszeugnisses (▶ Kap. 4). Die schulische Diagnostik hat damit eine *Doppelfunktion* zu erfüllen: Sie dient sowohl pädagogischen als auch gesellschaftlichen Zielen (▶ Kap. 4.1).

Im Rahmen ihrer *pädagogischen Funktion* (▶ Kap. 4.1.1) soll die schulische Diagnostik dazu beitragen, schulische Lernprozesse zu optimieren, etwa durch die Diagnostik der

Lernvoraussetzungen und Lernausgangslagen der Schülerinnen und Schüler, um die Lernangebote besser an ihre Lernbedürfnisse anpassen zu können. Im Rahmen der *gesellschaftlichen Funktion* (▶ Kap. 4.1.2) dient die Diagnostik der Optimierung von Schullaufbahnentscheidungen. Sie soll gewährleisten, dass nur diejenigen Zugang zu weiterführenden Bildungsgängen erhalten, die den Anforderungen auch gewachsen sind. Die schulische Diagnostik muss beiden Funktionen gerecht werden. Sie soll einerseits durch die Diagnostik der Lernvoraussetzungen und Lernbedürfnissen eine individuelle Förderung der Schülerinnen und Schüler ermöglichen und andererseits durch die Beurteilung von Schulleistungen zur Optimierung von Schullaufbahnentscheidungen beitragen.

1.6 Weiterführende Literatur

Hasebrook, J. & Brünken, R. (2010). Aptitude-Treatment-Interaktion. In D. H. Rost (Hrsg.), *Handwörterbuch Pädagogische Psychologie* (4. Aufl.) (S. 23–29). Weinheim: Beltz.

Trautmann, M. & Wischer, B. (2011). *Heterogenität in der Schule. Eine kritische Einführung.* Wiesbaden: VS Verlag für Sozialwissenschaften.

Wember, F. B. (2001). Adaptiver Unterricht. *Sonderpädagogik, 31,* 161–181.

2 Beobachten und Beurteilen

2.1	Freie Verhaltensbeobachtung	28
2.2	Systematische Verhaltensbeobachtung	29
2.3	Formen der systematischen Verhaltensbeobachtung	30
	2.3.1 Kontrolle der Beobachtungsbedingungen	30
	2.3.2 Teilnahme der Beobachterin oder des Beobachters	31
	2.3.3 Offene versus verdeckte Verhaltensbeobachtung	33
2.4	Methoden der Verhaltensregistrierung	34
	2.4.1 Zeichensysteme	34
	2.4.2 Kategoriensysteme	35
	2.4.3 Ratingskalen	40
2.5	Beurteilungsfehler	46
	2.5.1 Mängel der Verhaltensregistrierung	46
	2.5.2 Urteilstendenzen der Beobachter	47
	2.5.3 Halo-Effekt	48
	2.5.4 Logischer Fehler	50
	2.5.5 Positionseffekte	51
2.6	Verhaltensbeobachtung in Schule und Unterricht	53
	2.6.1 Fragengeleitete Verhaltensbeobachtung im Unterricht	53
	2.6.2 Planung einer Verhaltensbeobachtung	55
	2.6.3 Durchführung einer Verhaltensbeobachtung	55
2.7	Weiterführende Literatur	57

Beobachten und Beurteilen sind basale Aktivitäten von Lehrkräften. Lehrkräfte beobachten fortwährend das Verhalten von Schülerinnen und Schülern und ziehen daraus Schlüsse, nach denen sie ihr Handeln im Unterricht ausrichten. Diese Prozesse des Beobachtens und der nachfolgenden Handlungssteuerung laufen meistens automatisch ab, ohne dass Lehrkräfte ihnen besondere Aufmerksamkeit schenken. Daher besteht die Gefahr, dass die Beobachtungen stark von subjektiven Überzeugungen, Einstellungen, Vorurteilen und Erwartungen der Lehrperson geprägt werden (vgl. Pajares, 1992). Voreinstellungen und Erwartungen der Lehrkraft könnten beispielsweise einen Einfluss darauf haben, auf welche Verhaltensweisen der Schülerinnen und Schüler sie ihre Aufmerksamkeit richtet und welche sie übersieht, welche Situationsaspekte sie als wichtig erachtet und welche sie für irrelevant hält. »Wir glauben nur, was wir sehen – leider sehen wir nur, was wir glauben wollen« (Atteslander 1971, S. 123). Um aus der Beobachtung von Schülerinnen und Schülern zuverlässige Informationen zur Optimierung schulischer Lernprozesse gewinnen zu können, muss der Einfluss dieser subjektiven Faktoren auf den Beobachtungsprozess transparent und damit kontrollierbar gemacht werden.

Im Folgenden werden zunächst Inferenz- und Selektionsprozesse als zwei grundlegende Prozesse der Verhaltensbeobachtung herausgestellt, über die sich subjektive Faktoren auf Seiten des Beobachters auf die Verhaltensbeobachtung auswirken können.

Inferenzprozesse

Ein zentraler Gesichtspunkt der Verhaltensbeobachtung ist die Unterscheidung zwischen dem, was die Lehrkraft tatsächlich beobachtet, und den Schlussfolgerungen, die sie aus dem Beobachteten zieht. Beobachtbar ist nur das Verhalten, die zugrundeliegenden handlungsleitenden Motive, Emotionen, Kognitionen und Einstellungen der Schülerin bzw. des Schülers sind prinzipiell nicht beobachtbar, sondern müssen aus ihrem bzw. seinem Verhalten erschlossen werden.

> **Inferenz**
> Im Rahmen der Verhaltensbeobachtung bezeichnen Inferenzen die Schlussfolgerungen, die aus dem beobachteten Verhalten gezogen werden.

Die Lehrkraft kann nur das wahrnehmen, was die Schülerin oder der Schüler tut oder sagt; welche Absichten sie bzw. er verfolgt und welche Beweggründe dahinterstehen, ist prinzipiell nicht beobachtbar, sondern muss aus dem beobachteten Verhalten erschlossen werden.

Im Alltag wird zwischen dem beobachteten Verhalten und den Schlüssen, die daraus gezogen werden, meist nicht differenziert. Eine Person, die wiederholt zu spät zu einem vereinbarten Termin erscheint, halten wir für unzuverlässig, ohne zwischen dem, was wir tatsächlich beobachtet haben (»Die Person kam wiederholt verspätet zu einem verabredeten Termin«) und den Schlüssen, die wir daraus ziehen (»Die Person ist unzuverlässig«), zu unterscheiden. Eine Studentin, die wir häufig in der Universitätsbibliothek antreffen, halten wir für strebsam und fleißig, in der Regel ohne dem Prozess der Zuschreibung von Eigenschaften (»Die Studentin ist fleißig«) aufgrund des beobachteten Verhaltens (»Die Studentin wurde an drei Nachmittagen in der Bibliothek angetroffen«) allzu viel Aufmerksamkeit zu schenken. Auch Lehrkräfte schließen aus dem beobachteten Verhalten der Schülerin oder des Schülers auf zugrundeliegende Eigenschaften, Motive oder Interessen. Schülerinnen und Schüler, die sich häufig am Unterricht beteiligen, gelten als interessiert; Schülerinnen und Schüler, die wiederholt ihre Hausaufgaben nicht erledigt haben, als unmotiviert und Schülerinnen und Schüler, die bei neuen Aufgaben wenig Hilfe benötigen, als begabt. Derartige *Inferenzprozesse* laufen im Alltag normalerweise automatisch ab. Die Wahrnehmung des Verhaltens und die Schlussfolgerung aus dem Verhalten bilden in der Regel einen ganzheitlichen Prozess, ohne dass die Teilprozesse – beispielsweise welche Verhaltensaspekte wahrgenommen und welche Schlüsse daraus gezogen werden – sonderlich beachtet werden.

Selektionsprozesse

Ein weiteres Kennzeichen der Verhaltensbeobachtung sind Selektionsprozesse, die darüber entscheiden, was überhaupt beobachtet wird. Nicht alles prinzipiell Wahrnehmbare wird auch beobachtet. Aufgrund der begrenzten Wahrnehmungskapazität kann die Aufmerksamkeit des Beobachters immer nur auf einen *Ausschnitt* des Beobachtbaren gerichtet sein. Eine Beobachtung ist letztlich immer eine Selektion aus dem potenziell Beobachtbaren.

Ebenso wie die Inferenzprozesse laufen auch die Selektionsprozesse im Alltag normalerweise unbewusst ab, ohne dass ihnen viel Beachtung geschenkt wird. Im Alltag sind es vor allem ungewöhnliche oder erwartungswidrige Verhaltensweisen, die die Aufmerksamkeit auf sich ziehen und Inferenzprozesse auslösen, während gewöhnliches Verhalten meist nicht besonders beachtet wird. So wird man bei einer Person, die sich besonders ausgefallen kleidet, die ein eigenwilliges Verhalten an den Tag legt oder die eine extreme Meinung äußert, eher überlegen, was »dahinter stecken« könnte, während »normales« oder »gewöhnliches« Verhalten im Alltag meist nicht weiter beachtet wird. Eine Verhaltensbeobachtung, die diagnostisch relevante Informationen zur Optimierung schulischer Lernprozesse liefern soll, sollte sich jedoch nicht auf die Verhaltensweisen beschränken, die dem Beobachter ins Auge fallen. Auf welche Verhaltensausschnitte sich die Aufmerksamkeit der Lehrkraft richtet, sollte vielmehr mit Blick auf die Fragestellung reflektiert und begründet werden.

Verhaltensbeobachtung als aktiver Konstruktionsprozess

Wie aus dem Vorangegangenen deutlich wurde, führt die Verhaltensbeobachtung nicht zu einer realitätsgetreuen Abbildung der Wirklichkeit. Die Verhaltensbeobachtung ist vielmehr ein aktiver *Konstruktionsprozess*, der vielfältige Selektions- und Inferenzprozesse beinhaltet. Das gilt auch für Beobachtungen im Unterricht. Die Lehrkraft richtet ihre Aufmerksamkeit auf einen Ausschnitt des prinzipiell Beobachtbaren und verleiht dem beobachteten Verhalten eine Bedeutung, indem sie zum Beispiel auf Absichten oder Motive der Schülerin oder des Schülers schließt oder ihr bzw. ihm bestimmte Eigenschaften zuschreibt. Diese *Selektions- und Inferenzprozesse* müssen transparent gemacht werden, um fehlerhafte Beurteilungen zu vermeiden. Ein erster Schritt dazu ist die Unterscheidung zwischen einer freien und einer systematischen Verhaltensbeobachtung.

2.1 Freie Verhaltensbeobachtung

Freie oder offene Beobachtungen sind dadurch gekennzeichnet, dass die Bedingungen, unter denen diagnostische Informationen aus dem Verhalten gewonnen werden, nicht festgelegt sind.

> **Freie Verhaltensbeobachtung**
> Freie Beobachtungen sind dadurch gekennzeichnet, dass die Bedingungen, unter denen diagnostische Informationen aus dem Verhalten gewonnen werden, nicht festgelegt sind.

Freie Beobachtungen im Unterricht haben häufig einen konkreten Anlass, wie zum Beispiel Störungen im Unterricht, Streitigkeiten unter Schülerinnen und Schülern oder ein problematisches Lernverhalten einer Schülerin oder eines Schülers. Meist sind es ungewöhnliche oder erwartungswidrige Ereignisse, die die Aufmerksamkeit der Lehrkraft auf sich ziehen, etwa ein unerwartetes Versagen oder eine außergewöhnliche Leistung der Schülerin oder des Schülers in einer Klassenarbeit oder Streitereien mit Mitschülerinnen und Mitschülern. Diese rücken eine Zeit lang einen bestimmten Ausschnitt des Schülerverhaltens in den Fokus der Aufmerksamkeit der Lehrkraft und setzten einen Beobachtungsprozess in Gang, ohne dass die Lehrkraft der Frage, welche Verhaltensweisen beobachtet werden sollen, wie die Beobachtungen objektiviert werden können und welche Schlussfolgerungen aus ihren Beobachtungen zu ziehen sind, allzu viel Beachtung schenkt.

Eine freie Beobachtung hat den Vorteil, dass Beobachterinnen und Beobachter im Hinblick darauf, was beobachtet wird, nicht eingeschränkt sind. Es liegt allein in ihrem Ermessen, was, wie und woraufhin beobachtet wird. Damit sind die Beobachterinnen und Beobachter prinzipiell offen für viele Eindrücke und können ihren Beobachtungsfokus flexibel an sich ändernde Gegebenheiten anpassen. Ein solches Vorgehen bietet sich vor allem dann an, wenn man sich zunächst einen ersten Eindruck verschaffen will.

2.2 Systematische Verhaltensbeobachtung

Im Unterschied zu einer freien Verhaltensbeobachtung zielt eine *systematische Verhaltensbeobachtung* auf eine Kontrolle der Selektions- und Inferenzprozesse bei der Beobachtung ab. Dazu werden die Bedingungen, unter denen diagnostische Informationen aus dem Verhalten gewonnen werden, weitgehend festgelegt.

> **Systematische Verhaltensbeobachtung**
> Eine systematische (wissenschaftliche) Verhaltensbeobachtung liegt dann vor, wenn die Bedingungen, unter denen diagnostische Informationen über das Verhalten gewonnen werden, weitgehend kontrolliert werden. Dazu wird festgelegt, welcher Verhaltensausschnitt beobachtet werden soll, unter welchen Bedingungen die Person beobachtet werden soll und wie das Beobachtete protokolliert werden soll.

Bei einer systematischen Verhaltensbeobachtung bleibt es also nicht den Beobachterinnen und Beobachtern überlassen, was beobachtet wird und welche Schlüsse aus dem Beobachteten gezogen werden. Der Beobachtungsprozess ist vielmehr kontrolliert. Dabei kommt der Fragestellung eine *weichenstellende Funktion* zu: Sie bestimmt, auf welches Verhaltensspektrum die Aufmerksamkeit der Beobachterinnen und Beobachter gerichtet und unter welchen Bedingungen das Verhalten beobachtet werden soll.

Die Fragestellung ist Ausgangspunkt für die Festlegung des *Verhaltensausschnitts*, der beobachtet werden soll. Die Aufmerksamkeit der Beobachterinnen und Beobachter ist nicht auf das gesamte Verhaltensspektrum gerichtet, sondern gezielt auf den Verhaltensausschnitt, der Informationen liefert, mit denen die Frage beantwortet werden kann. Geht es beispielsweise um Unterrichtsstörungen, liegt der Beobachtungsfokus auf solchen Verhaltensweisen der Lernenden, die die Lernprozesse im Unterricht beeinträchtigen. Dazu ist vorab zu klären, worin Unterrichtsstörungen bestehen und wie sich die Verhaltensweisen, die den Unterrichtsprozess stören, weiter differenzieren lassen.

Von der Fragestellung hängt es nicht nur ab, welcher Verhaltensausschnitt wichtig ist, sondern auch, in welchen Situationen und unter welchen Bedingungen das Verhalten beobachtet werden soll. Grundsätzlich sind solche Beobachtungsbedingungen auszuwählen, in denen das Merkmal, über das Aussagen gemacht werden soll, auch im Verhalten zum Ausdruck kommt. Soll beispielsweise geklärt werden, wie Schülerinnen und Schüler mit anderen zusammenarbeiten, liefern solche Situationen relevante Informationen, die Anforderungen an die Kooperationsfähigkeit der Lernenden stellen, etwa bei einer Partner-, Gruppen- oder Projektarbeit. Bezieht sich die

Fragestellung auf die Aufmerksamkeit im Unterricht, wird man die Schülerinnen und Schüler unter solchen Bedingungen beobachten, die ihre Aufmerksamkeit beanspruchen, zum Beispiel im Frontalunterricht. Will die Lehrkraft Aufschlüsse über die sozialen Kompetenzen einer Schülerin oder eines Schülers gewinnen, sollten Aufgaben gestellt werden, bei denen es darum geht, Kompromisse mit Mitschülerinnen und Mitschülern zu finden, gemeinsame Entscheidungen zu treffen oder Konflikte zu lösen.

Im Unterschied zu Alltagsbeobachtungen, die meist spontan verlaufen und mit denen keine konkrete Absicht verfolgt wird, ist die systematische Verhaltensbeobachtung zielgerichtet und selektiv. Die Zielgerichtetheit und Selektivität der Beobachtung ergibt sich aus der Frage, die beantwortet werden soll. Sie bestimmt, auf welchen Verhaltensausschnitt die Aufmerksamkeit bei der Beobachtung gerichtet ist und unter welchen Bedingungen das Verhalten beobachtet wird.

2.3 Formen der systematischen Verhaltensbeobachtung

Im Rahmen der systematischen Verhaltensbeobachtung können verschiedene Formen der Verhaltensbeobachtung unterschieden werden.

2.3.1 Kontrolle der Beobachtungsbedingungen

Ein wichtiger Gesichtspunkt bei der Verhaltensbeobachtung ist, inwieweit die Beobachterin oder der Beobachter die Bedingungen, unter denen das Verhalten beobachtet wird, kontrollieren bzw. selbst herstellen kann. Das Ausmaß an Kontrolle lässt sich auf einem Kontinuum darstellen, dessen Pole durch zwei Formen der Verhaltensbeobachtung gekennzeichnet sind: die Verhaltensbeobachtung unter kontrollierten Bedingungen und die Verhaltensbeobachtung im Feld.

> **Kontrollierte Verhaltensbeobachtung**
> Bei einer kontrollierten Verhaltensbeobachtung werden die Bedingungen, unter denen das Verhalten beobachtet wird, von der Beobachterin oder dem Beobachter selbst hergestellt.

- **Verhaltensbeobachtung unter kontrollierten Bedingungen**
  Das Höchstmaß an Bedingungskontrolle erlaubt eine Verhaltensbeobachtung unter kontrollierten Bedingungen (»Laborbedingungen«). Diese ermöglichen es der Beobachterin oder dem Beobachter, die Beobachtungsbedingungen selbst festzulegen. Soll beispielsweise das Lernverhalten einer Schülerin oder eines Schülers beobachtet werden, so kann die Beobachterin oder der Beobachter zum Beispiel unterschiedliches Lernmaterial vorgeben, die Schwierigkeit der Aufgaben variieren, für die Lösung der Aufgaben bestimmte Hilfen geben oder bestimmte Formen der Zusammenarbeit mit anderen Schülerinnen und Schülern vorgeben.
- **Verhaltensbeobachtung im Feld**
  Eine Verhaltensbeobachtung im Feld liegt vor, wenn Schülerinnen und Schüler in ihrer natürlichen Umgebung beobachtet werden, ohne dass die Beobachterin oder der Beobachter die Bedingungen verändert, unter denen das Verhalten beobachtet wird. Schülerinnen und Schüler könnten beispielsweise auf dem Schulhof oder auf dem Spielplatz beobachtet werden, ohne

dass die Beobachterin oder der Beobachter in die Beobachtungssituation eingreift.

Bei einer Beobachtung unter kontrollierten Bedingungen kann die Beobachterin oder der Beobachter die Bedingungen variieren, unter denen das Verhalten beobachtet wird. Dies ermöglicht es, die Auswirkungen dieser Bedingungen auf das Verhalten zu prüfen. Bei der Beobachtung des Lernverhaltens können beispielsweise Aufgaben mit unterschiedlichem Schwierigkeitsgrad vorgeben oder die Art der Rückmeldung variiert werden, um Aufschlüsse darüber zu gewinnen, welche Lernstrategien die Schülerin oder der Schüler bei neuen oder schwierigen Aufgaben einschlägt, wie sie oder er mit Misserfolgen umgeht oder inwieweit sie oder er Rückmeldungen oder Hilfestellungen der Lehrkraft nutzt. Will man sich ein Bild davon machen, wie gut Schülerinnen und Schüler zusammenarbeiten können, könnte die Lehrkraft verschiedene Aufgaben vorgeben, bei denen die Schülerinnen und Schüler ihre Aktivtäten in unterschiedlichem Maße aufeinander abstimmen müssen.

Der Nachteil einer Beobachtung unter kontrollierten Bedingungen (»Laborbedingungen«) liegt darin, dass ungesichert ist, inwieweit die Beobachtungsergebnisse, die unter »künstlichen«, von der Beobachterin oder vom Beobachter hergestellten Bedingungen gewonnen wurden, auf den Schulalltag übertragen werden können. Damit stellt sich das Problem der *Generalisierbarkeit*: Lassen sich die Befunde, die unter »Laborbedingungen« gewonnen wurden, auch auf das Verhalten der Schülerin oder des Schülers im Alltag übertragen?

Das Problem der Übertragbarkeit stellt sich nicht, wenn Schülerinnen und Schüler in ihrer natürlichen Umgebung beobachtet werden. Das beobachtete Verhalten ist in der Regel repräsentativ für ihr Verhalten im Alltag. Der Nachteil einer Verhaltensbeobachtung im Feld liegt darin, dass die Lehrkraft die besonderen Bedingungen, die das Verhalten der Schülerin oder des Schülers in der Beobachtungssituation beeinflussen, nicht kennt bzw. nicht kontrollien kann.

2.3.2 Teilnahme der Beobachterin oder des Beobachters

Verhaltensbeobachtungen lassen sich danach unterscheiden, inwieweit die Beobachterin oder der Beobachter selbst in das Geschehen, das sie oder er beobachtet, miteinbezogen ist. Ist die Beobachterin oder der Beobachter selbst in die Beobachtungssituation miteinbezogen, spricht man von einer *teilnehmenden Beobachtung*.

> **Teilnehmende Beobachtung**
> Bei einer teilnehmenden Beobachtung ist die Beobachterin oder der Beobachter selbst entweder aktiv oder passiv in die Beobachtungssituation involviert.

Hinsichtlich des Grades der Involviertheit der Beobachterin oder des Beobachters in die Beobachtungssituation lassen sich drei Stufen unterscheiden.

- **Aktive Teilnahme**
  Bei einer *aktiven Teilnahme* sind Beobachterinnen und Beobachter selbst Mitakteurinnen bzw. Mitakteure der sozialen Situation, in der das Verhalten beobachtet wird. Sie nehmen aktiv am Geschehen teil, das sie beobachten. Eine Verhaltensbeobachtung mit aktiver Teilnahme liegt beispielsweise vor, wenn die Lehrkraft während des Unterrichts das Schülerverhalten beobachtet.
- **Passive Teilnahme**
  Bei *passiver Teilnahme* sind die Beobachterinnen und Beobachter zwar anwesend, nehmen jedoch nicht aktiv an der Interaktion teil und sind nicht in die Handlungsabläufe einbezogen. Ihre Rolle beschränkt sich auf die Beobachtung und Protokollie-

rung des Verhaltens, ohne dass sie selbst aktiv das Geschehen beeinflussen. Eine passiv teilnehmende Beobachtung wäre beispielsweise die *Hospitation* im Unterricht. Die Beobachterin oder der Beobachter ist zwar während des Unterrichts anwesend, nimmt jedoch nicht aktiv am Unterrichtsgeschehen teil.

- **Nicht-teilnehmende Beobachtung**
  Bei einer *nicht-teilnehmenden Beobachtung* sind Beobachterinnen und Beobachter selbst nicht in der Beobachtungssituation anwesend, sondern registrieren das Verhalten quasi von außen. Eine nicht-teilnehmende Beobachtung liegt beispielsweise vor, wenn die Beobachterin oder der Beobachter das Spielverhalten von Kindern durch einen Einwegspiegel oder das Verhalten von Schülerinnen und Schülern auf dem Schulhof beobachtet.

Der Vorteil einer teilnehmenden Beobachtung liegt darin, dass Beobachterinnen und Beobachter, die selbst in die Beobachtungssituation involviert sind, das komplexe Geschehen differenziert wahrnehmen können. Da sie selbst eine soziale Rolle in der Beobachtungssituation einnehmen – zum Beispiel als Lehrende, als Lernpartner oder als Spielpartner – bemerken sie unter Umständen Zusammenhänge, die Außenstehenden nicht auffallen würden. Sie werden möglicherweise die Absichten oder Motive der Beobachteten besser beurteilen können als außenstehende Beobachterinnen und Beobachter. Eine teilnehmende Beobachtung ist jedoch mit Einschränkungen verbunden:

- Grundsätzlich ist damit zu rechnen, dass die Teilnahme der Beobachterin oder des Beobachters das Verhalten der beobachteten Person beeinflusst. So wird eine Lehrkraft, die das Verhalten der Schülerinnen und Schüler im Unterricht beobachtet, eben dieses Schülerverhalten auch durch ihre Unterrichtsgestaltung mitbeeinflussen. Durch ihr Vorgehen im Unterricht ruft die Lehrkraft möglicherweise das Verhalten erst hervor, das sie beobachtet.
- Die Teilnahme beschränkt die *Informationsverarbeitungskapazität* der Beobachterin oder des Beobachters. So kann eine Lehrkraft, die den Unterricht gestaltet, nicht noch gleichzeitig das Verhalten der Schülerinnen und Schüler während des Unterrichts differenziert beobachten und ihre Beobachtungen detailliert protokollieren. Ebenso stellt sich die Situation für eine Erzieherin dar, die in der Interaktion mit einer Kindergruppe beispielsweise die sprachlichen Kompetenzen der Kinder beurteilen soll. Dazu müsste sie ja ihre Aufmerksamkeit vom Inhalt der Kommunikation mit den Kindern abwenden und auf formale Aspekte der Sprache richten, etwa darauf, ob die Kinder die Mehrzahl verwenden oder Adjektive steigern können. Da sie selbst in die Interaktion in der Kindergruppe involviert ist, dürfte es ihr kaum gelingen, detaillierte Angaben über syntaktisch-grammatikalische Kompetenzen der Kinder zu machen.
- Beobachterinnen und Beobachter, die aktiv an der Beobachtungssituation teilnehmen, haben während der Beobachtung nur begrenzte Möglichkeiten, das Beobachtete zu protokollieren. Eine Lehrkraft, die den Unterricht gestalten muss, oder eine Erzieherin, die in der Kindergruppe involviert ist, können ihre Beobachtungen meist nur nachträglich aufzeichnen. Dabei ist damit zu rechnen, dass sie sich nicht mehr genau an das Beobachtete erinnern können oder das Beobachtete nur verzerrt wiedergeben (▶ Kap. 2.5).

Insgesamt sind die Möglichkeiten einer systematischen Verhaltensbeobachtung bei aktiv teilnehmender Beobachtung beschränkt. In Abhängigkeit vom Ausmaß der Kontrolle und vom Grad der Teilnahme des Beobachters lassen sich die in Tabelle 2.1 aufgeführten sechs Formen der Verhaltensbeobachtung unterscheiden.

Tab. 2.1: Grundformen der Verhaltensbeobachtung]

Bedingungs-kontrolle	Teilnahme der Beobachterin bzw. des Beobachters		
	Keine Teilnahme	Passive Teilnahme	Aktive Teilnahme
Kontrolliert	Beobachtung eines Kindes in einer standardisierten Spielsituation durch eine Einwegscheibe	Schüler bearbeiten vorgegebene Aufgaben. Die Lehrkraft sitzt dabei und protokolliert das Verhalten den Schüler	Die Lehrkraft spricht Sätze vor, das Kind wiederholt oder ergänzt die Sätze
Nicht kontrolliert	Beobachtung eines Schülers in der Pause auf dem Schulhof	Beobachtung eines Schülers während des Unterrichts durch einen Hospitanten	Die Lehrkraft beobachtet den Schüler während des Unterrichts

2.3.3 Offene versus verdeckte Verhaltensbeobachtung

In Abhängigkeit davon, ob den Beobachteten bewusst ist, dass sie beobachtet werden, wird zwischen offenen und verdeckten Verhaltensbeobachtungen unterschieden. Bei einer *offenen Verhaltensbeobachtung* wissen die Beobachteten, dass sie beobachtet werden. Bei einer *verdeckten Verhaltensbeobachtung* ist den Beobachteten nicht bewusst, dass sie beobachtet werden.

> **Offene Verhaltensbeobachtung**
> Bei einer offenen Verhaltensbeobachtung ist dem Beobachteten bewusst, dass er beobachtet wird.

Bei einer offenen Beobachtung ergibt sich ein grundsätzliches Problem: Beobachtete, die wissen, dass sie unter Beobachtung stehen, werden auf ihr Verhalten in besonderer Weise achten und sich möglicherweise anders als sonst verhalten. Bei einer Unterrichtsbeobachtung – zum Beispiel im Rahmen einer passivteilnehmenden Beobachtung durch einen Hospitanten – werden sich die Schülerinnen und Schüler wahrscheinlich bemühen, einen guten Eindruck zu hinterlassen, etwa dadurch, dass sie sich eifriger als sonst am Unterricht beteiligen oder besonders darauf achtet, nicht unangenehm aufzufallen. Ebenso werden Schülerinnen und Schüler, die wissen, dass sie während einer Gruppenarbeit beobachtet werden, sich möglicherweise in der Lerngruppe stärker als sonst engagieren. Bei einer offenen Verhaltensbeobachtung muss damit gerechnet werden, dass die Beobachteten ihr Verhalten nach den Erwartungen der Beobachterin oder des Beobachters ausrichten.

Das Bewusstsein, beobachtet zu werden, hat jedoch nicht nur Auswirkungen auf die Schülerinnen und Schüler, sondern dürfte auch die Lehrkraft beeinflussen, wenn eine fremde Person zur Beobachtung im Unterricht anwesend ist. Auch die Lehrkraft befindet sich ja unter einem Bewertungsdruck, wenn zum Beispiel eine Praktikantin oder ein Praktikant oder eine Kollegin oder ein Kollege das Unterrichtsgeschehen beobachtet und womöglich auch das Verhalten der Lehrkraft protokolliert. Möglicherweise befürchtet sie, kontrolliert zu werden oder dass die Beobachtungen Anlass zu Kritik geben könnten.

Reaktive Messung

Bei einer offenen Beobachtung ist damit zu rechnen, dass die Beobachtung das zu beobachtende Verhalten beeinflusst. In diesem Fall spricht man von einer *reaktiven Messung*. Eine reaktive Messung liegt dann vor, wenn der Messvorgang selbst das zu Messende beeinflusst.

> **Reaktive Messung**
> Eine reaktive Messung liegt dann vor, wenn der Messvorgang selbst das zu messende Merkmal beeinflusst.

Um reaktive Effekte zu vermeiden, wäre eine verdeckte Verhaltensbeobachtung eine naheliegende Lösung. Allerdings ist es oft aus ethischen Gründen bedenklich, Personen ohne ihr Wissen systematisch zu beobachten. Bei einer Verhaltensbeobachtung im Unterricht sollten die Schülerinnen und Schüler nach Möglichkeit darüber aufgeklärt werden, was beobachtet wird und zu welchem Zweck die Beobachtungsdaten verwendet werden. Im Sinne eines offenen, für alle Beteiligten transparenten Umgangs mit diagnostischen Maßnahmen wäre auch zu erwägen, die Schülerinnen und Schüler über Anlass und Zweck der Verhaltensbeobachtung aufzuklären. Je nach Fragestellung bietet es sich auch an, die Unterrichtsbeobachtung zu nutzen, um mit ihnen ins Gespräch zu kommen, in dem sie an der Auswertung der Unterrichtsbeobachtungen beteiligt und bei der Suche nach Lösungen miteinbezogen werden.

2.4 Methoden der Verhaltensregistrierung

Ein wichtiger Schritt einer wissenschaftlichen Verhaltensbeobachtung ist die *Objektivierung* der Beobachtungen. Im Hinblick auf den Umfang der Informationen, die der Beobachtung entnommen werden, wird eine isomorphe von einer reduktiven Deskription unterschieden. Eine *isomorphe* Deskription zielt auf die vollständige Erfassung des beobachtbaren Verhaltens ab. Alles, was beobachtet wurde, soll unverändert und vollständig registriert werden. Dies ist nur möglich, wenn die gesamte Verhaltenssequenz per Video aufgezeichnet wird. Bei einer *reduktiven* Deskription werden demgegenüber *ausgewählte* Aspekte des Verhaltens erhoben. Die Reduktion ergibt sich daraus, dass dem komplexen Verhaltensstrom gezielt die diagnostisch relevanten Informationen entnommen werden, die zur Beantwortung der Fragestellung beitragen.

Dazu werden verschiedene Methoden der *Verhaltensregistrierung* eingesetzt, die festlegen, auf welche Verhaltensaspekte die Aufmerksamkeit gerichtet ist, in welchen Einheiten das Verhalten erfasst wird und wie die Beobachtungen registriert werden.

2.4.1 Zeichensysteme

Die einfachste Methode der Verhaltensregistrierung ist ein *Zeichen- oder Indexsystem*. Zur Erstellung eines Zeichensystems werden die Verhaltensweisen aufgelistet, die für das jeweilige Merkmal oder für die jeweilige Eigenschaft typisch oder kennzeichnend sind. Diese Verhaltensweisen gelten als Indikatoren oder Zeichen für das Merkmal bzw. die Eigenschaft, über die die Verhaltensbeobachtung Aufschluss geben soll. Die Beobachterin oder der Beobachter hat die jeweilige Verhaltensweise anzukreuzen, wenn sie in der Beobachtungseinheit auftritt.

Soll zum Beispiel störendes Verhalten im Unterricht beobachtet werden, werden zunächst alle möglichen Verhaltensweisen aufgelistet, die den Unterrichtsprozess stören, wie zum Beispiel vom Platz aufstehen, lautes Sprechen mit dem Sitzplatznachbarn, in die Klasse rufen oder Antworten, ohne aufgerufen worden zu sein (▶ Tab. 2.2). Aufgabe der Beobachterin oder des Beobachters ist es, im Beobachtungszeitraum auf einer Strichliste zu protokollieren, wenn eine dieser Verhaltensweisen beobachtet wird. Nach Abschluss der Verhaltensbeobachtung kann der Strichliste entnommen werden, welche Form der Unterrichtsstörung dominiert und gegebenenfalls unter welchen Bedingungen und in welchen Phasen des Unterrichts Störungen besonders häufig auftreten.

> **Zeichensystem**
> Ein Zeichensystem (Indexsystem) besteht aus einer Liste von Verhaltensweisen, die für den Merkmalsbereich, der beobachtet werden soll, kennzeichnend sind. Die Beobachterin oder der Beobachter signiert die Verhaltensweise, wenn sie auftritt.

Tab. 2.2: Zeichensystem zur Beobachtung von Unterrichtsstörungen

Verhaltensweisen	Anzahl der Beobachtungen
entfernt sich unaufgefordert vom Platz	
redet unaufgefordert	
antwortet auf Fragen, ohne aufgerufen worden zu sein	
spricht mit der Nachbarin bzw. dem Nachbarn	
albert herum, macht Witze	
stellt Fragen, ohne sich vorher zu melden	
ärgert Mitschülerinnen oder Mitschüler	
streitet sich mit Mitschülerinnen oder Mitschülern	

Tab. 2.2: Zeichensystem zur Beobachtung von Unterrichtsstörungen – Fortsetzung

Verhaltensweisen	Anzahl der Beobachtungen
macht Geräusche mit Gegenständen	
wirft Gegenstände durch die Klasse	
benutzt Handy, Smartphone	
wippt mit dem Stuhl	
sagt Mitschülerinnen oder Mitschülern laut vor	
isst, trinkt während des Unterrichts	
lacht Mitschülerinnen oder Mitschüler aus	
verweigert Arbeitsaufträge	

Zeichensysteme können aus einer großen Anzahl von Verhaltensweisen bestehen. Sie sind nicht erschöpfend und können auch während der Beobachtung präzisiert und ergänzt werden. Wie an dem Beispiel in Tabelle 2.2 deutlich wird, sind die Verhaltensweisen nicht überschneidungsfrei. Bei einer Unterrichtsstörung können durchaus mehrere ›Zeichen‹ zutreffen.

2.4.2 Kategoriensysteme

Bei einem Kategoriensystem wird das gesamte Verhaltensspektrum in Kategorien eingeteilt. Die Kategorien, deren Anzahl meist deutlich geringer ist als die Anzahl der Zeichen eines Zeichensystems, stellen übergeordnete Verhaltensklassen dar, mit denen unterschiedliche Verhaltensweisen unter einem Gesichtspunkt zusammengefasst werden. Aufgabe der Beobachterin oder des Beobachters ist es, alle Verhaltensweisen eines Verhaltensbereichs einer der vorgegebenen Kategorien zuzuordnen.

> **Kategoriensystem**
> Ein Kategoriensystem besteht aus disjunkten Klassen von Verhaltensweisen, die den Merkmalsbereich, der beobachtet werden soll, vollständig repräsentieren. Die Beobachterin oder der Beobachter hat die Aufgabe, alle beobachteten Verhaltensweisen eines Verhaltensbereichs einer der Kategorien zuzuordnen.

Ein Kategoriensystem muss verschiedene Bedingungen erfüllen:

- Die Kategorien müssen genau definiert sein, so dass die beobachteten Verhaltensweisen eindeutig einer Kategorie zugeordnet werden können.
- Das Kategoriensystem muss den Verhaltensausschnitt, der beobachtet werden soll, vollständig repräsentieren. Alle Verhaltensweisen des Verhaltensausschnitts müssen auch in das Kategoriensystem eingeordnet werden können.
- Die Kategorien eines Kategoriensystems müssen überschneidungsfrei sein. Dazu müssen die Kategorien scharf voneinander abgegrenzt werden, so dass eine Verhaltensweise nicht zwei Kategorien gleichzeitig zugeordnet werden kann.

Erstellung eines Kategoriensystems

Ein Kategoriensystem kann auf der Grundlage einer vorherigen freien Verhaltensbeobachtung erstellt werden, indem die beobachteten Verhaltensweisen nach relevanten Gesichtspunkten in Kategorien eingeteilt werden. In diesem Fall spricht man von einer *empirischen Kategorienbildung*. Bei einer *rationalen Kategorienerstellung* werden die Kategorien aus einer Theorie abgeleitet. Ein rationales Vorgehen bei der Kategorienbildung ist vor allem in der Forschung erforderlich, wenn mit der Verhaltensbeobachtung Hypothesen überprüft werden sollen, die aus einer Theorie abgeleitet wurden.

Festlegung der Beobachtungseinheit

Um sicherzustellen, dass verschiedene Beobachterinnen und Beobachter bei der Beobachtung des Verhaltens auch die gleiche Verhaltensstichprobe beobachten, muss die *Beobachtungseinheit* festgelegt werden. Dazu wird der Verhaltensstrom segmentiert. Die Segmentierung kann entweder nach formalen oder nach inhaltlichen Kriterien erfolgen. Bei einem *Zeitstichprobenverfahren* (Time Sampling) wird die Beobachtungseinheit nach einem formalen Kriterium, der Zeit, festgelegt; bei einem *Ereignisstichprobenverfahren* (Event Sampling) ist die Beobachtungseinheit ein inhaltlich bestimmtes Ereignis oder eine Klasse von Ereignissen.

- **Zeitstichprobe**
  Bei einem Zeitstichproben-Verfahren wird die gesamte Beobachtungszeit in kurze Zeiteinheiten von wenigen Sekunden unterteilt. In jeder Zeiteinheit hat die Beobachterin oder der Beobachter eine der Kategorien des Kategoriensystems anzukreuzen. Beträgt zum Beispiel das Zeitintervall zehn Sekunden, muss die Beobachtung alle zehn Sekunden protokolliert werden, also eine der Kategorien angekreuzt werden. Auf diese Weise wird gewährleistet, dass alle Beobachterinnen und Beobachter die gleiche Verhaltensstichprobe beurteilen.
- **Ereignisstichprobe**
  Bei Ereignisstichproben bestimmen vorher festgelegte Verhaltensweisen oder Ereignisse die Beobachtungseinheiten. Es wird registriert, wie häufig ein bestimmtes Verhalten im gesamten Beobachtungszeitraum auftritt, zum Beispiel wie häufig sich eine Schülerin oder ein Schüler während einer Unterrichtsstunde meldet, wie

oft eine Lehrkraft die Schülerinnen und Schüler lobt oder wie häufig sie ihnen Rückmeldungen gibt. Diese Form der Ziehung einer Verhaltensstichprobe eignet sich besonders zur Erfassung von selten auftretenden Verhaltensweisen.

Münchener Aufmerksamkeitsinventar

Ein Beispiel für ein Kategoriensystem ist das *Münchener Aufmerksamkeitsinventar* (MAI; Helmke & Renkl, 1992) zur Erfassung des Aufmerksamkeitsverhaltens von Schülerinnen und Schülern während des Unterrichts. Das Verfahren, das für die Unterrichtsforschung entwickelt wurde, basiert auf einer passiv teilnehmenden Beobachtung. Die Beobachterin oder der Beobachter ist im Unterricht anwesend, nimmt aber nicht am Unterrichtsgeschehen teil. Die Beobachtungsdaten werden im Zeitstichproben-Verfahren erhoben. Die Beobachterinnen und Beobachter beobachten jeweils fünf Sekunden lang eine Schülerin oder einen Schüler, bevor sie zur nächsten Schülerin oder zum nächsten Schüler übergehen. In jedem Zeitintervall hat die Beobachterin oder der Beobachter zunächst zu entscheiden, ob das Verhalten der Schülerin oder des Schülers *aufgabenorientiert*, das heißt, auf die Nutzung der aktuellen Lerngelegenheit gerichtet ist (on-task), oder *nicht-aufgabenorientiert*, das heißt, nicht auf die Nutzung der aktuellen Lerngelegenheit gerichtet ist (off-task). Innerhalb dieser beiden Hauptkategorien wird weiter differenziert (▶ Tab. 2.3).

Lauth und Mackowiak (2004) setzten das MAI ein, um das Aufmerksamkeitsverhalten von Grundschülerinnen und Grundschülern mit Aufmerksamkeitsdefizit-/Hyperaktivitätsstörungen (ADHS) zu untersuchen. Erwar-

Tab. 2.3: Münchener Aufmerksamkeitsinventar (MAI; Helmke & Renkl, 1992)

On-Task (aufgabenorientiert) Das Verhalten des Schülers ist auf die Nutzung der aktuellen Lerngelegenheit gerichtet.	
Passive Teilnahme am Unterricht	Der Schüler schaut zur Tafel, zum Lehrer oder auf sein Heft.
Aktiv-selbstinitiierte fachbezogene Mitarbeit	Der Schüler zeigt ein spontanes fachliches Engagement. Er stellt zum Beispiel eine Frage zum Unterrichtsstoff oder meldet sich im Unterricht.
Fremd-initiierte fachbezogene Aktivitäten	Der Schüler reagiert auf eine entsprechende Aufforderung der Lehrkraft. Er beantwortet zum Beispiel eine Frage der Lehrkraft oder zeigt etwas an der Tafel, nachdem er von der Lehrkraft aufgerufen wurde.
Off-Task (nicht aufgabenorientiert) Das Verhalten des Schülers ist nicht auf die Nutzung der aktuellen Lerngelegenheit gerichtet.	
Passiv, nicht störend	Die Lerngelegenheit wird verpasst, ohne dass der Unterricht unmittelbar beeinträchtigt wird. Der Schüler schaut zum Beispiel aus dem Fenster, gähnt oder malt in seinem Heft.
Aktiv, störend, interagierend	Der Lerngelegenheit wird aktiv eine andere inkompatible Verhaltensweise entgegengesetzt. Der Schüler redet zum Beispiel mit seinem Nachbarn, antwortet auf Fragen der Lehrkraft, ohne aufgerufen worden zu sein, verlässt seinen Platz oder stört Mitschüler.
Neutral	Es liegt keine aktuelle Lernaufgabe vor, so dass weder eine Nutzung noch ein Verpassen einer Lerngelegenheit vorliegt.

tungsgemäß zeigten Schülerinnen und Schüler mit ADHS seltener aufgabenorientiertes Verhalten als die, die keine ADHS aufweisen. Während bei Schülerinnen und Schülern ohne ADHS in 83 % der Zeitintervalle aufgabenorientiertes Verhalten (on task-Verhalten) beobachtet wurde, waren es unter denen mit ADHS nur 70 %. Ferner zeigten Schülerinnen und Schüler mit ADHS häufiger aktiv-störende Verhaltensweisen, mehr selbstinitiierte Aktivitäten sowie häufiger fremdinitiierte Aktivitäten als die Schülerinnen und Schüler der Kontrollgruppe. Letzteres weist darauf hin, dass Grundschülerinnen und Grundschüler mit ADHS verstärkt auf Anstöße durch die Lehrkraft angewiesen sind.

Interaktions-Prozess-Analyse

Das bekannteste Kategoriensystem ist wohl die *Interaktions-Prozess-Analyse* (Interaction Process Analysis, IPA) von R. F. Bales aus dem Jahre 1950, die seit ihrem Erscheinen mehrfach weiterentwickelt wurde (Bales, 1999; Bales & Cohen, 1982). Die IPA wird zur Analyse sozialer Interaktionen in Kleingruppen eingesetzt, um Aufschluss über die Gruppenstruktur und über die Problemlösungsprozesse innerhalb der Gruppe zu gewinnen.

Dazu werden die Interaktionen innerhalb der Gruppe aufgezeichnet und im Rahmen einer nicht-teilnehmenden Beobachtung von Beobachtern in das Kategoriensystem eingeordnet. Die Beobachtungseinheit wird nach dem Ereignisstichprobenverfahren festgelegt. Die Beobachtungseinheiten sind einzelne Interaktionen. Darunter werden kommunikative Akte verstanden, die von einem oder mehreren Sendern auf einen oder mehrere Adressaten gerichtet sind. Die Interaktionen werden zunächst nach der Zielrichtung kodiert, das heißt danach, welches Gruppenmitglied einen kommunikativen Akt an wen richtet (»Wer-zu-Wem«- Matrizen) und anschließend einer von zwölf Verhaltenskategorien zugeordnet.

Die Verhaltenskategorien sind zwei biopolaren Interaktionsdimensionen zugeordnet: instrumentale/aufgabenorientierte Interaktionen (›Fragen stellen‹ versus ›Antworten geben‹) und sozial-emotionale Interaktionen (positive versus negative). *Instrumentale Interaktionen* zielen auf eine Lösung der Aufgabe ab. Dazu gehören beispielsweise ›Vorschläge machen‹, ›Informationen geben‹ oder ›Meinungen vermitteln‹ oder aber ›um Orientierung bitten‹, ›Meinungen erfragen‹ oder ›Vorschläge erbitten‹. *Sozial-emotionale Interaktionen* betreffen die Integration in die Gruppe und sind darauf ausgerichtet, Einfluss auf die Gruppenmitglieder auszuüben. Sie beinhalten entweder positive kommunikative Akte wie zum Beispiel ›Solidarität zeigen‹, ›Entspannungsreduktion zeigen‹, ›zustimmen‹ oder negative kommunikative Akte wie ›widersprechen‹, ›sich feindselig zeigen‹, ›Anspannung zeigen‹ oder ›ablehnen‹. Die Kategorien sind erschöpfend und disjunkt (überscheidungsfrei), so dass jeder kommunikative Akt genau einer der zwölf Kategorien zugeordnet werden kann.

Die IPA enthält abstrakte Verhaltenskategorien, die von den Beobachterinnen und Beobachtern weitgehende Interpretationen des beobachteten Verhaltens erfordern. Beurteilt wird das Verhalten nicht nach seiner semantischen Bedeutung, sondern nach seiner Intention (z. B. Aufgaben lösen, Einfluss auf Gruppenmitglieder nehmen). Die Ergebnisse geben Aufschluss über die Rolle der einzelnen Gruppenmitglieder im Hinblick auf die Aufgabenbewältigung und die soziale Integration der Gruppe. Die Analyse ermöglicht damit eine Beschreibung der Interaktionsstruktur in Kleingruppen, gibt aber keinen Aufschluss über die Motive der Gruppenmitglieder. Den Ergebnissen der IPA ist somit nicht zu entnehmen, warum sich die Gruppenmitglieder so und nicht anders verhalten haben.

Beobachtungssystem zur Analyse aggressiven Verhaltens in schulischen Settings

Ein weiteres Beispiel für ein Kategoriensystem ist das *Beobachtungssystem zur Analyse aggressiven Verhaltens in schulischen Settings* (BASYS; Wettstein, 2008). Das BASYS dient der Analyse problematischen Schülerverhaltens in der Klasse. Es liegt in zwei Versionen vor, eine Version für Lehrkräfte (BASYS-L) und eine erweiterte Version für Fremdbeobachter (BASYS-F) und kann sowohl als Einzel- als auch als oder Gruppenverfahren eingesetzt werden.

Tab. 2.4: Kategorien des Beobachtungssystems zur Analyse aggressiven Verhaltens in schulischen Settings (BASYS-L)

Kategorie	Beispiele
Oppositionelles Verhalten gegen die Lehrkraft	Verweigern, dazwischen schreien, brüllen, trotzen, sich einfachen Regeln widersetzen, die Schuld auf andere schieben
Aktiv gegen Fremdperson, offen-direkt	Verbal: Drohen, beschimpfen, beleidigen, Halsabschneide-Geste, anschreien, anbrüllen, drohen, einschüchtern, Geste des Erschießens. Körperlich: Schlag andeuten, boxen, treten, schlagen, stoßen, beißen, kratzen, anspucken, wegdrängen, wegziehen, an Haaren und Ohren ziehen.
Aktiv gegen Fremdperson, verdeckt-hinterhältig	Verbal: Falsche Anschuldigungen machen, Gerüchte verbreiten. Körperlich: Dem Gesprächspartner die kalte Schulter zeigen, Gegenstand stehlen bzw. verstecken, demonstrativ gezeigte körperliche Distanz.«)
Aggression gegen Gegenstände	Verbal: Beschimpfen und Verfluchen von Gegenständen. Körperlich: Tür zuknallen, Blatt zerreißen, Stifte zerbrechen, gegen einen Stuhl treten, Pultdeckel zerkratzen, Wand beschmieren, Papierkorb im Schulzimmer herumkicken, Sachen durch die Luft werfen.
Partei ergreifen gegen Fremdperson, offen-direkt	Verbal: Höhnisches Auslachen oder Herabsetzen des Opfers, Anfeuern des Täters. Körperlich: Den am Boden liegenden Schüler boxen oder treten, einem Konfliktpartner die Faust in den Rücken schlagen
Unkodierbar: Restkategorie	
Unkodierbar: Unsichtbar	

Mit dem BASYS-L ordnen Lehrkräfte im Rahmen einer teilnehmenden Beobachtung während des Unterrichts aggressives und oppositionelles Schülerverhalten fünf Kategorien zu (▶ Tab. 2.4). Zusätzlich sind zwei Restkategorien für nicht-kodierbares problematisches Schülerverhalten vorgesehen, eine Restkategorie für Problemverhalten, das in keine der anderen Kategorien eingeordnet werden kann und eine weitere Restkategorie für Verhaltensweisen, die für die Lehrkraft nicht erkennbar sind, jedoch als aggressiv oder oppositionell eingestuft werden. Zusätzlich wird kodiert, um welche Form des aggressiven oder oppositionellen Verhaltens es sich handelt (verbal, körperlich, Mischform) und gegen wen sich das aggressive Verhalten richtet (Schüler, Lehrperson, Gegenstand).

Aus den Beobachtungsergebnissen können Interventionsansätze abgeleitet werden. Zudem kann das BASYS nach Angabe des Testautors zur Evaluation schulischer Interventionsmaßnamen sowie in der Lehrerbildung für ein Training eines differenzierten und reflexiven Umgangs mit Störungen des Sozialverhaltens eingesetzt werden.

2.4.3 Ratingskalen

Im Unterschied zu einem Zeichensystem oder einem Kategoriensystem haben Beobachterinnen und Beobachter auf einer Ratingskala nicht das Auftreten von Verhaltensweisen zu registrieren, sondern einzustufen, *in welchem Grad* eine Eigenschaft vorhanden ist. Daher werden Ratingskalen auch oft als *Schätzskalen* bezeichnet.

> **Ratingskala**
> Mit einer Ratingskala (Schätzskala) wird die Einschätzung des Ausprägungsgrades eines Merkmals oder einer Eigenschaft einer Person durch die Beobachterin oder durch den Beobachter erfasst.

Soll beispielsweise durch eine Unterrichtsbeobachtung das Interesse einer Schülerin oder eines Schülers am Unterrichtsstoff ermittelt werden, könnte eine Beobachterin oder ein Beobachter das Ausmaß des Interesses mit Hilfe der Ratingskala in Tabelle 2.5 einschätzen.

Tab. 2.5: Ratingskala zur Einschätzung des Interesses am Unterricht

Wie stark war die Schülerin bzw. der Schüler am Unterricht interessiert?				
O gar nicht	O kaum	O etwas	O sehr	O sehr stark

Wie das Beispiel in Tabelle 2.5 zeigt, werden auf einer Ratingskala nicht Verhaltensweisen protokolliert, sondern die *Schlussfolgerung* der Beobachterin oder des Beobachters aus dem beobachteten Verhalten. »Interesse« ist ja kein Verhalten, das man direkt beobachten könnte. Was man beobachten kann, sind vielmehr einzelne Verhaltensweisen, die die Beobachterin oder den Beobachter zu dem Schluss veranlassen, dass die Schülerin oder der Schüler am Unterrichtsstoff interessiert ist. Konkrete Verhaltensweisen, die auf Interesse schließen lassen, wären etwa das »Melden im Unterricht«, »Fragen der Lehrkraft beantworten«, »Fragen zum Unterrichtsstoff stellen« oder »konzentriertes Lesen im Schulbuch«. Das »Melden im Unterricht« oder das »Stellen von Fragen zum Unterrichtsstoff« ist beobachtbar, das Interesse stellt eine Schlussfolgerung aus den beobachteten Verhaltensweisen dar.

Mit der Ratingskala in Tabelle 2.5 wird von den Beobachterinnen und Beobachtern eine globale Einschätzung verlangt (»Wie stark war die Schülerin bzw. der Schüler am Unterricht interessiert?«). Ihre Aufgabe ist es, aufgrund einer Vielzahl einzelner Verhaltensindikatoren auf das Interesse der Schülerin bzw. des Schülers zu schließen. Die Angabe auf dieser Ratingskala lässt offen, welche konkreten Verhaltensweisen die Beobachterinnen und Beobachter veranlasst haben, beispielsweise auf ein »sehr starkes« Interesse der Schülerin bzw. des Schülers zu schließen: War es das häufige Melden, das aufmerksame Zuhören oder eine intelligente Frage, die die Schülerin oder der Schüler zum Unterrichtsstoff gestellt hat? Bei einer globalen Ratingskala bleibt offen, auf welchen

Beobachtungen die Einschätzungen beruhen. Anstelle einer globalen Ratingskala könnte man auch verhaltensnahe Ratingskalen vorgeben, auf die Auftretenshäufigkeit konkreter Verhaltensweisen eingeschätzt wird, in denen das Interesse der Schülerin oder des Schülers zum Ausdruck kommen könnte (▶ Tab. 2.6).

Tab. 2.6: Verhaltensnahe Ratingskalen

Die Schülerin bzw. der Schüler ...	nie	selten	manchmal	oft	sehr oft
beteiligt sich am Unterricht	O	O	O	O	O
stellt Fragen zum Unterrichtsstoff	O	O	O	O	O
übernimmt zusätzliche Aufgaben	O	O	O	O	O
meldet sich im Unterricht	O	O	O	O	O
beantwortet Fragen der Lehrkraft richtig	O	O	O	O	O
verfolgt aufmerksam den Unterricht	O	O	O	O	O
stellt Fragen zum Thema, die über die Unterrichtsinhalte hinausgehen	O	O	O	O	O

Die Fragen, die sich einer Lehrkraft in der Praxis stellen, beziehen sich meist nicht auf einzelne Verhaltensweisen, sondern auf abstrakte Konzepte, die nicht direkt beobachtbar sind, etwa Aspekte der Unterrichtsqualität, Fähigkeiten oder Eigenschaften der Schülerinnen und Schüler oder aber allgemeine Strategien der Lehrkraft. Solche abstrakten Konzepte können in einer Vielzahl unterschiedlicher Verhaltensweisen zum Ausdruck kommen. Fragestellungen, die sich auf abstrakte Konzepte beziehen, wären etwa:

- Was für eine Atmosphäre herrscht im Unterricht?
- Wie ist das Verhältnis zwischen Lehrkraft und Schülerinnen und Schülern?
- Wie ist das allgemeine Klima in der Klasse?
- Wie offen ist die Lehrkraft für Anregungen von Schülerinnen und Schülern?
- Wie stark lenkt die Lehrkraft den Unterricht?
- Wie stark ist die Prüfungsangst einer Schülerin oder eines Schülers?
- Wo liegen die Interessen einer Schülerin oder eines Schülers?
- Wie interessiert zeigt sich die Lehrkraft am Unterrichtsthema?
- Wie groß ist die Anstrengungsbereitschaft einer Schülerin oder eines Schülers?

Solche Fragestellungen rücken komplexe Ausschnitte des Unterrichtsgeschehens in den Aufmerksamkeitsfokus. Bei der Beobachtung sind dabei nicht einzelne Verhaltensweisen zu registrieren, sondern das beobachtete Verhalten im Hinblick auf abstrakte Konzepte wie »Atmosphäre im Unterricht«, »Lehrer-Schüler-Verhältnis« oder »Anstrengungsbereitschaft« einzuschätzen. Diese Einschätzungen stellen Schlussfolgerungen (Inferenzen) aus einer Vielzahl beobachteter Verhaltensweisen dar.

Arten von Ratingskalen

Ratingskalen können von Lehrkräften für viele Fragestellungen im Unterricht erstellt werden. Eingeleitet wird die Ratingskala meist mit einer Frage (z. B. »Wie gut hat die Schülerin bzw. der Schüler im Unterricht mitgearbeitet?«) oder mit einem Satz, der ergänzt werden muss (z. B. »Während der Prüfung war die Schülerin bzw. der Schüler ...«). Zur Registrierung der Einschätzungen wird eine Skala mit abgestuften Antwortmöglichkeiten vorgegeben, auf der die Beobachterinnen und Beobachter die Antwort ankreuzen, die ihre Einschätzung am besten zum Ausdruck bringt. Tabelle 2.7 zeigt verschiedene Varianten von Ratingskalen.

- Bei *verbalen Ratingskalen* sind die Stufen der Skala jeweils durch einen Begriff oder durch eine Aussage gekennzeichnet (Beispiel 3, 5 und 9 in Tabelle 2.7).
- Bei *grafischen Ratingskalen* (visuelle Analogskalen) wird auf einer Geraden der Ausprägungsgrad des zu beurteilenden Merkmals markiert. Die Endpunkte der Geraden werden meist verbal verankert. Zur Quantifizierung der Einschätzung wird der Abstand der Markierung vom Anfangspunkt der Skala gemessen (Beispiel 4 und 8 in Tabelle 2.7).
- Bei *Symbolskalen* werden Symbole angekreuzt, die den Ausprägungsgrad des Merkmals wiedergeben (Beispiel 6, 11 und 12 in Tabelle 2.7).
- *Numerische Ratingskalen* werden mit einer Zahlenskala vorgegeben. Angekreuzt wird die Zahl, die am besten den Grad der Ausprägung des Merkmals oder der Eigenschaft wiedergibt (Beispiel 2, 3, 5 und 7 in Tabelle 2.7).

Tab. 2.7: Beispiele für Ratingskalen

1	**Wie gut arbeitet die Schülerin bzw. der Schüler in der Lerngruppe mit?**						
	schlecht O _____ O _____ O _____ O gut						
2	**Wie angespannt ist die Schülerin bzw. der Schüler vor und während der Klassenarbeit?**						
	−3	−2	−1	0	1	2	3
	gelöst						angespannt
3	**Wie häufig hat sich die Schülerin bzw. der Schüler am Unterricht beteiligt?**						
	①		②	③	④		⑤
	gar nicht		selten	manchmal	oft		sehr oft
4	**Wie schätzen Sie die Lernmotivation der Schülerin bzw. des Schülers ein?**						
	gering _____ hoch						
5	**Wie ist das Klima in der Klasse?**						
	sehr gut		gut	mittel	schlecht		sehr schlecht
	O		O	O	O		O

Tab. 2.7: Beispiele für Ratingskalen – Fortsetzung

---

6 Wie gut sind die sozialen Kompetenzen der Schülerin bzw. des Schülers im Vergleich zur Altersgruppe?

(++)   (+)   (+/−)   (−)   (−−)

---

7 Wie geht die Schülerin bzw. der Schüler mit schwierigen Aufgaben um?

| Versucht, schwierigen Aufgaben aus dem Weg zu gehen | −2 | −1 | 0 | 1 | 2 | Betrachtet schwierige Aufgaben als Herausforderung / schwierige Aufgaben sind Anreiz, das Bemühen zu steigern |

---

8 Die Anstrengungsbereitschaft der Schülerin bzw. des Schülers im Mathematikunterricht ist …

gering   mittel   hoch

---

9 Wie leicht lässt sich die Schülerin bzw. der Schüler während der Stillarbeit (Einzelarbeit) ablenken?

O   O   O   O

gar nicht,   selten   manchmal   häufig
kaum

---

10 Wie beurteilen Sie die sprachlichen Kompetenzen der Schülerin bzw. des Schülers?

① ② ③ ④

gering   hoch

---

11 Konzentrationsfähigkeit

gering | + | ++ | +++ | ++++ | hoch

---

12 Konzentrationsfähigkeit

ablenkbar | −− | − | + | ++ | konzentriert

Skalenpolarität

Ratingskalen können entweder unipolar oder bipolar vorgegeben werden. *Unipolare Ratingskalen* erfassen die Merkmalsausprägung auf einem Kontinuum, das bei null beginnt und eine geringe bis zu einer hohen Merkmalsausprägung wiedergibt. Unipolare Ratingskalen sind sinnvoll, wenn angenommen werden kann, dass das Merkmal oder die Eigenschaft einen Bezugspunkt oder einen Nullpunkt aufweist, der den geringsten Ausprägungsgrad kennzeichnet (Beispiel 3, 4, 8 und 11 in Tabelle 2.7). Dies ist beispielsweise der Fall, wenn die Häufigkeit von Verhaltensweisen beurteilt werden soll (Beispiel 3 in Tabelle 2.7).

Bipolare Ratingskalen erfassen die Merkmalsausprägung auf einem Kontinuum, dessen Pole durch gegensätzliche Adjektive (z. B. positiv – negativ, gut – schlecht, schnell – langsam) (Beispiel 1, 2 und 12 in Tabelle 2.7), durch positive und negative Zahlen (Beispiel 2 und 7 in Tabelle 2.7) oder durch gegensätzliche Aussagen (Beispiel 7 in Tabelle 2.7) markiert werden. Viele Merkmalsbereiche lassen sich sowohl mit uni- als auch mit bipolaren Ratingskalen erfassen (Beispiel 11 und 12 in Tabelle 2.7). Bei der Entscheidung zwischen einer uni- oder bipolaren Ratingskala sollte auch die Plausibilität der Skalierung für die Beobachter bedacht werden.

Anzahl der Stufen einer Ratingskala

Die Anzahl der Stufen einer Ratingskala bestimmt den *Differenzierungsgrad* der Beurteilungen. Bei sehr vielen Abstufungen besteht die Gefahr, die Differenzierungsfähigkeit der Beobachterinnen und Beobachter zu überfordern; bei einer geringeren Anzahl von Stufen differenziert die Ratingskala nicht ausreichend. Erfahrungsgemäß bieten Ratingskalen mit fünf bis sieben Stufen die besten Voraussetzungen für eine hohe Reliabilität und Validität bei gleichzeitig hoher Differenzierungsfähigkeit (Krosnick & Presser, 2010).

Forciertes Rating

Bipolare Ratingskalen unterscheiden sich danach, ob sie eine *Mittelkategorie* bzw. eine *Skalenmitte* aufweisen. Bei einer *geraden Anzahl* von Stufen besitzt die Skala *keine* Mittelkategorie, die eine neutrale Einschätzung wiedergibt. Die Beobachterin oder der Beobachter ist somit gezwungen, sich bei der Beurteilung in die eine oder in die andere Richtung festzulegen (Beispiel 1 und 12 in Tabelle 2.7). Soll beispielsweise auf einer vier-stufigen bipolaren Ratingskala beurteilt werden, ob die Lehrkraft die Schülerin oder den Schüler im Unterricht benachteiligt oder bevorteilt, könnten Beobachterinnen und Beobachter nur Urteile abgeben, die entweder eine Benachteiligung oder eine Bevorzugung der Schülerin bzw. des Schülers zum Ausdruck bringen (Beispiel 1 in Tabelle 2.7). Da die Skala keine Skalenmitte besitzt, ist es für eine Beobachterin oder einen Beobachter nicht möglich, eine neutrale Einschätzung wiederzugeben, die zum Ausdruck bringt, dass die Lehrkraft die Schülerin bzw. den Schüler weder benachteiligt noch bevorzugt. In diesem Fall handelt es sich um ein *forciertes Rating*.

Ratingskalen mit einer geraden Anzahl von Stufen werden häufig eingesetzt, um zu verhindern, dass Beurteilerinnen oder Beurteiler, auf die neutrale Mittelkategorie ausweichen, wenn sie sich nicht festlegen wollen (▶ Kap. 2.5.2). Allerdings ist zu bedenken, dass Ratingskalen ohne Mittelkategorie die Beurteilerinnen oder Beurteiler zwingen, auch dann Urteile abzugeben, wenn sie sich nicht ausreichend informiert fühlen bzw. ihr Informationsstand nicht ausreicht.

Nicht-forciertes Rating

Skalen mit einer *ungeraden Anzahl* von Stufen besitzen eine Mittelkategorie, die eine neutrale Einschätzung zum Ausdruck bringt (Beispiel 2, 5, 6, 7 und 8 in Tabelle 2.7). In diesem Fall handelt es sich um ein *nicht-*

forciertes Rating. Allerdings bringt die Mittelkategorie auch einige Probleme mit sich, da sie oft nicht eindeutig interpretierbar ist. Das Ankreuzen der Mittelkategorie kann Ausdruck sowohl einer indifferenten als auch einer zwiespältigen Beurteilung sein (Ambivalenz-Indifferenz-Problem). Sowohl Beobachterinnen und Beobachter, die sich nicht entscheiden können (»Es trifft weder das eine, noch das andere zu«) als auch die, die in ihrer Einschätzung ambivalent sind (»Es trifft sowohl das eine, als auch das andere zu«, »teils-teils«), könnten die Mittelkategorie wählen (Kaplan, 1972; Dubois & Burns, 1975).

Durch die Mittelkategorie wird die »Tendenz zur Mitte« verstärkt. Beobachterinnen und Beobachter, die sich in ihrer Einschätzung nicht sicher sind oder die sich nicht festlegen wollen, könnten in die Mittelkategorie ausweichen. In diesen Fällen bringt die Mittelkategorie keine mittlere Merkmalsausprägung zum Ausdruck, sondern die Unsicherheit der Beobachterin oder des Beobachters, das Merkmal einzuschätzen (»Ich kann das eigentlich nicht beurteilen«) oder die Schwierigkeit, sich festzulegen (»Es fällt mir schwer, ein negatives Urteil abzugeben«). Um diesem Problem aus dem Weg zu gehen, wird empfohlen, auf die Mittelkategorie zu verzichten und vorzugsweise Skalen mit einer geraden Anzahl von Stufen zu verwenden, um zu verhindern, dass Beurteilerinnen und Beurteiler auf die neutrale Mittelkategorie ausweichen, wenn sie sich nicht festlegen wollen (Rost, 2004).

Hoch-inferente und niedrig-inferente Urteile

Die Eigenschaften einer Person, etwa ihre Einstellungen oder Fähigkeiten, sind nicht direkt beobachtbar, sondern müssen aus dem beobachteten Verhalten erschlossen werden. Bei der Einschätzung des Interesses auf der Ratingskala in Tabelle 2.5 müssen die Beobachterinnen und Beobachter zum Beispiel eine Schlussfolgerung aufgrund einer Vielzahl einzelner Verhaltensindikatoren ziehen, die ihnen anzeigen, wie stark sich die Schülerin bzw. der Schüler für das Unterrichtsthema interessiert. Solche Verhaltensindikatoren, die auf das Interesse der Schülerin bzw. des Schülers schließen lassen, wären etwa häufiges Melden im Unterricht, Fragen zum Unterrichtsstoff stellen, aufmerksames Zuhören oder zusätzliche Aufgaben übernehmen.

Die Schlussfolgerungen, die sich an die Wahrnehmung des Verhaltens anschließen, werden als *Inferenz* bezeichnet. Man spricht von hoch-inferenten Urteilen, wenn das Urteil auf einer weitgehenden Schlussfolgerung aus dem beobachteten Verhaltens beruht (Ingenkamp & Lissmann, 2005). Niedrig-inferente Urteile sind dementsprechend Aussagen, die nur in einem geringen Maß eine Schlussfolgerung aus dem beobachteten Verhalten enthalten (▶ Tab. 2.8).

> **Hoch-inferente Urteile**
> Hoch-inferente Urteile sind Urteile über Personen, die auf einer weitgehenden Schlussfolgerung aus dem beobachteten Verhalten basieren. Aufgrund des beobachten Verhaltens wird auf zugrundeliegende Eigenschaften (z. B. Einstellungen, Motive, Fähigkeiten) der Person geschlossen.

Die Inferenz ist das Ergebnis kognitiver Prozesse: Beobachterinnen oder Beobachter, die ein Verhalten beobachten, suchen nach den Ursachen dieses Verhaltens und schließen auf Eigenschaften des Beobachteten (z. B. Fähigkeiten, Einstellungen, Motive), die dieses Verhalten erklären können. Eine Lehrkraft, die beispielsweise beobachtet, dass eine Schülerin oder ein Schüler vor der Klassenarbeit unruhig hin und her läuft, mehrmals die Toilette aufsucht oder leicht zittert, wird diese Verhaltensweisen wahrscheinlich auf die »Prüfungsangst« zurückführen. Die Lehrkraft erklärt sich gewissermaßen die beobachteten Verhaltensweisen durch die Prüfungsangst der Schülerin bzw. des Schülers.

Tab. 2.8: Hoch-inferente und niedrig-inferente Urteile

Hoch-inferente Urteile	Niedrig-inferente Urteile
Die Schülerin oder der Schüler zeigt wenig Interesse am Unterricht.	Die Schülerin oder der Schüler meldet sich selten im Unterricht.
Die Schülerin oder der Schüler ist faul.	Die Schülerin oder der Schüler macht häufig seine Hausaufgaben nicht.
Die Schülerin oder der Schüler ist in Mathematik begabt.	Die Schülerin oder der Schüler benötigt bei neuen Rechenaufgaben wenig Hilfe.
Die Schülerin oder der Schüler ist aggressiv.	Die Schülerin oder der Schüler streitet sich häufig mit seinen Mitschülern.

Urteile über Menschen im Alltag sind häufig hoch-inferent. Die Verhaltensweisen, die diesen Urteilen zugrunde liegen und die Anlass für diese Urteile waren, sind in der Regel nicht eindeutig bestimmbar. Auch Schülerbeurteilungen von Lehrkräften sind oft hoch-inferent. Sie stellen weitreichende Schlussfolgerungen aus dem beobachteten Verhalten dar. So heißt es, die Schülerin oder der Schüler ist fleißig, ist aufmerksam, ist höflich, ist kooperativ, ist begabt oder hat Prüfungsangst. All diese Eigenschaften wie Fleiß, Höflichkeit, Kooperationsbereitschaft, Begabung oder Prüfungsangst sind nicht direkt beobachtbar, sondern wurden aus beobachteten Verhaltensweisen erschlossen. Solche Inferenzprozesse sind besonders anfällig für Beurteilungsfehler. Je weitreichender die Schlussfolgerungen sind, die vom dem Beobachter verlangt werden, desto fehleranfälliger sind die Beobachtungsergebnisse.

2.5 Beurteilungsfehler

An den Inferenzprozessen wird deutlich, dass die Verhaltensbeobachtung nicht zu einer einfachen Abbildung der Realität führt, sondern als ein konstruktiver Prozess der Beobachterin oder des Beobachters zu verstehen ist. Um sich ein Urteil über die Ausprägung einer Eigenschaft oder eines Merkmals einer Person bilden zu können, hat die Beobachterin oder der Beobachter eine Vielzahl unterschiedlicher Informationen zu gewichten und zu integrieren. Dabei kann es zu Beurteilungsfehlern kommen. Solche Fehler ergeben sich vor allem aus Unzulänglichkeiten der Verhaltensregistrierung, sowie durch Urteilstendenzen und verzerrten Inferenzprozessen auf Seiten der Beobachterin oder des Beobachters.

2.5.1 Mängel der Verhaltensregistrierung

Eine Fehlerquelle bei der Verhaltensregistrierung ist eine *zu feine Differenzierung* des

Kategoriensystems. Steht eine große Anzahl von Kategorien zur Auswahl oder unterscheiden sich die Kategorien nur minimal, ist die Differenzierungsfähigkeit der Beobachterin oder des Beobachters schnell überfordert. Damit ist vor allem dann zu rechnen, wenn die Verhaltensbeobachtung nach einem Zeitstichprobenverfahren erfolgt, bei dem die Beobachterin oder der Beobachter in kurzer Zeit Entscheidungen über die Einordnung des beobachteten Verhaltens zu treffen hat (▶ Kap. 2.4.3). Das Kategoriensystem sollte daher aus einer überschaubaren Anzahl von Kategorien bestehen.

Eine weitere Fehlerquelle bei der Verhaltensregistrierung sind *unscharfe oder mehrdeutige Definitionen* der Kategorien, die bei der Beobachtung zu Unsicherheiten bei der Einordnung des beobachteten Verhaltens führen. Hat die Beobachterin oder der Beobachter beispielsweise die Aufgabe, während der Gruppenarbeit ›kooperatives Verhalten‹ und ›soziales Verhalten‹ der Schüler einzuschätzen, dürfte eine Abgrenzung schwerfallen, da Verhaltensweisen auftreten könnten, die sowohl als »kooperativ« als auch als »sozial« eingestuft werden könnten. Beide Kategorien müssen *überschneidungsfrei* definiert werden, so dass eine eindeutige Einordnung des Verhaltens bei der Gruppenarbeit möglich ist. Nur wenn die Kategorien trennscharf voneinander abgegrenzt sind, kann eine Beobachterin oder ein Beobachter jedes beobachtete Verhalten zweifelsfrei einer (und nur einer) Kategorie zuordnen.

Diese Unzulänglichkeiten bei der Registrierung des Verhaltens führen zu *ungenauen* Beobachtungsergebnissen. Wenn Beobachterinnen und Beobachter sich zwischen sehr vielen Kategorien entscheiden oder zwischen Kategorien wählen müssen, die ungenau, missverständlich oder nicht eindeutig abgegrenzt sind, fühlen sie sich überfordert und unsicher. Damit steigt das Risiko, dass die Wahl der Kategorien nach subjektiven Erwägungen oder willkürlich getroffen wird, so dass die Ergebnisse nur wenig aussagekräftig sind.

2.5.2 Urteilstendenzen der Beobachter

Eine zu feine Differenzierung und eine unscharfe Abgrenzung der Kategorien führen zu ungenauen Beobachtungsergebnissen. Weitere Fehler führen zu systematischen Beurteilungsverzerrungen.

Tendenz zur Mitte

Die *Tendenz zur Mitte* bezeichnet die Neigung der Beobachterin oder des Beobachters, extreme Urteile zu meiden und neutrale Urteile zu bevorzugen. Die Vermeidung extremer Urteile führt zu einer systematischen Verzerrung der Beurteilungen, da tatsächlich bestehende Merkmalsunterschiede nivelliert werden. Die Tendenz zur Mitte wirkt sich vor allem dann auf das Beurteilungsergebnis aus, wenn bei der Verhaltensregistrierung eine mittlere bzw. neutrale Kategorie (z. B. »teils/teils«, »weder/noch«, »vielleicht«) zur Verfügung steht, die es ermöglicht, ein eindeutig positives oder negatives Urteil zu umgehen.

Der Tendenz zur Mitte können verschiedene Ursachen zugrunde liegen. Möglicherweise werden extreme Urteile vermieden, weil diese meist mit schwerwiegenderen Konsequenzen verbunden sind als neutrale Urteile. Eine Lehrkraft, die die Lernmotivation der Lernenden beurteilen soll, könnte sich unter Umständen scheuen, eine Schülerin oder einen Schüler als völlig unmotiviert und desinteressiert zu beschreiben, weil sie sich und der Schülerin oder dem Schüler die Konsequenzen eines solch extremen Urteils ersparen will. Mitunter schrecken Lehrkräfte vor negativen Leistungsbeurteilungen zurück, um die Schullaufbahn der Schülerin oder des Schülers nicht zu gefährden.

Der Tendenz zu neutralen Urteilen kann auch eine *Unsicherheit des Beobachters* zugrunde liegen. Beobachterinnen und Beobachter, die sich ihres Urteils nicht sicher sind, weil sie zu wenig Informationen haben, um sich ein Urteil bilden zu können, oder weil sie keine genaue Vorstellung darüber haben, was sie beobachten sollen, könnten auf die Mittelkategorie ausweichen, um sich nicht festzulegen. Für Beobachterinnen und Beobachter, die beispielsweise das »Klassenklima« in der Klasse beurteilen sollen, aber bei der Verhaltensbeobachtung kaum Anhaltspunkte finden, um sich ein Urteil über das Klassenklima bilden zu können, bietet sich eine neutrale Mittelkategorie an, um eine Festlegung zu umgehen, nach dem Motto »Eine mittlere Beurteilung ist unverfänglich, da kann ich wenig falsch machen«.

Mit der Tendenz zur Mitte ist besonders dann zu rechnen, wenn die Ratingskalen an den Extrempunkten nicht verankert sind. Eine verbale Beschreibung der Extrempole einer bipolaren Ratingskala – wie Beispiel 7 in Tabelle 2.7 – bietet Beurteilerinnen und Beurteilern einen Bezugspunkt oder Anker, um ihre Urteile zu justieren. Fehlt ein solcher Anker – wie im Beispiel 6 in Tabelle 2.7 – werden Extremkategorien unter anderem auch deswegen gemieden, weil die Beurteilerinnen und Beurteiler davon ausgehen müssen, noch extremere Varianten als das gerade beobachtete Verhalten zu finden. Wählt die Lehrkraft beispielsweise eine extreme Kategorie (z. B. »Der Schüler X ist hochmotiviert«), hat sie bei den nachfolgenden Beurteilungen keine Möglichkeit mehr, ein noch extremeres Verhalten (z. B. eine noch höhere Lernmotivation) angemessen zu bewerten.

Tendenz zur Milde und Tendenz zur Strenge

Eine Tendenz zur Milde bzw. zur Strenge liegt vor, wenn die Beurteilung durchgehend entweder zu positiv (Milde-Fehler) oder zu negativ (Strenge-Fehler) ausfällt. Die Tendenz zur Milde zeigt sich vor allem bei der Beurteilung bekannter Personen, die häufig positiver bewertet werden als unbekannte Personen. Dem *Milde-Fehler* kann auch das Bemühen zugrunde liegen, durch die Beurteilung niemandem zu schaden oder zu benachteiligen. Bei der Tendenz zur Strenge verwenden Beurteilerinnen und Beurteiler einen unangemessen hohen Maßstab, so dass beispielsweise Leistungen durchgehend strenger bewertet werden, als es gerechtfertigt ist.

2.5.3 Halo-Effekt

Andere Beurteilungsfehler basieren auf fehlerhaften Inferenzprozessen auf Seiten der Beobachterinnen oder Beobachter. Diese Fehler kommen dadurch zustande, dass die Beobachterin oder der Beobachter beobachtete Verhaltensweisen bei der Urteilsbildung in bestimmter Weise gewichtet, sich an Beobachtetes selektiv erinnert oder die Ergebnisse der Beobachtung falsch oder verzerrt wiedergibt. Solche Beurteilungsfehler kommen nicht in einer ungenauen Beobachtung zum Ausdruck, sondern führen zu einer systematischen Verzerrung der Beurteilungen.

Ein Beurteilungsfehler, der auf fehlerhaften Inferenzprozessen beruht, ist der Halo-Effekt. Ein Halo-Effekt (griechisch: hàlos = Lichthof; englisch: halo = Heiligenschein) oder Hof-Effekt liegt vor, wenn eine markante Eigenschaft oder ein hervorstechendes Merkmal die Beurteilung anderer Merkmale und Eigenschaften der Person gewissermaßen »überstrahlt«.

Halo-Effekt
Ein Halo-Effekt (Hof-Effekt) liegt vor, wenn ein eindrucksmäßig vorherrschendes (dominantes) Merkmal einer Person die von der Beobachterin oder dem Beobachter wahrgenommene Ausprägung anderer Merkmale oder Eigenschaften dieser Person beeinflusst.

Ein solches Merkmal ist beispielsweise die physische Attraktivität. Wie viele Studien zeigen, werden gut aussehende Menschen beiderlei Geschlechts im Allgemeinen für intelligenter, glaubwürdiger und sozial-kompetenter gehalten als durchschnittlich aussehende Menschen (Feingold, 1992). Ein einzelnes Merkmal oder eine einzelne Eigenschaft färbt gleichsam auf die Bewertung anderer Merkmale und Eigenschaften der Person ab und bestimmt damit in hohem Maße den Gesamteindruck, den die Person bei anderen hinterlässt. Ein markantes Merkmal kann den Gesamteindruck in zwei Richtungen beeinflussen: Ein positiver Halo-Effekt führt dazu, dass der Person aufgrund eines positiv-bewerteten Merkmals (z. B. die physische Attraktivität) weitere positive Eigenschaften zugeschrieben werden. Dieser Effekt wird auch anschaulich als »Heiligenschein Effekt« bezeichnet. Bei einem negativen Halo-Effekt wird aufgrund eines negativ-bewerteten Merkmals (z. B. Übergewicht) auf weitere ungünstige Eigenschaften geschlossen. Für diesen Effekt findet man in der Literatur auch die Bezeichnung »Teufelshörner-Effekt«.

Im schulischen Kontext ist insbesondere bei der Beurteilung von Schulleistungen mit Halo-Effekten zu rechnen. Einen Halo-Effekt bei der Leistungsbewertung konnten beispielsweise Landy und Sigall (1974) in einem Experiment zeigen. Die Autorinnen legten männlichen Studierenden zwei Aufsätze zur Bewertung vor, einen gut geschriebenen und einen schlecht geschriebenen Aufsatz. Zusätzlich erhielten die Studenten ein Bild der angeblichen Autorin des Aufsatzes, die entweder ein sehr attraktives oder ein weniger attraktives Äußeres aufwies. Die Studenten der Kontrollgruppe erhielten kein Bild der Autorin. In der Bewertung der Aufsätze zeigte sich ein deutlicher Einfluss der Attraktivität der Autorin: Beide Aufsätze, insbesondere aber der schlecht geschriebene Aufsatz wurden von den Studenten positiver bewertet, wenn das Bild einer attraktiven Autorin beigefügt war. Offenbar hat das Aussehen der vermeintlichen Autorin die Bewertung der Aufsätze »überstrahlt«.

Ein Halo-Effekt ist jedoch nicht auf das äußere Erscheinungsbild beschränkt. Bei der schulischen Leistungsbewertung können Halo-Effekte insbesondere von solchen Merkmalen ausgehen, die Lehrkräfte als besonders wichtig erachten, etwa die Beteiligung im Unterricht, die Sprachfertigkeit, die Lesbarkeit der Handschrift, die Ordentlichkeit der Heftführung, aber auch die Höflichkeit und die soziale Kompetenz der Schülerin oder des Schülers. So ist damit zu rechnen, dass die Schulleistungen von Schülerinnen und Schülern, die sich häufig am Unterricht beteiligen, sich sprachlich gut ausdrücken können, ihre Aufsätze in lesbarer Handschrift abgeben oder sich gegenüber der Lehrkraft höflich verhalten, positiver beurteilt werden als die gleichen Schulleistungen von Schülerinnen und Schülern, die jedoch diese, von Lehrkräften positiv bewerteten Eigenschaften nicht aufweisen.

In der täglichen Benotungspraxis ist vor allem deswegen von einem hohen Risiko für Halo-Effekte auszugehen, weil Lehrkräfte ja kein anonymisiertes Leistungsergebnis benoten, sondern die Schülerinnen und Schüler, deren Leistung sie bewerten, aus dem Unterricht kennen. Wenn sie Aufsätze korrigieren oder mündliche Leistungen benoten, haben sie das Bild einer konkreten Person vor Augen, das von bestimmten Merkmalen und Eigenschaften geprägt ist. Dieses Bild könnte beispielsweise dadurch bestimmt sein, dass die Schülerin oder der Schüler zu den Leistungsbesten der Klasse gehört, im Unterricht immer aktiv mitarbeitet oder aus einer Akademikerfamilie stammt oder aber im Unterricht oft stört, bereits die Klasse wiederholt hat oder sich im Umgang als schwierig erweisen hat. Diese und weitere Merkmale und Eigenschaften von Schülerinnen und Schülern können sich im Sinne eines Halo-Effekts auf die Leistungsbewertung auswirken.

2.5.4 Logischer Fehler

Der logische Fehler ist vom Halo-Effekt nicht immer eindeutig zu unterscheiden. Beim logischen Fehler wird von einer beobachteten Eigenschaft auf eine andere Eigenschaft geschlossen, weil in der Vorstellung der beurteilenden Person beide Eigenschaften »zusammengehören«.

> **Logischer Fehler**
> Ein Logischer Fehler liegt vor, wenn aufgrund der Wahrnehmung eines Merkmals oder einer Eigenschaft auf ein anderes Merkmal oder eine andere Eigenschaft dieser Person geschlossen wird.

Die Grundlage dafür sind so genannte *implizite Persönlichkeitstheorien* (Riemann, 2009). Diese bestehen aus subjektiven Überzeugungen, dass bestimmte Persönlichkeitseigenschaften in Beziehung zueinander stehen: »Wer ehrlich ist, ist auch zuverlässig« oder »Wer auf Ordnung achtet, ist auch sparsam«. Wird nun bei einer Person eine Eigenschaft wahrgenommen, wird einer inneren Logik folgend geschlossen, dass die Person auch eine andere, als zugehörig empfundene Eigenschaft besitzt, ohne dass diese Eigenschaftszuschreibung auf eigenen Erfahrungen mit der Person basiert. So wird man beispielsweise auf der Basis einer entsprechenden impliziten Persönlichkeitstheorie dazu neigen, eine Person, die sich als sehr ehrgeizig erwiesen hat, auch für egoistisch zu halten; von einer Person, die man als ordnungsliebend kennengelernt hat, auch erwarten, dass sie sparsam ist oder bei einem Menschen, der sich im Gespräch als sehr freundlich gezeigt hat, auch davon ausgehen, dass er ehrlich ist.

Auch im schulischen Kontext können implizite Persönlichkeitstheorien von Lehrpersonen die Beurteilung der Schülerinnen und Schüler beeinflussen. Derartige Überzeugungen, die Beziehungen zwischen zwei Eigenschaften zum Ausdruck bringen und daher zu einem logischen Fehler bei der Beurteilung führen könnten, wären etwa:

- »Wer sich sprachlich gut ausdrücken kann, kann auch klar denken.«
- »Wer keine Ordnung hält, ist meist auch unzuverlässig.«
- »Wer in Mathematik gut ist, ist meistens auch gut in Physik.«
- »Ein Schüler, der unordentlich ist, ist meistens auch faul.«
- »Mädchen sind sprachlich begabter als Jungen.«
- »Schülerinnen und Schüler, die ihr Äußeres vernachlässigen, sind oft auch im Verhalten schwierig.«
- »Schülerinnen und Schüler, die aus sozialen Brennpunkten stammen, neigen zu aufsässigem Verhalten.«

Der Fehler besteht *nicht* darin, dass diese Aussagen falsch sind. Möglicherweise sind ja Mädchen tatsächlich im Durchschnitt sprachbegabter als Jungen, und Schülerinnen und Schüler, die gute Leistungen in Mathematik aufweisen, meistens auch in Physik leistungsstark. Der Beurteilungsfehler ergibt sich vielmehr daraus, dass der Schülerin oder dem Schüler eine Eigenschaft zugeschrieben wird, *ohne* dass diese Zuschreibung auf einer konkreten Erfahrung mit der Schülerin bzw. mit dem Schüler basiert. Allein die Kenntnis einer Eigenschaft (z. B. »Der Schüler ist unordentlich«) oder eines Merkmales (»Die Schülerin stammt aus einem sozialem Brennpunkt«) reicht aus, um der Schülerin bzw. dem Schüler weitere Eigenschaften zuzuschreiben.

Konsistenzfehler

Der Halo-Effekt und der logische Fehler basieren auf dem Bedürfnis des Menschen, sich ein konsistentes, das heißt ein »stimmiges« Bild von einer Person zu bilden. Insbesondere widersprüchliche oder schwer zu vereinbarende Informationen über eine Person werden als unbefriedigend erlebt und lösen das Bestreben aus, sich ein in sich geschlossenes Bild von der Person zu machen.

Allerdings stehen im Alltag meist keine ausreichenden Informationen zur Verfügung, um sich ein vollständiges Bild von der Person zu machen. Daher neigt man dazu, den Eindruck, den man aufgrund weniger Informationen über eine Person gewonnen hat, durch andere, dazu »passende« Merkmale zu vervollständigen. Solche *Konsistenzfehler* ergeben sich aus dem Bestreben, in seiner Beurteilung widerspruchsfrei zu bleiben. Man möchte sich ein »in-sich stimmiges Bild« von einer Person machen, und es fällt schwer, scheinbar unvereinbare oder sich widersprechende Eigenschaften in ein Gesamtbild zu integrieren. Konsistenzeffekte können zum Beispiel darin zum Ausdruck kommen, dass ...

- einer Person, über die man sich einen Gesamteindruck gebildet hat (z. B. »Die Schülerin ist mathematisch begabt«), weitere »passende« Merkmale und Eigenschaften (z. B. »Die Schülerin interessiert sich für Physik«) zugeschrieben werden,
- Informationen über die Person, die dem Gesamteindruck widersprechen, wenig beachtet oder schneller vergessen werden,
- Informationen über die Person, die mit dem Gesamteindruck übereinstimmen, stärker gewichtet und besser behalten werden,
- fehlende Informationen über die Person im Sinne des logischen Fehlers ergänzt werden (z. B. »Der Schüler zeigt starkes Interesse am Unterricht, also ist er wohl auch fleißig«),
- Informationen über die Person, die nicht zum Gesamteindruck passen, umgedeutet werden (»Die Schülerin ist sehr kooperativ und hilfsbereit; der Streit in der letzten Woche ging sicherlich von ihren Mitschülern aus«).

Konsistenzfehler sind insbesondere dann zu erwarten, wenn von der Beobachterin oder vom Beobachter hoch-inferente Urteile über die beobachtete Person verlangt werden. Für solche Beurteilungen (z. B. »Schätzen Sie ein, wie stark die Schülerin am Unterricht interessiert ist«) finden sich oftmals keine eindeutigen Verhaltensindikatoren. Da sie in der Regel nur vage mit konkreten beobachtbaren Verhaltensweisen verbunden sind, sind sie leicht durch das Bestreben der Beobachterin oder des Beobachters nach Konsistenz beeinflussbar.

2.5.5 Positionseffekte

Positionseffekte oder Reihenfolgeeffekte bezeichnen Gedächtnisphänomene, die sich durch die Reihenfolge ergeben, in der Informationen aufgenommen werden. Hat man zum Beispiel eine Liste von Wörtern zu erlernen, prägen sich die ersten und die letzten Wörter der Liste meist schneller ein als Wörter aus der Mitte der Liste. Diese Abhängigkeit der Gedächtnisleistung von der Darbietungsreihenfolge zeigt sich bei unterschiedlichen Lernmaterialien (Roediger & Crowder, 1976). Informationen, die entweder am Anfang oder am Ende eines Informationsaufnahmeprozesses aufgenommen werden, werden besser behalten als Informationen, die in der mittleren Phase aufgenommen werden.

Auch im Alltag kann man diese Erfahrung machen. So können beispielsweise Kinder, die das Alphabet erlernen, zuerst die ersten Buchstaben des Alphabets wiedergegeben und benötigen längere Zeit, bis sie auch die mittleren Buchstaben des Alphabets reproduzieren können. Die Reihenfolge, in der Informationen aufgenommen werden, hat also einen Einfluss darauf, wie gut sie behalten werden. Dabei lassen sich zwei Reihenfolgeeffekte unterscheiden: Der *Primacy-Effekt* besagt, dass sich die ersten Elemente einer Reihe besser in das Gedächtnis einprägen, der *Recency-Effekt* besteht darin, dass man sich an die zuletzt dargebotenen Informationen besser erinnert als an die zuvor dargebotenen Informationen.

Primacy-Effekt

Auch bei der Beurteilung von Personen kann es zu Positionseffekten kommen. Ein *Primacy-Effekt* zeigt sich darin, dass die ersten Informationen über eine Person den Eindruck nachhaltiger prägen als spätere Informationen (Luchins, 1957).

> **Primacy-Effekt**
> Ein Primacy-Effekt liegt vor, wenn die zuerst aufgenommenen Informationen über eine Person den Eindruck über die Person stärker prägen als später aufgenommene Informationen.

Im Alltag kann man die Erfahrung machen, dass der erste Eindruck, den eine Person hinterlässt, besonders wichtig ist und das Verhalten gegenüber dieser Person nachhaltig beeinflusst. Studien zur Personenwahrnehmung zeigen zum Beispiel, dass man sich sehr schnell einen ersten Eindruck über fremde Personen bildet. So wird bereits aufgrund einer kurzzeitigen Darbietung des Gesichts von wenigen Millisekunden die Vertrauenswürdigkeit der Person eingeschätzt, und diese Einschätzung korreliert mit der Bewertung nach längerer Bekanntschaft mit der Person (Todorov, Pakrashi & Oosterhof, 2009). Für den nachhaltigen Einfluss des ersten Eindrucks gibt es zwei Erklärungen. Zum einen bleibt der erste Eindruck besonders gut im Gedächtnis haften, wohingegen spätere Erfahrungen mit dieser Person schneller verblassen. Zudem strahlt der erste Eindruck wie ein Halo-Effekt auf die Bewertung der nachfolgenden Erfahrungen mit der Person aus. Spätere Erfahrungen, die zum Bild, das man sich über die Person gemacht hat, passen, werden bevorzugt beachtet und stärker gewichtet, während Erfahrungen, die dem Bild widersprechen, eher ignoriert, abgeschwächt oder umgedeutet werden.

Recency-Effekt

Recency-Effekte bei der Personenbeurteilung zeigen sich darin, dass die zuletzt erhaltenen Informationen die Urteilsbildung stärker bestimmen als vorangegangene Informationen.

> **Recency-Effekt**
> Ein Recency-Effekt liegt vor, wenn die zuletzt aufgenommenen Informationen über eine Person den Eindruck über die Person stärker prägen als vorher aufgenommene Informationen.

Mit einem Recency-Effekt ist zum Beispiel bei mündlichen Prüfungen zu rechnen: Die Antwort des Prüflings auf die zuletzt gestellte Frage bleibt bei der Prüferin oder beim Prüfer besser im Gedächtnis haften und könnte bei der anschließenden Bewertung der Prüfungsleistung stärker ins Gewicht fallen als die vorangegangenen Antworten des Prüflings. Ebenso besteht bei der Benotung eines Referats die Gefahr, den Schlussteil des Referats stärker zu gewichten als den Mittelteil. Auch bei Vorstellungsgesprächen ist mit einem Recency-Effekt zu rechnen. Der letzte Eindruck, den die Bewerberin oder der Bewerber im Gespräch hinterlässt, bleibt im Gedächtnis haften und kann die Entscheidung besonders stark beeinflussen.

2.6 Verhaltensbeobachtung in Schule und Unterricht

Die Unterrichtsbeobachtung kann für unterschiedliche Zwecke eingesetzt werden. Bei einer *offenen Unterrichtsbeobachtung* (▶ Kap. 2.1) kann die Lehrkraft quasi von außen auf das Unterrichtsgeschehen schauen und sich kritisch mit dem eigenen Unterricht auseinandersetzen. Dazu könnten beispielsweise ohne vorherige Festlegung einer konkreten Fragestellung oder eines Beobachtungsfokus ausgewählte Unterrichtssituationen aufgezeichnet und anschließend gemeinsam mit Kolleginnen und Kollegen im Rahmen einer kollegialen Supervision analysiert werden. Eine weitere Möglichkeit bieten kollegiale Unterrichtshospitationen, die insbesondere genutzt werden können, um neue Methoden der Unterrichtsgestaltung kritisch zu reflektieren oder erfolgreiche Unterrichtspraktiken kennenzulernen (Schwindt, 2008).

2.6.1 Fragengeleitete Verhaltensbeobachtung im Unterricht

Anlässe für *fragengeleitete Verhaltensbeobachtungen* im Unterricht ergeben sich dann, wenn konkrete Fragen beantwortet werden sollen, etwa dann, wenn einzelne Schülerinnen oder Schüler oder die gesamte Klasse in ihrer Lernmotivation nachlassen, ein problematisches Lern- und Arbeitsverhalten zeigen oder die Lehrperson den Eindruck gewonnen hat, dass sie von den Lernangeboten über- oder unterfordert sind. Wenn das Routinehandeln der Lehrkraft nicht mehr ausreicht, um das Problem zu lösen, bedarf es einer genaueren Analyse, um den Schwierigkeiten auf den Grund zu gehen. In diesen Fällen kann eine gezielte Unterrichtsbeobachtung der Lehrkraft neue Handlungsoptionen eröffnen.

Gegenüber einer Befragung der Schülerin oder des Schülers bietet die Unterrichtsbeobachtung einige Vorteile. Sie ermöglicht es, das Schülerverhalten zum Zeitpunkt des Geschehens direkt zu beobachten und festzuhalten. Demgegenüber ist eine Befragung der Schülerinnen und Schüler – etwa zu ihrer nachlassenden Unterrichtsbeteiligung oder ihrem problematischen Arbeitsverhalten – meist nur retrospektiv möglich und stößt damit schnell an Grenzen, wenn zuverlässige Hinweise auf zugrundeliegende Ursachen gewonnen werden sollen. Einschränkungen einer Befragung ergeben sich vor allem daraus, dass Schülerinnen und Schüler ...

- sich nicht mehr genau oder nur lückenhaft an vergangene Geschehnisse erinnern,
- nur eine geringe Bereitschaft zeigen, offen über die Probleme zu sprechen, insbesondere dann, wenn unangenehme Dinge angesprochen werden,
- keine Auskunft geben können, weil sie keine Einsicht in die Problematik haben oder ihnen routinemäßige Abläufe gar nicht bewusst sind,
- oder – insbesondere bei jüngeren Schülerinnen und Schülern – nicht über die verbalen Kompetenzen verfügen, um angemessen über die angesprochenen Probleme Auskunft zu geben.

Darüber hinaus muss bei einer Befragung damit gerechnet werden, dass die Antworten der Schülerinnen und Schüler nicht immer mit ihrem tatschlichen Verhalten übereinstimmen. Zu Diskrepanzen zwischen dem berichteten und dem tatsächlichen Verhalten kann es durch die *Tendenz zur sozialen Erwünschtheit* kommen: Schülerinnen und Schüler sind im Gespräch mit der Lehrperson in der Regel darauf bedacht, einen möglichst guten Eindruck zu hinterlassen und sich der Lehrkraft in einem günstigen Licht zu präsentieren, indem sie etwa unvorteilhafte Aspekte in Bezug auf ihr Verhalten, ihrer Einstellungen oder ihrer Motive verschweigen oder abschwächen oder aber vorteilhafte Aspekte hervorheben. Mögliche Diskrepanzen zwischen dem tatsächlichen und dem berichteten Verhalten stellen jedoch kein grundsätzliches Problem dar, wenn das aktuelle Verhalten des Schülers unter Alltagsbedingungen beobachtet wird.

Generieren von Hypothesen

Sieht sich die Lehrkraft einem Problem gegenübergestellt, ohne dies bereits näher analysiert zu haben, kann sie sich durch eine Verhaltensbeobachtung erst einmal einen Überblick verschaffen: Wie häufig ist das fragliche Verhalten? Gibt es spezifische Anlässe oder Auslöser für das Verhalten? Welche Auswirkungen hat das Verhalten in der Klasse?

Gibt die Beobachtung erste Hinweise auf Zusammenhänge, können im zweiten Schritt gezielte *Hypothesen* gebildet werden. Diese können sich beispielsweise auf die Situationen beziehen, in denen Unterrichtsstörungen besonders häufig oder besonders selten auftreten oder auf die Art der Aufgabenstellung, bei denen den Schülerinnen und Schülern eine Gruppenarbeit besonders schwer fällt oder besonders gut gelingt, oder auf die Auswirkungen von Rückmeldungen der Lehrkraft bei Lernmisserfolgen auf die Lernmotivation der Schülerinnen und Schüler.

Oftmals hat die Lehrkraft aber schon eine Vermutung bezüglich der Bedingungen, die das fragliche Verhalten auslösen und aufrechterhalten. Durch eine gezielte Beobachtung kann die Lehrkraft ihre Hypothese überprüfen. Dazu muss die Hypothese in eine konkrete Fragestellung »übersetzt« werden:

- Tritt unaufmerksames Verhalten vor allem dann auf, wenn die Aufgabenstellung nur wenig vorstrukturiert ist?
- Sind Unterrichtsstörungen einer Schülerin oder eines Schülers vor allem dann zu beobachten, wenn die Lehrkraft sich verstärkt einer Mitschülerin oder einem Mitschüler zuwendet oder eine Mitschülerin oder ein Mitschüler im Aufmerksamkeitsfokus der Klasse steht?
- Lässt die Beteiligung am Unterricht vor allem beim Frontalunterricht nach, nicht aber bei der Partner- oder Gruppenarbeit?

Kontrolle der Wirksamkeit von Maßnahmen im Unterricht

Eine Verhaltensbeobachtung kann nicht nur hilfreich sein, wenn der Lernprozess gefährdet ist, sondern auch Aufschluss darüber geben, ob einzelne Maßnahmen im Unterricht auch zum gewünschten Erfolg geführt haben. Wurde zum Beispiel eine neue Methode eingeführt oder neuartige Aufgaben im Unterricht behandelt, kann der Erfolg dieser Maßnahmen durch eine gezielte Unterrichtsbeobachtung überprüft werden:

- Inwieweit wurde durch die neue Methode das Interesse der Schülerinnen und Schüler geweckt?
- Wie gut sind die Schülerinnen und Schüler mit den neuartigen Aufgaben zurechtgekommen?
- Haben von der neuen Methode alle Schülerinnen und Schüler profitiert?

In vielen Fällen möchte die Lehrkraft erfahren, ob die Maßnahmen im Unterricht auch zu Verbesserungen geführt haben. Um Veränderungen feststellen zu können, ist es notwendig, das fragliche Verhalten der Schülerinnen und Schüler vor und nach der Maßnahme zu beobachten.

- Konnten die Unterrichtsstörungen tatsächlich reduziert werden?
- Haben sich die Lernstrategien der Schülerinnen und Schüler verbessert?
- Konnte die Lernbereitschaft gesteigert werden?

2.6.2 Planung einer Verhaltensbeobachtung

Die systematische Verhaltensbeobachtung sieht eine weitgehende Festlegung aller Schritte der Informationsaufnahme und -verarbeitung vor. Diese Anforderungen gelten für Verhaltensbeobachtungen im Rahmen wissenschaftlicher Studien; im Unterricht können diese Anforderungen nur selten erfüllt werden. Eine Lehrkraft, die durch Gestaltung des Unterrichts in Anspruch genommen wird, kann nicht auch noch das Verhalten einer Schülerin oder eines Schülers während des Unterrichts systematisch beobachten. In der Praxis wird eine Unterrichtsbeobachtung daher den wissenschaftlichen Kriterien einer Verhaltensbeobachtung nur annähernd genügen können. Dennoch sollte sich die Unterrichtsbeobachtung nicht nur auf Gelegenheitsbeobachtungen beschränken. Angesichts der Komplexität des Geschehens im Unterricht ist ein planvolles Vorgehen und eine Beschränkung auf einzelne Verhaltensaspekte allein schon deswegen notwendig, weil nicht alles, was im Unterricht passiert, auch beobachtet und protokolliert werden kann.

Einbeziehung vorausgehender und nachfolgender Ereignisse

Die Unterrichtsbeobachtung sollte sich nicht nur auf das Schülerverhalten beschränken, sondern auch die Ereignisse miteinbeziehen, die dem Verhalten *vorauslaufen* und *nachfolgen*. Im Fokus der Beobachtung stehen daher nicht isolierte Verhaltensweisen, sondern *Person-Umwelt-Bezüge*. Ereignisse, die dem Schülerverhalten häufig vorausgehen oder diesem folgen, geben oftmals Hinweise auf die Bedingungen, die das Verhalten auslösen und aufrechterhalten. Gehen beispielsweise den Unterrichtsstörungen einer Schülerin oder eines Schülers häufig Hänseleien von Mitschülerinnen und Mitschülern voraus, liegt die Vermutung nahe, dass das Problemverhalten der Schülerin oder des Schülers durch diese Hänseleien ausgelöst wird. Ereignisse, die auf das Problemverhalten des Schülers folgen, könnten dieses verstärken. Reagieren zum Beispiel die Mitschülerinnen und Mitschüler auf die Unterrichtsstörungen der Schülerin oder des Schülers häufig mit vermehrter Beachtung, ist anzunehmen, dass die verstärkte Aufmerksamkeit in der Klasse zur Aufrechterhaltung des störenden Verhaltens beiträgt.

Einbeziehung des Verhaltens der Lehrkraft

Um weitere Zusammenhänge aufdecken zu können, sollte – je nach Fragestellung – auch das Verhalten der Lehrkraft miteinbezogen werden. Denn oftmals stellt das Schülerverhalten eine Reaktion auf das Verhalten der Lehrkraft dar oder die Reaktion der Lehrkraft verstärkt – oft ungewollt – das Schülerverhalten. Die Einbeziehung des Verhaltens der Lehrkraft ist am besten durch einen Fremdbeobachter möglich, der die Verhaltensbeobachtung etwa im Rahmen einer Hospitation durchführt.

2.6.3 Durchführung einer Verhaltensbeobachtung

Anhand der folgenden Schritte können die Prozesse der Aufnahme, Verarbeitung und Interpretation von Informationen über das Verhalten von Schülerinnen, Schülern und Lehrkräften transparent gemacht werden.

Präzisierung der Fragestellung

Ausgangspunkt ist oft ein auffälliges Verhalten eines oder mehrerer Schülerinnen und

Schüler, aus dem sich eine bestimmte Problemstellung ergibt. Aus dieser Problemstellung muss im ersten Schritt eine konkrete Fragestellung entwickelt werden. Diese kann sich auf einzelne Schülerinnen oder Schüler beziehen (z. B. »Wie geht die Schülerin oder der Schüler mit Kritik um?«) oder die gesamte Klasse betreffen (z. B. »Unter welchen Bedingungen gelingt Gruppenarbeit am besten?«), sie kann allgemein (z. B. »Welche Art von Unterrichtstörungen treten auf?«) oder spezifisch formuliert sein (z. B. »Wie oft stellt die Schülerin oder der Schüler nach einem Misserfolg ihre oder seine Bemühungen ein?«) und sie kann konkrete Lernbedingungen betreffen (z. B. »In welchen Phasen des Unterrichts treten Unterrichtsstörungen vermehrt auf?«) oder vorausgehende oder nachfolgende Ereignisse miteinbeziehen (z. B. »Wie reagiert die Lehrkraft auf Fragen oder Beiträge von Schülerinnen und Schülern, die über den aktuellen Unterrichtsstoff hinausgehen?«).

Festlegung des zu beobachtenden Verhaltensausschnitts und der Verhaltensindikatoren

Durch die Spezifizierung der Fragestellung wird der Beobachtungsfokus auf den Verhaltensausschnitt gelenkt, der relevante Informationen zur Klärung der Frage liefert. Im zweiten Schritt muss die Fragestellung mit dem beobachtbaren Verhalten verknüpft werden. Dazu sind *Verhaltensindikatoren* zu benennen, die Aufschlüsse über das, was beobachtet werden soll, geben. Soll durch die Unterrichtsbeobachtung zum Beispiel die Lernbereitschaft der Schüler untersucht werden, wäre festzulegen, in welchen Verhaltensweisen diese zum Ausdruck kommen könnte, zum Beispiel:

- regelmäßige Erledigung der Hausaufgaben,
- weitergehende Fragen zum Unterrichtsstoff stellen,
- zusätzliche Aufgaben übernehmen,
- sich mit einer Lernaufgabe weiterbeschäftigen, auch wenn die Lösung nicht auf Anhieb gelingt,
- häufiges Melden im Unterricht.

Festlegung der Beobachtungsbedingungen

Im nächsten Schritt müssen die Situationen bzw. Bedingungen festgelegt werden, unter denen das Schüler- oder Lehrerverhalten beobachtet werden soll. Diagnostisch relevante Informationen liefern nur solche Situationen, in denen das kritische Verhalten auch zum Ausdruck kommt. So ist das Aufmerksamkeitsverhalten von Schülerinnen und Schülern nur unter Bedingungen zu beobachten, die Anforderungen an die Aufmerksamkeit stellen, wie etwa beim Frontalunterricht, bei der Einzelarbeit oder während einer Klassenarbeit. Soll untersucht werden, wie Schülerinnen und Schüler mit Misserfolgen umgehen, sind solche Situationen aussagekräftig, in denen Lernende Misserfolge erleben können, etwa die Bearbeitung anspruchsvoller Aufgaben. Steht das Sozialverhalten im Fokus, sollten die Schülerinnen und Schüler in Situationen beobachtet werden, in denen ein sozialer Austausch erforderlich ist, etwa bei Aufgabenstellungen, bei denen sie gemeinsam eine Lösung finden oder sich auf ein gemeinsames Vorgehen einigen müssen. Bei der Festlegung der Beobachtungsbedingungen ist darauf zu achten, typische Situationen auszuwählen, damit die Beobachtungsergebnisse auch generalisiert werden können. So liefert eine Gruppenarbeit nur dann verallgemeinerbare Ergebnisse, wenn die Anforderungen auch denen entsprechen, die üblicherweise bei Gruppenarbeiten an die Schülerinnen und Schüler gestellt werden.

Festlegung der Methode der Verhaltensregistrierung

Der nächste Schritt ist die Festlegung der Methode der Verhaltensregistrierung. Es muss festgelegt werden, wie das Beobachtete objektiviert, das heißt erfasst und registriert werden soll. Die dazu zur Verfügung stehenden Methoden wurden bereits im Kapitel 2.4 beschrieben.

Auswertung und Interpretation der Verhaltensbeobachtung

Auch wenn die Interpretationen der Beobachtungen zunächst schlüssig erscheint, sollten die Beobachtungen kritisch reflektiert werden, aufgrund derer auf Einstellungen und Motive der Schülerin bzw. des Schülers geschlossen wird. Vorschnelle Schlussfolgerungen sind im Nachhinein oft nur schwer zu korrigieren. Der Schlüssel zur kritischen Reflexion des Inferenzprozesses ist die Trennung zwischen dem, was tatsächlich beobachtet wurde (»Was habe ich tatsächlich beobachtet?«), und den Schlussfolgerungen, die daraus gezogen wurden (»Wie interpretiere ich das Beobachtete?«). Die Trennung verhindert, dass vorschnelle Schlussfolgerungen aus dem Beobachteten gezogen werden und vermindert damit das Risiko, dass in den Beobachtungen vorrangig eine Bestätigung bereits bestehender Einstellungen und Meinungen über die Schülerin oder den Schüler gesucht wird.

2.7 Weiterführende Literatur

Bortz, J. & Döring, N. (2006). *Forschungsmethoden und Evaluation.* Kapitel 4: Quantitative Methoden der Datenerhebung (S. 262–277). Berlin: Springer Verlag.

Seidel, T. & Prenzel, M. (2010). Beobachtungsverfahren: Vom Datenmaterial zur Datenanalyse. In H. Holling & B. Schmitz (Hrsg.), *Handbuch Statistik, Methoden und Evaluation* (S. 139–52). Göttingen: Hogrefe.

3 Psychodiagnostische Tests

3.1	Arten psychologischer Tests	61
3.2	Schulleistungstests	64
	3.2.1 Lehrplanbezug von Schulleistungstests	64
	3.2.2 Bezugsnormen von Schulleistungstests	65
	3.2.3 Informelle Schulleistungstests	66
3.3	Gütekriterien psychologischer Tests	67
	3.3.1 Objektivität	68
	3.3.2 Reliabilität	73
	3.3.3 Validität	79
3.4	Klassische Testtheorie	84
	3.4.1 Definition der Reliabilität eines Tests nach der Klassischen Testtheorie	87
	3.4.2 Standardmessfehler	89
	3.4.3 Konfidenzintervalle	90
	3.4.4 Interpretation von Testwertdifferenzen	93
	3.4.5 Minderungskorrekturen	95
3.5	Normen und Normierung	98
	3.5.1 Bezugsnormen	98
	3.5.2 Testnormierung	99
	3.5.3 Standardnormen	101
	3.5.4 Prozentrangnormen	103
	3.5.5 Normorientierte Testinterpretation	104
3.6	Testfairness	106
	3.6.1 Modelle der Testfairness	108
	3.6.2 Ansätze zur Sicherung der Testfairness	109
3.7	Weiterführende Literatur	112

Ein psychologischer Test ist eine Methode, mit der in standardisierter Form eine *Verhaltensstichprobe* der Testperson erhoben wird, aufgrund dessen auf den Ausprägungsgrad eines Merkmals oder einer Eigenschaft der Testperson geschlossen wird.

Dazu werden Aufgaben, Fragen oder Aussagen vorgegeben, die von den Testpersonen jeweils eine Reaktion bzw. eine Antwort verlangen: Sie sollen zum Beispiel eine Aufgabe lösen, auf eine Frage über sich selbst Auskunft geben oder unter verschiedenen Aussagen die Aussage markieren, die ihre eigene Meinung oder Einstellung am besten wiedergibt. Die Aufgaben, Fragen oder Aussagen werden als *Testitems* bezeichnet. Die Menge der Antworten der Testperson auf die Testitems ist die Verhaltensstichprobe, die mit Hilfe des Tests erhoben wird. Dazu einige Beispiele:

- Die Verhaltensstichprobe, die mit einem Lernmotivationstest erhoben wird, besteht aus den Antworten der Schülerinnen oder der Schüler auf die Fragen zu ihrem Lernverhalten, in denen die Lernmotivation zum Ausdruck kommt (z. B. »Mehr zu leisten als andere, finde ich wichtig«; Hermans, 1976).
- Die Verhaltensstichprobe, die mit einem Intelligenztest erhoben wird, umfasst die Ergebnisse der Bearbeitung von Aufgaben, die bestimmte kognitive Fähigkeiten z. B. räumliches Vorstellungsvermögen oder schlussfolgendes Denken erfordern.
- Mit einem Depressionstest werden die Stellungnahmen der Testperson zu Aussagen erhoben, die auf eine depressive Symptomatik hinweisen (z. B. »Mir fällt es schwer, Entscheidungen zu treffen«).

> **Psychodiagnostischer Test**
> Ein psychodiagnostischer Test ist ein standardisiertes Verfahren, mit dem eine Verhaltensstichprobe der Testperson erhoben wird, aufgrund derer auf die Ausprägung eines Merkmals oder einer Eigenschaft der Testperson geschlossen wird.

Standardisierung

Ein psychodiagnostischer Test zeichnet sich dadurch aus, dass die Verhaltensstichprobe der Testperson unter kontrollierten Bedingungen erhoben wird. Dazu wird der Test standardisiert.

> **Standardisierung des Tests**
> Die Standardisierung eines Tests besteht in der Festlegung der Bedingungen, unter denen der Test durchgeführt, ausgewertet und interpretiert wird.

Im Rahmen der *Standardisierung* wird festgelegt, wie die Verhaltensstichprobe erhoben wird, welche Informationen der Verhaltensstichprobe entnommen werden und wie diese Informationen interpretiert werden. Die Standardisierung eines Tests beinhaltet unter anderem die Festlegung

- der Anzahl, der Reihenfolge und der Art der Testitems,
- des Antwortformats,
- der Testanweisung (Testinstruktion),
- der Durchführungsbedingungen des Tests (z. B. Bearbeitungszeit, erlaubte Hilfsmittel, zusätzliche Erläuterungen zur Testbearbeitung)
- der Regeln zur Auswertung des Tests,
- der Kriterien zur Interpretation der Testergebnisse (z. B. Normtabellen; ▶ Kap. 3.5).

Mit der Standardisierung des Tests wird sichergestellt, dass (1) der Test bei allen Testpersonen unter den gleichen Bedingungen durchgeführt wird, (2) die Antworten nach einheitlichen Regeln ausgewertet werden und (3) die Ergebnisse nach einheitlichen Kriterien interpretiert werden. Welche Verhaltensstichprobe der Testperson erhoben wird und wie die Verhaltensstichprobe ausgewertet und interpretiert wird, bleibt somit nicht dem Ermessen der Diagnostikerin oder des Diagnostikers überlassen, sondern erfolgt nach verbindlichen Vorgaben. Dadurch soll erreicht werden, dass die Testergebnisse nicht von der subjektiven Wertung der Diagnostikerin oder des Diagnostikers abhängen, die oder der den Test durchführt, auswertet und interpretiert. Dies ist eine Voraussetzung für die Objektivität des Tests (▶ Kap. 3.3).

Testaufbau

Ein Test besteht aus mehreren *Testitems*, deren Beantwortung maßgeblich von der zu messenden Eigenschaft der Testperson bestimmt wird. So ist beispielsweise das Lösen der Aufgaben eines Intelligenztests von den kognitiven Fähigkeiten abhängig, die Antworten auf die Fragen eines Lernmotivationstests werden maßgeblich von dem Bestreben bestimmt, schulische Lernziele zu erreichen, und die Zustimmung zu den Aussagen in einem Einstellungstest sind von der Einstellung der Testpersonen zu der angesprochenen Thematik abhängig. Aufgrund der mit Hilfe der Testitems erhobenen Verhaltensstichprobe wird auf den Ausprägungsgrad der jeweiligen Eigenschaft der Testperson geschlossen.

Erfassen die Items eines Tests *eine* Eigenschaft bzw. *ein* Merkmal, handelt es sich um einen *unidimensionalen Test*. In diesem Fall werden die Antworten auf die Testitems quantifiziert und die Werte über alle Testitems aufaddiert. Die Summe über alle Testitems gibt den Ausprägungsgrad des Merkmals wieder. Viele Tests erfassen komplexe Merkmale, die verschiedene Aspekte beinhalten. Um die Merkmalsaspekte separat zu erfassen, werden die Testitems, die einen Merkmalsaspekt erfassen, jeweils in einen *Subtest* zusammengefasst. In diesem Fall spricht man von einem *mehrdimensionalen Test*. Beispielsweise enthalten Intelligenztests mehrere Subtests mit jeweils spezifischen Aufgabentypen. Jeder dieser Subtests erfasst einen Teilaspekt der Intelligenz, beispielsweise die Fähigkeit zum schlussfolgenden Denken, das räumliche Vorstellungsvermögen oder Gedächtnisleistungen (▸ Kap. 6). Auch Schulleistungstests zur Erfassung schulischer Kompetenzen bestehen meist aus mehreren Subtests, die unterschiedliche Kompetenzaspekte erfassen. So enthält beispielsweise der *Deutsche Mathematiktest für dritte Klassen* (DEMAT 3+; Roick, Gölitz & Hasselhorn, 2004) drei Subtests, mit denen mathematische Kompetenzen in den Bereichen *Arithmetik* (Zahlenstrahlen, Additionen, Subtraktionen und Multiplikationen), *Sachrechnen* (Sachrechnungen, Längen umrechnen) und *Größen und Geometrie* (Spiegelzeichnungen, Formen legen, Längen schätzen) erfasst werden.

Testdarbietung

Testdarbietung oder Testadministration betrifft die Art und Weise, wie der Test den Testpersonen dargeboten wird. Der Aufwand der Testdurchführung ist vor allem davon abhängig, ob der Test einzeln oder in Gruppen durchgeführt wird. *Einzeltests*, die mit jeder Testperson einzeln durchgeführt werden müssen, sind in der Durchführung sehr viel aufwändiger als *Gruppentests*, die mehreren Testpersonen gleichzeitig vorgegeben werden können. Letztere eignen sich insbesondere für den Einsatz in der Schule, da sie mit der gesamten Klasse durchgeführt werden können.

Tests unterscheiden sich nach dem *Vorgabeformat*. Das Standardvorgabeformat ist der *Papier- und Bleistift-Test* (Paper-Pencil Test). Bei einem Papier- und Bleistift-Test erhält die Testperson eine schriftliche Testvorlage. Die Bearbeitung der Testitems erfolgt ebenfalls schriftlich, indem die Testperson zum Beispiel die zutreffende Antwort ankreuzt, einen unvollständigen Satz ergänzt oder eine Zeichnung vervollständigt. Die meisten Tests, die in der Schule eingesetzt werden, sind Papier-und-Bleistift Tests.

Viele neuere Tests liegen zusätzlich in einer *computergestützten Version* vor. Dabei werden die Testaufgaben am Bildschirm mit Hilfe der Tastatur oder einer anderen Eingabeeinheit (z. B. Joystick, Pedale oder Regler) bearbeitet. Computerunterstützte Tests ermöglichen eine bessere Kontrolle der Darbietung der Testaufgaben, eine ökonomischere Auswertung und eine vereinfachte Dokumentation der Testergebnisse. Allerdings setzten computergestützte Testverfahren Kompetenzen im Umgang mit Computern voraus. Dadurch könnte die *Testfairness* beeinträchtigt werden, wenn die Testpersonen, die im Umgang mit Computern versiert sind, einen Vorteil gegenüber denen haben, die wenig Computererfahrung haben (▸ Kap. 3.6).

3.1 Arten psychologischer Tests

Es stehen zahlreiche psychologische Tests zur Verfügung, die in unterschiedlichen Anwendungsfeldern zum Einsatz kommen. Zur Einteilung der Tests werden unterschiedliche formale und inhaltliche Gesichtspunkte herangezogen.

Leistungs- versus Persönlichkeitstests

Tests lassen sich danach unterscheiden, ob sie Leistungen (z. B. Schulleistungen, Intelligenz oder Konzentrationsfähigkeit) oder Persönlichkeitseigenschaften (z. B. Lernmotivation, Ängstlichkeit, Interessen) erfassen. Zur Diagnostik von Leistungen und Persönlichkeitseigenschaften werden jeweils unterschiedliche diagnostische Ansätze verfolgt (Cronbach, 1990).

Leistungstests messen Kenntnisse, Fähigkeiten und Kompetenzen wie zum Beispiel Schulleistungen, kognitive Fähigkeiten oder Konzentrationsleistungen. Sie sind darauf ausgelegt, das *Maximalverhalten* der Testperson zu erfassen, zu dem sie aufgrund ihrer Fähigkeiten in der Lage ist (»test of maximum performance«; vgl. Cronbach, 1990). Im Test kommt es für die Testperson darauf an, ihr »Bestes zu geben«, etwa möglichst viele Aufgaben zu lösen, möglichst schnell zu reagieren oder möglichst gute Lösungen zu produzieren. Für die Aufgaben gibt es jeweils eine richtige Lösung, womit die Grundlage für eine quantitative Bewertung der Güte der Antworten gegeben ist. Aufgrund der Anzahl der gelösten Aufgaben wird auf das Leistungspotenzial der Testperson geschlossen (»What people *can* do«). Diesem Ansatz entsprechen die *Schulleistungstests*, mit denen schulische Kompetenzen überprüft werden (▶ Kap. 3.2). In einem Rechentest zum Beispiel werden die Schülerinnen und Schüler aufgefordert, möglichst viele Rechenaufgaben zu lösen. Aus der Anzahl der gelösten Aufgaben wird auf ihre mathematischen Kompetenzen geschlossen.

Persönlichkeitstests erfassen demgegenüber Persönlichkeitseigenschaften wie zum Beispiel Einstellungen, Meinungen, Motive oder emotionale Dispositionen. Sie basieren in der Regel auf den *Selbsteinschätzungen* der Testperson. Dazu werden Fragen oder Selbstbeschreibungen vorgegeben (z. B. »Ich bin im Grunde ein eher ängstlicher Mensch«, vgl. Freiburger-Persönlichkeits-Inventar, FPI-R, Fahrenberg, Hampel & Selg, 2001). Die Testperson soll angeben, inwieweit sie den Aussagen zustimmt bzw. inwieweit diese auf sie zutreffen. Damit wird nicht das maximale, sondern das *typische* Verhalten erfasst (»test of typical response«; Cronbach, 1990). Das Testergebnis soll Aufschluss über das Verhalten und Erleben geben, das die Testperson gewöhnlich im Alltag zeigt (»What people *will* do«). Dabei gibt es keine richtigen oder falschen Antworten; die Testperson soll vielmehr so antworten, wie es ihrem Erleben und Verhalten im Alltag entspricht.

Auch im schulischen Kontext werden Tests eingesetzt, die darauf abzielen, das typische Verhalten zu erfassen. So gibt beispielsweise ein Lernstrategietest Aufschluss darüber, wie die Schülerin oder der Schüler normalerweise beim Lernen vorgeht; ein Lernmotivationstest erfasst, wie stark die Schülerin oder der Schüler sich im Alltag beim Lernen bemüht, und ein Test zur Erfassung des schulischen Selbstkonzepts erfasst, wie Schülerinnen und Schüler ihre schulischen Fähigkeiten einschätzen. In einem Persönlichkeitstest wird von der Testperson nicht verlangt, ihr Bestes zu geben, sondern diejenigen Antworten auszuwählen, die ihrem Erleben und Verhalten im Alltag am besten wiedergeben.

Niveau- versus Speed-Tests

Bei Leistungstests werden Niveautests und Speed-Tests unterschieden. Mit einem *Niveautest* oder *Powertest* wird das Leistungsniveau der Testperson erfasst. Niveautests enthalten dazu Aufgaben, die nach zunehmender Schwierigkeit angeordnet sind, so dass jeweils die nachfolgende Aufgabe schwieriger ist als die vorhergehende. Für die Bearbeitung der Aufgaben hat die Testperson entweder keine oder eine großzügig bemessene Zeitbeschränkung, so dass sie im Prinzip alle Aufgaben bearbeiten kann. Sie löst die nach Schwierigkeit gestaffelten Aufgaben soweit, bis sie Aufgaben erreicht, die für sie zu schwierig sind. Die Anzahl der gelösten Aufgaben wird maßgeblich vom Anforderungsniveau der schwierigsten Aufgabe bestimmt, die die Testperson lösen konnte. Der Schwierigkeitsgrad der schwierigsten Aufgabe, die gelöst wurde, gibt somit das Leistungsniveau der Testperson wieder. Bei einem Niveau- oder Powertest erfolgt die Differenzierung verschiedener Leistungsniveaus über die Schwierigkeitsgrade der Aufgaben, die die Testpersonen lösen können.

> **Power-Test**
> Power-Tests oder Niveau-Tests sind Leistungstests mit Aufgaben ansteigender Schwierigkeit, die von der Testperson ohne oder mit großzügig bemessener Zeitbegrenzung bearbeitet werden können. Das Testergebnis gibt das Leistungsniveau der Testperson wieder.

Die meisten Intelligenztests und Schulleistungstests sind Niveautests. Sie enthalten Aufgaben, die nach zunehmender Schwierigkeit gestaffelt sind. Auch eine Klassenarbeit in Mathematik entspricht dem Ansatz eines Niveautests. Den Schülerinnen und Schülern werden meist Aufgaben mit ansteigendem Schwierigkeitsgrad vorgelegt. Sie beginnen in der Regel mit den leichten Aufgaben, um dann immer schwierigere Aufgaben anzugehen. Schülerinnen und Schüler mit geringen mathematischen Kompetenzen scheitern bereits bei leichten Aufgaben, Schülerinnen und Schüler mit guten Kompetenzen bewältigen auch die schwierigen Aufgaben. Eine gute Note erhalten die Schülerinnen und Schüler dann, wenn sie die schwierigen Aufgaben bewältigen.

Im Unterschied zu einem Niveautest enthält ein *Speed-Test* leichte Aufgaben, die von allen Testpersonen gelöst werden können. Allerdings ist die Bearbeitungszeit begrenzt. Für die Testperson kommt es *nicht* darauf an, möglichst schwierige Aufgaben, sondern möglichst *viele* leichte Aufgaben in einer begrenzten Zeitspanne zu lösen. Unterschiede zwischen den Testpersonen ergeben sich somit nicht – wie bei einem Niveautest – aus dem Anforderungs- bzw. Schwierigkeitsniveau der gelösten Aufgaben, sondern durch die *Geschwindigkeit*, mit der die Testpersonen die leichten Aufgaben bearbeiten. Die Anzahl der Aufgaben, die in der vorgebebenen Bearbeitungszeit bewältigt wurden, ist ein Maß für die *Bearbeitungsgeschwindigkeit*.

> **Speed-Test**
> Speed-Tests oder Geschwindigkeitstest sind Leistungstests mit leichten, für alle Testpersonen lösbaren Aufgaben, die mit einer engen Zeitbegrenzung bearbeitet werden. Das Testergebnis, die Anzahl der unter Zeitdruck gelösten Aufgaben, gibt die Bearbeitungsgeschwindigkeit der Testperson wieder.

Viele Konzentrationstests sind Speed-Tests, die die Konzentrationsleistungen durch die

Bearbeitungsgeschwindigkeit beim Bearbeiten leichter Aufgaben erfassen. Ein typisches Beispiel für einen Speed-Test ist der *d2-Aufmerksamkeits-Belastungs-Test* (Brickenkamp, 2002). Der d2 ist ein sogenannter Durchstreichtest, der das Tempo und die Qualität des Arbeitsverhaltens bei der Unterscheidung visueller Reize erfasst. Die Testpersonen erhalten eine Vorlage mit 14 Buchstabenreihen mit den Buchstaben p und d in zufälliger Reihenfolge. Oberhalb oder unterhalb der Buchstaben befinden sich entweder ein, zwei oder drei Striche. Die Aufgabe für die Testperson ist es, in kurzer Zeit möglichst viele d's mit zwei Strichen durchzustreichen. Die Anzahl der in der verfügbaren Zeitspanne richtig durchgestrichenen d's wird als Maß für die Konzentrationsfähigkeit der Testperson herangezogen.

Einteilung der Tests nach inhaltlichen Gesichtspunkten

Zur Klassifikation von Tests werden verschiedene formale und inhaltliche Kriterien vorgeschlagen. In dem Verzeichnis psychologischer und pädagogischer Testverfahren aus der Datenbank PSYNDEX (Leibniz-Zentrum für Psychologische Information und Dokumentation, ZPID) werden die Testverfahren nach inhaltlichen bzw. anwendungsbezogenen Gesichtspunkten klassifiziert. Wie aus der Tabelle 3.1 hervorgeht, sieht das Klassifikationsschema insgesamt 13 Inhaltskategorien vor. Nach derzeitigem Stand (Juni 2015) enthält die Datenbank PSYNDEX insgesamt 3559 vollständig dokumentierte Testverfahren. Die zahlenmäßig größte Gruppe bilden klinische Verfahren, gefolgt von Einstellungstests und Persönlichkeitstests.

Tab. 3.1: Klassifikation psychodiagnostischer Tests

Inhaltsbereich	Anzahl dokumentierter Test
Entwicklungstests inklusive Schulreifetests und gerontologische Verfahren	668
Intelligenztests mit Lernfähigkeitstests und Gedächtnistests	517
Kreativitätstests	25
Leistungs-, Fähigkeits- und Eignungstests mit Musikalitätstests und Sporttests	688
Verfahren zur Erfassung sensomotorischer Fähigkeiten	231
Schulleistungstests	490
Einstellungstests inklusive verkehrspsychologischer Tests, berufsbezogener Einstellungstests sowie arbeitspsychologischen Verfahren	1857
Interessentests	77
Persönlichkeitstests	1393
Projektive Verfahren	156
Klinische Verfahren	3222

Tab. 3.1: Klassifikation psychodiagnostischer Tests – Fortsetzung

Inhaltsbereich	Anzahl dokumentierter Test
Verhaltensskalen	236
Sonstige Verfahren inklusive Verfahren zur Erfassung soziographischer Daten sowie Explorations- und Anamneseschemata	170

Anmerkungen. Inhaltsbereiche und Anzahl dokumentierter psychodiagnostischer Testverfahren (Stand: Juni 2015) nach dem Verzeichnis der Testverfahren der Datenbank PSYNDEX des Leibniz-Zentrums für Psychologische Information und Dokumentation (ZPID). (2014).
Da die Tests maximal zwei Inhaltsbereichen zugeordnet werden können, ist die in der Tabelle angegebene Anzahl der Tests höher als die tatsächliche Anzahl verfügbarer Tests.

3.2 Schulleistungstests

Schulleistungstests sind diagnostische Verfahren zur Erfassung von Lernergebnissen, die nach wissenschaftlichen Kriterien konstruiert und erprobt wurden und hinsichtlich ihrer Durchführung, Auswertung und Interpretation standardisiert sind. Sie dienen der »Planung, Überwachung und Steuerung von Unterricht« durch den Lehrenden (Langfeld & Imhoff, 1999, S. 280). Die Ergebnisse sollen den Lehrenden dabei unterstützen, das pädagogisch-methodische und didaktische Vorgehen im Unterricht zu optimieren und zu kontrollieren. In diesem Sinne kennzeichnen Ingenkamp und Lissmann (2005) Schulleistungstests als »[...] Verfahren der Pädagogischen Diagnostik, mit deren Hilfe geplanter und an Curricula orientierter Lernvorgänge möglichst objektiv, zuverlässig und gültig gemessen und durch Lehrende (z. T. auch durch Lernende) oder Beratende ausgewertet, interpretiert und für pädagogisches Handeln nutzbar gemacht werden können« (Ingenkamp & Lissmann, 2005, S. 156).

Nach dieser Definition ist die Bezeichnung »Test« auf solche diagnostische Verfahren beschränkt, die auf wissenschaftlicher Grundlage konstruiert und erprobt wurden. Klassenarbeiten, Klausuren, Testate oder ähnliche Verfahren zur Leistungsüberprüfung in der Schule, die im Alltagssprachgebrauch oftmals als Test bezeichnet werden, fallen nicht unter diese Definition, da sie nicht nach wissenschaftlichen Kriterien konstruiert und hinsichtlich ihrer Gütekriterien erprobt wurden. Die wissenschaftliche Grundlage psychologischer Tests bilden sogenannte *Testtheorien*, aus denen psychometrische Kriterien für die Konstruktion und Erprobung psychologischer Tests abgeleitet werden. Die meisten gebräuchlichen Tests basieren auf der *Klassischen Testtheorie*, die im Kapitel 3.4 vorgestellt wird.

3.2.1 Lehrplanbezug von Schulleistungstests

Die Inhalte der Schulleistungstests orientieren sich meist an den Lehrplänen der jeweiligen Unterrichtsfächer. Ein Lesetest, mit dem der Lernstand im Lesen überprüft wird, erfasst die Lesefähigkeiten, die laut Lehrplan auf der Jahrgangsstufe, für die der Test konstruiert wurde, vermittelt werden; ein Rechentest für das zweite Schuljahr erfasst die mathematischen Kompetenzen, die für den Unterricht im zweiten Schuljahr auf dem Lehrplan stehen. Inhalte und Anforderungen von Schulleistungstests richten sich also nach dem Curriculum des Faches, das in den Lehrplänen der Bundesländer festgelegt ist. Damit soll sichergestellt werden, dass der Schulleistungstest die schulischen Kompetenzen erfasst, die laut Lehrplan von den Schülerinnen und Schülern auf der jeweiligen Klassenstufe erwartet werden können. Der *Lehrplanbezug* ist wichtig, um die Testergebnisse als Entscheidungshilfe über Fördermaßnahmen für die Schülerin oder den Schüler heranziehen zu können.

Erfasst der Schulleistungstest die nach dem Lehrplan in dem Unterrichtsfach zu vermittelnden schulischen Kompetenzen, besitzt er eine hohe *curriculare Validität*. Die curriculare Validität ist eine spezifische Form der Validität, die Aufschluss darüber gibt, wie gut der Test das Erreichen der im Lehrplan festgelegten Lernziele erfasst (▶ ausführlicher Kap. 3.3.3). Um die curriculare Validität sicherzustellen, müssen die Anforderungen des Tests den *Lernzielen* entsprechen, die in den Lehrplänen für das Unterrichtsfach auf der jeweiligen Jahrgangsstufe festgelegt sind. Die Testaufgaben müssen die im Curriculum geforderten schulischen Kompetenzen möglich gut abdecken.

Der *Deutsche Rechentest für Mathematik für zweite Klassen* (DEAMT 2+; Krajewski, Liehm & Schneider, 2004) ist zum Beispiel ein curricular valider Rechentest. Die Aufgabenauswahl basiert nicht auf einer Theorie zum Erwerb mathematischer Kompetenzen, sondern auf einer Analyse der Mathematiklehrpläne aller 16 deutschen Bundesländer. Damit wird sichergestellt, dass solche mathematischen Kompetenzen erfasst werden, die Zweitklässler laut Lehrplan am Ende des zweiten Schuljahres erworben haben sollten. Dazu gehören beispielsweise die Addition und Subtraktion im Zahlenraum bis 100 oder das Verdoppeln und das Halbieren zweistelliger Zahlen, die im DEMAT 2+ mit entsprechenden Subskalen überprüft werden.

Da in den Lehrplänen für ein Unterrichtsfach für jede Jahrgangsstufe und jeden Schultyp (z. B. Hauptschule, Realschule, Gymnasium) spezifische Lernziele festgelegt sind, müsste idealerweise für jedes Unterrichtsfach, jede Jahrgangsstufe und jeden Schultyp ein eigener Schulleistungstest entwickelt werden. Curricular valide Schulleistungstests liegen für die Hauptfächer Deutsch und Mathematik für die ersten sechs Schuljahre vor.

Die besondere Herausforderung bei der Entwicklung curricular valider Tests liegt darin, dass sich die Lehrpläne der 16 Bundesländer für die Unterrichtsfächer insbesondere für ältere Jahrgangsstufen zum Teil voneinander unterscheiden, so dass lehrplanvalide Schulleistungstests unterschiedliche curriculare Vorgaben einzelner Bundesländern zu berücksichtigen haben (vgl. Krajewski et al., 2004; Marx & Krocker, 2005). Zudem ist in regelmäßigen Abständen eine Revision und Neunormierung der Schulleistungstests notwendig, da sich infolge der Weiterentwicklung des Schulsystems und der Änderung der Curricula sowohl die Lehrinhalte in den Unterrichtsfächern als auch das Leistungsniveau der Schülerinnen und Schüler ändern.

3.2.2 Bezugsnormen von Schulleistungstests

Schulleistungstests lassen sich danach unterscheiden, nach welcher Bezugsnorm die Lernergebnisse beurteilt werden.

Normorientierte Schulleistungstests

Normorientierte Verfahren der Schulleistungsdiagnostik ermöglichen eine Beurteilung der Schulleistungen einer Schülerin oder eines Schülers im Vergleich zu den Schulleistungen ihrer bzw. seiner Bezugsgruppe, in der Regel der Klassenstufe. Dem Testergebnis ist zu entnehmen, wie weit die Schulleistung der Schülerin oder des Schülers von der durchschnittlichen Leistung ihrer bzw. seiner Klassenstufe entfernt ist. Ein normorientierter Schulleistungstest gibt beispielsweise Aufschluss darüber, ob die Schülerin oder der Schüler im Vergleich zu den Schulleistungen ihrer bzw. seiner Klassenstufe durchschnittliche, überdurchschnittliche oder unterdurchschnittliche Schulleistungen aufweist.

Lehrzielorientierte Schulleistungstests

Lehrzielorientierte Schulleistungstests ermöglichen eine Beurteilung der Schulleistungen einer Schülerin oder eines Schülers in Bezug zu einem Lehrziel. Dem Testergebnis ist zu entnehmen, ob und gegebenenfalls inwieweit die Schülerin oder der Schüler ein bestimmtes Lehrziel erreicht hat. Lehrziele ergeben sich entweder aus dem Curriculum für das Unterrichtsfach (z. B. Beherrschung des kleinen 1x1) oder können aus den Anforderungen abgeleitet werden, die die Lehrkraft im Unterricht stellt. Ein Beispiel für eine lehrzielorientierte Diagnostik ist die *Lernverlaufsdiagnostik*, die im Kapitel 4.3.2 vorgestellt wird.

Normorientierte und lehrzielorientierte Schulleistungstests unterscheiden sich in der *Bezugsgröße*, nach der die Schulleistungen beurteilt werden. Bei normorientierten Schulleistungstests wird die Schulleistung einer Schülerin oder eines Schülers an der durchschnittlichen Leistung der Klassenstufe gemessen; bei lehrzielorientierten Schulleistungstests ist ein Lehrziel die Bezugsgröße, nach der die Schulleistung einer Schülerin oder eines Schülers beurteilt wird. Da in diesem Fall die Schulleistung an einem Kriterium gemessen wird, werden diese Tests auch als *kriteriumsorientierte Tests* bezeichnet. Im Kapitel »Normen und Normierung« (▶ Kap. 3.5) werden die methodischen Grundlagen der normorientierten und kriteriumsorientierten Testinterpretation erläutert.

3.2.3 Informelle Schulleistungstests

Eine Mittelstellung zwischen Schulleistungstests und Klassenarbeiten, Klausuren oder ähnlichen Prüfverfahren zur Leistungsfeststellung nehmen die *informellen Schulleistungstests* oder *informellen Lernkontrolltests* ein. Unter dieser Bezeichnung werden Verfahren zusammengefasst, die von den Lehrkräften selbst zur Überprüfung der Lernergebnisse zusammengestellt werden. Dementsprechend werden diese Verfahren in der englischsprachigen Fachliteratur als »teacher-made tests« bezeichnet.

> **Informelle Schulleistungstests**
> »Informelle Schulleistungstests sind Verfahren der Pädagogischen Diagnostik, die hauptsächlich von Lehrkräften konstruiert werden, um die Ergebnisse der von ihnen geplanten Lernvorgänge in ihrer Klasse möglichst objektiv zu erfassen und für ihr pädagogisches Handeln nutzbar zu machen« (Ingenkamp & Lissmann, 2005, S. 173).

Die Unterschiede zwischen »formellen« und »informellen« Schulleistungstests liegen vor allem in dem Grad, in dem wissenschaftliche Methoden bei der Konstruktion der Verfahren berücksichtigt werden. Bei formellen Schulleistungstests erfolgt die Auswahl der Aufgaben nach psychometrischen Kriterien, um die Gütekriterien psychologischer Diagnostik, Objektivität, Reliabilität und Validität zu erfüllen (▶ Kap. 3.3). Zudem werden formelle Schulleistungstests an repräsentativen Stichproben normiert, so dass die Testergebnisse vergleichend beurteilt werden können (▶ Kap. 3.5). Im Vergleich dazu ist der Aufwand für die Konstruktion informeller Schulleistungstests deutlich geringer. Die Lehrkraft stellt die Aufgaben meist ad hoc für spezifische pädagogische Erfordernisse zusammen. Sie möchte sich zum Beispiel einen Überblick über den Lernstand der Klasse verschaffen, den Schülerinnen und Schülern eine Rückmeldung über ihren Lernerfolg geben oder ihre Lernleistungen bewerten. Eine Überprüfung der Gütekriterien der Diagnostik erfolgt nicht. Zudem stehen keine Normen zur Verfügung, die einen über die jeweilige Schulklasse, für die Aufgaben zusammengestellt wurden, hinausgehenden Leistungsvergleich ermöglichen würde.

Die Vorzüge informellen Schulleistungstests liegen vor allem darin, dass sie an die spezifischen pädagogischen Anforderungen angepasst werden können. Informelle Schulleistungstests können auf die aktuellen Lerninhalte des Unterrichts und auf die spezifischen Lernvoraussetzungen der Schülerinnen und Schüler – zum Beispiel ihren Vorkenntnissen – ausgerichtet sein.

Schulische Lernvoraussetzungen

Schulleistungstests erfassen schulische Leistungen und gehören damit zu den Leistungstests (▶ Kap. 3.2). Sie werden eingesetzt, um den Erfolg schulischen Lernens objektiv und zuverlässig zu überprüfen. Zur Optimierung schulischer Lernprozesse ist es jedoch nicht nur wichtig zu wissen, wie erfolgreich der Unterricht war, sondern auch, über welche Ressourcen die Lernenden verfügen und wie diese im Unterricht gestärkt werden können. Diese Ressourcen sind Voraussetzungen für das schulische Lernen, wie zum Beispiel die Lernmotivation (▶ Kap. 7), das schulische Selbstkonzept (▶ Kap. 9) oder Lernstrategien (▶ Kap. 10). So kann die Lehrkraft beispielsweise Tests heranziehen, um sich ein genaues Bild von den Lernstrategien eines Schülers zu verschaffen.

3.3 Gütekriterien psychologischer Tests

Ein psychodiagnostischer Test wurde als ein standardisiertes Verfahren definiert, mit dem eine Verhaltensstichprobe der Testperson erhoben wird, aufgrund dessen auf die Ausprägung einer Eigenschaft der Testperson geschlossen wird (▶ Kap. 3.1). Dieses Prinzip ist keineswegs nur auf psychodiagnostische Tests beschränkt. Auch im Alltag beobachten wir das Verhalten einer Person – wir ziehen sozusagen eine Verhaltensstichprobe – und schließen aufgrund des beobachteten Verhaltens auf ein bestimmtes Merkmal oder eine bestimmte Eigenschaft dieser Person. Wir erleben beispielsweise, dass jemand häufig zu spät zu einer Verabredung kommt, vereinbarte Termine nicht einhält oder nicht auf E-Mails antwortet. Aufgrund dieser Verhaltensstichprobe würden wir wahrscheinlich vermuten, dass diese Person nicht an einem Kontakt interessiert ist.

Im Unterschied zu Alltagsurteilen, deren Zuverlässigkeit nicht systematisch überprüft wird, kann ein psychodiagnostischer Test hinsichtlich seiner Güte überprüft werden. Dazu wurden *Gütekriterien* definiert, die sicherstellen sollen, dass (a) die Erhebung der Verhaltensstichprobe, (b) die Verarbeitung der daraus gewonnenen diagnostischen Informationen über die Testperson und (c) die Schlussfolgerungen, die aus den Ergebnissen gezogen werden, bestimmten Qualitätsanforderungen genügen. Die Gütekriterien psychologischer Diagnostik stellen *Zielvorgaben* für psychodiagnostische Verfahren dar, an denen abzulesen ist, inwieweit der Test bestimmte Qualitätsanforderungen erfüllt.

Informationen darüber, wie die Gütekriterien überprüft wurden und in welchem Grad der Test die Gütekriterien erfüllt, finden sich im Manual des Tests. Anhand der Gütekriterien kann beurteilt werden, ob der Test für die Zwecke, für die er eingesetzt werden soll, geeignet ist. In den folgenden Kapiteln werden die drei *Hauptgütekriterien* der Diagnostik, Objektivität, Reliabilität und Validität erläutert.

3.3.1 Objektivität

Im alltäglichen Sprachgebrauch wird der Zusatz ›objektiv‹ oftmals als eine Verstärkung im Sinne von ›wirklich‹ und ›tatsächlich‹ oder auch von ›richtig‹ und ›wahr‹ verwendet. Wenn betont wird, eine Aussage sei ›objektiv richtig‹, soll damit meist zum Ausdruck gebracht werden, dass es keinen Grund gibt, am Wahrheitsgehalt der Aussage zu zweifeln. Mit der Aussage »Der Schüler hat *objektiv* zu wenig für die Klassenarbeit gelernt« oder »Die Schülerin hat sich *objektiv* in ihrem Leistungsstand verbessert« soll in der Regel zum Ausdruck gebracht werden, dass der Schüler tatsächlich nicht genug gelernt hat bzw. dass sich bei der Schülerin ohne Zweifel ein Lernfortschritt eingestellt hat.

In der psychologischen Diagnostik ist Objektivität präziser definiert als im alltäglichen Sprachgebrauch. Unter der Objektivität eines Tests versteht man die Unabhängigkeit des Testergebnisses von der Untersucherin oder dem Untersucher.

> **Objektivität**
> Ein Test ist dann objektiv, wenn seine Ergebnisse unabhängig von der Person der Untersucherin oder des Untersuchers und von den Durchführungsbedingungen sind.

Ein Test ist dann objektiv, wenn die Ergebnisse dieses Tests »nicht von der Person des Untersuchers, das heißt von seinem Verhalten bei der Durchführung, von seinem Ermessen bei der Auswertung und von seinen Einstellungen bei der Interpretation« (Ingenkamp & Lissmann, 2005, S. 52) abhängig sind. Denn das Testergebnis soll ja etwas über die Testperson aussagen und nichts über die Person, die den Test durchführt (Ingenkamp & Lissmann, 2005). Daher ist man in der psychologischen Diagnostik bestrebt, die subjektiven Einflüsse, die von der Untersucherin oder vom Untersucher ausgehen, so weit wie möglich auszuschalten oder sie zu kontrollieren. Das Ziel ist es, den Einfluss der Untersucherin oder des Untersuchers darauf, welche Informationen über die Testperson erhoben werden, unter welchen Bedingungen sie erhoben werden, in welcher Weise sie aufbereitet und verarbeitet werden und wie sie interpretiert werden, so weit wie möglich zu reduzieren. In diesem Sinne wird auch von der *Testleiterunabhängigkeit* gesprochen.

Die Objektivität eines Tests sagt etwas darüber aus, inwieweit der Einfluss subjektiver Faktoren auf die Sammlung, Aufbereitung und Interpretation diagnostischer Informationen über die Testperson ausgeschaltet werden konnte. Sie sagt jedoch nichts darüber aus, ob die Ergebnisse des Tests richtig oder wahr sind. Die Aussage »Der Test ist objektiv« bedeutet also nicht, dass die Testergebnisse zutreffen oder der Test nur richtige Ergebnisse liefert.

In Abhängigkeit von der Verarbeitungsstufe diagnostischer Informationen, auf der ein Einfluss des Untersuchers wirksam werden könnte, werden drei Aspekte der Objektivität unterschieden: Die *Durchführungsobjektivität* betrifft die Gewinnung diagnostischer Informationen, die *Auswertungsobjektivität* die Registrierung der erhobenen Informationen und die *Interpretationsobjektivität* die Schlussfolgerungen, die aus den diagnostischen Informationen gezogen werden (Lienert & Raatz, 1998).

3.3.1.1 Durchführungsobjektivität

Die Durchführungsobjektivität bezeichnet die Unabhängigkeit der Testergebnisse von Variationen der Durchführung des Tests. Idealerweise sollte das Testergebnis nur von der Eigenschaft abhängen, die gemessen werden soll, nicht aber von den jeweiligen Bedingungen, unter denen der Test durchgeführt wird. Ist dies gewährleistet, ist der Test hinsichtlich seiner Durchführung objektiv. Die Durchführungsobjektivität ist dagegen eingeschränkt, wenn Variationen der Durchführungsbedingungen in starkem Maße das Testergebnis beeinflussen. Durchführungsbedingungen, die sich auf das Testergebnis auswirken können und die Objektivität des Verfahrens einschränken, wären beispielsweise:

- **Die Art der Testadministration**
  Das Verhalten der Untersucherin oder des Untersuchers während der Testdurchführung kann das Testergebnis beeinflussen, zum Beispiel dadurch, dass sich die Untersucherin oder der Untersucher gegenüber der Testperson besonders freundlich oder betont sachlich gibt, bei der Testinstruktion bestimmte Anforderungsaspekte des Tests hervorhebt und andere abschwächt oder die Testperson durch ihr bzw. sein Auftreten ermutigt oder ängstigt.
- **Testmaterial**
  Die Art der Formulierung der Fragen, die Reihenfolge der Testitems, die Art der Testvorlagen und der Testanweisung können sich auf das Testergebnis auswirken.
- **Testdurchführung**
  Die Art und die Dauer der Testdurchführung oder Störungen und Ablenkungen während der Testbearbeitung können das Testergebnis beeinflussen.

Die Durchführungsobjektivität ist eingeschränkt, wenn sich Variationen der Durchführungsbedingungen auf die Testergebnisse auswirken.

> **Durchführungsobjektivität**
> Die Durchführungsobjektivität ist die Unabhängigkeit der Testergebnisse von der Art der Durchführung des Tests.

Standardisierung des Tests

Solche Einflüsse können sicher nicht vollständig ausgeschaltet werden. Um sie zu kontrollieren, werden die Durchführungsbedingungen für alle Testpersonen möglichst konstant gehalten. Der Test wird standardisiert. Wird der Test bei allen Testpersonen unter den gleichen, das heißt standardisierten Bedingungen durchgeführt, sind Unterschiede in den Testergebnissen nicht das Ergebnis unterschiedlicher Durchführungsbedingungen, sondern können auf Merkmalsunterschiede zwischen den Testpersonen zurückgeführt werden.

Die Festlegung der Bedingungen, unter denen der Test durchgeführt, ausgewertet und interpretiert wird, wird als Standardisierung bezeichnet.

> **Standardisierung des Tests**
> Die Standardisierung eines Tests besteht in der Festlegung der Bedingungen, unter denen der Test durchgeführt, ausgewertet und interpretiert wird.

Dazu gehört eine verbindliche Testanweisung, einheitliches Testmaterial und die Festlegung der Durchführungsbedingungen des Tests. Dadurch soll ausgeschlossen werden, dass Unterschiede in den Testergebnissen durch unterschiedliche Testanweisungen, durch unterschiedliches Testmaterial oder durch unterschiedlich lange Bearbeitungszeiten, etc. zustande kommen.

Eine Standardisierung der Testdurchführung beinhaltet eine mehr oder minder starke *Einengung der sozialen Interaktion* zwischen Untersucherin oder Untersucher und der Testperson, etwa durch vorformulierte Testanweisungen, durch wortwörtlich vorgegebene Antworten auf eventuelle Rückfragen der Testperson und gegebenenfalls auch durch ein spezielles Training zur Testdurchführung. Dadurch soll verhindert werden, dass Erwartungen oder Einstellungen der

Untersucherinnen und Untersucher, die sich in ihrem Verhalten während der Testdurchführung niederschlagen könnten, die Testergebnisse beeinflussen.

3.3.1.2 Auswertungsobjektivität

Die Auswertungsobjektivität bezeichnet die Unabhängigkeit der Erfassung des Testverhaltens vom subjektiven Ermessen der Untersucherin oder des Untersuchers.

> **Auswertungsobjektivität**
> Die Auswertungsobjektivität ist die Unabhängigkeit der Auswertung des Tests von der Untersucherin bzw. vom Untersucher.

Eine vollständige Auswertungsobjektivität ist gegeben, wenn alle Untersucherinnen und Untersucher das Verhalten der Testperson in gleicher Weise registrieren und damit bei demselben Testverhalten der Testpersonen auch zum gleichen (numerischen) Ergebnis kommen. Die Auswertungsobjektivität wird durch die Vorgabe verbindlicher Regeln zur Auswertung – etwa in Form eines Auswertungsschlüssels – sichergestellt, die genau vorschreiben, wie die Antworten der Testpersonen zu registrieren sind.

Quantifizierung der Auswertungsobjektivität

Die Auswertungsobjektivität zeigt sich darin, dass verschiedene Untersucherinnen und Untersucher bei der Auswertung ein und derselben Verhaltensstichprobe zu dem gleichen numerischen Ergebnis kommen. Inwieweit ein Test hinsichtlich seiner Auswertung objektiv ist, kann durch die *Beurteilerübereinstimmung* bestimmt werden. Dabei wird die Verhaltensstichprobe – beispielsweise die Testprotokolle einer Stichprobe von Testpersonen oder die Klausuren einer Schulklasse – von zwei oder auch mehreren Personen ausgewertet. Anschließend wird der Prozentanteil der Fälle ermittelt, bei denen die Beurteilerinnen und Beurteiler zu einer übereinstimmenden Beurteilung gekommen sind. Eine Aufgabe, die von beiden Beurteilerinnen und Beurteiler in 100 % der Fälle übereinstimmend entweder als gelöst oder als nicht gelöst bewertet wurde, wäre hinsichtlich der Auswertung objektiv. Kommen die Beurteilerinnen und Beurteiler jedoch zu unterschiedlichen Bewertungen, ist die Auswertungsobjektivität eingeschränkt.

Das Ausmaß der Übereinstimmung zwischen zwei oder mehreren Beurteilerinnen und Beurteilern kann durch verschiedene statistische Maße quantifiziert werden, die auch das Ausmaß der zufällig zu erwartenden Übereinstimmungen berücksichtigen. Einen Überblick über die statistischen Indizes zur Quantifizierung der Übereinstimmung – so genannte Übereinstimmungsmaße – geben Wirtz und Caspar (2002).

3.3.1.3 Interpretationsobjektivität

Die Interpretationsobjektivität ist die Unabhängigkeit der Interpretation des Testergebnisses von der Untersucherin bzw. vom Untersucher. Die Schlüsse, die aus einem Testergebnis gezogen werden, sollen frei vom subjektiven Ermessen der Person sein, die das Testergebnis interpretiert. Dies zeigt sich darin, dass alle Diagnostikerinnen und Diagnostiker aus dem gleichen Ergebnis auch die gleichen diagnostischen Schlüsse ziehen.

> **Interpretationsobjektivität**
> Die Interpretationsobjektivität ist die Unabhängigkeit der Interpretation der Testergebnisse von der Untersucherin bzw. vom Untersucher.

Die Interpretationsobjektivität in einem umfassenden Sinne ist in der Praxis nur schwer herzustellen, da die Schlussfolgerungen in

Bezug auf die diagnostische Fragestellung in der Regel nicht nur vom Ergebnis eines Tests abhängen, sondern auf weiteren Informationen basieren, etwa auf den Eindrücken aus einem diagnostischen Gespräch oder auf den Ergebnissen einer Verhaltensbeobachtung. In diesem Fall sind die Schlüsse, die aus den diagnostischen Befunden gezogen werden, unter anderem auch davon abhängig, welche Einzelinformationen in die Befunderstellung miteinfließen und wie stark diese gewichtet werden.

Bezogen auf einen einzelnen Test wird die Interpretationsobjektivität im Rahmen der Standardisierung des Tests sichergestellt. Die Standardisierung beinhaltet über die Durchführungs- und Auswertungsvorschriften hinaus auch die Vorgabe einer einheitlichen *Bezugsnorm* für die Interpretation eines Testergebnisses. Zur Ermittlung einer Bezugsnorm wird der Test normiert (▶ Kap. 3.5). Die *Normierung* liefert Vergleichswerte, die es ermöglichen, das Testresultat der Testperson im Vergleich mit einer Referenzgruppe zu bewerten. Den Normen ist beispielsweise zu entnehmen, ob eine Schülerin oder ein Schüler, die bzw. der in einem Rechentest 16 Aufgaben gelöst hat, eine unterdurchschnittliche, eine durchschnittliche oder eine überdurchschnittliche Leistung erzielt hat.

Objektivität der schulischen Leistungsbeurteilung

Die Objektivität stellt nicht nur für psychodiagnostische Tests ein wichtiges Zielkriterium dar. Auch die Qualität von Beurteilungs- und Bewertungsprozessen im Alltag hängt entscheidend davon ab, ob es gelingt, subjektive Einflüsse des Beurteilenden darauf, welche Informationen über den zu Beurteilenden erhoben werden, in welcher Weise sie aufbereitet und ausgewertet und wie sie interpretiert werden, zu minimieren. Dies gilt auch für die schulische Leistungsdiagnostik: (1) Die Lehrkraft muss eine Stichprobe der Leistung der Schülerin oder des Schülers erheben, etwa in Form einer Klassenarbeit; (2) die erhobene Verhaltensstichprobe muss ausgewertet, das heißt, die Klassenarbeit muss korrigiert werden, und (3) muss die Leistung bewertet, das heißt benotet werden. Auf allen drei Ebenen können subjektive Einflüsse der Lehrkraft das Ergebnis der Leistungsbewertung beeinflussen (▶ Kap. 4.7.1).

Durchführungsobjektivität der schulischen Leistungserfassung

Eine hohe Durchführungsobjektivität der schulischen Leistungserfassung ist eine wichtige Voraussetzung für die Leistungsbeurteilung (▶ Kap. 4.7.1). Um die Schulleistungen vergleichen zu können, muss die Leistungserfassung für alle Schülerinnen und Schüler unter gleichen Bedingungen erfolgen. Dies erfordert aber nicht nur gleiche Aufgaben, gleiche Bearbeitungszeiten, gleiche Hilfsmittel und gleiche Erläuterungen zu den Aufgaben für alle Schülerinnen und Schüler. Es ist auch darauf zu achten, dass alle Lernenden auch die *gleiche Chance* haben, ihre Leistungen zu zeigen. Die Durchführungsobjektivität bei einer Klassenarbeit könnte zum Beispiel dadurch eingeschränkt sein, dass

- einige Schülerinnen und Schüler durch vorausgegangene Ereignisse (z. B. durch Konflikte mit Mitschülerinnen und Mitschülern oder mit der Lehrkraft) in ihrer Konzentrationsfähigkeit beeinträchtigt oder durch die vorangegangene Sportstunde ermüdet sind,
- die Lehrkraft beim Nachschreiben einer Klassenarbeit schwierigere oder leichtere Aufgaben stellt, die Aufgabenstellung in unterschiedlicher Weise erläutert oder das Diktat schneller vorliest als bei der vorangegangenen »offiziellen« Klassenarbeit,
- die Lehrkraft einer Schülerin oder einem Schüler die Aufgaben ausführlicher erläutert als anderen Schülerinnen und Schülern oder

- die Schülerinnen und Schüler bei einer Klassenarbeit in Deutsch zwischen unterschiedlich schwierigen Themen wählen können.

Völlig identische Durchführungsbedingungen – zum Beispiel bei einer Klassenarbeit – wird man sicherlich nicht herstellen können, nicht zuletzt auch deswegen, weil gleiche äußere Bedingungen unterschiedliche Auswirkungen auf die Lernenden haben können. So werden möglicherweise einige Schülerinnen und Schüler durch ausführliche Erläuterungen der Lehrkraft verunsichert, während diese auf andere Schülerinnen und Schüler eher beruhigend wirken. Wenngleich eine vollständige Durchführungsobjektivität in der Praxis nicht zu realisieren ist, bleibt die Herstellung von Bedingungen, unter denen alle Schülerinnen und Schüler die besten Chancen haben, ihre Leistungen zu zeigen, dennoch ein unverzichtbares Ziel der schulischen Leistungserfassung.

Auswertungsobjektivität der schulischen Leistungserfassung

Die Auswertungsobjektivität der schulischen Leistungserfassung zeigt sich darin, dass die Leistungsfeststellung frei vom subjektiven Ermessen der Lehrkraft ist. Einschränkungen der Auswertungsobjektivität könne sich beispielsweise dadurch ergeben, dass die Lehrkraft

- bei der Korrektur eines Diktats »kleine« Zeichensetzungsfehler (z. B. fehlender i-Punkt) oder Rechtschreibfehler (z. B. fehlender Punkt am Satzende) berücksichtigt, während eine andere Lehrkraft diese nicht bewertet,
- bei der Aufsatzkorrektur auch die Sauberkeit des Schriftbildes miteinbezieht, während eine andere Lehrkraft dies nicht beachtet,
- bei der Korrektur einer Mathematikarbeit Wert auf die einzelnen Rechenschritte legt, während für eine andere Lehrkraft nur das Endergebnis der Aufgabe zählt.

Eine vollständige Auswertungsobjektivität ist bei *Multiple Choice Aufgaben* gegeben, bei denen die Schülerinnen und Schüler aus mehreren Antwortvorgaben die richtige Lösung ankreuzen müssen. Eine solche Klausur ist hinsichtlich der Auswertung objektiv. Für jede richtige Lösung wird ein Punkt verrechnet, so dass verschiedene Lehrkräfte bei der Korrektur einer Klausur zu dem gleichen Ergebnis kommen würden. Die Ermittlung der Punktzahl in der Klausur (z. B. Anzahl der gelösten Aufgaben) wäre in diesem Fall *unabhängig* von der Lehrkraft, die die Klausur korrigiert. Dies wäre nicht gegeben, wenn die Klausur offene Fragen enthält, bei denen die Lehrkraft bei jeder Antwort abzuwägen hat, ob die Frage ausreichend beantwortet wurde oder nicht. In diesem Fall bleibt der Lehrkraft bei der Korrektur ein mehr oder weniger großer *Ermessensspielraum*, so dass verschiedene Lehrkräfte durchaus zu unterschiedlichen Ergebnissen kommen könnten. Die Auswertungsobjektivität wäre daher eingeschränkt. Die Auswertungsobjektivität bei einem offenen Antwortformat könnte durch einen *Korrekturschlüssel* verbessert werden, der den subjektiven Ermessensspielraum der Lehrkraft einschränkt.

Interpretationsobjektivität der schulischen Leistungsbeurteilung

Die *Interpretationsobjektivität* der Beurteilung von Schulleistungen ist gegeben, wenn beispielsweise Klassenarbeiten mit gleicher Punktzahl von den Lehrkräften auch gleich benotet werden. Sie ist eingeschränkt, wenn etwa eine Schülerin oder ein Schüler, die bzw. der 14 von 18 Aufgaben einer Klassenarbeit gelöst hat, von einer Lehrkraft mit »gut«, von einer anderen Lehrkraft mit »befriedigend« benotet wird. Die Interpretationsobjektivität bei der Bewertung von Schulleistungen kann durch einen einheitlichen *No-*

tenschlüssel gesichert werden, dem entnommen werden kann, welche Note für welche Schulleistung (z. B. die Anzahl der gelösten Aufgaben) vergeben wird.

3.3.2 Reliabilität

Ein psychodiagnostischer Test ist ein Instrument zur *Messung* psychischer Eigenschaften der Testperson, wie zum Beispiel seine Intelligenz, seine Konzentrationsfähigkeit oder seine Ängstlichkeit. Ein wichtiges Qualitätsmerkmal des Messens ist die *Genauigkeit*: Wie genau lässt sich das Merkmal messen? Wie präzise misst der Test?

Eine absolut genaue Messung ist nicht garantiert, jede Messung ist mehr oder weniger stark messfehlerbehaftet und daher mehr oder weniger ungenau. Dies gilt für die Messung physikalischer Merkmale wie Körpergröße und Gewicht und erst recht für die Messung psychischer Eigenschaften. Man muss also grundsätzlich mit Messfehlern rechnen.

Als Messfehler bei der Messung psychischer Merkmale gelten alle Einflüsse, die sich auf das Testergebnis auswirken, aber mit der Eigenschaft, die gemessen werden soll, nicht in Zusammenhang stehen. Bei einem Leistungstest, beispielsweise bei einem Schulleistungstest oder einem Intelligenztest, ist mit folgenden *Messfehlerquellen* zu rechnen:

- **Psychische Disposition der Testperson**
Messfehlerquellen auf Seiten der Testperson sind beispielsweise ihre Motivation, ihre Konzentration oder der Grad der Ermüdung während der Testdurchführung. Diese Messfehler zeigen sich darin, dass das Testergebnis in hohem Maße davon bestimmt wird, inwieweit die Testperson bereit ist, sich bei der Bearbeitung der Testaufgaben anzustrengen, wie gut sie sich bei der Testbearbeitung konzentrieren kann oder ob sie während der Testdurchführung ausgeruht ist.

- **Mangelnde Durchführungsobjektivität**
Messfehler ergeben sich unter anderem durch eine *mehrdeutige Testinstruktion* oder eine *unklare Aufgabenstellung*, die dazu führen, dass die Testpersonen unsicher darüber sind, was von ihnen verlangt wird. Eine weitere Messfehlerquelle sind situative Einflüsse bei der Testdurchführung, etwa *äußere Störungen* während der Testbearbeitung, die die Testpersonen ablenken oder eine fachgerechte Durchführung des Tests behindern. Eine bedeutsame Messfehlerquelle ist auch das *Verhalten der Testleiterinnen und Testleiter* bei der Testdurchführung. Wie sie die Testinstruktionen vortragen, ob sie Hinweise zur Lösung geben oder ob sie durch ihr Auftreten die Testpersonen ermutigen oder abschrecken, kann das Testergebnis beeinflussen.

- **Zufallseinflüsse**
Als Messfehler kommen auch Zufallseinflüsse in Betracht. Ist beispielsweise in einem Leistungstest aus den vorgegebenen Lösungsalternativen jeweils die richtige Lösung auszuwählen, kann eine Testperson, die die Aufgabe nicht lösen kann, die richtige Antwort auch erraten. Die Chance, die Lösung zu erraten, ist von der Anzahl der Antwortalternativen abhängig. Werden beispielsweise nur zwei Antwortalternativen angeboten (»stimmt«, »stimmt nicht«), hat auch eine Testperson, die die Aufgabe nicht lösen kann, eine Chance von 50 %, die richtige Antwortalternative anzukreuzen. In diesem Fall wird das Testergebnis nicht allein von der zu messenden Fähigkeit der Testperson bestimmt, sondern hängt auch sehr stark davon ab, ob die Testperson zufällig die Lösung errät.

Idealerweise sollte das Testergebnis ausschließlich von der Eigenschaft abhängen, die gemessen werden soll. Beispielsweise soll das Ergebnis eines Intelligenztests nur von den kognitiven Fähigkeiten der Testpersonen abhängen und nicht von ihrer Motivation oder von ihrer Stimmung bei der Testdurchführung. Das Ergebnis eines Schulleistungstests sollte den Leistungsstand der Schülerinnen und Schüler wiedergeben und nicht davon abhängen, wie die Lehrkraft die Aufgabenstellung erläutert oder zu welcher Tageszeit der Test durchgeführt wird. In der Praxis muss man allerdings mit zahlreichen Messfehlern rechnen.

Um den Grad zu bestimmen, in dem ein Test messfehleranfällig ist, wurde das Konzept der Reliabilität entwickelt. Die Reliabilität ist ein Maß für die *Messfehlerfreiheit* eines Tests. Die Testergebnisse eines reliablen Tests sind nur in geringem Maße anfällig für Messfehler, die Messung ist daher relativ genau. Ein unreliabler Test ist hingegen anfällig für Messfehler: Die Messungen sind messfehlerbehaftet und daher ungenau.

> **Reliabilität**
> Die Reliabilität eines Tests bezeichnet den Grad der Genauigkeit, mit der der Test ein Merkmal misst.

Reliabilitätskoeffizient

Die Reliabilität als ein Maß für die Messfehlerfreiheit des Tests gibt den Grad der *Genauigkeit* oder *Präzision* wieder, mit der der Test ein Merkmal misst. Der Grad der Genauigkeit wird durch den *Reliabilitätskoeffizienten r* ausgedrückt. Dieser kann Werte zwischen 0 und 1 annehmen. Ein Reliabilitätskoeffizient von $r = 1$ kennzeichnet einen Test, der völlig messfehlerfrei misst. Ein absolut messfehlerfreies Messinstrument ist jedoch nur theoretisch denkbar. In der Praxis sind alle Tests mehr oder weniger messfehleranfällig. Der Reliabilitätskoeffizient liegt daher unter 1. Je näher der Reliabilitätskoeffizient sich dem Wert 1 nähert, desto reliabler, das heißt, präziser misst der Test. Ein Reliabilitätskoeffizient von beispielsweise $r = .8$ kennzeichnet einen relativ messfehlerfreien Test, der eine vergleichsweise genaue Messung ermöglicht. Ein Test mit einem Reliabilitätskoeffizienten von $r = .5$ misst dagegen ungenau: Die Messungen mit diesem Test sind stärker durch Messfehler verfälscht.

Die Reliabilität eines Tests sagt etwas darüber aus, wie genau der Test misst, unabhängig davon, ob er tatsächlich das Merkmal misst, das er messen soll. Einem hohen Reliabilitätskoeffizienten ist zu entnehmen, dass der Test genau misst, aber *nicht*, dass er auch die Eigenschaft erfasst, die er zu messen vorgibt. Die Frage, wie sichergestellt und überprüft werden kann, dass der Test auch das misst, was er messen soll, wird im Kapitel 3.3.3. erläutert.

3.3.2.1 Methoden der Reliabilitätsbestimmung

Das Konzept der Reliabilität basiert auf der *Klassischen Testtheorie*, die im Kapitel 3.4 vorgestellt wird. Im Rahmen der Klassischen Testtheorie wird die Reliabilität auf der Grundlage von Axiomen theoretisch begründet und definiert. Um diese theoretisch definierte Größe zu bestimmen, stehen vier Methoden zur Verfügung, mit deren Hilfe die Reliabilität auf der Grundlage empirischer Daten geschätzt wird: die Wiederholungsmethode, die Paralleltestmethode, die Halbierungsmethode und die Konsistenzanalyse.

Wiederholungsmethode

Im Alltag schließt man auf Messfehler, wenn eine wiederholte Messung zu einem abweichenden Ergebnis führt. Würde beispielsweise eine Personenwaage ein unterschiedliches Gewicht anzeigen, wenn man sich mehrmals hintereinander auf die Waage stellt, würde man sicher vermuten, dass die Waage nicht genau misst. Zeigt sie jedoch bei wiederholten Messungen immer wieder das gleiche Gewicht an, hätte man keinen Anlass, an der Zuverlässigkeit der Messung zu zweifeln.

In ähnlicher Weise geht man bei der Reliabilitätsbestimmung nach der Wiederholungsmethode vor. Der Test wird bei denselben Testpersonen zu zwei verschiedenen Zeitpunkten unter den gleichen Bedingungen durchgeführt. Kommen wiederholte Messungen bei den Testpersonen zu den gleichen Ergebnissen, wird angenommen, dass die Messergebnisse nicht durch Messfehler verfälscht werden. Der Test gilt als reliabel. Schwanken jedoch die Testergebnisse vom ersten zum zweiten Messzeitpunkt stark, wird angenommen, dass die Testergebnisse stark durch Messfehler beeinflusst werden. Der Test gilt als unreliabel.

Man kann die Reliabilität allerdings nur dann nach der Wiederholungsmethode bestimmen, wenn man davon ausgehen kann, dass sich das Merkmal in dem Zeitintervall zwischen der ersten und der zweiten Messung nicht ändert. Nur unter dieser Bedingung können die Unterschiede zwischen den Messzeitpunkten auf Messfehler zurückgeführt werden. Die *Merkmalsstabilität* ist daher eine Voraussetzung für die Wiederholungsmethode. Erfasst ein Test ein instabiles Merkmal – beispielsweise die aktuellen Stimmungen der Testpersonen –, kann die Reliabilität nicht nach der Wiederholungsmethode bestimmt werden.

Retest-Reliabilität und Retest-Intervall

Um die Reliabilität nach der Wiederholungsmethode empirisch zu ermitteln, wird der Test an *einer* Stichprobe nach mehreren Wochen erneut durchgeführt. Die Korrelation zwischen den Testwerten der ersten und zweiten Messung ist der *Reliabilitätskoeffizient*. Er gibt an, wie gut die Testergebnisse der ersten und der zweiten Testung übereinstimmen. Die über die Wiederholungsmethode ermittelte Reliabilität wird als *Wiederholungsreliabilität* oder *Retest-Reliabilität* bezeichnet.

> **Retest-Reliabilität**
> Die Retest-Reliabilität bezeichnet den Grad, in dem die wiederholte Messung derselben Testpersonen zu verschiedenen Zeitpunkten zu übereinstimmenden Testergebnissen führt.

Entscheidend für die Retest-Reliabilität ist der zeitliche Abstand zwischen der ersten und der zweiten Messung. Dieses Zeitintervall wird als *Retest-Intervall* bezeichnet. Bei einem zu *kurzen* Retest-Intervall können *Erinnerungseffekte* auftreten, die dazu führen, dass die Reliabilität des Tests überschätzt wird. Die Testpersonen erinnern sich bei der zweiten Testung an ihre Antworten bei der ersten Testung und antworten bei der wiederholten Testdurchführung so, wie sie beim ersten Mal geantwortet haben. Dies führt dazu, dass die Ergebnisse der beiden Testdurchführungen in hohem Maße übereinstimmen, jedoch nicht deswegen, weil der Test die fragliche Eigenschaft messfehlerfrei erfasst, sondern weil sich die Testpersonen an ihre Antworten bei der ersten Testung erinnern und bei der zweiten Testung genauso antworten.

Findet bei einem *Leistungstest* die zweite Testung in einem kurzen Abstand (z. B. nach wenigen Tagen) nach der ersten Testung statt, könnten die Testpersonen die Lösungen einzelner Aufgaben behalten haben und dadurch bei der zweiten Testbearbeitung zur Lösung kommen, ohne den eigentlichen Lösungsprozess nachvollzogen zu haben. Bei *Persönlichkeitstests* ist damit zu rechnen, dass sich die Testpersonen an ihre Antworten auf einzelne Fragen erinnern und sich bei der zweiten Testbearbeitung bemühen, genauso zu antworten. Damit ist insbesondere dann zu rechnen, wenn die Fragen interessant oder ungewöhnlich sind und bei der zweiten Testdurchführung leicht wiedererkannt werden können.

> **Erinnerungseffekte**
> Erinnerungseffekte erhöhen die Korrelation der beiden Testungen, so dass die Reliabilität des Tests überschätzt wird.

In beiden Fällen würde die Korrelation der beiden Testdurchführungen die Reliabilität des Tests *überschätzen*. Lienert und Raatz (1998, S. 180) sprechen in diesem Fall von einer »Scheinreliabilität«. Wie stark sich Erinnerungseinflüsse auswirken, hängt aber nicht allein von der Länge des Retest-Intervalls, sondern auch vom Inhalt des Tests ab. Nach Lienert und Raatz (1998, S. 180) ist die Gefahr von Erinnerungseffekten umso größer,

- »je leichter die Testaufgaben behalten werden,
- je charakteristischer und inhaltlich interessanter sie sind,
- je weniger Aufgaben in einem Test enthalten sind.«

Bei einem zu *langen* Retest-Intervall können zwar Erinnerungseffekte weitgehend ausgeschlossen werden, allerdings könnte sich das Merkmal in der Zwischenzeit ändern. Würde man beispielsweise Schulleistungen mit Hilfe eines Schulleistungstests nach einem halben Jahr erneut überprüfen, würde man wahrscheinlich feststellen, dass sich die Kenntnisse der Schülerinnen und Schüler verbessert haben. Ist der Lernzuwachs bei allen Schülerinnen und Schülern gleich, wäre dies für die Reliabilitätsbestimmung unproblematisch, da sich gleiche Merkmalsänderungen bei allen Testpersonen nicht auf die Korrelation zwischen der ersten und zweiten Testung auswirken. Bei einem langen Retest-Intervall wird man jedoch damit rechnen müssen, dass die Schülerinnen und Schüler unterschiedlich stark vom Unterricht profitieren, wodurch sich die Korrelation zwischen der ersten und zweiten Messung verringert. In diesem Fall würde die Korrelation zwischen den beiden Messezeitpunkten die Reliabilität des Tests daher *unterschätzen*.

Bei der Festlegung des Retest-Intervalls steht man in gewisser Weise vor einem Dilemma. Das Retest-Intervall ist so festzulegen, dass Erinnerungseffekte weitgehend ausgeschlossen werden können. Dazu ist ein möglichst langes Retest-Intervall von mehreren Monaten erforderlich. Andererseits muss sichergestellt werden, dass sich das Merkmal zwischen den beiden Testdurchführungen infolge von Lern- und Übungseffekten nicht ändert. Dies ist am ehesten bei einem kurzen Retest-Intervall zu erwarten. Idealerweise sollte daher der zeitliche Abstand zwischen den beiden Testdurchführungen so lang sein, dass Erinnerungseffekte weitgehend ausgeschlossen werden können, und so kurz sein, dass Merkmalsänderungen unwahrscheinlich sind. Eine allgemeingültige Regel für die optimale Länge des Retest-Intervalls gibt es nicht, da das Risiko von Erinnerungseffekten und Merkmalsänderungen in hohem Maße vom Inhalt des Tests abgängig ist.

Paralleltestmethode

Zur Bestimmung der Reliabilität nach der *Paralleltestmethode* benötigt man zwei ähnliche (parallele) Formen desselben Tests, also zwei Testformen, die mit ähnlichen Testitems das gleiche Merkmal mit der gleichen Messgenauigkeit erfassen. Beide Parallelformen werden einer Stichprobe vorgegeben. Die Korrelation zwischen den beiden Parallelformen gibt Aufschluss darüber, in welchem Maße diese zu gleichen Ergebnissen kommen und ist damit ein Maß für die Messgenauigkeit des Tests. Wird die Reliabilität nach dieser Methode bestimmt, spricht man von einer *Paralleltest-Reliabilität*.

> **Paralleltest-Reliabilität**
> Die Paralleltest-Reliabilität bezeichnet den Grad der Übereinstimmung zweier paralleler Formen eines Tests.

Bei der Paralleltestmethode können Übungs- und Erinnerungseffekte weitgehend ausgeschlossen werden. Das Verfahren gilt daher als der *Königsweg* der Reliabilitätsbestimmung (Schmidt-Atzert & Amelang, 2012). Allerdings ist der Aufwand für die Konstruktion paralleler Testformen hoch, da die Parallelität an strenge Voraussetzungen geknüpft ist. Streng genommen müssen die Skalen *äquivalent* sein. Das bedeutet, dass beide Testformen das gleiche Merkmal mit der gleichen Genauigkeit messen. Das impliziert, dass beide Testformen den gleichen Mittelwert und die gleiche Varianz besitzen, die gleiche interne Konsistenz (siehe unten) aufweisen und mit Außenkriterien gleich hoch korrelieren. Aufgrund des hohen Konstruktionsaufwandes findet man in der Praxis nur selten echte Parallelformen eines Tests (Schermelleh-Engel & Werner, 2007).

Halbierungsmethode

Zur Reliabilitätsbestimmung nach der Wiederholungs- und Paralleltestmethode ist eine zweimalige Testdurchführung erforderlich. Bei der Halbierungsmethode wird der Test dagegen nur einmal vorgegeben. Zur Bestimmung der *Testhalbierungs-Reliabilität* (Split-Half-Reliabilität) wird der Test in zwei, möglichst parallele Testhälften aufgeteilt und die Korrelation zwischen den beiden Testhälften berechnet. Diese Korrelation ist das Maß für die Messgenauigkeit des Tests.

> **Testhalbierungs-Reliabilität**
> Die Testhalbierungs-Reliabilität (Split-Half-Reliabilität) ist eine Methode zur Schätzung der Reliabilität eines Tests. Die Testhalbierungs-Reliabilität bezeichnet den Grad der Übereinstimmung zweier paralleler Testhälften eines Tests.

Führen beide Testhälften zu (annähernd) gleichen Ergebnissen, wird angenommen, dass die Testergebnisse vornehmlich von der zu messenden Eigenschaft bestimmt werden und sich Messfehler nur wenig ausgewirkt haben, schwanken dagegen die Ergebnisse beider Testhälften stark, wird angenommen, dass die Ergebnisse durch Messfehler beeinflusst werden.

Bei der Berechnung der Testhalbierungs-Reliabilität wird nach *Spearman-Brown* eine Korrektur vorgenommen, mit der die Korrelation zwischen den beiden Testhälften, die aufgrund der geringeren Länge der Testhälften vermindert ist, wieder auf die ursprüngliche Testlänge hochgerechnet werden (vgl. Schermelleh-Engel & Werner, 2007). Der korrigierte Korrelationskoeffizient der Testhälften ist der Testhalbierungs-Reliabilitätskoeffizient.

Konsistenzanalyse

Die Konsistenzanalyse stellt eine Verallgemeinerung der Testhalbierungsmethode dar. Dabei wird der Test nicht – wie bei der Testhalbierungsmethode – in zwei Hälften aufgeteilt, sondern in so viele Testteile, wie Items vorhanden sind. Jedes Item wird gewissermaßen als ein eigenständiger Testteil betrachtet. Wenn alle Items dasselbe Merkmal erfassen, sollten sie auch hoch untereinander korrelieren. Je höher die Testitems untereinander positiv korrelieren, desto höher ist die *interne Konsistenz* des Tests. Die interne Konsistenz ist ein Maß für die Reliabilität des Tests.

Bestimmt wird die interne Konsistenz, indem die Korrelationen der Testitems untereinander – die sogenannten Iteminterkorrelationen – nach einer von Cronbach (1951) entwickelten Formel zu einem Mittelwert zusammengefasst werden (*Cronbachs Alpha*). Von einer hohen internen Konsistenz geht man aus, wenn Cronbachs Alpha über 0.8 liegt.

Die Berechnung von Cronbachs Alpha als Maß für die Reliabilität ist nur bei homogenen Tests sinnvoll, also bei Tests, deren Items das gleiche Merkmal messen, wie beispielsweise bei Intelligenztests, deren Items bestimmte kognitive Fähigkeiten (z. B. räumliches Vorstellungsvermögen) erfassen. Besteht das Testverfahren aus heterogenen Items, mit denen unterschiedliche Aspekte eines Merkmalsbereichs erfasst werden sollen, ist die Berechnung der internen Konsistenz nicht sinnvoll. So wird ein Test zur Berufseignung aus Items bestehen, die unterschiedliche Fähigkeitsaspekte erfassen, da sich das Merkmal, die Eignung für einen bestimmten Beruf, aus einer Vielzahl von Einzelfähigkeiten zusammensetzt. In diesem Fall gibt Cronbachs Alpha die Reliabilität nicht angemessen wieder.

> **Interne Konsistenz**
> Die Interne Konsistenz (Cronbachs Alpha) gibt das Ausmaß wieder, in dem die Items eines Tests untereinander korrelieren.

3.3.2.2 Anforderungen an die Reliabilität von Tests

Die methodischen Zugänge zur Bestimmung der Reliabilität eines Tests unterscheiden sich darin, ob den Testpersonen eine oder zwei Testformen vorgelegt werden und ob der Test zu einem oder zu zwei Messzeitpunkten durchgeführt wird (▶ Tab. 3.2).

Tab. 3.2: Methoden der Reliabilitätsbestimmung

	Eine Testform	Zwei Testformen
Ein Messzeitpunkt	Interne Konsistenz Halbierungsreliabilität	Paralleltest-Reliabilität
Zwei Messzeitpunkte	Retest-Reliabilität	

Zwar ist von *der* Testreliabilität die Rede, die Methoden zur Reliabilitätsbestimmung füh-

ren jedoch *nicht* zu den gleichen Ergebnissen. Dies ist darauf zurückzuführen, dass die methodischen Zugänge zur empirischen Bestimmung der Reliabilität jeweils unterschiedliche Messfehlerquellen berücksichtigen (vgl. Lienert & Raatz, 1998, S. 201).

- Die Retest-Reliabilität bei einem langen Retest-Intervall zeigt, ob Merkmalskonstanz vorliegt.
- Retest- und Paralleltest-Reliabilität bei einem kurzen Zeitintervall geben vor allem Aufschluss über die Bedingungskonstanz des Tests.
- Die interne Konsistenz berücksichtigt nur Messfehler, die durch die Testitems zustande kommen, nicht aber jene, die durch die Durchführungsbedingungen verursacht werden.

Bei Bewertung der Reliabilität eines Tests ist daher zu berücksichtigen, welche Messfehlerquellen bei der Reliabilitätsbestimmung einbezogen wurden. Darüber hinaus ist zu beachten, ob die Reliabilitätskennwerte auch an Stichproben aus derjenigen Population ermittelt wurden, in der der Test laut diagnostischer Zielsetzung eingesetzt werden soll. Die Reliabilität eines Schultests für die 7. Jahrgangsstufe sollte auch an Schülerinnen und Schülern dieser Jahrgangsstufe ermittelt werden und nicht etwa an Stichproben jüngerer Schüler, da der Test bei jüngeren Schülern möglicherweise messfehleranfälliger ist als bei älteren Schülern.

Auf die naheliegende Frage, wie hoch die Reliabilität eines Tests sein sollte, gibt es keine verbindliche Antwort, sondern nur allgemeine Richtwerte. So bewertet Bös (1987) Reliabilitätskoeffizienten von $r > .90$ als ausgezeichnet, $r = .80 - .90$ als sehr gut, $r = .70 - .80$ als annehmbar, $r = .60 - .70$ als mäßig und $r < .60$ als gering. Diese Einteilung gibt eine erste Orientierung für die Beurteilung der Reliabilität eines Tests, im Einzelfall sind jedoch weitere Bedingungen zu beachten.

Untersuchungsziel

Die Anforderungen an die Reliabilität eines Tests hängen vor allem von der diagnostischen Zielsetzung ab. Sollen Aussagen über einzelne Personen gemacht werden, sind hohe Ansprüche an die Reliabilität des Tests zu stellen, um falsche Interventionsentscheidungen – zum Beispiel über spezielle Förderungsmaßnahmen – oder falsche Empfehlungen – etwa bei der Schullaufbahnberatung – zu vermeiden. Für *Individualdiagnosen* sollte der Test eine Reliabilität von mindestens $r = .80$ aufweisen. Für *Gruppenvergleiche* sind die Anforderungen an die Reliabilität weitaus geringer. Sollen beispielsweise mit Hilfe eines Schulleistungstests Gruppen verglichen werden, um die Effektivität eines Unterrichtsprogramms zu überprüfen, können Reliabilitätskoeffizienten von $r = .70$ schon als ausreichend angesehen werden.

3.3.3 Validität

Eine hohe Objektivität und Reliabilität garantieren noch keine sinnvolle Anwendung des Tests, erst mit dem Nachweis, dass der Test auch die Eigenschaft erfasst, die er messen soll, wird sichergestellt, dass aus den Testergebnissen bedeutsame Schlussfolgerungen gezogen werden können. Diese Anforderung betrifft die *Validität* oder *Gültigkeit* des Tests.

Der Validität ist zu entnehmen ist, inwieweit der Test auch das Merkmal misst, das er messen soll. So sagt beispielsweise die Validität eines Intelligenztests etwas darüber aus, ob der Test tatsächlich die kognitiven Fähigkeiten misst und nicht andere Eigenschaften wie etwa die Konzentrationsfähigkeit oder das Schulwissen. Die Validität eines Konzentrationstests gibt Aufschluss darüber, ob die Testergebnisse tatsächlich die Konzentrationsfähigkeit der Testperson wiedergeben und nicht etwa ihre motorische Geschicklichkeit beim Bearbeiten der Aufgaben des Konzentrationstests. Die Validität gibt also eine Antwort auf die Frage, ob der Test auch das misst, was er zu messen vorgibt.

> **Validität**
> Die Validität eines Tests ist der Grad, mit dem der Test das Merkmal misst, das er messen soll.

Die Validität ist eine Voraussetzung dafür, dass das Testergebnis als Grundlage für Entscheidungen über die Testperson herangezogen werden kann (Hartig, Frey & Jude, 2007). Die Validität eines Leistungstests erweist sich beispielsweise darin, dass das Testergebnis

- auf ähnliche Anforderungen im Alltag übertragen werden kann,
- Aussagen über die Bewältigung von Anforderungen in anderen Bereichen – zum Beispiel in Schule und Beruf – ermöglicht,
- eine Erklärung für das Verhalten der Testperson im Alltag – zum Beispiel für Lernprobleme in der Schule – bietet,
- als Grundlage für Entscheidungen über die Testperson – zum Beispiel für Schullaufbahnentscheidungen – herangezogen werden kann (Hartig et al., 2007).

Die Testvalidierung zielt darauf ab, die *Interpretation* und die *Verwendung* der mit dem Testverfahren gewonnenen Ergebnisse empirisch abzusichern. Dazu wird überprüft, welche theoretischen Argumente und welche empirischen Ergebnisse für – aber auch gegen – die spezifische Interpretation sprechen (Kane, 2001). Die Validität eines Tests kann auf verschiedene Arten nachgewiesen werden. Es gibt daher in der Regel mehrere Belege für die Validität eines Tests. Drei Arten der *Validitätsbestimmung* werden unterschieden, die Kriteriumsvalidität, die inhaltliche Validität und die Konstruktvalidität.

> **Testvalidierung**
> Mit der Testvalidierung werden die Interpretation und die Verwendung der Testergebnisse empirisch abgesichert.

3.3.3.1 Kriteriumsvalidität

Die Kriteriumsvalidität (kriteriumsbezogene Validität) besteht in dem Nachweis eines Zusammenhangs zwischen dem Test und einem Kriterium, das die Eigenschaft, die der Test erfassen soll, möglichst gut repräsentiert. Eine hohe Korrelation zwischen dem Test und dem Kriterium lässt darauf schließen, dass der Test viele Aspekte erfasst, die das Kriterium beinhaltet.

> **Kriteriumsvalidität**
> Die kriteriumsbezogene Validität besteht in dem Nachweis eines Zusammenhangs zwischen dem Test und einem Kriterium, das das Merkmal, das der Test erfassen soll, möglichst gut repräsentiert. Liegt Kriteriumsvalidität vor, kann von dem Testergebnis auf ein für diagnostische Entscheidungen relevantes Kriterium außerhalb der Testsituation geschlossen werden.

Zur Validierung eines Tests werden in der Regel mehrere Kriterien herangezogen. Daher hat ein Test so viele Validitätskoeffizienten, wie Kriterien zur Prüfung seiner diagnostischen Leistungsfähigkeit genutzt wurden. Um beispielsweise die Validität eines Intelligenztests zu überprüfen, können alle Kriterien herangezogen werden, in denen kognitive Fähigkeiten zum Ausdruck kommen. Ein solches Kriterium ist beispielsweise die Schulleistung. Ein Test, der kognitive Fähigkeiten zu erfassen beansprucht, sollte daher einen engen Zusammenhang mit den Schulleistungen aufweisen: Schülerinnen und Schüler, die in dem Test gut abschneiden, sollten im Durchschnitt auch bessere Schulnoten aufweisen als diejenigen, die nur geringe Punktwerte in dem Test erzielen. Zur Prüfung der Validität eines Intelligenztest werden daher Korrelationen zwischen den Testergebnissen und den Schulnoten ermittelt. Ein enger Zusammenhang zwischen dem Test und den Schulnoten wird als Beleg für die Validität des Tests gewertet.

Zur Bestimmung der Kriteriumsvalidität wird der Zusammenhang zwischen dem Test und einem Kriterium außerhalb der Testsituation ermittelt. Ein enger Zusammenhang besagt, dass der Test in hohem Maße auch die Eigenschaft erfasst, die das Kriterium repräsentiert. In diesem Sinne ist das Kriterium ein *Indikator* für die zu messende Eigenschaft, beispielsweise der kognitiven Fähigkeiten. Eine hohe Korrelation zwischen dem Test und einem Außenkriterium zeigt aber auch, dass aufgrund des Testergebnisses mit großer Sicherheit auf das Verhalten der Testpersonen außerhalb der Testsituation geschlossen werden kann. In diesem Fall ist das Testergebnis ein *Prädiktor* für Verhalten außerhalb der Testsituation. Eine hohe Korrelation zwischen einem Intelligenztest und den Schulleistungen besagt zum Beispiel, dass dem Testergebnis nicht nur entnommen werden kann, wie gut die Testpersonen die spezifischen Aufgaben des Tests bewältigen, sondern auch, wie gut sie mit Anforderungen in anderen Bereichen zurechtkommen, in denen kognitive Fähigkeiten benötigt werden. Ein enger Zusammenhang mit einem Außenkriterium ermöglicht es, aufgrund des Testergebnisses auf das Verhalten der Testperson außerhalb der Testsituation zu schließen.

Validitätskoeffizient

Die Korrelation zwischen dem Test und dem Kriterium ist der *Validitätskoeffizient*. Dieser gibt das Ausmaß der Gemeinsamkeiten zwischen dem Test und dem Kriterium wieder. Je mehr Gemeinsamkeiten zwischen Test und Kriterium bestehen und je besser das Kriterium die Eigenschaft, die gemessen werden soll, repräsentiert, desto besser ist die Validität des Verfahrens gesichert.

Um die Validität des Tests durch eine Korrelation mit einem Kriterium absichern zu können, sollte das gewählte Kriterium die Eigenschaft, die gemessen werden soll, in möglichst »reiner« Form wiedergeben. Das Kriterium sollte also ein guter Indikator für die zu messende Eigenschaft sein. Werden – wie im obigen Beispiel – Schulleistungen zur Validierung eines Intelligenztests herangezogen, stellt sich die Frage, in welchem Maße die Schulleistungen tatsächlich die *kognitiven* Fähigkeiten der Schülerinnen und Schüler wiederspiegeln. Grundsätzlich muss man davon ausgehen, dass Schulleistungen sicher in hohem Maße, jedoch nicht ausschließlich von den kognitiven Fähigkeiten abhängen. Darüber hinaus haben weitere Faktoren Einfluss auf die Schulleistungen. Wie gut Schülerinnen und Schüler im Unterricht lernen, dürfte beispielsweise auch von ihrem Interesse am Unterrichtsstoff, von ihrer Lernmotivation, von ihrem fachspezifischen Vorwissen oder von der Effektivität ihrer Lernstrategien abhängig sein. Darüber hinaus trägt auch die Lehrkraft zum Lernerfolg bei. Wie gut sie in der Lage ist, die Lernenden zu motivieren und wie gut es ihr gelingt, die Lerninhalte zu vermitteln, hat ebenso wie die Lernvoraussetzungen der Lernenden Einfluss auf den Lernerfolg.

Schulleistungen repräsentieren die Eigenschaft Intelligenz also nicht in »reiner« Form. Dies gilt nicht nur für Schulleistungen als ein Kriterium zur Validierung von Intelligenztests; die meisten Validitätskriterien werden nicht ausschließlich von der zu messenden Eigenschaft bestimmt, sondern hängen darüber hinaus von zahlreichen weiteren Einflussfaktoren ab. Bei der Beurteilung der Höhe eines Validitätskoeffizienten ist daher auch immer eine eingeschränkte Validität des Kriteriums in Rechnung zu stellen.

3.3.3.2 Konkurrente und prognostische Validität

Bei der Kriteriumsvalidität lassen sich im Hinblick auf das zeitliche Auftreten des Kriteriums zwei Arten unterscheiden:

- **Konkurrente Validität**
  Die konkurrente Validität gibt Aufschluss über den Zusammenhang zwischen dem Test und einem *gleichzeitig* vorliegenden Kriterium.
- **Prognostische Validität**
  Die prognostische Validität eines Tests gibt den Zusammenhang zwischen dem Test und einem *später* auftretenden Kriterium wieder. Sie gibt Aufschluss darüber, wie gut der Test ein später auftretendes Kriterium vorhersagen kann.

Die prognostische Validität ist das zentrale Gütekriterium der *Eignungsdiagnostik*. *Eignungstests* werden eingesetzt, um geeignete Bewerberinnen und Bewerber für einen Arbeitsplatz oder einen Ausbildungsgang auszuwählen. Daher muss das Ergebnis in einem Eignungstest eine Aussage darüber ermöglichen, wie gut die Bewerberin oder der Bewerber mit den späteren beruflichen Anforderungen zurechtkommt. Das Testergebnis soll also die spätere berufliche Bewährung oder den beruflichen Erfolg vorhersagen. Aufschluss darüber, wie gut der Test die berufliche Bewährung vorhersagen kann, gibt seine prognostische Validität.

Zur Prüfung der prognostischen Validität wird der Zusammenhang zwischen dem Eignungstest und einem Eignungskriterium ermittelt, dem zu entnehmen ist, wie gut die Personen die beruflichen Anforderungen bewältigen. Mögliche Kriterien der beruflichen Bewährung wären etwa die Beurteilung durch Vorgesetzte am Ende der Probezeit, das Erreichen eines Ausbildungszieles oder die Qualität der Leistung am Arbeitsplatz. Ein Test zur Erfassung der beruflichen Eignung ist dann prognostisch valide, wenn ein enger Zusammenhang zwischen dem Abschneiden der Bewerberinnen und Bewerber im Eignungstest und ihrem späteren Erfolg im Beruf besteht. In diesem Fall könnte man anhand der Ergebnisse im Eignungstest Bewerberinnen und Bewerber auswählen, die den späteren Anforderungen des Arbeitsplatzes gewachsen sind.

3.3.3.3 Inhaltliche Validität

Der inhaltlichen Validität oder *Inhaltsgültigkeit* eines Tests ist zu entnehmen, wie gut die Testaufgaben den Verhaltensbereich im Alltag repräsentieren, über den der Test Aussagen machen will (Zielbereich). Ein Test ist inhaltlich valide, wenn die Anforderungen des Tests mit den Anforderungen übereinstimmen, die sich in dem Zielbereich stellen.

So stellt ein Diktat genau die Anforderungen an die orthographischen Kenntnisse, die sich auch beim Abfassen von Texten ergeben. Mit der praktischen Führerscheinprüfung werden die Kompetenzen überprüft, die später im Straßenverkehr benötigt werden. Eine Arbeitsprobe zum sogenannten Maschinenschreiben (Zehnfingersystem) bei der Einstellung von Sekretärinnen oder Sekretären gibt Aufschluss über ihre Schnelligkeit und Präzision beim Maschinenschreiben (Schmidt-Atzert & Amelang, 2012). In diesen Fällen ist eine inhaltliche Validität gegeben, weil die Anforderungen der Testaufgaben in hohem Maße denen des Zielbereichs entsprechen.

> **Inhaltliche Validität**
> Die inhaltliche Validität gibt Aufschluss darüber, wie gut die Items des Tests einen definierten Inhaltsbereich repräsentieren.

Die inhaltliche Validität eines Tests kann nicht empirisch anhand einer Maßzahl bestimmt werden, sondern wird durch Expertinnen und Experten festgestellt. Sie beurteilen, inwieweit die Aufgaben oder Fragen des Tests repräsentativ für den Bereich sind, über den Aussagen gemacht werden sollen.

Die inhaltliche Validität ist die Grundlage für die *Verallgemeinerung* der Testergebnisse auf das Verhalten außerhalb der Testsituation. Wenn die Anforderungen der Testaufgaben denen im Zielbereich entsprechen, lassen sich die Testergebnisse im Sinne eines *Repräsentationsschlusses* auf diesen Bereich übertragen: Schülerinnen oder Schüler, die im Diktat gut abschneiden, werden auch bei der Abfassung von Texten wenig orthographische Fehler machen; ein Prüfling, der bei der praktischen Führerscheinprüfung alle Verkehrssituationen beherrscht, wird auch später im Straßenverkehr sicher fahren; und von Sekretärinnen oder Sekretären, die bei ihrer Bewerbung eine gute Arbeitsprobe im Maschinenschreiben abliefern, kann man erwarten, dass sie auch später im Arbeitsalltag schnell und fehlerfrei schreiben werden.

Curriculare Validität

Ein Spezialfall der inhaltlichen Validität ist die curriculare Validität. Die curriculare Validität spielt bei *Schulleistungstests* (▶ Kap. 3.2) eine zentrale Rolle. Mit Hilfe curricular valider Schulleistungstests wird überprüft, inwieweit die Schülerinnen und Schüler die im Lehrplan für das Fach festgelegten Lernziele erreicht haben. Ein Test ist dann curricular valide, wenn er das Erreichen der curricular vorgegebenen Lernziele erfasst. Dazu müssen die Aufgaben des Tests genau die Kompetenzen erfassen, die den Lernzielen des Lehrplans entsprechen. Dazu werden solche Testaufgaben ausgewählt, die für die im Lehrplan festgelegten Lernziele repräsentativ sind.

> **Curriculare Validität**
> Die curriculare Validität eines Tests ist dann gegeben, wenn die Aufgaben des Tests für die im Lehrplan aufgestellten Lernziele repräsentativ sind.

Ein curricular valider Test überprüft, inwieweit die im Lehrplan festgelegten Lernziele erreicht wurden. Die Prüfung erfolgt unabhängig davon, ob die Schülerinnen und Schüler den in den Lehrplänen vorgesehenen Lernstoff auch vermittelt bekommen haben. Ob und in welchem Maße die curricular festgelegten Lernziele auch tatsächlich im Unterricht gelehrt wurden, bleibt dabei unberücksichtigt (Bos & Postlethwaite, 2001). Daher sagen die Ergebnisse eines curricular validen Schulleistungstests nicht nur etwas über den Lernstand der Schülerinnen und Schüler aus, sondern geben auch Aufschluss darüber, ob und wie gut die curricular vorgegebenen Lernziele im Unterricht umgesetzt wurden. Konnten beispielsweise die Lernziele im Unterricht nicht vollständig realisiert werden oder ist die Lehrkraft im Unterricht von den vorgegebenen Lernzielen abgewichen, werden auch die Schülerinnen und Schüler – unabhängig von ihrem individuellen Leistungsvermögen – in dem Schulleistungstest nicht gut abschneiden.

3.3.3.4 Konstruktvalidität

Die Konstruktvalidität sagt etwas darüber aus, wie gut der Test mit der Theorie übereinstimmt, die der Testkonstruktion zugrunde liegt (zur Übersicht Hartig et al., 2007). Um zu überprüfen, wie gut ein Test dem theoretischen Konstrukt entspricht, das er messen soll, werden aus dem Konstrukt Hypothesen abgeleitet, die dann mit Hilfe des Tests überprüft werden. Eine empirische Bestätigung der Hypothesen spricht für die Konstruktvalidität des Testverfahrens.

> **Konstruktvalidität**
> Die Konstruktvalidität ist der Grad der Übereinstimmung des Tests mit einem theoretischen Konstrukt. Die Konstruktvalidität ist dann gegeben, wenn die Testergebnisse die aus dem theoretischen Konstrukt abgeleiteten Hypothesen bestätigen.

Zur *Konstruktvalidierung* werden unterschiedliche statistische Methoden genutzt (z. B. Mittelwertvergleiche, Clusteranalysen, Faktorenanalysen). Demensprechend wird die Konstruktvalidität nicht durch einen einzigen Kennwert ausgedrückt, sondern durch eine Vielzahl von Ergebnissen, die die Einbettung des Tests in das theoretische Konstrukt wiedergeben. Hinweise auf die Konstruktvalidität liefern zum Beispiel Korrelationen mit *konstruktnahen* und *konstruktfernen* Merkmalen. Dabei werden zwei Aspekte der Konstruktvalidität unterschieden.

- **Konvergente Validität**
Die konvergente Validität ist gegeben, wenn mehrere Methoden dasselbe Konstrukt übereinstimmend, das heißt *konvergent* messen. Dies ist der Fall, wenn unterschiedliche Operationalisierungen des Konstrukts, etwa durch verschiedene Testverfahren, zu ähnlichen Ergebnissen führen. So sollten zwei Intelligenztests, denen das gleiche Intelligenzkonzept (▶ Kap. 6.3) zugrunde liegt, miteinander höher korrelieren als zwei Intelligenztests, die nach verschiedenen Intelligenztheorien konstruiert wurden.

> **Konvergente Validität**
> Die konvergente Validität liegt vor, wenn Messungen eines Konstrukts mit verschiedenen Methoden hoch miteinander korrelieren.

- **Diskriminante Validität**
Mit der diskriminanten Validität wird nachgewiesen, dass der Test ein bestimmtes Merkmal misst, aber nur dieses und kein anderes Merkmal. Der Test sollte daher mit Tests zur Messung anderer Konstrukte *nicht* korrelieren. Beispielsweise sollte ein Konzentrationstest ausschließlich die Konzentrationsfähigkeit erfassen und nicht die motorische Geschicklichkeit zum Bearbeiten der Aufga-

ben des Konzentrationstests. Die diskriminante Validität zeigt sich daher in *geringen* Korrelationen zwischen dem Konzentrationstest und Tests zur Erfassung der feinmotorischen Geschicklichkeit. Ebenso sollte ein Intelligenztest geringe Korrelationen mit Konzentrationstests aufweisen, da Intelligenz und Konzentrationsfähigkeit eigenständige und unterscheidbare Konstrukte darstellen. Ein Depressionsinventar sollte das Ausmaß der depressiven Symptomatik erfassen, nicht aber die Angstsymptomatik. Für die Konstruktvalidität des Tests sprechen daher möglichst geringe korrelative Zusammenhänge zwischen Depressionsinventaren und Tests zur Messung anderer psychischer Störungen.

> **Diskriminante Validität**
> Die diskriminante Validität eines Tests besteht in dem Nachweis geringer korrelativer Zusammenhänge zwischen dem Test und konstruktfernen Merkmalen.

Die konkurrente und prognostische Validität liefern Informationen zur Brauchbarkeit des Tests für konkrete Entscheidungen (z. B. Schullaufbahnentscheidungen). Demgegenüber ist der Konstruktvalidität zu entnehmen, wie gut der Test dem zugrunde liegenden theoretischen Konstrukt entspricht. Dies ist weniger für praktische Anwendung des Tests, sondern vor allem für die Weiterentwicklung der theoretischen Konstrukte relevant.

3.4 Klassische Testtheorie

Psychologische Tests sollen wissenschaftlich begründete Aussagen über den Grad der individuellen Ausprägung einer Eigenschaft ermöglichen. Die Strategie besteht darin, vom Testverhalten der Testpersonen (z. B. Anzahl der gelösten Aufgaben oder die Antworten auf Testitems) auf eine psychologische Eigenschaft zu schließen. Dazu bedarf es einer Theorie, die die Begründung dafür liefert, dass aufgrund der Antworten der Testperson im Test Aussagen über eine Eigenschaft dieser Person gemacht werden können. Die *Testtheorie* liefert diese Begründung.

Sie beschäftigt sich mit dem Zusammenhang zwischen dem beobachteten Antwortverhalten im Test und der (nicht beobachtbaren) psychologischen Eigenschaft, die aus dem Testergebnis erschlossen wird. Die Testtheorie enthält die grundlegenden Annahmen, aus denen Kriterien zur Konstruktion von Tests abgeleitet werden können.

> **Testtheorie**
> Die Testtheorie befasst sich mit dem Zusammenhang zwischen dem beobachteten Testverhalten und der zu erfassenden psychologischen Eigenschaft. Sie liefert die Begründung dafür, aufgrund des Testverhaltens einer Person auf eine bestimmte Eigenschaft dieser Person schließen zu können.

Die theoretische Grundlage der meisten Tests ist die *Klassische Testtheorie* (KTT; zur Übersicht Schmidt-Atzert & Amelang, 2012; Moosbrugger, 2007a; Rost, 2004; Yousfi & Steyer, 2006). Die KTT fasst die seit Beginn des 20. Jahrhunderts einsetzenden Bemühungen um die Fundierung der Grundlagen der psychologischen Diagnostik zusammen. Aus der Kritik an der KTT wurde seither mit der *probabilistischen Testtheorie* (Item-Response-Theorie, IRT; vgl. Moosbrugger, 2007b; Rost, 2004) ein alternativer

Ansatz entwickelt, dennoch basieren auch heute noch die meisten der in der Praxis eingesetzten Testverfahren auf der KTT.

Die KTT geht auf die Arbeiten von Spearman (1904) und Gulliksen (1950) zurück. Lord und Novick (1968) haben diesen Ansatz aufgegriffen und in Form von *Axiomen* ausformuliert. Axiome sind keine Tatsachen, die beobachtet, bewiesen oder aus einer Theorie abgeleitet werden können. Axiome sind vielmehr Festlegungen, die beweislos vorausgesetzt werden und aus denen weitere Sätze abgeleitet werden können.

Axiome der Klassischen Testtheorie

Ausgangspunkt der *Klassischen Testtheorie* (KTT) ist die Beobachtung, dass wiederholte Messungen bei einer Person nicht immer zu dem gleichen Ergebnis führen. Würde man eine Person mit demselben Test unter denselben Bedingungen mehrfach testen, sollte man idealerweise immer das gleiche Ergebnis erhalten, sofern vorausgesetzt werden kann, dass sich das Merkmal, das mit dem Test gemessen werden soll, nicht ändert. Tatsächlich führen aber wiederholte Messungen bei einer Person nicht immer zu dem gleichen Ergebnis. Die Messwerte streuen vielmehr in einem mehr oder weniger breiten Bereich. Diese Streuung der Testwerte bei wiederholten Messungen einer Person wird auf *Messfehler* zurückgeführt.

Diese Messfehler werden im *Verknüpfungsaxiom* der KTT berücksichtigt. Es wird angenommen, dass sich der beobachtete Messwert X_i einer Person i additiv aus dem »wahren Wert« dieser Person T_i (T = True Score) und dem Fehlerwert E_i (E = Error) zusammensetzt:

(1) $\quad X_i = T_i + E_i$

Das Verknüpfungsaxiom setzt einen *stabilen* wahren Wert für die Person voraus. Unter dieser Annahme ergibt sich die Streuung der Testwerte bei wiederholter Messung bei einer Person ausschließlich aus den Messfehlern.

Die Messfehler umfassen alle unkontrollierten und unsystematischen Störeinflüsse, die sich auf das Messergebnis auswirken. Der Fehlerwert E_i ist in der KTT eine *Zufallsvariable*, die dazu führt, dass der beobachtete Messwert X_i, also der Wert, den man als Ergebnis der Testung erhält, mehr oder weniger stark von dem »eigentlichen«, vom »wahren« Wert T_i der Person abweicht. Das Testergebnis gibt demnach den Ausprägungsgrad des Merkmals nicht direkt wieder, sondern ist von Messfehlereinflüssen überlagert. Der gemessene Testwert stellt nur eine Schätzung des »wahren« Wertes der Person dar.

Der »wahre Wert« einer Person ist definiert als derjenige Wert einer Person, den man im Durchschnitt erhalten würde, wenn man diese Person unendlich häufig unter identischen Bedingungen testen würde. Nach dem *Existenzaxiom* ist der wahre Wert T einer Person i definiert als der Erwartungswert E der Messungen einer Person:

(2) $\quad T_i = E(X_i)$

Der wahre Wert ist also nicht in einem erkenntnistheoretischen Sinne »wahr« als ein Wert, der einer Person unabhängig von der Messung innewohnt und sie unveränderlich kennzeichnet. Der wahre Wert ist vielmehr *statistisch* definiert als Mittelwert von (gedachten) unendlich vielen Messwiederholungen bei einer Person mit dem gleichen Test unter den gleichen Bedingungen. Da unendlich viele Messwiederholungen unter absolut gleichen Bedingungen nicht zu realisieren sind, bleibt der wahre Wert eine *theoretische Größe*.

Der wahre Wert einer Person kann also nicht mit absoluter Sicherheit bestimmt werden. Abgesehen davon, dass es nicht möglich ist, eine Person unendlich häufig zu testen, sind bereits zwei Messungen unter absolut identischen Bedingungen bei genauerer Betrachtung praktisch nicht realisierbar. So wird eine Testperson die Testaufgabe bei der zweiten

Testdurchführung möglicherweise eher lösen, weil sie sich bei der zweiten Messung an ihre Antworten bei der ersten Testdurchführung erinnern, sich in der Zwischenzeit gedanklich mit der Aufgabe beschäftigt hat oder sich bei der zweiten Testung besser konzentrieren kann, usw. Der wahre Wert einer Person kann daher nicht exakt ermittelt, sondern nur durch den Test nur mehr oder weniger genau *geschätzt* werden. Mit Hilfe der Annahmen der KTT kann nun bestimmt werden, wie genau der wahre Wert einer Person T_i durch den Testwert X_i geschätzt werden kann.

Um den wahren Wert einer Person durch den Testwert X_i schätzen zu können, benötigt man eine Annahme über den Einfluss der Messfehler. Aus den beiden ersten Axiomen der KTT folgt, dass der Erwartungswert der Messfehler null ist.

(3) $E(E_i) = 0$

Das bedeutet, der Mittelwert der Messfehler E bei (gedachten) unendlich vielen Messwiederholungen ist null. Diese Annahme besagt, dass die Messfehler das Testergebnis nicht in eine bestimmte Richtung verfälschen, also nicht zu einer systematischen Unter- oder Überschätzung des wahren Wertes führen. Der Einfluss der Messfehler ist *unsystematisch* und gleicht sich daher »auf lange Sicht« aus. Würde man eine Person sehr viele Male unter den gleichen Bedingungen testen, würden sich die Messfehler der Einzeltestungen durch die Mittelung ausgleichen, die Summe der Fehlerwerte einer Person ginge gegen null.

Im *Unabhängigkeitsaxiom* wird angenommen, dass Messfehler und wahrer Wert unabhängig voneinander sind. Das bedeutet, die Kovarianz *Cov* zwischen dem wahren Wert einer Person und dem Messfehler ist null.

(4) $Cov\,(T_i, E_i) = 0$

Die Unabhängigkeit vom wahren Wert und Messfehler besagt, dass der Test auf allen Ausprägungsstufen des Merkmals gleich genau bzw. gleich ungenau misst. Die Messung des Merkmals erfolgt mit der gleichen Präzision, unabhängig davon, ob ein hoher oder geringer wahrer Wert vorliegt. Erfasst der Test zum Beispiel kognitive Fähigkeiten, sollte nach dieser Annahme der Einfluss der Messfehler bei Personen mit geringen und hohen kognitiven Fähigkeiten im Durchschnitt gleich sein: Der Test misst die Intelligenz bei Personen mit hoher und geringer Intelligenz mit der gleichen Genauigkeit.

Aus der Annahme, dass der wahre Wert und die Messfehler eines Tests unabhängig voneinander sind (vgl. Gleichung 4) folgt auch, dass die Messfehler eines Tests nicht vom wahren Wert eines anderen Tests abhängig sind. Die Kovarianz *Cov* der wahren Werte der Person i im Test a und der Fehlerwerte der Person i im Test b ist null.

(5) $Cov(T_{a,i}, E_{b,i}) = 0$

Nach dieser Annahme hat beispielsweise der wahre Wert in einem Konzentrationstest keinen Einfluss auf die Messfehler in einem Intelligenztest. Der Intelligenztest misst die kognitiven Fähigkeiten bei Testpersonen, die sich gut konzentrieren können, mit der gleichen Genauigkeit wie bei Testpersonen mit geringer Konzentrationsfähigkeit. Ebenso sollte die Genauigkeit der Leistungsmessung durch einen Schulleistungstest nicht davon abhängig sein, wie ängstlich die Schülerinnen und Schüler sind. Die Messfehler eines Tests sind nach dieser Annahme unabhängig von den mit anderen Tests gemessenen Merkmalen.

Die Axiome der KTT legen also fest, dass

- sich jeder beobachtete Testwert X_i einer Person i additiv aus einem wahren Wert T_i und einem Fehlerwert E_i zusammensetzt,
- der Fehlerwert E_i eine normalverteilte Zufallsvariable mit einem Erwartungswert von null ist,
- der Fehlerwert E_i unabhängig vom wahren Wert der Person T_i in einem Test oder in einem anderen Test ist.

Die KTT ist eine Theorie der *Messfehler*. Die zentralen Annahmen, dass die Messfehler von den wahren Werten im gleichen Test und in anderen Tests unabhängig sind, ermöglichen es, den Grad der Genauigkeit zu bestimmen, mit dem die Ausprägung eines Merkmals mit Hilfe eines Tests gemessen werden kann. Wie im Folgenden gezeigt wird, können aus den Axiomen der KTT Formeln abgeleitet werden, mit denen die Messgenauigkeit eines Tests bestimmt werden kann.

> **Klassische Testtheorie**
> Die Klassische Testtheorie ist eine Theorie der Messfehler. Die Axiome der Klassischen Testtheorie ermöglichen es, die Genauigkeit der Messung zu quantifizieren.

3.4.1 Definition der Reliabilität eines Tests nach der Klassischen Testtheorie

Aufschluss über die Genauigkeit der Messung gibt die Reliabilität. Die Reliabilität eines Tests r_{tt} gibt den Anteil der Varianz der wahren Werte s^2_T an der Varianz der Testwerte s^2_X wieder.

$$(6) \quad r_{tt} = \frac{s^2_T}{s^2_X}$$

Da nach dem Unabhängigkeitsaxiom (Gleichung 4) der wahre Wert und die Messfehler unabhängig sind ($Cov\ T_i, E_i) = 0$), kann die Varianz der Testwerte s^2_X im Nenner der Gleichung (6) durch die Summe aus der Varianz der wahren Werte s^2_T und der Messfehlervarianz s^2_E ersetzt werden:

$$(7) \quad r_{tt} = \frac{s^2_T}{s^2_T + s^2_E}$$

Wie aus der Gleichung (7) hervorgeht, nähert sich die Reliabilität r_{tt} mit abnehmender Messfehlervarianz s^2_E dem Wert 1. Je kleiner die Messfehlervarianz ist, desto eher gehen die gemessenen Unterschiede der Testwerte auf Unterschiede in den wahren Werten zurück. So besagt zum Beispiel ein Reliabilitätskoeffizient von $r_{tt} = .78$, dass 78 % der Unterschiede der Testwerte auf wahren Merkmalsunterschieden und 22 % der Unterschiede auf Messfehlern basieren. Der Reliabilität ist also zu entnehmen, inwieweit die interindividuellen Unterschiede der Testwerte durch wahre Merkmalsunterschiede bedingt sind. Der Reliabilitätskoeffizient kann Werte zwischen 0 und 1 annehmen.

$$(8) \quad 0 \leq r_{tt} \geq 1$$

Bei einem reliablen Test geht ein großer Anteil der Unterschiede zwischen den Testwerten auf tatsächliche Merkmalsunterschiede zurück. In diesem Fall kann schon bei geringen Testwertunterschieden zwischen zwei Personen auf entsprechende Unterschiede in den wahren Werten geschlossen werden. Je reliabler der Test ist, desto feinere Unterschiede können mit Hilfe des Tests festgestellt werden.

Bestimmung der Reliabilität

Die Definition der Reliabilität als Anteil der Varianz der wahren Werte an der Varianz der Testwerte (Gleichung 6) bildet die Grundlage für die empirische Ermittlung der Reliabilität. Die Varianz der Testwerte s^2_X kann empirisch bestimmt werden, die Varianz der wahren Werte s^2_T ist dagegen nicht beobachtbar. Daher benötigt man Methoden, um den Anteil der »wahren« Varianz an der Varianz der Testwerte zu schätzen.

Wenn der Test völlig messfehlerfrei messen würde, würden die Testwerte ausschließlich die wahren Werte wiedergeben. In diesem Fall müssten wiederholte Messungen unter gleichen Bedingungen zu identischen Ergebnissen führen. Die Korrelation zweier Messungen an einer Stichprobe wäre dann $r_{tt} = 1$. Werden die Messungen dagegen ausschließlich von Messfehlern bestimmt, wären die Testergebnisse reine Zufallsprodukte. In diesem Fall wäre die Korrelation wiederholter Messungen an einer Stichprobe $r_{tt} = 0$. Die Korrelation wiederholter Messungen unter gleichen Bedingungen zeigt also an, inwieweit der Test zu reproduzierbaren Resultaten führt, also tatsächlich die wahren Werte misst.

Zur empirischen Reliabilitätsbestimmung wird daher die Korrelation der Testergebnisse wiederholter Messungen an einer Stichprobe mit demselben Test (Wiederholungsmethode), mit parallelen Tests (Paralleltestmethode) oder mit Testhälften (Halbierungsmethode) ermittelt (▶ Kap. 3.3.2.1). Da die Messfehler und wahren Werte unkorreliert sind, geht – wie im Folgenden gezeigt wird – der statistische Zusammenhang der Testwerte *ausschließlich* auf den Zusammenhang der wahren Werte zurück. Je enger dieser Zusammenhang ist, desto höher ist der Anteil der wahren Werte an den gemessenen Testwerten.

Retest-Reliabilität

Bei der Bestimmung der Reliabilität durch die Wiederholungsmethode (Retest-Reliabilität) werden mit demselben Test zwei Messungen zu verschiedenen Zeitpunkten durchgeführt und die Korrelation zwischen beiden Messungen (x_1, x_2) berechnet. Unter der Voraussetzung, dass sich die wahren Werte und der Einfluss der Messfehler zu beiden Messzeitpunkten (T_1 und T_2) nicht verändert haben, ergibt sich für die Korrelation zwischen beiden Messungen:

$$(9) \quad r_{x_1 x_2} = \frac{Cov(x_1, x_2)}{s_{x_1} \times s_{x_2}}$$

$$(10) \quad r_{x_1 x_2} = \frac{Cov(T_1 + E_1, T_2 + E_2)}{s_{x_1} \times s_{x_2}}$$

Die Kovarianz (*Cov*) zwischen den zusammengesetzten Testwerten aus der ersten Messung ($T_1 + E_1$) und der zweiten Messung ($T_2 + E_2$) lässt sich in einzelne Kovarianzanteile zerlegen:

$$(11) \quad r_{x_1 x_2} = \frac{Cov(T_1, T_2) + Cov(T_1, E_2) + Cov(T_2, E_1) + Cov(E_1, E_2)}{s_{x_1} \times s_{x_2}}$$

Da die wahren Werte und die Messfehler sowie die Messfehler verschiedener Messungen unabhängig sind, sind die Kovarianzanteile mit den Messfehlern der beiden Messungen E_1 und E_2 gleich null. Damit entfallen alle Kovarianzanteile mit den Messfehlern, so dass sich für die Korrelation zwischen der ersten und zweiten Messung ergibt:

$$(12) \quad r_{x_1 x_2} = \frac{Cov(T_1, T_2)}{s_{x_1} \times s_{x_2}}$$

$$(13) \quad r_{x_1 x_2} = \frac{Cov(T_1, T_2)}{s_x^2}$$

Da die wahren Werte im selben Test bei zwei Messungen gleich sind ($T_1 = T_2$), ist die Kovarianz der wahren Werte ($Cov(T_1, T_2)$) gleich der Varianz der wahren Werte.

$$(14) \quad r_{x_1 x_2} = \frac{s_T^2}{s_x^2}$$

Die Korrelation zwischen wiederholten Messungen mit dem gleichen Test gibt also nach Gleichung 15 den Anteil der Varianz der wahren Werte an der Varianz der Testwerte wieder.

$$(15) \quad r_{x_1 x_2} = r_{tt} = \frac{s_T^2}{s_x^2}$$

Somit kann durch die Korrelation zwischen zwei Messungen mit dem Test zu verschiedenen Zeitpunkten die Testreliabilität empirisch bestimmt werden.

3.4.2 Standardmessfehler

Die KTT geht davon aus, dass der gemessene Testwert einen mehr oder weniger großen Messfehler enthält und somit nur eine Annäherung an den wahren Wert der Person darstellt. Mit Hilfe der Reliabilität lässt sich nun präziser bestimmen, wie *genau* der wahre Wert der Person durch den Testwert geschätzt werden kann.

Das Verknüpfungsaxiom der KTT besagt, dass sich der Testwert einer Person aus dem wahren Wert der Person und dem Fehlerwert zusammensetzt (vgl. Gleichung 1). Würde man eine Person unendlich häufig testen, würde man nicht immer den wahren Wert dieser Person erhalten. Aufgrund der Messfehler würden die Testwerte vielmehr mal in die eine, mal in die andere Richtung vom wahren Wert abweichen. Die Testwerte würden um den wahren Wert der Person streuen. Die Streuung der Testwerte um den wahren Wert ist die Folge von Messfehlern, die die Genauigkeit der Messung beeinträchtigen: Je stärker die Testwerte um den wahren Wert streuen, desto ungenauer ist die Messung. Ein Maß für die Streuung der Testwerte um den wahren Wert ist der *Standardmessfehler*.

Zur Bestimmung des Standardmessfehlers geht man von der Reliabilität des Tests aus, die den Anteil der Varianz der wahren Werte an der Varianz der Testwerte wiedergibt (vgl. Gleichung 6).

(16) $\quad r_{tt} = \dfrac{s^2_T}{s^2_X}$

Nach der KTT setzt sich der beobachtete Testwert X aus dem wahren Wert T und dem Fehlerwert E zusammen (Verknüpfungsaxiom), wobei der wahre Wert und der Fehlerwert unabhängig voneinander sind (Unabhängigkeitsaxiom; vgl. Gleichung 4). Danach ergibt sich die Varianz der Testwerte s^2_X als Summe der Varianz der wahren Werte s^2_T und der Varianz der Fehlerwerte, der Fehlervarianz s^2_E.

(17) $\quad s^2_X = s^2_T + s^2_E$

Gleichung (17) wird nach der s^2_T aufgelöst

(18) $\quad s^2_T = s^2_X - s^2_E$

Da die Varianz der wahren Werte nicht bestimmt werden kann, ersetzt man in Gleichung (16) die Varianz der wahren Werte s^2_T durch die Differenz der Varianz der Testwerte s^2_X und der Fehlervarianz s^2_E.

(19) $\quad r_{tt} = \dfrac{s^2_X - s^2_E}{s^2_X}$

Löst man Gleichung (19) nach der Fehlervarianz s^2_E auf, ergibt sich folgende Gleichung für den Standardmessfehler s_E:

(20) $\quad s^2_E = s^2_X(1 - r_{tt})$

(21) $\quad s_E = s_X\sqrt{1 - r_{tt}}$

Der Standardmessfehler s_E gibt die Streuung des Tests wieder, die zu Lasten seiner mangelnden Reliabilität geht.

> **Standardmessfehler**
> Der Standardmessfehler (SM) gibt das Ausmaß der messfehlerbedingten Streuung der Testwerte wieder. Er ist ein Maß dafür, wie ungenau der Test misst.

Er ist ein anschauliches Maß für die Ungenauigkeit der Tests.

Wie aus der Gleichung (21) hervorgeht, hängt der Standardmessfehler von der Streuung der Testwerte (s^2_X) und der Reliabilität des Tests (r_{tt}) ab. Ist der Test vollständig reliabel ($r_{tt} = 1$), ist der Standardmessfehler null: Wenn keine Messfehler auftreten, entsprechen die beobachteten Testwertunterschiede den Unterschieden in den wahren Werten. In diesem Fall geht die Varianz der Testwerte s^2_X vollständig auf die Varianz der wahren Werte s^2_T zurück: $s^2_T = s^2_X$. Bei einem vollständig unreliablen Test ($r_{tt} = 0$) entspricht nach Gleichung (21) die Varianz der Testwerte der Fehlervarianz: $s^2_X = s^2_E$. In diesem Fall wären die Testergebnisse ein reines Zufallsprodukt.

3.4.3 Konfidenzintervalle

Der Standardmessfehler ist die Streuung der Testwerte bei gedachten unendlich vielen Messwiederholungen bei einer Person. Die Verteilung der Testwerte um den wahren Wert der Person folgt der Normalverteilung, sofern – wie in der KTT vorausgesetzt – die Testungen unter identischen Bedingungen erfolgen und die Messfehler zufallsbedingt sind. Die Verteilung der Messwerte um den wahren Wert der Person zeigt Abbildung 3.1.

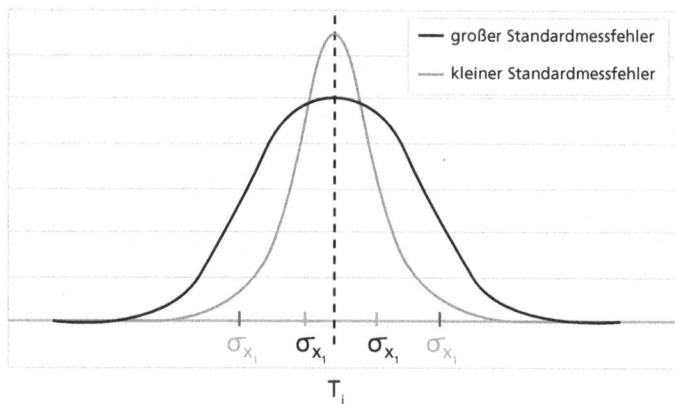

Abb. 3.1: Messfehlerverteilung

Erwartungsbereich

Die Kenntnis der Messfehlerverteilung (▶ Abb. 3.1) ermöglicht die Bildung eines Intervalls, in dem mit einer bestimmten Wahrscheinlichkeit das Testergebnis X_i zu erwarten ist, wenn der wahre Wert der Person T_i bekannt ist. Dieses Intervall wird als *Erwartungsbereich* oder *Mutungsintervall* bezeichnet (Amelang & Schmidt-Atzert, 2006, S. 37).

Bei der Festlegung des Erwartungsbereichs ist eine bestimmte Irrtumswahrscheinlichkeit α in Kauf zu nehmen. Damit wird das Risiko eines Irrtums festgelegt, das man einzugehen bereit ist, wenn man eine Aussage über das Intervall machen will, in dem die Testwerte einer Person mit einem bestimmten wahren Wert fallen werden. Die Irrtumswahrscheinlichkeit wird üblicherweise auf α = .05 oder auf α = .10 festgesetzt. Bei einer Irrtumswahrscheinlichkeit von α = .05 würden demnach 5 % der Testergebnisse außerhalb und 95 % der Testergebnisse innerhalb des Erwartungsbereichs des wahren Wertes liegen. Mit der Irrtumswahrscheinlichkeit wird gleichzeitig auch die Sicherheit festgelegt, mit der ein Testwert X_i bei bekanntem wahrem Wert T_i in das Erwartungsintervall fällt. Bei einer Irrtumswahrscheinlichkeit α fallen mit einer Wahrscheinlichkeit von 1 − α die Testwerte in das Erwartungsintervall $EW_{1-\alpha}$ des wahren Wertes. Diese Wahrscheinlichkeit 1 − α wird auch als *Sicherheitswahrscheinlichkeit* bezeichnet.

Der Erwartungsbereich $EW_{1-\alpha}$ ist das Intervall, in dem mit der Wahrscheinlichkeit

$1 - \alpha$ die Testwerte der Person X_i fallen würden, wenn deren wahrer Wert T_i bekannt wäre:

(22) $\quad T_i - z_{1-\alpha/2} s \times_E \leq X_i \leq T_i + z_{1-\alpha/2} \times s_E$

Die unterste und die oberste Grenze des Erwartungsbereichs auf der Testskala werden nach folgender Formel bestimmt:

(23) $\quad EW_{1-\alpha} = T_i \pm z_{1-\alpha/2} \times s_E$

Mit Hilfe des z-Wertes in Formel (22) und (23) werden die Grenzen des Erwartungsbereichs festgelegt, innerhalb derer mit einer Sicherheitswahrscheinlichkeit von $1 - \alpha$ die Testwerte fallen, wenn der wahre Wert der Person bekannt ist. Der z-Wert ist ein Wert der Standardnormalverteilung, der angibt, wie viele Standardabweichungen ein Wert vom Mittelwert der Verteilung entfernt liegen muss, damit innerhalb der Grenzen $1 - \alpha$ Testwerte fallen. Beispielsweise liegen innerhalb der Grenzen $z = \pm 1.96$ insgesamt 95 % der z-Werte der Standardnormalverteilung, oberhalb von $z = 1.96$ liegen 2.5 % der z-Werte, unterhalb von $z = -1.96$ liegen ebenfalls 2.5 % der z-Werte; demensprechend liegen 95 % der z-Werte innerhalb der Grenzen von $z = \pm 1.96$. Soll die Sicherheitswahrscheinlichkeit für den Erwartungsbereich beispielsweise 95 % betragen, wird der z-Wert von 1.96 in Formel (23) eingesetzt. In diesem Fall beträgt die Irrtumswahrscheinlichkeit $\alpha = 5 \%$: Jeweils 2.5 % der Testwerte erwarten wir oberhalb und unterhalb dieses Intervalls. Der Tabelle 3.3 sind die z-Werte für die gebräuchlichen Sicherheitswahrscheinlichkeiten zu entnehmen.

> **z-Wert**
> Der z-Wert gibt an, wie viele Standardabweichungen (SD) der individuelle Testwert vom Populationsmittelwert abweicht.

Tab. 3.3: z-Werte zur Bestimmung der Grenzen des Erwartungsbereichs und des Konfidenzintervalls

Sicherheitswahrscheinlichkeit		Irrtumswahrscheinlichkeit		z-Wert
$(1-\alpha)$	%	α	%	$(1-\frac{1}{2}\alpha)$
0.90	90 %	0.10	10 %	1.64
0.95	95 %	0.05	5 %	1.96
0.99	99 %	0.01	1 %	2.58

Angenommen, der wahre Wert einer Person in einem Intelligenztest sei bekannt und liege bei IQ = 80. Zunächst wird nach Gleichung (21) der Standardmessfehler berechnet. Dazu benötigt man die Standardabweichung und die Reliabilität des Intelligenztests. Beträgt die Standardabweichung des Tests $s_x = 15$ und die Reliabilität $r_{tt} = .88$ ergibt sich nach Gleichung (21) folgender Standardmessfehler:

(24) $\quad s_E = 15\sqrt{1 - 0.88}$

(25) $\quad s_E = 5.2$

Weiter muss eine Irrtumswahrscheinlichkeit festgelegt werden, die man in Kauf nehmen will. Legt man beispielsweise die Irrtumswahrscheinlichkeit α auf 5 % fest, würde man sich im Durchschnitt in 5 von 100 Fällen irren. Bei 100 Testungen würden danach im Durchschnitt 5 Testwerte außerhalb und 95 Testergebnisse innerhalb des Erwartungsbereichs des wahren Wertes T_i liegen. Bei einer Testperson mit einem »wahren« IQ von 80 würden 95 % der gemessenen IQ-Werte nach Gleichung (23) in folgendes Intervall fallen:

(26) $\quad EW_{95\%} = 80 \pm 1{,}96 \times 5.2$

(27) $\quad EW_{95\%} = 80 \pm 10.2$

Würde man eine Person mit einem wahren Intelligenzquotient von IQ = 80 mehrfach unter denselben Bedingungen testen, wären demnach 95 % der gemessenen IQ-Werte zwischen 69.8 und 90.2 zu erwarten und 2.5 % der IQ-Werte wären unterhalb von 69.8 und 2.5 % der Testwerte oberhalb von 90.2 IQ-Punkten zu erwarten.

Mit dem Erwartungsbereich kann man beispielsweise feststellen, ob ein gemessener IQ von 91 noch für eine durchschnittliche Intelligenz der Testperson spricht oder ob bei diesem Wert von einer unterdurchschnittlichen Intelligenz auszugehen ist. Dazu wird der Erwartungsbereich um den Mittelwert der IQ-Skala bestimmt. Die meisten Intelligenztests sind so geeicht, dass der Mittelwert 100 und die Standardabweichung 15 beträgt. Bei einer Reliabilität von $r_{tt} = .84$ beträgt der Standardmessfehler nach Gleichung (21)

(28) $\quad s_X = 15\sqrt{1 - 0.84}$

(29) $\quad s_X = 6$

Mit Hilfe des Standardmessfehlers kann nach Gleichung (23) der Erwartungsbereich bei einer Irrtumswahrscheinlichkeit von 5 % bestimmt werden:

(30) $\quad EW_{95\,\%} = 100 \pm 1{,}96 \times 6$

(31) $\quad EW_{95\,\%} = 100 \pm 11{.}76$

Danach liegen die Testwerte bei einem wahren Wert von 100 mit 95 %-iger Sicherheit zwischen 88.24 bis 111.76 IQ-Punkten. Da der gemessene IQ-Wert von 91 innerhalb dieses Intervalls liegt, ist bei der Testperson nicht von einer unterdurchschnittlichen Intelligenz auszugehen: Der gemessene IQ von 91 ist noch mit einem wahren Wert von 100 vereinbar.

Konfidenzintervall

Die Möglichkeit, einen Erwartungsbereich um den wahren Wert einer Person bestimmen zu können, hat in der Praxis allerdings nur wenig Nutzen, da der wahre Wert einer Person nicht bekannt ist. Bekannt ist hingegen der Testwert der Person. Man will wissen, in welchem Intervall mit einer bestimmten Sicherheit der wahre Wert liegt, wenn der Testwert dieser Person bekannt ist. Dazu schlägt man das Intervall um den gemessenen Testwert X_i. Die Intervalle aller Testwerte X_i, die im Erwartungsbereich liegen, würden den wahren Wert einschließen, nur bei Testwerten außerhalb des Erwartungsbereichs würde das Intervall den wahren Wert nicht einschließen.

Der Bereich auf der Testskala, in dem mit der Wahrscheinlichkeit 1- α der wahre Wert der Person liegt, ist das *Konfidenzintervall* bzw. das *Vertrauensintervall*. Das 95 %-Konfidenzintervall ($CI_{95\,\%}$) umfasst beispielsweise den Wertebereich der Testskala um den beobachteten Testwert X_i, in dem mit 95 %-iger Sicherheit der wahre Wert eingeschlossen ist. Bei 100 Messwiederholungen würde im Durchschnitt bei 95 Testwerten das Intervall den wahren Wert miteinschließen, bei durchschnittlich 5 Testungen würde der wahre Wert außerhalb dieses Intervalls liegen. Die Grenzen des Konfidenzintervalls werden nach folgender Formel ermittelt:

(32) $\quad X_i - z_{1-\alpha/2} \times s_E \leq T_i \leq$
$\quad\quad\quad X_i + z_{1-\alpha/2} \times s_E$

(33) $\quad CI_{1-\alpha} = X_i \pm z_{1-\alpha/2} \times s_E$

Das Konfidenzintervall ist der Bereich um den Testwert einer Person, innerhalb dessen mit der Sicherheit 1 − α der wahre Wert der Person liegt. Die z-Werte zur Bestimmung der Grenzen des Konfidenzintervalls sind der Tabelle 3.3 zu entnehmen. Die Größe des Konfidenzintervalls ist abhängig von der Messfehleranfälligkeit des Tests. Je unreliabler der Test ist, desto größer ist das Konfidenzintervall. Bei einem reliablen Test, dessen Messungen nur in geringem Ausmaß durch Messfehler verfälscht werden, ist das Intervall auf der Testskala, in dem mit einer bestimmten Sicherheit der wahre Wert zu erwarten ist, relativ eng. Bei einem unreliablen Test streuen die Testwerte aufgrund der größeren Messfehleranfälligkeit stärker um den wahren Wert der Person. Dies schlägt sich in einem größeren Konfidenzintervall nieder: Das Intervall, in dem mit einer bestimmten Sicherheit der wahre Wert der Person zu erwarten ist, ist relativ weit. Im Konfidenzintervall zeigt sich also die Genauigkeit, mit der der Test misst.

> **Konfidenzintervall**
> Das Konfidenzintervall (CI) ist der Wertebereich um den empirisch ermittelten Testwert eines Probanden, innerhalb dessen mit einer bestimmten Irrtumswahrscheinlichkeit (z. B. 5 %) der »wahre Wert« des Probanden liegt.

In Tabelle 3.4 sind die Konfidenzintervalle zweier unterschiedlich reliabler Tests berechnet. Test A weist mit $r_{tt} = .94$ eine relativ hohe Reliabilität auf, er misst sehr genau.

Test B ist messfehleranfälliger, seine Reliabilität beträgt $r_{tt} = .78$. Beide Tests weisen eine Standardabweichung von 15 auf. Zunächst wird nach Gleichung (21) der Standardmessfehler berechnet, anschließend werden die Grenzen des 95 %-Konfidenzintervalls nach Gleichung (33) bestimmt.

Bei einer Testperson, die in dem Test 80 Punkte erzielt hat, liegt der wahre Wert mit einer Sicherheitswahrscheinlichkeit von 95 % im Test A zwischen 73 und 87 Punkten (gerundet) und im Test B zwischen 66 und 94 Punkten (▸ Tab. 3.4). Das Konfidenzintervall des reliablen Tests A ist mit 14 Punkten deutlich enger als das des unreliablen Tests B mit 28 Punkten. Die geringere Messfehleranfälligkeit des Tests A führt zu einem engeren Konfidenzintervall, das zeigt, dass der reliable Test A den wahren Wert genauer misst als der unreliable Test B, dessen Testwerte aufgrund seiner höheren Messfehleranfälligkeit viel weiter um den wahren Wert streuen.

Tab. 3.4: Berechnung der Konfidenzintervalle zweier Tests mit unterschiedlicher Reliabilität

	Test A	Test B
Reliabilität des Tests Standardabweichung des Tests	$r_{tt} = 0.94$ $s_X = 15$	$r_{tt} = 0.78$ $s_X = 15$
Berechnung des Standardmessfehlers (nach 21)	$s_E = 15\sqrt{1-0.94}$ $s_E = 3.7$	$s_E = 15\sqrt{1-0.78}$ $s_E = 7.0$
Berechnung des 95 %- Konfidenzintervalls (nach 33)	$CI_{95} = X_i \pm 1.96 \times 4.2$ $CI_{95} = X_i \pm 7.3$	$CI_{95} = X_i \pm 1.96 \times 7.0$ $CI_{95} = X_i \pm 13.7$

Mit Hilfe der Reliabilität lässt sich die Ungenauigkeit eines einzelnen Testergebnisses quantifizieren. Am Konfidenzintervall ist ablesbar, wie genau der Test misst. Ein großes Konfidenzintervall zeigt eine große Ungenauigkeit der Messung, ein kleines Konfidenzintervall bedeutet, dass mit dem Test bereits kleine Unterschiede in der Merkmalsausprägung festgestellt werden können. Am obigen Beispiel wird auch deutlich, dass Messungen mit Hilfe psychodiagnostischer Tests auch bei einer hohen Reliabilität immer noch ungenau sind. Selbst bei einer Reliabilität von $r_{tt} = .94$, die in der Praxis nur von wenigen Tests erreicht wird, umfasst das Konfidenzintervall bei einer Standardabweichung von 15 noch 14 Punkte.

3.4.4 Interpretation von Testwertdifferenzen

Die Möglichkeit, die Genauigkeit der Messung zu bestimmen, wird benutzt, um Testwertdifferenzen abzusichern. Bei der Interpretation von Testwertdifferenzen stellt sich die Frage, ob die Unterschiede zwischen zwei Testwerten durch Messfehler zustande gekommen sind oder ob die gemessenen Differenzen tatsächliche Unterschiede der wahren Werte wiederspiegeln.

Um die Differenzen abzusichern, wird die *kritische Differenz* berechnet. Die kritische Differenz ist die Differenz zwischen zwei Testwerten, die erreicht oder überschritten werden muss, um mit einer gewählten Sicherheitswahrscheinlichkeit auf Unterschiede in den wahren Werten schließen zu können. Liegt die gemessene Differenz zwischen zwei Testwerten unterhalb der kritischen Differenz, muss davon ausgegangen werden, dass die Unterschiede messfehlerbedingt sind. Erreicht oder überschreitet die beobachtete die kritische Differenz, ist mit einer gewählten Irrtumswahrscheinlichkeit davon auszugehen, dass sich die wahren Werte unterscheiden.

> **Kritische Differenzen**
> Die kritische Differenz ist die Differenz zwischen zwei Messwerten, die erreicht oder überschritten werden muss, um mit einer gewählten Sicherheitswahrscheinlichkeit auf Unterschiede in den wahren Werten schließen zu können.

Die Bestimmung der kritischen Differenz D_{krit} zur Absicherung von Testwertdifferenzen zwischen zwei Testpersonen *bei einem Test* oder bei *Wiederholungsmessungen* bei einer Testperson basiert auf der Standardabweichung und der Reliabilität des Tests. Bei einer Irrtumswahrscheinlichkeit von α ergibt sich die kritische Differenz durch:

(34) $D_{krit(\alpha)} = z_{1-\alpha/2} \times s_x \times \sqrt{2(1 - r_{tt})}$

Angenommen, eine Testperson habe in einem Intelligenztest mit der Standardabweichung $s_x = 15$ und einer Reliabilität von $r_{tt} = .92$ einen IQ = 109 erzielt und eine andere Testperson einen IQ = 122. Um entscheiden zu können, ob sich die beiden Personen in ihrer Intelligenz unterscheiden, wird nach (34) die kritische Differenz bei einer Irrtumswahrscheinlichkeit von 5 % berechnet.

(35) $D_{krit(5\%)} = 1.96 \times 15 \times \sqrt{2(1 - 0.92)}$

(36) $D_{krit(5\%)} = 11.76$

Die gemessene Testwertdifferenz von 13 IQ-Punkten übertrifft die kritische Differenz $D_{krit} = 11.76$. Daher kann mit einer Irrtumswahrscheinlichkeit von 5 % davon ausgegangen werden, dass sich beide Personen in ihrer Intelligenz unterscheiden. Aus dem Vergleich mit der kritischen Differenz kann also geschlossen werden, dass die beobachtete Differenz von 13 IQ-Punkten nicht durch Messfehler zustande gekommen ist, sondern einen Unterschied in den wahren Werten wiedergibt.

Kritische Differenzen zwischen verschiedenen Tests

In gleicher Weise kann auch die kritische Differenz für inter- und intraindividuelle Testwertunterschiede zwischen *verschiedenen Tests* berechnet werden. Dazu benötigt man die Reliabilität der beiden Testverfahren.

(37) $D_{krit(\alpha)} = z_{1-\alpha/2} \times s_x \times \sqrt{2 - (r_{tt(1)} + r_{tt(2)})}$

Die Notwendigkeit, gemessene intraindividuelle Differenzen zwischen zwei Tests abzusichern, stellt sich beispielsweise bei der Interpretation von Differenzen zwischen den Subtests eines Testverfahrens bei einer Person. Angenommen, im Intelligenz-Struktur-Test (IST, Amthauer, 1973) habe eine Testperson im Subtest Analogien (AN) den Wert 107 und im Subtest Rechenaufgaben (RA) den Wert 114 erzielt. Beide Skalen weisen die gleiche Standardabweichung $s_x = 10$ auf. Die

Reliabilität der Skala ›Analogien‹ beträgt $r_{tt} = .86$ und die der Skala ›Rechenaufgaben‹ $r_{tt} = .92$. Zur Beurteilung des intraindividuellen Unterschieds wird die kritische Differenz nach Gleichung (30) für eine Irrtumswahrscheinlichkeit von 5 % berechnet.

(38) $D_{krit(5\%)} = 1{,}96 \times 10 \times \sqrt{2 - (0.86 + 0.92)}$

(39) $D_{krit(5\%)} = 9.19$

Die gemessene Differenz zwischen den Subtests von 7 Punkten erreicht oder übertrifft nicht die kritische Differenz von 9.19 Punkten. Es kann daher nicht behauptet werden, dass die numerisch-mathematische Intelligenz der Testperson (Subtest ›Rechenaufgaben‹) stärker ausgeprägt ist als ihre Fähigkeit zum schlussfolgernden Denken (Subtest ›Analogien‹). Man muss also davon ausgehen, dass die gemessene Differenz zwischen den beiden Subskalen des IST messfehlerbedingt ist. Erst wenn die Testwertedifferenz 9 Punkte übersteigt, kann mit einer Irrtumswahrscheinlichkeit von 5 % davon ausgegangen werden, dass sich die Fähigkeiten unterscheiden.

3.4.5 Minderungskorrekturen

Die mangelnde Reliabilität der Tests schränkt nicht nur die Genauigkeit der Messung ein, sondern schmälert auch die Korrelationen des Tests mit anderen Variablen. In der Praxis ist dies vor allem bei der Abschätzung der *Kriteriumsvalidität* des Tests bedeutsam. Die Kriteriumsvalidität – die Korrelation des Tests mit einem Außenkriterium – gibt Aufschluss über die Enge des Zusammenhangs des Tests mit einem Kriterium, welches das Merkmal, das gemessen werden soll, möglichst gut repräsentiert (▶ Kap. 3.3.3.1). Die Höhe der Korrelation zwischen Test und Kriterium ist jedoch nicht nur davon abhängig, inwieweit der Test und das Kriterium ein gemeinsames Merkmal erfassen, sondern auch davon, wie *genau* das Merkmal durch den Test und durch das Kriterium gemessen wird.

Doppelte Minderungskorrektur

Mit Hilfe der *Minderungskorrektur* (engl. correction for attenuation; Attenuationskorrektur) kann die Höhe der Korrelation zwischen Test und Kriterium unter der Bedingung abgeschätzt werden, dass Test und Kriterium das Merkmal *völlig messfehlerfrei* erfassen. Dazu wird nach der doppelten Minderungskorrekturformel (40) aus der Korrelation r_{xy} zwischen dem Test X und dem Kriterium Y sowie der Reliabilität des Tests r_{tt} und des Kriteriums r_{yy} die Korrelation zwischen den wahren Werten des Tests T_x und des Kriteriums T_y berechnet.

> **Doppelte Minderungskorrektur**
> Der doppelt minderungskorrigierte Validitätskoeffizient ermöglicht eine Abschätzung der Validität, die der Test erreichen würde, wenn Test und Kriterium absolut reliabel wären.

(40) $r_{T_x T_y} = \dfrac{r_{xy}}{\sqrt{r_{tt x}}\sqrt{r_{yy}}}$

Mit der doppelten Minderungskorrektur wird die Minderung des Validitätskoeffizienten infolge der mangelnden Messgenauigkeit von Test und Kriterium rückgängig gemacht. Sie ermöglicht es, die Kriteriumsvalidität des Tests unabhängig von der Ungenauigkeit der Messung abzuschätzen.

Die Bedeutung der doppelten Minderungskorrektur veranschaulicht das folgende Beispiel: Zur Validierung eines Intelligenztests wurde die Korrelation mit den Schulnoten in Mathematik ermittelt. Diese betrage $r_{xy} = .50$. Man möchte nun wissen, wie hoch der Validitätskoeffizient ausfallen würde, wenn sowohl der Intelligenztest als auch die Mathematiknoten das Merkmal, die numerische Kompetenzen, völlig messfehlerfrei erfassen würden. Zur Berechnung der doppelten Minderungskorrektur müssen die Reliabilitäten von Test und Kriterium bekannt sein. Wenn die Reliabilität des Intelligenztests $r_{tt} = .90$ und die der Mathematiknoten $r_{yy} = .70$ beträgt, ergibt sich nach (40):

$$(41) \quad r_{T_x T_y} = \frac{.50}{\sqrt{.90} \times \sqrt{.70}} = .63$$

In dieser Beispielrechnung korreliert der Intelligenztest mit den Mathematiknoten mit $r_{xy} = .50$; die doppelt minderungskorrigierte Korrelation von Test und Mathematiknoten ist mit $r_{T_x T_y} = .63$ deutlich höher. Daraus wird ersichtlich, dass der Zusammenhang der wahren Werte von Test und Kriterium – im Beispiel zwischen den kognitiven Fähigkeiten, die der Testleistung und der Mathematikleistung zugrunde liegen – aufgrund der mangelnden Reliabilität von Test und Kriterium unterschätzt wird. Der Validitätskoeffizient wurde durch die Messfehlerbehaftetheit des Tests und der Kriteriumsmessung *gemindert*; diese Minderung wird durch die doppelte Minderungskorrektur korrigiert.

Die Formel (40) ermöglicht eine *doppelte Minderungskorrektur*, die sowohl die Messfehlerbehaftetheit des Kriteriums als auch die des Tests berücksichtigt. Die doppelt minderungskorrigierte Korrelation ist eine *theoretische* Größe, da völlig messfehlerfreie Messungen in der Praxis nicht möglich sind. Durch die Minderungskorrektur wird der Test also nicht reliabler und die Vorhersage des Kriteriums nicht genauer. Für die Testinterpretation hat die doppelte Minderungskorrektur daher keinen praktischen Nutzen, da bei der *Anwendung* des Tests nicht von der mangelnden Reliabilität des Messinstruments abgesehen werden darf (Lienert & Raatz, 1998, S. 256).

Bedeutsam ist die doppelte Minderungskorrektur hingegen für die Testentwicklung, da sich mit ihrer Hilfe abschätzen lässt, wie weit sich die Validität eines Tests durch eine Verbesserung seiner Reliabilität maximal steigern lässt. Im obigen Rechenbeispiel beträgt die doppelt minderungskorrigierte Korrelation zwischen Test und Kriterium $r_{T_x T_y} = .63$. Dieser Wert ist die Höhe des Validitätskoeffizienten, die erreicht werden würde, wenn Test und Kriterium völlig messfehlerfrei wären. Durch eine Verbesserung der Reliabilität des Tests bis auf (theoretisch) $r_{tt} = 1$ könnte seine Validität daher auf maximal $r_{xy} = .63$ gesteigert werden.

Der doppelt minderungskorrigierte Validitätskoeffizient repräsentiert die durch eine *Reliabilitätsverbesserung* theoretisch maximal erreichbare Validität des Tests bezogen auf das Kriterium. Dabei zeigt sich, dass der Gewinn an Validität durch eine Verbesserung der Reliabilität des Tests umso größer ist, je geringer seine Ausgangsreliabilität ist. Eine Verbesserung eines unreliablen Tests bringt also einen größeren Zuwachs an Validität als eine Verbesserung eines bereits relativ reliablen Tests. Aus diesem sogenannten *Verdünnungsparadox* folgt: Wenn zwei Tests in etwa gleich hoch mit dem Kriterium korrelieren, lohnt es sich eher, den unreliablen Test zu verbessern als den reliablen. Eine Reliabilitätsverbesserung ist also nicht sehr erfolgversprechend, wenn die Reliabilität des Tests bereits hoch ist.

Maximale Höhe des Validitätskoeffizienten

Die mangelnde Messgenauigkeit des Tests und der Kriteriumsmessung schränken die Validität des Messinstruments ein. Ein Test, der nur ungenau misst, kann auch keine hohe Validität erzielen. Ebenso kann die Validität nicht hoch sein, wenn die Erfassung des Kriteriums in hohem Maße messfehlerbehaftet ist. Die mangelnde Reliabilität des Tests und des Kriteriums begrenzen also die Höhe des Validitätskoeffizienten.

Wie stark die Messungenauigkeit des Tests und des Kriteriums die Höhe des Validitätskoeffizienten beschränkt, kann aus der Formel (40) berechnet werden. Nach Umstellung zeigt die Formel, welche Höhe die Validität eines Tests bei gegebener Reliabilität des Tests und des Kriteriums maximal erreichen kann.

(42) $\quad r_{xy} = r_{T_x T_y} \times \sqrt{r_{tt} \times r_{yy}}$

Angenommen, die Korrelation der wahren Werte des Tests T_x und des Kriteriums T_y betrage $r_{T_x T_y} = 1$. In diesem Fall würde der Validitätskoeffizient r_{xy} dennoch nicht den Wert 1 erreichen, da auf der rechten Seite der Gleichung (42) noch die Wurzel aus dem Produkt der Reliabilitäten verbleibt.

(43) $\quad r_{xy} = 1 \times \sqrt{r_{tt} \times r_{yy}}$

Bedingt durch die eingeschränkte Reliabilität von Test und Kriterium kann der Validitätskoeffizient nicht höher sein als das geometrische Mittel der Reliabilitäten von Test und Kriterium. $r_{xy} = \sqrt{r_{tt} \times r_{yy}}$ ist also die Obergrenze der Validität, die ein Test bei gegebener Reliabilität von Test und Kriterium erreichen kann.

Einfache Minderungskorrektur

Ein hochvalider Test kann durchaus einen niedrigen Validitätskoeffizienten aufweisen, nämlich dann, wenn die Messung des Kriteriums stark messfehlerbehaftet ist. Im Falle eines unreliablen Kriteriums kann daher die Validität des Tests nicht zuverlässig beurteilt werden, da eine geringe Korrelation des Tests mit dem Kriterium durch die mangelnde Testvalidität und/oder durch die mangelnde Messgenauigkeit der Kriteriumsmessung bedingt sein kann.

Um dennoch die Testvalidität abschätzen zu können, kann mit der *einfachen Minderungskorrektur* berechnet werden, wie hoch der Validitätskoeffizient wäre, wenn die Einbuße an Validität durch die mangelnde Reliabilität des Kriteriums korrigiert wird. Dazu wird in Formel (40) für die Testreliabilität $r_{tt} = 1$ eingesetzt, so dass im Nenner nur $\sqrt{r_{yy}}$ verbleibt.

(44) $\quad r_{X T_y} = \dfrac{r_{xy}}{\sqrt{r_{yy}}}$

Die einfache Minderungskorrektur liefert eine Schätzung der Korrelation des Tests mit dem Kriterium bei vollständiger Reliabilität des Kriteriums.

> **Einfache Minderungskorrektur**
> Der einfach minderungskorrigierte Validitätskoeffizient ermöglicht eine Abschätzung der Validität, die der Test erreichen würde, wenn das Kriterium absolut reliabel wäre.

Ein Beispiel aus dem Lehrbuch von Lienert und Raatz (1998, S. 259) verdeutlicht die praktische Bedeutung der einfach minderungskorrigierten Korrelation. Zur Validierung eines Intelligenztests wurden Lehrkräfte gebeten, die kognitiven Fähigkeiten ihrer Schülerinnen und Schüler einzuschätzen. Das Lehrerurteil korreliert mit $r_{xy} = .40$ mit dem Intelligenztest. Aufgrund dieses Ergebnisses würde man zunächst auf einen nur mäßigen Zusammenhang zwischen dem Intelligenztest und den kognitiven Fähigkeiten schließen. Allerdings ist zu vermuten, dass Lehrkräfte die kognitiven Fähigkeiten ihrer Schülerinnen und Schüler nicht sehr präzise einschätzen können. Eine Überprüfung bestätigt, dass das Lehrerurteil mit $r_{yy} = .50$ nur eine geringe Reliabilität aufweist. Um zu prüfen, ob die geringe Höhe der Validitätskoeffizienten durch die mangelnde Reliabilität der Kriteriumsmessung bedingt ist, wird nun nach Gleichung (42) eine einfache Minderungskorrektur durchgeführt.

(45) $\quad r_{X T_y} = \dfrac{0.4}{\sqrt{0.5}} = 0.57$

Der Vergleich des gemessenen Validitätskoeffizienten von $r_{xy} = .40$ mit dem einfach minderungskorrigierten Validitätskoeffizienten von $r_{X T_y} = .57$ zeigt, dass die geringe

Höhe des Validitätskoeffizienten zu einem bedeutsamen Teil auf die mangelnde Reliabilität des Kriteriums zurückgeht.

Die (doppelte und einfache) Minderungskorrektur ermöglicht eine Abschätzung der Validität unabhängig von der Messungenauigkeit des Tests und des Kriteriums. Damit kann ermessen werden, inwieweit durch eine Reliabilitätsverbesserung die Validität des Tests gesteigert werden kann. Grundsätzlich gilt, dass eine hohe Reliabilität eine Voraussetzung für eine hohe Validität des Tests darstellt. Nur ein reliables Messinstrument kann auch eine hohe Validität erzielen. Aber nicht jeder reliable Test ist automatisch auch valide. Eine hohe Reliabilität ist nur eine notwendige, aber keine hinreichende Voraussetzung für eine hohe Validität.

3.5 Normen und Normierung

Für die Interpretation eines Testergebnisses benötigt man eine Bezugsgröße, die es ermöglicht, aufgrund des Testergebnisses auf die zugrundeliegende Merkmalsausprägung zu schließen. So sagen beispielsweise vier Fehler in einem Diktat noch nichts über die Rechtschreibleistungen einer Schülerin oder eines Schülers aus. Erst wenn man weiß, wie schwierig das Diktat war oder aber wenn bekannt ist, wie die Mitschülerinnen und Mitschüler in dem Diktat abgeschnitten haben, könnte man die Leistung einschätzen. In diesem Falle hätte man eine *Bezugsgröße*, die es ermöglicht, die Rechtschreibleistung einer Schülerin oder eines Schülers in dem Diktat zu beurteilen. Hätten beispielsweise 90 % der Schülerinnen und Schüler der Klasse mehr als vier Fehler gemacht, würde man die Leistung dieser Schüler oder dieses Schülers sicher positiver bewerten, als wenn 90 % der Schülerinnen und Schüler in dem Diktat weniger als vier Fehler gemacht hätten. Erst der Vergleich mit einer Bezugsgröße ermöglicht eine Beurteilung des Leistungsergebnisses.

3.5.1 Bezugsnormen

Bezugsgrößen zur Beurteilung von Testergebnissen werden aus einer *Bezugsnorm* abgeleitet. Eine Bezugsnorm ist ein Vergleichsmaßstab, dem man entnehmen kann, wie ein bestimmtes Leistungsergebnis einzuschätzen ist. Im obigen Beispiel könnte etwa das Abschneiden der Mitschülerinnen und Mitschüler im Diktat eine Bezugsnorm bilden, mit der man das Leistungsergebnis einer Schülerin oder eines Schülers vergleichen könnte.

Ebenso wie die Fehlerzahl in einem Diktat können auch die Ergebnisse eines Tests nicht ohne eine Bezugsnorm interpretiert werden. Beispielsweise sagen 21 gelöste Aufgaben in einem Schulleistungstest noch nichts über den Leistungsstand einer Schülerin oder eines Schülers in diesem Fach aus, solange nicht bekannt ist, wie viele Aufgaben zu bearbeiten waren, wie schwierig die Aufgaben sind oder wie andere Schülerinnen und Schüler der Jahrgangsstufe in diesem Test abgeschnitten haben. Das Testergebnis interpretiert sich also nicht aus sich selbst heraus, man benötigt vielmehr eine Bezugsnorm, der man entnehmen kann, was das individuelle Testergebnis (z. B. die Anzahl der gelösten Aufgaben in einem Schulleistungstest) bedeutet. Zur Interpretation von Testergebnissen stehen zwei Bezugsnormen zur Verfügung, die soziale und die sachliche Bezugsnorm (▶ Kap. 4.2.1).

Soziale Bezugsnorm

Die soziale Bezugsnorm beinhaltet einen Vergleich des individuellen Testergebnisses mit der Testleistung einer *Referenzpopulation*. Als Referenzpopulation oder Bezugsgruppe wird die Population bezeichnet, der die Testperson angehört, zum Beispiel Personen gleichen Alters, gleichen Geschlechts oder der gleichen Klassenstufe. Ein solcher Vergleich gibt Aufschluss über die relative Position der Merkmalsausprägung der Testperson in ihrer Referenzgruppe. Aufgrund des Vergleichs kann man beispielsweise sagen: »Der Schüler verfügt über überdurchschnittliche mathematische Kompetenzen.« oder »Das Kind ist im Vergleich zu anderen Kindern seines Alters wenig ängstlich« oder »Die Bewerberin ist durchschnittlich intelligent«. Die Bewertung ›überdurchschnittlich‹, ›durchschnittlich‹, oder ›wenig ängstlich‹ basiert auf dem Vergleich des individuellen Testergebnisses mit den Testergebnissen in der Referenzpopulation der Testperson, beispielsweise ihrer Altersgruppe. Bei einer sozialen Bezugsnorm bilden also die Testergebnisse einer Referenzpopulation die Bezugsnorm für die Interpretation der individuellen Testergebnisse.

Sachliche Bezugsnorm

Die sachliche oder kriteriale Bezugsnorm ermöglicht einen Vergleich der individuellen Testergebnisse mit einem Standard oder Kriterium. Das Kriterium kann beispielsweise ein Lernziel, ein Förderziel oder ein Therapieziel sein. Beim Vergleich mit einer sachlichen Bezugsnorm erhält man Informationen darüber, wie weit die aktuelle Leistung der Testperson von einem Kriterium entfernt ist, beispielsweise inwieweit die Schülerin oder der Schüler ein bestimmtes Lernziel erreicht hat oder wie weit sie oder er noch von einem bestimmten Förderziel entfernt ist. In Bezug auf eine sachliche Bezugsnorm kann man beispielsweise sagen: »Der Schüler beherrscht das kleine 1x1« oder »Die Schülerin ist noch nicht in der Lage, ohne Hilfestellung einen unbekannten Text zu lesen und zu verstehen«. Bei einer sachlichen Bezugsnorm bildet also ein Verhaltenskriterium die Bezugsnorm für die Interpretation des individuellen Testergebnisses. Ein lehrzielorientierter Test gibt an, ob eine Schülerin oder ein Schüler ein festgelegtes Lernziel erreicht hat, ein therapiezielorientierter Test gibt an, inwieweit eine Klientin oder ein Klient ein vorher festgelegtes Therapieziel erreicht hat.

Normorientierte versus kriteriumsorientierte Testinterpretation

Ein Testwert kann in Bezug auf eine soziale oder sachliche Bezugsnorm interpretierbar gemacht werden. Eine *normorientierte Interpretation* liegt vor, wenn das individuelle Testergebnis durch einen Vergleich mit einer sozialen Bezugsnorm interpretiert wird. In diesem Fall spricht man von einem *normorientierten Test*. Eine *kriteriumsorientierte Interpretation* basiert auf einem Vergleich mit einem inhaltlich-psychologisch definierten Kriterium. Ein Test, der nach einer sachlichen oder kriterialen Bezugsnorm normiert wurde, wird als *kriteriumsorientierter Test* bezeichnet.

> **Kriteriumsorientierter Test**
> Ein kriteriumsorientierter Test ist ein Test, der nach einer sachlichen (kriterialen) Bezugsnorm normiert wurde.

3.5.2 Testnormierung

Die Bezugsnorm zur Einordnung des individuellen Testergebnisses wird durch die *Normierung* des Tests geschaffen (zur Übersicht Lienert & Raatz, 1998). Die meisten Tests werden nach einer *sozialen Bezugsnorm* normiert. Dabei bilden die Testergebnisse einer *Referenzpopulation* den Vergleichsmaßstab, an dem das individuelle Testergebnis gemessen wird.

> **Normierung**
> Unter der Normierung eines Tests versteht man das Erstellen eines Bezugssystems, mit dessen Hilfe individuelle Testrohwerte mit einer Referenzpopulation verglichen werden können.

Die Referenzpopulation ist die Gruppe der Personen, über die der Test Aussagen macht. Beispielsweise ist die Referenzpopulation für Schulleistungstests in der Regel die Gruppe der Schülerinnen und Schüler der gleichen Jahrgangsstufe. Die Bewertung des individuellen Testergebnisses – zum Beispiel die Anzahl der gelösten Aufgaben – basiert auf den Vergleich mit den Testergebnissen, die in der Referenzpopulation erzielt werden. Dieser Vergleich gibt Aufschluss über die *relative Position* der Testperson innerhalb ihrer Referenzpopulation hinsichtlich seiner Merkmalsausprägung – zum Beispiel im Hinblick auf ihre Schulleistungen, ihre kognitiven Leistungen oder ihre Ängstlichkeit.

Testeichung

Der numerische Testwert der Testperson – zum Beispiel die Anzahl der gelösten Aufgaben oder die Anzahl der Antworten im Sinne des zu messenden Merkmals – wird als *Testrohwert* bezeichnet. Um den Testrohwert einer Testperson mit der Referenzpopulation vergleichen zu können, muss die Testleistung bekannt sein, die in der Referenzpopulation erzielt wird. Dazu wird der Test geeicht. Zur *Testeichung* wird der Test an einer repräsentativen Stichprobe aus der Referenzpopulation durchgeführt (zur Übersicht Goldhammer & Hartig, 2007; Lienert & Raatz, 1998). Die Testeichung liefert Vergleichswerte von Personen, die den Testpersonen, über die der Test Aussagen machen soll, hinsichtlich relevanter Merkmale (z. B. Alter, Geschlecht, Schulbildung) entsprechen.

> **Testeichung**
> Die Testeichung umfasst die Durchführung des Tests an einer repräsentativen Stichprobe der Referenzpopulation mit dem Ziel, Normwerte für die Interpretation der Testergebnisse zu gewinnen.

Der Normwert ermöglicht einen Vergleich des individuellen Testergebnisses mit der Referenzpopulation. Um Normwerte bilden zu können, werden psychodiagnostische Tests in der Regel so konstruiert, dass die Verteilung der Testrohwerte in der Population der *Normalverteilung* entspricht. Die Normalverteilung ist eine symmetrische Verteilungsform, die dadurch charakterisiert ist, dass mittlere Testwerte häufig und extreme Testwerte selten sind. Die Verteilung wird wegen ihres glockenförmigen Aussehens auch *Glockenkurve* genannt. Die Normalverteilung wird durch zwei Parameter bestimmt, durch den Mittelwert M und die Standardabweichung SD.

$$(46) \quad M = \frac{1}{n} \sum_{i=1}^{n} x_i$$

$$(47) \quad SD = \frac{1}{n} \sum_{i=1}^{n} (x_i - M)^2$$

x_i = Testwert der Testperson i
n = Anzahl der Testpersonen in der Stichprobe

Der Mittelwert M ist ein Maß für die zentrale Tendenz der Verteilung und kennzeichnet die Lage bzw. den Schwerpunkt der Verteilung auf dem Zahlenstrang. Die Standardabweichung SD ist ein Maß für die Streuung (Dispersion) der Verteilung und gibt an, wie weit die Messwerte um den Mittelwert streuen.

Standardnormalverteilung

Die Normalverteilung ist eine Klasse von Verteilungen, die durch zwei Parameter, den Mittelwert M und die Standardabweichung SD, bestimmt wird. Da unendlich viele Kombinationen von Mittelwert und Standardabweichung möglich sind, gibt es auch unendlich viele Normalverteilungen. Die Normalverteilung mit dem Mittelwert $M = 0$ und der Standardabweichung $SD = 1$ wurde als *Standardnormalverteilung* festgelegt. Jede beliebige Normalverteilung kann durch eine lineare Transformation in die Standardnormalverteilung transformiert werden. Diese Transformation wird als *z-Transformation* bezeichnet. Durch die z-Transformation wird der Testwert x_i in einen z-Wert z_i transformiert, indem vom Testrohwert x_i der Mittelwert des Tests M abgezogen und die Differenz durch die Standardabweichung des Tests SD dividiert wird.

$$(48) \quad z_i = \frac{x_i - M}{SD}$$

Durch die z-Transformation werden Normalverteilungen standardisiert und damit vergleichbar. Nach der Transformation werden die Testwerte nicht mehr in ihren ursprünglichen Maßeinheiten gemessen, sondern in einem einheitlichen Maßstab, dem *Vielfachen der Standardabweichung* des Tests. Der z-Wert gibt also an, wie viele Standardabweichungen (SD) der individuelle Testwert vom Populationsmittelwert abweicht. Ein z-Wert von $z = -1.5$ in einem Schulleistungstest bedeutet beispielsweise, dass die Schulleistungen der Schülerin oder des Schülers 1.5 Standardabweichungen unter der mittleren Leistung der Klassenstufe liegen. Bei einem z-Wert von $z = 0.0$ entspricht die Testleistung der Testperson dem Mittelwert der Referenzpopulation. Die Standardabweichung ist also die *Maßeinheit*, mit der die Abweichung des individuellen Testwertes vom Mittelwert der Referenzpopulation gemessen wird. Abbildung 3.2 zeigt die Standardnormalverteilung.

Dadurch, dass die Testrohwerte in einen einheitlichen Maßstab überführt werden, werden sie vergleichbar. Mit Hilfe der Standardwerte können beispielsweise die Leistungen einer Schülerin oder eines Schülers in verschiedenen Leistungsbereichen verglichen werden. Ein Standardwert von $z = 0.5$ in einem Lesetest und in einem Rechentest bedeutet beispielsweise, dass sowohl die Leseleistungen als auch die Rechenleistungen der Schülerin oder des Schülers eine halbe Standardabweichung über der durchschnittlichen Lese- bzw. Rechenleistung der Jahrgangsklasse liegen.

3.5.3 Standardnormen

Um negative Zahlen und Zahlen mit Dezimalstellen zu vermeiden, werden für psychodiagnostische Tests statt der z-Skala in der Regel andere Normskalen, sogenannte *Standardnormen* verwendet. Diese Standardnormen ergeben sich durch eine lineare Transformation aus der Standardnormalverteilung und unterscheiden sich von der z-Skala durch ihren Mittelwert M und durch ihre Standardabweichung SD (▶ Tab. 3.5).

> **Standardnormen**
> Standardnormen sind standardisierte Skalen, die einen Vergleich der individuellen Testergebnisse mit der Referenzpopulation ermöglichen. Der Standardnormwert gibt die relative Position des Testergebnisses der Testperson innerhalb ihrer Referenzpopulation wieder. Am Standardnormwert ist abzulesen, wie stark das Testergebnis der Testperson vom Mittelwert der Referenzpopulation abweicht (in Einheiten der Standardabweichung).

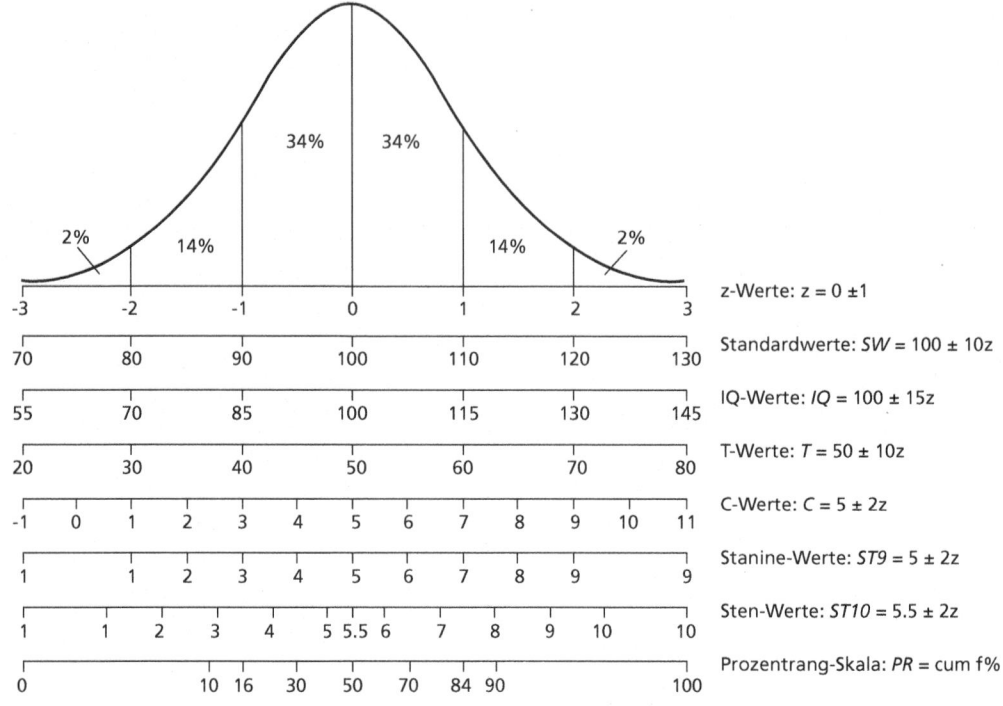

Abb. 3.2: Normalverteilung mit Intervallbereichen und Standardnormen (Schmidt-Atzert & Amelang, 2012, S. 166)

- **IQ-Skala**
  Die bekannteste Standardnorm ist die *IQ-Skala*, nach der viele Intelligenztests normiert sind. Die IQ-Skala hat einen Mittelwert von $M = 100$ und eine Standardabweichung von $SD = 15$. Die Standardabweichung wurde nach Wechsler (▶ Kap. 6.2) auf 15 festgelegt, weil bei dieser Standardabweichung 50 % der Normwerte zwischen 90 und 110 fallen und dieser Bereich ($90 \geq IQ \leq 110$) damit anschaulich als Durchschnittsbereich interpretierbar ist (Bulheller, 2003).
- **T-Skala**
  Eine gebräuchliche Normenskala für Tests ist die *T-Skala*. Sie hat einen Mittelwert von $M = 50$ und eine Standardabweichung von $SD = 10$. Viele Tests, die in pädagogischen Handlungsfeldern zum Einsatz kommen (z. B. Schultests), verwenden die T-Normen.

- **C-Skala**
  Die C-Skala sind Centil-Normen mit einen Mittelwert von $M = 5$ und einer Standardabweichung von $SD = 2$
- **Stanine**
  Eine so genannte Grobnorm stellen die *Stanine* Normen dar. Der Name Stanine ist von *Standard Nine* abgeleitet. Die Stanine Skala umfasst 9 Stufen, der Mittelwert liegt bei $M = 5$ und die Standardabweichung beträgt 2.

Die Standardnormen ergeben sich durch eine lineare Transformation aus der Standardnormalverteilung (▶ Tab. 3.5). Glücklicherweise müssen die Testrohwerte aber nicht erst in die Standardnormalverteilung (z-Werte) überführt werden, um sie von dort wieder in die entsprechenden Standardnormwerte (z. B. in T-Werte) zu transformieren. Die Normwerte können vielmehr direkt der

Normtabelle im Testmanual entnommen werden. In der Normtabelle findet man für jeden Testrohwert den dazugehörigen Normwert.

Tab. 3.5: Transformationen der Normskalen aus der Standardnormalverteilung (z-Skala)

Normskala	Transformation aus Standardnormalverteilung	Mittelwert (M)	Standardabweichung (SD)
z-Skala[1]	$z_i = (x_i - M)/SD$	0	1
T-Skala	$T_i = z_i \times 10 + 50$	50	10
IQ-Skala	$IQ_i = z_i \times 15 + 100$	100	15
Z-Skala (SW Standardwerte)	$Z_i = z_i \times 10 + 100$	100	10
Stanine (SN)	$SN_i = z_i \times 2 + 5$	5	2

[1] Transformation der z-Werte (z_i) aus normalverteilten Rohwerten (x_i)

Die Standardnormskalen unterscheiden sich in ihrem Differenzierungsgrad. Bei der IQ-Skala liegen zum Beispiel 30 Ausprägungsstufen innerhalb einer Standardabweichung über und unter dem Mittelwert, während Stanine-Normen insgesamt nur 9 Stufen aufweisen und daher nur eine geringe Differenzierung zulassen.

Eine hohe Differenzierungsfähigkeit des Tests ist bei vielen Fragestellungen wünschenswert, um möglichst feine Unterschiede feststellen zu können. Allerdings besteht die Gefahr, dass mit dem hohen Differenzierungsgrad eine größere Messgenauigkeit suggeriert wird, als der Test aufgrund seiner Messfehleranfälligkeit tatsächlich erreicht (Lienert & Raatz, 1998). Welcher Differenzierungsgrad tatsächlich erreicht wird, ist nicht von der Anzahl der Skalenstufen, sondern von der Reliabilität des Tests abhängig. Bei Berücksichtigung der eingeschränkten Messgenauigkeit können zum Beispiel IQ-Unterschiede von einem Punkt nicht interpretiert werden. Um die Interpretation von Testwertdifferenzen abzusichern, muss daher mit Hilfe der *kritischen Differenzen* (▶ Kap. 3.4.4) geprüft werden, ob die beobachteten Unterschiede in den Testwerten messfehlerbedingt sind oder tatsächliche Merkmalsunterschiede wiedergeben.

3.5.4 Prozentrangnormen

Der Prozentrang PR_i eines Testwertes x_i gibt an, wie viel Prozent der Referenzpopulation einen gleich großen oder geringeren Wert erzielt haben. Zur Berechnung des Prozentranges des Testwertes x_i wird die Anzahl alle Messwerte der Normierungsstichprobe, die kleiner oder gleich groß sind wie der Messwert x_i ($freq_{cum}(x_i)$) aufaddiert, durch den Stichprobenumfang N dividiert und mit 100 multipliziert:

$$(49) \quad PR_i = 100 \times \frac{freq_{cum}(x_i)}{N}$$

Die *Prozentrangtabelle* enthält für jeden Testwert x_i den dazugehörigen Prozentrang PR_i, der den Prozentanteil der Referenzpopulation angibt, die einen gleich großen oder einen geringeren Testwert erzielen.

Der Prozentrang ist ein anschaulicher Maßstab für die Interpretation des Testergebnisses. Hat beispielsweise eine Schülerin oder ein Schüler in einem Schulleistungstest einen Prozentrang von $PR = 95$ erzielt, gehört sie bzw. er zu den ca. 5 % Leistungsstärksten ihrer Klassenstufe. Ein Prozentrang von $PR = 90$ in einem Depressionstest besagt, dass 90 % der Referenzpopulation einen geringeren oder gleich hohen Wert erzielt haben. Eine Testperson mit einem Prozentrang von $PR = 90$ in einem Depressionstest gehört damit zu den ca. 10 % ihrer Referenzgruppe mit der stärksten Depressionssymptomatik.

> **Prozentrangnormen**
> Ein Prozentrang gibt an, wie viel Prozent der Referenzgruppe ein Testergebnis erzielen, das geringer oder ebenso hoch ist, wie das Testergebnis der Testperson.

Verteilungsunabhängige Normen

Gegenüber den Standardnormen haben Prozentrangnormen den Vorzug, dass sie *verteilungsunabhängig* sind und somit keine Normalverteilung oder Intervallskalierung des Merkmals voraussetzen. Auch wenn das Merkmal nicht normalverteilt ist oder nur auf Ordinalskalenniveau gemessen wird, können über die kumulativen Häufigkeiten die Prozentränge berechnet werden. Im Unterschied zu den Standardnormen (▶ Kap. 3.5.3) geht die Prozentrangskala nicht durch eine lineare Transformation, sondern durch eine *Flächentransformation* aus der Rohwertverteilung hervor (▶ Abb. 3.3). Der Prozentrang PR_i entspricht dem prozentualen Anteil der Fläche unter der Standardnormalverteilung vom unteren Ende der Standardnormalverteilung ($-\infty$) bis zu dem Wert z_i.

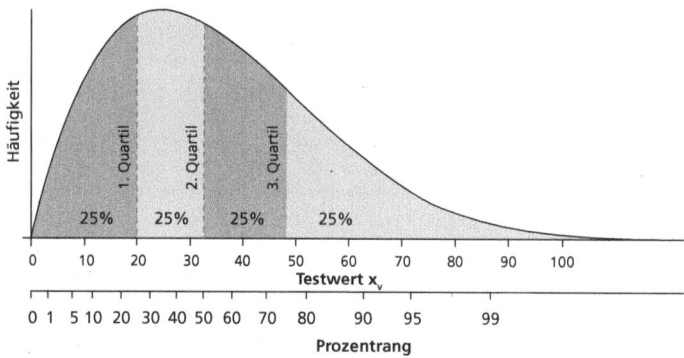

Abb. 3.3: Flächentransformation (Moosbrucker & Kelava, 2012, S. 178).

Da es sich bei einer Flächentransformation um eine *nichtlineare Transformation* der Testrohwerte handelt, sind *Prozentrangdifferenzen* nicht interpretierbar. Im Unterschied zu den Standardnormskalen entsprechen gleichen numerischen Differenzen zwischen Prozenträngen nicht gleichen Differenzen in der Merkmalsausprägung. So ist der Merkmalsunterschied zwischen einem Prozentrang von $PR = 50$ und $PR = 55$ nicht genauso groß wie der Merkmalsunterschied zwischen einem Prozentrang von $PR = 70$ und $PR = 75$. Zwar sind die Prozentrangdifferenzen numerisch gleich, ihnen entsprechen jedoch nicht gleiche Differenzen auf dem Merkmalskontinuum (▶ Abb. 3.3). Im Unterschied zu den Standardnormen dürfen Prozentrangunterschiede daher nicht interpretiert werden (Goldhammer & Hartig, 2007).

3.5.5 Normorientierte Testinterpretation

Normen ermöglichen eine Aussage über die *relative* Position der Merkmalsausprägung der Testperson in ihrer Referenzpopulation. Aussagen über ihre *absolute* Leistung sind nicht möglich. Hat beispielsweise eine 9-jährige Schülerin oder ein 9-jähriger Schüler in einem Konzentrationstest einen T-Wert von 70 erzielt, so kann man daraus *nicht* schließen, dass sich diese Schülerin bzw. dieser Schüler besser konzentrieren kann als eine 12-jährige Schülerin bzw. ein 12-jähriger Schüler mit einem T-Wert von 50. Die bzw. der 9-Jährige liegt mit einem T-Wert von 70 hinsichtlich der Konzentrationsfähigkeit in ihrer bzw. seiner Altersgruppe zwar deutlich über dem Durchschnitt, dürfte aber kaum über eine bessere Konzentrationsfähigkeit verfügen als die bzw. der 12-Jährige, deren bzw. dessen Konzentrationsfähigkeit dem Durchschnitt ihrer bzw. seiner Altersgruppe entspricht.

Geltungsbereich der Testnormen

Bei der Interpretation ist der *Geltungsbereich* der Testnormen zu beachten. Um auf der Grundlage des Testergebnisses Aussagen über die Merkmalausprägung einer Person machen zu können, muss die Eichstichprobe repräsentativ für die Grundgesamtheit der Personen sein, für die der Test anwendbar sein soll. Die Repräsentativität einer Stichprobe ist nicht unbedingt eine Frage ihrer Größe; repräsentativ ist die Stichprobe vielmehr dann, wenn sie hinsichtlich ihrer Zusammensetzung ein *verkleinertes Abbild* der Gesamtpopulation darstellt, so dass aufgrund des Stichprobenergebnisses auf die Gesamtpopulation geschlossen werden kann. Die Eichstichprobe muss also hinsichtlich relevanter Merkmale (z. B. Alter, Bildungsstand) der Population entsprechen, für die der Test angewendet werden soll.

Aktualität der Normen

Um eine Vergleichbarkeit sicherzustellen, dürfen die Normen nicht veraltet sein. Die Normen müssen daher in bestimmten Zeitabständen überprüft und gegebenenfalls erneuert werden. Eine *Neunormierung* kann erforderlich sein, wenn sich das Merkmal in der Population im Laufe der Zeit verändert hat, etwa infolge von Lerneffekten in der Population oder wenn sich der Schwierigkeitsgrad der Testaufgaben geändert hat, etwa dadurch, dass die Testaufgaben in der Zwischenzeit in der Bevölkerung bekannt geworden sind. Eine Neunormierung ist auch dann erforderlich, wenn sich die Zusammensetzung der Population geändert hat, für die der Test gelten soll.

Mehrfachnormen

Für viele Tests stehen Normen aus unterschiedlichen Referenzpopulationen zur Verfügung, so dass der Testanwender die Möglichkeit hat, die für die Testperson angemessene Norm auszuwählen. Eine Differenzierung der Normen wird in der Regel dann vorgenommen, wenn ein wichtiges Personenmerkmal (z. B. das Geschlecht, das Alter oder der Schulabschluss) einen bedeutsamen Einfluss auf die zu erfassende Eigenschaft hat. In diesem Fall erhalten die Testpersonen bei gleichem Testrohwert unterschiedliche Normwerte, je nachdem, welche Referenzpopulation zum Vergleich herangezogen wird. Erweist sich beispielsweise die vom Test erfasste Eigenschaft vom Geschlecht abhängig, so kann man separate Normen für männliche und weibliche Testpersonen heranziehen.

Eine Testinterpretation auf der Basis geschlechtsspezifischer Normen ist jedoch nicht in jedem Fall sinnvoll (Goldhammer & Hartig, 2007). Wird beispielsweise ein Test eingesetzt, um einen zusätzlichen Förderbedarf im Bereich der Sprachentwicklung von Grundschülern zu ermitteln, können geschlechtsspezifische Normen zu falschen Entscheidungen führen. Da Mädchen im Allgemeinen bessere sprachliche Fähigkeiten aufweisen als Jungen, würden geschlechtsspezifische Normen dazu führen, dass Jungen bei gleichen Testleistungen einen höheren Normwert erhalten als Mädchen. Werden Schülerinnen und Schüler aufgrund ihrer Testergebnisse für zusätzliche Fördermaßnahmen ausgewählt, hätten Jungen bei gleicher Testleistung daher geringere Chancen, eine Förderung zu erhalten als Mädchen.

Angenommen, die Entscheidung, ob eine Schülerin oder ein Schüler an dem Förderkurs in Mathematik teilnehmen kann, wird von seinem Abschneiden in einem standardisierten Rechentest, dem *Deutschen Mathematiktest für zweite Klassen* (DEMAT 2+; Krajewski, Liehm & Schneider, 2004), abhängig gemacht. Dazu wird festgelegt, dass allen Schülerinnen und Schülern mit einem Prozentrang von $PR \leq 15$ im DEMAT 2+ die Teilnahme an dem Förderkurs ermöglicht werden soll. Würde man für die Selektionsentscheidung geschlechtsspezifische Normen heranziehen, hätten Jungen bei gleicher Leistung bessere Chancen auf eine Förderung als Mädchen, da sie bessere Mathematikleistungen aufweisen. Nach dem Auswahlkriterium ($PR \leq 15$) erhielten Jungen bereits eine Förderung, wenn sie weniger als 11 Testaufgaben gelöst haben, Mädchen dagegen erst, wenn sie 8 oder weniger Aufgaben gelöst haben. Die Selektion nach geschlechtsspezifischen Normen führt in diesem Beispielfall also dazu, dass rechenschwache Jungen leichter eine Förderung erhalten als rechenschwache Mädchen.

3.6 Testfairness

Die Diskussion über die Fairness psychologischer Testverfahren kam in den 1960er Jahren in den USA vor dem Hintergrund der amerikanischen Bürgerrechtsbewegung auf, weil sich herausgestellt hatte, dass Frauen und Afroamerikaner in den damals weit verbreiteten Einstellungstests schlechtere Chancen hatten als männliche Bewerber bzw. als Bewerberinnen und Bewerber weißer Hautfarbe. Es wurde vermutet, dass die mit den Eignungstests festgestellten Leistungsunterschiede zwischen Bewerberinnen und Bewerbern mit unterschiedlichem kulturellen Hintergrund nicht unterschiedliche Leistungspotenziale widerspiegeln, sondern durch die Art der *Testitems* zustande kommen, deren Inhalte mit einem bestimmten soziokulturellen Hintergrund verknüpft sind. Solche Items (z. B. Testaufgaben) seien deshalb für Mitglieder anders geprägter kultureller Gruppierungen (z. B. für Afroamerikaner) viel schwieriger zu lösen und ließen daher auch keine Rückschlüsse auf deren Eignung zu.

In Deutschland wurde die Debatte über die Testfairness seit den 1970er Jahren vor allem in Bezug auf den Einsatz von Testverfahren als *Selektionsinstrument* für die Hochschulzulassungen geführt (z. B. Hitpass, 1978; Pawlik, 1979). An den Zulassungstests wurde vor allem kritisiert, dass sie sich an der gymnasialen Bildung orientieren und damit Studienbewerberinnen und Studienbewerber aus bildungsfernen sozialen Schichten systematisch benachteiligen.

Im Zuge dieser gesellschaftspolitischen Diskussion wurde auch die Diagnostik mit der Frage nach der Fairness psychologischer Tests konfrontiert. Es musste geklärt werden, was man unter der *Testfairness* versteht und wie diese gesichert werden kann. Die Forderung nach Testfairness richtet sich insbesondere an Leistungstests, da diese häufig als Grundlage für Selektions- und Platzierungsentscheidungen im Bildungsbereich oder im Rahmen der Eignungsdiagnostik zur Feststellung der Berufseignung herangezogen werden.

Nach einer sehr allgemeinen Definition gilt ein Test dann als fair, wenn er nicht zu einer systematischen Benachteiligung von Personen aufgrund ihrer Zugehörigkeit zu ethnischen, soziokulturellen oder geschlechtsspezifischen Gruppen führt (Schmidt-Atzert & Amelang, 2012). Der Test dürfe – so die Forderung – Personen aufgrund ihres Geschlechts, ihrer ethnischen Gruppenzugehörigkeit, ihres sozioökonomischen Status oder aufgrund ihrer sprachlichen Herkunft nicht benachteiligen, zum Beispiel bei der Zulassung zum Hochschulstudium, bei Schullaufbahnentscheidungen oder bei der Einstellung von Bewerberinnen und Bewerbern.

Vorstellungen zur Testfairness

Das Ziel, keine Personengruppe durch den Test systematisch zu benachteiligen, wird weithin geteilt. Die Vorstellungen darüber, was Benachteiligung im Einzelfall bedeutet und wie die Testfairness hergestellt werden kann, gehen jedoch auseinander. Bortz und Döring (2006) verweisen auf die generelle Problematik, diejenigen personengebundenen Merkmale festzulegen, bezüglich derer die Testfairness hergestellt werden soll. Da die Anzahl der Merkmale, die potenziell Einfluss auf das Testergebnis haben und daher bestimmte Gruppen benachteiligen könnten, in der Regel sehr groß ist, kann ein Test sicher nicht bezüglich all dieser Merkmale »fair« sein. So kann man beispielsweise bei einem Intelligenztest durch alters- und geschlechtsspezifische Normen verhindern, dass die Personen aufgrund ihres Alters oder ihres Geschlechts benachteiligt werden; ob ein solcher Test jedoch auch in Bezug auf den Wohnort (Stadt versus Land), den sozioökonomischen Status, die Herkunft (mit und ohne Migrationshintergrund) oder die Konfession (Protestanten, Katholiken, Muslime, etc.) der Testpersonen fair ist, ist damit noch nicht gesichert (Bortz & Döring, 2006). Fairness in diesem umfassenden Sinne kann daher nicht hergestellt werden, sondern nur Fairness in Bezug auf bestimmte Merkmale (z. B. Geschlecht, sozioökonomischer Status, Bildungsnähe, Migrationshintergrund, sprachliche Voraussetzungen).

Item Bias

Die Testunfairness kann auf unterschiedlichen Ebenen zum Ausdruck kommen. Auf *Itemebene* zeigt sich Unfairness darin, dass das Item (z. B. eine Aufgabe eines Leistungstests oder eine Frage in einem Einstellungstest) für verschiedene Personengruppen unterschiedlich schwierig ist, *ohne dass* dieser Unterschied mit dem Merkmal, das gemessen werden soll, korrespondiert. Dieses Phänomen wird als *Item Bias* bezeichnet.

Ein Item Bias stellt eine Art ›Verzerrung‹ dar, die dadurch zustande kommt, dass der Iteminhalt von Angehörigen verschiedener soziokulturellen Gruppen unterschiedlich interpretiert oder verstanden wird. So kann zum Beispiel ein Item eines Sprachentwicklungstests für Kinder aus Familien mit niedrigem sozioökonomischen Status schwieriger sein als für Kinder aus Mittelschichtsfamilien, wenn dessen Inhalt an mittelschichtsorientierten Sprachgewohnheiten anknüpft oder einen Wortschatz voraussetzt, zu dem Kinder aus bildungsfernen Familien nur einen eingeschränkten Zugang haben.

Auf der *Testebene* führt eine Verletzung der Testfairness zu *Mittelwertunterschieden* zwischen Gruppen, ohne dass diese mit entsprechenden Merkmalsunterschieden einhergehen. Bei sprachgebundenen Intelligenztests könnten etwa Testpersonen mit Migrationshintergrund dadurch benachteiligt werden, dass der Test auf einem bildungs- oder schichtspezifischen Wortschatz aufbaut, über den Menschen mit Migrationshintergrund nur in geringem Ausmaß verfügen. Gemessene Unterschiede zwischen Testpersonen mit und ohne Migrationshintergrund geben dann nicht unterschiedliche kognitive Fähigkeiten wieder, sondern sind Ausdruck der geringeren Vertrautheit mit den sprachlichen Anforderungen, die der Test stellt.

3.6.1 Modelle der Testfairness

Schmidt-Atzert und Amelang (2012) betonen, dass sich die Vorstellungen zur Testfairness nicht nur aus rein fachwissenschaftlichen Überlegungen ergeben, sondern auch *gesellschaftspolitische Wertvorstellungen* implizieren. Tests können daher im Hinblick auf ihre Fairness durchaus unterschiedlich bewertet werden, je nachdem, welche gesellschaftspolitischen Ziele man für verbindlich hält.

Ausgangspunkt der vorliegenden *Fairnessmodelle* (zum Überblick Schmidt-Atzert & Amelang, 2012) sind *Selektionsentscheidungen*, die aufgrund des Testergebnisses getroffen werden. Allgemein gilt ein Test dann als fair, wenn Selektionsentscheidungen, die auf den Testergebnissen basieren, nicht zu einer Benachteiligung von Personen aufgrund ihrer Zugehörigkeit zu einer ethnischen, soziokulturellen oder geschlechtsspezifischen Gruppe führen.

> **Testfairness**
> Ein Test erfüllt das Gütekriterium der Fairness, wenn Entscheidungen, die aufgrund der Testergebnisse getroffen werden, zu keiner systematischen Benachteiligung von Personen aufgrund ihrer Zugehörigkeit zu einer ethnischen, soziokulturellen oder geschlechtsspezifischen Gruppe führen.

Darüber, wann eine Benachteiligung vorliegt, gibt es jedoch unterschiedliche Vorstellungen.

Modell der proportionalen Repräsentation

Nach dem Modell der *proportionalen Repräsentation* (Quotenkonzept) gilt ein Test dann als *unfair*, wenn die auf den Testergebnissen basierenden Selektionsergebnisse verschiedener Personengruppen *ungleich* sind. Fair wäre eine Selektionsmaßnahme dann, wenn sie gewährleistet, dass unter den ausgewählten Personen die verschiedenen Gruppen anteilsmäßig genauso vertreten sind wie in der Ausgangspopulation.

> **Modell der proportionalen Repräsentation**
> Nach dem Modell der proportionalen Repräsentation ist ein Test dann fair, wenn alle Testpersonen ungeachtet ihrer Gruppenzugehörigkeit die gleiche Chance haben, ausgewählt zu werden.

Befinden sich beispielsweise unter den Studienplatzbewerbern 60 % Bewerberinnen, sollten sich unter denen, die einen Studienplatz erhalten, ebenfalls 60 % Frauen befinden. Das Modell der proportionalen Repräsentation geht von der Annahme aus, dass sich die Gruppen in ihren Fähigkeiten *nicht* unterscheiden und etwaige Gruppenunterschiede lediglich die Folge einer fehlerhaften Testkonstruktion sind (Amelang & Schmidt-Atzert, 2006). Unter der Annahme, dass die Fähigkeiten nicht von der Zugehörigkeit zu einer sozialen Gruppe (z. B. Geschlecht, Migrationshintergrund, sozioökonomischer Status) abhängen, sollte daher unter den ausgewählten Testpersonen jede Gruppe anteilig genauso vertreten sein wie in der Ausgangspopulation.

Nach diesem Modell ist eine Selektion dann fair, wenn alle Bewerberinnen und Bewerber unabhängig von ihrer Gruppenzugehörigkeit *die gleichen Chancen* haben, ausgewählt zu werden. Bewerberinnen und Bewerber aus Akademiker- und Nicht-Akademiker-Familien, mit und ohne Migrationshintergrund etc. sollten daher die gleichen Chancen auf einen Studienplatz haben.

Modell der fairen Vorhersage

Die im Modell der proportionalen Repräsentation vorausgesetzte Gleichverteilung der Fähigkeiten ist jedoch häufig fraglich. Die mit dem Test gemessenen Unterschiede zwischen den Gruppen müssen ja nicht zwangsläufig das Ergebnis einer fehlerhaften Testkonstruktion sein, sondern können ja durchaus tatsächliche Unterschiede zwischen den Gruppen hinsichtlich des Kriteriums (z. B. Eignung zum Hochschulstudium) wiedergeben. So könnten etwa Frauen aufgrund ihrer besseren sprachlichen Kompetenzen für bestimmte Berufe tatsächlich besser geeignet sein als Männer. In diesem Fall würde die Forderung nach einer proportional gleichen Repräsentation der Frauen unter den selegierten Personen wie in der Bewerberstichprobe Bewerberinnen benachteiligen. Eine *Quotengleichheit*, wie sie nach dem Modell der proportionalen Repräsentation gefordert wird, würde zu einer Nivellierung tatsächlich bestehender Unterschiede führen und letztlich die Validität des Verfahrens schmälern (Schmidt-Atzert & Amelang, 2012).

Nach dem *Modell der fairen Vorhersage* (Regressionsmodell nach Cleary, 1968) ist ein Test dann fair, wenn Personen mit *gleicher Fähigkeit* – unabhängig von ihrer Gruppenzugehörigkeit – die gleiche Chance haben, ausgewählt zu werden.

> **Modell der fairen Vorhersagen**
> Nach dem Modell der fairen Vorhersage ist ein Test dann fair, wenn bei der Selektion keine Gruppe systematisch über- oder unterschätzt wird. Testpersonen mit gleicher Fähigkeit haben unabhängig von ihrer Gruppenzugehörigkeit die gleiche Chance, ausgewählt zu werden.

Dies ist dann der Fall, wenn der Test in keiner Gruppe das Kriterium (z. B. der Studien- oder Berufserfolg) systematisch unter- oder überschätzt, so dass die Güte der Vorhersage des Kriteriums aufgrund des Testergebnisses nicht von der Gruppenzugehörigkeit abhängt. Bei einem im Sinne dieses Modells fairen Test können sich durchaus Mittelwertunterschiede zwischen Gruppen ergeben, diese müssten aber mit entsprechenden Unterschieden im Kriterium einhergehen. Frauen und Männer, Jugendliche mit und ohne Migrationshintergrund, Akademikerkinder und Nicht-Akademikerkinder, alte und jungen Menschen usw. könnten sich in ihren Testergebnissen also durchaus unterscheiden; der Test wäre dennoch fair, wenn sich diese Gruppen auch hinsichtlich des Kriteriums in gleicher Weise unterscheiden. Nach dem Modell der fairen Vorhersage erweist sich die Fairness eines Tests dadurch, dass unabhängig von ihrer Gruppenzugehörigkeit die im Sinne des Kriteriums jeweils Besten ausgewählt werden.

Die verschiedenen Gruppen müssten daher *nicht* im Sinne einer Quotengerechtigkeit mit gleichen Anteilen wie in der Ausgangsstichprobe unter den Selegierten vertreten sein. Fair im Sinne des Modells der fairen Vorhersage ist ein Test vielmehr dann, wenn die Angehörigen verschiedener Personengruppen *unter den Selegierten* die gleichen Erfolgswahrscheinlichkeiten in Bezug auf das Kriterium – zum Beispiel in ihrem Studien- oder Berufserfolg – aufweisen. Die Überprüfung dieser Art von Fairness ist jedoch sehr aufwendig und langwierig, da oftmals erst nach Jahren festgestellt werden kann, ob die Gruppen im Hinblick auf das Zielkriterium (z. B. Studien- oder Berufserfolg) gleich erfolgreich sind.

3.6.2 Ansätze zur Sicherung der Testfairness

Idealerweise sollten zwei Personen, die die gleiche Fähigkeit besitzen (z. B. gleich gut für ein Studium geeignet sind), auch ein entsprechendes Item mit der gleichen Wahrscheinlichkeit lösen. Unterscheidet sich die Lösungswahrscheinlichkeit trotz gleicher Fähigkeit zum Beispiel in Abhängigkeit vom Geschlecht, von der Nationalität oder vom sozioökonomischen Hintergrund der Testpersonen, ist dieses Item bezüglich der zu messenden Eigenschaft unfair (Ackerman, 1992). In diesem Fall würden die Angehörige einer Gruppe *bei gleicher Fähigkeit* geringere Testwerte erzielen als die einer anderen Gruppe (z. B. Fischer, Schult & Hell, 2013). Wenn beispielsweise Schülerinnen und Schüler mit Migrationshintergrund aufgrund sprachlicher Probleme die Aufgabenstellung in einem Mathematiktest nicht verstehen, würden sie in dem Test trotz gleicher Mathematikfähigkeit schlechter abschneiden als Muttersprachler.

Differenzielle-Item-Funktion (DIF)

Bei Items, deren Lösungswahrscheinlichkeit bei bestimmten Personengruppen unterschiedlich ist, ohne dass damit entsprechende Unterschiede in der Merkmalsausprägung einhergehen, liegt eine *Differenzielle-Item-Funktion* (Differential Item Functioning; DIF) vor (Cole, 1993; Holland & Wainer, 1993; Roussos & Stout, 2004). Eine DIF besagt, dass das Item für Personen *mit gleicher Fähigkeit,* die aber verschiedenen sozialen Gruppen angehören, unterschiedlich schwierig ist. Unterschiedliche Lösungswahrscheinlichkeiten sind in diesem Fall durch die Gruppenzugehörigkeit und nicht durch Fähigkeitsunterschiede bedingt. Eine DIF kann zum Beispiel darauf zurückzuführen sein, dass Testpersonen, die verschiedenen soziokulturellen Gruppen angehören, die Testaufgabe unterschiedlich interpretieren, den verwendeten Begriffen unterschiedliche Bedeutungen zumessen oder mit dem Material unterschiedlich gut vertraut sind.

Eine DIF zeigt sich in unterschiedlichen Lösungswahrscheinlichkeiten in verschiedenen Gruppen. So würden etwa in einem Test, mit dem die Geographiekenntnisse von Schülerinnen und Schülern überprüft werden sollen, bei der Frage nach der Hauptstadt Mecklenburg-Vorpommerns Schülerinnen und Schüler aus diesem Bundesland sicher im Vorteil sein, da sie diese Frage – ungeachtet ihrer sonstigen Geographiekenntnisse – wohl eher beantworten können als Schülerinnen und Schüler aus Bayern. Eine solche Testaufgabe könnte daher nicht zum fairen Vergleich von Geographiekenntnissen von Schülerinnen und Schülern aus verschiedenen Bundesländern herangezogen werden.

Ein weiteres Beispiel für eine DIF stammt aus der deutschen Version der Columbia-Mental-Maturity-Scale (CMM 1-3; Schuck, Eggert & Raatz, 1994), einem sprachfreiem Gruppenintelligenztest für Kinder der 1. bis 3. Grundschulklasse. Eine Testaufgabe lautet: »Welches Tier passt nicht zu den anderen? Elefant, Kuh, Gans, Schwein oder Huhn.« Die meisten Kinder wählen den Elefanten, da er nicht zu den Haustieren gehört, Kinder mit islamischen Hintergrund wählen häufiger das Schwein, da dieses im Islam als unreines Tier gilt (Gözlü, 1986).

> **Differenzielle Item Funktion**
> Eine Differenzielle Item Funktion (DIF) liegt vor, wenn das Item für Testpersonen, die verschiedenen Gruppen angehören, aber die gleiche Merkmalsausprägung (gleicher wahrer Wert) aufweisen, unterschiedlich schwierig ist.

Die Fairness von Items kann mit Hilfe so genannter *DIF-Analysen* überprüft werden, die Aufschluss darüber geben, ob sich die Itemschwierigkeit bei Testpersonen mit gleicher Merkmalsausprägung (gleicher wahrer Wert) unterscheidet. Zur Durchführung von DIF-Analysen kann auf verschiedene Methoden zurückgegriffen werden, die sich hauptsächlich darin unterscheiden, in welcher Weise bei dem Vergleich der Itemschwierigkeiten für Testpersonen aus unterschiedlichen Gruppen sichergestellt wird, dass die gleiche Merkmalsausprägung gegeben ist (zur Übersicht Zumbo, 2007).

Das ursprüngliche Ziel von DIF-Analysen war es, die Fairness von Testverfahren sicherzustellen. Die Ergebnisse der DIF-Analysen können beispielsweise herangezogen werden, um die Testergebnisse in Bezug auf einzelne Items mit einer DIF nachträglich zu korrigieren oder aber Items mit einer DIF aus dem Test zu eliminieren oder zu modifizieren. Bei der Modifikation geht es darum, die Items so umzuformulieren, dass die zu ihrer Lösung notwendigen Voraussetzungen (z. B. Kontextwissen) prinzipiell allen Testpersonen gleichermaßen zur Verfügung stehen, so dass bestimmte Personengruppen nicht benachteiligt oder bevorteilt sind. Die Eliminierung oder die Modifikation der Items mit einer DIF führt zu einer Verbesserung der Validität des Tests, da diese Maßnahmen dazu beitragen, dass der Test in allen Personengruppen das gleiche Merkmal bzw. das gleiche Konstrukt erfasst.

Länder- und kulturübergreifende Vergleiche schulischer Kompetenzen

Die Testfairness ist vor allem dann bedeutsam, wenn Testpersonen mit unterschiedlichem soziokulturellem Hintergrund verglichen werden sollen. Insbesondere bei länder- und kulturübergreifenden Vergleichen schulischer Kompetenzen, wie zum Beispiel in Mathematik und Naturwissenschaften (TIMSS; Third International Mathematics and Science Study; Schmidt, McKnight, Valverde, Houang & Wiley, 1997) oder im Leseverständnis (PISA; Programme for International Students Assessment; Prenzel et al., 2007) ist entscheidend, dass es gelingt, trotz unterschiedlicher Bildungskulturen in den einzelnen Ländern, einen fairen Vergleich der schulischen Kompetenzen sicherzustellen.

Für den länderübergreifenden Vergleich der schulischen Kompetenzen werden üblicherweise Tests entwickelt, die in übersetzter Form in allen an der Vergleichsstudie teilnehmenden Ländern eingesetzt werden. Voraussetzung für einen fairen Vergleich ist, dass die Testaufgaben bezüglich der Nationalität keine DIF aufweisen, das heißt, dass Schülerinnen und Schüler mit den gleichen schulischen Kompetenzen – beispielsweise in Mathematik oder im Leseverständnis – unabhängig von ihrer Nationalität und ihrem kulturellen Hintergrund die Testaufgaben mit der gleichen Wahrscheinlichkeit lösen können. Wirken sich hingegen bildungskulturelle Unterschiede oder länderspezifische Inhalte stark auf die Lösungswahrscheinlichkeit der Testaufgaben aus, muss davon ausgegangen werden, dass der Test nicht in allen Ländern dasselbe misst. In diesem Fall ist ein länderübergreifender Vergleich der schulischen Kompetenzen nur eingeschränkt möglich. Wenn beispielsweise im Fremdsprachenunterricht in einem Land mehr Wert auf kommunikative Kompetenzen, in einem anderen Land mehr Wert auf grammatikalische Fähigkeiten gelegt wird, sind Testaufgaben, die grammatikalische Fähigkeiten erfassen, für Schülerinnen und Schüler, die im Unterricht eher kommunikative Fähigkeiten geübt haben, vermutlich schwieriger als für die Schülerinnen und Schüler, die besser mit grammatikalischen Fragen vertraut sind.

Hinweise auf eine DIF fanden Klieme und Baumert (2001) bei Aufgaben, die in der TIMSS-Studie eingesetzt wurden, um mathematische Kompetenzen von Schülerinnen und Schülern aus verschiedenen Ländern zu vergleichen. Eine bestimmte Art von Aufgaben wies bei Schülerinnen und Schülern aus Ländern, in denen im Unterricht auf eben diese Aspekte besonderer Wert gelegt wird, eine höhere Lösungswahrscheinlichkeit auf. Möglicherweise sind unterschiedliche Kompetenzprofile in verschiedenen Ländern nicht nur das Ergebnis unterschiedlich leistungsfähiger Bildungssysteme, sondern zum Teil auch Ausdruck länderspezifischer Bildungskulturen und Unterrichtsstile.

Culture-Fair-Tests

Einen Ansatz, die Testfairness der Intelligenzdiagnostik sicherzustellen, stellen die so genannten *Culture-Fair-Tests* dar, deren theoretischer Hintergrund im Kapitel 6.3.3 ausführlicher dargestellt wird. Um Kinder und Jugendliche, die aufgrund ihres soziokulturellen Hintergrundes in ihren sprachlichen Kompetenzen eingeschränkt sind, nicht zu benachteiligen, werden Testaufgaben zusammengestellt, deren Lösung nicht oder nur in einem geringen Maße sprachliche Kompetenzen erfordern. Die Testaufgaben dieser sogenannten *sprachfreien* Intelligenztests werden so konstruiert, dass zum Verstehen der Aufgabenstellung und zur Lösung der Aufgaben möglichst keine oder nur geringe sprachliche Kompetenzen erforderlich sind. Damit soll erreicht werden, dass Testpersonen, die aufgrund ihres soziokulturellen Hintergrundes in ihren sprachlichen Kompetenzen eingeschränkt sind, bei der Diagnostik kognitiver Fähigkeiten nicht benachteiligt werden.

Zu den im deutschen Sprachraum bekanntesten Culture-Fair-Tests (CFT) gehören die *Grundintelligenztest Skala 1 – Revision* (CFT-1 R; Weiß & Osterland, 2012) für den Altersbereich von 5;3 bis 9;5 Jahren bzw. 6;6 bis 11;11, und die *Grundintelligenztest Skala 2 – Revision* (CFT-20 R; Weiß, 2008) für den Altersbereich von 8;5 bis 19 Jahren und bei Erwachsenen von 20 bis 60 Jahren. Der Anspruch der »kulturfreien« (culture-fair) Intelligenztests, kognitive Fähigkeiten vollständig unabhängig vom soziokulturellen Hintergrund der Testpersonen zu messen, konnte bisher jedoch nicht eingelöst werden. Trotz großer Bemühungen um Sprachfreiheit bei der Konstruktion von Culture-Fair-Tests bleibt ein Einfluss des soziokulturellen Hintergrundes auf die Testleistungen erhalten (Süß, 2003).

Die Forderung nach Testfairness beschränkt sich jedoch nicht nur darauf, durch sprachfreie Testaufgaben eine systematische Benachteiligung von Kindern und Jugendlichen mit Migrationshintergrund zu vermeiden. Neben den sprachlichen Kompetenzen könnten sich weitere Bedingungen als nachteilig für bestimmte Personengruppen erweisen.

- **Computergestützte Tests**
  Durch den Einsatz von Computern bei der Testdurchführung könnten ältere gegenüber jüngeren Menschen benachteiligt werden. Ältere Menschen dürften im Umgang mit Computern weniger vertraut als jüngere, so dass ihnen die Bearbeitung von Aufgaben möglicherweise schwerer fällt, wenn sie statt über Paper-Pencil Tests über Computer vorgegeben werden.
- **Testroutine**
  Die unterschiedliche Testerfahrung oder Vertrautheit mit Testsituationen (»test sophistication«) könnte sich auf das Testergebnis auswirken. Testpersonen, die bereits häufig getestet wurden und daher mit Testsituationen vertraut sind, fällt die Testbearbeitung möglicherweise leichter als Personen, für die die Testung eine neuartige Situation darstellt.

3.7 Weiterführende Literatur

Bühner, M. (2012). Einführung in die Test- und Fragebogenkonstruktion (3. Aufl.). München: Pearson.

Eid, M. & Schmidt, K. (2014). Testtheorie und Testkonstruktion. Göttingen: Hogrefe.

Kubinger, K. D. (2009). Psychologische Diagnostik (2. Aufl.). Göttingen: Hogrefe Verlag.

Moosbrugger, H. & Kelava, A. (2007).(Hrsg.). Testtheorie und Fragebogenkonstruktion. Heidelberg: Springer.

Schmidt-Atzert, L & Amelang, M. (2012). Psychologische Diagnostik (5. Aufl.). Berlin: Springer.

Rost, J. (2004). Lehrbuch. Testtheorie – Testkonstruktion (2. Aufl.). Bern: Huber.

4 Schulische Leistungsbeurteilung

4.1	Funktionen der schulischen Leistungsbewertung	116
	4.1.1 Pädagogische Funktionen der schulischen Leistungsbewertung	116
	4.1.2 Gesellschaftliche Funktionen der schulischen Leistungsbewertung	118
	4.1.3 Funktionale Überfrachtung der schulischen Leistungsbewertung	119
4.2	Bewertung von Lernergebnissen	120
	4.2.1 Bezugsnormen der schulischen Leistungsbewertung	121
4.3	Bezugsnormen im Vergleich	124
	4.3.1 Soziale Bezugsnorm: Klasseninternes Bezugssystem	124
	4.3.2 Sachliche Bezugsnorm: Bewertung von Kompetenzen	127
	4.3.3 Individuelle Bezugsnorm: Bewertung von Lernfortschritten	129
4.4	Bezugsnormorientierung von Lehrkräften	130
	4.4.1 Gesetzliche Regelungen zur Benotung schulischer Leistungen	130
4.5	Bezugsnormorientierung im Unterricht	131
	4.5.1 Bezugsnormorientierung und Leistungsfeststellung	132
	4.5.2 Bezugsnormorientierung und Unterrichtsgestaltung	134
	4.5.3 Bezugsnormorientierung und Leistungsattribution	134
4.6	Diagnostik der Bezugsnormorientierung	136
4.7	Psychometrische Qualität der Benotung von Schulleistungen	140
	4.7.1 Objektivität der Benotung von Schulleistungen	140
	4.7.2 Reliabilität der Benotung von Schulleistungen	142
	4.7.3 Validität der Benotung von Schulleistungen	142
4.8	Schulische Benotungspraxis	145
	4.8.1 Kriterien der Benotung von Schulleistungen	147
4.9	Auswirkungen der schulischen Leistungsbeurteilung auf die Lernenden	148
	4.9.1 Leistungsbeurteilung und schulisches Selbstkonzept	148
	4.9.2 Bezugsnormen und Lernmotivation	153
4.10	Weiterführende Literatur	155

Die Beurteilung von Lernergebnissen und Lernprozessen zählt zu den zentralen diagnostischen Aufgaben von Lehrkräften. Sie beinhaltet das systematische Sammeln und Verarbeiten von Informationen über Prozesse und Ergebnisse schulischen Lernens. Mit der schulischen Leistungsbeurteilung werden unterschiedliche Ziele verfolgt.

- **Selektions- und Allokationsentscheidungen**
  Die Schulleistungen werden beurteilt, um Entscheidungen über die Schullaufbahn treffen zu können, zum Beispiel darüber, ob die Schülerin oder der Schüler in die nächst höhere Klasse versetzt wird oder eine weiterführende Schule besuchen

kann. Die schulische Leistungsbeurteilung ist damit eine wichtige Grundlage für Selektions- und Allokationsentscheidungen innerhalb des Bildungssystems.
- **Adaptive Unterrichtsgestaltung**
Die Beurteilung von Lernergebnissen und Lernprozessen ist eine Voraussetzung für eine adaptive Unterrichtsgestaltung. Sie ermöglicht es der Lehrkraft, ihr methodisch-didaktisches Vorgehen im Unterricht an den Lernstand und an die Lernvoraussetzungen der Schülerinnen und Schüler auszurichten (▶ Kap. 1.3).
- **Evaluation des Unterrichts**
Die Beurteilung der Schulleistungen gibt der Lehrkraft Aufschluss über den Erfolg des Unterrichts. Sie zeigt, ob die Lernziele im Unterricht erreicht wurden und ob eine Änderung des didaktischen Vorgehens erforderlich ist.

Leistungsdiagnostik versus Lernprozessdiagnostik

Die Kennzeichnung der schulischen Leistungsbeurteilung als systematisches Sammeln und Verarbeiten von Informationen über Ergebnisse und Prozesse schulischen Lernens macht bereits deutlich, dass die Leistungsbeurteilung nicht auf die Benotung von Klassenarbeiten und Referaten oder die Festsetzung der Zeugnisnote beschränkt ist, sondern auch die Beurteilung schulischer Lernprozesse umfasst. In Abhängigkeit davon, ob das *Lernergebnis* oder der *Lernprozess* im Fokus steht, wird eine Leistungsdiagnostik und eine Lernprozessdiagnostik unterschieden (Scholz, 1993).

Bei der *Leistungsdiagnostik* wird das *Lernergebnis* bewertet. Die Beurteilung des Lernergebnisses führt zu einem Urteil über den erreichten Lernstand (»Wie *gut* wurde gelernt?«), das mit einer Note zum Ausdruck gebracht wird. Bei der *Lernprozessdiagnostik* wird dagegen der *Lernprozess* beurteilt (»*Wie* wurde gelernt?«). Die Lernprozessdiagnostik gibt zum Beispiel Einblicke darin, welche Lernstrategien die Lernenden verfolgen, welche Lösungswege sie eingeschlagen haben und in welchen Schritten sie zum Lernergebnis gekommen sind. Die Lernprozessdiagnostik liefert der Lehrkraft damit wichtige Informationen zur Optimierung des Lernens, beispielsweise darüber, welche Unterstützung die Lernenden für ihre nächsten Lernschritte benötigen.

Explizite versus implizite Beurteilungsprozesse

Im Hinblick darauf, wie Lehrkräfte Urteile über Ergebnisse und Prozesse schulischen Lernens bilden, unterscheiden Schrader und Helmke (2014) explizite und implizite Beurteilungsprozesse.

Explizite Beurteilungsprozesse beziehen sich auf Lernergebnisse, die *gezielt* zum Zweck der Beurteilung erhoben wurden, zum Beispiel durch Klassenarbeiten, Klausuren oder mündliche Prüfungen. Das Leistungsurteil beruht auf einem Vergleich des Lernergebnisses mit einer Bezugsgröße, an der die Qualität des Lernergebnisses gemessen wird. Dabei ist die Aufmerksamkeit der Lehrkraft gezielt auf den Beurteilungsprozess gerichtet, so dass der Urteilsprozess selbst sowie die Weiterverwendung der Leistungsurteile meist transparent und reflektiert erfolgen.

Die schulischen Beurteilungsprozesse der Lehrkraft sind jedoch nicht nur auf die Benotung von Klassenarbeiten und Klausuren beschränkt, sondern umfasst auch die vielfältigen *unterrichtsbegleitenden* Einschätzungen, die meist unmittelbar auf das unterrichtliche Handeln der Lehrkraft Einfluss nehmen. Solche *impliziten Urteile* über Schülerleistungen erfolgen vor allem dann, wenn die Lehrkraft Entscheidungen im Unterricht treffen muss, zum Beispiel bei der Zusammenstellung von Lernmaterialien, bei der Aufgabenstellung, bei der Planung neuer Unterrichtseinheiten oder beim Geben von Hilfestellungen.

- »Gehe ich zu schnell mit dem Lernstoff voran?«
- »Reicht die Zeit, um ein neues Thema zu behandeln?«
- »Wurde die Aufgabenstellung von den Schülerinnen und Schülern verstanden?«
- »Ist die Aufgabe für die Klasse zu leicht?«
- »Muss ein Thema noch einmal wiederholt werden?«

Implizite Leistungsurteile werden meist dadurch ausgelöst, dass die Lehrkraft ihre Erwartungen an die Schülerinnen und Schüler mit ihren aktuellen Beobachtungen abgleicht (Schrader & Helmke, 2014). Derartige unterrichtsbegleitende Einschätzungen der Schülerleistungen laufen in der Regel schnell und wenig reflektiert ab. Bei diesen impliziten Beurteilungsprozessen, die eng in das unterrichtliche Handeln der Lehrkraft eingebunden sind, lassen sich die Teilprozesse der diagnostischen Informationsverarbeitung, die Informationsaufnahme, die Informationsaufbereitung und die Interpretation analytisch nur schwer trennen.

Formelle versus informelle schulische Diagnostik

Die *formelle* schulische Diagnostik beruht auf dem Einsatz wissenschaftlich erprobter Methoden und Verfahren zur systematischen Erfassung und Bewertung der Lernergebnisse (z. B. Schultests). Zur fachgerechten Anwendung formeller Verfahren der Schulleistungsdiagnostik bedarf es auf Seiten der Lehrkraft fundierter Kenntnisse über diagnostische Konzepte. Auf Seiten der Schule sind entsprechende Rahmenbedingungen nötig, um Testverfahren systematisch zur Schulleistungsdiagnostik einsetzen zu können (Hascher, 2005, 2008). Die *informelle* Diagnostik basiert demgegenüber auf Beobachtungen während des Unterrichts, die Anlass für eher intuitive und spontane Einschätzungen des Schülerverhaltens geben. Diese Beurteilungen basieren in der Regel auf mehr oder weniger eingefahrenen Routinen und werden selten reflektiert, wodurch ihre Anfälligkeit für Urteilsfehler erhöht wird.

4.1 Funktionen der schulischen Leistungsbewertung

Warum werden die Ergebnisse schulischen Lernens überhaupt bewertet? Welchen Zielen dient die Bewertung von Schulleistungen? Antworten auf diese Fragen geben die *Erwartungen*, die Lehrkräfte, Lernende und Eltern, aber auch die Gesellschaft an die schulische Leistungsbewertung herantragen. Diese Erwartungen verdeutlichen unterschiedliche Funktionen, die die schulische Leistungsbewertung erfüllen soll. Wie gut die schulische Leistungsbewertung diesen Funktionen in der Praxis gerecht wird oder gerecht werden kann, ist umstritten. Bislang gibt es nur wenige Studien, die die Funktionen der schulischen Leistungsbewertung einer kritischen Prüfung unterziehen. Mit Blick auf die *intendierten* Zielsetzungen werden zwei grundlegende Funktionsbereiche der schulischen Leistungsbewertung unterschieden, pädagogische und gesellschaftliche Funktionen (Tent, 2006; Tillmann & Vollstädt, 2000; Ziegenspeck, 1999).

4.1.1 Pädagogische Funktionen der schulischen Leistungsbewertung

Im Rahmen ihrer *pädagogischen Funktion* soll die Bewertung der Schulleistungen zur *Optimierung von Lernprozessen* beitragen.

Sie soll zum einen den Schülerinnen und Schülern helfen, ihr Lernverhalten zu verbessern, indem sie beispielsweise eine Rückmeldung über ihre Stärken und Schwächen erhalten und zum anderen die Lehrkraft darin unterstützen, die Unterrichtsgestaltung besser an den Lernstand der Lernenden anzupassen (▶ Kap. 1.3). Im Einzelnen können folgende *pädagogische Funktionen* der schulischen Leistungsbewertung unterschieden werden.

> **Pädagogische Funktion der schulischen Leistungsbeurteilung**
> Im Rahmen der pädagogischen Funktion dient die Bewertung der Lernergebnisse der Optimierung von Lernprozessen.

Sozialisierungsfunktion

Durch die Bewertung der Schulleistungen sollen die Schülerinnen und Schüler mit dem *Leistungsprinzip* vertraut gemacht werden. Nach der Einschulung machen sie zunehmend die Erfahrung, dass ihre Lernergebnisse an einem Leistungsmaßstab gemessen werden. Sie erleben, dass die Ergebnisse ihrer Lernanstrengungen mit den Leistungen ihrer Mitschülerinnen und Mitschüler, mit einem vorgegebenen Lernziel oder mit ihren früher gezeigten Leistungen verglichen werden. Im Verlauf der Grundschulzeit übernehmen sie zunehmend diese Sichtweise und achten darauf, wie sie im Vergleich zu ihren Mitschülerinnen und Mitschülern abschneiden oder inwieweit sie sich verbessert haben. Auf diese Weise bereitet die schulische Leistungsbewertung auf das Leistungsprinzip in der Gesellschaft vor. Die Identifikation mit dem Leistungsprinzip kommt zum Beispiel darin zum Ausdruck, dass Schülerinnen und Schüler es als *gerecht* empfinden, wenn sie für gute Schulleistungen belohnt und für schlechte Schulleistungen getadelt werden.

Rückmeldefunktion

Die Bewertung der Schulleistungen gibt den Lernenden Informationen über ihren Leistungsstand. Der Leistungsbewertung können sie beispielsweise entnehmen, inwieweit sie die Lernziele des Unterrichts erreicht haben, ob sie Lernfortschritte erzielt haben oder wie ihre Lernergebnisse im Vergleich zu denen ihrer Mitschülerinnen und Mitschüler einzuschätzen sind. Dadurch erhalten sie Informationen über ihre Schwächen und Stärken, die es ihnen ermöglichen, ihre Lernleistungen richtig einzuschätzen und ihr Lernen zu optimieren.

Motivierungsfunktion

Die Bewertung der Lernergebnisse soll die Schülerinnen und Schüler zum Lernen motivieren. Gute Noten sollen für sie Anreiz sein, in ihren Bemühungen nicht nachzulassen, schlechte Noten sollen sie motivieren, ihre Anstrengungen zu steigern und Defizite aufzuarbeiten. Ob Schulnoten, insbesondere schlechte Schulnoten, tatsächlich die Lernbereitschaft fördern, ist allerdings fraglich.

Disziplinierungsfunktion

Gelegentlich werden Schulnoten eingesetzt, um unerwünschtes Verhalten der Schülerinnen und Schüler, wie zum Beispiel Unterrichtsstörungen, Unpünktlichkeit oder mangelnde Sorgfalt bei den Hausaufgaben, zu korrigieren. Der Einsatz von Noten als Instrument der Disziplinierung ist schulrechtlich jedoch nicht statthaft. Mit der Schulnote soll ausschließlich die Qualität der Lernleistung bewertet werten; sie darf nicht Disziplinierungsmittel eingesetzt werden. Zuweilen sind *Kopfnoten*, mit denen nicht die Lernergebnisse, sondern das Lernverhalten der Schülerinnen und Schüler – zum Beispiel ihre Mitarbeit im Unterricht – bewertet werden, mit der Intention verbunden, ihnen im Sinne einer Disziplinierungsfunktion einen »Denkzettel« für ihr Fehlverhalten zu geben, um sie so zu einer Korrektur ihres Lern- und Arbeitsverhaltens zu veranlassen.

Didaktische Funktion

Die schulische Leistungsdiagnostik soll die Lehrkraft dabei unterstützen, die Gestaltung des Unterrichts an den Lernvoraussetzungen der Schülerinnen und Schüler auszurichten. Der Leistungsbewertung können die Lehrkräfte entnehmen, auf welchen Kompetenzen der weitere Lernprozess aufbauen kann und in welchen Bereichen eine zusätzliche Förderung benötigt wird. Diese Informationen können sie für eine adaptive Unterrichtsplanung nutzen (▶ Kap. 1.3).

Berichtsfunktion

Noten und Zeugnisse sollen die Eltern über den Leistungsstand und die Lernfortschritte ihres Kindes informieren, damit sie den Lernprozess unterstützen können, wenn abzusehen ist, dass ihre Tochter oder ihr Sohn das Lernziel nicht erreicht. Mit dieser Intention werden Schulnoten häufig für Beratungsgespräche mit den Eltern herangezogen.

Evaluationsfunktion

Die Beurteilung der Lernergebnisse gibt Aufschluss über den Erfolg des Unterrichts. Ihr kann die Lehrkraft entnehmen, ob und wieviel gelernt wurde, ob die Lernziele erreicht wurden und in welchen Bereichen noch Lücken bestehen. Die Schulleistungsbeurteilung zeigt aber nicht nur, ob der Unterricht erfolgreich war, sondern gibt idealerweise auch Hinweise darauf, wie der Unterricht verbessert werden kann.

4.1.2 Gesellschaftliche Funktionen der schulischen Leistungsbewertung

In der historischen Entwicklung waren Zensuren und Zeugnisse nicht nur und nicht in erster Linie als pädagogische Instrumente zur Steuerung schulischer Lernprozesse vorgesehen, sie waren von Anfang an vor allem ein Instrument für die *Zuteilung von Lebenschancen* des Einzelnen in der Gesellschaft (Ingenkamp, 1995; Ziegenspeck, 1999). Während in vorindustriellen Zeiten für die berufliche und gesellschaftliche Karriere die *Herkunft* ausschlaggebend war, ist in der modernen Industriegesellschaft das *individuelle Leistungsvermögen* das entscheidende Kriterium für die berufliche und gesellschaftliche Stellung. Nach dem Leistungsprinzip sollen höhere berufliche Positionen und Bildungsabschlüsse nur denjenigen offen stehen, die den beruflichen und schulischen Anforderungen gewachsen sind.

> **Gesellschaftliche Funktion der schulischen Leistungsbeurteilung**
> Im Rahmen der gesellschaftlichen Funktion dienen Noten und Zeugnisse der Zuteilung beruflicher und gesellschaftlicher Chancen nach der individuellen Leistungsfähigkeit und Leistungsbereitschaft.

Im Wettbewerb um Ausbildungs- und Studienplätze ist der schulische Erfolg das maßgebliche Kriterium der Ressourcenverteilung. Schulnoten und Abschlusszeugnisse der Bewerberinnen und Bewerber gelten als objektive Indikatoren ihrer Eignung und Leistungsfähigkeit und entscheiden über den Zugang zu weiterführenden Bildungsgängen, beruflichen Ausbildungsgängen und beruflichen Karrieren. Der schulischen Leistungsbewertung als Ausweis der individuellen Leistungsfähigkeit kommt damit bei der Zuteilung von beruflichen und gesellschaftlichen Lebenschancen eine große Bedeutung. Sie soll drei *gesellschaftliche Funktionen* erfüllen.

Allokations- und Selektionsfunktion

Die Leistungsbewertung anhand von Noten wurde gegen Ende des 18. Jahrhunderts eingeführt, um den Zugang zu höheren Bildungsabschlüssen zu regeln (Ingenkamp, 1995). Diese Funktion hat die schulische Leistungsbewertung auch heute noch. Schulnoten sind das entscheidende Kriterium für die Versetzung in die nächste Jahrgangsstufe, für den Zugang zu weiterführenden Schulen, für das Erreichen von Schulabschlüssen und für die Zulassung zum Studium. Bei der Zuteilung von Zugangsberechtigungen für höhere Bildungslaufbahnen oder berufliche Positionen hat die schulische Leistungsbewertung vor allem eine *Selektionsfunktion*: Sie soll gewährleisten, dass nur die Leistungsfähigsten Zugang zu höheren schulischen oder beruflichen Laufbahnen erhalten. Darüber hinaus haben Schulnoten eine *Weichenstellfunktion*. Bei Schullaufbahnentscheidungen sollen sie sicherstellen, dass allen die schulische und berufliche Laufbahn offen steht, die ihrem Leistungsprofil entspricht.

Berechtigungsfunktion

Das Berechtigungswesen geht auf das preußische Abiturreglement des 18. und 19. Jahrhunderts zurück (Beutel, Lütgert, Tilmann & Vollstädt, 1999). Danach bescheinigt die jeweils abgebende Bildungseinrichtung ihren Absolventinnen und Absolventen eine bestimmte Leistung durch ein Zertifikat, das zum Eintritt in eine weiterführende Bildungseinrichtung berechtigt. Anders als in den USA, wo beispielsweise High-School Abschlüsse lediglich eine Voraussetzung dafür sind, um an den Aufnahmeprüfungen der Universitäten teilnehmen zu dürfen, führt im deutschen Bildungssystem die aufnehmende Bildungseinrichtung in der Regel keine eigenen Aufnahmeprüfungen durch, sondern verlässt sich auf den Leistungsnachweis der vorausgehenden Bildungseinrichtung (Beutel et al., 1999). Abschlusszeugnisse sind damit *Berechtigungsausweise*, die den Absolventen das Recht zum Übergang in eine weiterführende Bildungseinrichtung sichern. Die schulische Leistungsbewertung steht damit »*im Dienste des Berechtigungswesens*« (Ingenkamp & Lissmann, 2005, S. 134).

Kontrollfunktion

Gelegentlich werden Schulnoten herangezogen, um den Erfolg schulpolitischer, organisatorischer und pädagogischer Maßnahmen zu überprüfen. Dabei wird unterstellt, dass sich die pädagogische Qualität von Lehrplänen, von Maßnahmen im Unterricht, von organisatorischen Maßnahmen in der Schule oder auch von Lehrkräften anhand von Schulnoten messen lässt.

4.1.3 Funktionale Überfrachtung der schulischen Leistungsbewertung

Die Funktionen der Schulleistungsbewertung stellen *normative Zuschreibungen* dar; ob und in welchem Maße die schulische Leistungsbewertung diesen Funktionen auch gerecht wird, ist umstritten. So sieht Sacher (1994, S. 21) eine »funktionale Überfrachtung der Schulpraxis« und bezweifelt, dass die schulische Leistungsbewertung all ihren zugedachten Funktionen gleichermaßen gerecht werden kann. Für die am Bildungsprozess Beteiligten sind die Funktionen unterschiedlich bedeutsam (Krampen, 1984).

- Für die *Lehrkräfte* dürften die pädagogischen Funktionen im Vordergrund stehen. Durch Bewertung von Lernergebnissen wollen sie in erster Linie ihren Schülerinnen und Schülern eine Rückmeldung über deren Leistungsstand geben und sie zu weiterem Lernen motivieren. Zudem gibt ihnen die Bewertung der Lernergebnisse Hinweise auf den Erfolg ihres Unterrichts.

- Für die *Eltern* ist vor allem die Berichtsfunktion und die Motivierungsfunktion wichtig: Sie wollen über den Lernstand ihres Kindes informiert werden und erhoffen sich, dass ihr Kind durch gute Noten zum Lernen angespornt wird.
- Aus *gesellschaftlicher Perspektive* soll die schulische Leistungsbewertung eine leistungsgerechte Auslese gewährleisten und sicherstellen, dass nur die Leistungsfähigsten Zugang zu höheren Bildungsgängen und beruflichen Positionen erhalten.

Kritik wurde insbesondere an der Selektionsfunktion von Schulnoten geübt. Ob die schulische Leistungsbewertung den damit verbundenen Anspruch einer *leistungsgerechten Auslese* erfüllen kann, wird seit den 1970er Jahren kritisch hinterfragt (Ingenkamp, 1995). Bezweifelt wurde, dass die Notengebung ihren gesellschaftlichen Auftrag, eine leistungsgerechte Auslese zu gewährleisten, erfüllen kann, da sie

- nicht objektiv sei (▶ Kap. 4.7.1),

- Schüler mit bildungsfernem sozialen Hintergrund benachteilige (vgl. Ditton, 2008) und
- eine Selektionspraxis fördere, die auf weiterführenden Schulen zu hochdifferenzierten Lernmilieus führe (vgl. Baumert, Stanat & Watermann, 2006).

Einige Autoren bezweifeln, dass der pädagogische Anspruch der schulischen Leistungsbewertung überhaupt mit ihrer gesellschaftlichen Funktion vereinbar ist (z. B. Fischer, 2012). Das Ziel, den Lernenden nach seinen individuellen Lernvoraussetzungen zu fördern, ist oftmals nur schwer mit der Notwendigkeit vereinbar, Schülerinnen und Schüler nach dem Leistungsprinzip für weiterführende Bildungsgänge zu selegieren. So bietet etwa eine individualisierte schulische Leistungsbewertung, nach der die Lernergebnisse der Schülerinnen und Schüler nach ihren individuellen Lernmöglichkeiten bewertet werden, die beste Voraussetzung dafür, dass sie ihr Leistungspotenzial ausschöpfen können. Solche Benotungsprinzipien werden aber der Selektionsfunktion nicht gerecht, die gewährleisten soll, dass nur die Leistungsfähigsten Zugang zu weiterführenden Bildungseinrichtungen haben. Dies erfordert eine Leistungsbewertung nach einheitlichen und vergleichbaren Standards und einen weitgehenden Verzicht auf die Berücksichtigung der individuellen Entwicklungs- und Lernbedingungen.

4.2 Bewertung von Lernergebnissen

Die Güte der Lernergebnisse zu beurteilen, ist eine zentrale Aufgabe für Lehrkräfte. Nicht alle Ergebnisse schulischen Lernens lassen sich jedoch gleichermaßen hinsichtlich ihrer Qualität beurteilen. Um die Qualität eines Lernergebnisses messen zu können, muss die Lernleistung *objektivierbar* sein. Die Objektivierbarkeit von Lernergebnissen hängt wiederum von der Art der Leistung ab, wie Ingenkamp und Lissmann (2005) mit der auf Guilford (1967) zurückgehenden Unterscheidung zwischen konvergentem und divergentem Denken verdeutlichen.

Konvergentes Denken folgt logischen Gesetzen und führt zu einer eindeutigen Lösung. Die Denkprozesse »konvergieren« gewissermaßen auf eine Lösung zu. Konvergente Denkoperationen sind beispielsweise nötig, um Mathematikaufgaben zu lösen, bei der die richtige Anwendung mathematischer Operationen jeweils zu einer eindeutigen Lösung führt. Konvergente Leistungen schlagen sich in einem *richtigen* oder besten Ergebnis nieder; es lässt sich jeweils angeben, welches Ergebnis richtig ist oder wie der optimale Lösungsweg aussieht, zum Beispiel bei Mathematikaufgaben, Diktaten, Übersetzungen oder beim Erwerb von Kenntnissen in Physik oder Geographie.

Divergentes Denken folgt dagegen nicht logischen Gesetzen, sondern ist assoziativ, es ist nicht linear, sondern verzweigt sich in verschiedene Richtungen und führt nicht zu einer Lösung, sondern lässt unterschiedliche Ergebnisse zu. Kennzeichen divergenter Denkprozesse sind das Herstellen assoziativer Verknüpfungen, die Flexibilität der Denkoperationen, die Offenheit der Lösungswege, das Herstellen neuer Zusammenhänge und die Umgestaltung der Aufgabenstellung. Divergentes Denken kann daher zu vielen, im Prinzip gleichwertigen Ergebnissen führen (Ingenkamp & Lissmann, 2005). Auch in der Schule wird divergentes Denken gefordert. Dazu gehören die Produkte kreativer oder künstlerischer Arbeit, die nicht einfach als »richtig« oder »falsch« bewertet werden können, wenn man von handwerklichen oder technischen Aspekten absieht. In der Musik, der Poesie oder der bildnerischen Kunst kann die Bearbeitung eines Themas zu unterschiedlichen Ergebnissen führen, ohne dass festgelegt werden könnte, welches besser oder schlechter ist. Die Anforderungen im Fach Deutsch erfordern beispielsweise sowohl konvergentes als auch divergentes Denken. Inhaltsangaben oder Sacherörterungen basieren vorwiegend auf konvergenten Denkprozessen, die zu richtigen Ergebnissen – etwa die korrekte Wiedergabe des Inhalts eines Textes oder eine logisch stringente Argumentation zu einer Fragestellung – führen. Dagegen fußen Stimmungsbilder oder Gedichte stärker auf divergenten Denkprozessen, die in einer Vielzahl prinzipiell gleichwertiger Gestaltungsmöglichkeiten des Themas münden können.

Objektivierbarkeit konvergenter und divergenter Denkoperationen

Die Ergebnisse konvergenten Denkens sind relativ leicht *objektivierbar*, da richtige und falsche Lösungen eindeutig unterschieden werden können, beispielsweise die Anzahl der Fehler in einem Diktat oder die richtigen Lösungen in einer Mathematikarbeit. Dagegen lässt sich nur schwer angeben, worin die Leistung kreativer Arbeit besteht. Das, was beispielsweise die Leistung einer bildnerischen Darstellung, eines Stimmungsbildes oder eines Gedichts ausmacht, lässt sich nur schwer objektivieren. Die Qualität divergenter Leistungen ist ungleich schwerer zu messen als die konvergenter Leistungen. Lehrkräfte sollten sich daher bei der Benotung divergenter Leistungen des subjektiven Charakters bewusst sein.

4.2.1 Bezugsnormen der schulischen Leistungsbewertung

Um eine Leistung bewerten zu können, muss diese erst einmal *festgestellt* bzw. objektiviert werden, indem beispielsweise die Anzahl der Fehler in einem Diktat oder die erreichte Punktzahl in einer Klassenarbeit ermittelt wird. An dem Ergebnis der Leistungsfeststellung ist die Qualität der Leistung jedoch noch nicht erkennbar. So besagen fünf Fehler in einem Diktat oder sieben gelöste Aufgaben in einer Mathematikarbeit allein noch nichts über die zugrundeliegende Leistung. Um das Lernresultat bewerten zu können, benötigt man eine *Bezugsgröße*, an der das Lernergebnis gemessen werden kann. Als Bezugsgröße könnte man etwa die durchschnittliche Leistung der Klasse oder die vorausgegangene Leistung der Schülerin oder des Schülers heranziehen. Erst im Vergleich mit einer solchen Bezugsgröße wird deutlich, ob fünf Fehler im Diktat oder sieben gelöste Aufgaben in einer Mathematikarbeit als eine gute oder schlechte Leistung zu werten sind.

Bezugsgrößen zur Bewertung von Schulleistungen ergeben sich aus übergeordneten *Bezugsnormen*. Eine solche Bezugsnorm bildet ein Vergleichssystem, aus dem Bezugsgrößen für die Bewertung von Lernergebnissen abgeleitet werden können. Nach Heckhausen (1974) werden drei Bezugsnormen unterschieden, die soziale, die sachliche und die individuelle Bezugsnorm (zur Übersicht Rheinberg, 2008b).

Die soziale Bezugsnorm

Die soziale Bezugsnorm beinhaltet einen Vergleich der Schulleistung der Schülerin oder des Schülers mit der durchschnittlichen Schulleistung einer *Bezugsgruppe*. Als Bezugsgruppe können unterschiedliche Gruppen herangezogen werden. Man könnte das Lernergebnis einer Schülerin bzw. eines Schülers mit den durchschnittlichen Lernergebnissen aller Schülerinnen und Schüler der Jahrgangsstufe vergleichen. Die Durchschnittsleistung der gesamten Jahrgangsstufe ist jedoch meist nicht bekannt, in der Praxis wird daher in der Regel die Klasse als Bezugsgruppe herangezogen. In diesem Fall basiert die Leistungsbewertung auf einem Vergleich der Schulleistung des Einzelnen mit der durchschnittlichen Leistung seiner Klasse. Das individuelle Lernergebnis wird umso positiver beurteilt, je mehr es die Durchschnittsleistung der Bezugsgruppe übertrifft, bzw. es wird umso negativer beurteilt, je stärker es die Durchschnittsleistung der Bezugsgruppe verfehlt. Bewertet wird letztlich der *Abstand* der Schulleistung des Lernenden von der durchschnittlichen Schulleistung der Bezugsgruppe.

> **Soziale Bezugsnorm**
> Die Leistungsbewertung nach einer sozialen Bezugsnorm beinhaltet einen Vergleich der Schulleistung der Schülerin oder des Schülers mit der durchschnittlichen Schulleistung einer Bezugsgruppe.

Diese Art der Leistungsbewertung ermöglicht eine Einordnung der Schulleistungen *innerhalb des Leistungsspektrums der Bezugsgruppe*. Die durchschnittliche Leistung der Bezugsgruppe – in der schulischen Praxis meist der Klassendurchschnitt – bildet dabei die Bezugsgröße für die Beurteilung der Schulleistung der einzelnen Schülerin oder des einzelnen Schülers. Nach einer klasseninternen Bezugsnorm würde beispielsweise ein Diktat mit fünf Fehlern positiv bewertet, wenn im Klassendurchschnitt sieben Fehler gemacht wurden; das gleiche Lernergebnis würde negativer beurteilt, wenn im Klassendurchschnitt nur drei Fehler gemacht wurden.

Aber nicht nur der Bewertung von Schulleistungen, auch der Beurteilung von Eigenschaften von Schülerinnen und Schüler liegt häufig eine soziale Bezugsnorm zugrunde. Man sagt zum Beispiel »Der Schüler kann sich gut konzentrieren«, »Die Schülerin kann sich sprachlich gut ausdrücken« oder »Der Schüler zeigt eine hohe Lernbereitschaft«. Diese Beurteilungen basieren auf einem – meist impliziten – Vergleich mit einer Bezugsgruppe, in der Regel mit Gleichaltrigen. Die Konzentrationsfähigkeit, der sprachliche Ausdruck oder die Lernbereitschaft der Schülerin oder des Schülers wird in Relation zu der Leistung beurteilt, die man bei Schülerinnen und Schüler in diesem Alter erwartet. Vielen Alltagsurteilen über Schülerinnen und Schüler liegt ein impliziter Vergleich mit einer Bezugsgruppe zugrunde.

Die sachliche Bezugsnorm

Die *sachliche oder kriteriale Bezugsnorm* beinhaltet einen Vergleich des individuellen Lernergebnisses mit einem *Standard* oder einem *Kriterium*. Das Kriterium ist ein Lernziel, wie zum Beispiel die Beherrschung des kleinen 1 × 1, die fehlerfreie Übersetzung eines fremdsprachigen Textes oder das Überspringen einer bestimmten Höhe im Sportunterricht. Bewertet wird der Abstand der Lernleistung von dem Lernziel. Dieser Vergleich der individuellen Lernleistung mit dem Kriterium zeigt an, wie gut die Schülerinnen und Schüler bestimmte *Anforderungen* erfüllen, beispielsweise wie gut sie das kleine 1 × 1 beherrschen, wie gut sie in der Lage sind, ohne Hilfestellung einen unbekannten Text zu verstehen, oder ob sie eine bestimmte Norm im Sport erreicht haben.

> **Sachliche Bezugsnorm**
> Die Leistungsbewertung nach einer sachlichen (kriterialen) Bezugsnorm beinhaltet einen Vergleich des individuellen Lernergebnisses mit einem Lernziel.

Der Vergleich mit einem Leistungskriterium ist jedoch nicht nur auf die Bewertung von Schulleistungen beschränkt, auch vielen Urteilen über das Schülerverhalten im Alltag liegt eine kriteriale Bezugsnorm zugrunde. Aussagen wie »Der Schüler kann nicht stillsitzen«, »Die Schülerin schafft es nicht, pünktlich zu sein« oder »Der Schüler ist in der Lage, sich selbst eine Praktikumsstelle zu besorgen« basieren auf einem Vergleich mit einem Verhaltenskriterium, auch wenn im Alltag das Verhaltenskriterium nicht immer exakt definiert ist.

Die individuelle Bezugsnorm

Bei einer Leistungsbewertung nach einer *individuellen oder ipsativen Bezugsnorm* wird die aktuelle Schulleistung nach dem eigenen *Leistungsvermögen* der Schülerin bzw. des Schülers beurteilt, wie es in ihren bzw. seinen bisherigen Schulleistungen zum Ausdruck gekommen ist. Dabei bilden die früher gezeigten Schulleistungen die *Bezugsgröße*. Die Leistung wird positiv bewertet, wenn die Lernenden Fortschritte gemacht haben; sie wird negativ bewertet, wenn sie gegenüber ihren vergangenen Leistungen zurückgefallen sind. Nach der individuellen Bezugsnorm würde etwa ein Schüler, der sich im Diktat von 9 auf 6 Fehler verbessern konnte, besser bewertet als ein Schüler, der in beiden Leistungsprüfungen jeweils nur drei Fehler gemacht hat.

> **Individuelle Bezugsnorm**
> Die Leistungsbewertung nach der individuellen Bezugsnorm beinhaltet einen Vergleich der aktuellen Schulleistung der Schülerinnen und Schüler mit ihrem eigenen Leistungsvermögen.

Aussagen, denen eine individuelle Bezugsnorm zugrunde liegt (z. B. »Der Schüler konnte seine Englischkenntnisse verbessern«, »Die Schülerin hat in der Klassenarbeit nicht das gezeigt, was man von ihr erwarten konnte«), beziehen sich auf den Abstand der aktuellen Schulleistung der Lernenden von ihren früheren Leistungen, die anzeigen, welches Leistungsniveau von ihnen zu erwarten ist. Solche Leistungsbeurteilungen enthalten Informationen darüber, inwieweit der Lernende sein *Leistungspotenzial* ausgeschöpft hat. Auch im Schulalltag werden Schülerinnen und Schüler häufig nach ihrem eigenen Leistungsniveau beurteilt. Wenn es heißt »Die Schülerin kann sich in der Schule besser konzentrieren als zu Hause« oder »Die Stärken des Schülers liegen in sprachlichen Fächern« wird die Leistung an dem eigenen Fähigkeitsniveau der Schülerin bzw. des Schülers gemessen.

4.3 Bezugsnormen im Vergleich

Bezugsnormen stellen V*ergleichssysteme* dar, nach denen Lernergebnisse beurteilt werden können (▶ Tab. 4.1). Sie unterscheiden darin, welche Leistungsaspekte *bewertet* und welche Leistungsaspekte *ausgeblendet* werden. Falko Rheinberg, dessen einflussreiche Arbeiten zur Rolle der Bezugsnormen bei der schulischen Leistungsbewertung den folgenden Ausführungen zugrunde liegen, spricht von »blinden Flecken« (Rheinberg, 2001, S. 64) und kennzeichnet damit die von der jeweiligen Bezugsnorm ausgeblendeten bzw. nicht-berücksichtigten Leistungsaspekte.

Tab. 4.1: Bezugsnormen im Überblick

Bezugsnorm	Bezugsgröße	Beurteilter Aspekt	Beispiel	Diagnostische Information
Soziale Bezugsnorm	Durchschnittliche Leistung der Bezugsgruppe	Abstand zum Leistungsniveau der Bezugsgruppe	Zeigt über- bzw. unterdurchschnittliche Leistungen	Position innerhalb des Leistungsspektrums der Bezugsgruppe
Sachliche Bezugsnorm	Lernziel	Abstand zum Lernziel	Erfüllt die Anforderungen/ hat das Lernziel erreicht	Ausmaß, in dem Anforderungen erfüllt werden/Kompetenzen vorhanden sind
Individuelle Bezugsnorm	Frühere Leistungen	Veränderungen gegenüber früheren Leistungen	Zeigt Lernfortschritte	Lernfortschritte/ Lernrückschritte

Anmerkungen. Übersicht über Bezugsnormen (modifiziert nach Rheinberg, 2001)

4.3.1 Soziale Bezugsnorm: Klasseninternes Bezugssystem

Bei der Leistungsbewertung nach der sozialen Bezugsnorm werden die Schulleistungen einer Schülerin oder eines Schülers mit der durchschnittlichen Leistung der Bezugsgruppe verglichen. Dazu muss jedoch das Leistungsniveau der Bezugsgruppe bekannt sein. Allerdings haben Lehrkräfte bei der Benotung einer Klassenarbeit oder einer mündlichen Leistung meist keine genauen Informationen über die durchschnittliche Leistung der gesamten Jahrgangsstufe, sie kennen aber das Leistungsniveau ihrer Klasse. Bei der Benotung werden sie daher die Lernergebnisse innerhalb der Schulklasse vergleichen. Sie verwenden ein *klasseninternes Bezugssystem* (Ingenkamp, 1969). Dies belegen Studien, in denen die Schulnoten aus verschiedenen Klassen den Ergebnissen objektiver Schulleistungstests gegenübergestellt wurden (Baumert & Watermann, 2000; Thiel & Valtin, 2002). Diese Vergleiche zeigen, dass sich Lehrkräfte bei der Benotung der Schulleistungen in der Regel am Leistungsniveau der Klasse orientieren.

Schulnoten, denen eine klasseninterne Bezugsnorm zugrunde liegt, geben die relative Position der Leistung des Einzelnen innerhalb des Leistungsspektrums der Schulklasse wieder. Ihnen kann man daher entnehmen, ob die Schülerin oder der Schüler zu den besseren, zu den durchschnittlichen und zu den schlechteren Schülerinnen und Schülern gehört (Rheinberg, 2001). Die Problematik einer klasseninternen Bezugsnorm besteht darin, dass die Schulnote nicht allein von der Schulleistung der Schülerin oder des Schülers abhängt, sondern auch vom Leistungsniveau der Klasse. Für die *gleiche* Leistung erhält eine Schülerin oder ein Schüler in einer leistungsstarken Klasse eine schlechtere Note als in einer leistungsschwächeren Klasse. Für ein »befriedigend« in einer leistungsstarken Klasse muss eine Schülerin oder ein Schüler bessere Schulleistungen erbringen als für ein »befriedigend« in einer leistungsschwachen Klasse. Die Schulnoten sind daher nicht vergleichbar, wenn sich die Klassen im Leistungsniveau unterscheiden (Trautwein & Baeriswyl, 2007).

> **Klasseninterne Bezugsnorm**
> Das Problem der Benotung nach einer klasseninternen Bezugsnorm besteht darin, dass die Schulnote nicht allein von der Schulleistung der Schülerin oder des Schülers abhängig ist, sondern auch vom Leistungsniveau der Klasse.

Die mangelnde Vergleichbarkeit ist unproblematisch, solange die Schulnoten nur *innerhalb der Klasse* zur Optimierung von Lernprozessen, etwa zur Kontrolle des Lernerfolgs, herangezogen werden. Die Leistungsbeurteilung nach einer klasseninternen Bezugsnorm ist jedoch problematisch, wenn Schulnoten gemäß ihrer *gesellschaftlichen Funktion* (▸ Kap. 4.1.2) der Selektion für Ausbildungsgänge oder berufliche Laufbahnen dienen. Dies setzt voraus, dass die Schulnoten über verschiedene Klassen, über unterschiedliche Schulen und Schultypen sowie über verschiedene Bundesländer hinweg vergleichbar sind.

Bezugsgruppeneffekte, die weitreichende Auswirkungen auf die Schullaufbahn der Schülerinnen und Schüler haben, zeigen sich beispielsweise in den Schulempfehlungen der Lehrkräfte zum Übergang von der Grundschule zu weiterführenden Schulen. So fanden Milek, Lüdkem Trautwein, Maaz und Stubbe (2009) einen negativen Zusammenhang zwischen dem mittleren Leistungsniveau der Klasse und der Schulempfehlungen. Das bedeutet, in Klassen mit einem hohen Leistungsniveau haben Schülerinnen und Schüler eine geringere Chance für eine Gymnasialempfehlung als Schülerinnen und Schüler mit gleichen Schulleistungen in weniger leistungsstarken Klassen. Der Grund dafür liegt darin, dass sich Lehrkräfte der Grundschule bei den Schulempfehlungen am Leistungsniveau der Klasse orientieren. Die Gymnasialempfehlung ist danach nicht ausschließlich von der individuellen Leistungsfähigkeit der Schülerin oder des Schülers, sondern auch vom Leistungsniveau der Klasse abhängig: In einer leistungsstarken Klasse ist es für die Lernenden schwieriger, eine Empfehlung für das Gymnasium zu bekommen als in einer leistungsschwächeren Klasse (vgl. auch Trautwein & Baeriswyl, 2007; Tiedemann & Billmann-Mahecha, 2007).

Mit seinem 1971 erschienenen Buch zur »Fragwürdigkeit der Zensurengebung« hat Karlheinz Ingenkamp (1995) bereits anhand empirischer Befunde aufgezeigt, dass die traditionelle Leistungsbewertung in der Schule die für das Berechtigungswesen entscheidende Voraussetzung der *Vergleichbarkeit* nicht erfüllt. Wenn die Bewertung schulischer Leistungen »im Dienste des Berechtigungswesens« (Ingenkamp & Lissmann, 2005, S. 134) steht (▸ Kap. 4.1.2), also der Zugang zu weiterführenden Bildungsgängen – zum Beispiel zum Hochschulstudium oder zu beruflichen Ausbildungsgängen – von den Schulnoten abhängig ist, entscheidet nicht mehr allein die Schulleistung über den Zugang, es kommt auch darauf an, welche Klasse und welche Schule besucht wurde.

Zentrale Prüfungen

Die mangelnde Vergleichbarkeit von Zeugnisnoten ist eines der Hauptprobleme in einem föderalistischen Schul- und Bildungssystem. Die Schulabschlüsse sollen im ganzen Land gelten, sind aber aufgrund unterschiedlicher Lehrpläne und unterschiedlicher Anforderungen in den 16 Bundesländern letztlich nicht vergleichbar. Die mangelnde Vergleichbarkeit steht einer leistungsgerechten Zuteilung von Bildungschancen im Wege. So stellen Schrader und Helmke (2014, S. 50) fest: »Dass Lehrkräfte Schwierigkeiten haben, den Leistungsstand klassenübergreifend zutreffend einzuschätzen, ist vor allem deswegen problematisch, weil Lehrerurteile die Grundlage von Schulabschlüssen darstellen, die für das weitere Leben von erheblicher Bedeutung sind.« Um die Bewertung von Schulleistungen vergleichbar zu machen, gibt es seit langem Bestrebungen, die Prüfungsanforderungen für alle Schülerinnen und Schüler zu vereinheitlichen und die Ergebnisse nach einheitlichen Kriterien zu beurteilen (vgl. Arnold, 2014; Weinert, 2014).

Angeregt durch die Diskussion über das schlechte Abschneiden in der PISA-Studie wurden in allen Bundesländern *standardisierte Lernstandserhebungen* verbindlich eingeführt. Mit diesen *Vergleichsarbeiten* (»VERA«) wird der Lernstand von Schülerinnen und Schülern der Klassen 3, 6 und 8 in den Hauptfächern Deutsch und Mathematik (in der Jahrgangsstufe 8 auch Englisch und Französisch) nach den von der Kultusministerkonferenz verabschiedeten Bildungsstandards regelmäßig ermittelt. Die Vergleichsarbeiten werden in standardisierter Form (gleiche Aufgabenbögen und gleiche Bearbeitungszeit) einmal im Schuljahr zu einem festgelegten Termin in den Schulen durchgeführt. Sie ermöglichen einen klassen- und schulübergreifenden Vergleich der Schulleistungen und dienen der Schul- und Unterrichtsentwicklung sowie der Steuerung des Bildungssystems.

Mittlerweile wurde in 15 der 16 Bundesländer das *Zentralabitur* eingeführt, bei dem alle Schülerinnen und Schüler die gleichen Prüfungsaufgaben erhalten, die nach einem mehr oder weniger detaillierten Kriterienkatalog bewertet werden. Um die Vergleichbarkeit über die Ländergrenzen hinweg zu verbessern, haben die Kultusminister der Länder beschlossen, für die Abiturprüfungen einen zentralen Pool mit Aufgaben für die Kernfächer Deutsch, Mathematik und Englisch bzw. Französisch zusammenzustellen und die Beurteilungskriterien zu standardisieren. Aus diesem Aufgabenpool sollen sich die Bundesländer bei der Zusammenstellung der Aufgaben für die Abiturprüfungen bedienen. Die Vereinheitlichung soll erstmals für den Abiturjahrgang 2016 gelten.

Blinde Flecke der sozialen Bezugsnorm

Der Vergleich mit der klasseninternen Bezugsnorm zeigt die relative Position der Schülerinnen und Schüler im Leistungsspektrum ihrer Klasse, gibt jedoch keine Aufschlüsse darüber, ob sie ihre schulischen Kenntnisse verbessern konnten. Die soziale Bezugsnorm ist »blind« gegenüber den *Lernfortschritten* der Lernenden (Rheinberg, 2001). Wurden beispielsweise die Schulleistungen einer Schülerin oder eines Schülers in einem Fach zu Beginn des Schuljahres mit »gut«, am Ende des Schuljahres mit »befriedigend« benotet, kann man daraus *nicht* schließen, dass sich ihr bzw. sein schulisches Wissen verringert hat. Im Gegenteil, man wird wohl davon ausgehen können, dass die Schülerin oder der Schüler am Ende des Schuljahres über mehr schulisches Wissen verfügt als zu Beginn des Schuljahres. Diesen *Lernzuwachs* gibt die Benotung nach einer sozialen Bezugsnorm jedoch nicht wieder (Rheinberg, 2002). Der Verschlechterung der Schulnote am Ende des Schuljahres ist zu entnehmen, dass die Schülerin oder der Schüler im Rangplatz im Leistungsspektrum der Klasse zurückgefallen ist, nicht aber, dass sich ihre bzw. seine schulischen Kompetenzen im Laufe des Schuljahres verringert haben. Die Leistungsbewertung nach der sozialen Bezugsnorm erfolgt unabhängig davon, ob das Lernziel erreicht wurde, und gibt keinen Aufschluss darüber, inwieweit die Lernenden den Lernstoff beherrschen.

> **Ausgeblendete Leistungsaspekte der sozialen Bezugsnorm**
> Die Beurteilung der Schulleistungen nach der sozialen Bezugsnorm gibt keinen Aufschluss darüber, ob die Schülerinnen und Schüler ihre Kompetenzen verbessern konnten und ob sie die Lernziele erreicht haben.

4.3.2 Sachliche Bezugsnorm: Bewertung von Kompetenzen

Bei der Leistungsbewertung nach der sachlichen oder kriterialen Bezugsnorm wird der *Abstand* des aktuellen Lernergebnisses von einem Lernziel beurteilt. Diese Leistungsbewertung zeigt an, inwieweit die Schülerinnen und Schüler bestimmte Anforderungen erfüllen, ob sie beispielsweise das kleine 1 x 1 beherrschen oder in der Lage sind, sich selbstständig in ein Thema einzuarbeiten. Gegenüber der sozialen Bezugsnorm hat die kriteriale Bezugsnorm den Vorteil, dass die Schulleistung einer Schülerin oder eines Schülers unabhängig von den Leistungen anderer beurteilt wird. Bei einer *lernzielorientierten* Benotung würden beispielsweise alle Klassenarbeiten in einer Klasse mit »sehr gut« oder mit »mangelhaft« benotet werden, nämlich dann, wenn alle Schülerinnen und Schüler das Lernziel erreicht bzw. verfehlt haben.

Der Vergleich mit einem Leistungskriterium zeigt, ob bestimmte *Kompetenzen* vorhanden sind (Rheinberg, 2001). Eine solche Leistungsbewertung erfüllt also vor allem eine *Berichtsfunktion* (▸ Kap. 4.1.1), die darüber informiert, ob die Person bestimmte Standards erfüllt oder bestimmte Qualifikationen besitzt. Dies kann zum Beispiel für Arbeitgeber von Interesse sein, die wissen wollen, ob eine Bewerberin oder ein Bewerber über bestimmte Mindestkompetenzen verfügt. Zum Beispiel dokumentiert das Bestehen der Führerscheinprüfung, dass die Fahrerin oder der Fahrer die Straßenverkehrsregeln kennt und ein Fahrzeug sicher führen kann.

Die *lernzielorientierte* Bezugsnorm informiert darüber, inwieweit die Lernenden ein Lernziel erreicht haben. Mit den Notenerlassen geben die Schulbehörden der Bundesländer eine kriteriale Bezugsnorm für die Benotung vor. Die Schulnote soll zeigen, inwieweit die Schülerinnen und Schüler den Lernstoff beherrschen. Idealerweise müssten für jede Notenstufe die im Lehrplan geforderten Anforderungen festgelegt werden. Angesichts des breiten Spektrums schulischer Anforderungen in den Fächern auf den verschiedenen Klassenstufen ist es jedoch nicht möglich, die Anforderungen auf jeder Notenstufe inhaltlich zu bestimmen. Dafür müsse man für jedes Fach, auf jeder Klassenstufe und für jede Schulform genau festlegen, welche Kenntnisse und Fertigkeiten den sechs Notenstufen entsprechen. Die Verankerung der Schulnoten an einer sachlichen Bezugsnorm muss sich daher auf die Beschreibung allgemeiner Anforderungen beschränken, ohne diese Anforderungen inhaltlich näher zu spezifizieren, wie aus Tabelle 4.2 hervorgeht.

Problematisch wird die Bewertung von Lernergebnissen nach übergreifenden kriterialen Bezugsnormen dann, wenn die fraglichen Kompetenzen im Unterricht nicht vermittelt wurden oder nicht mit den Lehrplänen des jeweiligen Bundeslandes übereinstimmen. In diesem Fall würden Schülerinnen und Schüler, die die entsprechenden Kompetenzen in ihrem Unterricht nicht vermittelt bekommen haben, bei der Leistungsbewertung zweifellos benachteiligt.

Tab. 4.2: Notendefinitionen

Note	Anforderung
sehr gut (1)	Die Note »sehr gut« soll erteilt werden, wenn die Leistung den Anforderungen in besonderem Maße entspricht.
gut (2)	Die Note »gut« soll erteilt werden, wenn die Leistung den Anforderungen voll entspricht.
befriedigend (3)	Die Note »befriedigend« soll erteilt werden, wenn die Leistung im Allgemeinen den Anforderungen entspricht.
ausreichend (4)	Die Note »ausreichend« soll erteilt werden, wenn die Leistung zwar Mängel aufweist, aber im Ganzen den Anforderungen noch entspricht.
mangelhaft (5)	Die Note »mangelhaft« soll erteilt werden, wenn die Leistung den Anforderungen nicht entspricht, jedoch erkennen lässt, dass die notwendigen Grundkenntnisse vorhanden sind und die Mängel in absehbarer Zeit behoben werden könnten.
ungenügend (6)	Die Note »ungenügend« soll erteilt werden, wenn die Leistung den Anforderungen nicht entspricht und selbst die Grundkenntnisse so lückenhaft sind, dass die Mängel in absehbarer Zeit nicht behoben werden könnten.

Anmerkungen. Notendefinitionen nach dem KMK-Beschluss von 1968 (S. 1)

4.3.2.1 Lernverlaufsdiagnostik

Der Leistungsbewertung nach einer sachlichen Bezugsnorm ist zu entnehmen, inwieweit der Lernende die Anforderungen des Lernziels erfüllt; ob er seine Kenntnisse verbessern konnte, spielt dabei zunächst keine Rolle. *Lernfortschritte* werden bei einer sachlichen Bezugsnorm dadurch deutlich, dass sich die Lernergebnisse zunehmend dem Lernziel annähern, die Lernenden also den Anforderungen des anvisierten Lernziels immer besser gerecht werden. Dieses Prinzip einer kriterialen oder lehrzielorientierten Leistungsbewertung wird in der *Lernverlaufsdiagnostik* (Lernfortschrittsmessung) realisiert.

Ziel dieses ursprünglich in den USA für sonderpädagogische Praxisfelder unter der Bezeichnung »Curriculum-Based Measurement« (CBM; Deno, 2003; Fuchs, 2004) entwickelten Ansatzes ist nicht die Erfassung von Leistungsniveauunterschieden zwischen den Schülerinnen und Schülern, sondern eine kontinuierliche und engmaschige Kontrolle (Monitoring) der Lernfortschritte der Lernenden im Sinne einer *lernprozessbegleitenden Diagnostik* (Klauer, 2011, 2014; Walter, 2009). Die Bezeichnung »curriculumbasierte Leistungsmessung« ist allerdings missverständlich, da sich die Testverfahren der Lernverlaufsdiagnostik nicht auf die curricularen Vorgaben der Schulbehörden beziehen, sondern auf die konkreten Unterrichtsziele.

> **Lernverlaufsdiagnostik**
> Mit den Verfahren der Lernverlaufsdiagnostik wird über einen längeren Zeitraum in kurzen Abständen anhand des aktuell im Unterricht behandelten Lernstoffes das Erreichen der Lernziele überprüft, um die individuellen Lernverläufe der Lernenden abzubilden und Störungen des Lernprozesses frühzeitig zu erkennen.

Im Unterschied zu den klassischen normbasierten Schulleistungstests (▶ Kap. 3.2) überprüfen die Verfahren der Lernverlaufsdiagnostik den Lernerfolg anhand des aktuell im Unterricht behandelten Lernstoffes. Sie können in kurzen Zeitintervallen (z. B. wöchentlich) eingesetzt werden, um Leistungsveränderungen engmaschig und über kurze Zeiträume hinweg zu erfassen. Die Verfahren müssen daher ohne größeren Aufwand im Unterricht einsetzbar und ökonomisch auswertbar sein.

Diese Form der Lernprozessdiagnostik ermöglicht es der Lehrkraft, die Lernangebote sowie das didaktische Vorgehen im Unterricht kurzfristig an die erzielten Lernfortschritte der Schülerinnen und Schüler anzupassen. Durch die fortlaufende und engmaschige Dokumentation der individuellen Lernprozesse erhält die Lehrkraft unmittelbar Hinweise darauf, welche Lernziele erreicht und welche noch nicht erreicht wurden und welche Schülerinnen und Schüler in welchen Lernbereichen eine zusätzliche Förderung benötigen. So können aus den in der Regel grafisch dokumentierten Lernverläufen direkt Ansätze für eine individuelle Förderung abgeleitet werden, wenn etwa deutlich wird, dass die Schülerin oder der Schüler bestimmte Rechenschritte noch nicht beherrscht oder aber bestimmte Lesekompetenzen eher als erwartet erworben hat. Die zurzeit vorliegenden Anwendungsmöglichkeiten dieses Ansatzes beschränken sich auf den Unterricht im Lesen, Schreiben und Rechnen (z. B. Gebhard, Heine, Zeuch & Förster, 2015; Maier, 2014; Souvignier & Förster, 2011; Strathmann, Klauer & Greisbach, 2010, Walter, 2009). Prinzipiell kann dieser Ansatz aber auch auf weitere Unterrichtsfächer übertragen werden.

4.3.3 Individuelle Bezugsnorm: Bewertung von Lernfortschritten

Die Bezugsnorm zur Beurteilung der Schulleistung ist das eigene Leistungsniveau der Schülerin oder des Schülers, wie es in seinen bisherigen Leistungen zum Ausdruck gekommen ist. Bewertet werden die Veränderungen gegenüber dem früheren Leistungsstand. Der Vergleich der aktuellen Schulleistung mit vorausgegangenen Leistungsproben zeigt, inwieweit sich die schulischen Kenntnisse und Fertigkeiten verbessert haben.

> **Ausgeblendeter Leistungsaspekt der individuellen Bezugsnorm**
> Die Beurteilung der Schulleistungen nach der individuellen Bezugsnorm gibt keinen Aufschluss über interindividuelle Leistungsunterschiede.

Die Leistungsbewertung nach der individuellen Bezugsnorm blendet Leistungsunterschiede zwischen den Schülerinnen und Schülern aus (Rheinberg, 2001). Werden ausschließlich die individuellen Lernfortschritte bewertet, ist ein Vergleich des Leistungsstandes zwischen den Lernenden nicht mehr möglich. So würden etwa leistungsschwache Schülerinnen und Schüler, die sich etwas verbessern konnten, eine positivere Leistungsbewertung erhalten als Schülerinnen und Schüler, die stets gute Schulleistungen zeigen, sich aber nicht weiter verbessert haben. Aufgrund ihrer ›Blindheit‹ gegenüber interindividuellen Leistungsunterschieden kann eine Leistungsbewertung nach der individuellen Bezugsnorm der gesellschaftlichen Funktion nicht gerecht werden (▶ Kap. 4.1.2). Würden zum Beispiel Studienplätze nach Noten vergeben, die nicht den Leistungsstand, sondern den erbrachten Lernzuwachs wiedergeben, würden nicht die leistungsfähigsten Bewerber den Zuschlag erhalten, sondern diejenigen, die sich von einem niedrigem Leistungsstand verbessern konnten. Die Leistungsbewertung nach der individuellen Bezugsnorm erfüllt also nicht die Funktion »im Dienste des Berechtigungswesens« (Ingenkamp & Lissmann, 2005, S. 134).

4.4 Bezugsnormorientierung von Lehrkräften

Die Bezugsnormen stellen prototypische Maßstäbe zur Beurteilung von Schulleistungen dar, die in der Praxis selten in reiner Form angewendet werden. Man wird vielmehr davon ausgehen können, dass an deutschen Schulen bei der Benotung von Klassenarbeiten und Klausuren und bei der Festlegung von Zeugnisnoten eine Mischung aus sozialer und sachlicher Bezugsnorm angelegt wird. Die individuelle Bezugsnorm wird dagegen am ehesten in verbalen Gutachten in der Grundschule oder bei den mündlichen, lernbegleitenden Rückmeldungen im Unterricht eine Rolle spielen. Sie ermöglicht im Rahmen eines differenzierten Unterrichts die Feststellung von individuellen Lernfortschritten und gibt Aufschluss darüber, ob sich die Kompetenzen der Lernenden verbessert haben.

Eine *ausschließliche* Berücksichtigung einer Bezugsnorm erscheint auch nicht sinnvoll, da jede Bezugsnorm spezifische Leistungsaspekte hervorhebt und damit den Lernenden jeweils eine spezifische Rückmeldung über ihre Schulleistungen vermittelt:

- Die soziale Bezugsnorm bringt die relative Position der Lernenden im Leistungsspektrum der Klasse zum Ausdruck und ermöglicht ihnen eine angemessene Einschätzung ihres eigenen Leistungsniveaus.
- Leistungsrückmeldungen nach einer sachlichen Bezugsnorm geben Aufschluss darüber, inwieweit die Lernenden bestimmte Kompetenzen besitzen.
- Den Bewertungen von Schulleistungen nach der individuellen Bezugsnorm ist zu entnehmen, inwieweit die Lernenden ihr eigenes Leistungspotenzial ausgeschöpft haben.

4.4.1 Gesetzliche Regelungen zur Benotung schulischer Leistungen

Die offiziellen Erlasse der Bundesländer legen den Lehrkräften eine Benotung nach einer *lehrzielorientierten Bezugsnorm* nahe. Die Schulnote soll zum Ausdruck bringen, inwieweit die Schülerin oder der Schüler die curricularen Anforderungen erfüllt. Diese, durch die Schulgesetze der Bundesländer geregelte Leistungsbewertung geht auf einen Beschluss der *Ständigen Konferenz der Kultusminister der Länder der Bundesrepublik Deutschland* (KMK, 1968) aus dem Jahre 1968 zurück. Dieser Beschluss legte fest, dass sich die Bewertung von Schulleistungen nicht mehr – wie bis dahin gültig – an dem »Leistungsdurchschnitt der Klassenstufe« zu orientieren habe, sondern an den *schulischen Anforderungen*. Die Anforderungen sind allerdings nur sehr vage definiert, es finden sich allenfalls allgemeine Hinweise auf die bei der Leistungsbewertung zu berücksichtigenden Faktoren. So soll beispielsweise die Leistungsbewertung nach §§ 19–29 der *Verordnung zur Gestaltung des Schulverhältnisses* des Landes Hessen:

- die im Unterricht vermittelten Kenntnisse und Fähigkeiten zum Maß nehmen;
- sich auf Beobachtungen im Unterricht und mündliche, schriftliche und ggf. praktische Leistungskontrollen stützen;
- sich auf die gesamte Lernentwicklung des Schülers beziehen;
- sowohl die fachlichen Fähigkeiten, Kenntnisse und Fertigkeiten, wie auch die Leistungsbereitschaft und das Verhalten des Schülers darstellen;
- den Verlauf der Lernentwicklung berücksichtigen;

- im Dienst der individuellen Leistungserziehung stehen; und
- dem Schüler eine ermutigende Perspektive für die weitere Entwicklung eröffnen.

In den Schulgesetzen der Bundesländer fehlen inhaltlich-konkrete Festlegungen zur Benotung, so dass die Notenstufen nur in sehr allgemeiner Form mit Anforderungsniveaus verankert werden können (▶ Tab. 4.2). Hinzu kommt, dass viele Lehrziele nur schwer operationalisierbar sind, so dass eine Leistungsbewertung *ausschließlich* nach der lehrzielorientierten Bezugsnorm in der Praxis kaum durchzuhalten ist. Während es beispielsweise für den Sportunterricht noch leicht möglich ist, exakte Leistungskriterien festzulegen (z. B. eine bestimmte Höhe im Hochsprung oder eine bestimmte Zeit im 100 Meter Lauf), um die sportlichen Leistungen der Schülerinnen und Schüler nach dem Grad der Zielerreichung zu benoten, ist es in anderen Unterrichtsfächern kaum möglich, Leistungskriterien so *konkret* zu definieren, dass sie als alleinige Bezugsgröße für die Leistungsbewertung herangezogen werden können. Welche Kriterien kennzeichnen beispielsweise einen gelungenen Aufsatz, die Flüssigkeit beim Lesen oder die Kompetenz, die durch den Sachkundeunterricht vermittelt werden soll? Da es letztlich nicht möglich sein dürfte, die schulischen Anforderungen für jedes Lernziel und für jedes Unterrichtsfach genau zu definieren, wird in den Schulgesetzen der Bundesländer auf die *pädagogische Verantwortung* der Lehrkraft bei der Leistungsfeststellung und -bewertung verwiesen. Den Lehrkräften verbleibt damit ein großer Freiraum, der ihnen offenlässt, bei der Bewertung von Lernergebnissen unterschiedliche Bezugsnormen heranzuziehen. Die Art der Bewertung von Lernergebnissen liegt daher weitgehend im »pädagogischen Ermessen« der Lehrkraft.

4.5 Bezugsnormorientierung im Unterricht

Die Vergleichsperspektive, die die Lehrkräfte bei ihrer Beurteilung von Lernergebnissen zugrunde legen, ist in der Regel nicht das Ergebnis einer bewussten Entscheidung für eine der drei Bezugsnormen, sondern das Resultat einer im Laufe der Schuljahre erworbenen Benotungsroutine. In der Praxis bewerten Lehrkräfte die Lernergebnisse nicht ausschließlich nach *einer* Bezugsnorm, sondern ziehen verschiedene Vergleichsmaßstäbe heran (Köller, 2005). So orientieren sich Lehrkräfte bei der Benotung von Klassenarbeiten in der Regel an einer klasseninternen Bezugsnorm. In den schriftlichen Kommentaren zu den Klassenarbeiten gehen sie dagegen häufig auf den individuellen Lernfortschritt der Schülerin oder des Schülers ein. Offenbar bevorzugen Lehrkräfte bei *formalen* Leistungsfeststellungen – etwa bei der Benotung der Klassenarbeiten oder bei der Erstellung von Abschlusszeugnissen – eine klasseninterne Bezugsnorm, während sie bei *informellen* Leistungsrückmeldungen – etwa bei den Kommentaren zu den Klassenarbeiten, im Gespräch mit den Eltern oder bei den Rückmeldungen zu den Hausaufgaben – den intraindividuellen Leistungsvergleich hervorheben (Rheinberg, 2001, 2014).

Trotz der offiziellen Notendefinitionen, die eine lehrzielorientierte Bezugsnorm fordern, bleibt der Lehrkraft bei der Wahl der Bezugsnorm ein mehr oder weniger großer *Ermessensspielraum*, der von ihr in unterschiedlicher Weise ausgefüllt werden kann. Dieser Freiraum besteht vor allem bei den *informellen Leistungsrückmeldungen* im Unterricht, bei denen die Lehrkraft nicht durch Erlasse oder Vorschriften festgelegt ist – etwa bei ihren Reaktionen auf Schülerantworten im Unterricht, bei der Rückmeldung zu einer Hausarbeit oder zu einem Referat, bei der Kommentierung von Klassenarbeiten oder bei der Besprechung der Hausaufgaben. Vornehmlich in diesen informellen Leistungsrückmeldungen zeigt sich, ob die Lehrkraft bei der Leistungsbewertung neben der sozialen Bezugsnorm auch eine individuelle Vergleichsperspektive anlegt.

> **Bezugsnormorientierung**
> Die Bezugsnormorientierung der Lehrkraft bezeichnet die Bevorzugung einer Bezugsnorm bei der Bewertung von Lernergebnissen.

Die *Bezugsnormorientierung* der Lehrkraft gibt also nicht ihre Entscheidung für eine Bezugsnorm wieder, sondern bringt zum Ausdruck, ob sie sich bei ihren Leistungsrückmeldungen *ausschließlich* an den interindividuellen Leistungsunterschieden innerhalb der Klasse orientiert oder darüber hinaus auch intraindividuelle Vergleiche heranzieht (Rheinberg, 2001). Bewertet die Lehrkraft Lernergebnisse vorrangig aufgrund eines Vergleichs mit der Bezugsgruppe, spricht man von einer *sozialen Bezugsnormorientierung*; eine *individuelle Bezugsnormorientierung* liegt vor, wenn die Lehrkraft darüber hinaus auch die individuelle Lernentwicklung des Schülers berücksichtigt (Rheinberg, 2001).

Die Bezugsnormorientierung bringt nicht nur die bevorzugte Vergleichsperspektive der Lehrkraft bei der Bewertung von Schülerleistungen zum Ausdruck. Wie die Arbeiten von Rheinberg (1980, 2001), die der nachfolgenden Darstellung zugrunde liegen, deutlich machen, hat die Bezugsnormorientierung auch Einfluss darauf, in welcher Weise die Lehrkraft Schulleistungen feststellt, wie sie ihren Unterricht gestaltet und nach welchen Kriterien sie Lob und Anerkennung verteilt.

4.5.1 Bezugsnormorientierung und Leistungsfeststellung

Die Lernergebnisse der Schülerinnen und Schüler müssen so erhoben werden, dass sie den Leistungsaspekt, der nach der jeweiligen Bezugsnorm bewertet wird, möglichst gut erkennen lassen. Daher erfordert die Leistungsbewertung eine auf die jeweilige Bezugsnorm abgestimmte Art der *Leistungsfeststellung*.

Leistungsbewertung nach der sozialen Bezugsnorm

Die Leistungsbewertung nach der sozialen Bezugsnorm zielt darauf ab, interindividuelle Leistungsunterschiede festzustellen. Dies erfordert, dass an alle Lernenden die *gleichen Anforderungen* gestellt werden (Rheinberg & Krug, 2005). Denn nur dann, wenn alle Schülerinnen und Schüler beispielsweise die gleichen Aufgaben in der Mathematikarbeit oder das gleiche Thema in der Deutscharbeit bearbeiten, kann ihre Leistung im Vergleich zu den Mitschülerinnen und Mitschülern beurteilt und ihr Lernergebnis in das Leistungsspektrum der Klasse eingeordnet werden.

> **Leistungsfeststellung nach der sozialen Bezugsnorm**
> Die Leistungsbewertung nach der sozialen Bezugsnorm erfordert es, dass an alle Lernenden die *gleichen Anforderungen* gestellt werden (Angebotsgleichheit; vgl. Rheinberg & Krug, 2005).

Die *Angebotsgleichheit* (Rheinberg & Krug, 2005) schränkt jedoch die Möglichkeiten ein, die Lernangebote im Unterricht an die individuellen Lernvoraussetzungen der Lernenden anzupassen. In der Praxis werden sich daher die Anforderungen am mittleren Leistungsniveau der Klasse orientieren. Wenn aber alle Lernenden unabhängig von ihrem

Leistungsvermögen die gleichen Lernangebote erhalten, besteht die Gefahr, dass leistungsschwache Schülerinnen und Schüler überfordert und leistungsstarke unterfordert werden. Bei einem für alle Schülerinnen und Schüler gleichen Anforderungsniveau ist insbesondere damit zu rechnen, dass die Stärken der leistungsschwachen und der leistungsstarken Schülerinnen und Schüler nicht zur Geltung kommen.

Leistungsbewertung nach der individuellen Bezugsnorm

Mit der Leistungsbewertung nach der individuellen Bezugsnorm werden individuelle Lernfortschritte bewertet. Dies erfordert eine *Individualisierung der Leistungsfeststellung*.

> **Leistungsfeststellung nach der individuellen Bezugsnorm**
> Die Leistungsbewertung nach der individuellen Bezugsnorm erfordert eine Individualisierung der Leistungsfeststellung.

Denn um Lernfortschritte der Lernenden sichtbar zu machen, müssen die schulischen Anforderungen an ihr individuelles Leistungsniveau angepasst werden. Fortschritte im Lernprozess kommen am ehesten zum Ausdruck, wenn die Anforderungen das Leistungspotenzial des Lernenden ausschöpfen. Bei zu schweren oder zu leichten Aufgaben kann der Lernzuwachs nicht beurteilt werden. Ideal wären Anforderungen, die die Schülerin oder der Schüler gerade noch bewältigen kann, die sie bzw. ihn aber nicht überfordern. Ein in diesem Sinne adaptiver Unterricht (▶ Kap. 1.3), der darauf ausgerichtet ist, die Lernfortschritte jeder einzelnen Schülerin und jedes einzelnen Schülers hervortreten zu lassen, setzt folglich die genaue Kenntnis des individuellen Leistungsniveaus der Lernenden voraus.

Leistungsbewertung nach der sachlichen Bezugsnorm

Für die Leistungsbewertung nach der sachlichen oder kriterialen Bezugsnorm muss die Leistungsfeststellung vom *Lernziel* ausgehen. Das Lernziel muss möglichst gut definiert werden, damit erkennbar ist, welche Anforderungen für die Erreichung des Lernziels bewältigt werden müssen bzw. was die Lernenden können müssen, damit das Lernziel erreicht ist. Ausgehend von einer genauen Definition des Lernziels sind verschiedene Stufen der Annäherung an das Lernziel zu definieren und zu operationalisieren. Um etwa mit einer Klassenarbeit feststellen zu können, inwieweit die Schülerinnen und Schüler das Lernziel erreicht haben, müssen Aufgaben gestellt werden, deren Bewältigung verschiedene Grade der Annäherung an das Lernziel wiedergeben. Dazu sind Aufgaben mit ansteigenden Anforderungen erforderlich, mit denen festgestellt werden kann, bis zu welcher Stufe in der Aufgabenrangreihe die Schülerin bzw. der Schüler die Aufgaben löst. Ideal im Sinne einer Leistungsbewertung nach einer sachlichen Bezugsnorm, aber in der Praxis kaum realisierbar, wäre eine Aufgabenreihe, bei der die Schülerin bzw. der Schüler alle Aufgaben bis zu ihrem bzw. seinem Kompetenzniveau löst, ohne dass leichtere Aufgaben nicht bewältigt werden. In diesem Fall gibt die schwierigste Aufgabe, die die Schülerinnen und Schüler bewältigen, den Grad der Annäherung an das Lernziel wieder.

> **Leistungsfeststellung nach der sachlichen Bezugsnorm**
> Die Leistungsfeststellung nach der sachlichen Bezugsnorm erfordert die Festlegung von Anforderungsstufen, die verschiedene Grade der Erreichung des Lernziels wiedergeben.

4.5.2 Bezugsnormorientierung und Unterrichtsgestaltung

Lehrkräfte mit sozialer und individueller Bezugsnormorientierung unterscheiden sich darin, inwieweit sie ihre Lernangebote im Unterricht differenzieren. Lehrkräfte mit sozialer Bezugsnormorientierung neigen zu einem nicht-differenzierenden Unterricht, da sie allen Lernenden die gleichen Anforderungen stellen müssen, um Leistungsunterschiede zwischen ihnen deutlich werden zu lassen (Angebotsgleichheit; Rheinberg & Krug, 2005). Erhalten alle Schüler die gleichen Lernangebote, bleibt weniger Freiraum für eine individuelle Gestaltung des Lernangebots.

Lehrkräfte mit individueller Bezugsnormorientierung richten demgegenüber ihre Aufmerksamkeit stärker auf individuelle Leistungsveränderungen. Diese werden am ehesten deutlich, wenn die Schülerinnen und Schüler Lernangebote erhalten, die ihrem Leistungsniveau entsprechen. Die Leistungsfeststellung nach einer individuellen Bezugsnorm erfordert daher auch eine weitgehende *Individualisierung des Lernangebotes*, um Lernfortschritte der Schülerinnen und Schüler bestmöglich sichtbar zu machen (Rheinberg, 2001). Der Unterricht von Lehrkräften mit individueller Bezugsnormorientierung weist folglich ein höheres Ausmaß an innerer Differenzierung auf.

> **Bezugsnormorientierung und Differenzierung des Unterrichts**
> Lehrkräfte mit individueller Bezugsnormorientierung neigen stärker als Lehrkräfte mit sozialer Bezugsnormorientierung zu einer Individualisierung des Unterrichts.

4.5.3 Bezugsnormorientierung und Leistungsattribution

Lehrkräfte mit einer sozialen Bezugsnormorientierung richten ihre Aufmerksamkeit vor allem auf die *interindividuellen Leistungsunterschiede* innerhalb der Klasse, die die Basis für die Schulleistungsbeurteilung nach einer klasseninternen bzw. sozialen Bezugsnorm darstellen. Dabei machen sie die Erfahrung, dass sich die Position der einzelnen Schülerin und des einzelnen Schülers im Leistungsspektrum der Klasse im Laufe der Schuljahre in der Regel nur wenig ändert. Sie gehören häufig über ihre gesamte Schulzeit entweder zu den guten, zu den mittelmäßigen oder zu den schlechten Schülerinnen und Schülern; große Veränderungen in der Leistungshierarchie der Klasse sind relativ selten.

Vor dem Hintergrund der Erfahrung stabiler interindividueller Leistungsunterschiede innerhalb der Klasse tendieren die Lehrkräfte mit sozialer Bezugsnormorientierung dazu, Schulleistungen auf *zeitstabile und unkontrollierbare Faktoren* zurückzuführen (Rheinberg, 1980). Gute Lernergebnisse sind für sie in erster Linie Ausdruck einer hohen Begabung oder einer überdurchschnittlichen Intelligenz, schlechte Lernergebnisse die Folge in einer mangelnden Begabung oder fehlenden Fähigkeiten des Schülers. Diese *Leistungsattribution* wirkt sich auf ihre Einschätzung der zukünftigen Leistungsentwicklung der Schülerinnen und Schüler aus. Lehrkräfte, die Schulleistungen in erster Linie auf zeitstabile Faktoren (z. B. Begabung) zurückführen, rechnen damit, dass die Leistungen in Zukunft stabil bleiben werden. Von leistungsstarken Schülerinnen und Schüler erwarten sie daher, dass sie ihr Leistungsniveau halten, bei leistungsschwachen Schülerinnen und Schülern rechnen sie damit, dass sie auch in Zukunft geringe Schulleistungen zeigen.

Im Unterschied zu Lehrkräften mit sozialer Bezugsnormorientierung richtet sich die

Aufmerksamkeit von Lehrkräften mit *individueller Bezugsnormorientierung* stärker auf die *Leistungsentwicklung* der Lernenden. Diese Perspektive sensibilisiert sie besonders für die Effekte zeitvariabler und von den Lernenden selbst kontrollierbarer Faktoren. Sie suchen daher die Ursachen für schlechte Schulleistungen eher in *veränderbaren* Faktoren wie in mangelnden Anstrengungen, ineffektiven Lernstrategien oder im geringen Interesse der Schülerinnen und Schüler, aber auch in Unzulänglichkeiten des Unterrichts; gute Schulleistungen betrachten sie als das Ergebnis der besonderen Anstrengungen und der hohen Lernmotivation der Lernenden (Rheinberg, 2001).

Werden Schulleistungen vorrangig auf zeitvariable Faktoren zurückgeführt, sind langfristige Leistungsprognosen nur bedingt möglich. Nach den Vorstellungen von Lehrkräften mit einer individuellen Bezugsnormorientierung wird die zukünftige Leistungsentwicklung der Schülerinnen und Schüler daher stärker von ihrer Motivation und Anstrengungsbereitschaft sowie von der Qualität des Unterrichts bestimmt, als von ihrer Begabung und Intelligenz.

> **Bezugsnormorientierung und Leistungsattribution**
> Lehrkräfte mit sozialer Bezugsnormorientierung neigen dazu, Schulleistungen auf stabile und unkontrollierbare Ursachen (Begabung, Fähigkeit) zurückzuführen. Lehrkräfte mit individueller Bezugsnormorientierung suchen die Ursachen für Schulleistungen stärker in veränderbaren Faktoren (Anstrengungen, Lernstrategien).

Tabelle 4.3 fasst die Folgen der Bezugsnormorientierung von Lehrkräften zusammen.

Tab. 4.3: Bezugsnormorientierungen von Lehrkräften

	Soziale Bezugsnormorientierung	Individuelle Bezugsnormorientierung
Leistungsvergleiche	Interindividuelle Leistungsvergleiche	Intraindividuelle Leistungsvergleiche
Kausalattribution	Schulleistungen werden auf stabile, unkontrollierbare Faktoren zurückgeführt, z. B. Begabung Fähigkeiten	Schulleistungen werden auf variable und kontrollierbare Faktoren zurückgeführt, z. B. Anstrengung des Schülers Lernstrategien unterrichtsbezogene Faktoren
Leistungserwartungen	Langfristige Leistungserwartungen	Kurzfristige Leistungserwartungen
Sanktionsstrategien	Orientiert an interindividuellen Leistungsunterschieden: Überdurchschnittliche Schulleistungen werden belohnt.	Orientiert an der individuellen Leistungsentwicklung: Lernfortschritte werden belohnt.
Leistungsfeststellung	Angebotsgleichheit Alle Schüler erhalten gleiche Anforderungen.	Prinzip der Passung Anforderungen werden an individuellen Leistungsstand angepasst.

Anmerkungen. Tabelle nach Rheinberg (2001)

4.6 Diagnostik der Bezugsnormorientierung

Zur Erfassung der Bezugsnormorientierung von Lehrkräften werden verschiedene diagnostische Ansätze verfolgt (▶ Tab. 4.4), die Aufschluss darüber geben, inwieweit sich die Lehrkraft bei der Bewertung schulischer Leistungen ausschließlich an interindividuellen Leistungsvergleichen orientiert oder darüber hinaus auch eine intraindividuelle Vergleichsperspektive zugrunde legt (vgl. Dickhäuser & Rheinberg, 2003).

- Beurteilung fiktiver Schulleistungen
  Lehrkräften werden fiktive Schulleistungen zur Beurteilung vorgelegt, um aus ihren Benotungen Rückschlüsse über die zugrundeliegende Vergleichsperspektive zu ziehen.
- Selbstbeurteilte Bezugsnormorientierung
  Lehrkräfte werden nach ihren Bewertungsmaßstäben und ihren leistungsbezogenen Einstellungen befragt. Aus den Selbstbeurteilungen wird auf die zugrundeliegende Bezugsnormorientierung geschlossen.
- Perzipierte Bezugsnormorientierung
  Die Schülerinnen und Schüler werden danach gefragt, wie ihre Lehrkraft Schulleistungen bewertet.

Tab. 4.4: Diagnostische Ansätze zur Erfassung der Bezugsnormorientierung

Diagnostischer Ansatz	Vorgehen	Diagnostisches Verfahren
Beurteilung fiktiver Schulleistungen	Aus den Bewertungen fiktiver Schulleistungen wird auf die dominierende Vergleichsperspektive der Lehrkraft geschlossen.	Kleine Beurteilungsaufgabe (KBA; Rheinberg, 1980)
Selbstbeurteilte Bezugsnormorientierung	Aus Stellungnahmen der Lehrkraft zu Leistung und Unterrichtsgestaltung wird auf die Bezugsnormorientierung der Lehrkraft geschlossen.	Fragebogen zur Erfassung von Bezugsnorm-Orientierung (FEBO; Rheinberg, 1980)
Perzipierte Bezugsnormorientierung	Die Schülerinnen und Schüler werden befragt, wie ihr Lehrer Schulleistungen bewertet.	Schülerperzipierte Lehrerbezugsnorm (SPLB; Schwarzer, Lange & Jerusalem, 1982b).

Die kleine Beurteilungsaufgabe (KBA)

Rheinberg (1980, 2014) hat zur Erfassung der Bezugsnormorientierung von Lehrkräften eine »*Kleine Beurteilungsaufgabe*« (KBA) entworfen. Den Lehrkräften werden (fiktive) Punktwerte dreier Schultests vorgegeben, die neun Schülerinnen und Schüler einer Klasse im monatlichen Abstand erzielt haben. Zusätzlich zu den individuellen Testergebnissen wird die Lehrkraft über die durchschnittliche Punktzahl der Schulklasse und die Anzahl der maximal erreichbaren Punkte in dem Schultest informiert. Die Aufgabe der Lehrkraft besteht darin, das jeweils letzte Testergebnis der neun Schülerinnen und Schüler zu bewerten.

Die fiktiven Testergebnisse der neun Schülerinnen und Schüler variieren so, dass die Bewertung des letzten Testergebnisses die bevorzugte Bezugsnorm der Lehrkraft erkennen lässt. Das letzte Testergebnis der Schülerinnen und Schüler ist im interindividuellen (sozialen) Vergleich entweder unterdurchschnittlich, durchschnittlich oder überdurchschnittlich, im intraindividuellen (individuellen) Vergleich über die drei Testzeitpunkte hinweg entweder ansteigend, gleichbleibend oder abfallend und unterscheidet sich im Hinblick auf den Abstand zu dem maximal erreichbaren Punktwert.

Um die *individuelle Bezugsnormorientierung* festzustellen, werden die Bewertungen der Testergebnisse für diejenigen Schülerinnen und Schüler verglichen, die zwar das gleiche Endergebnis erzielt haben, deren Leistungsentwicklung aber eine ansteigende, gleichbleibende oder abfallende Tendenz aufweist. Je stärker sich die Lehrkraft bei der Bewertung an einer individuellen Bezugsnorm orientiert, desto größer sollten die Bewertungsdifferenzen zwischen den Schülern mit abfallender und ansteigender Tendenz ausfallen. Diese Differenz wird als Maß für die *Tendenzorientierung* der Lehrkraft interpretiert.

Zur Erfassung der *sozialen Bezugsnormorientierung* werden die Bewertungen derjenigen Schülerinnen und Schüler verglichen, die die gleiche Tendenz in ihrer Leistungsentwicklung aufweisen, aber in ihrem letzten Test entweder ein unterdurchschnittliches, durchschnittliches oder überdurchschnittliches Testergebnis erzielten. Je mehr sich die Lehrkraft an einer sozialen Bezugsnorm orientiert, desto größer sollten die Bewertungsdifferenzen zwischen den Schülern mit unterdurchschnittlichen und überdurchschnittlichen Testleistungen sein. Dieser Differenzwert gilt als Maß für die *Niveauorientierung* der Lehrkraft (Rheinberg, 1980).

Fragebogen zur Erfassung der Bezugsnormorientierung (FEBO)

Mit dem *Fragebogen zur Erfassung von Bezugsnorm-Orientierung* (FEBO) von Rheinberg (1980) wird die Bezugsnormorientierung über die *Selbstbeurteilungen* der Lehrkräfte erfasst. Die Bezugsnormorientierung wird dabei als eine stabile und generalisierte Beurteilungsdisposition der Lehrkraft aufgefasst, die sich nicht nur in der Bewertung von Schulleistungen zeigt, sondern auch in anderen leistungsbezogenen Einstellungen und Überzeugungen zum Ausdruck kommt. Die leistungsbezogenen Einstellungen betreffen die im Kapitel 4.5 beschriebenen fünf Bereiche, die jeweils mit einer Subskala des FEBO erfasst werden (▶ Tab. 4.5).

- **Vergleichsperspektive**
  Lehrkräfte mit individueller und sozialer Bezugsnormorientierung unterscheiden sich in ihrer Perspektive beim Leistungsvergleich. Lehrkräfte mit individueller Bezugsnormorientierung achten bei der Bewertung der Schulleistungen besonders auf intraindividuelle Veränderungen der Schulleistungen, Lehrkräfte mit sozialer Bezugsnormorientierung stärker auf interindividuelle Leistungsunterschiede.

- **Kausalattribution von Lernleistungen**
  Lehrkräfte mit individueller und sozialer Bezugsnormorientierung unterscheiden sich in der Leistungsattribution. Lehrkräfte mit sozialer Bezugsnormorientierung führen Schulleistungen eher auf stabile und unkontrollierbare Ursachen (z. B. die Begabung der Schülerinnen und Schüler), Lehrkräfte mit individueller Bezugsnormorientierung eher auf variable Ursachen (z. B. die Anstrengung der Schülerinnen und Schüler) zurück.

- **Erwartung zukünftiger Schulleistungen**
  Lehrkräfte mit sozialer Bezugsnormorientierung haben längerfristige und stabile Leistungserwartungen, da sie Schulleistungen vorrangig auf zeitstabile Ursachen (z. B. auf die Begabung) zurückführen. Sie rechnen damit, dass Schülerinnen und Schüler auch in Zukunft ihr Leistungsniveau beibehalten. Demgegenüber machen Lehrkräfte mit individueller Bezugsnormorientierung stärker variable Ursachen (wie z. B. die Anstrengung) für die Schulleistungen verantwortlich und rechnen daher eher damit, dass sich die Leistungen der Schülerinnen und Schüler in Zukunft ändern können.

- **Individualisierung des Unterrichts**
  Lehrkräfte mit sozialer und individueller Bezugsnormorientierung unterscheiden sich darin, wie stark sie ihren Unterricht *individualisieren*. Lehrkräfte mit sozialer Bezugsnormorientierung sind darauf bedacht, gleiche Lernangebote für alle Lernenden zu realisieren, um die Leistungsunterschiede zwischen ihnen beurteilen zu können. Dagegen erfordert die individuelle Bezugsnorm, Lernanforderungen an das individuelle Leistungsniveau der Schülerinnen und Schüler anzupassen, um Lernfortschritte beurteilen zu können.
- **Sanktionierungsstrategie der Lehrkraft**
  Die Bezugsnormorientierung kommt auch in der *Sanktionierungsstrategie* der Lehrkraft zum Ausdruck. Lehrkräfte mit sozialer Bezugsnormorientierung belohnen Schülerinnen und Schüler, wenn sie überdurchschnittliche Schulleistungen zeigen, während Lehrkräfte mit individueller Bezugsnormorientierung stärker Leistungsverbesserungen honorieren.

Der FEBO umfasst 39 Items, die jeweils auf einer sechsstufigen Antwortskala (»völlig unzutreffend« bis »völlig zutreffend«) beantwortet werden. Die Items sind fünf Subskalen zugeordnet, die solche Einstellungen der Lehrkräfte erfassen, die mit ihrer Bezugsnormorientierung einhergehen: Leistungsvergleich, Ursachenzuschreibung von Schülerleistungen, Individualisierungstendenzen, Lehrererwartungen und Sanktionierungsstrategien. Tabelle 4.5 zeigt Beispielitems für die fünf Subskalen des FEBO. Aus den 39 Antworten wird ein Gesamtwert gebildet, der die Stärke der individuellen Bezugsnormorientierung der Lehrkraft wiedergibt. Die interne Konsistenz des FEBO liegt bei $\alpha = .80$ (Rheinberg, 1980).

Tab. 4.5: Fragebogen zur Erfassung von Bezugsnorm-Orientierung (FEBO)

Fragebogen zur Erfassung von Bezugsnorm-Orientierung (FEBO)	
Leistungsvergleich	• Wenn ich von einer »schlechten Leistung« spreche, so meine ich damit ein Ergebnis, das deutlich unter dem Klassendurchschnitt liegt. (SB)
Ursachenzuschreibung von Schülerleistungen	• Ich finde meistens schnell heraus, wie begabt ein Schüler ist. (SB) • Schulleistungsunterschiede innerhalb der Klasse lassen sich nach meinen Erfahrungen weitestgehend auf Begabungsunterschiede zwischen den einzelnen Schülern zurückführen. (SB)
Lehrererwartungen	• Nach meinen Erfahrungen bleiben die Leistungen, die ein Schüler im Laufe eines Jahres zeigt, abgesehen von kurzfristigen Schwankungen meist auf dem gleichen Niveau. (SB) • Selbst wenn ich einen Schüler mehrere Jahre unterrichtet habe, so könnte ich kaum vorhersagen, wie dieser Schüler im kommenden Schuljahr abscheiden wird. (IB)
Individualisierungstendenzen	• Wenn ich im Unterricht einer Klasse Aufgaben stelle, so achte ich darauf, dass ein leistungsschwächerer Schüler objektiv leichtere Aufgaben, eine leistungsstärkerer Schüler objektiv schwierigere Aufgaben erhält. (IB) • Ich halte es für gerecht, leistungsschwächeren Schülern einer Klasse leichtere Aufgaben zu stellen als leistungsstärkeren Schülern. (IB)
Sanktionsstrategien	• Wenn ich mich zur Leistung eines Schülers lobend oder tadelnd äußere, so hängen Lob und Tadel vornehmlich davon ab, ob diese Leistung über oder unter dem Klassendurchschnitt liegt. (SB)

Anmerkungen. Beispielitems des *Fragebogens zur Erfassung von Bezugsnorm-Orientierung* (FEBO, Rheinberg, 1980). SB: Item gibt eine soziale Bezugsnormorientierung wieder. IB: Item gibt eine individuelle Bezugsnormorientierung wieder.

Die vom Schüler perzipierte Bezugsnormorientierung

Ein weiterer diagnostischer Zugang zur Bestimmung der Bezugsnormorientierung der Lehrkraft besteht darin, die Schülerinnen und Schüler selbst zur Bewertungsstrategie ihrer Lehrkraft zu befragen. Köller (2004) verwendet in seinen Studien eine modifizierte Version der Skala *Schülerperzipierte Lehrerbezugsnorm* (SPLB) von Schwarzer, Lange und Jerusalem (1982b). Die SPLB enthält zehn Items, die die Bewertungsgewohnheiten und das Sanktionsverhalten der Lehrkraft aus Schülersicht nach der individuellen oder sozialen Bezugsnorm beschreiben (▶ Tab. 4.6). Aus den zehn Items, die jeweils auf einer vierstufigen Antwortskala beantwortet werden, wird ein Summenwert gebildet, der den Grad wiedergibt, in dem sich die Lehrkraft bei der Bewertung aus der Sicht der Schülerinnen und Schüler stärker an einem intraindividuellen als an einem interindividuellen Leistungsvergleich orientiert. Die durchschnittliche Beurteilung aller Schülerinnen und Schüler einer Klasse gibt die individuelle Bezugsnormorientierung der Lehrkraft wieder.

Tab. 4.6: Schülerperzipierte Lehrerbezugsnorm (SPLB)

Schülerperzipierte Lehrerbezugsnorm (SPLB)
• Wenn sich ein schwacher Schüler verbessert, ist das für unseren Lehrer eine gute Leistung, auch wenn der Schüler immer noch unter dem Klassendurchschnitt liegt.   • Wenn ich mich besonders angestrengt habe, lobt mich der Lehrer meistens, auch wenn andere Schüler noch besser sind als ich.   • Wenn ein Schüler seine Leistungen verbessert, wird er vom Lehrer gelobt, auch wenn er im Vergleich zur Klasse unter dem Durchschnitt liegt.   • Unser Lehrer lobt auch die schlechten Schüler, wenn er merkt, dass sie sich verbessern.

Anmerkungen. Beispielitems der Skala *Schülerperzipierte Lehrerbezugsnorm* (SPLB; Schwarzer, Lange & Jerusalem, 1982b) zur Erfassung der individuellen Bezugsnormorientierung modifiziert von Köller (2004).

Die Bezugsnormorientierung von Schülern

Die SPLB erfasst, welche Bezugsnormorientierung die Schülerinnen und Schüler bei der Leistungsbeurteilung ihrer Lehrkraft wahrnehmen. Diese von ihnen wahrgenommene Bezugsnormorientierung der Lehrkraft muss von der Bezugsnormorientierung unterschieden werden, die die Schülerinnen und Schüler selbst bei der Bewertung ihrer eigenen Schulleistungen anlegen. Auch Schülerinnen und Schüler können bei der Bewertung ihrer eigenen Schulleistungen eine intraindividuelle oder eine interindividuelle Vergleichsperspektive anlegen. Ein Beispiel für diesen Ansatz ist der *Fragebogen zur Bezugsnormorientierung bei der Selbstbewertung* (FBno-S; Dickhäuser & Rheinberg, 2002; Schöne et al., 2004) zur Erfassung der Bezugsnormorientierung von Studierenden. Der Kurzfragebogen besteht aus zwei Skalen mit jeweils vier Items, die eine soziale bzw. eine individuelle Vergleichsperspektive bei der Bewertung der eigenen Leistung von Studierenden zum Ausdruck bringen (▶ Tab. 4.7).

Tab. 4.7: Bezugsnormorientierung bei der Selbstbewertung (FBno-S)

Soziale Bezugsnormorientierung

- Wenn ich bei mir von einer ›Leistungsverbesserung‹ sprechen kann, muss ich wiederholt Leistungen zeigen, die, verglichen mit meinen Kommiliton(inn)en, deutlich über dem Durchschnitt liegen.
- Wenn ich von einer »guten Leistung« spreche, dann meine damit ein Ergebnis, das verglichen mit meinen Kommiliton(inn)en, deutlich über dem Durchschnitt liegt.
- Wenn ich von einer »schlechten Leistung« spreche, dann muss ich wiederholt Leistungen zeigen, die unter dem Durchschnitt liegen.

Individuelle Bezugsnormorientierung

- Wenn ich von einer »guten Leistung« spreche, dann meine ein Ergebnis, das besser ist als meine Ergebnisse in der Vergangenheit.
- Wenn ich meine Leistung beurteilen will, achte ich gewöhnlich darauf, ob ich mich im Vergleich zu früheren Ergebnissen verbessert oder verschlechtert habe.
- Wenn ich meine Leistung beurteilen will, so vergleiche ich mein erzieltes Ergebnis nicht so sehr mit entsprechenden Ergebnissen meiner Kommiliton(inn)en, sondern stärker mit den Ergebnissen, die ich zuvor bei vergleichbaren Aufgaben erzielt habe.

Anmerkungen. Beispielitems der Skala *Bezugsnormorientierung bei der Selbstbewertung* (FBno-S; Dickhäuser & Stiensmeier-Pelster (2000) zur Erfassung der Bezugsnormorientierung von Studierenden

4.7 Psychometrische Qualität der Benotung von Schulleistungen

Die Benotung von Lernergebnissen kann als ein Messvorgang betrachtet werden, dessen Qualität anhand der Gütekriterien der psychologischen Diagnostik (▶ Kap. 3.3) überprüft werden kann. Die Gütekriterien geben Aufschluss darüber, wie genau und wie valide die Benotung der Lernergebnisse die Schulleistungen des Lernenden abbilden. Zur diagnostischen Qualität der Schulnoten liegen zahlreiche Studien vorwiegend aus den 1960er und 70er Jahren vor, in denen die schulische Benotungspraxis nach *messtheoretischen Kriterien* überprüft wurde. Einen Überblick über die Befundlage gibt der im Jahre 1971 erschienene Sammelband von Karlheinz Ingenkamp mit dem Titel »Die Fragwürdigkeit der Zensurengebung« (Ingenkamp, 1995), in dem nationale und internationale Studien zur Objektivität, Reliabilität und Validität aus den 1920er bis 1970er Jahren zusammenstellt wurden. Dieser Sammelband löste eine intensive Auseinandersetzung mit der schulischen Benotungspraxis aus und bildete eine wesentliche Grundlage für Kritik an der Zensurengebung, die in den 1970er und 1980er Jahren einsetzte.

4.7.1 Objektivität der Benotung von Schulleistungen

Die Objektivität der Schulleistungsdiagnostik ist gegeben, wenn die Bewertung nur von der Lernleistung der Schülerinnen und Schüler abhängig ist, nicht aber von den Bedingungen, unter denen die Lernergebnisse erhoben werden, oder von der Lehrkraft, die sie bewertet (▶ Kap. 3.2.1). Überprüft wurde vor allem die *Auswertungs- und Interpreta-*

tionsobjektivität der Schulleistungsdiagnostik. Diese zeigt sich darin, dass die Feststellung und die Benotung der Lernergebnisse unabhängig von der Person der Lehrkraft erfolgen. Um dies zu überprüfen, wurde ein und dasselbe Lernergebnis (z. B. ein Aufsatz oder eine Mathematikarbeit) mehreren Lehrkräften zur Korrektur und Benotung vorgelegt und anschließend ermittelt, inwieweit die Lehrkräfte in ihrer Beurteilung übereinstimmen.

Die Studien, in denen die Ergebnisse schriftlicher Leistungsprüfungen (z. B. Aufsätze, Mathematikarbeiten) von mehreren Lehrkräften bewertet wurden, zeigen übereinstimmend eine eingeschränkte Objektivität der Benotung von Schulleistungen in allen Unterrichtsfächern (zur Übersicht Ingenkamp, 1995; Ingenkamp & Lissmann, 2005).

- Bereits Anfang des 20. Jahrhunderts (1913) konnten Starch und Elliot (1995) zeigen, dass selbst bei Mathematikarbeiten keine *Auswertungsobjektivität* gegeben ist. Die Autoren legten eine Mathematikarbeit bestehend aus 10 geometrischen Aufgaben 128 Fachlehrern vor, die die Arbeit nach einem Punktesystem mit maximal 100 Punkten korrigierten. Die Korrekturergebnisse wiesen eine enorme Spannweite auf. Für *dieselbe* Arbeit wurden 28 bis maximal 92 Punkte vergeben; 24 Lehrkräfte bewerteten die Arbeit mit 60 oder weniger Punkten, 20 Lehrkräfte vergaben 80 oder mehr Punkte.
- Die Ergebnisse von Starch und Elliot (1995) konnte Birkel (2005) in einer neueren Studie replizieren. Der Autor ließ 131 Fachlehrer vier Mathematikarbeiten aus vierten Grundschulklassen auswerten und benoten. Bei ein und derselben Arbeit schwankten die vergebenen Punkte bei der Korrektur um bis zu 43 Prozentpunkte, die Noten differierten um bis zu 2,75 Notenstufen.
- In einer viel beachteten Studie aus dem Jahre 1965 ließ Weiss (1995) 92 Lehrkräfte zwei kurze Aufsätze hinsichtlich der Rechtschreibung, des Stils und des Inhalts benoten. Nur etwa 40 bis 45 % der Lehrkräfte vergaben die gleiche Note. Die Spannweite der für einen Aufsatz vergebenen Noten reichte von »sehr gut« bis »ausreichend«.
- Ähnliche Ergebnisse fanden Birkel und Birkel (2002), die 89 Grundschullehrkräften vier Schüleraufsätze, die sich in der Länge, der Qualität und der Anzahl der Rechtschreibfehler unterschieden, zur Benotung vorlegten. Zwar unterschied sich die Durchschnittsnote je nach Qualität der Aufsätze, die Lehrkräfte stimmten in ihren Benotungen aber nur wenig überein. Je nach Aufsatz streuten die Noten zwischen drei und vier Notenstufen.
- Dass selbst die Korrektur der Rechtschreibung im Diktat nicht objektiv erfolgt, konnte Birkel (2009) zeigen. Der Autor ließ 415 Grund- und Hauptschullehrkräften mit Unterrichtserfahrung im Fach Deutsch jeweils zwei Diktate für die siebte Hauptschulklasse korrigieren. Überraschenderweise wies die Anzahl der identifizierten Rechtschreibfehler eine enorme Streubreite auf. Zwar stimmten die Lehrkräfte im Hinblick auf die Korrektur der Orthografiefehler überein, sie unterschieden sich aber darin, inwieweit sie »kleine« Fehler berücksichtigten, zum Beispiel wie sie ausgelassene i-Punkte, fehlende Umlautpunkte oder ausgelassene t-Striche bewerteten, welche Interpunktionsfehler sie berücksichtigten, wie sie mit uneindeutigen Schreibweisen verfuhren oder wie sie Fehler bewerteten, die im Text mehrfach vorkamen.

Diese und weitere Studien (z. B. Haecker, 1971; Hartog & Rhodes, 1995) zeigen, dass die Bewertung von Schulleistungen nicht immer den psychometrischen Anforderungen im Hinblick auf die Objektivität erfüllen. Selbst bei vermeintlich leicht objektivierbaren Leistungen wie zum Beispiel bei Mathematikarbeiten oder Diktaten bleibt den Lehrkräften ein Ermessensspielraum, der dazu führt, dass sie bei gleichen Leistungen nicht immer zu dem gleichen Ergebnis kommen. Neben der Auswertungsobjektivität ist auch die *Interpretationsobjektivität* eingeschränkt, da die Lehrkräfte bei der Benotung von Schulleistungen unterschiedliche Bewertungsmaßstäbe anlegen. Zwar kann durch eine Vereinheitlichung der Auswertungs- und Bewertungskriterien in Form von *Kriterienkatalogen* – etwa bei der Aufsatzbenotung – die Objektivität verbessert werden, eine vollständige Objektivität der Feststellung und Beurteilung der Lernergebnisse wird jedoch nicht erreicht.

4.7.2 Reliabilität der Benotung von Schulleistungen

Die Reliabilität eines Messverfahrens zeigt sich darin, dass wiederholte Messungen zu dem gleichen Ergebnis führen (▶ Kap. 3.3.2). Überträgt man dieses Konzept auf die Benotung von Schulleistungen, sollten Lehrkräfte bei wiederholter Bewertung ein und derselben Schulleistung auch zu dem gleichen Ergebnis gelangen. Zur Überprüfung der Reliabilität wurden den Lehrkräften schriftliche Prüfungsleistungen nach einiger Zeit erneut zur Benotung vorgelegt.

- In einer Studie aus dem Jahre 1939 ließ Eells (1995) 61 Lehrkräfte schriftliche Antworten von Schülerinnen und Schülern auf Fragen zur Geographie und zur Geschichte nach 11 Wochen erneut bewerten. Zwischen den Bewertungen zu den beiden Messzeitpunkten ergaben sich nur geringe Retest-Korrelationen von $r = .25$ bzw. $r = .51$.
- Dicker (1995) fand nur eine geringe Übereinstimmung in der Benotung einer Mathematikarbeit nach drei Monaten. Von den 24 Hauptschullehrkräften, die die Arbeit zweimal bewerteten, vergaben nur acht Lehrkräfte die gleiche Note, bei sieben Lehrkräften wich die zweite Note um eine Notenstufe von der ersten ab. Die Korrelation zwischen der ersten und zweiten Benotung erreichte nur $r = .46$.

Die wenigen Studien zur Reliabilität zeigen, dass Lehrkräfte bei wiederholter Benotung von Schulleistungen nicht immer zu dem gleichen Ergebnis kommen. Offenbar ist die Benotung von Schulleistungen messfehleranfällig. Mögliche *Messfehlerquellen* könnten darin liegen, dass Lehrkräfte bei der Bewertung von Schulleistungen mehrdeutige oder unpräzise Kriterien heranziehen, die Kriterien ändern oder inkonsistent gewichten oder einen ungenauen oder inkonsistenten Bewertungsmaßstab anlegen, so dass sie bei erneuter Bewertung ein und derselben Schulleistung zu anderen Ergebnissen kommen.

4.7.3 Validität der Benotung von Schulleistungen

Die Validität der schulischen Leistungsbeurteilung betrifft die Frage, inwieweit mit der Benotung schriftlicher und mündlicher Lernergebnisse tatsächlich nur die Leistung der Lernenden und nicht etwa andere Aspekte bewertet werden. Nach dem psychometrischen Ansatz wird die Validität im Sinne der *Kriteriumsvalidität* (▶ Kap. 3.3.3) durch die Übereinstimmung der Schulnoten mit einem Kriterium überprüft, das die Schulleistung möglichst gut repräsentiert.

4.7.3.1 Konkurrente Validität von Schulnoten

Als Kriterium zur Überprüfung der Validität der schulischen Leistungsbeurteilung werden in der Regel die Ergebnisse objektiver Schulleistungstests herangezogen. Die in vielen Studien ermittelten Korrelationen zwischen den Schulnoten und den Ergebnissen von Schulleistungstests variieren je nach Unterrichtsfach, Schulform und eingesetztem Schulleistungstest; im Mittel liegen sie zwischen $r = -.5$ und $r = -.6$ (z. B. Sauer & Gamsjäger, 1996). Danach können im Durchschnitt nur etwa 25 % bis 36 % der Notenvarianz durch die über Schulleistungstests erfassten Schulleistungen aufgeklärt werden. Nach diesen Ergebnissen muss man davon ausgehen, dass Schulnoten nicht ausschließlich die Leistung der Schülerinnen und Schüler, wie sie durch die Schulleistungstests gemessen wird, wiedergeben. Dies bestätigen auch Studien, die zeigen, dass leistungsfremde Merkmale – etwa der soziale Hintergrund, das Geschlecht oder die Handschrift der Schülerinnen und Schüler – die Benotung der Schulleistungen beeinflussen (vgl. Ingenkamp & Lissmann, 2005; Starch & Elliott, 1995).

- Längere Aufsätze wurden besser benotet als kürzere (Birkel & Birkel, 2002).
- Die Anzahl der grammatikalischen und orthographischen Fehler hat Einfluss auf die Benotung, selbst dann, wenn die Lehrkräfte instruiert werden, nur den Inhalt des Aufsatzes zu bewerten (Birkel & Birkel, 2002; Marshall, 1967).
- Aufsätze mit einer unsauberen und unleserlichen Handschrift werden schlechter benotet (Osnes, 1995).
- Die Reihenfolge, in der die Aufsätze korrigiert wurden, hat Einfluss auf die Benotung. Aufsätze, die als erste korrigiert wurden, werden schlechter benotet als Aufsätze, die später korrigiert werden (Baumann, 1975).
- Vorinformationen über das Leistungspotenzial des Schülers haben Einfluss auf die Benotung. Aufsätze, die einem leistungsstarken Schüler zugeschrieben werden, werden besser bewertet als Aufsätze, die von einem vermeintlich leistungsschwachen Schüler stammen (Ferdinand, 1971; Wieczerkowski & Kessler, 1970).

- In allen Schulfächern zeigt sich ein Einfluss des Geschlechts auf die Bewertung schulischer Leistungen (Budde, 2009; Hannover & Kessels, 2011; Treutlein & Schöler, 2009). Mädchen erhalten bei gleichen Schulleistungen bessere Noten als Jungen, die demnach für die gleiche Note eine höhere Leistung erbringen müssen.

Offenbar wird mit der Schulnote nicht ausschließlich die aktuelle Leistung bewertet, auch leistungsfremde Merkmale – zum Beispiel die soziale Herkunft oder das Geschlecht des Schülers – ebenso wie nichtleistungsrelevante Merkmale der Schulleistung – zum Beispiel die Sauberkeit des Schriftbildes – können sich auf die Benotung auswirken.

Große Unterschiede zwischen Lehrkräften

Die Befunde zur Übereinstimmungsvalidität von Schulnoten basieren auf den durchschnittlichen Korrelationen, die über Klassen bzw. über Lehrkräfte hinweg gemittelt wurden. Die klassenspezifischen bzw. lehrkraftspezifischen Korrelationen zwischen den Schulnoten und den Ergebnissen von Schulleistungstests weisen dabei eine beträchtliche *Streuung* auf. So variierten beispielsweise in der Studie von Schrader und Helmke (1990) die Korrelationen in 32 Hauptschulklassen der 6. Klassenstufe von $r = -.42$ bis $r = -.90$. Bei Thiel und Valtin (2002) lagen die Rangkorrelationen zwischen der Mathematiknote und einem Mathematiktest zwischen $r = -.50$ und $r = -.88$. Die große Streuung der Korrelationskoeffizienten zeigt, dass das Ausmaß, in dem die Benotung mit den Ergebnissen des Schulleistungstests übereinstimmt, in hohem Maße von der Lehrkraft abhängt. Dies kann als Ausdruck der unterschiedlichen *diagnostischen Kompetenz* der Lehrkräfte gewertet werden: Offenbar unterscheiden sich Lehrkräfte darin, wie gut es ihnen gelingt, in ihren Benotungen die tatsächlichen Leistungsunterschiede in ihrer Klasse abzubilden (▶ Kap. 5.1.2). Die große Streuung der Korrelationen dürfte aber auch auf *unterschiedlichen Benotungsstrategien* der Lehrkräfte basieren. So unterscheiden sich Lehrkräfte darin, inwieweit sie bei der Benotung von Lernergebnissen neben der Schulleistung auch andere Gesichtspunkte, wie zum Beispiel die Motivation oder die individuellen Lernfortschritte der Schülerinnen und Schüler berücksichtigen (▶ Kap. 4.8).

4.7.3.2 Prognostische Validität von Schulnoten

Schulnoten haben nicht nur pädagogische Funktionen, sondern werden auch zu *Selektionsentscheidungen* herangezogen. Sie sollen gewährleisten, dass nur die Leistungsfähigsten bzw. die Geeigneten Zugang zu weiterführenden Bildungsgängen oder anspruchsvollen beruflichen Positionen erhalten (▶ Kap. 4.1.2). Ob Schulnoten dieser Funktion gerecht werden, hängt auch davon ab, wie gut Schulnoten den zukünftigen Erfolg im Studium vorhersagen können.

In den Studien zur *Prognose des Studienerfolgs* erwiesen sich Schulnoten insgesamt als gute Prädiktoren. Metaanalysen weisen die Abiturnote als den besten Einzelprädiktor für den Studienerfolg aus (Baron-Boldt, Schuler & Funke, 1988; Gold & Souvignier, 2005; Hell, Trapmann & Schuler, 2008; Trapmann, Hell, Weigand & Schuler, 2007). Die Korrelationen zwischen der Durchschnittsnote im Abitur und den aggregierten (zusammengefassten) Maßen des Studienerfolgs liegen zwischen $r = .30$ und $r = .50$. Beispielsweise ermittelten Baron-Boldt et al. (1988) in ihrer Metaanalyse eine durchschnittliche Korrelation von $r = .46$ zwischen den Schulabschlussnoten und dem Studienerfolg, wobei die Abschlussnote in Mathematik mit $r = .34$ und in Französisch mit $r = .28$ am stärksten mit dem Studienerfolg korrelierten.

Studierfähigkeitstests

Die Leistungsfähigkeit der Schulnoten zur Vorhersage des Studienerfolgs zeigt sich insbesondere im Vergleich mit der prognostischen Validität von *Studierfähigkeitstests*. Studierfähigkeitstests sind diagnostische Verfahren zur Messung der Studieneignung, die von einigen Universitäten zur Auswahl von Studierenden für ein Hochschulstudium als Ergänzung zu Abiturnoten eingesetzt werden. Mit den Studierfähigkeitstests werden entweder *allgemeine* und *fachspezifische* studienrelevante Fähigkeiten erfasst. Allgemeine Studierfähigkeitstests messen kognitive Fähigkeiten, die für die Bewältigung der Anforderungen in allen Studienfächern bedeutsam sind; *fachspezifische* Studierfähigkeitstests erfassen die Eignung für ein spezielles Studienfach, zum Beispiel für ein Medizinstudium. In einer Metaanalyse (Hell, Trapmann & Schuler 2007) über insgesamt 36 Einzelstudien ergab sich eine durchschnittliche (und im Hinblick auf die Reliabilität des Kriteriums und der Variabilitätseinschränkung korrigierte) Korrelation der fachspezifischen Studierfähigkeitstests mit Studienerfolgskriterien (Noten in Zwischen- und Abschlussprüfungen) von $r = .478$. Im Vergleich dazu erzielten die Schulabschlussnoten eine höhere prognostische Validität. Die über alle Schulfächer gemittelte Schulnote korrelierte mit $r = .525$ mit den aggregierten Studienerfolgsindikatoren. Damit übertrifft prognostische Validität der Durchschnittsnote im Abitur die von speziellen Tests, die eigens zur Diagnostik der fachspezifischen Studierfähigkeit konstruiert wurden.

Die Brauchbarkeit fachspezifischer Studierfähigkeitstests als Auswahlinstrument für die Zulassung zum Studium beurteilen die Autoren denn auch zurückhaltend (Hell et al., 2008; Schuler & Hell, 2008). Zwar besitzen fachspezifische Studierfähigkeitstests eine substanzielle eigenständige Validität, eine Verbesserung der Prognosekraft von Schulnoten durch die Hinzunahme von Studierfähigkeitstests als weiteres Zulassungskriterium ist jedoch nur unter bestimmen Bedingungen zu erwarten. Mitentscheidend für die Nützlichkeit fachspezifischer Studierfähigkeitstests sind neben der Korrelation mit Qualitätskriterien von Studienabschlüssen auch die Basisrate, Selektionsquote und Erfolgsquote, die für jede Universität spezifisch zu ermitteln sind. So konnten beispielsweise Berry und Sackett (2009) zeigen, dass die prädiktive Validität von Eingangstest bei Collegestudierenden deutlich ansteigt, wenn die unterschiedlichen Anforderungen bzw. Schwierigkeitsgrade der gewählten Lehrveranstaltungen bzw. Fächer kontrolliert werden.

4.8 Schulische Benotungspraxis

Insbesondere der mäßige korrelative Zusammenhang der Schulnoten mit den durch Schulleistungstests gemessenen Leistungen lässt viele Kritiker an der Eignung der Schulnoten für Selektionsentscheidungen zweifeln. Mit Verweis auf die meist weitreichenden Konsequenzen von Abschlusszeugnissen für die Schülerinnen und Schüler halten sie die Validität der schulischen Benotungspraxis für nicht ausreichend, um Selektionsentscheidungen auf der Basis von Schulnoten rechtfertigen zu können (Ingenkamp, 1995, S. 281). Daher wird von einigen Autoren empfohlen, Schulnoten nicht als alleinige Entscheidungsgrundlage für Selektionsentscheidungen – zum Beispiel für die Zulassung zum Studium – zu verwenden (Tent, 2006). Diese kritische Einschätzung der schulischen Benotungspraxis wird mit dem meist nur mittelhohen Zusammenhang der Schulnoten mit dem Abschneiden der Schülerinnen und Schüler in standardisierten Schulleistungstests begründet.

Ob Schulleistungstests ein angemessenes Kriterium zur Beurteilung der Qualität von Schulnoten sind, ist allerdings umstritten. Nach Ansicht von Brookhart (1991) sind die Abweichungen der Schulnoten von den Ergebnissen objektiver Schulleistungstests *nicht* darauf zurückzuführen, dass Lehrkräfte nicht kompetent genug sind, um die Leistung ihrer Schüler zu beurteilen. Der nur mäßige Zusammenhang zwischen den Noten und den Leistungen in Schulleistungstests ist nach Ansicht der Autorin vielmehr die Folge einer mehr oder weniger bewussten *Strategie* der Lehrkräfte, bei der Notenvergabe nicht nur die Schulleistungen, sondern auch die *pädagogischen Implikationen der Leistungsbeurteilung für den Lernenden* zu bedenken. Die Autorin vermutet, dass Lehrkräfte bei der Benotung nicht nur die Schulleistungen berücksichtigen, sondern darüber hinaus auch die Konsequenzen der Leistungsbeurteilung für den Lernenden und mögliche Auswirkungen auf den Lernprozess miteinbeziehen.

Um Näheres über die Benotungsstrategien zu erfahren, ließ Brookhart (1993) von 84 Lehrkräften sieben fiktive Schülerinnen und Schüler benoten, die hinsichtlich verschiedener leistungsrelevanter Merkmale (gute oder schlechte Schulleistung, Leistungsverbesserungen, allgemeine Begabung) und hinsichtlich ihres Arbeitsverhaltens (Anstrengungsbereitschaft, Arbeitshaltung, Einstellungen zum Lernen) beschrieben wurden und bat die Lehrkräfte, ihre Note zu begründen. An diesen Begründungen wird deutlich, dass für Lehrkräfte die Schulleistungen nicht das alleinige Kriterium für ihre Notenvergabe darstellen. Neben den Schulleistungen berücksichtigen sie beispielsweise auch den Fleiß und die aufgewendeten Anstrengungen der Schülerinnen und Schüler sowie die Auswirkungen der Note auf ihr Selbstkonzept und ihre Lernmotivation.

Offenbar beinhaltet die Benotung nicht nur eine Bewertung der Schulleistung. Bei der Benotung berücksichtigen die Lehrkräfte auch die möglichen *Auswirkungen* der Leistungsbeurteilung, etwa ob die Schülerin oder der Schüler durch die Note entmutigt werden könnte oder ob ihre bzw. seine Versetzung gefährdet wird. Zudem nutzen Lehrkräfte die Notengebung, um den Lernprozess zu unterstützen, beispielsweise um die Schülerinnen und Schüler anzuspornen oder ihr Selbstvertrauen zu stärken. An dieser Beurteilungsstrategie wird deutlich, dass Lehrkräfte versuchen, zwei Ziele zu vereinbaren. Einerseits sind sie darauf bedacht, die Schulleistungen der Schülerinnen und Schüler leistungsgerecht zu bewerten, um Selektions- und Allokationsentscheidungen (z. B. die Versetzung) begründen zu können. Andererseits bemühen sie sich, durch die Leistungsbeurteilung den Lernprozess der Schülerinnen und Schüler im Sinne der pädagogischen Funktion zu fördern, indem sie neben der Schulleistung auch die individuellen Bedingungen der Lernenden berücksichtigen.

Hodgepodge Grading

Die Befunde von Brookhart (1993) legen den Schluss nahe, dass die Diskrepanz zwischen den Noten und den objektiven Testleistungen nicht die Folge einer willkürlichen oder fehlerhaften Benotung der Lehrkräfte darstellt, sondern auf einem breiteren Verständnis der schulischen Leistungsbewertung basiert. Lehrkräfte benoten offenbar nicht ausschließlich die Lernergebnisse, sondern berücksichtigen weitere Faktoren wie etwa die Anstrengung, den Fleiß oder die Einstellungen zum Lernen, um den Lernprozess der Schülerinnen und Schüler zu unterstützen. Brookhart (1991, S. 36) bezeichnet diese Benotungspraxis anschaulich als »Hodgepodge grade of attitude, effort, and achievement«. Belege dafür, dass Lehrkräfte bei der Benotung im Sinne des *Hodgepodge Grading* (»Mischmasch-Benotung«) multiple Kriterien berücksichtigen, liefern Cross und Frary (1999), die 310 Middle und High School-Lehrkräfte verschiedener Fachrichtungen zu ihrer Benotungspraxis befragten.

- 72 % der Lehrkräfte berücksichtigen bei der Benotung neben der aktuellen Schulleistung auch die allgemeine Leistungsfähigkeit der Schülerinnen und Schüler.
- Die Anstrengungsbereitschaft der Schülerinnen und Schüler beziehen 25 % der Lehrkräfte »oft« und 58 % »selten« bei der Notenfestsetzung mit ein.
- Die Lernfortschritte der Schülerinnen und Schüler berücksichtigen 60 % der Lehrkräfte bei der Benotung »ein wenig« (little) und 20 % »viel« (a lot).
- Das soziale Verhalten der Schülerinnen und Schüler im Unterricht und ihre Einstellungen zum Lernen beziehen 39 % der Lehrkräfte bei der Notenfestsetzung mit ein.
- Die Mitarbeit der Schülerinnen und Schüler im Unterricht hat für 39 % der Lehrkräfte einen »moderaten« und für 14 % der Lehrkräfte einen »starken« Einfluss auf ihre Benotung.
- Die Hausaufgaben haben für 46 % der Lehrkräfte einen »moderaten« und für 27 % einen »starken« Einfluss auf die Benotung.

Dass Lehrkräfte bei der Benotung nicht nur die Schulleistungen bewerten, sondern weitere Gesichtspunkte mitberücksichtigen, bestätigen auch die Fallstudien an 15 High School-Lehrkräften von Stiggins, Frisbie und Griswold (1989).

- Neben der Schulleistung honorierten einige Lehrkräfte auch die Anstrengungen,

die die Schülerinnen und Schüler aufgewandt hatten. Die Lehrkräfte betrachten die Noten offenbar auch als »Lohn« für die investierten Anstrengungen.
- Etwa die Hälfte der Lehrkräfte bezog auch die Begabung des Schülers mit ein, und zwar in der Weise, dass sie leistungsfähige Schüler primär nach ihrer Leistung benoteten und bei den weniger leistungsfähigen Schülern auch die Anstrengungsbereitschaft berücksichtigten.
- In Grenzfällen – etwa wenn die Versetzung gefährdet war – wurden auch nicht-leistungsbezogene Informationen wie zum Beispiel die Anstrengungsbereitschaft und die Einstellungen zum Lernen berücksichtigt.

Diese und weitere Studien (z. B. Bachor & Anderson, 1994; Cizek, Fitzgerald & Rachor, 1995/1996) machen deutlich, dass, entgegen der offiziellen Vorgaben für die schulische Leistungsbewertung, in der schulischen Praxis nicht ausschließlich die erzielten Lernergebnisse bewertet werden. Neben den Schulleistungen fließen auch lernrelevante Faktoren in die Benotung mit ein. Schulnoten sind daher keine einfache Abbildung der schulischen Leistungen. Die schulische Leistungsbewertung ist in der Praxis somit *kein* Vorgang, bei dem Schulleistungen in Schulnoten transformiert werden, sondern ein komplexer Prozess des Abwägens und Gewichtens verschiedener Gesichtspunkte, bei dem die Lehrkräfte neben den Schulleistungen der Schülerinnen und Schüler auch motivationale Faktoren wie Fleiß und Anstrengung oder lernrelevante Einstellungen miteinbeziehen.

4.8.1 Kriterien der Benotung von Schulleistungen

Nähere Hinweise darauf, welche Kriterien Lehrkräfte bei der Benotung anlegen, geben Studien, in denen Lehrkräfte nach ihrer Benotungspraxis befragt wurden. Friedman und Manley (1992) gaben 106 Lehrkräfte der Sekundarschule sechs mögliche Benotungskriterien (Schulleistung, Lernfähigkeit, Einstellung, Motivation/Anstrengung, Interesse und Persönlichkeit) vor und baten sie anzugeben, wie stark (in Prozent) diese Kriterien bei der Festlegung der Zeugnisnote gewichtet werden sollten. Erwartungsgemäß maßen die Lehrkräfte der Schulleistung den größten Anteil zu (durchschnittlich 72 %); daneben sahen sie aber auch in der Lernfähigkeit, in den lernbezogenen Einstellungen sowie in der Lernmotivation wichtige Kriterien für die Zeugnisnote. Dagegen hielten sie das Interesse und die Persönlichkeit der Schülerinnen und Schüler für die Benotung für nicht relevant. Nach den Vorstellungen der Lehrkräfte sollen mit der Zeugnisnote offenbar nicht nur die Schulleistungen, sondern auch lernfördernde Aspekte des schulischen Lernens – wie etwa die Lernmotivation oder positive Einstellungen zum Lernen – bewertet werden.

Diese Befunde geben Hinweise auf die Aspekte, die nach den Vorstellungen der Lehrkräfte neben der Schulleistung bei der Benotung beachtet werden sollen; sie lassen jedoch keine Schlüsse darüber zu, ob die Lehrkräfte diese Kriterien bei ihrer Notengebung auch *tatsächlich* berücksichtigen. Zu dieser Frage befragte McMillan (2001; McMillan, Myran & Workman, 2002) insgesamt 1483 Lehrkräfte der Sekundarschule zu ihrer *Benotungspraxis*. Auch diese Ergebnisse sprechen für ein Hodgepodge Grading: Zwar wird die Schulleistung bei der Notengebung am stärksten gewichtet, zusätzlich werden aber weitere leistungsbegünstigende Faktoren miteinbezogen, wie zum Beispiel die allgemeine Begabung der Schülerinnen und Schüler, ihr Bemühen und die aufgewendete Anstrengung, die Aufmerksamkeit und die Unterrichtsbeteiligung sowie Einstellungen zum Lernen.

Offenbar geben Schulnoten nicht ausschließlich die Qualität der Schulleistung wieder. Der nur mäßige Zusammenhang der Schulnoten mit den über objektive Leistungstests erfassten Schulleistungen ist offenbar nicht oder nicht nur auf die Unfähigkeit der Lehrkräfte zurückzuführen, die Leistungen ihrer Schülerinnen und Schüler richtig einzuschätzen, sondern Ausdruck ihrer Strategie, bei der Leistungsbewertung neben der Schulleistung weitere Faktoren miteinzubeziehen. Diese als Hodgepodge Grading (»Mischmasch-Benotung«; Brookhart, 1991, S. 36) charakterisierte Benotungspraxis dürfte den vielfältigen Funktionen der schulischen Leistungsbewertung (▶ Kap. 4.1) eher gerecht werden als eine ausschließlich an der Leistung orientierte Benotung. Denn die schulische Leistungsbewertung dient ja nicht nur der Selektion und Allokation, sondern soll auch pädagogische Funktionen erfüllen, indem sie die Lernenden motiviert und ihre Anstrengungsbereitschaft fördert, ihr Selbstwertgefühl stärkt und ihre Lernstrategien verbessert (▶ Kap. 4.1.1). Offenbar haben Lehrkräfte bei der Benotung diese Funktion der schulischen Leistungsbewertung im Blick und nutzen die schulische Leistungsbewertung im Sinne der pädagogischen Funktion zur Optimierung der Lernprozesse.

4.9 Auswirkungen der schulischen Leistungsbeurteilung auf die Lernenden

Die schulische Leistungsbeurteilung gibt den Lernenden nicht nur eine Rückmeldung über ihre aktuellen Schulleistungen, sondern hat auch Einfluss darauf, wie sie ihr eigenes Leistungspotenzial einschätzen. Schülerinnen und Schüler, die in einem Fach regelmäßig gute Noten erzielen, werden langfristig ihre eigenen Fähigkeiten in diesem Fach positiver einschätzen als Schülerinnen und Schüler mit schlechten Schulleistungen in diesem Fach.

4.9.1 Leistungsbeurteilung und schulisches Selbstkonzept

Die Einschätzung der eigenen schulischen Fähigkeiten wird als *akademisches* oder *schulisches Selbstkonzept* bezeichnet (▶ Kap. 9). Ursprünglich ging man von einem *globalen* Selbstkonzept der Begabung aus, das in allen Leistungsbereichen zum Ausdruck kommt (Shavelson, Hubner & Stanton, 1976). Diesem Ansatz zufolge sollten Schülerinnen und Schüler, die sich für mathematisch begabt halten, auch in anderen Fächern ihre Fähigkeiten hoch einschätzen (»Ich bin ein guter Schüler«). Neuere Befunde (Marsh, 1990; Marsh & Shavelson, 1985) legen zwei voneinander unabhängige schulische Selbstkonzepte nahe, das *verbale* und das *mathematische Selbstkonzept*. Danach können Schülerinnen und Schüler beispielsweise hohe Kompetenzüberzeugungen hinsichtlich ihrer mathematischen Fähigkeiten haben (»In Mathematik bin ich gut«), während sie ihre sprachlichen Fähigkeiten gering einschätzen (»Eine Fremdsprache zu erlernen, fällt mir schwer«) und umgekehrt (▶ Kap. 9.1).

Big-Fish-Little-Pond-Effekt

Das *Bezugsrahmenmodell* (Internal-External-Frame-of-Reference Model; Marsh, 1986) erklärt, wie sich schulische Selbstkonzepte entwickeln. Danach basieren die Fähigkeitsselbsteinschätzungen auf den Bewertungen der eigenen Leistungen nach einem externalen und nach einem internalen Referenzrahmen (▶ ausführlicher Kap. 9.3.2). Den *externalen Referenzrahmen* für die Fähigkeitsselbsteinschätzungen bildet der *Leistungsvergleich innerhalb der Klasse*. Schülerinnen und Schüler vergleichen ihre Schulleistungen mit denen ihrer Mitschülerinnen und Mitschüler und gelangen so zu einer Einschätzung ihrer eigenen schulischen Fähigkeiten. Wie gut sie im Vergleich zu ihren Mitschülerinnen und Mitschülern abschneiden, erfahren sie vor allem durch die Leistungsbewertung der Lehrkraft, wenn diese die Schulleistungen nach einer klasseninternen Bezugsnorm bewertet. Je nachdem, wie der Leistungsvergleich für sie ausfällt, werden sie ein positives oder ein negatives akademisches Selbstkonzept entwickeln.

Durch den Leistungsvergleich nach einem externalen Referenzrahmen ist die Einschätzung der eigenen Fähigkeiten in hohem Maße vom Leistungsniveau der Klasse abhängig: Bei *gleichen* Schulleistungen werden Schülerinnen und Schüler unterschiedliche Fähigkeitsselbstkonzepte entwickeln, je nachdem, wie leistungsstark die Schulklasse ist. In einer leistungsschwachen Klasse werden sie ihre eigenen Fähigkeiten positiver einschätzen als in einer leistungsstarken Klasse. Dieser Einfluss des Leistungsniveaus der Bezugsgruppe (in der Regel die Schulklasse) auf das schulische Selbstkonzept wird anschaulich als *Big-Fish-Little-Pond-Effekt* (BFLP; Fischteicheffekt) oder *Bezugsgruppeneffekt* bezeichnet (Marsh, 2005). Schülerinnen und Schüler mit mittleren Fähigkeiten – beispielsweise in Mathematik – fühlen sich in einer leistungsschwachen Klasse als »große Fische im kleinen Teich«; besuchen sie jedoch eine leistungsstarke Klasse, fühlen sie sich als »kleine Fische im großen Teich« (Götz et al., 2004; Köller, 2004). Abbildung 4.1 veranschaulicht den Fischteicheffekt. Bei gleicher Leistung entwickeln Schülerinnen und Schüler in einer leistungsstärkeren Klasse (»großer Teich«) ein geringeres akademisches Selbstkonzept (d. h. fühlen sich als »kleinere Fische«) als Schülerinnen und Schüler in einer leistungsschwächeren Klasse.

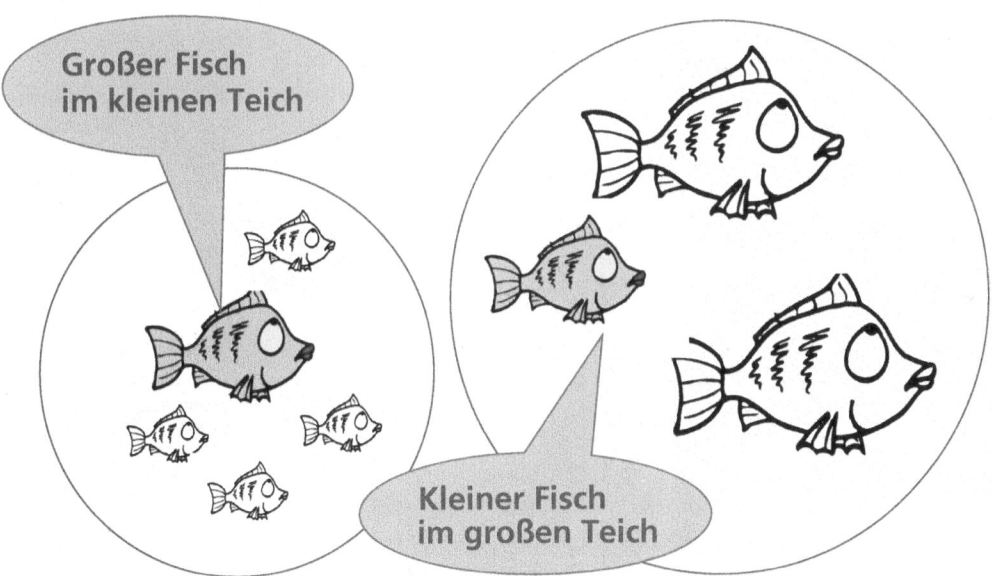

Abb. 4.1: Big-Fish-Little-Pond-Effekt (BFLP)

Der Big-Fish-Little-Pond-Effekt ist das Ergebnis *sozialer Vergleichsprozesse* (Festinger, 1954), die den Schülerinnen und Schülern insbesondere durch die Leistungsbewertung nach einer sozialen Bezugsnorm nahe gelegt werden. Um die eigenen Fähigkeiten einschätzen zu können, vergleichen sie ihre Schulleistungen mit denen ihrer Mitschülerinnen und Mitschüler. Das Ergebnis dieser Vergleiche hängt vom Leistungsniveau der Klasse ab. In einer leistungsschwachen Klasse finden häufiger Vergleiche mit leistungsschwächeren Mitschülerinnen und Mitschülern – sogenannte *Abwärtsvergleiche* – statt, die dazu führen, dass die Schülerin oder der Schüler ihre bzw. seine eigenen Kompetenzen höher einschätzt. In einer leistungsstarken Klasse trifft die Schülerin oder der Schüler dagegen häufiger auf leistungsstärkere Mitschülerinnen und Mitschüler. Infolge des Vergleichs mit leistungsstärkeren Mitschülerinnen und Mitschülern – sogenannter *Aufwärtsvergleiche* – werden die eigenen Kompetenzen geringer eingeschätzt.

Veränderung des Selbstkonzepts nach dem Wechsel der Schulform

Ein Big-Fish-Little-Pond-Effekt zeigt sich beim Wechsel der Bezugsgruppe, etwa beim Übergang in eine andere Klasse, sofern sich das Leistungsniveau der neuen Klasse von dem der zuvor besuchten Klasse unterscheidet. Infolge des Wechsels der Bezugsgruppe verändert sich die Selbsteinschätzung der eigenen Fähigkeiten. So fühlen sich hochbegabte Schülerinnen und Schüler in regulären Klassen in der Regel als »große Fische«; wechseln sie jedoch in eine spezielle Förderklasse für Hochbegabte – also in einen »großen Teich« – werden sie sich eher als »kleine Fische« empfinden. Während sie in einer leistungsheterogenen Klasse zu den Leistungsbesten zu gehören, fallen die Leistungsvergleiche in einer Klasse mit ebenfalls hochbegabten Mitschülerinnen und Mitschülern für sie häufiger ungünstig aus (Marsh, 2005; Marsh & Hau, 2003). Ein Wechsel in eine Hochbegabtenklasse führt daher zu deutlichen Einbußen im schulischen Selbstkonzept. Daher betrachten manche Fachleute fähigkeitshomogene Klassen für Hochbegabte sehr kritisch (Marsh & Hau, 2003).

Ein Bezugsgruppeneffekt zeigt sich auch beim Übergang von der Grundschule zu weiterführenden Schulen (z. B. Aust, Watermann & Grube, 2009). So fanden Schwarzer, Lange und Jerusalem (1982a) gegenläufige Veränderungen des schulischen Selbstkonzepts, je nachdem, ob die Schülerinnen und Schüler zur Hauptschule oder zum Gymnasium wechselten. Bei einem Wechsel von der Grundschule zur Hauptschule verbesserte sich schon nach kurzer Zeit das schulische Selbstkonzept; die Schülerinnen und Schüler schätzten ihre schulischen Fähigkeiten besser ein als zuvor. Bei den Schülerinnen und Schülern, die auf das Gymnasium wechselten, verminderte sich dagegen das schulische Selbstkonzept; sie hielten ihre schulischen Fähigkeiten für schlechter als zuvor.

Diese Selbstkonzeptänderungen werden als eine Folge des Bezugsgruppenwechsels interpretiert. Während die Schülerinnen und Schüler nach dem Wechsel auf die Hauptschule häufig erleben, dass sie mit ihren Mitschülerinnen und Mitschülern leistungsmäßig mithalten können oder sie in ihren Leistungen übertreffen, machen Schülerinnen und Schüler, die von der Grundschule zum Gymnasium wechseln, in der neuen Klasse die Erfahrung, dass ihnen viele Mitschülerinnen und Mitschülern in ihren Schulleistungen ebenbürtig oder überlegen sind. Die häufigen *Abwärtsvergleiche* mit den Leistungsschwächeren in der Hauptschule wirken sich positiv auf das Selbstkonzept aus, während die häufigen *Aufwärtsvergleiche* in der leistungsstärkeren Bezugsgruppe auf dem Gymnasium die Fähigkeitsselbsteinschätzungen mindern.

Auswirkungen von Leistungsgruppierungen auf das Selbstkonzept

Nach dem Bezugsgruppeneffekt ist zu erwarten, dass sich leistungshomogene Klassen *ungünstig* auf das Selbstkonzept *leistungsstarker* Schülerinnen und Schüler auswirken, da sie ja in leistungshomogenen Klassen häufig auf ebenfalls leistungsstarke Mitschülerinnen und Mitschüler treffen. So zeigte sich, dass im Rahmen des leistungsdifferenzierten Sekundarstufensystems vor allem die Schülerinnen und Schüler Einbußen in ihrem Selbstkonzept aufweisen, die nach der Grundschule eine leistungsstarke Schulform besuchen (Schwarzer, Lange & Jerusalem, 1982a; Valtin & Wagner, 2004). *Leistungsschwächere* Schülerinnen und Schüler sollten dagegen von leistungshomogenen Lerngruppen profitieren. In diesem Fall sind Aufwärtsvergleiche mit leistungsstärkeren Mitschülerinnen und Mitschülern seltener und Abwärtsvergleiche mit Leistungsschwächeren wahrscheinlicher als in heterogenen Lerngruppen. Ihr Selbstkonzept sollte sich daher verbessern, sobald sie von der Grundschule in eine Klasse Gleichaltriger mit ähnlichem Fähigkeitsniveau – beispielsweise in einer Förderklasse – wechseln, wo sie nicht ständig erleben müssen, mit ihren Mitschülerinnen und Mitschülern nicht mithalten zu können. Mit der Verringerung ungünstiger Leistungsvergleiche mit leistungsstärkeren Mitschülerinnen und Mitschülern sollte sich auch ihr Selbstkonzept verbessern.

Die positiven Auswirkungen homogener Lerngruppen auf das Selbstkonzept lernschwacher Schülerinnen und Schüler konnten vielfach belegt werden (Wagner, 1999). So entwickeln leistungsschwache Schülerinnen und Schüler bei *externer Differenzierung* ein positiveres Selbstkonzept als leistungsmäßig vergleichbare Schülerinnen und Schüler in *binnendifferenzierenden* Klassen, in denen Lerngruppen mit unterschiedlichem Leistungsniveau mit jeweils angepassten Lernangeboten unterrichtet werden (Dauenheimer & Frey, 1996; Wagner, 1999). Auch beim Vergleich von *integrativer* und *segregierter Beschulung* werden die Nachteile heterogener Lerngruppen für leistungsschwächere Schülerinnen und Schüler deutlich. Leistungsschwache Schülerinnen und Schüler, die in integrativen Klassen unterrichtet werden, entwickeln nicht nur ein geringeres schulisches Selbstkonzept als ihre leistungsstärkeren Mitschülerinnen und Mitschüler (Chapman, 1988), auch im Vergleich zu leistungsgleichen Schülerinnen und Schülern, die in homogenen, das heißt nicht-integrativen Lerngruppen unterrichtet werden, schätzen sie ihre Fähigkeiten geringer ein.

- Sauer, Ide und Borchert (2007) fanden bei lernschwachen Schülerinnen und Schülern, die eine Förderschule mit dem Förderschwerpunkt Lernen besuchten, ein positiveres schulisches Selbstkonzept als bei lernschwachen Schülerinnen und Schülern, die integrativ beschult wurden.
- Rheinberg und Enstrup (1977) verglichen Schülerinnen und Schüler einer Sonderschule (Förderschule) mit Hauptschülerinnen und Hauptschülern gleicher Intelligenz in der vierten bis neunten Klasse hinsichtlich ihres schulischen Selbstkonzepts und ihrer Leistungsängstlichkeit. Die Schülerinnen und Schüler der vierten bis siebten Klasse, die die Sonderschule besuchten, zeigten ein positiveres Selbstkonzept und eine geringere Prüfungsangst als die Hauptschülerinnen und Hauptschüler.
- In einer Längsschnittstudie mit 40 Schülerinnen und Schülern, die von der dritten und vierten Klasse der Grundschule zur Sonderschule gewechselt waren, kam es schon kurze Zeit nach dem Schulwechsel zu einer Erhöhung ihres Fähigkeitsselbstkonzepts – verbunden mit einer Abnahme der Leistungsängstlichkeit und einer Zunahme ihrer Leistungsmotivation – im Vergleich zu intelligenzgleichen Schüler-

innen und Schülern der Grundschule, die weiter in der Regelschule unterrichtet wurden (Krug & Peters, 1977).

Das negative schulische Selbstkonzept lernschwächerer Schülerinnen und Schüler in heterogenen Schulklassen wird im Sinne des Bezugsgruppeneffekts als Folge ungünstiger sozialer Vergleiche mit leistungsstärkeren Schülerinnen und Schüler betrachtet (Bear, Minke & Manning, 2002; Crabtree & Ruthland, 2001). Förderlicher für das schulische Selbstkonzept lernschwacher Schülerinnen und Schüler scheinen dagegen leistungshomogene Lerngruppen zu sein, in denen sie seltener mit ungünstigen Aufwärtsvergleichen konfrontiert werden. Auch Köller (2004), der an den umfangreichen Datensätzen zweier großer Bildungsstudien deutliche Bezugsgruppeneffekte belegen konnte, verweist darauf, dass leistungsschwächere Schülerinnen und Schüler im Hinblick auf ihr Selbstkonzept von leistungshomogenen Gruppen profitieren. »Mit Blick auf die pädagogische Praxis implizieren diese Befunde immer wieder, dass die externe Differenzierung vor allem leistungsschwachen Schülern eine psychosoziale Nische bietet, in der sie trotz geringer Leistungen positive selbstbezogene Kognitionen entwickeln können« (Köller, 2004, S. 69).

Allerdings wird man aus den Befunden zum schulischen Selbstkonzept wohl nicht die Empfehlung ableiten können, lernschwache Schülerinnen und Schüler besser in leistungshomogenen Lerngruppen – zum Beispiel in einer Förderschule – zu unterrichten. So ist fraglich, ob leistungshomogene Klassen in Förderschulen für lernschwache Schüler tatsächlich einen *Schonraum* darstellen, der sie langfristig vor den negativen Effekten außerschulischer Erfahrungen schützt. Auf längere Sicht dürften soziale Vergleiche nicht auf den engen Kreis der Mitschülerinnen und Mitschüler der Klasse beschränkt bleiben. Auch in Förderschulen werden lernschwächere Schülerinnen und Schüler die Erfahrungen machen, dass Schülerinnen und Schüler anderer Schulen erfolgreicher und leistungsstärker sind als sie, wodurch sich der abschirmende Effekt einer segregierten Beschulung mit zunehmender Schuldauer verringern dürfte. Dafür sprechen auch die Befunde von Rheinberg und Enstrup (1977), die in der Klassenstufe acht und neun keine signifikanten Unterschiede im Selbstkonzept zwischen Sonderschülern und Hauptschülern mehr feststellen konnten.

Schulisches Selbstkonzept und individuelle Bezugsnorm

Bei der Ausbildung schulischer Selbstkonzepte spielen Leistungsvergleiche eine zentrale Rolle. Wie Lernende bei den Leistungsvergleichen abschneiden, hängt entscheidend von der Bezugsnorm ab, nach der Schulleistungen bewertet werden. Eine soziale Bezugsnorm fördert soziale Vergleiche innerhalb der Klasse, die das schulische Selbstkonzept vor allem leistungsschwächerer Schülerinnen und Schüler bedrohen. Dagegen lenkt die *individuelle Bezugsnorm* ihre Aufmerksamkeit auf ihre Lernfortschritte. Bewerten Schülerinnen und Schüler ihre Leistungen weniger im Vergleich mit Mitschülern, sondern nach ihren eigenen Lernfortschritten, werden sie ihre Fähigkeiten positiv einschätzen, wenn sie Lernfortschritte bemerken oder von der Lehrkraft rückgemeldet bekommen.

Positive Effekte der individuellen Bezugsnormorientierung der Lehrkraft auf das schulische Selbstkonzept wurden mehrfach belegt (vgl. Mischo & Rheinberg, 1995; Rheinberg & Krug, 2005). Lehrkräfte, die sich in ihren Leistungsrückmeldungen stärker an den individuellen Lernfortschritten orientieren, fördern das schulische Selbstkonzept der Lernenden (Krug & Lecybyl, 2005). So konnten beispielsweise Lüdtke und Köller (2002) anhand der Daten der TIMSS-Studie zeigen, dass Schülerinnen und Schüler aus Klassen, die im Fach Mathematik von

Lehrkräften mit hoher individueller Bezugsnormorientierung unterrichtet wurden, ihre eigenen Fähigkeiten in Mathematik höher einschätzten als diejenigen, deren Mathematiklehrer eine geringe individuelle Bezugsnormorientierung aufwiesen (vgl. auch Köller, 2004). Offenbar orientieren sich Schülerinnen und Schüler, deren Leistungen vor allem nach ihren Lernfortschritten beurteilt werden, bei der Selbsteinschätzung ihrer eigenen Fähigkeiten stärker an ihrem eigenen Leistungspotenzial und weniger am Leistungsniveau ihrer Mitschülerinnen und Mitschüler.

Von einer individuellen Bezugsnormorientierung der Lehrkraft profitieren insbesondere leistungsschwache Schülerinnen und Schüler. Sie können auch dann ein positives Selbstkonzept aufbauen, wenn sie im Leistungsvergleich mit Mitschülerinnen und Mittschülern schlecht abschneiden. Eine individuelle Bezugsnormorientierung der Lehrkraft, die dazu führt, dass Schülerinnen und Schüler ihre Lernergebnisse stärker nach ihrem eigenen Leistungsvermögen bewerten, trägt mithin dazu bei, ihr Selbstkonzept zu stärken und ihre Lernmotivation aufrechtzuerhalten. Allerdings werden soziale Vergleichsprozesse durch eine individuelle Bezugsnormorientierung der Lehrkraft keineswegs unterbunden; auch in Klassen, in denen die Lehrkraft bei ihren Leistungsrückmeldungen die individuelle Vergleichsperspektive betont, vergleichen Schülerinnen und Schüler ihre Lernleistungen untereinander (Lüdtke & Köller, 2002). Ein vollständiges Ausblenden sozialer Vergleiche erscheint pädagogisch auch nicht sinnvoll, da die Schülerinnen und Schüler erst durch den sozialen Vergleich mit Mitschülerinnen und Mitschülern zu einer *realistischen* Selbsteinschätzung ihrer Fähigkeiten gelangen können. Um ihre eigenen Ziele und Erwartungen mit den Anforderungen, mit denen sie außerhalb des schulischen Kontextes (z. B. bei der Suche nach einem Ausbildungsplatz) konfrontiert werden, in Übereinstimmung bringen zu können, müssen sie sich über ihre eigenen Fähigkeiten im Klaren sein. Bei einer ausschließlichen Orientierung an der individuellen Bezugsnorm bestünde die Gefahr, dass sie ihre eigenen Leistungsmöglichkeiten falsch einschätzen.

4.9.2 Bezugsnormen und Lernmotivation

Die Bezugsnorm der Leistungsbewertung prägt auch die Vorstellungen der Schülerinnen und Schüler über die Ursachen ihres Lernerfolgs bzw. Lernmisserfolgs. Je nachdem, ob sie ihre Schulleistungen im Vergleich zu denen ihrer Mitschülerinnen und Mitschüler oder nach ihrem eigenen Leistungspotenzial beurteilen, werden sie ihre Lernleistungen auf unterschiedliche Faktoren zurückführen. Die Bezugsnorm legt eine bestimmte *Leistungsattribution* für die Lernergebnisse nahe.

> **Leistungsattribution**
> Die Leistungsattribution bezeichnet den Prozess der Zuschreibung von Ursachen für ein Leistungsergebnis.

Eine Leistungsbewertung nach einer *sozialen* Bezugsnorm vermittelt den Schülerinnen und Schüler die Erfahrung von *zeitstabilen interindividuellen Leistungsunterschieden* innerhalb ihrer Bezugsgruppe (Rheinberg, 1980): Leistungsstarke Schülerinnen und Schüler gehören in der Regel über viele Schuljahre zu den Klassenbesten, Leistungsschwache bleiben häufig während ihrer gesamten Schulzeit am Ende des Leistungsspektrums der Klasse. Die Position des Einzelnen im Leistungsspektrum der Klasse bleibt relativ stabil. Diese Erfahrung zeitstabiler interindividueller Unterschiede begünstigt eine bestimme Art der *Leistungsattribution*. Schülerinnen und Schüler, die erleben, dass sich ihre Position in der Leistungshierarchie der

Klasse über die Schuljahre hinweg wenig ändert, neigen dazu, ihre Lernergebnisse auf *zeitstabile und unkontrollierbare Faktoren* wie zum Beispiel ihre Begabung oder ihre Intelligenz zurückzuführen. So werden Schülerinnen und Schüler, die in einem Fach über viele Schuljahre zu den Besten in der Klasse gehören, dies auf ihre Fähigkeiten zurückführen (»Ich habe ein Talent für Fremdsprachen«); ebenso werden Schülerinnen und Schüler, deren Schulleistungen gewöhnlich unter dem Klassendurchschnitt liegen, dies auf ihre mangelnde Begabung zurückführen und annehmen, dass ihnen die notwendigen Fähigkeiten in diesem Fach fehlen (»In Mathe bin ich unbegabt«).

Die individuelle Bezugsnorm lenkt dagegen die Aufmerksamkeit der Lernenden stärker auf ihre *Lernfortschritte*. Durch den Vergleich mit ihren bisherigen Leistungen bekommen sie ihren Lernfortschritt unabhängig von ihrem Leistungsniveau rückgemeldet. Dadurch erleben sie – stärker als durch eine soziale Bezugsnorm – den *Zusammenhang zwischen ihren eigenen Anstrengungen und dem Lernerfolg* (Rheinberg, 1980). Unabhängig davon, ob sie zu den guten oder schlechten Schülerinnen und Schülern in der Klasse gehören, können sie den Ertrag ihrer Anstrengungen erkennen. Beim Vergleich mit ihren bisherigen Leistungen machen sie die Erfahrung, dass ihr Lernerfolg in hohem Maße von ihren eigenen Lernaktivitäten abhängt, beispielsweise davon, wie stark sie sich anstrengen oder welche Lernstrategie sie verfolgen. Lernende mit individueller Bezugsnormorientierung werden daher ihre Leistungen eher auf *veränderbare Ursachen*, beispielsweise auf ihre eigenen Anstrengungen oder auf ihre Lernstrategie zurückführen.

Diese Art der *Kausalattribution* wirkt sich günstig auf ihre Lernmotivation aus (Rheinberg, 2004, 2008b). Davon profitieren vor allem leistungsschwächere Schülerinnen und Schüler, die an dem intraindividuellen Leistungsvergleich den Ertrag ihrer Anstrengungen ermessen können, ohne dass sie durch den Vergleich mit leistungsstärkeren Mitschülerinnen und Mitschülern entmutigt werden. Mehr als andere Bezugsnormen verschafft daher die individuelle Bezugsnorm den Lernenden *Selbstwirksamkeitserfahrungen*. Sie erleben, dass ihre Anstrengungen belohnt werden und dass sie mit eigener Anstrengung Lernfolge erzielen können. Diese Erfahrungen verstärken langfristig ihre *Selbstwirksamkeitsüberzeugungen* und fördern ihre *Lernmotivation*: Schülerinnen und Schüler, die erleben, dass sie selbst in der Lage sind, ihre Lernergebnisse zu steigern (Selbstwirksamkeitserfahrungen), entwickeln Vertrauen in ihr eigenes Leistungspotenzial (Selbstwirksamkeitserwartungen) und werden sich auch weiterhin bemühen, ihre Lernergebnisse zu verbessern.

Unter motivationspsychologischen Gesichtspunkten spricht also vieles für die individuelle Bezugsnorm (Rheinberg, 1998; Rheinberg & Krug, 2005). Diese fördert mehr als eine soziale Bezugsnormorientierung die Lernbereitschaft besonders der leistungsschwächeren Schülerinnen und Schüler. Förderliche Effekte der Leistungsbewertung nach der individuellen Bezugsnorm konnten in zahlreichen Studien belegt werden (Mischo & Rheinberg, 1995). Dabei zeigten sich nicht nur kurzfristig, sondern auch langfristig positive Effekte der individuellen Bezugsnorm (z. B. Rheinberg, Schmalt & Wasser, 1978). Kurzfristig trägt ein Unterricht, der die individuelle Bezugsnorm in den Vordergrund stellt, zur Reduzierung der Furcht vor Misserfolg sowie zur Abnahme von Prüfungsangst und Schulunlust bei. Langfristig steigt auch die Hoffnung auf Erfolg (Rheinberg & Peter 1982), die unter der sozialen Bezugsnorm in Relation dazu abnimmt (Trudewind & Kohne, 1982).

4.10 Weiterführende Literatur

Rheinberg, F. (2008b). Bezugsnormen und Beurteilung von Lernleistungen. In W. Schneider & M. Hasselhorn (Hrsg.), *Handbuch Pädagogische Psychologie* (S. 178–186). Göttingen: Hogrefe.

Weinert, F. E. (Hrsg.) (2014). *Leistungsmessungen in Schulen* (3. Aufl.). Weinheim: Beltz.

5 Diagnostische Kompetenz von Lehrkräften

5.1	Diagnostische Kompetenz als Urteilsgenauigkeit	158
	5.1.1 Aspekte der Urteilsgenauigkeit	159
	5.1.2 Die Genauigkeit der Beurteilung von Schulleistungen	160
	5.1.3 Beurteilung allgemeiner kognitiver Fähigkeiten von Schülerinnen und Schülern	163
	5.1.4 Beurteilung motivationaler und affektiver Lernvoraussetzungen von Schülerinnen und Schülern	164
5.2	Spezifität versus Generalität der diagnostischen Kompetenz von Lehrkräften	166
5.3	Diagnostische Kompetenz von Lehrkräften und Lernerfolg	167
5.4	Erweiterte Konzepte der diagnostischen Kompetenz von Lehrkräften	169
	5.4.1 Diagnostische Expertise von Lehrkräften	171
5.5	Weiterführende Literatur	172

Neben der Klassenführungskompetenz, der didaktischen und der fachwissenschaftlichen Kompetenz gilt die diagnostische Kompetenz von Lehrkräften als eine der vier *Schlüsselkompetenzen* für erfolgreiches Unterrichten (Langfeldt, 2006; Weinert, Schrader & Helmke, 1990). Die diagnostische Kompetenz wird als eine Voraussetzung für eine adaptive Unterrichtsgestaltung und eine gezielte individuelle Förderung betrachtet (▶ Kap. 1.4).

Unter der diagnostischen Kompetenz versteht Schrader (2013) »die Fähigkeit, die im Lehrberuf anfallenden diagnostischen Aufgabenstellungen erfolgreich zu bewältigen« (Schrader, 2013, S. 154). Diagnostische Aufgaben für Lehrkräfte stellen sich in vier Bereichen:

- **Beurteilung der individuellen Lernergebnisse**
  Lehrkräfte müssen die individuellen Lernergebnisse der Schülerinnen und Schüler richtig beurteilen können (▶ Kap. 4).

- **Beurteilung der schulischen Lernvoraussetzungen**
  Lehrkräfte müssen die kognitiven, motivationalen und sozial-emotionalen Lernvoraussetzungen der Schülerinnen und Schüler (z. B. Lernmotivation, Anstrengungsbereitschaft, Leistungsängstlichkeit) einschätzen können.

- **Beurteilung von Lernangeboten und Lernmaterialien**
  Lehrkräfte müssen das spezifische Anforderungsprofil von Lernangeboten und Lernmaterialien beurteilen können (Rogalla & Vogt, 2008).

- **Beurteilung der individuellen Lernprozesse**
  Lehrkräfte müssen die individuellen Lernprozesse der Schülerinnen und Schüler, zum Beispiel ihr Lern- und Arbeitsverhalten beurteilen können, um Störungen des Lernprozesses frühzeitig erkennen, Lernblockaden abbauen und Lernschwierigkeiten effektiv vorbeugen

zu können (Paradies, Linser & Greving, 2007).

> **Adaptiver Unterricht**
> Eine adaptive Unterrichtsgestaltung bezeichnet die inhaltliche und methodische Anpassung des Unterrichts an die individuellen Lernvoraussetzungen der Schülerinnen und Schüler.

Die diagnostischen Aufgaben von Lehrkräften beschränken sich also nicht nur auf die Benotung von Schulleistungen. Zur Optimierung schulischer Lernprozesse bedarf es einer angemessenen Beurteilung lernrelevanter Eigenschaften der Lernenden, der Einschätzung des spezifischen Anforderungsprofils von Lernangeboten und Unterrichtsmaterialien und der Einsicht in die individuellen Lernprozesse.

Explizite und implizite Beurteilungsprozesse

Bei der Verarbeitung von Informationen über die Schülerinnen und Schüler und ihr Verhalten im Unterricht, die für eine adaptive Unterrichtsgestaltung benötigt werden, lassen sich explizite und implizite Beurteilungsprozesse unterscheiden.

Explizite Beurteilungsprozesse basieren auf einer bewussten und zielgerichteten Bewertung nach mehr oder weniger formalisierten Regeln und Algorithmen. Explizite Beurteilungsprozesse finden vor allem bei der Leistungsfeststellung und -bewertung statt, die meist nach formalisierten Regeln durchgeführt werden. Dazu zählt die *Benotung von Schulleistungen*, bei der die Lernergebnisse der Schülerinnen und Schüler in der Regel systematisch erhoben werden (z.B. in Form einer Klassenarbeit) und nach expliziten Regeln (z.B. mit Hilfe eines Notenschlüssels) bewertet werden (▶ Kap. 4). Auch die *Berichtszeugnisse* in der Grundschule basieren auf expliziten Beurteilungsprozessen. Sie enthalten neben einer differenzierten Einschätzung der Stärken und Schwächen der Schülerinnen und Schüler in den verschiedenen Fächern oftmals auch Stellungnahmen zu ihrem Lern- und Arbeitsverhalten, ihrem Sozialverhalten und ihren besonderen Interessen, Kenntnissen und Fertigkeiten sowie eine Prognose der zukünftigen Lernentwicklung, die häufig auch mit Hinweisen auf individuelle Ansätze zur Förderung verbunden ist.

Von den zielgerichteten und methodisch reflektierten Beurteilungsprozessen lassen sich Einschätzungen und Bewertungen unterscheiden, die auf den spontanen Eindrücken basieren, die die Lehrkraft während des Unterrichts über das Lern- und Sozialverhalten der Schülerinnen und Schüler – zum Beispiel über ihren Umgang mit Lernanforderungen oder ihr Verhalten gegenüber Mitschülern – bildet. Die Verarbeitung dieser Eindrücke (z.B. Wie nimmt die Klasse die Lernangebote auf? Wie reagiert die Schülerin oder der Schüler auf eine Ermahnung?) erfolgt *nicht* nach formalen Regeln, sondern unterliegt spontanen, meist unbewussten und unreflektiert ablaufenden Verarbeitungsprozessen. Diese *impliziten Beurteilungsprozesse* der Lehrkraft sind eng mit ihrem unterrichtlichen Handeln verzahnt. Beurteilen und das dadurch ausgelöste Handeln im Unterricht bilden in der Regel einen einheitlichen Prozess, bei dem Eindrücke der Lehrkraft unmittelbar in ihr unterrichtliches Handeln mit einfließen, ohne dass einzelne Stufen des Beurteilungsprozesses differenziert werden können.

Die Steuerung des Unterrichts ist meist nicht das Ergebnis eines systematischen Prozesses bestehend aus gezielten Beobachtungen, daraus abgeleiteten Schlussfolgerungen und reflektierten Handlungen, sondern ein weitgehend implizit ablaufender Prozess, bei dem die Lehrkraft ihre Eindrücke aus dem Unterricht unmittelbar in ihr Handeln einfließen lässt. Weinert und Schrader (1986) beschreiben die Unterrichtsgestaltung der

Lehrkraft als eine Kette didaktischer Entscheidungen, die von impliziten Beurteilungsprozessen gesteuert werden, die in zielgerichteten Handlungsanpassungen münden. An diesen unterrichtsbegleitenden Beurteilungsprozessen, die häufig mit unmittelbar nachfolgenden, automatisiert ablaufenden Kontroll- und Steuerungsaktivitäten verbunden sind, wird deutlich, dass Diagnostik ein genuiner Bestandteil des didaktischen Handelns von Lehrkräften ist. »Diagnostik ist nicht etwas, was geschulte Lehrer gelegentlich einsetzen, sondern findet als alltägliche und völlig selbstverständliche Aufnahme und Verarbeitung von Informationen statt. Der unterrichtende Lehrer ist also stets auch ein diagnostizierender Lehrer« (Wahl et al., 2002, S. 275).

5.1 Diagnostische Kompetenz als Urteilsgenauigkeit

Das Deutsche PISA-Konsortium (2001) bezeichnet die diagnostische Kompetenz von Lehrkräften als »die Fähigkeit, den Kenntnisstand, die Verarbeitungs- und Verstehensprozesse sowie die aktuellen Lernschwierigkeiten der Schülerinnen und Schüler korrekt einschätzen zu können« (Deutsches PISA-Konsortium 2001, S. 132). Damit wird die diagnostische Kompetenz von Lehrkräften als die Fähigkeit definiert, Lernleistungen und Leistungsanforderungen zutreffend, das heißt *genau* zu beurteilen (Schrader, 2008, 2010). Die Genauigkeit des Lehrerurteils kann sich auf verschiedene Inhaltsbereiche beziehen.

- Beurteilung der Schulleistungen der Lernenden
  Die diagnostische Kompetenz von Lehrkräften zeigt sich darin, dass sie die Qualität der Lernergebnisse der Lernenden richtig beurteilen können.
- Beurteilung der Lernvoraussetzungen der Lernenden
  Zur diagnostischen Kompetenz von Lehrkräften gehört die angemessene Einschätzung lernrelevanter Eigenschaften der Schülerinnen und Schüler, wie zum Beispiel ihre Lernmotivation, ihre Aufmerksamkeit oder ihr Interesse an den Inhalten des Unterrichts.
- Beurteilung von Lernaufgaben und Lernmaterial
  Diagnostisch kompetente Lehrkräfte sind in der Lage, die Qualität des Lernmaterials und der Lernaufgaben für die Schülerinnen und Schüler richtig einzuschätzen, zum Beispiel den Schwierigkeitsgrad einer Aufgabe oder die Attraktivität von Unterrichtsthemen.

Die diagnostische Kompetenz der Lehrkraft erweist sich darin, dass sie lernrelevante Eigenschaften von Schülerinnen und Schülern sowie die Anforderungen im Unterricht genau einschätzen kann.

> **Diagnostische Kompetenz als Urteilsgenauigkeit**
> Die diagnostische Kompetenz von Lehrkräften als Urteilsgenauigkeit wird als die Fähigkeit definiert, Lernende und Leistungsanforderungen zutreffend, das heißt, genau zu beurteilen.

Zur Erfassung der *Genauigkeit* von Lehrerurteilen wird ermittelt, inwieweit diese mit den Ergebnissen objektiver Tests (z. B. Lern- und Leistungstests) übereinstimmen. Der Grad der Übereinstimmung des Lehrerurteils mit den Testergebnissen gilt als Maß der diagnostischen Kompetenz der Lehrkraft. So sagt beispielsweise die Übereinstimmung zwischen den Schulnoten und den Ergebnissen von Schulleistungstests etwas darüber aus, wie gut es Lehrkräften gelingt, die Qualität von Schulleistungen zu beurteilen. Ebenso gibt ein Vergleich der von Lehrkräften eingeschätzten Aufgabenschwierigkeit mit den tatsächlichen Aufgabenschwierigkeiten, das heißt mit dem Prozentsatz der Lernenden, die die Aufgabe lösen konnten, Aufschluss darüber, wie genau Lehrkräfte die Schwierigkeit von Aufgaben beurteilen können. Die diagnostische Kompetenz wird nach diesem Ansatz als *Diagnose-* oder *Urteilsgenauigkeit* verstanden, die sich darin erweist, dass die Beurteilungen, Einschätzungen und Bewertungen der Lehrkraft mit den Ergebnissen objektiver Tests übereinstimmen.

Simulierter Klassenraum

Einen experimentellen Zugang zur Untersuchung der Diagnosegenauigkeit von Lehrkräften bietet der *Simulierte Klassenraum* (Südkamp & Möller, 2009; Südkamp, Möller & Pohlmann, 2008). Im Simulierten Klassenraum übernimmt die Testperson an einem Computer die Rolle der Lehrkraft, die mit fiktiven Schülerinnen und Schülern, deren Antworten durch ein Computerprogramm gesteuert werden, interagiert und anschließend deren experimentell gesteuerte Leistung beurteilt. Die Testperson wählt aus einem Menü unterrichtsfachbezogene Fragen aus, die sie an die (fiktiven) Schülerinnen und Schüler auf dem Computerbildschirm richtet. Der Anteil korrekter Antworten der Schülerinnen und Schüler stellt das Maß für ihre Fähigkeit dar. Im Anschluss an die simulierte »Unterrichtsstunde« wird die Testperson aufgefordert, den Anteil korrekter Antworten der einzelnen Schülerinnen und Schüler einzuschätzen. Damit wird überprüft, wie gut ihre Einschätzungen mit den tatsächlich gezeigten Leistungen der Schülerinnen und Schüler übereinstimmen. Der Simulierte Klassenraum bietet die Möglichkeit, den Einfluss verschiedener Bedingungen auf die Leistungseinschätzungen (zum Beispiel des Aussehens der Schülerinnen und Schüler oder ihres Sozialverhaltens) zu überprüfen. Dadurch können spezifische Hypothesen zur Urteilsbildung der Lehrkräfte gezielt überprüft werden (z. B. Südkamp, Krawinkel, Lange, Wolf & Tröster, 2017).

5.1.1 Aspekte der Urteilsgenauigkeit

Lehrerurteile können auf unterschiedliche Weise mit den Schülermerkmalen übereinstimmen, wie sie durch objektive Messungen erhoben werden. Je nach Art der Übereinstimmung kommen dabei unterschiedliche *Aspekte der Urteilsgenauigkeit* zum Ausdruck. Schrader und Helmke (1987) unterscheiden drei Komponenten der Urteilsgenauigkeit.

> **Komponenten der Urteilsgenauigkeit**
> Die Genauigkeit der Urteile von Lehrkräften zeigt sich darin, inwieweit sie in der Lage sind, (1) das Niveau der Merkmalsausprägung, (2) die interindividuellen Unterschiede in der Merkmalsausprägung und (3) das Ausmaß der Unterschiedlichkeit in der Merkmalsausprägung richtig zu beurteilen.

- **Die Niveaukomponente**
  Mit der *Niveaukomponente* wird überprüft, wie genau die Lehrkraft den *Grad der Merkmalsausprägung* einschätzten kann. Diesem Aspekt der Urteilsgenauigkeit ist beispielsweise zu entnehmen, ob die Lehrkraft das Leistungsniveau der Schülerinnen und Schüler oder den Grad ihrer Leistungsängstlichkeit zu hoch oder zu niedrig einstuft. Eine durchgängige

Unter- und Überschätzung deutet auf systematische Beurteilungsfehler hin, zum Beispiel auf einen *Mildefehler* oder einen *Strengefehler* (▶ Kap. 2.5.2). Um zu überprüfen, wie genau die Lehrkraft das Niveau der Merkmalsausprägung beurteilen kann, wird die Differenz zwischen der Einschätzung der Leistung der Lehrkräfte und der tatsächlich gezeigten Leistung der Schülerinnen und Schüler ermittelt.

- **Die Rangordnungskomponente**
Die *Rangordnungs-* oder *Korrelationskomponente* betrifft das Erkennen von Fähigkeitsabstufungen zwischen den Lernenden. Die Rangordnungskomponente wird als der wichtigste Indikator der diagnostischen Kompetenz betrachtet (Helmke, Hosenfeld & Schrader, 2004). Sie gibt Aufschluss über die Fähigkeit der Lehrkraft, die Rangfolge der Schülerinnen und Schüler innerhalb der Klasse unabhängig vom Niveau der Merkmalsausprägung richtig einzuschätzen.

- **Die Differenzierungskomponente**
Die *Differenzierungskomponente* oder *Streuungskomponente* zeigt, wie gut die Lehrkraft die Unterschiedlichkeit der Merkmalsausprägung innerhalb ihrer Klasse einschätzen kann. Dieser Aspekt der Diagnosegenauigkeit basiert auf einem Vergleich der Streuung des Lehrerurteils mit der Streuung des Schülermerkmals. Als Maß dafür wird der Quotient aus der Streuung der Lehrereinschätzungen und der Streuung der Merkmalsausprägungen der Schülerinnen und Schüler herangezogen. Eine Unterschätzung der Merkmalsstreuung lässt vermuten, dass die Lehrkraft wenig sensibel für die Unterschiede zwischen den Schülerinnen und Schülern ist oder sich scheut, extreme Urteile abzugeben. Eine Überschätzung der Merkmalsstreuung zeigt, dass die Lehrkraft die Unterschiede zwischen den Lernenden überbetont, das heißt, größere Unterschiede zwischen den Schülerinnen und Schülern wahrnimmt, als tatsächlich vorhanden sind.

5.1.2 Die Genauigkeit der Beurteilung von Schulleistungen

In den meisten Studien zur Genauigkeit der Leistungsbeurteilung von Lehrkräften wurde die Rangordnungskomponente untersucht. Der Rangordnungskomponente ist zu entnehmen, wie genau die Lehrkraft die *Leistungsunterschiede* zwischen den Schülerinnen und Schülern innerhalb ihrer Klasse einschätzen kann. Zur Quantifizierung dieses Aspekts der Diagnosegenauigkeit wird die *Korrelation* zwischen den Lehrerurteilen und den Ergebnissen von Schulleistungstests (z. B. eines Lesetests) pro Schulklasse berechnet. Sie zeigt, wie gut die Rangreihe der Schülerinnen und Schüler nach der Lehrerbeurteilung und nach dem Testergebnis übereinstimmt.

Hoge und Coladarci (1989) fanden in ihrer Metaanalyse von 16 Studien aus den Jahren 1971 bis 1988, in denen die Zusammenhänge zwischen Leistungsbeurteilungen von Lehrkräften und objektiven Leistungstests ermittelt wurden, Korrelationskoeffizienten zwischen $r = .28$ und $r = .92$, der Median betrug $r = .66$. Im Durchschnitt konnten die Lehrkräfte die Rangfolge ihrer Schülerinnen und Schüler hinsichtlich der Leseleistungen etwas genauer einschätzen ($r = .69$) als hinsichtlich der Schulleistungen in Mathematik ($r = .58$). Neuere Studien fanden ähnlich hohe Korrelationen zwischen den Leistungsbeurteilungen der Lehrkräfte und den durch Schultests ermittelten Schülerleistungen. So ermittelten Südkamp, Kaiser und Möller (2012) auf der Basis von 75 Studien aus den Jahren 1989 bis 2009 Korrelationen von $r = -.03$ bis $r = .84$ zwischen den Leistungsbeurteilungen der Lehrkräfte und den Ergebnissen von Leistungstests. Die durchschnittliche Korrelation beträgt $r = .63$, wobei sich jedoch keine Unterschiede in der

Urteilsgenauigkeit von mathematischen und sprachlichen Schulleistungen ergaben.

> **Rangordnungskomponente der Leistungsbeurteilung**
> Studien, in denen überprüft wurde, wie gut Lehrkräfte die Leistungsunterschiede der Schülerinnen und Schüler beurteilen können, zeigen, dass Lehrkräfte die Rangordnung der Schülerinnen und Schüler innerhalb der Klasse hinsichtlich ihrer Schulleistungen relativ gut einschätzen können.

Offenbar können Lehrkräfte die Schulleistungsunterschiede innerhalb ihrer Klasse im Allgemeinen relativ genau einschätzen. Einige Autoren (z. B. Bates & Nettelbeck, 2001) sehen darin einen Beleg für gute diagnostische Kompetenzen der Lehrkräfte. Diese Schlussfolgerung kann jedoch nur mit Einschränkungen gelten, da die Befunde auf den über Schulklassen hinweg gemittelten Korrelationen basieren, die über die beträchtlichen Unterschiede zwischen den Lehrkräften hinwegtäuschen. In allen Studien zur Diagnosegenauigkeit (z. B. Helmke et al., 2004; Hopkins, George & Williams, 1985; Lorenz & Artelt, 2009; Südkamp et al., 2012) fand sich eine große Streuung der klassenspezifischen Korrelationskoeffizienten, die zeigt, dass es neben vielen Lehrkräften, die die Leistungsunterschiede in ihrer Klasse gut einschätzen können, auch viele Lehrkräfte gibt, denen dies weniger gut gelingt.

Die Beurteilung des Niveaus von Schulleistungen

Die Korrelationen zwischen den Lehrereinschätzungen und den Ergebnissen von Schulleistungstests sagen nichts darüber aus, wie gut Lehrkräfte das *Niveau* der Schulleistungen beurteilen können. Wird die diagnostische Kompetenz der Lehrkräfte ausschließlich nach der Rangordnungskomponente der Urteilsgenauigkeit bemessen, würde man auch die Lehrkräfte als gute Diagnostiker bezeichnen, die zwar die Rangreihe der Schülerleistungen innerhalb ihrer Klasse korrekt einschätzen können, die Schulleistungen aber systematisch über- oder unterschätzen.

Wird neben der Rangordnungskomponente auch die *Niveaukomponente* der Urteilsgenauigkeit berücksichtigt, wird deutlich, dass Lehrkräfte zwar im Allgemeinen gut über die Leistungsunterschiede in ihrer Klasse orientiert sind, aber das *Leistungsniveau* ihrer Schülerinnen und Schüler oftmals nicht richtig einschätzen können. In Studien, in denen überprüft wurde, wie gut Lehrkräfte das Abschneiden ihrer Schülerinnen und Schüler bei Aufgaben zum Unterrichtsstoff vorhersagen können, zeigte sich, dass Lehrkräfte dazu neigen, die Schulleistungen ihrer Schülerinnen und Schüler zu *überschätzen* (Feinberg & Shapiro, 2003; Hosenfeld, Helmke & Schrader, 2002; Rjosk, McElvany, Anders & Becker, 2011; Südkamp, Möller & Pohlmann, 2008).

So fanden beispielsweise Bates und Nettelbeck (2001), die die Übereinstimmung zwischen den Leistungsbeurteilungen von 29 Lehrkräften und den Leseleistungen von 6- bis 8-jährigen Schülerinnen und Schülern ermittelten, dass die Lehrkräfte zwar relativ genau die Leistungsrangreihe innerhalb der Klasse wiedergeben konnten (ihre Einschätzungen der Lesegenauigkeit und des Leseverständnisses korrelierten durchschnittlich mit $r = .77$ bzw. $r = .62$ mit den entsprechenden Leistungen im Lesetest), jedoch das Leistungsniveau ihrer Schülerinnen und Schüler systematisch *überschätzten*: 75 % ihrer Einschätzungen lagen mehr als eine Standardabweichung über den Leistungen der Schülerinnen und Schüler im Lesetest. Die Fehleinschätzung des Leistungsniveaus dürfte unter anderem auch darauf zurückzuführen sein, dass die Lehrkräfte Schulleistungen nach einer *klassenspezifischen Bezugsnorm* beurteilen (▶ Kap. 4.3.1). Ihnen fehlt in der Regel ein externer Bezugsrahmen, der es ihnen ermöglichen würde, den Leistungsstand einer Schülerin oder eines Schülers nach einem *klassenübergreifenden Maßstab* zu beurteilen.

> **Niveaukomponente der Leistungsbeurteilung**
> Studien, in denen überprüft wurde, wie gut Lehrkräfte das Leistungsniveau der Schülerinnen und Schüler beurteilen können, zeigen, dass Lehrkräfte dazu tendieren, die Schulleistungen ihrer Schülerinnen und Schüler zu überschätzen.

Überschätzung des Leistungsniveaus leistungsschwacher Schülerinnen und Schüler

Die Tendenz der Lehrkräfte, das Leistungsniveau in ihrer Klasse zu überschätzen, zeigt sich vor allem bei leistungsschwachen Schülerinnen und Schülern. Dies scheint zumindest für die Schulleistungen im Lesen und in Mathematik zu gelten (Eckert, Dunn, Codding, Begeny & Kleinmann, 2006; Hamilton & Shinn, 2003). So wurden in der Studie von Bates und Nettelbeck (2001) die Leseleistungen der leseschwachen Schülerinnen und Schüler überschätzt, die Leistungen der leistungsstarken aber eher unterschätzt. Auch die Ergebnisse einer australischen Studie (Madelaine & Wheldall, 2005) zeigten, dass Lehrkräfte vor allem das Leistungsniveau der leistungsschwächeren Schülerinnen und Schüler überschätzen. In dieser Studie hatten 33 Lehrkräfte jeweils 12 zufällig ausgewählte Schülerinnen und Schüler der dritten bis fünften Klasse hinsichtlich ihrer Leseleistungen in eine Rangreihe zu bringen. Die von den Lehrkräften gebildete Rangreihe wurde mit den Ergebnissen eines Lesetests verglichen, der nach den Prinzipien der Lernverlaufsmessung entwickelt wurde (▶ Kap. 4.3.2.1). Zwar stimmten die Rangreihen der Lehrkräfte und der Testergebnisse gut miteinander überein (im Durchschnitt $r = .72$), bei einem detaillierten Vergleich der Rangreihen zeigte sich aber bei den leistungsschwächeren Schülerinnen und Schülern eine große Anzahl von Fehlplatzierungen. Nur etwa die Hälfte der Lehrkräfte (55 %) konnte die nach dem Lesetest leistungsschwächste Schülerin bzw. den leistungsschwächsten Schüler korrekt identifizieren, nur 15 % der Lehrkräfte gelang es, die drei leistungsschwächsten Schülerinnen und Schüler zu benennen. Offenbar können Lehrkräfte die relative Position ihrer Schülerinnen und Schüler im Leistungsspektrum der Klasse relativ gut einschätzen, sie überschätzen aber häufig die Schulleistungen vor allem von Schülerinnen und Schülern aus dem unteren Leistungsdrittel (Begeny, Eckert, Montarello & Storie, 2008; Eckert et al., 2006). Ihnen trauen sie mehr zu, als es nach ihren objektiven Leistungen gerechtfertigt ist.

Eine optimistische Beurteilung des Leistungsstandes dürfte sich günstig auf die Lernmotivation leistungsschwacher Schülerinnen und Schüler auswirken. Lernende, die erleben, dass ihre Schulleistungen von der Lehrkraft vergleichsweise wohlwollend beurteilt werden und dass ihnen die Lehrkraft mehr zutraut, als sie bisher gezeigt haben, dürften sich angespornt fühlen. Die Überschätzung des Leistungsniveaus leistungsschwacher Schülerinnen und Schüler könnte jedoch auch negative Folgen haben, wenn es um Entscheidungen über den individuellen Förderbedarf geht. Wird der Leistungsstand lernschwacher Schülerinnen und Schüler systematisch überschätzt, besteht die Gefahr, dass ihr Förderbedarf übersehen wird. Darauf weisen auch Ergebnisse der PISA-Studie hin: Mehr als 90 % der nach ihren Testleistungen im Lesetest als schwach eingestuften Schülerinnen und Schüler wurden von ihren Lehrkräften nicht als solche erkannt (Artelt, Stanat, Schneider & Schiefele, 2001). Gerade bei leseschwachen Schülerinnen und Schülern wäre jedoch eine genaue Beurteilung ihres Leistungsniveaus besonders wichtig, um ihren Förderbedarf rechtzeitig erkennen zu können.

5.1.3 Beurteilung allgemeiner kognitiver Fähigkeiten von Schülerinnen und Schülern

Lehrkräfte sollten jedoch nicht nur Schulleistungen der Lernenden richtig einschätzen können, sondern auch in der Lage sein, ihre *kognitiven Lernvoraussetzungen* zu beurteilen, um eine Unter- oder Überforderung rechtzeitig erkennen und die Lernangebote nach dem Leistungspotenzial der Schülerin oder des Schülers ausrichten zu können.

Um zu überprüfen, wie gut Lehrkräfte die kognitiven Fähigkeiten ihrer Schülerinnen und Schüler beurteilen können, wurden die Fähigkeitseinschätzungen der Lehrkräfte mit den Ergebnissen von Intelligenztests korreliert. In der Studie von Wild und Rost (1995), die eine Teilstichprobe der Marburger Hochbegabtenstudie von 331 Grundschulklassen untersuchten, hatten die Grundschullehrkräfte einzuschätzen, wie gut die Schülerin bzw. der Schüler hinsichtlich dreier erhobener Intelligenzaspekte (allgemeine Intelligenz, sprachliche Fähigkeiten, Informationsverarbeitungsgeschwindigkeit) abschneidet. Die Korrelationen zwischen den Fähigkeitseinschätzungen der Lehrkräfte und den Intelligenztestergebnissen der Schülerinnen und Schüler lagen zwischen $r = 0.20$ und $r = 0.94$, der Median betrug $r = 0.67$. Lehrkräfte können offenbar die Fähigkeitsunterschiede innerhalb ihrer Klasse ähnlich gut einschätzen wie die Schulleistungsunterschiede. Auch in dieser Studie ergaben sich beträchtliche *interindividuelle Unterschiede* in der Diagnosegenauigkeit. Die Spannweite der klassenspezifischen Korrelationskoeffizienten reichte von einer zufälligen Übereinstimmung zwischen dem Testergebnis und Lehrerurteil bis hin zu einer fast perfekten Vorhersage der klasseninternen Rangreihe kognitiver Fähigkeiten (Wild & Rost, 1995). Die meisten Lehrkräfte können anscheinend die Unterschiede im Fähigkeitsniveau in ihrer Klasse relativ gut einschätzen, einigen Lehrkräften gelingt dies jedoch nicht oder weniger gut.

Beurteilung der Begabung von Schülerinnen und Schülern mit erwartungswidrigen Schulleistungen

Bei ihren Fähigkeitseinschätzungen orientieren sich die Lehrkräfte erwartungsgemäß eng an den Schulleistungen der Lernenden: Sie schreiben Schülerinnen und Schülern mit guten Schulleistungen im Allgemeinen auch eine höhere Begabung zu und umgekehrt, Schülerinnen und Schüler mit schlechten Schulleistungen halten sie für unbegabt. Bei dieser engen Kopplung der Fähigkeitseinschätzungen an die aktuellen Schulleistungen fällt es den Lehrkräften jedoch schwer, die Begabung der Schülerinnen und Schüler *unabhängig* von ihren aktuellen Schulleistungen zu beurteilen.

Dies zeigt sich bei der Beurteilung von Schülerinnen und Schülern mit *erwartungswidrigen Schulleistungen*, also Schülerinnen und Schülern mit geringen kognitiven Fähigkeiten, aber überdurchschnittlichen Schulleistungen – sogenannte *Overachiever* – und Schülerinnen und Schüler mit überdurchschnittlichen kognitiven Fähigkeiten, die jedoch nur geringe Schulleistungen aufweisen – sogenannte *Underachiever*. So fanden beispielsweise Rost und Hanses (1997), dass es Lehrkräften in der Regel nicht gut gelingt, hochbegabte Schülerinnen und Schüler mit schwachen Schulleistungen zu identifizieren. In ihrer Studie, die auf den Lehrerbeurteilungen von mehr als 7000 Schülerinnen und Schülern aus 390 Klassen der dritten Jahrgangsstufe basiert, wurden mehr als zwei Drittel der hochbegabten Schülerinnen und Schüler mit durchschnittlichen oder unterdurchschnittlichen Schulleistungen von den Lehrkräften nicht erkannt. Offenbar gelingt es Lehrkräften nicht gut, das intellektuelle

Potenzial ihrer Schülerinnen und Schüler *unabhängig* von ihren aktuellen Schulleistungen zu beurteilen. Es ist also damit zu rechnen, dass sie ein hohes Leistungspotenzial von Schülerinnen und Schülern übersehen, wenn dieses nicht in ihren Schulleistungen zum Ausdruck kommt.

> **Beurteilung der kognitiven Fähigkeiten von Schülerinnen und Schülern**
> Lehrkräften fällt es schwer, das intellektuelle Potenzial ihrer Schülerinnen und Schüler unabhängig von ihren aktuellen Schulleistungen zu beurteilen.

5.1.4 Beurteilung motivationaler und affektiver Lernvoraussetzungen von Schülerinnen und Schülern

Ein adaptiver Unterricht sollte auf die *motivationalen und emotionalen Lernvoraussetzungen* der Lernenden zugeschnitten sein. Die im Unterricht behandelten Themen sollten soweit wie möglich an ihren Interessen anknüpfen, die Leistungsrückmeldungen sollten ihr Selbstkonzept stärken und die Art der Unterrichtsgestaltung sollte ihre Lernmotivation wecken. Eine adaptive Unterrichtsgestaltung erfordert daher von der Lehrkraft neben der Beurteilung des Leistungspotenzials des Schülers auch eine Einschätzung seiner *motivationalen und emotionalen Lernvoraussetzungen.*

Darüber, wie gut Lehrkräfte die motivationalen und emotionalen Lernvoraussetzungen ihrer Schülerinnen und Schüler einschätzen können, ist bisher nur wenig bekannt. Um zu untersuchen, wie gut es Lehrkräften gelingt, motivationale und emotionale Lernvoraussetzungen einzuschätzen, wurden die Lehrerbeurteilungen mit den Selbsteinschätzungen der Schülerinnen und Schüler verglichen. Spinath (2005) fand bei Grundschullehrkräften nur geringe Zusammenhänge zwischen ihren Einschätzungen der allgemeinen Fähigkeit, der Lernmotivation und der Leistungsängstlichkeit der Schülerinnen und Schüler und den entsprechenden, über einen Fragebogen erhobenen *Selbstbeurteilungen*. Die Lehrerurteile korrelierten mit der Fähigkeitsselbstwahrnehmung der Schülerinnen und Schüler mit $r = .39$, mit der selbstwahrgenommenen Lernmotivation mit $r = .20$ und mit der selbstwahrgenommenen Leistungsängstlichkeit mit $r = .15$.

Bezogen auf die Rangordnungskomponente der Diagnosegenauigkeit zeigte sich, dass Lehrkräfte motivationale und affektive Merkmale ihrer Schülerinnen und Schüler weniger gut beurteilen können als ihre Schulleistungen (Marsh & Craven, 1991). Aufschluss darüber, wie gut Lehrkräfte das *Niveau* lernrelevanter Eigenschaften ihrer Schüler einschätzen können, geben die Ergebnisse von Hosenfeld et al. (2002). Die Autoren ließen Lehrkräfte von 30 Klassen der 5. Klassenstufe verschiedener Schulformen die Aufmerksamkeit, das Verständnis, das Interesse und das Ausmaß der Über- und Unterforderung ihrer Schülerinnen und Schüler in einer Mathematikstunde beurteilen und verglichen diese Beurteilungen mit den entsprechenden Selbsteinschätzungen der Schülerinnen und Schüler, die nach der Unterrichtsstunde erhoben wurden. Die Mehrzahl der Lehrkräfte schätzte den Grad der Aufmerksamkeit der Schülerinnen und Schüler während der Unterrichtsstunde deutlich geringer ein als die Schülerinnen und Schüler selbst, von denen ein großer Teil angab, während des Unterrichts gut oder sehr gut aufgepasst zu haben. Unterschätzt wurden auch das Interesse der Lernenden an den im Unterricht behandelten Lerninhalten und ihr Verständnis des Unterrichtsstoffs. Die meisten Schülerinnen und Schüler schätzten ihr Interesse an den Unterrichtsinhalten und ihr Verständnis des Unterrichtsstoffs höher ein als die Lehrkraft.

> **Beurteilung affektiv-motivationaler Schülermerkmale**
> Lehrkräfte können motivationale und affektive Merkmale der Schülerinnen und Schüler weniger gut beurteilen als ihre Schulleistungen.

Dieser Vergleich der Lehrereinschätzungen mit den Schülerselbstbeurteilungen lässt zunächst vermuten, dass Lehrkräfte ihren Schülerinnen und Schülern weniger zutrauen als diese selbst. Sie schätzen die Aufmerksamkeit der Schülerinnen und Schüler während des Unterrichts, ihr Verständnis des Unterrichtsstoffes und ihr Interesse an den Inhalten des Unterrichts geringer ein als diese selbst und erkennen oftmals nicht, wenn eine Schülerin oder ein Schüler unterfordert ist.

Ob jedoch diese Diskrepanzen zwischen den Lehrereinschätzungen und den Schülerselbstbeurteilungen auf einer systematischen Fehleinschätzung der Lehrkräfte beruhen, die Lehrkräfte ihre Schülerinnen und Schüler also falsch einschätzen, ist jedoch fraglich. Denn die Selbsteinschätzungen der Schülerinnen und Schüler sind sicher kein optimales Kriterium für die Diagnosegenauigkeit der Lehrkräfte. So ist damit zu rechnen, dass Schülerinnen und Schüler zu optimistischen Selbsteinschätzungen tendieren und ihre Aufmerksamkeit während des Unterrichts oder ihr Interesse an den Unterrichtsinhalten positiver einschätzen als sie tatsächlich sind, weil es ihr Selbstwertgefühl hebt. Zudem ist zu erwarten, dass Schülerinnen und Schüler, die danach gefragt werden, ob sie im Unterricht aufmerksam waren oder sich für die Unterrichtsinhalte interessieren, bestrebt sind, einen »guten Eindruck« zu hinterlassen indem sie vorgeben, aufmerksam und interessiert zu sein.

Um diesen Problemen zu begegnen, die sich ergeben, wenn Schülerselbsteinschätzungen als Kriterium für die Urteilsgenauigkeit von Lehrkräften herangezogen werden, verglichen Ter Laak, DeGoede und Brugman (2001) in einer niederländischen Studie die Beurteilungen der Lehrkräfte mit dem tatsächlichen Schülerverhalten im Unterricht. Vier Lehrkräfte von Grundschulklassen schätzten ihre Schülerinnen und Schüler im Alter von 7 bis 10 Jahren im Hinblick auf insgesamt 36 Eigenschaften (z. B. hilfsbereit, konzentriert, ehrlich, fröhlich, interessiert, selbstständig, intelligent, aufmerksam, humorvoll, freundlich) ein. Diese Einschätzungen wurden mit den Ergebnissen einer Verhaltensbeobachtung verglichen, bei der unabhängige Beobachter das Verhalten der Schülerinnen und Schüler im Unterricht nach einem differenzierten Kategoriensystem beurteilten. Erwartungsgemäß zeigte sich, dass Lehrkräfte die Eigenschaften ihrer Schülerinnen und Schüler nicht nach einem absoluten Maßstab, sondern nach einer klassenspezifischen Bezugsnorm bewerten. Beispielsweise lagen die Lehrereinschätzungen der Arbeitseinstellungen bei Schülerinnen und Schülern der zweiten Klasse auf dem gleichen Niveau wie bei denen der fünften Klasse, obwohl sich das Arbeitsverhalten der Schülerinnen und Schüler vom zweiten bis zum fünften Schuljahr deutlich verändert hatte. Dies bestätigt die häufig gemachte Erfahrung, dass aufgrund des klassenspezifischen Bezugsrahmens die Lehrerbeurteilungen nicht über verschiedene Klassen oder über verschiedene Klassenstufen hinweg verglichen werden können.

Die Übereinstimmung der Lehrerbeurteilungen mit dem Verhalten der Schülerinnen und Schüler im Unterricht war von dem *Verhaltensbereich* abhängig. Relativ gut stimmten die Lehrereinschätzungen vom »schwierigen Schüler« (troublesomeness) mit dem tatsächlich beobachteten Schülerverhalten überein. Bei den Schülerinnen und Schülern, die von den Lehrkräften als »aufsässig« oder »impulsiv« eingeschätzt wurden, konnte auch im Unterricht ein entsprechendes Verhalten beobachtet werden. Nur geringe Übereinstimmungen ergaben sich dagegen mit Verhaltensmerkmalen, in denen die arbeitsbezogenen Einstellungen, das Selbstvertrauen und die Geselligkeit der Schülerinnen und Schüler zum Ausdruck kommen. Die Autoren vermuten, dass solche Schülermerkmale, die mit Disziplinproblemen im Unterricht in Zusammenhang stehen, von den Lehrkräften relativ genau beurteilt werden können, da sie für die Klassenführung wichtig sind und daher auch stark im Fokus der Lehrkräfte stehen. Demgegenüber werden Schülermerkmale, die für die Klassenführung unwichtig sind (z. B. Geselligkeit), von den Lehrkräften auch weniger beachtet und können daher auch nicht genau beurteilt werden (Ter Laak et al., 2001). Die Genauigkeit der Lehrereinschätzungen dürfte aber auch davon abhängen, wie eindeutig die Schülermerkmale im offenen Verhalten zum Ausdruck kommen. Im Unterschied zu Verhaltensproblemen im Unterricht können die arbeitsbezogenen Einstellungen oder das Selbstvertrauen der Schülerinnen und Schüler im Unterricht ja nicht direkt beobachtet werden, sondern müssen aus dem beobachteten Verhalten erschlossen werden.

5.2 Spezifität versus Generalität der diagnostischen Kompetenz von Lehrkräften

Wenn von diagnostischer Kompetenz gesprochen wird, denkt man zunächst wohl an eine *allgemeine, fächerübergreifende* Fähigkeit der Lehrkraft, Lernende zutreffend zu beurteilen. Eine diagnostisch kompetente Lehrkraft sollte demnach nicht nur die Schulleistungen ihrer Schülerinnen und Schüler, sondern auch weitere lern- und leistungsrelevante Schülereigenschaften wie beispielsweise ihre Lernmotivation oder ihre Leistungsängstlichkeit richtig einschätzen können. Ihre Diagnosekompetenz sollte zudem in verschiedenen Aspekten der *Diagnosegenauigkeit* zum Ausdruck kommen. Sie sollte also nicht nur die Rangordnung der Schülerinnen und Schüler in der Klasse richtig wiedergeben können, sondern auch in der Lage sein, das Niveau sowie die Bandbreite lernrelevanter Schülereigenschaften innerhalb ihrer Klasse zuverlässig einzuschätzen.

Inwieweit man tatsächlich von einer in diesem Sinne umfassenden, *generellen Fähigkeit* der Lehrkraft zur Beurteilung von Schülerinnen und Schülern ausgehen kann, hat Spinath (2005) in einer Studie an Lehrkräften von 43 Grundschulklassen untersucht. Die Autorin erfasste drei Genauigkeitskomponenten der Lehrerbeurteilungen (Niveaukomponente, Rangordnungskomponente, Differenzierungskomponente; ▸ Kap. 5.1.1) für vier verschiedene Schülermerkmale: die Intelligenz, das schulische Selbstkonzept, die Lernmotivation und die Schulängstlichkeit. Die Intelligenz wurde mit einem Intelligenztest erfasst; die anderen Schülermerkmale (Selbstkonzept, Lernmotivation und Schulängstlichkeit) wurden über Selbstberichte der Schülerinnen und Schüler erhoben.

Die Ergebnisse waren eindeutig: Sowohl zwischen den drei Genauigkeitsmaßen bei einem Schülermerkmal als auch bei einem Genauigkeitsmaß über verschiedene Schülermerkmale hinweg ergaben sich keine bedeutsamen korrelativen Zusammenhänge. Angesichts dieser Befunde hält die Autorin die Annahme einer allgemeinen diagnostischen Fähigkeit von Lehrkräften für nicht gerechtfertigt. Anscheinend verfügen Lehrkräfte nicht über eine generelle diagnostische Kompetenz, die in der Beurteilung unterschiedlicher Merkmalsbereiche und in verschiedenen Genauigkeitsaspekten zum Ausdruck kommt. Nach den Befunden von Spinath (2005) muss man stattdessen von merkmals-

und genauigkeitsspezifischen Diagnosekompetenzen der Lehrkräfte ausgehen.

Auch die Ergebnisse von Lorenz und Artelt (2009) sprechen gegen eine generelle diagnostische Kompetenz von Lehrkräften. Untersucht wurde in dieser Studie die Genauigkeit der Leistungsbeurteilungen von Grundschullehrkräften, die die Fächer Deutsch und Mathematik in ihrer Klasse unterrichteten. Die Korrelationen der Beurteilungen der sprachlichen und mathematischen Leistungen mit den Ergebnissen entsprechender Schultests lagen zwischen $r = 0.54$ und $r = 0.66$. Die Diagnosegenauigkeit in den beiden Schulfächern korrelierte jedoch nur gering miteinander. Innerhalb der sprachlichen Schulleistungen (Textverstehen und Wortschatz) waren die Korrelationen der Beurteilungsgenauigkeit deutlich höher als zwischen den sprachlichen und den mathematischen Schulleistungen. Offenbar sind Lehrkräfte, die die sprachlichen Leistungen ihrer Schülerinnen und Schüler genau einschätzen können, nicht automatisch auch gute Diagnostiker für Schulleistungen in Mathematik und umgekehrt.

> **Spezifität der diagnostischen Kompetenz von Lehrkräften**
> Empirische Befunde sprechen gegen eine generelle, fachübergreifende diagnostische Kompetenz von Lehrkräften.

Diese und weitere Befunde (Schrader, 1989; Südkamp et al., 2008) können die Annahme einer generellen, fachübergreifenden diagnostischen Kompetenz von Lehrkräften nicht belegen. Offenbar kann man nicht von einer allseits diagnostisch kompetenten Lehrkraft sprechen, die in der Lage ist, die Schulleistungen, die motivationalen Lernvoraussetzungen der Lernenden sowie den Schwierigkeitsgrad der Anforderungen in verschiedenen Unterrichtsfächern zutreffend zu beurteilen. Die Fähigkeit, Lernleistungen, lernrelevante Merkmale der Lernenden und schulische Anforderungen genau zu beurteilen, ist offenbar bereichs- oder anforderungsspezifisch und kann nicht über verschiedene Schulfächer und über unterschiedliche Genauigkeitsaspekte generalisiert werden.

5.3 Diagnostische Kompetenz von Lehrkräften und Lernerfolg

Die diagnostische Kompetenz gilt als eine wichtige Voraussetzung für eine *adaptive Unterrichtsgestaltung*. Der Lehrkraft kann es nur dann gelingen, den Unterricht an die Lernvoraussetzungen der Schülerinnen und Schüler anzupassen, wenn sie in der Lage ist, sowohl die Lernvoraussetzungen der Schüler – beispielsweise ihren Lernstand, ihre Interessen oder ihre Lernmotivation – als auch die Angemessenheit von Lernangeboten – zum Beispiel die Schwierigkeit der Aufgabenstellung – richtig einzuschätzen (vgl. Brunner et al., 2011; Retelsdorf & Südkamp, 2012; Schrader & Helmke, 2001). Die diagnostische Kompetenz der Lehrkraft gilt daher als eine *Schlüsselkompetenz* für erfolgreiches Unterrichten (Helmke, 2008; Weinert, 1989) und sollte folglich auch in entsprechenden Lernleistungen der Schülerinnen und Schüler zum Ausdruck kommen.

Tragen nun diagnostische Kompetenzen der Lehrkraft tatsächlich zum Lernerfolg bei? In der Diskussion um die Qualität des Unterrichts gelten diagnostische Kompetenzen der Lehrkräfte als bedeutsame Voraussetzungen für erfolgreiches Unterrichten. Dabei wird angenommen, dass diagnostische Kompetenzen notwendig sind, um Lernprozesse zu fördern, etwa wenn es darum geht, passende Lernangebote für die Lernenden zu konzipieren, sie angemessen zu unterstützen, sie zum Lernen zu motivieren oder Lerngruppen zusammenzustellen (Alvidrez & Weinstein, 1999). Ob diagnostische Kompetenzen der Lehrkraft maßgeblich die Qualität des Unterrichts bestimmen und damit wesentlich zum Lernerfolg der Schülerinnen und Schüler beitragen, wurde allerdings nur selten empirisch überprüft.

> **Spezifität der diagnostischen Kompetenz von Lehrkräften**
> Empirische Befunde sprechen gegen eine generelle, fachübergreifende diagnostische Kompetenz von Lehrkräften.

Entgegen der Erwartung, dass sich die diagnostische Kompetenz der Lehrkräfte auch im Lernerfolg der Lernenden niederschlägt, ergaben sich in den wenigen, bisher vorliegenden Studien keine oder nur geringe Zusammenhänge zwischen der diagnostischen Kompetenz der Lehrkräfte und den Lernleistungen der Schülerinnen und Schüler.

Lehmann et al. (2002) fanden keinen Zusammenhang zwischen der Fähigkeit von Mathematiklehrkräften, den Schwierigkeitsgrad der Mathematikaufgaben in ihrer Klasse einzuschätzen und den Mathematikleistungen der Schülerinnen und Schüler am Ende des Schuljahres; lediglich in einzelnen Klassen zeigten sich geringe positive Zusammenhänge.

Anders, Kunter, Brunner, Krauss und Baumert (2010) fanden zwar statistisch bedeutsame, aber nur geringe Zusammenhänge zwischen der Fähigkeit von Mathematiklehrkräften der Sekundarstufe, den Schwierigkeitsgrad der Mathematikaufgaben sowie die Leistungsrangreihe der Schülerinnen und Schüler zu beurteilen und der Unterrichtsqualität: Je genauer sie den Schwierigkeitsgrad der Mathematikaufgaben in ihrer Klasse einschätzen konnten, desto höher war auch der von Experten eingeschätzte kognitive Anregungsgehalt der Aufgaben in den Klassenarbeiten (r = .18) und desto besser waren die Mathematikleistungen der Schülerinnen und Schüler (r = .37).

Bei Schrader (1989) hatten Hauptschullehrkräfte einzuschätzen, wie viele Aufgaben in einer Mathematikarbeit die einzelnen Schülerinnen und Schüler lösen würden (personenbezogene diagnostische Kompetenz) und wie schwierig die Aufgaben für die Klasse sein würden (aufgabenbezogene diagnostische Kompetenz). Zwar fand sich auch in dieser Studie kein *allgemeiner* positiver Effekt der personen- und aufgabenbezogenen diagnostischen Kompetenz der Lehrkraft auf den Lernerfolg der Schülerinnen und Schüler; es fanden sich jedoch Anhaltspunkte dafür, dass der Einfluss der diagnostischen Kompetenz von weiteren didaktischen Maßnahmen der Lehrkraft abhängig ist. In den Klassen war der Lernerfolg dann groß, wenn die Lehrkraft eine hohe diagnostische Kompetenz aufwies und gleichzeitig in ihrem Unterricht den Schülerinnen und Schülern viele Hilfen zur Strukturierung des Lernstoffes anbot.

In einer Längsschnittstudie von Behrmann und Souvignier (2013) mit 75 Lehrkräften zeigte sich, dass die Effektivität der Rückmeldungen, die die Schülerinnen und Schüler von der Lehrkraft erhielten, von der diagnostischen Kompetenz der Lehrkraft (im Sinne der Urteilsgenauigkeit) abhängig war. Im Rahmen eines standardisierten Leseförderprogramms führte die Häufigkeit der Leistungsrückmeldungen nur dann zu einem verbesserten Leseverständnis bei den Schülerinnen und Schülern, wenn die Lehrkraft über eine hohe Urteilsgenauigkeit verfügte, also den Leistungstand der Lernenden genau einschätzen konnte.

Die Annahme, dass sich diagnostische Kompetenzen der Lehrkraft automatisch in höheren Lernleistungen der Schülerinnen und Schüler niederschlagen, ist wohl zu einfach. Die Befunde von Schrader (1989) lassen vielmehr vermuten, dass diagnostische Kompetenzen nur dann zum Lernerfolg beitragen, wenn die Lehrkraft den Schülerinnen und Schülern gleichzeitig Strukturierungshilfen und eine individuelle fachliche Unterstützung gibt. Es reicht offenbar nicht aus, wenn die Lehrkraft den Lernstand der Lernenden und die Angemessenheit der Lernangebote genau einschätzen kann; erst wenn es ihr gelingt, aus den Ergebnissen ihres Diagnostizierens die richtigen Schlüsse zu ziehen und diese auch im Unterricht umzusetzen – indem sie zum Beispiel den Schülerinnen und Schülern je nach Bedarf hilft, den Unterrichtsstoff zu strukturieren – können die Schülerinnen und Schüler auch von der diagnostischen Kompetenz der Lehrkraft profitieren. Die diagnostische Kompetenz *allein* trägt offenbar wenig zum Lernerfolg bei; damit die Schülerinnen und Schüler aus der Diagnosegenauigkeit der Lehrkraft Nutzen ziehen können, müssen die Ergebnisse des Diagnostizierens auch adäquat in didaktisches Handeln umgesetzt werden.

Diagnostische Kompetenzen der Lehrkraft sind offenbar nur dann nützlich, wenn sie auch in didaktische Maßnahmen einfließen. Aber auch die didaktischen Maßnahmen im Unterricht können von der diagnostischen Kompetenz profitieren. Dafür sprechen die Ergebnisse von Behrmann und Souvignier (2013), die zeigen, dass lernbegleitende Leistungsrückmeldungen den Lernprozess dann fördern, wenn sie mit einer entsprechenden diagnostischen Kompetenz der Lehrkraft einhergehen und damit besser an die Lernvoraussetzungen der Schülerinnen und Schüler angepasst werden können. Offenbar fungiert die diagnostische Kompetenz als ein Moderator, der die Wirksamkeit didaktischer Maßnahmen moderiert: Lernfortschritte sind vor allem dann zu erwarten, wenn das didaktische Vorgehen im Unterricht mit einer hohen diagnostischen Kompetenz einhergeht.

5.4 Erweiterte Konzepte der diagnostischen Kompetenz von Lehrkräften

Der Vergleich der Lehrerbeurteilungen mit den Ergebnissen von Schulleistungstests zeigt, dass Lehrkräfte die Position ihrer Schülerinnen und Schüler im Leistungsspektrum ihrer Klasse im Allgemeinen recht gut einschätzen können, in der Regel aber das Leistungsniveau der Lernenden überschätzen. Darüber, wie diese Befunde *pädagogisch* zu bewerten sind, gibt es unterschiedliche Auffassungen.

Einige Autoren (z. B. Helmke, 2008; Helmke et al., 2004; Weinert & Schrader, 1986) halten es nicht für angemessen, die Qualität der Lehrerbeurteilungen an der *Urteilsgenauigkeit*, das heißt, an der Übereinstimmung mit den Ergebnissen objektiver Leistungstests zu messen. Angesichts der komplexen Anforderungen, die Lehrkräfte im Unterricht zu bewältigen haben, sei es unrealistisch, von den Lehrerurteilen den gleichen Grad an Präzision zu erwarten, den die nach psychometrischen Kriterien konstruierten Lern- und Leistungstests erreichen. Ein hoher Grad an Urteilsgenauigkeit sei auch nicht erforderlich, da es »für die Unterrichtsarbeit im Klassenzimmer keine didaktischen Modelle, keine speziellen Lehrmethoden und keine rationalen Aufgabenzuweisungen an die Schüler [gibt], die durch extreme Genauigkeit der herangezogenen diagnostischen Informationen wesentlich verbessert werden können« (Weinert & Schrader, 1986, S. 19). Wichtiger als die Diagnosegenauigkeit sei es, dass sich die

Lehrkraft »der Ungenauigkeit, Vorläufigkeit und Revisionsbedürftigkeit ihrer Urteile bewusst ist« (Weinert & Schrader, 1986, S. 18).

Die Tendenz zur Überschätzung des Leistungsniveaus der Lernenden betrachten Schrader und Helmke (1987) als Ausdruck einer *optimistischen Erwartungshaltung*, die letztlich dazu beitrage, dass die Lehrkräfte den Schülerinnen und Schülern – gemessen an ihrem aktuellen Leistungsstand – *bessere* Leistungen zutrauen. Damit verbinden die Autoren die Hoffnung, dass Lehrkräfte, die mehr von ihren Schülerinnen und Schülern erwarten, auch besondere Anstrengungen in ihren Unterricht investieren und eine leistungsförderlichere Atmosphäre schaffen als Lehrkräfte, die den Leistungsstand ihrer Schülerinnen und Schüler realistisch einschätzen. Statt neutraler Objektivität plädieren Weinert und Schrader (1986, S. 19) folgerichtig für eine »pädagogisch günstige Voreingenommenheit«. Für das schulische Lernen sei es förderlich, wenn Lehrkräfte die Leistungsunterschiede innerhalb ihrer Klasse mäßig *unterschätzen* und das Leistungspotenzial der einzelnen Schülerin oder des einzelnen Schülers mäßig *überschätzen*. Unter diesen Voraussetzungen würde sich die Lehrkraft auch dann noch um Lernfortschritte der Schülerinnen und Schüler bemühen, wenn sie aufgrund objektiver Diagnosen vielleicht schon längst resigniert hätte. Unter pädagogischen Gesichtspunkten sei daher eine Überschätzung des Leistungspotenzials vorteilhaft, weil dies dazu führe, dass dem »Kind anspruchsvolle, gerade noch im Rahmen seiner Begabungsmöglichkeiten liegende Aufgaben [gestellt] und ihm so günstige Entwicklungsanreize« (Schrader, 2010, S. 103) geboten werden.

Diese Bewertung der diagnostischen Kompetenz von Lehrkräften geht konsequent von den *pädagogischen Funktionen* diagnostischer Tätigkeit im Unterricht aus (▶ Kap. 4.1.1). Letztlich ist es ja nicht das Ziel der diagnostischen Tätigkeit der Lehrkraft, genaue Urteile über Schülerinnen und Schüler abzugeben, sondern Lernprozesse im Unterricht zu initiieren und zu optimieren. Eine schulische Diagnostik, die diesem Ziel verpflichtet ist, muss daher vorrangig daran gemessen werden, inwieweit sie dazu beiträgt, den Lernerfolg jeder einzelnen Schülerin und jedes einzelnen Schülers zu befördern. Inwieweit der Lernerfolg von der Genauigkeit des Lehrerurteils oder – wie Weinert und Schrader (1986) vermuten – eher von einer optimistischen Voreingenommenheit profitiert, bleibt jedoch noch zu klären.

Allerdings sollen Lehrerurteile nicht nur eine pädagogische Funktion innerhalb des Unterrichts, sondern auch eine Selektions- und Allokationsfunktion erfüllen (▶ Kap. 4.1.2). Auf der Basis der schulischen Leistungsbeurteilung werden Entscheidungen getroffen, die in hohem Maße den schulischen und beruflichen Werdegang der Schülerinnen und Schüler bestimmen. Schulnoten entscheiden über die Versetzung in die nächste Klassenstufe, über den Zugang zu weiterführenden Bildungsgängen oder über den Zugang zu beruflichen Laufbahnen und bestimmen damit entscheidend die Zukunftschancen des Einzelnen. Im Rahmen dieser *gesellschaftlichen Funktion* wird an die schulische Leistungsbewertung der Anspruch gestellt, eine leistungsgerechte Selektion sicherzustellen. Diese setzt jedoch voraus, dass Lehrkräfte in der Lage sind, die Schulleistungen möglichst genau, das heißt valide zu beurteilen.

Weitreichende *Selektions- und Allokationsentscheidungen* auf der Grundlage von Schulnoten und Abschlusszeugnissen sind nur zu rechtfertigen, wenn auch gewährleistet ist, dass Lehrkräfte die Leistungen ihrer Schülerinnen und Schüler auch möglichst objektiv, reliabel und valide beurteilen. Dies gebietet nicht nur die Fairness gegenüber den Schülern, die darauf vertrauen können müssen, dass ihre Lernleistungen gerecht beurteilt werden. Auch die Gesellschaft hat ein Interesse daran, das begehrte Positionen in Beruf und Gesellschaft nach der individuellen Leistungsfähigkeit vergeben werden (Spinat, 2009). Daher ist die schulische Leistungsbewertung nicht nur nach ihren pädagogischen Funktionen im Unterricht zu beurteilen, sondern muss auch daran gemessen werden, inwieweit sie ihrer gesellschaftlichen Funktion als Selektions- und Zuweisungskriterium gerecht wird. Die schulische Leistungsbewertung, soweit sie sich in Noten und Abschlusszeugnissen manifestiert, muss sich daher an den psychometrischen Gütekriterien messen lassen, um systematische Fehlerquellen und Beurteilungsverzerrungen im Rahmen schulischer Beurteilungsprozesse offenlegen zu können (▶ Kap. 4.7).

5.4.1 Diagnostische Expertise von Lehrkräften

Die diagnostische Kompetenz einer Lehrkraft als die *Genauigkeit* (engl. accuracy) der Beurteilungen zeigt sich darin, dass ihre Urteile über Schülermerkmale und -eigenschaften mit den Merkmalen und Eigenschaften der Schülerinnen und Schüler übereinstimmen, wie sie durch objektive Leistungs- und Persönlichkeitstests oder durch die Selbsteinschätzungen der Schülerinnen und Schüler erfasst werden. Mit Verweis auf die pädagogische Funktion der schulischen Leistungsbeurteilung halten einige Autoren dieses Konzept der diagnostischen Kompetenz für zu eng (Helmke et al., 2004; Schrader, 1989) und plädieren dafür, neben der Diagnosegenauigkeit die *diagnostischen Wissensgrundlagen* der Lehrkräfte mit einzubeziehen. In diesem Sinne erweitert Helmke (2007) das Konzept der diagnostischen Kompetenz und verwendet den Begriff der *diagnostischen Expertise* (Helmke, 2008, S. 85).

Die diagnostische Expertise ist nicht auf die Genauigkeit der Beurteilungen beschränkt, sondern beinhaltet darüber hinaus das *methodische und prozedurale Wissen* der Lehrkräfte über diagnostische Methoden, die Kenntnisse von Beurteilungsfehlern und Urteilstendenzen sowie die Beherrschung diagnostischer Methoden und Verfahren.

> **Diagnostische Expertise**
> Die diagnostische Expertise (Helmke, 2007) beinhaltet nicht nur die Urteilsgenauigkeit, sondern auch das methodische und prozedurale Wissen der Lehrkräfte über diagnostische Methoden sowie die Beherrschung diagnostischer Methoden und Verfahren.

Das Konzept der diagnostischen Expertise wird den komplexen Praxisanforderungen im Schulalltag insofern eher gerecht, als es nicht nur das Endergebnis der diagnostischen Urteilsbildung – die Benotung – berücksichtigt, sondern den gesamten Prozess der diagnostischen Urteilsbildung in den Blick nimmt. Lehrkräfte, die im Rahmen ihres Unterrichts permanent Eindrücke sammeln, Schülerverhalten bewerten, Prognosen erstellen und Einschätzungen vornehmen und auf dieser Grundlage implizite und explizite pädagogische Entscheidungen treffen, sollten auch in der Lage sein, den Prozess der Urteilsbildung und insbesondere ihren eigenen Anteil an der Urteilsbildung kritisch zu reflektieren. Dies erfordert sowohl eine Sensibilität für die Situationen im Schulalltag, in denen implizite Urteile über Schülerinnen und Schüler in ihr pädagogisches Handeln einfließen, als auch das Wissen darüber, wie die Urteile zustande kommen, welche Bedingungen die Urteilsbildung beeinflussen und mit welchen Beurteilungsfehlern zu rechnen ist.

Ein solches erweitertes Konzept ist einer empirischen Überprüfung allerdings nur schwer zugänglich. Während die Diagnosegenauigkeit noch relativ leicht operationalisierbar ist, erfordert die Überprüfung der diagnostischen Expertise nicht nur eine Systematisierung und Bewertung des Wissens, das Lehrkräfte zur Bewältigung der diagnostischen Aufgaben im Unterricht benötigen, sondern auch die Entwicklung von Methoden, mit denen überprüft werden kann, inwieweit Lehrkräfte dieses Wissen im Unterrichtsalltag auch nutzen. Diagnostische Expertise würde einer Lehrkraft nicht nur dann zugesprochen, wenn sie über einschlägiges Wissen und Fertigkeiten verfügt, sie muss auch in der Lage sein, dieses Wissen im Unterrichtsalltag zur Optimierung von Lernprozessen zu nutzen. Studien zu diesen Fragen stehen allerdings noch aus.

5.5 Weiterführende Literatur

Schrader, F. W. (2010). Diagnostische Kompetenz von Eltern und Lehrern. In D. Rost (Hrsg.), *Handwörterbuch Pädagogische Psychologie* (S. 102–108). Weinheim: Beltz.

Schrader, F.-W. (2013). Diagnostische Kompetenz von Lehrpersonen. *Beiträge zur Lehrerbildung, 31*, 154–165.

6 Intelligenz und Intelligenzdiagnostik

6.1	Die Anfänge der Intelligenzmessung	174
6.2	Die Messung der Intelligenz	177
	6.2.1 Intelligenzalter	177
	6.2.2 Intelligenzquotient nach Stern	179
	6.2.3 Intelligenzquotient nach Wechsler	181
6.3	Intelligenz als Konstrukt	182
	6.3.1 Die Zwei-Faktoren-Theorie der Intelligenz	185
	6.3.2 Das Modell der Primärfaktoren	189
	6.3.3 Das Modell der fluiden und kristallinen Intelligenz	191
	6.3.4 Das Strukturmodell der Intelligenz	195
	6.3.5 Das Berliner Intelligenzstrukturmodell	197
	6.3.6 Drei-Schichten-Modell der Intelligenz	200
	6.3.7 Bewertung der Strukturtheorien der Intelligenz	201
6.4	Pluralistische Intelligenztheorien	203
	6.4.1 Modell der multiplen Intelligenzen	204
	6.4.2 Kritik am Modell der multiplen Intelligenzen	207
6.5	Intelligenz und Lernerfolg	208
	6.5.1 Multiple Determination von Schulleistungen	210
6.6	Weiterführende Literatur	212

Der Grund für Lehrkräfte, sich mit dem Thema Intelligenz und Intelligenzdiagnostik auseinanderzusetzen, liegt *nicht* darin, dass sie im Unterricht Intelligenztests einsetzen oder einsetzen sollen. In der Schule sind es in der Regel Schulpsychologen, die im Rahmen ihrer Beratung gelegentlich eine Intelligenzdiagnostik durchführen, um beispielsweise bei der Abklärung von Lernschwierigkeiten eine Über- oder Unterforderung der Schülerin oder des Schülers ausschließen zu können oder um im Rahmen der Schullaufbahnberatung eine Empfehlung für zukünftige schulische oder berufliche Ausbildungsgänge abzusichern. Weitere Problemfelder in Schule und Unterricht, in denen Intelligenztests zum Einsatz kommen, sind beispielsweise in Rahmen:

- der Diagnostik von Lernstörungen wie Lesestörungen, Rechtschreibstörungen und Dyskalkulie zum Ausschluss von Intelligenzminderung und zur Absicherung der Diagnose (Tröster, 2009),
- der Hochbegabtendiagnostik, um Kindern entsprechend ihrer hohen Begabung bestmöglich zu fördern,
- der Schullaufbahnberatung, um bei einem möglichen Schulwechsel eine Überforderung oder Unterforderung der Schülerinnen und Schüler zu vermeiden,

- der Diagnostik einer Aufmerksamkeitsdefizit/-Hyperaktivitätsstörung (ADHS) oder Hyperkinetische Störung (HKS), um eine Unter- oder Überforderung als Ursache der Aufmerksamkeitsprobleme ausschließen zu können (Tröster, 2009),
- der Diagnostik von Verhaltensproblemen, um eine Unter- oder Überforderung als Ursache des unangepassten Verhaltens der Schülerinnen und Schüler ausschließen zu können.

Der eigentliche Grund für Lehrkräfte, sich mit dem wissenschaftlichen Konstrukt der Intelligenz zu beschäftigen, liegt in der Bedeutung der Intelligenz für das schulische Lernen. Kognitive Fähigkeiten haben sich als die bei weitem bedeutsamste Ressource für das schulische Lernen erwiesen. Neben anderen Faktoren – wie etwa die Qualität des Unterrichts oder die Lernmotivation der Schülerinnen und Schüler – hängt der schulische Erfolg in hohem Maße von den kognitiven Fähigkeiten der Lernenden ab. Um den Unterrichtsstoff aufzunehmen, zu verarbeiten und den neu aufgenommenen Lernstoff in bereits vorhandene Wissensstrukturen zu integrieren, benötigen Lernende eine Reihe von kognitiven Basisfähigkeiten, beispielsweise die Fähigkeit zum schlussfolgernden Denken, räumliches Vorstellungsvermögen oder verbale Fähigkeiten. Diese und weitere kognitiven Fähigkeiten werden in der Psychologie unter dem Begriff »Intelligenz« konzeptualisiert. Intelligenz wird dabei als ein Potenzial verstanden, das Lernende neben anderen Ressourcen zum Lernen einsetzen können. Lehrkräfte sollten daher ihren Stellenwert für das schulische Lernen ermessen können, um Lernbedingungen herstellen zu können, unter denen Schülerinnen und Schüler ihr Leistungspotenzial optimal zur Entfaltung bringen können.

Die Intelligenzforschung gehört nicht nur zu den ältesten, sondern auch zu den erfolgreichsten Forschungsgebieten der Psychologie. Sie hat Ergebnisse geliefert, die unser Verständnis des Aufbaus und der Struktur kognitiver Fähigkeiten geprägt haben und zahlreiche diagnostische Verfahren hervorgebracht, die heute in vielen Bereichen erfolgreich eingesetzt werden. Darüber hinaus hat die Intelligenzforschung die Methodenentwicklung innerhalb der Psychologie nachhaltig geprägt. Wichtige statistische Verfahren, die heute in der Forschung eingesetzt werden, wie beispielsweise die Faktorenanalyse, wurden ursprünglich zur Erforschung der Intelligenz entwickelt. Die nachfolgenden Kapitel geben einem Überblick über die Entwicklung der Intelligenzforschung (vgl. Greenwood, 2015; Mackintosh, 2011) und die wichtigsten Befunde der Intelligenzforschung.

6.1 Die Anfänge der Intelligenzmessung

Die Pioniere der modernen Psychologie, der deutsche Wissenschaftler *Wilhelm Wundt* (1832–1920) und seine Kollegen, die in den siebziger Jahren des 19. Jahrhunderts die Psychologie als eine eigenständige wissenschaftliche Disziplin begründeten, interessierten sich nicht besonders für interindividuelle Unterschiede. Ihr Ziel war es, allgemeine Gesetzmäßigkeiten zwischen physikalischen Reizen – zum Beispiel visuelle oder akustische Reize – und subjektiven Empfindungen zu entdecken. Für dieses Forschungsziel waren interindividuelle Unterschiede letztlich nur Störfaktoren, die den Blick auf die gesetzmäßigen Zusammenhänge zwischen Reizen und den durch diese ausgelösten subjektiven Empfindungen behinderten.

Francis Galton

Interindividuelle Unterschiede standen dagegen im Zentrum der Forschung des britischen Biologen und Statistikers *Francis Galton* (1822–1911), einem Vetter Charles Darwins. Sein Interesse galt der systematischen Erfassung und Beschreibung von Unterschieden in den psychischen Eigenschaften zwischen Menschen. Er gilt als Begründer der *Differenziellen Psychologie* als Teildisziplin der Psychologie, die sich mit den Unterschieden in den psychologischen Merkmalen und Eigenschaften zwischen Menschen befasst.

Galtons Ansatz war geprägt vom Empirismus *John Lockes* (1632–1704). Der englische Philosoph und Vordenker der Aufklärung John Locke ging davon aus, dass der Mensch als ein *unbeschriebenes Blatt* (tabula rasa) zur Welt komme, das erst im Laufe des Lebens durch Erfahrungen beschrieben werde. Inspiriert von den Ideen Lockes nahm Galton an, dass Intelligenz auf den sensorischen, perzeptuellen und motorischen Funktionen basiert, die eben diese Erfahrungen zugänglich machen. Je besser diese Erfahrungen zugänglich sind, desto besser können sich auch die kognitiven Fähigkeiten entfalten.

Um Aufschlüsse über diese Fähigkeiten zu bekommen, entwickelte Galton daher Testverfahren, mit denen die Leistungsfähigkeit sensorischer Funktionen, beispielsweise die Sensibilität des Hör- und Sehvermögens, die Genauigkeit der Gewichtsschätzung oder die Empfindsamkeit des Geruchssinns (z. B. für Rosenblüten-Duft) erfasst werden sollte. In seinem Londoner Laboratorium untersuchte Galton visuelle, auditive, taktile und kinästhetische Leistungen, auf denen seiner Auffassung nach die *interindividuellen Differenzen* in der kognitiven Leistungsfähigkeit beruhen.

Ebenso wie Galton sah auch der Amerikaner *James McKeen Cattell* (1850–1944), ein Schüler und späterer Assistent Wilhelm Wundts, in der Reaktionsschnelligkeit oder die Differenzierungsfähigkeit der Sinnesorgane die Grundlage der Intelligenz. Auch Cattell war davon überzeugt, die Intelligenz über sensorische, perzeptuelle und motorische Funktionen messen zu können. Mit seinen »mental tests« (Cattell, erstmals 1890 erschienen) erfasste er beispielsweise die Reaktionszeiten von Collegestudierenden auf akustische Signale oder ermittelte ihre Differenzierungsfähigkeit von visuellen, akustischen und taktilen Reizen, etwa die Fähigkeit, von zwei Gewichten das schwerere zu erkennen, oder die Genauigkeit, mit der Schallquellen geortet werden können.

Dieser Ansatz, Intelligenz über die sensorische und perzeptuelle Funktionsfähigkeit zu bestimmen, war letztlich nicht erfolgreich. Wenn tatsächlich die sensorische und perzeptuelle Funktionsfähigkeit die entscheidende Grundlage kognitiver Leistungen darstellen würde, müssten sich substanzielle Zusammenhänge zwischen der Leistungsfähigkeit der Sinnesorgane und kognitiven Leistungen ergeben. Tatsächlich zeigten sich aber nur sehr geringe Zusammenhänge zwischen der sensorischen Leistungsfähigkeit, wie sie mit Cattells mental tests erfasst wurde, und den akademischen Leistungen von Collegestudierenden. Die sensorischen, perzeptuellen und motorischen Fähigkeiten trugen wenig zur Prognose des Studienerfolgs bei. Noch ein weiteres Ergebnis spricht gegen den Ansatz von Galton und Cattell: Wenn die sensorische und perzeptuelle Funktionsfähigkeit die Grundlage intellektueller Leistungsfähigkeit darstellt, sollten verschiedene sensorische und perzeptuelle Leistungen auch hoch untereinander korrelieren. Tatsächlich fanden sich nur geringe Korrelationen zwischen den verschiedenen Maßen der sensorischen Funktionsfähigkeit, obwohl doch nach der Auffassung Galtons all diese Leistungen die Grundlage der Intelligenz bilden sollten.

Mit den Funktionsprüfungen der Sinnesorgane war offenbar keine Prognose des Lernerfolgs möglich. Letztlich haben die Forschungsergebnisse Francis Galtons und James McKeen Cattells nur wenig zur Klärung der Intelligenz beigetragen. Die Bedeutung Galtons und Cattells liegt vielmehr darin, die Erforschung interindividueller Unterschiede als eine bedeutsame Fragestellung erkannt und deren Erfassung als eine wichtige Aufgabe der Psychologie etabliert zu haben (Amelang, Bartussek, Stemmler & Hagemann, 2006; Kail & Pellegrino, 1989).

Alfred Binet

Als Begründer der Intelligenztests gilt der französische Psychologe *Alfred Binet* (1857–1911). Binet war Direktor des psychophysiologischen Instituts an der Sorbonne, der Pariser Universität. Er erhielt im Jahre 1904 vom französischen Unterrichtsministerium den Auftrag, die Bildungsvoraussetzungen von Kindern mit Lernbeeinträchtigungen zu untersuchen, weil sich nach Einführung der allgemeinen Schulpflicht gezeigt hatte, dass schwachbegabte Kinder vom normalen Schulunterricht nur wenig profitieren. Die dazu eingesetzte Kommission schlug vor, die Kinder in einer speziell auf ihre Lernbedürfnisse ausgerichteten Schule zu unterrichten, in der besser auf ihre eingeschränkten Lernfähigkeiten eingegangen werden kann. Die Auswahl der Kinder für diese Schule sollte jedoch nicht der subjektiven Beurteilung der Lehrkräfte überlassen bleiben, sondern anhand objektiver Kriterien erfolgen. Dazu entwickelte Alfred Binet zusammen mit dem Arzt und Psychologen Théodore Simon (1873–1961) im Jahre 1905 den ersten Intelligenztest – den *Binet-Simon Intelligenztest* –, der im Jahre 1905 vorgestellt und im Jahre 1908 ergänzt und an einer größeren Stichprobe von Kindern normiert wurde.

Binet und Simon haben sich wenig mit der Frage beschäftigt, was eigentlich Intelligenz ist und wie man Intelligenz genau definieren und von anderen Leistungsbereichen abgrenzen kann. Sie verfolgten vielmehr ein *pragmatisches* Ziel: Sie wollten ein Instrument entwickeln, das es ermöglichte, Kinder mit eingeschränkten Lernfähigkeiten zu erkennen, die in einer Sonderschule besser unterrichtet werden konnten. Anders als *Francis Galton* und *James McKeen Cattell*, die das intellektuelle Leistungspotenzial durch sensorische Funktionsprüfungen erfassen wollten, entwickelten Binet und Simon in enger

Tab. 6.1: Beispielaufgaben aus dem Intelligenztest von Binet

Altersgruppe	Aufgaben
6 Jahre	• Kennt rechts und links, was durch Anfassen der Ohren erkennbar ist. • Wiederholt einen Satz von 16 Silben. • Wählt das hübschere Gesicht aus jedem von drei Paaren. • Kennt Morgen und Nachmittag.
8 Jahre	• Liest eine Textpassage und erinnert sich an zwei Details. • Benennt vier Farben – rot, gelb, blau, grün. • Zählt rückwärts von 20 auf null. • Schreibt einen kurzen Satz nach dem Diktat unter Verwendung von Federhalter und Tinte. • Kennt die Unterschiede zwischen zwei Gegenständen aus dem Gedächtnis.
11 Jahre	• Findet Absurditäten in kontradiktorischen Feststellungen. • Nennt 60 Wörter in drei Minuten. • Definiert abstrakte Begriffe (Nächstenliebe, Gerechtigkeit, Freundlichkeit). • Bringt zufällig angeordnete Wörter in einen sinnvollen Satz.

Anmerkungen. Beispielaufgaben aus dem Binet-Test nach der letzten Revision von 1911. Tabelle (modifiziert) nach Amelang, Bartussek, Stemmler & Hagemann (2006, S. 32).

Anlehnung an *schulische oder praktische Anforderungen* komplexe Aufgaben, die Aufmerksamkeits- und Gedächtnisleistungen sowie Vorstellungs- und Urteilsvermögen erforderten. Intelligenz war für Binet »die Art der Bewältigung einer aktuellen Situation […] gut urteilen, gut verstehen und gut denken, das sind die wesentlichen Bereiche der Intelligenz« (Binet & Simon, 1905, S. 197).

Zur Messung dieser Fähigkeiten verwendeten Binet und Simon Aufgaben, die entweder an Alltagsanforderungen angelehnt waren (z. B. »Kennt Morgen und Nachmittag«), das Urteilsvermögen überprüften (z. B. »Wählt das hübschere Gesicht aus jedem von drei Paaren«; ▶ Abb. 6.1) oder den schulischen Anforderungen entsprachen (z. B. »Schreibt einen kurzen Satz nach dem Diktat unter Verwendung von Federhalter und Tinte«). Tabelle 6.1 enthält einige Beispielaufgaben aus dem Intelligenztest von Binet, die Abbildung 6.1 zeigt die Vorlage für eine Aufgabe für 6-Jährige.

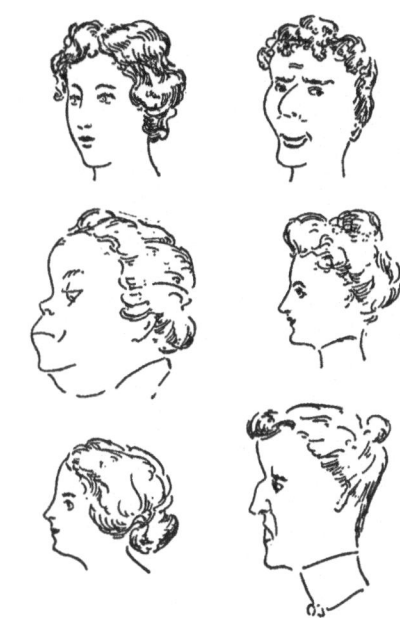

Abb. 6.1: Aufgabe aus dem Binet-Simon-Intelligenztest: »Wählt das hübschere Gesicht aus jedem von drei Paaren.« (Binet & Simon, 2008, S. 142)

6.2 Die Messung der Intelligenz

Mit der Konstruktion der ersten Intelligenztests stellte sich auch die Frage, wie man am besten die interindividuellen Unterschiede in der kognitiven Leistungsfähigkeit quantifizieren kann.

6.2.1 Intelligenzalter

Zur Bestimmung des geistigen Entwicklungsstandes führten Binet und Simon mit dem Test von 1908 den Begriff des *Intelligenzalters* ein. Damit war das Leistungsniveau gemeint, das für altersgemäß entwickelte Kinder eines bestimmten Alters – beispielsweise für achtjährige Kinder – als typisch erachtet wurde.

> **Intelligenzalter**
> Das Intelligenzalter (IA) bezeichnet das Alter, das den kognitiven Leistungen entspricht, die in dem Alter im Durchschnitt zu erwarten sind. Ein siebenjähriges Kind, dessen kognitive Leistungen denen der Achtjährigen entsprechen, besitzt demnach ein Intelligenzalter von 8 Jahren.

Zur Bestimmung des Intelligenzalters benötigte man für jede Altersstufe Aufgaben, die trennscharf zwischen den Altersstufen diskriminieren. So sollte beispielsweise ein altersgemäß entwickeltes Kind im Alter von sieben Jahren idealerweise alle Aufgabe für

Siebenjährige sowie alle Aufgaben für jüngere Kinder lösen, aber keine Aufgaben für Achtjährige. Um das altersentsprechende Leistungsniveau bestimmen zu können, stellten Binet und Simon für jede Altersgruppe Aufgaben zusammen, die von der Mehrzahl der Kinder dieser Altersgruppe, das heißt von 50 bis 75 % der Kinder dieser Altersgruppe, aber nicht von jüngeren Kindern gelöst wurden. Nach diesem *Staffelprinzip* wurden Aufgaben für jede Altersstufe bis zu den 13-Jährigen zusammengestellt.

Bestimmung des Intelligenzalters

Zur Bestimmung des Intelligenzalters ging man von dem Alter aus, bis zu dem das Kind alle Aufgaben gelöst hatte. Diese Altersstufe war das *Grundalter*. Zu diesem Grundalter wurde für jede Aufgabe, die das Kind darüber hinaus aus älteren Altersstufen gelöst hatte, ein Fünftel Intelligenzalter (in Monatsäquivalenten) zum Grundalter hinzugezählt, da für jede Altersstufe fünf Aufgaben vorgesehen waren, so dass die zusätzliche Lösung von fünf Aufgaben einer Erhöhung des Intelligenzalters um ein Jahr entspricht. Das Intelligenzalter wurde nach folgender Formel bestimmt:

(1) $IA = GA + (k \times 12)/m$

IA = Intelligenzalter
GA = Grundalter
k = Anzahl der zusätzlich zum Grundalter gelösten Aufgaben
m = Anzahl der Aufgaben pro Altersstufe

Tabelle 6.2 zeigt das Vorgehen zur Bestimmung des Intelligenzalters am Beispiel eines siebenjährigen Kindes. Das Kind hat alle Aufgaben seiner Altersgruppe sowie alle Aufgaben der jüngeren Altersstufen gelöst. Daraus ergibt sich ein Grundalter von 84 Intelligenzmonaten. Darüber hinaus hat das Kind vier Aufgaben der älteren Altersgruppen gelöst. Dementsprechend werden zum Grundalter für jede über das Grundalter hinaus gelöste Aufgabe 2,4 Intelligenzmonate hinzuaddiert, da jede Aufgabe 12/5 = 2,4 Monatsäquivalenten entspricht. Daraus ergibt sich:

(2) $IA = 84 + (4 \times 12)/5$

(3) $IA = 93.6$

Um die kognitiven Fähigkeiten des Kindes einschätzen zu können, wird im nächsten Schritt das Intelligenzalter von 93.6 Monaten mit seinem Lebensalter von 84.0 Monaten verglichen. Demnach weist das Kind in der Beispielrechnung einen Intelligenzvorsprung von 9.7 Monaten auf.

Tab. 6.2: Bestimmung des Intelligenzalters

Altersgruppe in Jahren	Aufgabe				
	1	2	3	4	5
6	+	+	+	+	+
7	+	+	+	+	+
8	+	−	+	−	−
9	+	−	−	+	−
10	−	−	−	−	−

Berechnung des Intelligenzalters	
Grundalter	84,0 Monate
4 Monatsäquivalente zu je 2,4 Intelligenzmonate	+ 9,6 Monate
Intelligenzalter (IA)	93,6 Monate

Anmerkungen. + Aufgabe gelöst; − Aufgabe nicht gelöst

Um die kognitiven Fähigkeiten des Kindes beurteilen zu können, wurde die Differenz zwischen dem Intelligenzalter und dem Lebensalter berechnet. Auf diese Weise wurde die Intelligenzleistung eines Kindes mit dem

Leistungsniveau verglichen, das typischerweise von Kindern in diesem Alter zu erwarten war. Löste ein Kind nicht alle Aufgaben seiner Altersgruppe, so war sein Intelligenzalter geringer als sein Lebensalter, löste es alle Aufgaben seiner Altersstufe und darüber hinaus noch Aufgaben der älteren Altersstufen, lag sein Intelligenzalter über seinem Lebensalter. Das Intelligenzalter gibt die Intelligenzleistung eines Kindes als *Äquivalent* zur Intelligenzleistung einer bestimmten Altersstufe wieder.

> **Äquivalentnormen**
> Der Testwert der Testperson wird äquivalent zu einem mittleren Testwert einer Gruppe in Beziehung gesetzt. Ist die Gruppe eine Altersgruppe, ist der Äquivalentnorm zu entnehmen, welcher Altersgruppe die Leistung des Kindes entspricht.

Ein achtjähriges Kind, das ein Intelligenzalter von 108 Monaten erreicht, verfügt demnach über kognitive Fähigkeiten, die dem Intelligenzniveau der neunjährigen Kinder entsprechen. Die kognitiven Fähigkeiten eines sechsjährigen Kindes mit einem Intelligenzalter von 60 Monaten entsprechen dem Leistungsniveau der Fünfjährigen.

6.2.2 Intelligenzquotient nach Stern

Es stellte sich bald heraus, dass das von Binet eingeführte Konzept des Intelligenzalters als Maß für die kognitive Leistungsfähigkeit des Kindes keinen sinnvollen Vergleich der Intelligenzleistungen zwischen verschiedenen Altersgruppen ermöglicht. Der Grund für diesen Mangel liegt darin, dass das Konzept des Intelligenzalters einen *linearen Zusammenhang* zwischen der Intelligenzleistung und dem Lebensalter voraussetzt. Denn nur dann, wenn man davon ausgehen kann, dass die Intelligenzleistung mit dem Lebensalter linear zunimmt, das heißt, wenn der Zuwachs an Intelligenzleistungen von Jahr zu Jahr konstant ist, können Differenzen zwischen dem Lebensalter und dem Intelligenzalter auf verschiedenen Altersstufen miteinander verglichen werden.

Diese Voraussetzung trifft jedoch nicht zu, wie leicht nachzuvollziehen ist: Bei jüngeren Kindern steigt die Intelligenzleistung von Jahr zu Jahr sehr stark, mit zunehmendem Lebensalter wird der jährliche Zuwachs an Intelligenz immer geringer, bis schließlich im Erwachsenenalter kaum noch eine Zunahme an kognitiven Fähigkeiten festzustellen ist. Die Intelligenzleistungen nehmen also nicht gleichmäßig mit dem Lebensalter zu, sondern wachsen in einer negativ beschleunigten Funktion. Dementsprechend unterscheiden sich die Intelligenzleistungen der dreijährigen von den vierjährigen Kindern noch erheblich, während sich 16- und 17-jährige Jugendliche in ihren Intelligenzleistungen kaum noch unterscheiden. Aufgrund der nicht-linearen Beziehung zwischen dem Lebensalter und den Intelligenzleistungen ist die *Bedeutung* von Differenzen zwischen dem Intelligenzalter und dem Lebensalter vom Lebensalter abhängig. Ein Intelligenzrückstand von einem Jahr ist bei einem Vierjährigen weitaus gravierender als bei einem Zwölfjährigen. Bei einem vierjährigen Kind ist ein Intelligenzrückstand von einem Jahr Ausdruck eines erheblichen Entwicklungsrückstandes, während ein zwölfjähriges Kind, das nur die Aufgaben für Elfjährige löst, nur einen vergleichsweise geringen Leistungsrückstand gegenüber seinen Altersgenossen aufweist. Ebenso ist ein Vierjähriger mit einem Intelligenzalter von sechs Jahren seinen Altersgenossen in seiner Entwicklung weiter voraus als ein Neunjähriger mit einem Intelligenzalter von 11 Jahren. Aufgrund des nicht-linearen Zusammenhangs zwischen dem Lebensalter und den Intelligenzleistungen hat eine Differenz zwischen dem Intelligenz- und dem Lebensalter von einem Jahr auf den verschiedenen Altersstufen eine unterschiedliche Bedeutung.

Berechnung des Intelligenzquotienten nach Stern

Um diesem nicht-linearen Zusammenhang zwischen dem Lebensalter und den Intelligenzleistungen Rechnung zu tragen, setzte der deutsche Psychologe *William Stern* (1871–1938) das Intelligenzalter ins Verhältnis zum Lebensalter (Stern, 1912). Dazu führte er den *Intelligenzquotienten* (IQ) ein.

> **Intelligenzquotient nach Stern**
> Der Intelligenzquotient (IQ) nach Stern gibt das Verhältnis des Intelligenzalters (IA) zum Lebensalter (LA) wieder. Bei einem IQ von 100 entsprechen die kognitiven Leistungen des Kindes den durchschnittlichen Leistungen seiner Altersgruppe, liegt der IQ unter oder über 100, sind die kognitiven Leistungen des Kindes geringer bzw. höher als die durchschnittlichen Leistungen seiner Altersgruppe. Der IQ nach Stern darf nicht mit dem Abweichungs-IQ nach Wechsler (▶ Kap. 6.2.3) verwechselt werden.

Zur Berechnung des Intelligenzquotienten nach Stern wird das Intelligenzalter (IA) durch das Lebensalter (LA) dividiert und mit 100 multipliziert.

$$(4) \quad IQ = \frac{IA}{LA} \times 100$$

Ein Kind, dessen Intelligenzalter seinem Lebensalter entspricht, erreicht nach der Formel von Stern einen IQ von 100. Liegt das Intelligenzalter unter dem Lebensalter, das heißt, löst das Kind nur die Aufgaben der jüngeren Altersgruppen, liegt der IQ unter 100; liegt das Intelligenzalter über dem Lebensalter, das heißt, löst das Kind über die Aufgaben seiner Altersgruppe hinaus auch noch solche aus einer höheren Altersgruppe, liegt sein IQ über 100. Beispielsweise erreicht ein neunjähriger Schüler, der zusätzlich zu den Aufgaben seiner Altersgruppe auch sämtliche Aufgaben für die Zehnjährige löst, einen IQ von $(120/108) \times 100 = 111$. Ein achtjähriger Schüler, der nur die Aufgaben bis zu den Siebenjährigen schafft, hat nach der Berechnungsformel von Stern einen IQ von $(84/96) \times 100 = 88$.

Mit dem IQ als Quotient aus Intelligenzalter und Lebensalter hat Stern ein altersunabhängiges Maß für die Intelligenz vorgeschlagen, um Differenzen zwischen Lebens- und Intelligenzalter auf den verschiedenen Altersstufen vergleichbar zu machen. Allerdings ist die Brauchbarkeit des Intelligenzquotienten nach Stern eingeschränkt. Die Berechnung des Intelligenzquotienten nach Stern basiert auf Aufgaben, die trennscharf zwischen den Altersgruppen differenzieren. Um Intelligenzleistungen als Äquivalent zu den Leistungen einer Altersstufe ausdrücken zu können, benötigt man für jede Altersstufe Aufgaben, die von den Kindern dieser Altersstufe gelöst, aber von den jüngeren Kindern nicht gelöst werden können. Die Konstruktion derartiger Aufgaben ist für jüngere Altersgruppen noch vergleichsweise einfach; für ältere Altersgruppen findet man jedoch kaum noch Aufgaben, die zwischen den Altersgruppen differenzieren. Diese Erfahrung mussten bereits Binet und Simon machen, denen es nicht gelang, für 15-Jährige Aufgaben zu konstruieren, die von den 15-Jährigen, nicht aber von den jüngeren Kindern gelöst werden können.

Der Grund liegt in dem bereits beschriebenen negativ beschleunigten Entwicklungsverlauf der Intelligenzleistungen. Der Zuwachs an Intelligenzleistungen nimmt mit dem Alter ab. Im Erwachsenenalter schließlich verbessern sich die Intelligenzleistungen nicht mehr. Da Menschen im Erwachsenenalter – unabhängig von ihrem Alter – im Durchschnitt etwa gleich viele Aufgaben lösen, würde ihr IQ nach der Formel von Stern mit zunehmendem Alter sinken, da die Anzahl der gelösten Aufgaben durch ein immer höheres Lebensalter geteilt wird.

Wenn man annimmt, dass mit 20 Jahren die kognitiven Leistungen nicht weiter zunehmen, würde man für einen 70-Jährigen, der das Leistungsniveau eines 20-Jährigen erreicht, einen IQ von (20/70) × 100 = 29 berechnen. Der Quotient aus Lebensalter und Intelligenzalter führt also im Erwachsenenalter zu sinnlosen Ergebnissen.

6.2.3 Intelligenzquotient nach Wechsler

Der von Stern eingeführte und später von Terman (1923) übernommene Intelligenzquotient als Verhältnis von Intelligenzalter und Lebensalter berücksichtigt die Altersabhängigkeit der Abweichungen des Intelligenzalters vom Lebensalter. Er ermöglicht zumindest ansatzweise eine altersunabhängige Interpretation der Abweichungen, wenn man einmal davon absieht, dass auch diese Methode einen Anstieg der Intelligenzleistungen über das Alter hinweg voraussetzt. Der IQ nach Stern ist jedoch nur im Kindesalter sinnvoll. Denn nur in diesem Altersabschnitt kann man davon ausgehen, dass die kognitiven Fähigkeiten mit dem Alter zunehmen. Im Erwachsenenalter ist der Quotient aus Intelligenzalter und Lebensalter nicht mehr sinnvoll. Da die kognitiven Fähigkeiten etwa ab dem 20. bis 25. Lebensjahr nicht mehr zunehmen, würde der IQ nach Sterns Formel mit dem Alter beständig sinken. Die zunächst praktizierte Ersatzlösung, bei Erwachsenen unabhängig von ihrem tatsächlichen Alter standardmäßig ein Lebensalter von 17 Jahren in die IQ-Formel einzusetzen, konnte auch nicht recht befriedigen.

Wechsler (1944) schlug daher ein ganz neues Konzept vor. Statt die Intelligenzleistung als *Äquivalent* zum Lebensalter zu betrachten (»Die Intelligenzleistung des achtjährigen Schülers X entspricht der Intelligenzleistung der Neunjährigen«), solle die Intelligenz als *Abweichung* der individuellen Intelligenzleistung von der durchschnittlichen Intelligenzleistung der Altersgruppe gemessen werden. Dieses Konzept hat sich in der Intelligenzdiagnostik durchgesetzt.

Ausgangspunkt für die Berechnung des *Abweichungs-IQ* nach Wechsler ist die empirische Verteilung der Testrohwerte der jeweiligen Altersgruppe. Dazu wird der Intelligenztest so konstruiert, dass die Verteilung der Testrohwerte in jeder Altersgruppe der *Normalverteilung* entspricht. Diese Verteilung wird dann so normiert, dass der Mittelwert (M) in jeder Altersgruppe immer 100 und die Standardabweichung (SD) stets 15 beträgt (zur Normierung ▸ Kap. 3.5). Zur Bestimmung des IQ einer Person i wird die Abweichung des individuellen Testrohwerts (X_i) vom Mittelwert der Altersgruppe (M) ins Verhältnis zur Standardabweichung (SD) der Rohwerteverteilung in dieser Altersgruppe gesetzt. Um diesen Wert (den z-Wert, ▸ Kap. 3.5.3) mit dem Binet-IQ vergleichbar zu machen, wird der Standardwert mit der Streuung des Binet-Tests $SD = 15$ multipliziert und 100 addiert. Der Abweichungs-IQ nach Wechsler ergibt sich somit nach folgender Gleichung:

$$(5) \quad IQ_i = 15 \times \frac{(X_i - M)}{SD} + 100$$

IQ_i = Intelligenzquotient der Person i
X_i = Testrohwert der Person i
M = Mittelwert der Rohwerteverteilung in der Altersgruppe
SD = Standardabweichung der Rohwerteverteilung in der Altersgruppe

Der IQ gibt den Abstand der individuellen Intelligenzleistung von der Durchschnittsleistung der Altersgruppe – gemessen in Standardabweichungen – wieder.

Der Abweichungs-IQ ermöglicht einen Vergleich der relativen Position der Testperson in ihrer Altersgruppe über alle Altersgruppen hinweg. Ein achtjähriges Kind und ein 30-jähriger Erwachsener mit durchschnittlicher Intelligenz erhalten danach

> **Intelligenzquotient nach Wechsler**
> Der Intelligenzquotient (IQ) nach Wechsler basiert auf der Differenz zwischen dem Testwert der Testperson vom Mittelwert ihrer Referenzgruppe (bei Kindern in der Regel die Altersgruppe). Dem Abweichung-IQ ist zu entnehmen, wie weit die kognitiven Fähigkeiten der Testperson von der mittleren Leistung ihrer Referenzgruppe abweicht.

einen Abweichungs-IQ von 100, ungeachtet dessen, dass ein 30-jähriger Erwachsener über höhere kognitive Fähigkeiten verfügt als ein achtjähriges Kind. Der Intelligenzquotient als *Abweichungs-IQ* macht die Abweichungen vom Mittelwert über verschiedene Altersgruppen hin vergleichbar. Dieses Konzept liegt allen heute gebräuchlichen Intelligenztests zugrunde, wenngleich sie zum Teil unterschiedliche Standardabweichungen besitzen.

6.3 Intelligenz als Konstrukt

Die bisher dargestellten Konzepte zur Intelligenzmessung lassen offen, was eigentlich unter Intelligenz zu verstehen ist. Die Fähigkeiten, die mit dem Begriff *Intelligenz* gemeint sind, werden allenfalls an den Aufgaben deutlich, die Binet und Simon (1905) für ihre Staffeltests zusammengestellt hatten (▶ Tab. 6.1). Die beiden Pioniere der Intelligenzmessung verstanden unter Intelligenz die Fähigkeit, »gut urteilen, gut verstehen und gut denken« zu können (Binet & Simon, 1905, S. 197). Damit wollten sie keine umfassende Definition der Intelligenz liefern, sondern eine pragmatische Arbeitsgrundlage schaffen, die es ihnen ermöglichte, Aufgaben zusammenzustellen, die geeignet waren, lernschwache Schüler zuverlässig zu identifizieren. Ihr Anliegen war nicht eine umfassende Definition der Intelligenz; mit der Konstruktion ihres Intelligenztests verfolgten sie vielmehr das praktische Ziel, Schüler mit eingeschränkten Lernfähigkeiten auszuwählen, um sie im Rahmen eines auf ihre Fähigkeiten zugeschnittenen Unterrichts besser unterrichten zu können.

Die von Binet und Simon konstruierten Tests waren äußerst erfolgreich und wurden von verschiedenen Autoren (z. B. Terman, 1916) weiterentwickelt. Angestoßen durch die Erfolge der ersten Intelligenztests hat es in der Folgezeit zahlreiche Versuche gegeben, inhaltlich genauer zu bestimmen, was unter Intelligenz zu verstehen ist (vgl. Greenwood, 2015). Eine Auswahl der Ansätze, Intelligenz genauer zu definieren und von anderen Fähigkeiten abzugrenzen, zeigt die folgende Zusammenstellung.

- »Die Art der Bewältigung einer aktuellen Situation: gut urteilen, gut verstehen, gut denken, das sind die wesentlichen Bereiche der Intelligenz« (Binet & Simon, 1905, S. 197).
- »Intelligenz ist die allgemeine Fähigkeit eines Individuums, sein Denken bewusst auf neue Forderungen einzustellen; sie ist allgemeine geistige Anpassungsfähigkeit an neue Aufgaben und Bedingungen des Lebens« (Stern, 1912, S. 3).
- »Intelligenz ist die personale Fähigkeit, sich unter zweckmäßiger Verfügung über Denkmittel auf neue Forderungen einzustellen« (Stern, 1935, S. 424).
- »Intelligenz ist die zusammengesetzte oder globale Fähigkeit des Individuums, zweckvoll zu handeln, vernünftig zu denken und sich mit seiner Umgebung wirkungsvoll auseinanderzusetzen« (Wechsler, 1964, S. 13).

- »Intelligenz ist die Befähigung zum Auffinden von Ordnung bzw. von Redundanz« (Hofstätter, 1966, S. 241).
- »An individual is intelligent in proportion as he is able to carry on abstract thinking« (Terman, 1921, S. 128).
- »Intelligenz ist der Leistungsgrad der psychischen Funktionen bei ihrem Zusammenwirken in der Bewältigung neuer Situationen« (Rohracher, 1965, S. 352).
- »Intelligenz ist die Fähigkeit des Individuums, anschaulich und abstrakt in sprachlichen, numerischen oder raumzeitlichen Beziehungen zu denken; sie ermöglicht erfolgreiche Bewältigung vieler komplexer und mit Hilfe jeweils besonderer Fähigkeitsgruppen auch ganz spezifischer Situationen und Aufgaben« (Groffmann, 1983, S. 53).
- »Intelligenz ist die Fähigkeit, sich in neuen Situationen aufgrund von Einsicht zurechtzufinden, Aufgaben mithilfe des Denkens zu lösen, wobei nicht auf eine bereits vorliegende Lösung zugrückgegriffen werden kann, sondern diese erst aus der Erfassung von Beziehungen abgeleitet werden muss« (Neubauer & Stern, 2007, S. 14).

Wie diese und zahlreiche weitere Definitionen zeigen, gibt es keine Übereinstimmung darüber, was genau unter Intelligenz zu verstehen ist. Dennoch finden sich in den vorliegenden Definitionen auch gemeinsame Elemente, die nach Hofstätter (1957, S. 187; z. n. Ingenkamp & Lissmann, 2005) vier Aspekte betreffen:

- Bei der Intelligenz handelt es sich um eine Begabung bzw. Gruppe von Begabungen, die ein Lebewesen in höherem oder geringerem Maße besitzen kann.
- Die Fähigkeit ermöglicht die Lösung konkreter oder abstrakter Aufgaben und damit die Bewältigung neuartiger Situationen.
- Die Fähigkeit erübrigt weitgehend das bloße Herumprobieren und das Lernen an dessen sich zufällig einstellenden Erfolgen.
- Die Begabung äußert sich in der »Erfassung, Anwendung, Deutung und Herstellung von Beziehungen und Sinnzusammenhängen«.

Es stellte sich bald als unmöglich heraus, über sogenannte *Realdefinitionen* (»Intelligenz ist …«) zu einer allgemeingültigen und abschließenden Definition zu gelangen. Zudem führten die Versuche, Intelligenz umfassend zu definieren und alle relevanten Leistungsbereiche zu berücksichtigen, zu sehr allgemeinen Feststellungen, die letzlich zu unbestimmt waren, um daraus praktische Konzepte zur Diagnostik der Intelligenz ableiten zu können. So heben viele Intelligenzdefinitionen die Fähigkeit hervor, sich an neuartige, unvertraute Situationen anzupassen und neue Anforderungen erfolgreich zu bewältigen. Der Alltag verlangt aber die Anpassung an eine Vielzahl höchst verschiedenartiger Anforderungssituationen, ohne dass aus der Definition genau abgeleitet werden könnte, welche Art von Anpassungsleistung als intelligentes Verhalten zu betrachten wäre.

Operationale Definition der Intelligenz

Fruchtbarer als Realdefinitionen der Intelligenz erwiesen sich *operationale Definitionen*. Operationale Definitionen verzichten auf eine Festlegung der Inhalte und beschreiben stattdessen die *Operationen*, die sich zur Erfassung des Konstrukts bewährt haben. Die radikalste und häufig zitierte operationale Definition der Intelligenz stammt von Boring, der Intelligenz pragmatisch und wahrscheinlich auch mit leichter Ironie als das definierte, was ein Intelligenztest messe: »Intelligence is what the tests test« (Boring, 1923, S. 35). Eine solche operationale Definition, die auf jegliche inhaltliche Festlegung verzichtet, ist auf den ersten Blick sicher unbefriedigend, da sie völlig offen lässt, was denn ein Verfahren, das Intelligenz misst, auszeichnet und warum sich ein bestimmter

Test zur Messung der Intelligenz eignen soll, ein anderer Test wiederum nicht oder weniger gut. Dennoch haben sich operationale Definitionen bewährt, weil sie die Erforschung kognitiver Fähigkeiten ermöglichten, ohne dass vorher festgelegt werden musste, was unter Intelligenz zu verstehen ist.

> **Operationale Definition**
> Eine operationale Definition bezeichnet die Bestimmung eines Konstruktes durch die Festlegung der Operatoren, die zur Erfassung des Konstruktes notwendig sind (z. B. durch die Angabe der Indikatoren, die das Konstrukt anzeigen). Die Operationalisierung ermöglicht es, das Konstrukt empirisch zu messen.

Bei einer operationalen Definition der Intelligenz ist jedoch der Inhalt dessen, was der Intelligenztest misst, keineswegs völlig beliebig, wie man nach dem obigen Zitat von Boring (1923) zunächst meinen könnte. Eine operationale Definition setzt vielmehr voraus, dass zuvor der Bedeutungsgehalt des Konstrukts inhaltlich näher bestimmt wird. Wechsler zum Beispiel, der Intelligenz zunächst noch sehr global als »die zusammengesetzte oder globale Fähigkeit des Individuums, zweckvoll zu handeln, vernünftig zu denken und sich mit seiner Umgebung wirkungsvoll auseinanderzusetzen« definiert, konkretisiert seine Vorstellungen, indem er die Einzelfähigkeiten aufzählt, in denen »die zusammengesetzte oder globale Fähigkeit« zum Ausdruck kommt: »allgemeines Wissen und allgemeines Verständnis, rechnerisches Denken oder räumliches Vorstellungsvermögen« (Wechsler, 1964, S. 13). Erst auf dieser konkreten Ebene kann das Konstrukt operationalisiert werden, indem Testaufgaben entwickelt werden, mit denen die Einzelfähigkeiten wie zum Beispiel rechnerisches Denken oder räumliches Vorstellungsvermögen erfasst werden können.

Der operationale Ansatz rückt die *Bewährung* der diagnostischen Verfahren in den Mittelpunkt. Ein Test zur Messung der Intelligenz muss nicht einer wie auch immer festgelegten Definition entsprechen, sondern sich empirisch bewähren, indem er beispielsweise eine zuverlässige Vorhersage des schulischen oder beruflichen Erfolgs erlaubt oder brauchbare Informationen für Schullaufbahnentscheidungen liefert. Unter Zugrundelegung einer operationalen Definition ist es also keineswegs beliebig, was ein Intelligenztest misst.

Intelligenz ist in diesem Sinne kein unmittelbar der Beobachtung zugängliches reales Merkmal, das durch eine Realdefinition verbindlich und abschließend festgelegt wird, sondern ein prinzipiell offenes Konstrukt, das aus dem beobachteten Verhalten (z. B. aus dem Lösen von Aufgaben) erschlossen wird und durch die Theorien und Modelle, die sich zur Beschreibung und Erklärung der empirischen Ergebnisse bewährt haben, näher bestimmt wird. Ein solches hypothetisches Konstrukt muss sich an der Empirie bewähren, indem es beispielsweise ermöglicht, Lernergebnisse vorherzusagen oder ausbleibende Lernerfolge zu erklären.

Die Struktur der Intelligenz

Die Ansätze, Intelligenz durch verbale Festlegungen umfassend und abschließend zu definieren, waren letztlich nicht erfolgreich. Die Intelligenzforschung hat einen anderen Weg beschritten. Der für die Intelligenzforschung fruchtbare Ansatz besteht darin, die Leistungen genauer zu analysieren, die mit Hilfe von Intelligenztests erfasst wurden. Ziel dieses Ansatzes ist es, Zusammenhänge und Gemeinsamkeiten zwischen den verschiedenen intellektuellen Leistungen zu analysieren und anhand geeigneter Modelle zu beschreiben (zur Übersicht Holling, Preckel & Vock, 2004; Rost, 2013; Schweizer, 2006; Vock & Holling, 2006). Die für die Intelligenzforschung fruchtbarste Methode, Zusammenhänge und Gemeinsamkeiten zwischen verschiedenen intellektuellen Leistungen zu analysieren, ist die *Faktorenanalyse*. Diese Methode geht auf *Charles Spearman* (1904) zurück, der damit die nahezu ein Jahrhundert andauernde Tradition der *Intelligenzstrukturforschung* begründete.

Faktorenanalyse

Die Faktorenanalyse ist ein statistisches Verfahren, mit dessen Hilfe Beziehungen zwischen den Leistungen bei unterschiedlichen Aufgaben analysiert und auf wenige *Faktoren* zurückgeführt werden können. Erbringen zum Beispiel Testpersonen bei verschiedenen Aufgaben und Aufgabentypen häufig vergleichbare Leistungen, so ist es mit Hilfe der Faktorenanalyse möglich, einen Faktor zu extrahieren, der das Gemeinsame, das diesen Leistungen zugrunde liegt, wiedergibt. Ein solcher Faktor ist eine mathematische Abstraktion, der die Gemeinsamkeiten bei verschiedenen Leistungen repräsentiert. Korrelieren zum Beispiel die Leistungen bei Aufgaben, bei denen jeweils Objekte in einer räumlichen Darstellung zugeordnet, umgeordnet oder neu zusammengesetzt werden müssen, untereinander hoch, extrahiert die Faktorenanalyse einen gemeinsamen Faktor, auf dem alle diese Aufgaben, die ähnliche Anforderungen stellen, hohe Ladungen aufweisen. Die diesen Leistungen zugrunde liegende gemeinsame Fähigkeit, die durch diesen Faktor repräsentiert wird, könnte man etwa als *räumliches Vorstellungsvermögen* interpretieren.

Dieser Ansatz hat zu verschiedenen Modellen geführt, in denen unterschiedliche Vorstellungen über die Struktur der Intelligenz zum Ausdruck kommen. Von den zahlreichen Intelligenzmodellen, die in der Nachfolge von Binet und Simon entwickelt wurden (zur Übersicht Amelang et al., 2006), werden im Folgenden einige vorgestellt, um daran exemplarisch diesen Ansatz der Intelligenzforschung zu verdeutlichen. Ausgangspunkt der Forschung war dabei zunächst die Frage, ob Intelligenz als eine allgemeine Fähigkeit aufzufassen ist, die die kognitiven Leistungen in verschiedenen Bereichen bestimmt oder ob nicht vielmehr von unabhängigen Einzelfähigkeiten auszugehen ist, die jeweils in bestimmten Leistungsbereichen zum Ausdruck kommen.

> **Faktorenanalyse**
> Die Faktorenanalyse ist ein Verfahren der multivariaten Statistik, mit dem eine große Anzahl von beobachtbaren Variablen (manifeste Variablen) auf wenige zugrundeliegende Faktoren (latente Variablen) zurückgeführt werden kann. Die Faktoren repräsentieren das, was den Variablen, die dem jeweiligen Faktor zugeordnet werden, gemeinsam ist.

6.3.1 Die Zwei-Faktoren-Theorie der Intelligenz

Das erste Intelligenzmodell entwickelte der britische Psychologe *Charles Spearman* (1863–1945). Spearman fiel auf, dass die Schulleistungen in verschiedenen Fächern, auch wenn sie nur wenig miteinander gemeinsam haben, dennoch hoch miteinander korrelieren. Schülerinnen und Schüler, die zum Beispiel im Fach Mathematik gute Schulleistungen zeigen, schneiden im Allgemeinen auch in anderen Fächern, etwa in Deutsch, Erdkunde und Geschichte gut ab, und umgekehrt, Schülerinnen und Schüler mit geringen Schulleistungen in Mathematik gehören auch in anderen Fächern meist zu den schlechten Schülerinnen und Schüler. Aus diesen Beobachtungen schloss Spearman, dass die Leistungen in verschiedenen Schulfächern, auch wenn diese unterschiedliche Anforderungen an den Lernenden stellen, dennoch von einer gemeinsamen *Grundfähigkeit* abhängen. Aber nicht nur die Schulleistungen in unterschiedlichen Fächern, auch die Ergebnisse verschiedener Intelligenztests korrelieren in der Regel hoch untereinander, wie Spearman feststellte. Aus diesen Beobachtungen schloss Spearman, dass allen kognitiven Leistungen ein kognitives Basispotenzial, eine »allgemeine mentale Energie« zugrunde liegt.

Die empirische Grundlage seines Intelligenzmodells bilden die Ergebnisse von *Faktorenanalysen* – eine Methode, die von Spearman selbst entwickelt wurde und die es ermöglicht, die korrelativen Zusammenhänge zwischen Variablen auf einige wenige Faktoren zurückzuführen. Bei der Analyse der Korrelationen zwischen verschiedenen Intelligenztests mit Hilfe der Faktorenanalyse konnte Spearman (1904) einen Faktor extrahieren, auf dem alle Leistungstests hoch laden. Diesen Faktor, der einen hohen Anteil der Varianz der kognitiven Leistungen aufklärt, bezeichnete Spearman als *g-Faktor* (general intelligence). Dieser g-Faktor oder *Generalfaktor* begründet die Annahme einer gemeinsamen Quelle für unterschiedliche kognitive Leistungen. Da jedoch die statistischen Zusammenhänge zwischen den Intelligenztests zwar zum großen Teil, aber dennoch nicht vollständig auf den g-Faktor zurückgeführt werden können, nahm Spearman für jeden Test noch einen eigenen Faktor an, der die spezifische Fähigkeit, die zur Bewältigung der spezifischen Anforderungen des jeweiligen Tests nötig ist, repräsentieren sollte. Die Faktoren, die die spezifischen Fähigkeiten wiedergeben, die zur Bearbeitung der jeweiligen Aufgabenstellung benötigt werden – beispielsweise für Aufgaben, bei denen es auf verbale Fähigkeiten, räumliches Vorstellungsvermögen oder die Geschwindigkeit der Informationsverarbeitung ankommt – nannte er *s-Faktoren* (specific intelligence). Spearman nahm an, dass diese spezifischen Faktoren untereinander unabhängig sind.

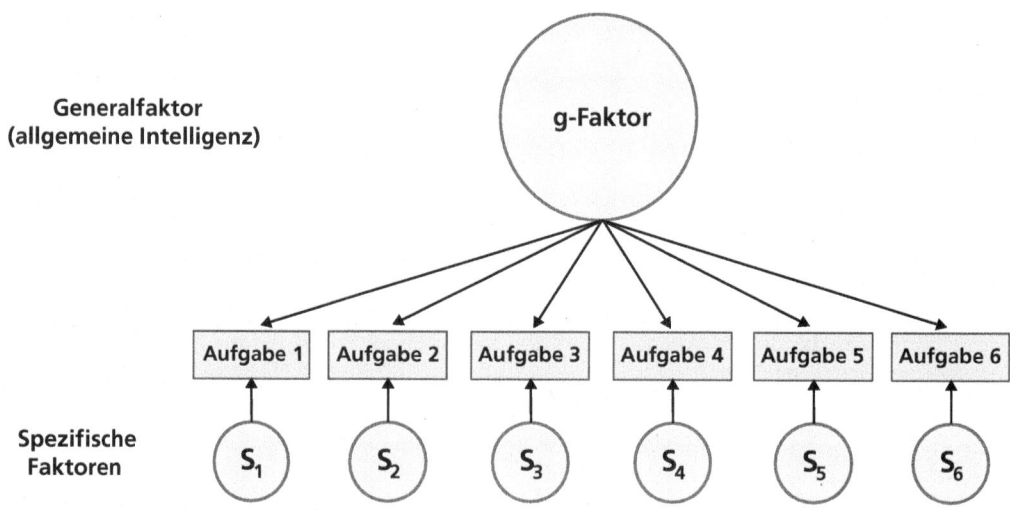

Abb. 6.2: Zwei-Faktoren-Theorie der Intelligenz

Nach dem Ansatz Spearmans gehen kognitive Leistungen immer auf zwei Faktoren zurück, auf den *g*-Faktor (Generalfaktor), der das Grundpotenzial zur Bewältigung kognitiver Anforderungen darstellt, und auf eine spezifische Fähigkeit, die für die Bewältigung des jeweiligen Anforderungstypus erforderlich ist (▶ Abb. 6.2). Der *g*-Faktor repräsentiert das *Basispotenzial*, das zur Bewältigung aller kognitiven Anforderungen benötigt wird.

Daher wird das Intelligenzmodell von Spearman auch als *Generalfaktorentheorie* bezeichnet. Die s-Faktoren repräsentieren die *aufgabenspezifische Fähigkeit*, die darüber hinaus zur Bewältigung einer konkreten Aufgabe noch erforderlich ist. Die Korrelationen der Intelligenztests untereinander sind demzufolge Ausdruck einer allen kognitiven Leistungen zugrundeliegenden *allgemeinen Intelligenz*, die durch den *g*-Faktor repräsentiert wird. Die unterschiedliche Höhe der Korrelationen zwischen den Tests geben die unterschiedlichen Anteile des g-Faktors und der s-Faktoren für die jeweiligen kognitiven Anforderungen wieder. Die Abbildung 6.3 veranschaulicht die Vorstellung Spearmans, nach der bei der Bewältigung einer Aufgabe bzw. eines Aufgabentyps die allgemeine Intelligenz (g-Faktor) und jeweils ein spezifischer Faktor (s-Faktor) beteiligt sind.

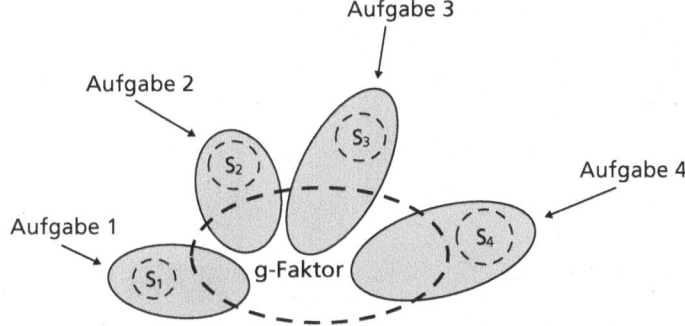

Abb. 6.3: Generalfaktorentheorie der Intelligenz (nach Hofstätter, 1957)

Messung der allgemeinen Intelligenz

Für diese aufgabenspezifischen Intelligenzfaktoren hat Spearman sich nicht weiter interessiert, da sie seiner Auffassung nach zur Aufklärung der interindividuellen Intelligenzunterschiede letztlich wenig beitragen. Im Mittelpunkt der Zwei-Faktoren-Theorie der Intelligenz steht vielmehr der g-Faktor, mit dem Spearman die Annahme einer *allgemeinen Intelligenz* begründet. Intelligenz ist nach Auffassung Spearmans eine allgemeine Fähigkeit, die nicht weiter in Einzelkomponenten zerlegbar ist. Folglich wird zur Messung der kognitiven Leistungsfähigkeit einer Person daher ein *globales Maß* herangezogen, das das kognitive Basispotenzial wiedergibt, das zur Bewältigung aller kognitiven Anforderungen erforderlich ist und die Spearman als allgemeine Intelligenz bezeichnet. Aufgaben, die die allgemeine Intelligenz im Sinne der *g*-Faktors erfassen, sind zum Beispiel sogenannte *Matrizenaufgaben,* die ursprünglich von John Raven, einen Schüler Spearmans, entwickelt wurden. Gemeinsam mit dem Genetiker Lionel Penrose stellte er 1938 den ersten Matrizentest vor (vgl. Holling et al., 2004). Ähnliche Aufgaben finden sich auch heute noch in vielen Intelligenztests, zum Beispiel im *Wiener Matrizen-Test 2* (WMT-2; Formann, Waldherr & Piswanger, 2011), im *Figure Reasoning-Test* (FRT; Daniels & Both, 2004) oder im *Bochumer Matrizentest* (BOMAT; Hossip, Turck & Hasella, 2001). Matrizenaufgaben haben sich insbesondere zur Messung des g-Faktors und der fluiden Intelligenz (▶ Kap. 6.3.3) als geeignet erwiesen. Sie bestehen aus einer rechteckigen Anordnung von Figuren. Die Testpersonen haben die Aufgabe, die logischen Zusammenhänge zwischen abstrakten Figuren zu entdecken und die fehlende Figur in der letzten Reihe zu ergänzen. Abbildung 6.4 zeigt ein Beispiel für eine Matrizenaufgabe.

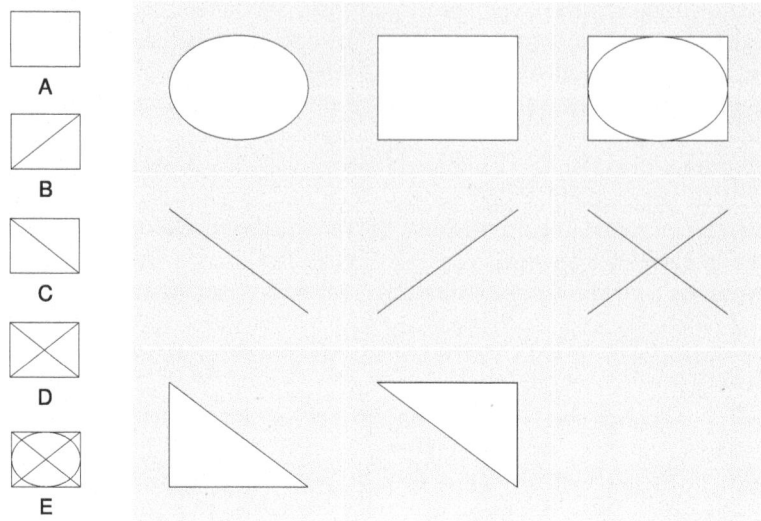

Abb. 6.4: Beispiel für eine Matrizenaufgabe (nach Lohmann, 2000, S. 286, Abbildung 14. 1).

Wenngleich Spearmans Modell häufig kritisiert wurde, halten die meisten Intelligenzforscher auch heute noch am Konzept der allgemeinen Intelligenz fest, ohne allerdings die Annahme voneinander unabhängiger, aufgabenspezifischer Intelligenzfaktoren aufrechtzuerhalten. Auf der Grundlage der Generalfaktorentheorie sind zahlreiche Intelligenztests entwickelt worden, zum Beispiel:

- Der *Figure Reasoning Test* (FRT; Daniels, 1962) und die Neubearbeitung (FRT/FRT-J; Daniels & Booth, 2004) ist das klassische Verfahren zur sprachfreien Erfassung der allgemeinen Intelligenz im Sinne des g-Faktors. Die Aufgaben bestehen jeweils aus einer 3 x 3 Matrix mit geometrischen Figuren, wobei die Figur in der rechten unteren Ecke fehlt. Die Testperson muss aus sechs vorgegebenen Antwortalternativen diejenige heraussuchen, die die Matrix richtig ergänzt.
- Die ursprünglich von John C. Raven 1936 entwickelten *Ravens Progressive Matrizen* (Raven, Raven & Court, 2003) sind sprachfreie Intelligenztests zur Erfassung der Intelligenzleistung im Sinne von Spearmans' g-Faktor. Bei den Testaufgaben werden unvollständige geometrische Muster in der Form einer 4 × 4-, 3 × 3- oder 2 × 2-Matrix vorgegeben. Die Testperson hat die Aufgabe, das fehlende Teil aus einer Reihe möglicher Teile auszuwählen. Für verschiedene Intelligenzniveaus stehen drei Versionen der Matrizen vor: *Standard Progressive Matrices* (SPM; Horn, 2009), *Coloured Progressive Matrices* (CPM; Bulheller & Häcker, 2002) und *Advanced Progressive Matrices* (APM; Bulheller & Häcker, 1998)
- Der *Hamburg-Wechsler-Intelligenztests für Kinder* (HAWIK) geht auf die *Wechsler Intelligence Scale for Children«* (WISC) zurück, die 1949 erstmalig erschien (Wechsler, 1949). Der HAWIK (Hardesty & Priester, 1966) und die nachfolgenden Revisionen (HAWIK-R und HAWIK III; Tewes, Rossmann & Schallberger, 1999) enthalten unterschiedliche Aufgabengruppen, die zwar separat ausgewertet, aber zusätzlich zu einem Gesamtwert zusammengefasst werden. Dieser Gesamtwert gibt die allgemeine Intelligenz im Sinne des *g*-Faktors von Spearman wieder.

6.3.2 Das Modell der Primärfaktoren

Zu der zentralen Fragestellung der Intelligenzforschung, ob Intelligenz eine einheitliche, allgemeine Fähigkeit darstellt oder aus mehreren Einzelfähigkeiten besteht, bezieht das Intelligenzmodell von Spearman eindeutig Stellung: Nach der Zwei-Faktoren-Theorie (Generalfaktorentheorie) werden kognitive Leistungen im Wesentlichen durch die allgemeine Intelligenz (g-Faktor) bestimmt, die an allen kognitiven Leistungen beteiligt ist; weniger bedeutsam sind spezifische kognitive Fähigkeiten, die zur Lösung des jeweiligen Aufgabentypus erforderlich sind. Demensprechend zielt die auf diesem Modell basierende Intelligenzdiagnostik darauf ab, mit Hilfe eines globalen Maßes den g-Faktor zu erfassen, der das allgemeine kognitive Basispotenzial einer Person wiedergibt; die aufgabenspezifischen Fähigkeiten spielen demgegenüber nur eine untergeordnete Rolle.

Anders als Spearman interessierte sich *Louis Leon Thurstone* (1887–1955) für die aufgabenspezifischen Fähigkeiten, also die Fähigkeiten, die für die Bewältigung spezifischer kognitiver Anforderungen benötigt werden. Auf der Grundlage faktorenanalytischer Ergebnisse entwickelte er ein Gegenmodell zur Generalfaktorentheorie, das Modell der *Primärfaktoren* (primary mental abilities). Thurstone (1938) ließ von Studierenden eine große Anzahl von Leistungstests bearbeiten und analysierte mit Hilfe der Faktorenanalyse die Zusammenhänge zwischen den Tests bzw. Aufgaben. Dabei zeigte sich, dass sich die kognitiven Leistungen nicht hinreichend durch einen gemeinsamen Faktor erklären lassen. Stattdessen fand Thurstone sieben, voneinander unabhängige Einzelfaktoren, die nach seiner Meinung grundlegende (»primäre«) Fähigkeiten repräsentieren. Er nahm an, dass an jeder kognitiven Leistung mehrere dieser primären Fähigkeiten in einem unterschiedlichen Maße beteiligt sind. Mit Hilfe faktorenanalytischer Verfahren konnten Thurstone und Thurstone (1941) sieben gemeinsame Intelligenzfaktoren, die so genannten *primary mental abilities*, extrahieren (▶ Tab. 6.3).

Tab. 6.3: Primärfaktoren (Primary Mental Abilities) nach Thurstone

	Bezeichnung	Fähigkeit	Beispielaufgaben
v	**Verbales Verständnis** (verbal comprehension)	Wortschatz, Kenntnis von Wortbedeutung und deren angemessene Verwendung, Textverständnis	Analogien bilden, Reihung vertauschter Wörter, Sätze ergänzen
w	**Wortflüssigkeit** (word fluency)	Rasche und flexible Operation mit verbalem Material	schnelles Nennen von Wörtern, die bestimmten Kriterien entsprechen, Anagramme, Reime
n	**Rechenfähigkeit** (number)	Tempo und Genauigkeit einfacher Zahlenoperationen	addieren, subtrahieren multiplizieren
s	**Räumliches Vorstellungsvermögen** (space)	Mentale Rotation, Raumvorstellung	Verfolgen mechanischer Bewegungen, vergleichen von Objekten aus verschiedener Perspektive
m	**Merkfähigkeit** (memory)	Fähigkeit, einfache Assoziationen zu merken	Wort-Zahl-Zuordnungen oder Bild-Figuren-Paare erinnern

Tab. 6.3: Primärfaktoren (Primary Mental Abilities) nach Thurstone – Fortsetzung

	Bezeichnung	Fähigkeit	Beispielaufgaben
p	Wahrnehmungsgeschwindigkeit (perceptual speed)	Geschwindigkeit beim Vergleich graphischer Muster	schnelles Erkennen von Gleichheiten oder Unterschieden
r	Schlussfolgerndes Denken (reasoning)	Schlussfolgerndes Denken	Erkennen von Regelhaftigkeiten, Reihen fortsetzen, Muster ergänzen

In seinem *Multifaktorenmodell* (Primärfaktorenmodell) der Intelligenz postuliert Thurstone sieben Primärfaktoren, die die kognitiven Basisfähigkeiten repräsentieren und an allen kognitiven Leistungen beteiligt sind (Prinzip der Multi-Trait-Determination von Intelligenzleistungen). Diesem Ansatz zufolge werden kognitive Leistungen durch mehrere, voneinander unabhängige Einzelfähigkeiten bestimmt, deren Anzahl und Gewichtung sich von Aufgabe zu Aufgabe unterscheidet. In Abbildung 6.5 sind die Testaufgaben (1 bis 6) durch Ellipsen dargestellt, die jeweils mehrere Kreise schneiden, die die Primärfähigkeiten (V, W, M, N, P, R, S) symbolisieren, die zur Bewältigung der jeweiligen Testaufgabe benötigt werden.

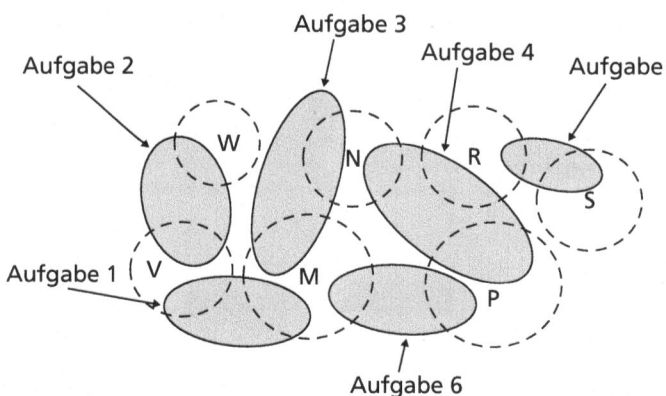

Abb. 6.5: Multifaktoren-Theorie der Intelligenz (nach Hofstätter, 1957)

Unter der Annahme, dass kognitive Leistungen immer von mehrere Einzelfaktoren bestimmt werden, die nicht oder nur in geringem Ausmaß untereinander korrelieren, kann ein allgemeiner Intelligenzfaktor vernachlässigt werden. Globale Maße der Intelligenz (z. B. Gesamttestwerte) geben im Rahmen dieses Ansatzes daher lediglich den Durchschnitt der kognitiven Einzelfähigkeiten einer Person wieder und sagen nichts über die »allgemeine Intelligenz« aus, wie sie von Spearman postuliert wurde.

Erfassung des Intelligenzprofils

Einige Intelligenztests basieren auf dem Modell der Primärfaktoren. Die Konstruktion dieser Tests zielt darauf ab, solche Aufgaben zu entwickeln, mit denen die Primärfähigkeiten in möglichst »reiner« Form erfasst werden können. Solche Aufgaben werden in einem Subtest zusammengefasst, mit dem dann die jeweilige Primärfähigkeit gemessen werden kann. Im Unterschied zu Intelligenztests, die im Sinne des Generalfaktorenmodells einen Gesamtwert für die allgemeine Intelligenz liefern, ergeben Intelligenztests, die nach dem Primärfaktorenmodell konstruiert wurden, ein *Fähigkeits-* oder *Intelligenzprofil* der Person, das die Ausprägungen der Einzelfähigkeiten wiedergibt. Zu diesen Verfahren gehören zum Beispiel die *Chicago Tests of Primary Mental Abilities* (PMA; Thurstone & Thurstone, 1941-1943).

Im deutschen Sprachraum basieren einige ältere Verfahren wie zum Beispiel der *Intelligenz-Struktur-Tests* 70 (IST 70; Amthauer, 1973) auf dem Model der Primärfähigkeiten. Neuere Intelligenztests, die auf der Grundlage der Primary Mental Abilities konstruiert wurden, sind der *Wilde-Intelligenz-Test* 2 (WIT-2; Kersting, Althoff & Jäger, 2008) sowie das *Prüfsystem für Schul- und Bildungsberatung*, das in einer Version für die 4. bis 6. Klasse (PSB-R 4-6; Horn, Lukesch, Kormann & Mayrhofer, 2002) und in einer Version für die 6. bis 13. Klasse (PSB-R 6-13; Horn, Lukesch, Mayrhofer & Kormann, 2003) vorliegt.

6.3.3 Das Modell der fluiden und kristallinen Intelligenz

Im Unterschied zur Vorgehensweise von Spearman und Thurstone basiert das Modell der fluiden und kristallinen Intelligenz auf aufwärtsgerichteten sukzessiven Faktorenanalysen: Mit den auf der ersten Stufe gefundenen Faktoren werden weitere Faktorenanalysen durchgeführt, die zu Faktoren zweiter und dritter Ordnung führen. Mit diesem Vorgehen konnten *Raymond Bernard Cattell* (1905–1998), ein Schüler Spearmans, und *John L. Horn* (1929–2006) den g-Faktor Spearmans in zwei Faktoren differenzieren (Cattell, 1963; Horn & Cattell, 1966; Horn & Noll, 1997).

Den ersten Faktor bezeichneten die Autoren als *fluide Intelligenz* (fluid general intelligence g_f). Darunter verstanden sie eine allgemeine Fähigkeit, sich neuen Situationen anzupassen und neuartige Probleme zu meistern, ohne dabei auf frühere Lernerfahrungen zurückzugreifen. Die fluide oder flüssige Intelligenz repräsentiert gewissermaßen das von den Einflüssen der Akkulturation bereinigte kognitive Potenzial einer Person. Sie basiert auf der Funktionsfähigkeit zerebraler Prozesse, die beispielsweise in der Flexibilität des Denkens oder in der Geschwindigkeit der Informationsverarbeitung zum Ausdruck kommt. Die fluide Intelligenz stellt eine Art *Grundpotenzial* dar, das genetisch determiniert ist und sich unabhängig von kulturell- und gesellschaftlich-vermittelten Lernprozessen entwickelt. Die fluide Intelligenz zeigt sich vor allem bei Anforderungen, die das Erkennen und Anwenden von Regeln erfordern (induktives und deduktives Denken), bei denen es auf die Geschwindigkeit und Präzision bei der Verarbeitung von Informationen ankommt oder bei Anforderungen, die einen schnellen Zugriff auf Gedächtnisinhalte erfordern.

Der zweite allgemeine Intelligenzfaktor ist die *kristalline* oder *kristallisierte Intelligenz* (crystallized general intelligence g_c), die das Ergebnis vorangegangener *Lernerfahrungen* wiedergibt, die sich in diesem Faktor gewissermaßen verfestigt (*kristallisiert*) haben. Dieser Faktor repräsentiert all jene kognitiven Fähigkeiten, die sich auf der Grundlage der bisherigen Lernprozesse ausgebildet haben. Die kristalline Intelligenz kommt in den kognitiven Leistungen zum Ausdruck, die auf der Verfügbarkeit und der Nutzung von Wissen und Erfahrung basieren (Hunt, 2000), beispielsweise in verbalen und kommunikativen Fähigkeiten (z. B. Wortschatz, Wortflüssigkeit), in numerischen Fähigkeiten, in der Allgemeinbildung aber auch in den im Laufe des Lebens erworbenen Problemlösefähigkeiten. »Die kristallisierte Intelligenz ist gewissermaßen das Endprodukt dessen, was flüssige Intelligenz und Schulbesuch gemeinsam hervorgebracht haben« (Cattell, 1963, S. 268). Abbildung 6.6 zeigt an einem vereinfachten Modell exemplarisch einige Fähigkeitsbereiche, die die fluide und kristalline Intelligenz repräsentieren.

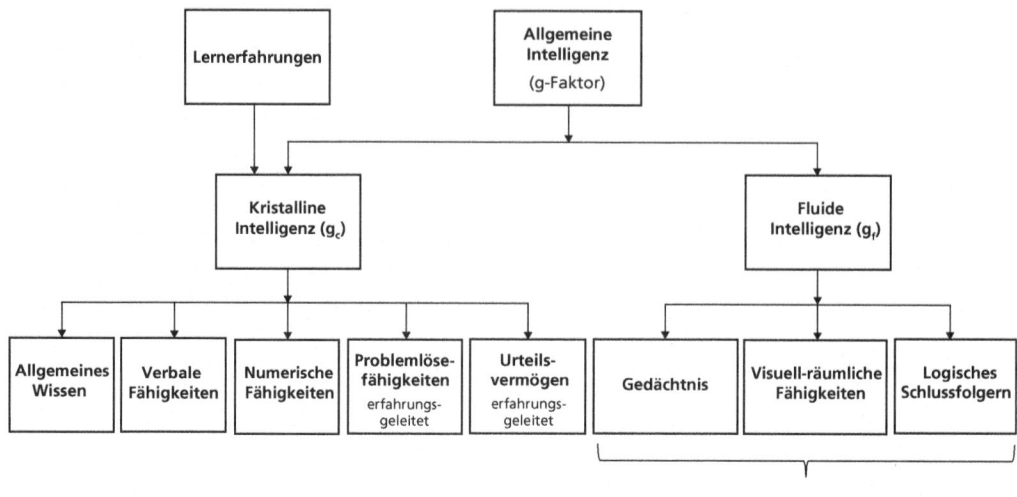

Abb. 6.6: Modell der fluiden und kristallinen Intelligenz

Investment-Theorie

Wie an diesem Zitat deutlich wird, betrachtet Cattell die fluide Intelligenz als eine Grundlage der kristallinen Intelligenz. Die fluide Intelligenz als biologisch vorgegebenes intellektuelles Basispotenzial allein nutzt im Alltag wenig, sie muss erst in Wissen und Kompetenzen umgesetzt werden, um Alltagsanforderungen besser bewältigen zu können. Diese Überlegung präzisierte Cattell in seiner *Investment-Theorie* (Cattell, 1987). In der Auseinandersetzung mit den Anforderungen der Umwelt greift das Individuum auf seine fluide Intelligenz als eine Art *Grundpotenzial* zurück, das bestimmt, wie gut Erfahrungen verarbeitet werden und sich in Kompetenzen und Wissensbeständen verfestigen. Im Sinne der Investment-Theorie ist die kristalline Intelligenz gewissermaßen investierte fluide Intelligenz. Sie beinhaltet die kognitiven Voraussetzungen für den Wissenserwerb und die Wissensanwendung, die das Individuum neben anderen Ressourcen (z. B. Motivation, Lernstrategien) für das Erlernen kulturell vermittelter Fähigkeiten (z. B. sprachliche oder mathematische Kompetenzen) einbringt. Bei optimaler Förderung wäre demnach zu erwarten, dass die Unterschiede in der kristallisierten Intelligenz zwischen Personen mit hoher und geringer fluider Intelligenz im Laufe der Entwicklung zunehmen: Menschen, die von Anfang an eine hohe fluide Intelligenz mitbringen, können mehr in ihren Wissenserwerb investieren, als Menschen mit weniger guten Voraussetzungen. Die Schere zwischen Menschen mit hoher und geringer fluider Intelligenz hinsichtlich ihrer kulturell vermittelten Kompetenzen sollte daher mit zunehmendem Alter immer weiter auseinanderklaffen.

> **Investment Theorie**
> Nach der Investment Theorie (Cattell, 1987) stellt die erfahrungs- und wissensbasierte kristalline Intelligenz das Produkt einer Investition der genetisch determinierten fluiden Intelligenz in geeignete Lerngelegenheiten dar.

Entwicklungsverlauf der fluiden und kristallinen Intelligenz

Aufgrund ihrer spezifischen ätiologischen Grundlage entwickeln sich die beiden Intelligenzfaktoren unterschiedlich. Die von Lernerfahrungen unabhängige und genetisch bestimmte fluide Intelligenz erreicht ihr Entwicklungsoptimum bereits im jungen Erwachsenalter und nimmt danach kontinuierlich ab. Ein altersbedingter Abbau zeigt sich vor allem bei geschwindigkeitsabhängigen kognitiven Leistungen und bei der Kapazität des Arbeitsgedächtnisses. Die kristalline Intelligenz als das Ergebnis der Lernerfahrungen erreicht ihren Kulminationspunkt je nach Lernerfahrungen viel später (Cattell, 1963). Während die fluide Intelligenz nach ihrem Höhepunkt im jungen Erwachsenalter kontinuierlich absinkt, kann die kristalline Intelligenz nach einem steilen Anstieg ab dem 25. Lebensjahr bis ins hohe Alter stabil bleiben oder infolge des lebenslangen Lernens und der damit verbundenen Kumulation von Wissen und Erfahrung sogar noch weiter zunehmen (▶ Abb. 6.7).

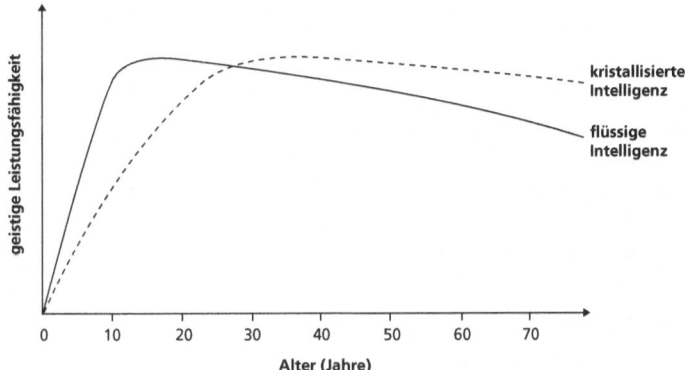

Abb. 6.7: Entwicklungsverlauf der fluiden und kristallinen Intelligenz

Kulturfreie Intelligenztests

Nach Cattell stellt die fluide Intelligenz die biologisch vorgegebene Lernkapazität des Individuums dar, die auf fundamentalen Prozessen der Informationsverarbeitung basiert und sich unabhängig von kulturell vermittelten Lernprozessen manifestiert. Dieses Konzept ließ es möglich erscheinen, die kognitive Leistungsfähigkeit eines Individuums unabhängig von seinen kultur- und bildungsspezifischen Lernerfahrungen zu erfassen. Die Intelligenz sollte nur das Leistungspotenzial des Einzelnen, nicht aber seine Lernerfahrungen oder Bildungsvoraussetzungen wiedergeben. Dieser Anspruch, das kognitive Leistungsvermögen im Sinne eines der Person innewohnenden Potenzials unabhängig von der Verfügbarkeit von Lerngelegenheiten und deren Nutzung zu messen, wird mit den *kulturell fairen* oder *kulturfreien* (»culture fair«) Intelligenztests verfolgt.

Kulturell faire Intelligenztests berufen sich auf das Konzept der fluiden Intelligenz. Um einen *fairen* Vergleich der Intelligenzleistungen von Menschen mit unterschiedlichen kultur- und bildungsabhängigen Voraussetzungen zu ermöglichen, verzichten diese Tests auf Aufgaben, die sprachgebundene oder numerische Kompetenzen erfordern, da diese Fähigkeiten (z. B. verbales Verständnis oder das Herstellen von semantischen Beziehungen) stark von kultur- und bildungsabhängigen Erfahrungen bestimmt werden (zum Problem der Testfairness ▶ Kap. 3.6). Kulturell faire Intelligenztests enthalten stattdessen Aufgaben, deren Lösung keine kulturspezifischen Voraussetzungen erfordern. Diese Anforderung erfüllen am ehesten *nichtverbale Aufgaben*, zum Beispiel Aufgaben zur Gedächtnisspanne, zum induktiven Denken oder zum visuellen Erkennen und Kombinieren, bei denen beispielsweise unvollständige Muster ergänzt, vorgegebene Figuren mit Hilfe von Stäbchen oder Kärtchen konstruiert oder logische Folgen geometrischer Figuren fortgesetzt werden müssen

> **Kulturell fairer Intelligenztest**
> Mit kulturell fairen Intelligenztests soll die Benachteiligung von Probanden aus bestimmten Kulturen oder sozialen Schichten vermieden werden. Damit Probanden unabhängige von ihrer Zugehörigkeit zu einem bestimmten Kulturkreis bei gleichen Fähigkeiten auch gleiche Testergebnisse erzielen, enthalten kulturell faire Intelligenztests Aufgaben, deren Lösung keine sprachlichen oder kulturell vermittelten Kompetenzen (z. B. Rechnen) erfordern.

Mit der Konstruktion kulturfairer Intelligenztests war die Hoffnung verbunden, Menschen aus anderen Kulturen oder mit anderen Bildungsvoraussetzungen bei der Intelligenzdiagnostik nicht dadurch zu benachteiligen, dass sie nach Maßstäben einer ihnen fremden Kultur oder Gesellschaftsschicht bewertet werden. Ob jedoch allein durch den Verzicht auf sprachgebundene Testaufgaben kulturelle und bildungsbedingte Einflüsse vollständig ausgeschaltet werden können, ist fraglich. Bei Vergleichen der Intelligenzleistungen von Personen aus verschiedenen Bevölkerungsgruppen in den USA stellte sich nämlich heraus, dass der Leistungsunterschied zwischen den Gruppen in den vermeintlichen kulturfairen Tests ebenso groß und teilweise sogar größer war als in den Tests, die die kristallisierte, das heißt, die durch vorangegangenen Lernerfahrungen beeinflusste Intelligenz erfassen. Letztlich blieb der Versuch, durch Verzicht auf verbale und numerische Inhalte Tests zu konstruieren, die solche kognitiven Fähigkeiten erfassen, die nicht von Sozialisations- und Bildungsfaktoren beeinflusst werden, erfolglos.

Cattell selbst hat seinen *Culture Free Intelligence Test* (Cattell, 1961) später in *Culture Fair Intelligence Test-Scale* (CFT, Cattell, 1961) umbenannt, nachdem es sich als nicht möglich erwiesen hatte, mit diesem Verfahren das kognitive Leistungspotenzial vollständig unabhängig von Kultur- und Bildungseinflüssen zu messen. Auf der Grundlage des CFT wurden deutschsprachige Adaptationen vorlegt, die mit Hilfe von sprachfreien Aufgaben die »Grundintelligenz« im Sinne der fluiden Intelligenz nach Cattell erfassen und in Skalen für drei Altersgruppen vorliegen.

- **Grundintelligenztest Skala 1 (CFT 1-R)**
  Die Grundintelligenztest Skala 1 - Revision (CFT 1-R; Weiß & Osterland, 2012) für Kinder von 5 bis 10 Jahren ist eine Adaptation *Culture Fair Intelligence Tests-Scale 1* von Cattell. Der CFT 1-R erfasst die fluide Intelligenz mit Hilfe von sprachfreien Aufgaben. Der CFT 1-R wird häufig bei der Überprüfung kognitiver Lernvoraussetzungen bei Lern- und Leistungsproblemen oder zur Intelligenzdiagnostik im Rahmen der Diagnose einer Lese-Rechtschreibstörung eingesetzt.
- **Grundintelligenztest Skala 2 (CFT 20-R)**
  Mit der Grundintelligenztest Skala 2 - Revision (CFT 20-R) wird das allgemeine intellektuelle Niveau (Grundintelligenz) im Sinne der fluiden Intelligenz nach Cattell bei Kindern und Jugendlichen von 8;5 bis 19 Jahren erfasst.
- **Grundintelligenztest Skala 3 (CFT 3)**
  Der Grundintelligenztest Skala 3 (CFT 3; Cattell & Weiß, 1973) wurde für

Jugendliche und Erwachsene ab 16 Jahren konzipiert. Er entspricht im Aufbau dem CFT 2, enthält jedoch der Altersgruppe entsprechend schwierigere Aufgaben. Da der CFT 3 aus sprachfreien Aufgaben besteht, eignet er sich insbesondere für Jugendliche und Erwachsene mit geringen Sprachkenntnissen und mangelhaften Kulturtechniken und kommt beispielsweise in der Berufsberatung und bei der Personalauswahl zum Einsatz.

6.3.4 Das Strukturmodell der Intelligenz

Mit seinem Intelligenzstrukturmodell (»Structure of Intellect«) unternahm der amerikanische Psychologe *Joy Paul Guilford* (1897–1987) den Versuch, intellektuelle Prozesse systematisch zu ordnen (Guilford, 1967). Im Unterschied zu Spearman und anderen Vertretern des Generalfaktorenmodells war Guilford der Ansicht, dass sich so komplexe Phänomene wie kognitive Leistungen nicht auf eine einzige Grundfähigkeit reduzieren lassen. Stattdessen nahm er an, dass viele, voneinander unabhängige Einzelfähigkeiten an kognitiven Leistungen beteiligt sind. Mit seinem Strukturmodell der Intelligenz versucht Guilford, diese Einzelfähigkeiten zu systematisieren.

Für Guilford ist Intelligenz »a systematic collection of abilities or functions for processing information of different kinds on various forms« (Guilford, 1985, S. 231). Kognitive Prozesse werden damit als eine *Verarbeitung* von Informationen konzipiert, die durch Input-, Operations- und Outputvariablen beschrieben werden können. Auf dieser Grundlage können intellektuelle Einzelfähigkeiten durch spezifische *Denkinhalte* (Inputvariable), *Denkoperationen* (Operationsvariable) und *Denkprodukte* (Outputvariable) näher bestimmt werden (Guilford & Hoepfner, 1971; vgl. auch Amelang et al., 2006).

- **Denkinhalte**
Die Denkinhalte betreffen die Darbietung des Materials und beschreiben die Art und Weise, wie die Informationen in den Informationsverarbeitungsprozess gelangen. Guilford unterscheidet vier Denkinhalte:
  - *figural:* Informationen liegen in konkreter, das heißt in visueller, auditiver oder kinästhetischer Form vor.
  - *symbolisch:* Informationen liegen in Form von Zeichen wie Buchstaben oder Zahlen vor.
  - *semantisch:* Informationen liegen in Form von Begriffen oder geistigen Konstruktionen z. B. bedeutungsvollen Wörtern oder Bildern vor.
  - *behavioral:* Informationen aus Handlungen und Handlungszusammenhängen.
- **Denkoperationen**
Die fünf Denkoperationen vermitteln zwischen den Denkinhalten (Inputvariablen) und dem Denkergebnis (Outputvariablen):
  - *Kognition:* die Fähigkeit, etwas zu verstehen und Zusammenhänge zu begreifen, zum Beispiel schnelles Entdecken, Erkennen oder Wiedererkennen von Informationen in den verschiedenen Formen.
  - *Gedächtnis:* die Fähigkeit, Informationen abzuspeichern und gespeicherte Informationen aus dem Gedächtnis abzurufen, wenn sie benötigt werden.
  - *Divergente Produktion:* die Fähigkeit, unterschiedliche Informationen miteinander in Verbindung zu bringen und neue, ungewöhnliche Bezüge zwischen verschiedenen Informationen herzustellen.
  - *Konvergente Produktion:* die Fähigkeit, Informationen nach festen Regeln und Prinzipien miteinander zu verknüpfen und logische Schlüsse daraus zu ziehen, zum Beispiel die richtige Schlussfolgerung aus den gegebenen Informationen zu ziehen oder die richtige Lösung eines Problems zu finden.

- *Evaluation:* die Fähigkeit, Informationen hinsichtlich ihrer Nützlichkeit und Bedeutsamkeit einzuschätzen, zum Beispiel Informationen anhand bestimmter Kriterien (Korrektheit, Gleichheit, etc.) zu vergleichen oder sie hinsichtlich ihrer Wertigkeit zu beurteilen.

- **Denkprodukte**
Denkprodukte sind das Ergebnis der Anwendung von Denkoperationen auf Denkinhalte. Guilford unterscheidet sechs Denkprodukte, die die Outputvariablen des Informationsverarbeitungsprozesses darstellen:
  - *Einheiten:* Abgegrenzte, getrennte Informationseinheiten, wie zum Beispiel das Ergebnis einer Rechenoperation.
  - *Klassen:* Begriffe, die aus der Gruppierung von Informationen nach gemeinsamen Merkmalen gebildet werden, wie zum Beispiel die Bildung von Oberbegriffen.
  - *Beziehungen:* Zusammenhänge, die nach bestimmten Prinzipien, zum Beispiel nach Ähnlichkeiten, Gegensätzen, Abfolgen, Funktionen oder Analogien gebildet werden.
  - *Systeme:* Organisierte oder strukturierte Informationsansammlungen und Netzwerke, die aus zusammenhängenden oder sich wechselseitig beeinflussenden Teilen bestehen.
  - *Transformationen:* Umwandlung von gegebenen Informationen in eine neue Form, zum Beispiel neuartiges Wissen.
  - *Implikationen:* Ableitung von neuen aus vorgegebenen Informationen, z. B. die vermuteten Folgen der Erderwärmung abschätzen.

Durch die Kombination der vier Denkinhalte, fünf Denkoperationen und sechs Denkprodukten können insgesamt 120 Einzelfähigkeiten bestimmt werden. Stellt man – wie in Abbildung 6.8 – diese drei Dimensionen (Denkinhalte, Denkoperationen und Denkprodukte) grafisch dar, so wird sofort klar, warum das Intelligenzmodell von Guilford auch als das *Würfelmodell* bekannt geworden ist.

Wie aus der Abbildung 6.8 hervorgeht, setzt sich die Intelligenz nach Guilfords Strukturmodell aus einer Vielzahl voneinander *unabhängiger Einzelfähigkeiten* zusammen, die jeweils durch spezifische Denkinhalte, spezifische Denkoperationen und spezifische Denkprodukte bestimmt werden. Diesem Modell zufolge gibt es keine allgemeine kognitive Leistungsfähigkeit, die allen kognitiven Anforderungen zugrunde liegt, sondern eine Vielzahl von Einzelfähigkeiten, die jeweils in unterschiedlicher Zusammensetzung an der Lösung von Aufgaben beteiligt sind. Im Sinne des Strukturmodells von Guilford ist es daher nicht sinnvoll, die intellektuelle Leistungsfähigkeit eines Individuums durch einen einzigen Wert, beispielsweise durch einen Intelligenzquotienten, zu kennzeichnen. Das intellektuelle Leistungspotenzial lässt sich angemessener durch ein *Intelligenzprofil* abbilden, aus dem die Ausprägungen der Einzelfähigkeiten hervorgehen, auf die die Person bei der Lösung kognitiver Anforderungen zurückgreifen kann.

Allerdings ist das Intelligenzmodell von Guilford viel zu komplex, um auf seiner Grundlage Intelligenztests zu konstruieren. Ein solcher Test, der alle 120 Einzelfähigkeiten erfasst, wäre sicher viel zu umfangreich und damit für den praktischen Einsatz ungeeignet. Das Strukturmodell hat nicht zur Entwicklung neuer Intelligenztests geführt, der wichtiger Beitrag Guilfords wird vielmehr in der Einbindung neuer Bereiche in die Intelligenzforschung – insbesondere die soziale Intelligenz und die *Kreativität* gesehen. Aufgrund seiner logischen Struktur und seiner Systematik besitzt Guilfords Strukturmodell einen großen *heuristischen* Wert, da auf seiner Grundlage viele Intelligenzfaktoren entdeckt wurden. Zudem kann man das Strukturmodell heranziehen, um die Anforderungen, die sich bei einzelnen Aufgaben stellen, zu analysieren und zu systematisieren.

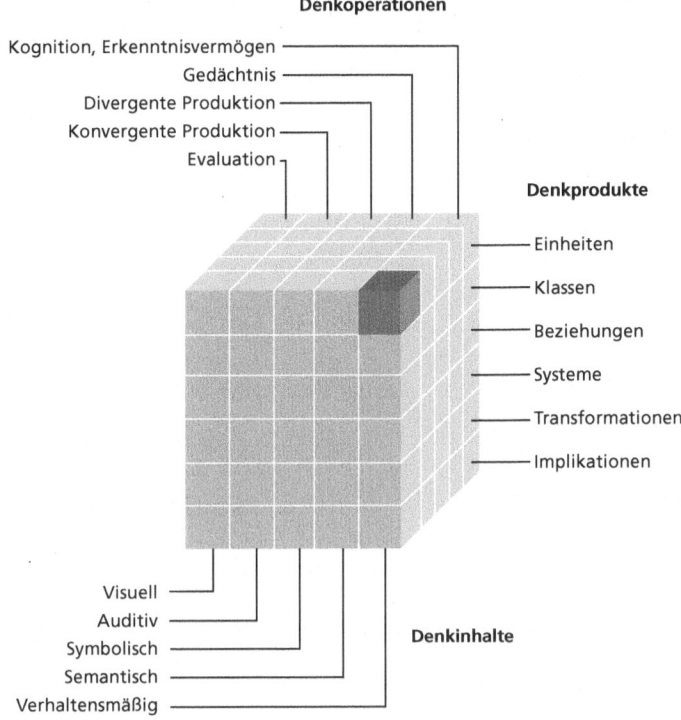

Abb. 6.8: Strukturmodell der Intelligenz (Guilford, 1973)

Auf diese Weise erhält man Aufschluss darüber, welche Art von Intelligenzleistungen eine spezifische Aufgabenstellung erfordert.

6.3.5 Das Berliner Intelligenzstrukturmodell

Mit dem *Berliner Intelligenzstrukturmodell* (BIS) verfolgte *Adolf Otto Jäger* (1920–2002) das Ziel, die konkurrierenden Strukturmodelle in einem Gesamtmodell zu integrieren (Jäger, 1982, 1984). Der Autor war der Ansicht, dass die Unterschiede zwischen den verschiedenen Strukturmodellen vor allem auf die spezifische *Aufgabenauswahl* zurückzuführen sind, denn mit faktorenanalytischen Methoden können nur solche Intelligenzdimensionen aufgedeckt werden, die auch von den Anforderungen der Intelligenzaufgaben gefordert werden. Daher können alle Intelligenzmodelle eine gewisse empirische Gültigkeit beanspruchen, solange man sich auf die Art der Intelligenzaufgaben beschränkt, auf denen die Modelle beruhen.

Der Ausgangspunkt für die Entwicklung des Modells war folglich eine umfassende *Inventarisierung* aller in der einschlägigen Literatur beschriebenen Intelligenztestaufgaben. Dieser Itempool von ca. 2.000 Aufgaben wurde dann in einem zweiten Schritt auf 191 Aufgabenblöcke mit 98 Aufgabentypen reduziert und einer größeren Stichprobe von 545 Abiturienten im Alter von 16 bis 19 Jahren vorgegeben. Anschließend wurde der Datensatz verschiedenen Faktorenanalysen unterzogen (Jäger, 1984; Jäger, Süß & Beauducel, 1997). Das auf der Grundlage der Ergebnisse entwickelte Intelligenzstrukturmodell zeigt Abbildung 6.9.

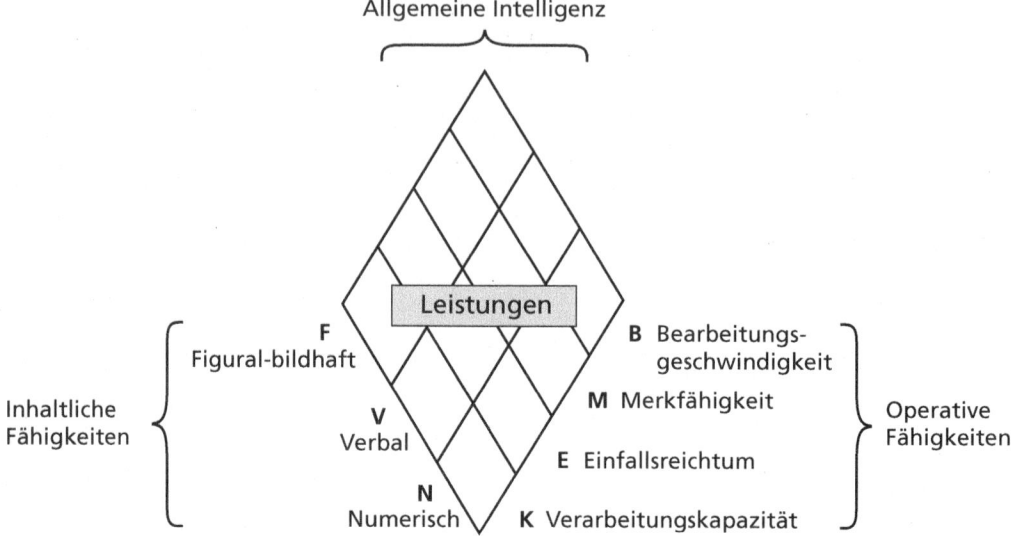

Abb. 6.9: Berliner Intelligenzstrukturmodell (BIS) (Jäger u.a., 2006, nach Jäger, 1992, 1984, S. 19 im Testmanual)

An der Spitze des hierarchischen Strukturmodells steht als Integral aller Fähigkeiten die *allgemeine Intelligenz*, die bei allen kognitiven Leistungen in unterschiedlichem Maße beteiligt ist. Die Intelligenzleistungen in spezifischen Leistungsbereichen werden von sieben Fähigkeiten bestimmt, die auf der zweiten Ebene des Modells angeordnet sind. Diese Fähigkeitskonstrukte, die mehr oder weniger stark an jeder Intelligenzleistung beteiligt sind, werden nach zwei Gesichtspunkten (Modalitäten) in operative Fähigkeiten und inhaltliche Fähigkeiten klassifiziert.

Die *operativen Fähigkeiten* betreffen die Denkoperationen, die zur Lösung der Aufgabe erforderlich sind (Darstellung nach Jäger, 1984, S. 30-31).

- **Verarbeitungskapazität (K)**
»Verarbeitung komplexer Informationen bei Aufgaben, die nicht auf Anhieb zu lösen sind, sondern Heranziehen, Verfügbarhalten, vielfältiges Beziehungsstiften, formallogisch exaktes Denken und sachgerechtes Beurteilen von Informationen erfordern.«
- **Einfallsreichtum (E)**
»Fluide, flexible und auch originelle Ideenproduktion, die Verfügbarkeit vielfältiger Informationen, Reichtum an Vorstellungen und das Sehen vieler verschiedener Seiten, Varianten, Gründe und Möglichkeiten von Gegenständen und Problemen voraussetzt, wobei es um problemorientierte Lösungen geht, nicht um ein ungesteuertes Luxurieren (...) der Phantasie.« In den gängigen Intelligenztests finden sich allerdings kaum Aufgaben, mit denen diese Fähigkeit überprüft wird.
- **Merkfähigkeit (M)**
»Aktives Einprägen und kurz- oder mittelfristiges Wiedererkennen oder Reproduzieren von verbalem, numerischem und figural-bildhaftem Material.«

- **Bearbeitungsgeschwindigkeit (B)**
»Arbeitstempo, Auffassungsleichtigkeit und Konzentrationskraft beim Lösen einfach strukturierter Aufgaben von geringem Schwierigkeitsniveau.«

Die *inhaltlichen Fähigkeiten* betreffen Fähigkeiten, die an bestimme Denkinhalte gebunden sind. Diese werden in drei Klassen eingeteilt, die die Art des Aufgabenmaterials betreffen (Jäger et al. 1997, S. 97):

- **Sprachgebundenes Denken (V)**
»Einheitsstiftendes Merkmal ist hier das Beziehungssystem Sprache.« Grad der Aneignung und der Verfügbarkeit des Beziehungssystems Sprache.
- **Zahlengebundenes Denken (N)**
Grad der Aneignung und der Verfügbarkeit des Beziehungssystems Zahlen.
- **Anschauungsgebundenes, figural-bildhaftes Denken (F)**
Diese Inhaltskategorie betrifft die Art des Aufgabenmaterials, dessen Bearbeitung räumlich anschauliches Denken erfordert. Aufgaben, die anschauungsgebundenes Denken verlangen, finden sich in zahlreichen Intelligenztests. Zum Beispiel im *Mosaik-Subtest* des Hamburg-Wechsler-Intelligenztests für Kinder - Revision (HAWIK-R; Tewes, 1983). Die Testpersonen müssen jeweils ein bildlich vorgegebenes Muster mit mehrfarbigen Klötzen nachlegen. Im Subtests *Figurenlegen* haben sie die Aufgabe, in verschiedene Teile zerlegte Figuren zusammenzulegen.

Die Kombinationen der vier operativen Fähigkeiten und der drei inhaltsgebundenen Fähigkeiten beschreiben zwölf intellektuelle Leistungen, denen jeweils spezifische Aufgabenstellungen zugeordnet werden können (▶ Abb. 6.9). So erfordert beispielsweise das Lösen von Kopfrechenaufgaben vor allem die *Verarbeitungskapazität* und das *Zahlengebundene Denken* sowie – sofern zum Lösen der Aufgabe Zwischenergebnisse im Kopf behalten werden müssen – die *Merkfähigkeit*. Zum Lösen verbaler Analogieaufgaben werden die Verarbeitungskapazität verbunden mit sprachbundenem Denken benötigt (Beispiele aus Holling et al., 2004). Ebenso lassen sich Testaufgaben verschiedener Intelligenztests in das BIS-Modell einordnen. Kognitive Leistungen werden im Rahmen des BIS jeweils durch eine Kombination aus einer operativen mit einer inhaltsgebundenen Fähigkeit erklärt.

Im Unterschied zu anderen Intelligenzstrukturmodellen berücksichtigt das BIS mit dem Intelligenzfaktor *Einfallsreichtum* auch kreativen Fähigkeiten. Dies stellt eine Besonderheit des BIS dar. Die Annahme mehrerer Facetten findet sich auch im Strukturmodell von Guilford (1967), das kognitive Fähigkeiten nach drei Gesichtspunkten, Operationen, Inhalte und Produkte unterscheidet (▶ Kap. 6.3.4). Im Unterschied zu Guilfords Strukturmodell, das in Form eines Würfels veranschaulicht wird, wird das BIS als Raute dargestellt, wodurch verdeutlicht werden soll, dass operative und inhaltliche Fähigkeiten nicht unabhängig voneinander sind.

Es gibt derzeit zwei Testverfahren, die direkt auf dem BIS-Modell aufbauen und mit denen die allgemeine Intelligenz im Sinne des g-Faktors sowie alle im Modell spezifizierten Fähigkeiten erfasst werden können.

- **Berliner Intelligenzstruktur-Test (BIS-4)**
Der BIS-4 (Jäger, Süss & Beauducel, 1997) erfasst die im BIS-Modell beschriebenen operativen Fähigkeiten (Verarbeitungskapazität, Einfallsreichtum, Bearbeitungsgeschwindigkeit, Merkfähigkeit), die inhaltsgebundenen Fähigkeiten (Sprachgebundenes Denken, Zahlengebundenes Denken, Anschauungsgebundenes, Figural-bildhaftes Denken) sowie als deren Gesamtwert die Allgemeine Intelligenz. Der BIS-4 kann als Einzel- oder Gruppentest durchgeführt werden. Normiert für 16- bis 17-Jährige

und der 18- bis 19-Jährige. Die Bearbeitungsdauer beträgt ca. 2,5 Stunden für die Langform und etwa 45 Minuten für die Kurzform.

- Berliner Intelligenzstruktur-Test für Jugendliche: Begabungs- und Hochbegabtendiagnostik (BIS-HB)
Der BIS-HB (Jäger, Holling, Preckel, Schulze, Vock, Süß & Beauducel, 2006) ist eine überarbeitete und für den Altersbereich von 12;6 bis 16;5 Jahre normierte Version des BIS-4, die sowohl als Einzel- als auch als Gruppentest durchgeführt werden kann und sich besonders für die Intelligenzdiagnostik bei durchschnittlich und hoch begabten Kindern und Jugendlichen eignet. Um einen Deckeneffekt bei Hochbegabten zu verhindern, wurden intellektuell besonders begabte Schüler mit in die Normierungsstichprobe aufgenommen. Die Durchführungsdauer beträgt insgesamt 2 Stunden und 50 Minuten, einschließlich zweier Pausen von 15 Minuten; die Durchführung der Kurzform des BIS-HB benötigt etwa 55 Minuten.

6.3.6 Drei-Schichten-Modell der Intelligenz

Das *Drei-Schichten-Modell* der Intelligenz (Three-Stratum-Theory; Carroll, 1993, 2003) stellt den Versuch dar, die vorliegenden Ansätze zur Struktur der Intelligenz in einem umfassenden Modell zu integrieren. Das *Drei-Schichten-Modell* der Intelligenz (stratum = Schicht) basiert auf einer Reanalyse von insgesamt 480 umfangreichen Datensätzen von Intelligenzstudien, die nach methodischen Kriterien (z. B. ausreichende Variablenzahl, große Stichprobe, Korrelationsmatrix der Variablen) ausgewählt wurden. Die Ergebnisse der Faktorenanalysen stützen das Konstrukt der allgemeinen Intelligenz sowie die Annahme von acht unabhängigen Faktoren der zweiten Ebene.

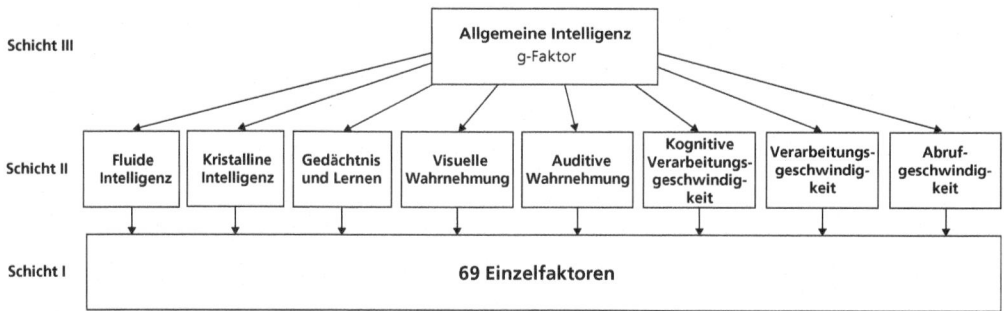

Abb. 6.10: Drei-Schichten-Modell der Intelligenz

An der Spitze des hierarchischen Faktorenmodells steht die allgemeine Intelligenz (▶ Abb. 6.10). Dieser Faktor entspricht Spearmans g-Faktor und stellt die Basis aller intellektuellen Leistungen dar. Auf der zweiten Ebene befinden sich acht breite, den Primärfaktoren von Thurstone ähnelnde Intelligenzfaktoren, die in abnehmender Stärke mit dem g-Faktor zusammenhängen (Beschreibung nach Holling et al., 2004):

- **Fluide Intelligenz**
Basale Prozesse des schlussfolgernden, logischen Denkens und andere mentale Aktivitäten, die nur minimal durch Lernen und Akkulturation beeinflusst werden.
- **Kristalline Intelligenz**
Mentale Prozesse, die nicht nur von der fluiden Intelligenz, sondern auch von Erfahrung, Lernen und Akkulturation abhängen, z. B. Sprachverstehen, Wortschatz.

- **Lernen und Gedächtnis**
  Fähigkeit zum Lernen und Behalten neuer Inhalte oder neuen Verhaltens, z. B. Gedächtnisspanne, assoziatives Gedächtnis.
- **Visuelle Wahrnehmung**
  Basale Fähigkeit, die bei allen Aufgaben eine Rolle spielt, die die Wahrnehmung visueller Formen erfordern, z. B. visuelles Vorstellungsvermögen,
- **Auditive Wahrnehmung**
  Basale Fähigkeit zur Wahrnehmung oder Unterscheidung auditiver Klangmuster oder gesprochener Sprache.
- **Abruffähigkeit**
  Fähigkeit, Konzepte, Inhalte oder Ideen aus dem Langzeitgedächtnis abzurufen.
- **Kognitive (Verarbeitungs-)Geschwindigkeit**
  Geschwindigkeit der kognitiven Verarbeitung von Informationen.
- **Verarbeitungsgeschwindigkeit**
  Entscheidungsgeschwindigkeit in verschiedenen Reaktionszeitaufgaben.

Auf der untersten Ebene sind insgesamt 69 spezifische Fähigkeiten angesiedelt, die sich auf konkrete Aufgaben bzw. Anforderungsarten beziehen und den breiten Intelligenzfaktoren auf der zweiten Ebene zugeordnet sind. Diese spezifischen Fähigkeiten entsprechen den s-Faktoren von Spearman, die eng an die Anforderungen einzelner Aufgabetypen gebunden sind.

Das Drei-Schichten-Modell von Carroll vereint die Ansätze von Spearman, Thurstone, Vernon und Cattell. Allerdings ist das Modell mit insgesamt 69 Einzelfähigkeiten sehr komplex, so dass es schwierig sein dürfte, einen Intelligenztest zu konstruieren, der all diese Einzelfähigkeiten erfasst. Zur Bewältigung schulischer Anforderungen sind in der Regel nicht nur eine, sondern mehrere Einzelfähigkeiten erforderlich.

6.3.7 Bewertung der Strukturtheorien der Intelligenz

Angesichts der großen Anzahl von Strukturtheorien der Intelligenz stellt sich die Frage, wie es kommt, dass Intelligenzforscher doch recht unterschiedliche Vorstellungen über die Struktur intellektueller Fähigkeiten entwickelt haben, obwohl sie doch alle die gleiche Methode, die Faktorenanalyse, anwenden. Dies mag auf den ersten Blick überraschen und bedarf einer Erklärung. Ein genauerer Blick auf die Faktorenanalyse, als der wichtigsten Methode der Intelligenzforschung, kann einiges erklären.

Die Ergebnisse der Faktorenanalyse sind von den Ausgangsdaten abhängig

Grundsätzlich sind die Ergebnisse der Faktorenanalyse von dem Leistungsspektrum abhängig, das bei der Erhebung miteinbezogen wurde. Selbstverständlich können nur solche Leistungsaspekte in die Bildung von Faktoren eingehen, die auch erhoben wurden. Leistungen, die gar nicht erfasst wurden, können bei der Bildung der Faktoren auch nicht berücksichtigt werden und werden daher auch nicht in den Strukturmodellen auftauchen. Werden beispielsweise kreative Leistungen nicht miteinbezogen, kann auch kein Faktor extrahiert werden, der diesen Leistungsaspekt repräsentiert. Enthält die eingesetzte Testbatterie keine oder nur wenige Aufgaben zum räumlichen Vorstellungsvermögen, wird die Faktorenanalyse auch keinen Faktor finden, der diesen Leistungsaspekt wiedergibt. Die Strukturmodelle, die auf faktorenanalytischen Ergebnissen basieren, werden also maßgeblich von dem Leistungsspektrum bestimmt, das als *Ausgangsmaterial* in die Analyse eingeht.

Die Ergebnisse der Faktorenanalyse sind von der Stichprobe abhängig

Die Ergebnisse der Faktorenanalyse sind auch von der Zusammensetzung der Stichprobe abhängig, an der die Daten erhoben wurden. Diese *Populationsabhängigkeit* der Ergebnisse wird häufig kritisiert. Sie zeigt sich darin, dass die gleiche methodische Vorgehensweise bei verschiedenen Gruppen von Testpersonen zu einer unterschiedlichen Faktorenstruktur führen kann.

So ist beispielsweise die Anzahl der extrahierten Faktoren von der *Homogenität* der Stichprobe abhängig: Weisen die Ausgangsvariablen (Testergebnisse), die in die Faktorenanalyse eingehen, nur eine eingeschränkte Streuung auf, ergeben sich in der Regel geringere Interkorrelationen zwischen den Variablen. In diesem Fall extrahiert die Faktorenanalyse eine größere Anzahl relativ enger Faktoren. Umgekehrt führt eine größere Merkmalsstreuung zu höheren Korrelationen zwischen den Variablen, sodass eher wenige, breite Faktoren extrahiert werden. Wird beispielsweise der Intelligenztest in einer Stichprobe von Gymnasiasten eingesetzt, wird die Streuung der Intelligenztestwerte geringer sein als in einer unausgelesenen Stichprobe, die sich aus Schülerinnen und Schülern aus Hauptschulen, Realschulen und Gymnasien zusammensetzt. Die Faktorenanalyse würde bei den Schülerinnen und Schüler aus Gymnasien eine größere Anzahl enger Faktoren, in der Stichprobe, die sich aus Schülerinnen und Schülern aller Schultypen zusammensetzt, eher wenige, aber breite Faktoren extrahieren.

Spezielle methodische Voreinstellungen

Gegen die Intelligenzforschung wird eingewandt, dass die Ergebnisse von den speziellen faktorenanalytischen Methoden abhängig sind. So kann die Faktorenanalyse bei gleichen Ausgangsdaten durchaus zu unterschiedlichen Ergebnisse führen, je nachdem, welche methodischen *Vorfestlegungen* bei der Datenanalyse gemacht werden, zum Beispiel welche Art der Faktorenrotation durchgeführt wurde (orthogonale oder oblique Faktorenrotation) oder nach welchen Kriterien die Anzahl der extrahierten Faktoren bestimmt wurde. Faktoren sind mathematische Abstraktionen, die die gemeinsame Varianz der Variablen repräsentieren. Die Faktorenanalyse führt zu vielen, mathematisch prinzipiell gleichwertigen Lösungen: Die Faktoren können wie ein Koordinatensystem behandelt und beliebig im Raum gedreht werden. Durch die Drehung ändern sich die Ladungen der Tests auf die einzelnen Faktoren und somit ihre inhaltliche Interpretierbarkeit. Die Vorfestlegungen, die bei der Datenanalyse gemacht werden, haben oft weitreichende Auswirkungen auf die Ergebnisse: Aus den theoretisch unendlich vielen Lösungen der Faktorenanalyse wird letztlich das Ergebnis gesucht, das am besten zu den theoretischen Annahmen passt – in diesem Fall einen Hauptfaktor, der aus seiner Definition heraus maximalen Erklärungswert besitzt.

Zusammenfassende Bewertung

Trotz einer langen Forschungstradition hat sich bisher noch keine der Strukturtheorien entscheidend durchsetzen können. Zahlreiche Befunde aus unterschiedlichen Anwendungsfeldern sprechen jedoch für die Annahme einer *allgemeinen Intelligenz* als ein kognitives Grundpotenzial, das in allen intellektuellen Leistungen mehr oder weniger stark zum Ausdruck kommt (Lubinski, 2004). Die Mehrzahl der Intelligenzforscherinnen und Intelligenzforscher geht daher heute von einer allgemeinen Intelligenz im Sinne von Spearmans g-Faktor aus. Gottfredson (1997b) schrieb im Jahre 1994 einen Aufsatz mit dem Titel »Mainstream Science on Intelligence«, in dem sie die zentralen Schlussfolgerungen aus der bisherigen Intelligenzforschung auflistete und diese 52 namhaften Expertinnen und Experten zur Stellungnahme vorlegte. Die Intelligenzforscherinnen und Intelligenzforscher stimmten folgender Definition der Intelligenz zu:

> »Intelligence is a very general mental capability that, among other things, involves the ability to reason, plan, solve problems, think abstractly, comprehend complex ideas, learn quickly and learn from experience.« (Gottfredson, 1997, S. 13).

Eine weitgehende Übereinstimmung besteht auch darin, dass zusätzlich zur allgemeinen Intelligenz für die Bewältigung der unterschiedlichen Anforderungen spezifische Fähigkeiten im Sinne von s-Faktoren nötig sind. Welche Bedeutung diesen spezifischen Intelligenzfaktoren unterhalb des aufgabenübergreifenden Generalfaktors zukommt und wie diese zusammenhängen, ist Gegenstand der aktuellen Intelligenzforschung. Nach wie vor aktuell ist die Unterscheidung zwischen eher biologisch determinierten und vorwiegend kulturell determinierten Intelligenzfähigkeiten, wie sie sich beispielsweise in der Theorie der fluiden und kristallinen Intelligenz von Cattell und Horn wiederfindet, die zu den einflussreichsten Strukturmodellen der Intelligenzforschung zählt (▶ Kap. 6.3.3).

6.4 Pluralistische Intelligenztheorien

In der mehr als 100-jährigen Tradition der Intelligenzforschung wurde Intelligenz als ein Konstrukt verstanden, das vor allem sprachliche und formal-logische Fähigkeiten des Individuums beschreibt und messbar macht. Einige Kritiker halten diese Beschränkung für zu eng. Sie wenden ein, dass mit der Fokussierung auf sprachliche und formal-logische Fähigkeiten vor allem eine *akademische Intelligenz* erfasst wird, die für den Erfolg in Schule und Universität bedeutsam ist, aber solche Kompetenzen ausblendet, die für die erfolgreiche Bewältigung von Alltagsanforderungen wichtig sind. Sie schlagen daher vor, das traditionelle Intelligenzkonzept zu erweitern und andere Fähigkeitsbereiche miteinzubeziehen.

Mittlerweile liegen mehrere erweiterte Intelligenzkonzepte vor, wie zum Beispiel die Theorie der »multiplen Intelligenzen« (Gardner, 1983), die »operative Intelligenz« (Dörner, 1986), die »praktische Intelligenz« (»Competence in the Every-day World«; Sternberg & Wagner, 1986), die »emotionale Intelligenz« (Goleman, 1995) oder die »Erfolgsintelligenz« (Sternberg, 1998). Im Rahmen dieser »pluralistischen« Intelligenzkonzepte wird eine mehr oder weniger große Anzahl von Fähigkeiten unter dem Begriff Intelligenz subsumiert, um das Spektrum menschlicher Fähigkeiten möglichst vollständig abzubilden.

Pluralistische Intelligenztheorien
Pluralistische Intelligenztheorien kritisieren, dass sich traditionelle Intelligenzkonzepte auf sprachliche und abstrakt-logische Fähigkeiten beschränken und damit wichtige Kompetenz, die für die erfolgreiche Bewältigung von Alltagsanforderungen notwendig sind, außer Acht lassen.

Die Vertreter pluralistischer Intelligenzkonzeptionen begründen die Notwendigkeit, die traditionelle Sichtweise zu erweitern, vor allem damit, dass die etablierten Intelligenzkonzepte mit ihren artifiziellen, eigens für die Intelligenzmessung konstruierten Aufgaben zwar den Anforderungen in der Schule entsprechen, aber wenig mit den praktischen Anforderungen im Alltag zu tun haben (Sternberg, 1998). Dies zeige sich insbesondere an der nur mäßigen prognostischen Validität herkömmlicher Intelligenztests in Bezug auf den Berufserfolg. Für die erfolgreiche Bewältigung beruflicher Anforderungen seien andere Fähigkeiten viel bedeutsamer als die mit den Intelligenztests erfassten sprachlichen und abstrakt-logischen Denkfähigkeiten. Daher führe die traditionelle Intelligenzdiagnostik letztlich zu einer Selektion einer kleinen Gruppe von Menschen mit einseitigen »akademischen« Fähigkeiten, wodurch Kompetenzen, auf die es im beruflichen Alltag viel stärker ankomme, unberücksichtigt blieben. Mit der Fixierung auf abstrakt-logische kognitive Fähigkeiten könne es daher nicht gelingen, die vielfältigen Potenziale des Einzelnen oder der Gesellschaft auszuschöpfen (Gardner, 1993). Da die traditionellen Intelligenzkonzepte nach Ansicht der Vertreter pluralistischer Ansätze den komplexen beruflichen Anforderungen nicht gerecht werden, müssten sie ergänzt und erweitert werden.

6.4.1 Modell der multiplen Intelligenzen

Eine große Popularität vor allem im pädagogischen Bereich hat die *Theorie der multiplen Intelligenzen* von Howard Gardner (Gardner, 1983, deutsch 2001) erreicht, die im Folgenden als ein Beispiel für ein erweitertes Intelligenzkonzept vorgestellt wird. Gardner ist der Ansicht, dass mit den herkömmlichen Intelligenztests nur eng umschriebene Fähigkeiten erfasst werden, die zwar für den schulischen Erfolg wichtig seien, aber wenig zur Lebensbewältigung außerhalb von Schule und Universität beitragen. Das »klassische« Intelligenzkonzept müsse daher erweitert werden

und solche Fähigkeiten miteinbeziehen, die für eine erfolgreiche Lebensgestaltung ausschlaggebend seien. An seine Theorie stellt der Autor daher den Anspruch, »daß sie die Palette menschlicher Fähigkeiten möglichst vollständig abdeckt. Wir müssen die Fähigkeiten eines Schamanen und eines Psychoanalytikers ebenso wie die eines Yogi oder Heiligen berücksichtigen« (Gardner, 2001, S. 66).

Mit dem Anspruch, das gesamte Spektrum der Ausdrucksformen des intellektuellen Leistungspotenzials abzubilden, postuliert der Autor zunächst fünf, später sieben, in neueren Veröffentlichungen (Gardner, 2006) dann neun Intelligenzen, darunter auch existenzielle und spirituelle Fähigkeiten. Diese Intelligenzen, die nach Meinung des Autors unabhängig voneinander sind, lassen sich bestimmten Berufsgruppen zuordnen, bei denen sie in besonderer Weise zum Ausdruck kommen bzw. benötigt werden. Tabelle 6.4 gibt einen Überblick über die von Gardner postulierten Intelligenzen.

Gardner hält die herkömmlichen *Paper-Pencil-Tests* für ungeeignet, diese Intelligenzen zu erfassen und fordert daher auch neue Ansätze für die Intelligenzdiagnostik. Die für die Alltagsbewältigung wichtigen Fähigkeiten können nicht mit künstlich hergestellten Intelligenzaufgaben erfasst werden, sondern erfordern eine Diagnostik unter natürlichen Lebensbedingungen, bei der die Testpersonen prozess- und interventionsbezogen über einen längeren Zeitraum in verschiedenen Situationen beobachtet werden.

Im Unterschied zu traditionellen Strukturmodellen der Intelligenz basiert die Theorie der multiplen Intelligenzen nicht auf eigenen Untersuchungen oder – wie andere Intelligenztheorien – auf einer Reanalyse von Leistungsdaten. Gardner gelangt vielmehr durch die Aufarbeitung der Fachliteratur und durch die Analyse von Romanen zu seiner Liste von Intelligenzen. Um die Bedeutung der Intelligenzformen für den Lebenserfolg herauszustellen, greift Gardner (1993) auch auf Biographien von bekannten Persönlichkeiten

Tab. 6.4: Multiple Intelligenzen nach Gardner

Intelligenzform	Kennzeichen	Berufe	Beispielpersönlichkeit
Logisch-mathematische Intelligenz	• Vorliebe/Fähigkeit Probleme logisch zu analysieren, mathematische Operationen durchzuführen • Fähigkeit zum logisch-deduktiven Denken und zum Verstehen komplexer logischer Zusammenhänge	Naturwissenschaftler, Ingenieur, Mathematiker, Computerfachleute	Aristoteles, Leonard Euler
Linguistische Intelligenz	• Sprachinteresse/Vorliebe für Laute, Rhythmen und Bedeutungen von Wörtern • Fähigkeit, Sprache treffsicher einzusetzen, um eigene Gedanken auszudrücken, zu reflektieren, sowie die Fähigkeit, andere zu verstehen	Schriftsteller, Journalisten, Rechtsanwälte, Übersetzer	Johann Wolfgang von Goethe
Musikalische Intelligenz	• Fähigkeit/Interesse am Wahrnehmen und Schaffen von Tonmustern, • Gespür für Intonation, Rhythmik und Klang • Fähigkeit, musikalische Rhythmen und Muster wahrzunehmen, zu erinnern, umzuwandeln und wiederzugeben	Musiker, Dirigenten, Komponisten	Johann Sebastian Bach, Wolfgang Amadeus Mozart
Räumliche Intelligenz	• Orientierung im Raum/ Mentale Repräsentation räumlicher Beziehungen • Fähigkeit zur Formenbildung und -veränderung/ Gebrauch mentaler Bilder	Architekten, Piloten, Bildhauer, Künstler, Chirurgen	Leonardo da Vinci, Michelangelo
Körperlich-kinästhetische Intelligenz	• Kontrolle und Koordination des Körpers und einzelner Körperteile • Fähigkeit, seinen Körper oder Teile davon, wie Hände oder Finger, geschickt einzusetzen, um ein Problem zu lösen oder etwas herzustellen	Tänzer, Sportler, Schauspieler	Pina Bausch, Christian Bernard
Interpersonale Intelligenz	• Andere Menschen verstehen und mit ihnen einfühlsam kommunizieren. • Verstehen von Stimmungen, Absichten, Motive, Interessen und Denkweisen anderer Menschen	Lehrer, Verkäufer, Politiker, Therapeuten, Ärzte	Mahatma Gandhi, Nelson Mandela

Tab. 6.4: Multiple Intelligenzen nach Gardner – Fortsetzung

Intelligenzform	Kennzeichen	Berufe	Beispielpersönlichkeit
Intrapersonale Intelligenz	• Verstehen des eigenen Selbst/Fähigkeit zur Selbstbeobachtung und Selbstanalyse/ Entwicklung eines Identitätsbewusstseins • Eigene Impulse kontrollieren, eigene Grenzen kennen und mit den eigenen Gefühlen klug umgehen	Psychologen, Pädagogen, Künstler, Schauspieler, Schriftsteller	Sigmund Freud
Naturalistische Intelligenz	• Lebendiges beobachten und eine Sensibilität für Naturphänomene entwickeln. Fähigkeit, Unterschiede in der Natur wahrzunehmen und zu kategorisieren.	Biologen, Tierärzte, Landwirte, Förster, Gärtner	Charles Darwin, Albert Einstein
Existenzielle Intelligenz	• Fähigkeit, grundlegende Fragen der menschlichen Existenz zu erkennen und zu durchdenken	Spirituelle Führer, Philosophen	Dalai Lama

zurück, die sich durch herausragende Leistungen auf ihrem Gebiet ausgezeichnet haben und bei denen sich nach Ansicht Gardners einzelne Intelligenzen in besondere Weise entfaltet haben, zum Beispiel Charles Darwin als Beispiel für die naturbezogene Intelligenz, Albert Einstein für die logisch-mathematische Intelligenz, Igor Stravinsky für die musikalische Intelligenz oder Sigmund Freud für die intrapersonale Intelligenz (▶ Tab. 6.4).

Während die Theorie der multiplen Intelligenzen von der etablierten Intelligenzforschung kaum beachtet wurde, fand das Konzept vor allem im pädagogischen Bereich schnell Verbreitung (z. B. Chen, Morgan & Gardner, 2009). Der Grund für die Popularität dürfte unter anderem auch darin liegen, dass Lehrkräfte in ihrer täglichen Arbeit oftmals die Erfahrungen machen, dass Schülerinnen und Schüler in verschiedenen Bereichen Stärken und Schwächen aufweisen, die die Annahme unterschiedlicher Intelligenzen nahelegen. Zudem lässt sich der pädagogische Anspruch, jede Schülerin und jeden Schüler gemäß ihrer bzw. seiner individuellen Lernvoraussetzungen zu fördern, auch plausibel mit der Annahme begründen, dass Menschen über unterschiedliche Intelligenzen verfügen, an die die Förderung gezielt anknüpfen könne. So wird beispielsweise aus pädagogischer Sicht zunehmend gefordert, neben der Sachkompetenz auch die Sozialkompetenz der Schülerinnen und Schüler zu entwickeln. Dies kann mit dem Hinweis auf die interpersonale Intelligenz begründet werden, die nach Gardner eine wesentliche Voraussetzung für den erfolgreichen Umgang mit anderen Menschen darstellt.

Unter Bezugnahme auf Gardners Modell der multiplen Intelligenzen wird denn auch gefordert, neue Wege schulischen Lernens zu beschreiten, die solchen Formen der Intelligenz verstärkt Rechnung tragen, die in den traditionellen Intelligenzkonzepten nicht berücksichtigt werden: Der Unterricht soll nicht einseitig an abstrakten Aufgabenstellungen oder an formalen Theorien ansetzen, sondern auch Bilder, Musik, Selbst-Reflexion, physische und soziale Erfahrungen sowie den Umgang mit der Natur als Quellen schulischen Lernens nutzen. Im Vorwort seines Buches »Abschied vom IQ« beschreibt Gardner diese Perspektive wie folgt:

> »Wenn wir den Gesamtkomplex der menschlichen Kognitionen erfassen wollen, müssen wir meiner Meinung nach ein weit größeres und umfassenderes Arsenal an Kompetenzen als gewohnt in Betracht ziehen. Und wir dürfen uns der Möglichkeit nicht verschließen, dass viele und sogar die meisten dieser Kompetenzen nicht mit jenen verbalen Standardmethoden messbar sind, die vorwiegend auf eine Mischung logischer und linguistischer Fähigkeiten zugeschnitten sind« (Gardner 2001, S. 9).

6.4.2 Kritik am Modell der multiplen Intelligenzen

Gardners Theorie der multiplen Intelligenzen ist bei den Vertretern der etablierten Intelligenzforschung auf vehemente Kritik gestoßen (z. B. Neisser et al., 1996; Rost, 2008b, 2013). Weber und Westmeyer (2001, S. 260) sehen ein grundlegendes Problem in der »Inflation der Intelligenzen«. Wenn das Konstrukt Intelligenz auf beliebig viele Verhaltensbereiche, in denen sich Intelligenz manifestieren soll, ausgeweitet werde, werde der Intelligenzbegriff inhaltsleer, da letztlich jedes Verhalten als Ausdruck irgendeiner Intelligenz betrachtet werden könne. In diesem Fall wäre Intelligenz gleichbedeutend mit Verhalten und besitze keinen Erklärungswert mehr.

Ein zentraler Kritikpunkt betrifft das Fehlen einer empirischen Überprüfung. Obwohl die Theorie der multiplen Intelligenzen bereits vor mehreren Jahrzehnten vorgestellt wurde, ist es bislang nicht gelungen, einen überzeugenden Nachweis ihrer konvergenten und diskriminanten Validität zu erbringen (z. B. Visser, Ashton & Vernon, 2006a, b). Ein grundsätzliches Problem bei der Validierung des Ansatzes sehen Weber und Westmeyer (2001) darin, dass es zu vielen der von Gardner beschriebenen Intelligenzen keine geeigneten Außenkriterien gibt. So kann für den Erfolg in Schule, Ausbildung und Beruf leicht bestimmt werden, was den Erfolg ausmacht und an welchen Kriterien der Erfolg gemessen werden kann. Schwieriger sei es dagegen, geeignete Kriterien für eine erfolgreiche Lebensgestaltung oder für ein erfülltes Leben im Sinne der intrapersonalen Intelligenz zu finden oder festzulegen, an welchen Kriterien die naturalistische Intelligenz oder die existenzielle Intelligenz validiert werden könne. Was macht eine erfolgreiche Lebensgestaltung aus? Worin zeigt sich eine gelungene Auseinandersetzung mit existenziellen Fragen? Die Festlegung von Kriterien für diese »sozial definierten Begriffe« (Weber & Westmeyer, 2001, S. 262) erfordere Wertungen und Wertsetzungen, die nicht Gegenstand der Psychologie seien, sondern in das Aufgabengebiet der Moralphilosophie fallen.

Neben der Schwierigkeit, Gardners Intelligenzmodell empirisch zu überprüfen, wenden Kritikerinnen und Kritiker ein, dass die zentrale Begründung Gardners für seinen Ansatz nicht zutreffe, nach der die allgemeine Intelligenz, wie sie traditionelle Intelligenzforschung herausstellt, zwar für akademische Erfolge eine gewisse Relevanz besitze, für den Erfolg im Leben außerhalb von Schule und Universität aber nur eine geringe Rolle spiele. Nach Gardner hilft die allgemeine Intelligenz zwar bei der Bewältigung akademischer Anforderungen in Schule und Universität, sage aber »wenig über den Erfolg im späteren Leben aus« (Gardner, 1993, S. 3) und besage »wenig über das individuelle Potenzial für die zukünftige Entwicklung« (S. 18). Kritiker wie zum Beispiel Rost (2013) halten diese Kritik an der traditionellen Intelligenzforschung für nicht zutreffend und verweisen auf zahlreiche Studien, die zeigen, dass die allgemeine Intelligenz im Sinne des g-Faktors nicht nur für akademische Leistungen bedeutsam ist, sondern auch zu den besten Prädiktoren des Ausbildungs-, Berufs- und Lebenserfolg gehört.

Ein gravierender Mangel der Theorie der multiplen Intelligenzen wird darin gesehen, dass es bisher nicht gelungen sei, geeignete Messinstrumente für die beschriebenen Intelligenzen zu entwickeln (z. B. Rost, 2008b; Weber & Westmeyer, 2001). Von einer Intelligenztheorie, die eine hohe Relevanz für den Erfolg in Schule, Beruf und Lebensgestaltung beansprucht, sei zu fordern, dass geeignete diagnostische Instrumente entwickelt werden, mit denen das Konstrukt objektiv, reliabel und valide gemessen werden kann.

6.5 Intelligenz und Lernerfolg

Anlass für die Entwicklung der ersten Intelligenztests zu Beginn des 20. Jahrhunderts durch Binet und Simon (1905) war eine *praktische Problemstellung*: Es wurde ein Instrument benötigt, mit dem lernschwache Kinder zuverlässig identifiziert werden konnten (▶ Kap. 6.1). Im Zuge der sich aus den ersten Ansätzen entwickelnden Forschung hat die Diagnostik intellektueller Fähigkeiten jedoch weit über den ursprünglichen Anwendungszweck hinaus an Bedeutung gewonnen. Mittlerweile hat sich die Intelligenz als ein bedeutsames Konstrukt in einem weiten Spektrum schulischer, beruflicher und gesellschaftlicher Felder erwiesen. Dies dürfte unter anderem auch darin liegen, dass in unserer Leistungsgesellschaft das individuelle Leistungsvermögen einen zentralen Stellenwert einnimmt und damit die Prognose von Erfolg in Schule und Beruf entscheidend zur Ausschöpfung von Ressourcen beiträgt. Die Intelligenzforschung zählt heute zu den erfolgreichsten Forschungsfeldern der Psychologie. Kaum ein anderes Konstrukt der Psychologie weist so enge Zusammenhänge mit Kriterien des schulischen, beruflichen und gesellschaftlichen Erfolgs auf wie die Intelligenz (vgl. Brand, 1996; Gottfredson, 1997a; Rost, 2013).

Vorhersage des Lernerfolgs

Intelligenz wird als ein Potenzial verstanden, das Schülerinnen und Schüler neben anderen Ressourcen zum Lernen einsetzen können. Die Bedeutung der Intelligenz für das schulische Lernen sollte sich daher darin zeigen, dass die Intelligenz einen engen Zusammenhang mit dem Lernerfolg aufweist. Um den Zusammenhang zwischen der Intelligenz und dem Lernerfolg zu ermitteln, werden in der Regel Schulnoten herangezogen.

Erwartungsgemäß zeigen sich durchgängig substanzielle Zusammenhänge zwischen der Intelligenz und den Zensuren in solchen Schulfächern, die kognitive Anforderungen stellen (zur Übersicht Neisser et al., 1996; Rost, 2013). Dies bestätigen zahlreiche Metaanalysen, in denen die Befunde vieler Einzelstudien zusammengefasst wurden (z. B. Deary, Strand, Smith & Fernandes, 2007; Kuncel, Herzlett & Ones, 2004). Je nach Schultyp, Schulfach und Klassenstufe liegen die mittleren Korrelationen zwischen der Intelligenz und den Schulnoten zwischen $r = .34$ und $r = .51$ (Süß, 2001). Am engsten ist der statistische Zusammenhang der Intelligenz mit der Schulnote in Mathematik und naturwissenschaftlichen Fächern. Die Korrelationen liegen um $r = .50$ (Holling et al., 2004; Teo, Carlson, Mathieu, Egeland & Sroufe, 1996). Eine Vielzahl von Studien bestätigt den engen Zusammenhang zwischen der allgemeinen Intelligenz und Schulleistungen. Die Befundlage fassen Helmke und Schrader (2010, S. 90) folgendermaßen zusammen:

»Intelligenz stellt eine der wichtigsten Determinanten der Schulleistung dar. [...] Die enge Beziehung zwischen allgemeiner Intelligenz und Schulleistung (mittlere Korrelation von $r = 0.50$ bis $r = 0.60$) [zählt] zu den am besten gesicherten empirischen Befunden.«

Neben dem Schulfach ist die Stärke des Zusammenhangs zwischen der allgemeinen Intelligenz und den Schulleistungen vom *Ausbildungsniveau* (Schultyp) abhängig. Der engste Zusammenhang zwischen der Intelligenz und Schulleistungen zeigt sich im Grundschulalter. Im Durchschnitt korrelieren die Intelligenztestleistungen mit den Schulleistungen in der Grundschule mit $r = .50$ (Neisser et al., 1996). Mit steigendem Ausbildungsniveau nimmt der Zusammenhang ab. Am geringsten ist die prädiktive Validität der Intelligenztests in Bezug auf die akademischen Leistungen auf Universitätsniveau (Jensen, 1998). So liegt die prognostische Validität der Intelligenztests für den Studienerfolg deutlich unter den entsprechenden Koeffizienten zur Vorhersage der Lernleistungen in der Schule. Für die Studienfächer Wirtschaftswissenschaften, Jura, Geisteswissenschaften und Pädagogik wurden Zusammenhänge zur allgemeinen Intelligenz zwischen $r = .13$ und $r = .27$ ermittelt, für die Fächer Medizin, Mathematik und Naturwissenschaften ergaben sich keine systematischen Zusammenhänge (Giesen, Gold, Hummer & Jansen, 1986). Für die mit dem Ausbildungsniveau abnehmende Bedeutung der Intelligenz für die Schulleistungen werden unterschiedliche Erklärungsansätze diskutiert.

- **Zunehmende Bedeutung des fachspezifischen Vorwissens**
  Mit dem Ausbildungsniveau wird das akkumulierte *fachspezifische Vorwissen* für die aktuellen Schulleistungen immer bedeutsamer (Helmke & Weinert, 1997). So korrelierte in der Studie von Weinert und Helmke (1995) das Vorwissen der Schülerinnen und Schüler höher mit den Schulnoten als die Intelligenz. Bei der Vorhersage des Lernerfolgs konnte die Intelligenz als Prädiktor durch das Vorwissen fast vollständig ersetzt werden, wohingegen umgekehrt fehlendes Wissen durch die Intelligenz nicht ausgeglichen werden konnte. Mit steigendem Ausbildungsniveau gelingt es immer weniger, geringe Vorkenntnisse durch kognitive Fähigkeiten zu kompensieren, wohingegen geringe kognitive Fähigkeiten leichter durch ein umfangreiches fachspezifisches Vorwissen ausgeglichen werden können (Weinert, 1998).

- **Zunehmende Differenzierung kognitiver Fähigkeiten**
  Der mit steigendem Ausbildungsniveau abnehmende Zusammenhang zwischen der allgemeinen Intelligenz und den Schulleistungen könnte auch auf eine zunehmende Differenzierung der kognitiven Fähigkeiten zurückzuführen sein (Snow & Yalow, 1982). Dies sollte sich darin zeigen, dass mit dem Ausbildungsniveau die Korrelationen der Schulleistungen mit spezifischen Intelligenzfaktoren zu Lasten der allgemeinen Intelligenz ansteigen.

- **Zunehmende Varianzeinengung mit steigendem Ausbildungsniveau**
  Ein weiterer Grund für die mit dem Ausbildungsniveau abnehmende prognostische Validität der Intelligenz könnte in der zunehmenden Varianzeinengung der Leistungsindikatoren beim Übergang auf die nächst höhere Bildungsstufe liegen. Diese Varianzeinschränkung hätte zur Folge, dass auf höherem Ausbildungsniveau der Zusammenhang zwischen Intelligenz und Lernerfolg durch die empirischen Korrelationen unterschätzt würde.

Ein Korrelationskoeffizient von $r = .50$ mag auf den ersten Blick gering erscheinen, allerdings ist zu berücksichtigen, dass die Höhe der Korrelation unter anderem von der eingeschränkten Messgenauigkeit Reliabilität des Intelligenztests und des Kriteriums begrenzt wird (▶ Kap. 3.4.5). Während Intelligenztests in der Regel hohe Reliabilitäten von $r_{tt} = .80$ bis $r_{tt} = .90$ und darüber erzielen, muss man bei den Schulnoten von einer deutlich geringeren Reliabilität ausgehen (▶ Kap. 4.7.2). Reliabilitätseinschränkungen ergeben sich vor allem aufgrund der mangelnden Objektivität der Notengebung (▶ Kap. 4.7.1). Die Benotung von Schulleistungen unterliegt zahlreichen Verzerrungen und Fehlern, wie etwa Ungenauigkeiten bei der Feststellung der Lernergebnisse sowie Urteilstendenzen, fehlerhaften Attributionen sowie Einstellungs- und Erwartungseffekten der Lehrkraft, so dass es eigentlich überraschen muss, dass die Ergebnisse zur prädiktiven Validität der Intelligenztests doch sehr konsistent sind. Eine (grobe) Abschätzung der prognostischen Validität der Intelligenz für den Lernerfolg unter Berücksichtigung der Messungenauigkeit von Schulnoten ermöglichen die im Kapitel 3.4.5 erläuterten Minderungskorrekturen.

6.5.1 Multiple Determination von Schulleistungen

Im Sinne von Cattells Investmenttheorie (Cattell, 1987; ▶ Kap. 6.3.3) kann die Intelligenz als ein *Grundpotenzial* betrachtet werden, das die zum Lernen verfügbaren kognitiven Ressourcen beinhaltet. Mit welchem Erfolg Schülerinnen und Schüler ihr Grundpotenzial beim schulischen Lernen ausschöpfen (»investiert«), hängt von weiteren Bedingungen ab, zum Beispiel von weiteren *individuellen Lernvoraussetzungen*, von den *Lerngelegenheiten* und von den *Lernbedingungen*. Das kognitive Leistungspotenzial der Schülerin und des Schülers stellt somit nur eine notwendige, aber keinesfalls eine hinreichende Bedingung für erfolgreiches Lernen dar.

Nach den Ergebnissen von Metaanalysen, in denen die Enge des Zusammenhangs zwischen lernrelevanten Bedingungen und Schulleistungen auf der Grundlage zahlreicher Einzelstudien ermittelt wurde, ist davon auszugehen, dass kognitive Fähigkeiten den engsten Zusammenhang mit schulischen Leistungen – in der Regel Schulnoten – aufweisen. Nach der Metaanalyse von Frazer, Haertel und Walberg (1993) liegen die Korrelationen zwischen kognitiven Fähigkeiten (allgemeine Intelligenz und spezifischen Intelligenzfaktoren) und Schulleistungen zwischen $r = .31$ und $r = .51$. Danach geht zwar ein bedeutsamer Teil der Unterschiede in den Schulleistungen der Schülerinnen und Schüler auf die Intelligenz zurück, es verbleibt jedoch ein beträchtlicher Anteil der Schulleistungsunterschiede, der nicht auf Intelligenzunterschiede zurückgeführt werden kann. Legt man eine Korrelation zwischen der Intelligenz und den Schulleistungen in der Größenordnung von $r = .50$ zugrunde, so können 25 % der Schulleistungsunterschiede auf Intelligenzunterschiede zurückgeführt werden. Der größte Teil der Leistungsunterschiede kann demnach nicht durch die Intelligenz vorhergesagt werden. Das heißt, etwa 75 % der Unterschiede in den Schulleistungen basieren *nicht* auf den kognitiven Fähigkeiten der Lernenden, sondern auf Faktoren, die nicht im engeren Sinne kognitive Fähigkeiten beinhalten.

Es bleibt ein großer Anteil der Schulleistungsvarianz, der nicht durch Intelligenzunterschiede erklärt werden kann. Offenbar tragen neben dem kognitiven Leistungspotenzial der Schülerin oder des Schülers noch weitere Bedingungen zum Lernerfolg bei. In ihrem umfassenden Ansatz ordnen Helmke und Weinert (1997) die Bedingungen, die für den Erfolg schulischen Lernens wichtig sind, vier Hauptgruppen zu: (1) individuelle Lernvoraussetzungen der Schülerin und des Schülers, (2) schulische Bedingungen, (3) familiäre Bedingungen und (4) kontextuelle (soziokulturelle) Bedingungen, wobei innerhalb jeder dieser Hauptgruppen zahlreiche Einzelfaktoren differenziert werden können (▶ Tab. 6.5). Das Modell macht jedoch keine Aussagen darüber, wie diese Bedingungen zusammenwirken. Allgemein gehen die Autoren von einer wechselseitigen Kompensierbarkeit (Helmke & Weinert, 1997, S. 139) aus, wonach Defizite in einer Bedingung prinzipiell durch andere Bedingungen ausgeglichen werden können.

Tab. 6.5: Bedingungsfaktoren schulischen Lernerfolgs

- Kognitive Kompetenzen der Schüler
- Klassenführung durch den Lehrer
- Häusliche Umwelt der Schüler und Unterstützung durch die Eltern
- Metakognitive Kompetenzen der Schüler
- Lernbezogene Lehrer-Schüler-Interaktionen
- Politik des Staates und der Bezirke (in den USA erfasst)
- Quantität des Unterrichts
- Schulkultur
- Elterliches Engagement in Schulfragen
- Organisation des Lehrplanes
- Herkunft der Schüler
- Einbettung der Schüler in die Gruppe der Gleichaltrigen
- Qualität des Unterrichts
- Motivationale und affektive Faktoren
- Klassenklima
- Demographische Situation im Einzugsgebiet des Schüler
- Schuladministrative Entscheidungen
- Freizeitverhalten der Schüler

Anmerkungen. Stärke des Einflusses einzelner Merkmalsbündel auf die schulische Leistung in abnehmender Rangreihe (Helmke & Weinert, 1997, S. 74)

Dies bestätigen auch die Ergebnisse der Lernforschung, die zeigen, dass die Schulleistungen neben den kognitiven Fähigkeiten von weiteren *individuellen Lernvoraussetzungen* der Lernenden abhängig sind, wie zum Beispiel von ihrer Motivation und ihrer Ausdauer beim Lernen, ihrem schulischen Selbstkonzept, ihren Lernstrategien und ihrem Arbeitsverhalten, aber auch von seinem Vorwissen in dem jeweiligen Unterrichtsfach und von seinem Interesse an den Lerninhalten (Helmke & Weinert, 1997, S. 77 f). Wie gut Schülerinnen und Schüler im Unterricht lernen, hängt aber nicht allein von ihren individuellen Potenzialen ab. Der Lernerfolg wird in hohem Maße auch von den *Kompetenzen der Lehrkraft* und der *Art ihres Unterrichts* bestimmt, beispielsweise von ihren didaktischen Kompetenzen zur Vermittlung des Lernstoffes, von ihrer Fähigkeit, Lernprozesse bei den Schülerinnen und Schülern zu initiieren und zu lenken, und nicht zuletzt von ihren Kompetenzen in der Klassenführung, beispielsweise im Umgang mit Unterrichtsstörungen oder in der Organisation eines reibungslosen Unterrichtsablaufs. Schülerinnenmerkmale (z. B. Lernmotivation, Selbstkonzept, Lernstrategien und Arbeitsverhalten), Unterrichtsvariablen (z. B. Merkmale des Unterrichts, didaktische Kompetenzen der Lehrkraft) ebenso wie Kontextvariablen (familiäre Verhältnisse, Erziehungsverhalten der Eltern) bestimmen maßgeblich den Lernerfolg der Schülerinnen und Schüler und begrenzen den Einfluss der Intelligenz (Helmke & Weinert, 1997; Süß, 2001). Die Intelligenz ist also nur ein Faktor von zahlreichen Einflussfaktoren, die zum Lernerfolg beitragen.

Ansätze der Unterrichtsforschung, die darauf abzielen, den Einfluss der verschiedenen Faktoren auf den schulischen Lernerfolg genauer zu bestimmen, beziehen sich häufig auf das *Produktivitätsmodell* von Walberg (1984). Der Autor identifiziert insgesamt neun Produktivitätsfaktoren, die sich drei Klassen von Variablen zuordnen lassen: Merkmale des Lernenden (Fähigkeiten, Motivation, Entwicklungsstand), Merkmal des Unterrichts (Quantität und Qualität) und Umweltmerkmale (z. B. Familie, Schule, Peers, Massenmedien). Nach den vorliegenden Metaanalysen (Fraser, Walberg, Welch und Hattie, 1987; Wang, Haertel und Walberg (1993) haben kognitive Schülermerkmale (allgemeine und spezifische Intelligenz, Kompetenzen und Vorwissen) den stärksten Einfluss auf den Lernerfolg, dichtgefolgt von der Klassenführung (Klassenmanagement) durch die Lehrkraft. Als drittstärkster Einflussfaktor erwiesen sich Merkmale der Umwelt (Qualität der häuslichen Umwelt, Unterstützung durch die Eltern).

6.6 Weiterführende Literatur

Funke, J. & Vaterrodt, B. (2009). *Was ist Intelligenz.* (3. aktual. Aufl.). München: C. H. Beck.

Heller, K. A. (Hrsg.) (2000). *Begabungsdiagnostik in der Schul- und Erziehungsberatung.* (2. überarbeite Aufl.). Bern: Huber.

Holling, H., Preckel, F. & Vock, M. (2004). *Intelligenzdiagnostik.* Göttingen: Hogrefe.

Rost, D. H. (2013). *Handbuch Intelligenz.* Weinheim: Beltz.

7 Lern- und Leistungsmotivation

7.1	Lernmotivation	215
	7.1.1 Intrinsische versus extrinsische Lernmotivation	215
	7.1.2 Selbstbestimmungstheorie	217
	7.1.3 Der Korrumpierungseffekt von Belohnung	221
	7.1.4 Intrinsische Motivation und Lernerfolg	223
	7.1.5 Diagnostik motivationaler Verhaltensregulation	223
7.2	Leistungsmotivation	225
	7.2.1 Hoffnung auf Erfolg und Furcht vor Misserfolg	228
	7.2.2 Leistungsmotiv und Leistungsmotivation	229
	7.2.3 Das Risikowahl-Modell	230
	7.2.4 Anspruchsniveau und Motivierung	234
7.3	Das Selbstbewertungsmodell der Leistungsmotivation	236
7.4	Messung des Leistungsmotivs	239
	7.4.1 Projektive Verfahren zur Erfassung des Leistungsmotivs	239
	7.4.2 Semi-projektive Verfahren zur Erfassung des Leistungsmotivs	242
	7.4.3 Implizite versus explizite Motive	245
	7.4.4 Fragebögen zur Erfassung der Leistungsmotivation	248
7.5	Das Leistungsmotiv und Schulleistungen	252
7.6	Weiterführende Literatur	254

Kognitive Fähigkeiten allein garantieren noch kein erfolgreiches Lernen, die Lernenden müssen ihre Fähigkeiten auch umsetzen können. Sie müssen sich konzentrieren und die notwendige Ausdauer an den Tag legen, um den Lernstoff bewältigen zu können. Erst dadurch kann sich ihr Leistungspotenzial auch in einer entsprechenden Lernleistung niederschlagen. Um das Lernen in Gang zu setzen und aufrechtzuerhalten, müssen Lernende *Energien* mobilisieren und ihre Lernaktivitäten auf ein Lernziel ausrichten. Das Aufbringen von Anstrengung, um ein Ziel zu erreichen, wird als *Motivation* bezeichnet.

Im Alltag wird meist auf die Motivation verwiesen, um zu erklären, warum sich eine Person »ins Zeug legt«, um etwas zu erreichen. Schülerinnen und Schüler, die sich anstrengen, um beispielsweise im Sport gute Leistungen zu erzielen, die außerhalb des Unterrichts an einer Arbeitsgemeinschaft teilnehmen oder sich freiwillig für ein Referat melden, hält man für *motiviert*. Ebenso greift man auf das Konzept der Motivation zurück, um einen fehlenden oder unzureichenden Einsatzwillen zu erklären. Wenn sich beispielsweise eine Schülerin oder ein Schüler nicht am Unterricht beteiligt, die Hausaufgaben nicht erledigt oder den Unterricht schwänzt, heißt es: »Es fehlt ihr an Motivation« oder »Der Schüler ist unmotiviert«.

Motivation als hypothetisches Konstrukt

Die Motivation selbst ist nicht sichtbar, sondern ein wissenschaftliches Konstrukt, das aus dem Verhalten erschlossen wird und mit dem das Verhalten erklärt werden soll. So wird aus der Beobachtung, dass sich Schülerinnen und Schüler nicht am Unterricht beteiligen, ihre Hausaufgaben nicht erledigen oder sich nicht auf die Klassenarbeit vorbereiten, auf eine geringe Motivation geschlossen und damit ihr Verhalten erklärt: *Weil* sie unmotiviert sind, beteiligen sie sich nicht am Unterricht, erledigt ihre Hausaufgaben nicht und bereiten sich nicht auf Klassenarbeiten vor, usw.

Derartige gedankliche Vorstellungen, die beobachtbares Verhalten erklären sollen, selbst jedoch nicht beobachtbar sind, werden in der Psychologie als *hypothetische Konstrukte* bezeichnet.

> **Hypothetisches Konstrukt**
> Hypothetische Konstrukte sind theoretische Vorstellungen über innerpsychische Eigenschaften und Vorgänge zur Erklärung beobachtbarer Phänomene. Hypothetische Konstrukte selbst sind nicht beobachtbar, sondern können nur aus dem beobachtbaren Verhalten erschlossen und anhand von empirischen Indikatoren erfasst werden.

Motivation ist ein hypothetisches Konstrukt, das die *Aktivierung und Ausrichtung* des Verhaltens erklären soll. In diesem Sinne kennzeichnet Rheinberg (2008a) Motivation als die »aktivierende Ausrichtung des momentanen Lebensvollzugs auf einen positiv bewerteten Zielzustand« (Rheinberg, 2008a, S. 16). Das Konstrukt *Motivation* beschreibt die Prozesse, die zum einen ein Verhalten *in Gang setzen* (»aktivieren«) und es zum anderen auf ein bestimmtes *Ziel* hin ausrichten.

> **Motivation**
> Motivation kennzeichnet die psychischen Prozesse, die der Initiierung, Aktivierung, Steuerung und Aufrechterhaltung zielgerichteten Handelns dienen.

Mit den psychischen Prozessen, die die Initiierung und Aufrechterhaltung zielbezogenen Handelns bewirken, befasst sich die *Motivationspsychologie* (zum Überblick Heckhausen & Heckhausen, 2010; Rheinberg, 2008a; Schmalt & Langens, 2009). Im Rahmen dieser Teildisziplin der Psychologie werden Konzepte entwickelt, die erklären sollen,

- welche Ziele eine Person anstrebt (Zielausrichtung des Verhaltens),
- wie viel Anstrengung/Energie die Person mobilisiert, um ihre Ziele zu erreichen (Intensität der Handlung) und
- wie ausdauernd die Person ein bestimmtes Ziel anstrebt (Ausdauer der Handlung) (Schiefele, 2008).

Zielausrichtung des Verhaltens

Das Verhalten, das durch die Motivation in Gang gesetzt und aufrechterhalten wird, kann sich auf unterschiedliche *Ziele* beziehen. Je nachdem, auf welche Art von Zielen das Verhalten ausgerichtet ist, werden verschiedene *Motive* unterschieden. Einer Person, die sich um enge soziale Kontakte bemüht, häufig Partys veranstaltet, regelmäßig mit Freunden und Bekannten telefoniert und das Wochenende vorzugsweise zusammen mit Freunden verbringt, würde man ein starkes *Geselligkeitsmotiv* unterstellen: Das Verhalten dieser Person wird verständlich, wenn man annimmt, dass es ihr wichtig ist, mit anderen Menschen zusammen zu sein und sich mit anderen Menschen auszutauschen. Dieses Bedürfnis nach sozialem Anschluss wird mit dem *Geselligkeitsmotiv* beschrieben. Ein ganz anderes Motiv würde man bei einer Person annehmen, die sich im sozialen Kontakt bestrebt zeigt, andere Menschen zu beeinflussen und zu lenken, und sich bemüht, in Gruppen Führungsaufgaben zu übernehmen und ihre eigenen Auffassungen durchzusetzen. In diesem Fall ergibt sich die Energie und die Zielausrichtung des Verhaltens aus dem *Machtmotiv*: Der Person geht es offenbar vor allem darum, Einfluss auszuüben und andere Menschen zu lenken.

Diese Beispiele verdeutlichen den Stellenwert des hypothetischen Konstrukts Motivation: Motive sind hypothetische Konstrukte, die die *Aktivierung und Zielausrichtung* des Verhaltens erklären. Sie erklären, warum beispielsweise eine Person viel Energie investiert, um soziale Kontakte aufrechtzuerhalten, eine andere Person aber vor allem danach strebt, Einfluss auf andere Menschen auszuüben. Auch die *Lernmotivation* ist ein hypothetisches Konstrukt. Es soll erklären, was den Lernenden zum Lernen veranlasst, beispielsweise ein anspruchsvolles Fachbuch zu lesen, schwierige Aufgaben in Mathematik zu bearbeiten oder sich mühsam die Jahreszahlen bedeutsamer Ereignisse in der Geschichte einzuprägen.

7.1 Lernmotivation

Lernmotivation umfasst die emotionalen und kognitiven Prozesse, die Energien mobilisieren, um das Wissen zu vermehren oder neue Fertigkeiten zu erlernen. In diesem Sinne definieren Schiefele und Köller (2006, S. 303) Lernmotivation prägnant als »den Wunsch bzw. die Absicht, bestimmte Inhalte oder Fähigkeiten zu erlernen bzw. bestimmte Aufgaben auszuführen«. Lernmotivation kann somit allgemein als das Bestreben einer Person nach Wissenszuwachs und Erweiterung eigener Kompetenzen definiert werden.

> **Lernmotivation**
> Lernmotivation bezeichnet das Bestreben, sich Kenntnisse und Kompetenzen anzueignen.

7.1.1 Intrinsische versus extrinsische Lernmotivation

Im Alltag weiß man nicht immer genau, *warum* jemand sich anstrengt, um seine Kenntnisse zu vermehren oder sich neue Fähigkeiten anzueignen. Oft ist die Antriebsquelle des Lernens nur indirekt zu erschließen. Manche Schülerinnen und Schüler sind in ihrem Bemühen stark von der Rückmeldung durch die Lehrkraft abhängig und arbeiten nur dann im Unterricht mit, wenn sie für ihre Anstrengungen auch regelmäßig gelobt werden oder wenn sie einen gewissen »Druck« von Seiten der Lehrkraft spüren. Andere wiederum scheinen kaum auf Handlungsanstöße von außen angewiesen zu sein. Sie arbeiten im Unterricht auch dann mit, wenn ihnen keine Belohnung in Aussicht gestellt wird oder wenn sie nicht zum Lernen angehalten werden. Diese Schülerinnen und Schüler lernen aus einem inneren Antrieb heraus, ohne dass es eines äußeren Anreizes bedarf. In Abhängigkeit davon, ob die *Antriebsquelle* des Lernens außerhalb oder innerhalb der Person liegt, wird zwischen *extrinsischer* und *intrinsischer* Lernmotivation unterschieden.

Extrinsisch motiviertes Lernen

Extrinsisch motiviertes Lernen zeigt sich in solchen Lernaktivitäten, die mit der Intention ausgeführt werden, eine bestimmte, von der eigentlichen Lernaktivität getrennte Konsequenz zu erlangen. Extrinsisch motiviertes Lernen tritt in der Regel nicht spontan auf, sondern wird durch die *erwarteten Konsequenzen* initiiert und aufrechterhalten. Der Antrieb liegt außerhalb der eigentlichen Handlung, nämlich in der Erwartung, durch das Lernen positive Folgen erreichen oder negative Folgen vermeiden zu können.

- »Ich lerne, um die Anerkennung meines Lehrers zu gewinnen.«
- »Ich lerne, damit ich zu Hause keinen Ärger bekomme.«
- »Ich lerne, weil ich meine Versetzung nicht gefährden will.«
- »Ich lerne, um die Mittlere Reife zu erreichen.«

Beim extrinsisch motiviertem Lernen lernen Schülerinnen und Schüler nicht aus eigenem Interesse an den Lerninhalten heraus; das Lernen ist für sie in erster Linie Mittel zum Zweck: Sie lernen, um beispielsweise einen bestimmten Schulabschluss zu erreichen, Lob und Anerkennung ihrer Eltern zu bekommen oder um ihre Versetzung nicht zu gefährden.

> **Extrinsische Lernmotivation**
> Lernaktivitäten sind extrinsisch motiviert, wenn sie ausgeführt werden, um ein außerhalb dieser Tätigkeit liegendes Ziel zu erreichen.

Intrinsisch motiviertes Lernen

Bei einem intrinsisch motivierten Lernen wird die Lernaktivität selbst als befriedigend und belohnend erlebt. Intrinsisch motivierte Schülerinnen und Schüler lernen aus eigenem, innerem Antrieb.

Das Lernen selbst ist das Ziel. Es vermittelt den Lernenden eine persönliche Befriedigung, weil es als interessant, spannend oder herausfordernd erlebt wird; äußere Anreize spielen dabei keine auslösende Rolle:

- »Ich lerne, weil mir das Lernen Spaß macht.«
- »In diesem Unterrichtsfach arbeite ich mit, weil mich die Inhalte des Faches interessieren.«

Lernende investierten Anstrengungen zum Lernen, weil sie sich entweder für den Lerngegenstand interessieren (gegenstandszentriert) oder die Lerntätigkeit selbst als befriedigend erleben (tätigkeitszentriert). Bei der *gegenstandszentrierten* intrinsischen Motivation werden die Lernaktivitäten durch die Lerninhalte ausgelöst und aufrechterhalten. In diesem Fall spricht man auch von *Interesse* (Schiefele & Schreyer, 1994). Bei der *tätigkeitszentrierten* intrinsischen Motivation liegt der Anreiz in der Lernaktivität selbst, zum Beispiel im Anfertigen von Abbildungen oder Tabellen. Intrinsisch motivierte Schülerinnen und Schüler lernen, weil ihnen das Lernen selbst Freude bereitet oder Befriedigung verschafft.

> **Intrinsische Lernmotivation**
> Lernaktivitäten sind intrinsisch motiviert, wenn sie ausgeführt werden, weil sich der Lernende für den Lerngegenstand interessiert (gegenstandszentriert) oder die Lerntätigkeit selbst als befriedigend erlebt (tätigkeitszentriert).

Beim schulischen Lernen dürfte eher die gegenstandszentrierte intrinsische Motivation bedeutsam sein. Intrinsisch motivierte Schülerinnen und Schüler lernen, weil sie sich für die fachspezifischen Inhalte interessieren, etwa für die Themen im Geographie-

oder Geschichtsunterricht. Freizeitaktivitäten werden dagegen häufig durch tätigkeitsspezifische Anreize motiviert, etwa sportliche oder künstlerische Aktivitäten, die ausgeführt werden, weil die Tätigkeit selbst Befriedigung verspricht (Schiefele & Schiefele, 1997).

7.1.2 Selbstbestimmungstheorie

Warum mobilisieren Lernende *ohne* äußere Anreize Energien zum Lernen? Eine Antwort auf diese Frage gibt die *Selbstbestimmungstheorie* (self-determination theory of motivation; Deci & Ryan, 1985, 2000a, 2002). Die Theorie geht von drei angeborenen psychischen *Grundbedürfnissen* (Basic Needs) aus, dem Bedürfnis nach Kompetenz (effactancy), nach Autonomie/Selbstbestimmung (autonomy) und nach sozialer Eingebundenheit (social relatedness). Intrinsisch motiviertes Lernen ergibt sich aus dem Grundbedürfnis nach Kompetenz und Autonomie/Selbstbestimmung. Lernaktivitäten, die diese Bedürfnisse befriedigen können, bedürfen keines Antriebs von außen und sind daher überwiegend intrinsisch motiviert (Deci & Ryan, 1994). Schülerinnen und Schüler lernen, *weil* sie sich beim Lernen als kompetent erleben und ihre Lernaktivitäten selbst bestimmen können; äußere Anreize oder Zwänge – etwa die Aussicht auf gute Noten, die Erwartung von Lob und Anerkennung oder Ermahnungen der Lehrkraft – sind folglich nicht notwendig.

> **Selbstbestimmungstheorie**
> Die Selbstbestimmungstheorie der Motivation führt intrinsisch motiviertes Lernen auf das in der Person verankerte Bedürfnis nach Kompetenz und Autonomie zurück.

Eine Voraussetzung intrinsisch motivierten Lernens im Sinne der Selbstbestimmungstheorie ist die *Selbstbestimmung*. Sofern Lernende ihre Lernziele, Lernmethoden und Lernzeiten selbst bestimmen können, bedarf es keiner Anstöße von außen; unter diesen Bedingungen lernen sie freiwillig und ohne äußere Zwänge. Lernbedingungen, unter denen Lernende ihre Lernaktivitäten selbst kontrollieren können, fördern nach der Selbstbestimmungstheorie intrinsisch motiviertes Lernen, weil sie sich als selbstbestimmt, autonom und kompetent erleben.

Intrinsisch motiviertes Lernen in der Schule

Intrinsisch motiviertes Lernen gilt als die erstrebenswerteste Form des Lernens. Schülerinnen und Schüler lernen, weil sie sich für die Lerninhalte interessieren oder weil ihnen das Lernen selbst Befriedigung verschafft und *nicht*, weil sie gute Noten anstreben oder Lob und Anerkennung erwarten. Der Lernprozess wird durch das Lernen selbst in Gang gehalten.

Aus der Selbstbestimmungstheorie ergeben sich praktische Ansätze, intrinsisch motiviertes Lernen in Schule und Studium zu fördern. Bedingungen, die es Lernenden ermöglichen, ihre Bedürfnisse nach Kompetenz, Autonomie und sozialer Eingebundenheit zu befriedigen, begünstigen intrinsisch motiviertes Lernen, während Lernbedingungen, die ihr Autonomie- und Kompetenzerleben einschränken (z. B. vorgegebene Lernziele, Fristen oder Lernmethoden) ihre intrinsische Lernmotivation schwächen (Prenzel, 1997). Um intrinsisch motiviertes Lernen im Unterricht zu fördern oder um einem Verlust intrinsischer Lernmotivation vorzubeugen, sollte daher die externe Kontrolle des Lernprozesses möglichst gering gehalten werden, beispielsweise dadurch, dass den Schülerinnen und Schülern Freiräume für ein selbstbestimmtes Lernen geboten werden, in denen sie weitgehend selbst bestimmen können, was sie lernen und wie sie lernen (Deci & Ryan, 1985).

Realistischer Weise wird man aber nicht davon ausgehen können, dass Schülerinnen und Schüler *ausschließlich* aus intrinsischer Motivation lernen. Bei vielen Lernaufgaben im Unterricht ist es nur schwer vorstellbar, dass Schülerinnen und Schüler ausschließlich aus einem inneren Antrieb und nur aus Interesse am Inhalt lernen, etwa wenn lange Reihen eintöniger Rechenaufgaben zu bearbeiten sind, umfangreiche Listen von Vokalen wiederholt werden müssen oder eine Klassenarbeit vorbereitet werden muss. In diesen Fällen dürfte eine externe Kontrolle des Lernprozesses – dazu zählt mitunter auch Druck von Seiten der Lehrkraft – nötig sein, um das Lernen zu initiieren und aufrechtzuhalten. Zudem ist es im Alltag oftmals schwierig, zu entscheiden, ob eine Schülerin oder ein Schüler intrinsisch oder extrinsisch motiviert lernt.

- **Attraktive Tätigkeiten führen zu erwünschten Ergebnissen**
  In der Regel führt eine positiv erlebte Tätigkeit, die auch ohne äußere Anreize ausgeführt wird, zu positiven Folgen. So werden Schülerinnen und Schüler, die Freude am Lernen haben, in der Regel auch gute Noten in diesem Fach erzielen, ihre Aussichten auf einen guten Schulabschluss verbessern oder die Anerkennung ihrer Eltern gewinnen. Stimmt die äußere Anreizkonstellation mit einer intrinsisch motivierten Tätigkeit überein, bleibt die motivationale Grundlage für Außenstehende – und mitunter auch für die betroffene Person selbst – oftmals unklar: Verfolgt die Schülerin oder der Schüler beim Lernen primär das damit erreichte Ergebnis (extrinsisch) oder genießt sie bzw. er das Lernen selbst (intrinsisch)? Bei Tätigkeiten, die zu erwünschten Konsequenzen führen, wird leicht übersehen, dass sie auch intrinsisch motiviert sein können (Rheinberg, 2006).
- **Extrinsisch motivierte Handlungen ermöglichen intrinsische Handlungen**
  Bestimmte Aktivitäten, die für die Person nicht attraktiv sind, werden nur deshalb ausgeführt, weil sie andere intrinsisch motivierte Tätigkeiten ermöglichen, etwa wenn eine Person eine Fremdsprache lernt, um später in fremde Länder reisen zu können, ein anstrengendes Fitnesstraining auf sich nimmt, um in einer Sportmannschaft mitmachen zu können oder Lateinvokabeln lernt, um später einmal alte Texte übersetzen zu können (Schiefele & Köller, 2006).
- **Handlungen sind intrinsisch und extrinsisch motiviert**
  Zwar lassen sich intrinsische und extrinsische Lernmotivation auf der begrifflichen Ebene unterscheiden; dies bedeutet jedoch nicht, dass sich beide Motivationsarten gegenseitig ausschließen. Lernaktivitäten können vielmehr sowohl intrinsisch als auch extrinsisch motiviert sein. So können Schülerinnen und Schüler, die aus Interesse an den Lerninhalten lernen und denen das Lernen selbst Freude bereitet, durchaus auch gleichzeitig eine gute Note oder einen guten Schulabschluss anstreben.

Der letzte Punkt macht deutlich, dass die Unterscheidung von Lernaktivitäten, die spontan und aus einem eigenen persönlichen Interesse heraus erfolgen, von Lernaktivitäten, die ein Mittel darstellen, um bestimmte Ziele zu erreichen, stark vereinfachend ist und letztlich nicht ausreicht, um die komplexen Beweggründe für schulisches Lernen befriedigend erklären zu können. Intrinsische und extrinsische Motivation stellen *keine* sich gegenseitig ausschließenden Motivationsarten dar, sondern können gleichzeitig in unterschiedlicher Stärke auftreten. Im Alltag wird das Lernen in Schule und Studium im Allgemeinen sowohl durch intrinsische als auch durch extrinsische Motivation aufrechterhalten. Schülerinnen und Schüler ebenso wie Studierende lernen meist nicht nur aus purem Interesse an den Lerninhalten, sondern selbstverständlich auch, weil sie bestimmte Ziele erreichen wollen, zum Beispiel eine Prüfung bestehen oder einen Schulabschluss schaffen wollen. Daher stellt sich nicht die Frage, »ob das Lernen intrinsisch oder extrinsisch motiviert ist, sondern in welchem Verhältnis diese beiden Formen der Lernmotivation zueinander stehen« (Schiefele & Köller, 2006, S. 304).

Formen extrinsischer Verhaltensregulation

Die Antriebsquelle der intrinsischen Lernmotivation liegt in der Befriedigung, die das Lernen selbst verschafft. Im Unterschied dazu liegt der Antrieb für extrinsisch motiviertes Lernen im angestrebten Effekt, der sich einstellt, wenn das Lernen erfolgreich abgeschlossen ist. Solche externen, außerhalb der eigentlichen Lernaktivität liegenden Ziele und Anreize, die Lernprozesse steuern, können in *unterschiedlichem* Maße von der Person internalisiert und in das Selbstkonzept eingebettet sein. Sowohl Schülerinnen und Schüler, die aufgrund äußeren Drucks lernen, als auch diejenigen, die sich anstrengen, um einen Schulabschluss zu schaffen, sind extrinsisch motiviert, da sie alle ein außerhalb der Handlung liegendes Ziel verfolgen; ihre Ziele unterscheiden sich aber im Hinblick auf den Grad, in dem sie selbstbestimmt und in das Selbstkonzept eingebettet sind. In Abhängigkeit davon, wie stark die Lernaktivitäten als selbstbestimmt erlebt oder als extern kontrolliert wahrgenommen werden, unterscheiden Deci und Ryan (2000b) vier Formen extrinsischer Verhaltensregulation (▶ Abb. 7.1).

> **Extrinsische Verhaltensregulation**
> In Abhängigkeit davon, wie eng die beim Lernen verfolgten externen Ziele internalisiert und in das Selbstkonzept der Person eingebettet sind, werden vier Formen extrinsischer Verhaltensregulation unterschieden.

Externale Regulation

Das Lernen wird durch äußere Faktoren angeregt und gesteuert, auf die Lernende keinen direkten Einfluss haben. Die Schülerin oder der Schüler lernt, um eine Belohnung zu erhalten oder eine Bestrafung zu vermeiden:

- »Ich strenge mich in der Schule an, um die Anerkennung meiner Eltern zu bekommen.«
- »Ich erledige immer meine Hausaufgaben, damit meine Eltern mit mir zufrieden sind.«
- »Ich lerne, weil ich sonst Druck von meinem Lehrer bekomme.«

Da bei externer Regulation die Lernenden ihr Handeln nicht eigenständig kontrollieren können, ist das Lernen weder autonom noch freiwillig und wird daher Unlustgefühle hervorrufen, sobald abzusehen ist, dass die erwarteten Belohnungen ausbleiben oder die befürchteten negativen Folgen nicht vermieden werden können.

Introjizierte Regulation

Kennzeichen der introjizierten Regulation ist die *Verinnerlichung* externaler Ziele, mit denen sich der Lernende jedoch nicht identifiziert. Das Verhalten wird durch innere Kräfte kontrolliert, die aber *außerhalb* des Kernbereichs des Selbst liegen. Es folgt einem *inneren Druck*: Eine Handlung wird ausgeführt, weil sich die Lernenden verpflichtet fühlen (»Ich fühle mich meinen Eltern gegenüber verpflichtet, das Abitur zu schaffen«), sozialen Normen gerecht werden wollen (»Weil es sich so gehört«) oder die Handlung für die eigene Selbstachtung als bedeutsam erachten (»Ich bin mir das schuldig«). Schülerinnen und Schüler lernen beispielsweise, weil sie meinen, es ihren Eltern schuldig zu sein oder weil sie es für ihre Selbstachtung als wichtig erachten.

- »Ich lerne, weil ich sonst ein schlechtes Gewissen habe.«

- »Ich strenge mich an, weil ich meine Eltern nicht enttäuschen will.«
- »Bei allem, was ich anfange, habe ich das Gefühl, mein Bestes geben zu müssen.«
- »Ich möchte das Abitur machen, weil ich mich sonst als Versager fühle.«
- »Ich beteilige mich am Unterricht, weil ich sonst das Gefühl hätte, unnütz zu sein.«

Eine introjizierte Handlungsregulation ist insofern internal, als das Verhalten einem inneren Druck folgt und keine äußeren Handlungsanstöße – etwa die Androhung von Strafe – notwendig sind. Sie bleibt aber weiterhin vom Selbst separiert, so dass innere Appelle oder Ermahnungen für die Aufrechterhaltung der Lernaktivitäten notwendig sind, ohne die es keinen Grund für die Rücksichtnahme oder Verpflichtung gäbe.

Identifizierte Regulation

Das Verhalten wird durch Ziele gesteuert, mit denen sich die Person identifiziert und die sie als persönlich wichtig und bedeutsam empfindet. Schülerinnen und Schüler lernen, um zum Beispiel einen bestimmten Schulabschluss zu erreichen oder bestimmte Kompetenzen zu erwerben. Das Lernen erfolgt nicht mehr in der Erwartung externer Belohnungen oder aufgrund interner Appelle, sondern weil die Lernenden die damit verfolgten Ziele als richtig und wichtig empfinden.

- »Ich arbeite im Unterricht mit, weil es mir wichtig ist, das Abitur zu schaffen.«
- »Ich lerne, weil ich später einmal studieren möchte.«
- »Ich lerne, um meine späteren beruflichen Möglichkeiten zu verbessern.«

Bei der identifizierten Regulation lernen Schülerinnen und Schüler nicht, weil sie auf Anerkennung hoffen oder weil sie das Gefühl haben, lernen zu müssen, sondern weil sie sich den Zielen, die sie durch das Lernen erreichen können, verpflichtet fühlen. Die mit dem Lernen angestrebten Ziele sind für sie persönlich bedeutsam. Diese persönliche Wichtigkeit ergibt sich daraus, dass sie sich mit den selbstgesetzten Zielen (z. B. ein bestimmter Schulabschluss) und mit den zugrundeliegenden Werten identifizieren haben.

Integrierte Regulation

Bei der integrierten Regulation – der höchsten Form der extrinsischen Motivation – identifiziert sich die Person nicht nur mit bestimmten Zielen – zum Beispiel mit einem Ausbildungsabschluss – sondern hat die Ziele vollständig in das eigene Selbstkonzept integriert. »Integration occurs when identified regulations are fully assimilated to the self, which means they have been evaluated and brought into congruence with one's other values and needs« (Deci & Ryan, 2000b, S. 73). Infolge dieses Integrationsprozesses fügen sich die Ziele und Werte widerspruchsfrei in das Selbstkonzept ein, zum Beispiel in das Selbstkonzept eines leistungsfähigen Sportlers oder eines musikbegabten Studierenden. Die integrierte Verhaltensregulation ist die Form der extrinsischen Motivation mit dem höchsten Grad an Selbstbestimmung. Die integrierte Regulation lässt sich nicht immer trennscharf von intrinsisch motiviertem Verhalten unterscheiden. Im Unterschied zur intrinsischen Lernmotivation, bei der das Lernen reiner Selbstzweck ist und nur um seiner selbst willen ausgeführt wird, wird bei der integrierten Verhaltensregulation letztlich ein instrumentelles Ziel verfolgt, das jedoch vollständig verinnerlicht wurde und als Teil des Selbstkonzepts empfunden wird.

Amotivation

Amotivation stellt nach der Selbstbestimmungstheorie kein motiviertes Verhalten dar, weil es nicht durch intentionale Prozesse gesteuert wird (Deci & Ryan, 1993). Es folgt keinem erkennbaren Ziel, den Lernenden sind die Lerninhalte und Lernanforderungen gleichgültig.

- »Ich sehe für mich überhaupt keinen Grund, mich am Unterricht zu beteiligen.«
- »Der Unterricht ist mir völlig egal.«

- »Ich gehe zur Schule, weil ich sonst nichts Besseres zu tun weiß.«
- »Ich weiß nicht, warum ich überhaupt lernen soll.«

Art der Motivation	Amotivation	Extrinsische Motivation				Intrinsische Motivation
Art der Regulation	Keine Regulation	Externale Regulation	Introjizierte Regulation	Identifizierte Regulation	Integrierte Regulation	Intrinsische Regulation
Ausmaß der Selbstdetermination	nicht selbstdeterminiert	→				selbstdeterminiert

Abb. 7.1: Selbstdeterminationskontinuum

7.1.3 Der Korrumpierungseffekt von Belohnung

Was passiert, wenn eine intrinsisch motivierte Tätigkeit zusätzlich belohnt wird? Wird durch die zusätzliche Belohnung die Motivation gesteigert? Nach der Lerntheorie würde man erwarten, dass Belohnungen (z. B. Lob und Anerkennung) die Motivation für eine Tätigkeit stärken. Schülerinnen und Schüler, die aus eigenem Interesse lernen, sollten demzufolge ihre Anstrengungen durch die Aussicht auf eine zusätzliche Belohnung noch weiter steigern.

In einigen Studien zeigte sich aber, dass äußere Anreize oder Belohnungen für intrinsisch motivierte Tätigkeiten die intrinsische Motivation schwächen können. Dieser Effekt wird anschaulich als *Korrumpierungseffekt* bezeichnet: Wird eine Tätigkeit, die aus innerem Antrieb heraus ausgeführt wird, zusätzlich belohnt, so zeigt die Person, sobald die Belohnung aussetzt, dieses Verhalten seltener als vor Beginn der Verstärkung. In den Experimenten zum Korrumpierungseffekt oder *Überveranlassungseffekt* (Overjustification Effect; Lepper, Greene & Nisbett, 1973) beobachtete man bei Kindern im Vorschulalter zunächst, was sie von sich aus gerne taten. Anschließend erhielten die Kinder für diese intrinsisch motivierte Tätigkeit (eine Zeichenaufgabe) eine Belohnung. In der dritten Phase wurde dann die Belohnung eingestellt. Unter dieser Bedingung zeigten die Kinder die ursprünglich attraktive Tätigkeit seltener als vor der Belohnungsphase und fanden sie auch weniger reizvoll. Die ursprüngliche intrinsische Motivation der Kinder wurde durch die zusätzliche Belohnung gewissermaßen »korrumpiert«.

> **Korrumpierungseffekt der Belohnung**
> Der Korrumpierungseffekt von Belohnung zeigt sich darin, dass die intrinsische Motivation für eine Tätigkeit nachlässt, nachdem sie zusätzlich extrinsisch belohnt wurde.

Der Korrumpierungseffekt zeigt sich darin, dass eine Person, die für eine Tätigkeit, die sie ohnehin schon gerne ausübt, zusätzlich belohnt wird, anschließend weniger motiviert ist, dieser Tätigkeit weiter ohne Belohnung nachzugehen. Die eingeführte Belohnung – etwa in Form von Lob und Anerkennung, aber auch in Form materieller Zuwendungen – vermindert (»korrumpiert«) offenbar die ursprüngliche Attraktivität der Tätigkeit (Deci, Ryan & Koestner, 1999; Deci, 1971; Lepper, Sagotsky & Greene, 1982; Rheinberg & Weich, 1988).

Der Korrumpierungseffekt steht im Widerspruch zur lerntheoretischen Auffassung, wonach Verstärkungen die Auftretenswahrscheinlichkeit des Verhaltens erhöhen. Eine Erklärung für den Korrumpierungseffekt bietet die Selbstbestimmungstheorie (Deci & Ryan, 1985): Durch die Aussicht auf Belohnung fühlen sich die Personen in ihrer Selbstbestimmung eingeschränkt, wodurch ihre intrinsische Motivation für diese Tätigkeit geschwächt wird. Die Belohnung für eine Tätigkeit, die aus eigenem innerem Antrieb auch ohne äußere Anreize ausgeführt wird, wird als eine von außen eingeführte externe Kontrolle erlebt, die das Gefühl der Selbstbestimmung unterminiert. Intrinsisch motivierte Lernende erleben sich infolge des externen Eingriffs beim Lernen als weniger autonom, wodurch ihr Bedürfnis, die Tätigkeit um ihrer selbst willen auszuüben, abgeschwächt oder unterminiert wird, mit der Folge, dass sie diese Tätigkeit weniger häufig zeigen, sobald die Belohnung ausbleibt.

Soll man nun angesichts der nachteiligen Folgen von Belohnungen für die Lernmotivation in Schule und Studium auf Belohnungen verzichten, um die intrinsische Lernmotivation der Schüler nicht zu untergraben? Einige Autoren sehen Einsatz von Lob, materiellen Anreizen oder Privilegien als Belohnung für schulisches Lernen kritisch, weil dadurch intrinsische Motivation der Schülerinnen und Schüler zerstört oder gar verhindert werden könnte, dass sie Interesse am Lerngegenstand entwickeln. Belohnungen sollten daher vorsichtig dosiert und die Bedingungen, unter denen intrinsisch motiviertes Lernen zusätzlich belohnt wird, genauer beachtet werden. Kohn (1993) fordert sogar, auf den Einsatz von Belohnungen in der Erziehung ganz zu verzichten, um Heranwachsende nicht durch Süßigkeiten, Geld und andere externe Verstärker zu »verderben«. Der Autor knüpft dabei an eine in pädagogischen Handlungsfeldern verbreitete skeptische Haltung gegenüber »Verstärkungen« an und betont, dass es in der Erziehung letztlich darum gehe, dass Kinder etwas (Erwünschtes) tun, ohne ständig dafür belohnt zu werden.

Allerdings hat sich die Bedeutung des Korrumpierungseffekts angesichts neuerer Studien stark relativiert. Nach kritischer Sichtung der empirischen Studien zum Korrumpierungseffekt kommen einige Autoren sogar zu dem Schluss, dass es sich beim Korrumpierungseffekt um einen »Mythos« handelt, der allenfalls unter sehr speziellen Bedingungen auftritt (Cameron, Banko & Pierce, 2001; Eisenberger & Cameron, 1996). Mittlerweile geht man davon aus, dass negative Effekte von Belohnungen nur dann auftreten, wenn ein *sehr hohes* intrinsisches Interesse an der Tätigkeit besteht, wenn *materielle* Belohnungen – und nicht etwa Lob und Anerkennung – gegeben werden und wenn diese *leistungsunabhängig* verabreicht werden. Unter diesen spezifischen Bedingungen kann der Einsatz von Belohnungen das Eigeninteresse an der Tätigkeit nach dem Absetzen der Belohnung verringern (Cameron et al., 2001). Bei weniger attraktiven Tätigkeiten oder wenn Schülerinnen und Schüler nicht für das Lernen, sondern für gute Lernergebnisse belohnt werden, haben Belohnungen positive Effekte und führen zu einer Steigerung der Lernanstrengungen.

Angesichts dieser Einschränkungen stellt sich die Frage nach der praktischen Bedeutung des Korrumpierungseffekts. Im Schulalltag gibt es in der Regel keine Veranlassung, die Schülerinnen und Schüler für Tätigkeiten, die sie an sich schon sehr gerne ausführen, zusätzlich (materiell) zu belohnen. Letztlich wurden in den Experimenten zum Korrumpierungseffekt für Tätigkeiten, die für die Kinder an sich schon sehr attraktiv waren, völlig überflüssige Belohnungen verabreicht – Bedingungen, die außerhalb der psychologischen Experimente wohl nur selten anzutreffen sind. Im Schulalltag dürften daher nachteilige Motivationseffekte von Anerkennung und Lob als Belohnungen für das Lernen realistischer Weise nur selten auftreten.

7.1.4 Intrinsische Motivation und Lernerfolg

Schülerinnen und Schüler, die Freude am Lernen empfinden und aus eigenem Interesse an den Inhalten lernen, sollten auch ausdauernder lernen, sich mehr anstrengen und letztlich erfolgreicher lernen. Diese Erwartung konnte vielfach bestätigt werden. In ihrer Übersicht über 30 Einzelstudien ermittelten Schiefele und Schreyer (1994) durchgängig einen positiven, wenngleich geringen Zusammenhang zwischen der Stärke der intrinsischen Lernmotivation und dem Lernerfolg. Unabhängig vom Unterrichtsfach korrelierte die intrinsische Lernmotivation mit der Schulnote durchschnittlich mit $r = .21$ und damit höher als die extrinsische Lernmotivation. Aus dem korrelativen Zusammenhang zwischen intrinsischer Lernmotivation und dem Lernerfolg wird üblicherweise geschlossen, dass intrinsische Lernmotivation das Lernen fördert. Allerdings lässt die Korrelation die Richtung der Kausalbeziehung offen. Ebenso plausibel erscheint die Möglichkeit, dass Lernerfolge die intrinsische Motivation stärken.

Dass eine intrinsische Lernmotivation zum Lernerfolg beiträgt, bedeutet jedoch *nicht*, dass sich eine extrinsische Lernmotivation nicht oder gar ungünstig auf die Lernergebnisse auswirkt. Selbstverständlich können externe Ziele – etwa der Wunsch, einen bestimmten Schulabschluss zu erreichen oder eine Prüfung zu schaffen – viele Energien zum Lernen freisetzen. Im schulischen Alltag ist oftmals eine Orientierung auf externe Ziele notwendig, um Schülerinnen und Schüler zum Lernen zu motivieren. Denn nicht immer kann man davon ausgehen, dass die Inhalte interessant sind und das Lernen jederzeit Spaß macht – beispielsweise wenn es darauf ankommt, sich auf eine Prüfung vorzubereiten, sich mit uninteressanten Lerninhalten auseinanderzusetzen oder monotone Lernaktivitäten, die schnell ihren Reiz verlieren, aufrechtzuerhalten. Hinzu kommt, dass den Lernenden in Schule und Studium auch äußere Ziele vorgegeben sind, beispielsweise das Bestehen einer Prüfung, die Versetzung in die nächste Klasse oder das Erreichen eines Schulabschlusses. Zwar gilt intrinsisch motiviertes Lernen als die erstrebenswerteste Form des Lernens; erfolgreiches Lernen in Schule und Studium muss aber letztlich immer auch zielorientiert, das heißt, auf äußere Ziele ausgerichtet sein. Realistischer Weise wird man daher davon ausgehen müssen, dass eine intrinsische Lernmotivation, verstanden als pure, zweckfremde Freude am Lernen, im Alltag nicht die bedeutsamste Antriebsquelle darstellt für die Anstrengungen, die Lernende in Schule und Universität mobilisieren, um ihre Ausbildung erfolgreich zu absolvieren.

7.1.5 Diagnostik motivationaler Verhaltensregulation

Zur Diagnostik der motivationalen Verhaltensregulation beim Lernen kann auf die *Skalen zur Akademischen Selbstregulation von Schüler/innen* (ASS-S; Thomas & Müller, 2011) zurückgegriffen werden. Die vier Skalen der ASS-S erfassen vier Regulationsstufen des Lernverhaltens im Sinne der Selbstbestimmungstheorie (▶ Kap. 7.1.2; Deci & Ryan, 2002): Intrinsische Motivation, Identifizierte Regulation, Introjizierte Regulation, Externale Regulation und Amotivation (▶ Tab. 7.1).

Der Fragebogen wurde an einer Stichprobe von 742 Schülerinnen und Schülern der Sekundarstufe I und II psychometrisch überprüft und validiert. Bis auf die Skala *Externale Regulation* mit α = .67 weisen alle Skalen der ASS-S befriedigende interne Konsistenten

Tab. 7.1: Skalen zur Akademischen Selbstregulation von Schüler/innen (ASS-S)

Intrinsische Motivation
Ich lerne
... weil es mir Spaß macht.
... weil ich mich gerne mit diesem Fach beschäftige.
... weil ich gerne Aufgaben aus dem Fach löse.
... weil ich gerne über Dinge des Fachs nachdenke.
... weil ich es genieße, mich mit diesem Fach auseinanderzusetzen.

Identifizierte Regulation
Ich lerne
... weil ich damit mehr Möglichkeiten bei der Berufswahl habe.
... weil ich die Sachen, die ich hier lerne, später gut gebrauchen kann.
... um später eine weitere Ausbildung machen zu können.
... weil ich dann einen besseren Job bekommen kann.

Introjizierte Regulation
Ich lerne
... weil ich möchte, dass mein Lehrer denkt, ich bin ein guter Schüler.
... weil ich besser als meine Mitschüler sein möchte.
... weil ich sonst ein schlechtes Gewissen hätte.
... weil ich möchte, dass die anderen Schüler von mir denken, dass ich ziemlich gut bin.
... weil ich gerne ein Lob bekommen möchte.

Externale Regulation
Ich lerne
... weil ich sonst zu Hause Ärger bekomme.
... weil ich sonst Ärger mit meinem Lehrer bekomme.
... weil es meine Eltern von mir verlangen.
... weil ich es einfach lernen muss.

Amotivation
Ich lerne oft gar nicht im Unterricht.
Wenn der Lehrer es nicht bemerkt, beschäftige ich mich mit anderen Dingen.
Der Unterricht in diesem Fach ist mir egal.

Anmerkungen. *Skalen zur Akademischen Selbstregulation von Schüler/innen* (ASS-S; Thomas & Müller, 2011). Die Items werden mit einer fünfstufigen Antwortskala (von »stimmt völlig« bis »stimmt überhaupt nicht«) vorgegeben.

von $\alpha = .75$ bis $\alpha = .90$ auf. Erste Hinweise auf die Validität der Skalen zur motivationalen Regulation beim Lernen geben signifikante Korrelationen in mittlerer Höhe zwischen den Beurteilungen des Unterrichts durch die Schülerinnen und Schüler (Autonomieunterstützung, Kompetenzunterstützung, soziale Eingebundenheit, das Bereitstellen von Struktur und das Anbieten von Begründungen im Unterricht) und der mit den ASS-S gemessenen intrinsischen Motivation sowie der identifizierten und introjizierten Regulation. Die Zusammenhänge zwischen den Unterrichtsbeurteilungen und der Verhaltensregulation beim Lernen stützen die Annahme der Selbstbestimmungstheorie, nach der die Befriedigung der psychologischen Grundbedürfnisse im Unterricht – das Erleben von Autonomie, Kompetenz und Eingebundenheit – die intrinsische Lernmotivation fördert.

7.2 Leistungsmotivation

Die Selbstbestimmungstheorie führt intrinsisch motiviertes Lernen auf das in der Person verankerte Bedürfnis nach Kompetenz und Autonomie zurück. Schülerinnen und Schüler mobilisieren Energien zum Lernen, sofern es ihr Bedürfnis nach Kompetenz und Selbstbestimmung befriedigt. Eine andere Antwort auf die Frage, warum Lernende ohne äußere Anreize und ohne äußeren Zwang Anstrengungen zum Lernen aufwenden, gibt das Konstrukt der *Leistungsmotivation*.

Selbstbewertung der eigenen Tüchtigkeit

Im Alltag spricht man von leistungsmotiviertem Verhalten, wenn sich jemand erkennbar bemüht zeigt, ein bestimmtes Leistungsziel zu erreichen, etwa wenn sich ein Studierender intensiv auf eine Klausur vorbereitet, eine Schülerin ihre Hausaufgaben besonders sorgfältig erledigt, ein Verwaltungsbeamter Überstunden macht oder ein Versicherungsvertreter bis spät in den Abend hinein arbeitet. Eine Person, die sich intensiv und ausdauernd bemüht, ein bestimmtes Ziel zu erreichen, gilt als leistungsmotiviert. Der Begriff »Leistungsmotivation« wird im alltäglichen Sprachgebrauch benutzt, um die Ausdauer und Intensität des Verhaltens hervorzuheben.

Im Rahmen des wissenschaftlichen Konstrukts der Leistungsmotivation reicht jedoch die Ausdauer und Intensität des Bemühens nicht aus, um ein Verhalten als leistungsmotiviert zu kennzeichnen (Rheinberg, 2008a). Entscheidend ist die *Zielausrichtung* des Verhaltens. Schülerinnen und Schüler, die sich intensiv auf ihre nächste Klassenarbeit vorbereiten, beharrlich eine schwierige Mathematikaufgabe bearbeiten oder ein anspruchsvolles Gedicht interpretieren, können mit ihrem Bemühen ganz unterschiedliche Ziele verfolgen. Sie können sich anstrengen, um beispielsweise ihre Kenntnisse in dem Fach zu vertiefen, die Anerkennung ihres Lehrers zu erringen, den Vorhaltungen ihrer Eltern vorzubeugen oder andere Schülerinnen und Schüler zu beeindrucken. Es gibt vielfältige Ziele, die Lernende verfolgen könnten, wenn sie sich anstrengen.

Das Konstrukt der *Leistungsmotivation* beschreibt eine spezifische Zielausrichtung des Verhaltens. Danach ist ein Verhalten dann leistungsmotiviert, wenn es auf die *Selbstbewertung der eigenen Tüchtigkeit* abzielt: Eine leistungsmotivierte Person strengt sich an, um die eigene Tüchtigkeit zu erproben; sie will »herausfinden, was sie kann« (Rheinberg, 2008a, S. 60).

> **Leistungsmotiviertes Verhalten**
> Ein Verhalten ist dann leistungsmotiviert, wenn es auf die Selbstbewertung der eigenen Tüchtigkeit abzielt.

Nach diesem Konzept sind Ausdauer und Intensität des Bemühens zwar notwendige, aber keine hinreichenden Kennzeichen leistungsmotivierten Verhaltens. Entscheidend ist das Ziel, auf das das Bemühen gerichtet ist. Schülerinnen und Schüler, die sich anstrengen, um ihr Ansehen in der Klasse zu steigern, um den Vorhaltungen ihrer Eltern zu entgehen oder um die in Aussicht gestellte Belohnung zu erhalten, gelten danach *nicht* als leistungsmotiviert. Sie strengen sich zwar an, es geht ihnen jedoch *nicht* darum, ihre eigene Tüchtigkeit zu erproben, sondern um andere Ziele, etwa darum, ihr Ansehen zu steigern oder der Kritik ihrer Eltern vorzubeugen. Im Rahmen des wissenschaftlichen Konstrukts der Leistungsmotivation ist also nicht jedes Bemühen, etwas zu erreichen, bereits leistungsmotiviert, erst wenn es auf die Selbstbewertung der eigenen Tüchtigkeit abzielt, gilt es als leistungsmotiviert (Rheinberg, 2008a). Leistungsmotivierte Menschen streben eine Leistung um ihrer selbst willen an, sie wollen etwas besonders gut machen, um ihre Tüchtigkeit an einem Gütemaßstab zu messen.

Auseinandersetzung mit einem Gütemaßstab

Zur Selbstbewertung der eigenen Tüchtigkeit bedarf es eines *Gütemaßstabs*, um die Ergebnisse der Anstrengungen bewerten zu können.

> **Gütemaßstab**
> Ein Gütemaßstab ist ein Bewertungssystem zur Beurteilung der Güte von Handlungsergebnissen.

Dem Gütemaßstab kann man entnehmen, wie gut einem etwas gelungen ist (Rheinberg, 2008a). Im Alltag trifft man häufig auf Gütemaßstäbe, an denen die eigene Tüchtigkeit gemessen werden kann:

- Ein Arbeitnehmer, der täglich mit dem Fahrrad eine bestimmte Strecke zur Arbeit fährt, achtet möglicherweise auf die Zeit und strengt sich an, die Strecke in kürzerer Zeit zu schaffen.
- Eine Hobbygärtnerin baut Nutzpflanzen an und führt genau Protokoll über ihren Ernteertrag in der Hoffnung, den Ertrag des letzten Jahrs übertreffen zu können.
- Ein Autofahrer achtet akribisch auf den Benzinverbrauch und versucht durch seine Fahrweise, möglichst wenig Benzin zu verbrauchen.
- Für die Inhaberin eines Bekleidungsgeschäfts könnte der tägliche Umsatz die Messlatte sein, an der der Geschäftserfolg ablesbar ist.

An dem Gütemaßstab kann man ablesen, wie gut einem etwas gelungen ist. Der Gütemaßstab ist eine Art Messlatte, an der die eigene Tüchtigkeit gemessen werden kann. Im schulischen Kontext sind die *Schulnoten* der wichtigste Maßstab, an dem der Erfolg der Lernanstrengungen abgelesen werden kann. Den Noten können die Schülerinnen und Schüler entnehmen, wie erfolgreich ihre Lernanstrengungen waren.

Leistungsmotiviert ist eine Person dann, wenn sie ihr Verhalten an einem Gütemaßstab misst, um die eigene Tüchtigkeit zu erproben. Dieses Konzept geht auf McClelland zurück, der leistungsmotiviertes Verhalten als eine *Auseinandersetzung mit einem Gütemaßstab* (»competition with a standard of excellence«; McClelland, Atkinson, Clark & Lowell, 1953, S. 110) kennzeichnet. Leistungsmotiviertes Verhalten als *Auseinandersetzung mit einem Gütemaßstab* ist unabhängig von seinen Folgen. Eine leistungsmotivierte Person strengt sich *nicht* an, um Anerkennung in ihrem Umfeld oder materielle Vorteile zu erreichen, ihr geht es vielmehr darum, herauszufinden, was sie kann; sie wird sich auch dann bemühen, wenn sie nicht mit einer Belohnung oder mit Anerkennung rechnen kann. Ihr geht es darum, ihre Tüchtigkeit zu erproben. In diesem Sinne definiert Rheinberg (2008a, S. 60) leistungsmotiviertes Verhalten:

> »Leistungsmotiviert im psychologischen Sinn ist ein Verhalten nur dann, wenn es auf die *Selbstbewertung der eigenen Tüchtigkeit* zielt und zwar in *Auseinandersetzung mit einem Gütemaßstab*, den es zu erreichen oder zu übertreffen gilt. Man will wissen, was einem in einem Aufgabenfeld gerade noch gelingt und was nicht, und strengt sich deshalb besonders an.«

Selbstbewertungsaffekte

Was treibt eine leistungsmotivierte Person an, sich mit einem Gütemaßstab auseinanderzusetzen, um herauszufinden, was sie kann? Der Anreiz, ihre Tüchtigkeit zu erproben, liegt in den *Affekten*, die sie als Folge ihrer Anstrengungen antizipiert. Nach einem Erfolg rechnet sie damit, Freude, Zufriedenheit und Stolz über das Geleistete zu empfinden; nach einem Misserfolg befürchtet sie Enttäuschung und Beschämung über das Nichterreichen des Leistungsziels. Diese Affekte, die eine leistungsmotivierte Person als Folge ihres Bemühens erwartet, treiben sie an, sich mit einem Gütemaßstab auseinanderzusetzen. Die Aussicht auf selbstbewertende Affekte liefert gewissermaßen die Energie für leistungsmotiviertes Verhalten. Eine leistungsmotivierte Person strengt sich an in der Erwartung, Stolz und Zufriedenheit zu empfinden, wenn sie das Leistungsziel erreicht hat oder Beschämung und Enttäuschung zu vermeiden, wenn sie das Leistungsziel verfehlt hat.

> **Selbstbewertungsaffekte**
> Der Anreiz zur Selbstbewertung der eigenen Tüchtigkeit sind die Affekte, die als Folge der Auseinandersetzung mit einem Gütemaßstab antizipiert werden: Stolz, Freude und Zufriedenheit beim Erreichen des Leistungsziels (Erfolg) und Beschämung und Enttäuschung beim Nichterreichen des Leistungsziels (Misserfolg).

Leistungsattribution

Ob sich nach einem Leistungsergebnis selbstbewertende Gefühle einstellen, ist abhängig davon, welche *Ursachen* die Person für ihren Erfolg bzw. für ihren Misserfolg verantwortlich macht. So stellt sich bei Schülerinnen und Schülern nach einer guten Note in der Klassenarbeit *nur dann* Stolz und Zufriedenheit ein, wenn sie ihren Lernerfolg auf ihre eigenen Fähigkeiten zurückführen oder ihre Anstrengung dafür verantwortlich machen. Sind sie dagegen davon überzeugt, nur deswegen so gut in der Klassenarbeit abgeschnitten zu haben, weil die Aufgaben in der Klassenarbeit besonders leicht waren oder weil sie einfach Glück gehabt hatten, empfinden sie keinen

Stolz. Ebenso stellt sich Beschämung nach einer schlechten Note in der Klassenarbeit *nur dann* ein, wenn sich die Schülerinnen und Schüler selbst für den Misserfolg verantwortlich machen. Führen sie ihr schlechte Abschneiden in der Klassenarbeit dagegen darauf zurück, dass die Aufgaben zu schwierig waren, dass sie von der Lehrkraft ungerecht bewertet wurden oder dass sie einfach Pech gehabt hatten, empfindet sie keine Beschämung über das schlechte Ergebnis.

> **Leistungsattribution**
> Die Leistungsattribution bezeichnet die Zuschreibung von Ursachen für Leistungsergebnisse.

Selbstbewertende Gefühle wie Stolz und Zufriedenheit nach Erfolg und Beschämung und Enttäuschung nach Misserfolg stellen sich also nur dann ein, wenn das Lernergebnis auf Faktoren zurückgeführt wird, die in der Person liegen, wie zum Beispiel die eigenen Fähigkeiten oder die Anstrengung. In diesem Fall spricht man von einer *internalen Attribution*. Werden dagegen *externale*, das heißt, außerhalb der Person liegende Ursachen wie zum Beispiel Glück oder Pech oder aber die Schwierigkeit der Aufgaben für das Lernergebnis verantwortlich gemacht (externale Attribution), stellen sich keine selbstbewertenden Affekte ein. So werden Schülerinnen und Schüler, die glauben, nur deswegen in der Klassenarbeit gut abgeschnitten zu haben, weil die Aufgaben besonders leicht waren, keinen Stolz auf ihr Ergebnis empfinden. Ebenso werden sie eine schlechte Note in der Klassenarbeit nicht als ein Versagen empfinden, wenn sie dafür die ungerechte Bewertung der Lehrkraft verantwortlich machen. Eine Voraussetzung für selbstbewertende Affekte nach einem Lernergebnis ist also, dass der Lernerfolg und Lernmisserfolg internal attribuiert werden.

7.2.1 Hoffnung auf Erfolg und Furcht vor Misserfolg

Der Anreiz zum leistungsmotivierten Verhalten liegt in der Vorwegnahme einer *affektiven Selbstbewertung*. Die Aussicht auf Zufriedenheit mit der eigenen Tüchtigkeit nach einer erfolgreichen Bewältigung der Aufgabe und der Stolz darauf, etwas geschafft zu haben, ist für eine leistungsmotivierte Person der Antrieb, sich anzustrengen. Allerdings wird man nicht in jeder Anforderungssituation einen *Erfolg* erwarten, mitunter muss man auch mit einem *Misserfolg* und den damit verbundenen affektiven Konsequenzen rechnen.

Ob man eher einen Erfolg oder einen Misserfolg erwartet, hängt unter anderem auch von der Situation ab, in der man sich veranlasst sieht, sich mit einem Gütemaßstab auseinanderzusetzen. So werden Schülerinnen und Schüler, die sich nicht ausreichend auf eine Klassenarbeit vorbereitet haben, wahrscheinlich kein glänzendes Ergebnis erwarten, sondern eher einen Misserfolg befürchten. Ebenso werden Studierende, die sich auf die bevorstehende Prüfung schlecht vorbereitet fühlen, wohl nicht mit einer guten Note rechnen, sondern eher befürchten, die Prüfung nicht zu bestehen. Wird stärker mit einem Misserfolg als mit einem Erfolg gerechnet, ist es nicht die Aussicht auf Stolz und Zufriedenheit, die zu leistungsmotiviertem Verhalten antreibt, sondern die Furcht vor einem möglichen Misserfolg und die damit verbundenen negativen Affekte wie Ärger oder Scham über ein schlechtes Leistungsergebnis.

Ob jemand eher einen Erfolg erwartet oder aber einen Misserfolg befürchtet, hängt jedoch nicht allein von besonderen Umständen ab, unter denen die eigene Tüchtigkeit auf die Probe gestellt wird. Neben diesen von der jeweiligen Anforderungssituation abhängigen Erwartungen nimmt Atkinson (1964, Atkinson & Feather, 1966) stabile *interindividuelle Unterschiede* in der Neigung an, in einer Leistungssituation eher mit einem Erfolg oder mit einem Misserfolg zu rechnen. Dementsprechend werden zwei Komponenten des Leistungsmotivs unterschieden, das Erfolgsmotiv und das Misserfolgsmotiv.

- **Hoffnung auf Erfolg**
  Das *Erfolgsmotiv* wird als eine Disposition der Person aufgefasst, Leistungsanforderungen aufzusuchen, um die positiven selbstbewertenden Affekte wie Stolz und Zufriedenheit mit dem Leistungsergebnis zu maximieren.
- **Furcht vor Misserfolg**
  Unter dem *Misserfolgsmotiv* wird die Disposition verstanden, Leistungsanforderungen zu meiden, um die mit dem erwarteten Misserfolg verbundenen negativen selbstbewertenden Affekte wie Beschämung oder Ärger zu minimieren.

In Anforderungssituationen sind in der Regel beide Motive wirksam. Die *Hoffnung auf Erfolg* äußert sich in der Tendenz, sich Anforderungen zu stellen, um die mit einem Erfolg verbundenen positiven Affekte zu erzielen. Die *Furcht vor Misserfolg* zeigt sich in dem Bestreben, Anforderungen auszuweichen, um die mit dem erwarteten Misserfolg einhergehenden negativen Affekte zu vermeiden. Die Differenz der beiden Tendenzen, die »Netto-Hoffnung« (Rheinberg, 2008a, S. 74), gibt die überwiegende Tendenz wieder, in Leistungssituationen entweder eher einen Erfolg aufzusuchen oder einen Misserfolg zu meiden. Bei den *Erfolgszuversichtlichen* (Erfolgsmotivierten) überwiegt die Hoffnung auf Erfolg, bei den *Misserfolgsängstlichen* (Misserfolgsmotivierten) ist die Furcht vor Misserfolg stärker ausgeprägt.

Das Erfolgsmotiv und das Misserfolgsmotiv werden als *überdauernde Dispositionen* verstanden, leistungsthematischen Anforderungen zu begegnen. Mit der Unterscheidung der beiden Leistungsmotive wird den aufsuchenden und den meidenden Verhaltenstendenzen in leistungsthematischen Situationen Rechnung getragen. Erfolgszuversichtliche verfolgen vorrangig *Annäherungsziele* (Elliot & Church, 1997); sie suchen leistungsthematische Situationen auf, weil sie mit Erfolg rechnen.

- »Ich möchte eine gute Note in der Klassenarbeit bekommen.«
- »Ich übernehme das Referat, um zu sehen, wie gut mir das gelingt.«
- »Bei schwierigen Matheaufgaben versuche ich immer herauszufinden, ob ich sie lösen kann.«

Demgegenüber verfolgen Misserfolgsmotivierte vorrangig *Meidenziele* (Elliot & Church, 1997), weil sie in erster Linie bestrebt sind, die negativen affektiven Folgen eines befürchteten Misserfolgs abzuwenden.

- »In der Klausur darf ich auf keinen Fall durchfallen.«
- »Ich muss aufpassen, dass ich nicht sitzenbleibe.«
- »Schwierigen Matheaufgaben gehe ich meistens aus dem Weg, um Frustrationen von vorneherein zu vermeiden.«

Die Unterscheidung der beiden Komponenten des Leistungsmotivs bietet eine Erklärung dafür, warum manche Menschen Leistungssituationen als Herausforderung betrachten, andere wiederum aus Angst vor Misserfolg diese zu meiden suchen.

7.2.2 Leistungsmotiv und Leistungsmotivation

Heckhausen (1965, S. 604) definiert das Leistungsmotiv als »das Bestreben, die eigene Tüchtigkeit in allen Tätigkeiten zu steigern oder möglichst hoch zu halten, in denen man einen Gütemaßstab für verbindlich hält, und deren Ausführung deshalb gelingen oder misslingen kann«. Das Leistungsmotiv wird als eine stabile, generalisierte Disposition betrachtet, Person-Umwelt-Bezüge leistungsthematisch zu interpretieren. Eine leistungsmotivierte Person sieht in vielen Situationen im Alltag die Gelegenheit, ihre Tüchtigkeit zu erproben.

> **Leistungsmotiv**
> Das Leistungsmotiv ist definiert als »das Bestreben, die eigene Tüchtigkeit in allen Tätigkeiten zu steigern oder möglichst hoch zu halten, in denen man einen Gütemaßstab für verbindlich hält, und deren Ausführung deshalb gelingen oder misslingen kann« (Heckhausen, 1965, S. 604).

Das Leistungsmotiv kommt jedoch nicht in allen Situationen im Verhalten zum Ausdruck, sondern erst dann, wenn sich ein Anreiz zur Auseinandersetzung mit einem Gütemaßstab bietet. So wird eine leistungsmotivierte Person beim abendlichen Fernsehen kein leistungsmotiviertes Verhalten zeigen, solange sich ihr kein Gütemaßstab bietet, an dem sie ihre Tüchtigkeit erproben könnte. Erst wenn sie eine Gelegenheit sieht, ihr Verhalten an einem Gütemaßstab zu messen – z. B. wenn im Programm eine Quizsendung läuft –, wird sich die Person herausgefordert fühlen. Eine Person mit einem starken Leistungsmotiv, die sich am Strand sonnt, wird zunächst keine Gelegenheit sehen, ihre Tüchtigkeit zu erproben. Beobachtet sie aber, wie andere Badegäste am Strand Sandburgen bauen, könnte sie sich möglicherweise herausgefordert fühlen und versuchen, ebenfalls eine möglichst prächtige Sandburg zu bauen. In diesem Fall hat sie eine Gelegenheit entdeckt, ihre Tüchtigkeit zu erproben.

Ob ein leistungsmotiviertes Verhalten gezeigt wird, ist von zwei Faktoren abhängig: von der Stärke des Leistungsmotivs und vom

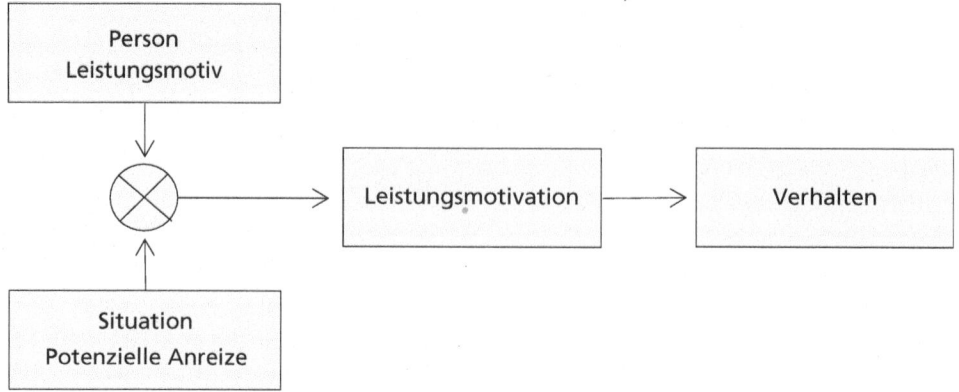

Abb. 7.2: Das Grundmodell der Leistungsmotivation (nach Rheinberg, 2008a, S. 70)

Ausmaß, in dem die Situation zur Auseinandersetzung mit einem Gütemaßstab anregt. Abbildung 7.2 stellt leistungsmotiviertes Verhalten als das Ergebnis einer *Wechselwirkung* zwischen der individuellen Ausprägung des *Leistungsmotivs* und der *Anreizqualität* der Situation dar. Beides ist notwendig: die Bereitschaft der Person, ihre Tüchtigkeit zu erproben und eine Situation, die dazu anregt, sich mit einem Gütemaßstab auseinanderzusetzen. Damit zum Beispiel das Leistungsmotiv von Schülerinnen und Schülern zum Ausdruck kommt, bedarf es einer Aufgabenstellung, die für sie eine Herausforderung darstellt, etwa eine knifflige Mathematikaufgabe, die zu lösen Stolz und Zufriedenheit verspricht, oder ein interessantes Aufsatzthema, dessen erfolgreiche Bearbeitung eine gewisse Befriedigung erwarten lässt. Durch diese Aufgaben würden sich leistungsmotivierte Schülerinnen und Schüler eher herausgefordert fühlen als Schülerinnen und Schüler mit einem geringen Leistungsmotiv. Dieser Prozess, der zu leistungsmotiviertem Verhalten anregt, wird als *Motivierung* bezeichnet.

7.2.3 Das Risikowahl-Modell

Aufschlüsse über die Bedingungen, die den Grad der Motivierung bestimmen, gibt das *Risikowahl-Modell* von Atkinson (1957, 1964). Die Stärke der Leistungsmotivation hängt nach dem Risikowahl-Modell von drei Faktoren ab: von der *Stärke des Leistungsmotivs*, von der *subjektiven Wahrscheinlichkeit*, die Aufgabe bewältigen zu können (Erfolgswahrscheinlichkeit), und von dem *Anreiz*, den die Bewältigung dieser Aufgabe für die Person besitzt (Erfolgsanreiz).

- **Stärke des Leistungsmotiv**
  Das Leistungsmotiv bezeichnet die Disposition oder Bereitschaft auf Seiten der Person, die eigene Tüchtigkeit zu erproben.
- **Erfolgswahrscheinlichkeit**
  Die Erfolgswahrscheinlichkeit betrifft die Aussicht, das Leistungsziel erreichen zu können. Je größer die Aussicht auf Erfolg ist, desto eher kann eine leistungsmotivierte Person damit rechnen, positive Affekte (Stolz nach Erfolg) zu erleben und negative Affekte (Beschämung nach Misserfolg) zu vermeiden.
- **Erfolgsanreiz**
  Der Erfolgsanreiz einer Aufgabe ergibt sich aus dem Ausmaß an positiven Emotionen, das bei einer erfolgreichen Bewältigung der Aufgabe erwartet wird. Je größer der Erfolgsanreiz einer Aufgabe ist, desto stärker wird eine leistungsmotivierte Person zu leistungsmotiviertem Verhalten angeregt.

Nach dem Risikowahl-Modell wird eine leistungsmotivierte Person umso stärker leistungsmotiviertes Verhalten zeigen, je mehr sie damit rechnet, die Aufgabe bewältigen zu können (Erfolgswahrscheinlichkeit) und je mehr ihr der Erfolg bei einer Aufgabe bedeutet (Erfolgsanreiz).

Subjektive Aufgabenschwierigkeit

Sowohl die Erfolgswahrscheinlichkeit als auch der Erfolgsanreiz sind von der subjektiven Schwierigkeit der Aufgabe abhängig. Die Erfolgswahrscheinlichkeit nimmt mit der Schwierigkeit der Aufgabe ab. Je leichter die Aufgabe erscheint, desto höher sind auch die Erfolgserwartungen. Wäre die Erfolgswahrscheinlichkeit die einzige Determinante der Motivierung, würde man erwarten, dass Personen mit einem starken Leistungsmotiv vor allem von leichten Aufgaben zu leistungsmotivierten Verhalten angeregt werden, weil diese die besten Erfolgsaussichten bieten. Allerdings verschafft der Erfolg bei einer leichten Aufgabe wenig Befriedigung. Bei der Lösung einer anspruchslosen Aufgabe, die nur geringe Fähigkeiten erfordert, empfindet man kaum Stolz auf das, was man geschafft hat. Der Erfolgsanreiz einer solchen Aufgabe ist gering. Mehr Befriedigung verspricht dagegen ein Erfolg bei einer schwierigen Aufgabe, deren Lösung hohe Fähigkeiten erfordert. Der Erfolgsanreiz einer solchen Aufgabe ist daher hoch. Eine leistungsmotivierte Person sollte sich gerade von anspruchsvollen, das heißt schwierigen Aufgaben herausgefordert fühlen.

Welche Aufgaben regen eine *erfolgsmotivierte* Person nun am stärksten zu leistungsmotiviertem Verhalten an? Eine leichte Aufgabe garantiert zwar einen Erfolg, die Befriedigung darüber, eine solche Aufgabe gelöst zu haben, ist jedoch gering. Sehr leichte Aufgaben sollten daher kein leistungsmotiviertes Verhalten hervorrufen. Die Bewältigung einer schwierigen Aufgabe verspricht dagegen ein Erfolgserlebnis; allerdings ist die Chance, dieses zu erreichen, sehr gering. Sehr schwierige Aufgaben sollten daher ebenfalls nicht zu leistungsmotiviertem Verhalten anregen, da kaum Aussicht besteht, solche Aufgaben lösen zu können. Am stärksten regen Aufgaben mittleren Schwierigkeitsgrades zu leistungsmotiviertem Verhalten an. Solche Aufgaben erscheinen lösbar, erfordern aber den vollen Einsatz und vermitteln daher ein hohes Ausmaß an Befriedigung. In diesem Fall sind sowohl die Aussicht auf Erfolg, als auch die Befriedigung, die das Lösen der Aufgabe vermittelt, relativ groß. Abbildung 7.3 zeigt die Erfolgswahrscheinlichkeit, den Erfolgsanreiz und die Stärke der Leistungsmotivation, die aus der Verknüpfung dieser beiden Faktoren resultiert in Abhängigkeit von der (subjektiven) Aufgabenschwierigkeit.

Formalisierung des Risikowahl-Modells

Atkinson (1957, 1964) hat sein Risikowahl-Modell (▶ Abb. 7.3) in einer hochgradig formalisierten Form präsentiert, um den motivierenden Einfluss von Erfolgswahrscheinlichkeit und Erfolgsanreiz einer Aufgabe zu verdeutlichen und um die Theorie überprüfbar zu machen. Dabei wird der Einfluss von Erfolgswahrscheinlichkeit und Erfolgsanreiz einer Aufgabe auf die Motivierung durch eine *multiplikative* Verknüpfung beider Faktoren dargestellt. Ansätze, die die Motivationsstärke als Produkt der subjektiven Erwartung, mit dem Verhalten eine bestimmte Konsequenz herbeiführen zu können, und dem subjektiven Wert der Verhaltenskonsequenz erklären, werden als *Erwartung-mal-Wert-Theorien* bezeichnet. Das Risikowahl-Modell ist eine Erwartung-mal-Wert Theorie, die den Grad der Motivierung als Produkt der subjektiven Erfolgswahrscheinlichkeit (Erwartung) und dem Erfolgsanreiz einer Aufgabe (Wert) darstellt.

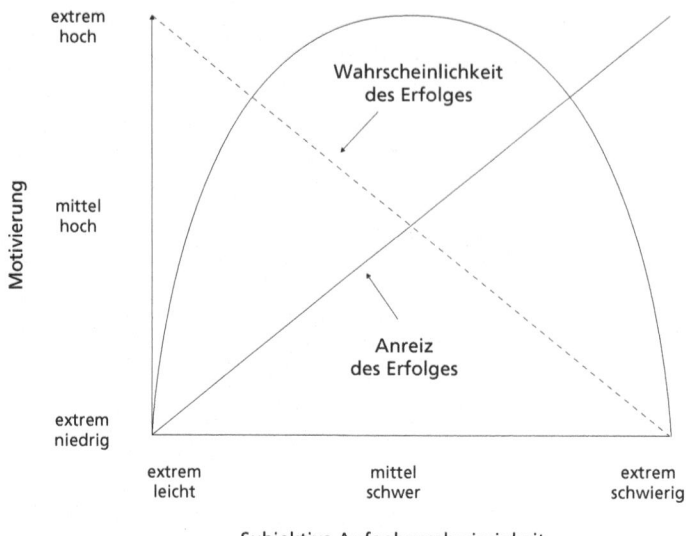

Abb. 7.3:
Risikowahl-Modell (nach Rheinberg, 2008a, S. 72)

Erwartung-mal-Wert-Theorien
Erwartungs-mal-Wert-Theorien führen Entscheidungen zwischen verschiedenen Handlungsalternativen auf zwei Komponenten zurück: auf die subjektive Wahrscheinlichkeit, dass eine bestimmte Handlung zum Erfolg führt (Erwartung), und auf die Bewertung der Handlungsfolgen (Wert). Die Motivation für ein bestimmtes Verhalten ist dann hoch, wenn die Person erwartet, dass das Verhalten zum Erfolg führt (Erwartung), und wenn sie die Folgen dieses Verhaltens für erstrebenswert hält (Wert).

Aus der multiplikativen Verknüpfung von Erwartung und Wert folgt, dass die resultierende Leistungsmotivation gering ist, wenn einer der beiden Komponenten – entweder die Erwartung oder der Wert – nur gering ausgeprägt ist. Geht eine Person beispielsweise davon aus, keine Chance zu haben, die Aufgabe lösen zu können, oder aber bedeutet das Lösen der Aufgabe für sie wenig, wird sie auch nicht motiviert sein.

Nach dem Risikowahl-Modell setzt sich die Stärke der Leistungsmotivation aus den beiden Leistungsmotiven, der Tendenz, Erfolg aufzusuchen (Hoffnung auf Erfolg) und der Tendenz, Misserfolge zu meiden (Furcht vor Misserfolg), zusammen. Die sich daraus ergebende *resultierende Tendenz* (T_r) ist die Summe beider Tendenzen, der Tendenz Erfolg anzustreben (T_e) und der Tendenz Misserfolg zu vermeiden (T_m). Die resultierende Tendenz (T_r) gibt die Stärke der Leistungsmotivation wieder:

(1) $\quad T_r = T_e + T_m$

In den folgenden Schritten werden die beiden Komponenten der Leistungsmotivation, T_e und T_m weiter aufgeschlüsselt.

Die Tendenz, Erfolg anzustreben (T_e), ergibt sich aus dem Produkt der Stärke des Erfolgsmotivs (M_e), der subjektiven Erfolgswahrscheinlichkeit (W_e) und dem subjektiven Erfolgsanreiz (A_e):

(2) $\quad T_e = M_e \times W_e \times A_e$

T_e = Tendenz, Erfolg anzustreben
M_e = Stärke des Erfolgsmotivs

W_e = Erfolgswahrscheinlichkeit
A_e = Erfolgsanreiz

Nach Gleichung (2) nimmt die Erfolgsmotivation mit der Stärke des Erfolgsmotivs, den Erfolgsaussichten und dem Erfolgsanreiz zu, vorausgesetzt, keine dieser drei Komponenten ist Null. Ist dies der Fall, wird das Produkt der drei Komponenten und damit die Erfolgsmotivation T_e Null. Weiter wird angenommen, dass der Erfolgsanreiz A_e von der Erfolgswahrscheinlichkeit W_e abhängig ist. Je höher die Erfolgswahrscheinlichkeit bei einer Aufgabe ist, desto geringer ist ihr Anreiz. Es gilt also:

(3) $\quad A_e = 1 - W_e$

Das Produkt aus Erfolgswahrscheinlichkeit und Erfolgsanreiz $W_e \times (1 - W_e)$ ist für mittlere Erfolgsaussichten ($W_e = 0.5$) am größten. Das bedeutet, dass bei konstanter Stärke des Erfolgsmotivs (M_e) Aufgaben mit mittleren Erfolgsaussichten am stärksten motivieren.

Die subjektiven Erfolgsaussichten hängen direkt mit der *Schwierigkeit der Aufgabe* zusammen: Je schwieriger die Aufgabe ist, desto geringer ist auch die Erwartung, die Aufgabe lösen zu können. Aus der multiplikativen Verknüpfung von Erfolgsaussichten (W_e) und dem Erfolgsanreiz ($1 - W_e$) nach Gleichung (4) resultiert eine umgekehrte U-Funktion zwischen der Aufgabenschwierigkeit und der Motivierung, wie sie Abbildung 7.3 wiedergibt.

(4) $\quad T_e = M_e \times W_e \times (1 - W_e)$

Danach wird sich eine erfolgsmotivierte Person umso mehr anstrengen und umso ausdauernder arbeiten, je mehr sie damit rechnet, die Aufgabe bewältigen zu können und je größer der Erfolgsanreiz der Aufgabe ist. Sehr leichte und sehr schwierige Aufgaben motivieren wenig, da sie entweder kaum Befriedigung versprechen (leichte Aufgabe) oder aber nur eine geringe Aussicht besteht, sie lösen zu können (schwierige Aufgaben). Eine Person mit einem starken Erfolgsmotiv sollte am stärksten durch *mittelschwere* Aufgaben motiviert werden.

Nach Gleichung (1) setzt sich die resultierende Motivationstendenz aus der Tendenz, Erfolge anzustreben (Erfolgstendenz), und aus der Tendenz, Misserfolg zu meiden (Misserfolgstendenz) zusammen. Die Tendenz, Misserfolg zu meiden (T_m), resultiert aus dem Produkt der Stärke des Misserfolgsmotivs (M_m), der subjektiven Wahrscheinlichkeit eines Misserfolgs (W_m) und dem negativen Anreiz eines Misserfolgs (A_m):

(5) $\quad T_m = M_m \times W_m \times A_m$

T_m = Tendenz, Misserfolg zu meiden
M_m = Stärke des Misserfolgsmotivs
W_m = Misserfolgswahrscheinlichkeit
A_m = negativer Anreiz eines Misserfolgs

Weiter wird angenommen, dass die (subjektive) Erfolgs- und Misserfolgswahrscheinlichkeit komplementär zueinander sind und sich zu 1 ergänzen. Die Misserfolgswahrscheinlichkeit ist somit umso größer, je geringer die Erfolgswahrscheinlichkeit ist. Es gilt:

(6) $\quad W_m = 1 - W_e$

Der negative Anreiz eines Misserfolgs (A_m) ist die Stärke der negativen Gefühle, die bei einem Misserfolg erwartet werden. Auch der negative Anreiz eines Misserfolgs ist von der Erfolgswahrscheinlichkeit abhängig. Er ist umso stärker, je größer die Erfolgswahrscheinlichkeit ist. Das bedeutet, die negativen Affekte (Beschämung, Ärger) bei einem Misserfolg sind umso stärker, je leichter die Aufgabe ist. Wer an einer leichten Aufgabe scheitert, ärgert sich stärker als wenn er eine schwierige Aufgabe nicht lösen kann. Der negative Anreiz eines Misserfolgs A_m kann somit als eine inverse Funktion der Erfolgswahrscheinlichkeit dargestellt werden, so dass A_m durch $-W_e$ ersetzt werden kann:

(7) $A_m = -W_e$

Die Tendenz, Misserfolg zu meiden (T_m) aus Gleichung (5) kann damit als eine Funktion des Misserfolgsmotivs (M_m) und der subjektiven Erfolgswahrscheinlichkeit (W_e) ausgedrückt werden:

(8) $T_m = M_m \times (1 - W_e) \times (-W_e)$

Auch das (immer negative) Produkt aus der Misserfolgswahrscheinlichkeit $W_m = 1 - W_e$ und dem Anreiz eines Misserfolges $A_m = -W_e$ ist bei einer mittleren Misserfolgswahrscheinlichkeit $(W_m = 0.5)$ am größten. Bei sehr leichten Aufgaben ist die Tendenz, Misserfolg zu meiden, sehr gering, da ein Misserfolg bei leichten Aufgaben (fast) ausgeschlossen werden kann. Aber auch bei sehr schwierigen Aufgaben ist die Meiden-Tendenz gering, da die Stärke der negativen Gefühle bei einem Misserfolg (der negative Anreiz eines Misserfolgs) gering ist, wenn die Aufgabe als kaum lösbar erscheint: Das Nichtlösen einer sehr schwierigen Aufgabe ruft kaum Ärger oder Beschämung hervor. Am stärksten ist die Tendenz, Misserfolg zu meiden, bei mittelschweren Aufgaben. Bei solchen Aufgaben muss zum einen mit einem relativ hohen Risiko zu scheitern gerechnet werden, zum anderen sind relativ starke negative Affekte zu erwarten, wenn man bei der Aufgabe scheitert.

Die Gleichung (9) gibt die resultierende Tendenz (T_r) als Summe der Tendenz, Erfolg zu suchen (T_e) und der Tendenz, Misserfolg zu meiden, (T_m) wieder:

(9) $T_r = M_e \times W_e \times (1 - W_e)$
       $+ M_m \times (1 - W_e) \times (-W_e)$

Vorhersagen des Risikowahl-Modells

Nach Gleichung (9) ist die Stärke der Leistungsmotivation, die resultierende Tendenz (T_r), von drei Faktoren abhängig: von der Stärke des Erfolgsmotivs (M_e), von der Stärke des Misserfolgsmotivs (M_m) und von der Erfolgswahrscheinlichkeit (W_e). Je nachdem, welches der beiden Motive überwiegt, maximieren mittelschwere Aufgaben entweder die Tendenz, Erfolge zu suchen oder die Tendenz, Misserfolge zu vermeiden:

Für überwiegend *Erfolgsmotivierte* $(M_e > M_m)$ sind mittelschwere Aufgaben am *attraktivsten* und sollten daher von ihnen in einer leistungsthematischen Situation bevorzugt gewählt werden.

Für überwiegend *Misserfolgsmotivierte* $(M_m > M_e)$ sind mittelschwere Aufgaben am *unattraktivsten* und sollten daher von ihnen in einer leistungsthematischen Situation gemieden werden.

7.2.4 Anspruchsniveau und Motivierung

Erfolgsmotivierte, denen es vor allem darum geht, positive Affekte zu maximieren, werden von Aufgaben mittleren Schwierigkeitsgrades am stärksten motiviert. Bei solchen Aufgaben bestehen einerseits gute Aussichten darauf, sie lösen zu können, andererseits sind die Aufgaben noch so anspruchsvoll, dass es ein Erfolgserlebnis darstellt, wenn man sie löst. Personen, die bestrebt sind, positive Affekte zu maximieren, sollten daher Aufgaben mittlerer Schwierigkeit bevorzugen und sowohl leichte Aufgaben (bei denen der Erfolgsanreiz gering ist) als auch schwere Aufgaben (bei denen die Erfolgswahrscheinlichkeit gering ist) meiden.

Misserfolgsmotivierten geht es dagegen vor allem darum, die mit einem Misserfolg verbundenen negativen Emotionen zu vermeiden. Die Meiden-Tendenz ist am stärksten bei mittelschweren Aufgaben. Denn diese geben am besten Aufschluss über die eigene Tüchtigkeit und sind daher für jemanden, der einen Misserfolg befürchtet, am bedrohlichsten (»Wenn ich schon Aufgaben, die eigentlich lösbar sind, nicht schaffe, muss ich mich als Versager fühlen«). Weniger bedrohlich für sie sind dagegen sowohl leichte Aufgaben, da sie einen Misserfolg fast sicher ausschließen können, als auch schwere Aufgaben, da diese keinen Aufschluss über die eigene Tüchtigkeit geben (»Aufgaben, die sowieso niemand lösen kann, sagen nichts über meine Leistungsfähigkeit aus«). Der fast sichere Misserfolg bei schweren Aufgaben wird nicht als eine Selbstwertbedrohung empfunden.

Aus dem Risikowahl-Modell ergeben sich unterschiedliche *Vorhersagen* für Erfolgs- und Misserfolgsmotivierte hinsichtlich ihres Anspruchsniveaus: Für Erfolgsmotivierte sind Aufgaben mittlerer Schwierigkeit besonders attraktiv, da sie die besten Aussichten auf positive Affekte bieten. Eine erfolgsmotivierte Person, die vor die Wahl gestellt wird, zwischen Aufgaben verschiedenen Schwierigkeitsgrades zu wählen, sollte daher mittelschwere Aufgaben bevorzugen. Misserfolgsmotivierte sollten dagegen gerade diese Aufgaben meiden, da bei mittelschweren Aufgaben das Risiko für negative Affekte am größten ist.

Diese Vorhersagen des Risikowahl-Modells wurden in meist experimentellen Studien überprüft (zur Übersicht Heckhausen, Schmalt & Schneider, 1985; Rheinberg, 2008a; Schneider, 1973). Dabei hatten die Testpersonen entweder die Möglichkeit, zwischen gleichartigen Aufgaben unterschiedlichen Schwierigkeitsgrades zu wählen (z. B. Moulton, 1965), oder es wurde ihre Ausdauer bei Aufgaben unterschiedlichen Schwierigkeitsgrades erfasst (z. B. Feather, 1961). Die Ergebnisse (z. B. Isaacson, 1964; Mahone, 1960) stützen die Vorhersagen des Risikowahl-Modells für die Erfolgsmotivierten. Sie bevorzugen Aufgaben mittlerer Schwierigkeit und geben sich bei diesen Aufgaben die größte Mühe. Für eine Person mit einem starken Erfolgsmotiv sind demnach Aufgaben mittlerer Schwierigkeit besonders motivierend, sehr leichte und sehr schwierige Aufgaben dagegen kaum.

> **Anspruchsniveau**
> Das Anspruchsniveau bezeichnet das Leistungsniveau, das eine Person erreichen will.

Für Misserfolgsmotivierte sind die Befunde weniger eindeutig. In einigen Studien, in denen die Testpersonen zwischen Aufgaben unterschiedlichen Schwierigkeitsgrades zu wählen hatten, konnte die Tendenz zu Aufgaben mit extremer Schwierigkeit nicht beobachtet werden (z. B. DeChams & Davé, 1965; Schneider, 1973). Zwar bevorzugten Misserfolgsmotivierte nicht, wie die Erfolgsmotivierten, Aufgaben mittlerer Schwierigkeit, allerdings zeigte sich in den Studien nicht die vom Risikowahl-Modell vorhergesagte Tendenz zu sehr leichten und sehr schwierigen Aufgaben. Hinweise auf die vom Risikowahl-Modell prognostizierte Bevorzugung extremer Aufgabenschwierigkeiten fanden dagegen Hamilton (1974), Schneider und Meise (1973) sowie Schmalt (1999).

Anspruchsniveau im schulischen Kontext

Die Befunde zum Risikowahl-Modell können jedoch nicht ohne Einschränkungen auf den schulischen Kontext übertragen werden. Die Vorhersagen gelten strenggenommen nur für Situationen, in denen die Aufgabenwahl ausschließlich unter leistungsthematischen Gesichtspunkten getroffen wird. Das Risikowahl-Modell betrifft also nur für solche Situationen, in denen ausschließlich das Leistungsmotiv und die antizipierten selbstbewertenden Emotionen als Bedingungen für das Leistungsverhalten in Frage kommen und keine anderen Motive (z. B. Anschluss bei anderen zu finden oder sich bei anderen beliebt machen) oder Ziele (z. B. sich einen Vorteil zu verschaffen) wirksam sind. Außer dem Bestreben, die eigene Tüchtigkeit zu erproben, dürfen keine weiteren Motive wirksam sein (Heckhausen & Heckhausen, 2010). Daher wurde auch das

Risikowahl-Modell vorwiegend in experimentellen Studien überprüft, die es ermöglichen, Bedingungen herzustellen, unter denen ausschließlich Leistungsmotive verhaltenswirksam sind.

Im schulischen Kontext wird man dagegen nicht davon ausgehen können, dass das Leistungsverhalten ausschließlich von dem Bestreben geleitet wird, die eigene Tüchtigkeit zu erproben. Wenn Schülerinnen und Schüler im Schulalltag Energie und Zeit zum Lernen investieren, tun sie dies in der Regel nicht nur deswegen, um ihre Tüchtigkeit zu erproben, sondern auch, um zum Beispiel ihre Versetzung nicht zu gefährden, Kritik ihrer Eltern zuvorzukommen oder ihre Aussichten auf einen Studienplatz zu verbessern. Das schulische Lernen wird also nicht ausschließlich durch das Bestreben, die eigene Tüchtigkeit zu erproben, bestimmt. Können beispielsweise Lernende ihre Aufgaben frei wählen, dürften in der Regel neben dem Leistungsmotiv noch weitere Motive im Spiel sein. So werden Schülerinnen und Schüler, die viel Wert auf soziale Kontakte legen, bei der Wahl einer Aufgabe auch darauf achten, mit wem sie zusammenarbeiten können (vgl. Rheinberg, 2008a). Schülerinnen und Schüler, die außerhalb der Schule stark beansprucht sind, werden wahrscheinlich leichte Aufgaben wählen, um sich schneller dringenderen Anforderungen zuwenden zu können. In der schulischen Praxis wird man in der Regel nicht davon ausgehen können, dass Aufgaben ausschließlich unter leistungsthematischen Gesichtspunkten gewählt werden.

7.3 Das Selbstbewertungsmodell der Leistungsmotivation

Im Selbstbewertungsmodell der Leistungsmotivation hat Heckhausen (1972, 1975) die Forschungsergebnisse zum Risikowahl-Modell (Atkinson, 1957) und zur Kausalattribution (Weiner, 1984) integriert. Das Modell beschreibt die Interaktion dreier Teilprozesse leistungsmotivierten Verhaltens und erklärt damit deren Auswirkungen auf die Selbstbewertung:

- Ziel- und Anspruchsniveausetzung
- Kausalattribution
- Selbstbewertung

Die drei Prozesse der Leistungsmotivation stehen nicht unverbunden nebeneinander, sondern stabilisieren sich wechselseitig und führen – je nachdem, ob in Leistungssituationen die Hoffnung auf Erfolg oder die Furcht vor Misserfolg überwiegt – zu einer unterschiedlichen *Selbstbewertungsbilanz* bei Erfolg und Misserfolg (▶ Tab. 7.2).

Selbstbewertungsprozess bei Erfolgsmotivierten

Erfolgsmotivierte bevorzugen Aufgaben mittlerer Schwierigkeit, weil diese die besten Aussichten auf positive selbstbewertende Affekte bieten (▶ Tab. 7.2). Sie setzen sich damit realistische Leistungsziele, die ihnen nicht nur eine realistische Einschätzung ihrer Leistungsfähigkeit ermöglichen, sondern auch den Zusammenhang zwischen den eigenen Anstrengungen und dem Leistungsergebnis deutlich werden lassen. Da sie bei den von ihnen bevorzugten mittelschweren Aufgaben erleben, dass das Leistungsergebnis in hohem Ausmaß von ihrem eigenen Bemühen abhängt, führen sie Erfolge vor allem aus *internale* Ursachen (z. B. eigene Fähigkeiten) und Misserfolge eher auf *zeitvariable und kontrollierbare* Ursachen (z. B. mangelnde Anstrengung) zurück. Bedingt durch dieses Attributionsmuster erleben sie bei Erfolg

Tab. 7.2: Selbstbewertungsmodell der Leistungsmotivation

	Motivausprägung	
	Erfolgszuversichtlich	**Misserfolgsvermeidend**
Anspruchsniveau	Realistisches Anspruchsniveau mittelschwere Aufgaben werden bevorzugt	Unrealistisches Anspruchsniveau leichte oder schwere Aufgaben werden bevorzugt
Leistungsattribution — Erfolg	Internale Ursachen Begabung eigene Fähigkeit Anstrengung	Externale Ursachen Geringe Schwierigkeit der Aufgaben Glück
Leistungsattribution — Misserfolg	Zeitvariable Ursachen mangelnde Anstrengung Pech	Zeitstabile Ursachen mangelnde Fähigkeiten mangelnde Begabung
Selbstbewertung	Erfolgs-/Misserfolgsbilanz positiv	Erfolgs-/Misserfolgsbilanz negativ

Anmerkungen. Selbstbewertungsmodell der Leistungsmotivation (modifiziert nach Heckhausen, 1975)

positive selbstbewertende Affekte (Stolz), aber nur *geringe* negative selbstbewertende Affekte (Beschämung) nach Misserfolg. Ihre *Selbstbewertungsbilanz* ist daher positiv: Sie profitieren von Erfolgen, werden aber wenig durch Misserfolge beeinträchtigt.

Wie Abbildung 7.4 veranschaulicht, führen diese Teilprozesse zu einer *Selbststabilisierung*: Da Erfolgsmotivierte in Leistungssituationen positive selbstbewertende Affekte (Stolz und Zufriedenheit, etwas geschafft zu haben) erwarten, stellen sie sich neuen Leistungsanforderungen und geben nach einem Misserfolg nicht vorschnell auf. Dies führt zu weiteren positiven Selbstbewertungen, die wiederum Leistungsanforderungen attraktiv erscheinen lassen.

Selbstbewertungsprozess bei Misserfolgsmotivierten

Misserfolgsmotivierte (Misserfolgsvermeidende) bevorzugen nach dem Risikowahl-Modell Aufgaben, die für sie entweder zu schwer oder zu leicht sind, um die befürchteten negativen selbstbewertenden Affekte (Ärger und Beschämung etwas nicht geschafft zu haben) zu vermeiden (▶ Tab. 7.2). Diese Aufgaben ermöglichen ihnen jedoch weder eine realistische Einschätzung ihrer Leistungsfähigkeit, noch wird an ihnen der Zusammenhang zwischen der eigenen Anstrengung und dem Leistungsergebnis deutlich. Daher schreiben sie *Erfolge* eher *externalen* Ursachen (Glück, geringe Aufgabenschwierigkeit) zu und führen *Misserfolge* eher auf *zeitstabile internale* Ursachen (mangelnde Fähigkeit) zurück. Aus diesem Attributionsmuster resultiert eine *negative Selbstbewertungsbilanz*: Von Erfolgen profitieren sie in ihrer Selbstbewertung nur wenig, Misserfolge sind dagegen mit negativen selbstbewertenden Affekten verbunden. Da sie leistungsthematische Situationen fast immer als eine Selbstwertbedrohung erleben, gehen sie realistischen Anforderungen aus dem Weg und weichen auf zu leichte oder zu schwierige Aufgaben aus (▶ Abb. 7.5).

> **Selbstbewertungsmodell der Leistungsmotivation**
> Das Selbstbewertungsmodell beschreibt die leistungsmotiviertes Verhalten als ein sich selbst stabilisierendes System, das aus drei Teilprozessen besteht: (1) Ziel- und Anspruchsniveausetzung, (2) Kausalattribution und (3) Selbstbewertung. Die Interaktion der drei Teilprozesse führt bei Erfolgszuversichtlichen zu einer positiven Selbstbewertungsbilanz, bei Misserfolgsängstlichen zu einer negativen Selbstbewertungsbilanz.

Abb. 7.4: Selbststabilisierung bei Erfolgsmotivierten

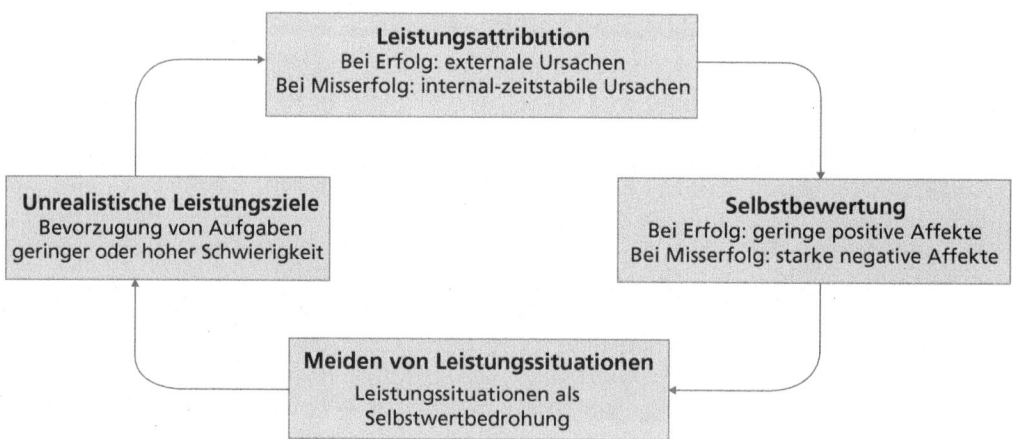

Abb. 7.5: Selbststabilisierung bei Misserfolgsmotivierten

Nach dem Selbstbewertungsmodell bilden die Teilprozesse der Leistungsmotivation ein *sich-selbst-stabilisierendes System*, das dazu führt, dass Erfahrungen, die der Motivausprägung widersprechen, die Grundtendenz, Leistungsanforderungen entweder aufzusuchen (bei Erfolgsmotivierten) oder zu vermeiden (bei Misserfolgsmotivierten), kaum verändern: Misserfolgsmotivierte bleiben auch dann misserfolgsmotiviert, wenn sie Lernerfolge erzielen; Erfolgszuversichtliche bleiben auch dann erfolgszuversichtlich, wenn Lernerfolge ausbleiben. Erfahrungen, die der grundlegenden Motivausprägung der Person widersprechen, verändern die Motivstruktur nicht, sondern führen zu einer Stabilisierung der Erfolgs- bzw. Misserfolgserwartungen.

7.4 Messung des Leistungsmotivs

Unter dem Leistungsmotiv wird eine stabile Disposition verstanden, sich mit einem Gütemaßstab auseinanderzusetzen, um die eigene Tüchtigkeit zu erproben. Wie kann man nun das Leistungsmotiv messen? Nach der Theorie der Leistungsmotivation kommt ein Motiv in den *Anreizen* zum Ausdruck, die in Handlungssituationen wahrgenommen werden. In diesem Sinne vergleicht Rheinberg (2008a, S. 63) ein Motiv mit einer »spezifisch eingefärbte[n] Brille, die ganz bestimmte Aspekte von Situationen auffällig macht und als wichtig hervorhebt«. Eine Person mit einem starken *Machtmotiv* wird beispielsweise in vielen Situationen die Gelegenheit sehen, auf andere Menschen Einfluss auszuüben und ihr Ansehen zu steigern. Eine Person mit einem starken *Geselligkeitsmotiv* wird dagegen Alltagssituationen eher als eine Gelegenheit betrachten, mit anderen Menschen in Kontakt zu kommen oder soziale Beziehungen zu intensivieren. Eine Person mit einem starken *Leistungsmotiv* wird dementsprechend in vielen Situationen die Gelegenheit sehen, ihre Leistungsfähigkeit zu erproben.

> »Eine Person mit einem stark ausgeprägten Leistungsmotiv nimmt in einer Handlungssituation eher wahr, daß man etwas besser oder schlechter machen kann, sie sieht häufiger Gelegenheiten, ihre Tüchtigkeit zu erproben und zu steigern und erlebt diese Gelegenheiten auch als anregender und wichtiger, als wenn sie statt dessen ein ausgeprägtes Machtmotiv besäße« (Rheinberg, 2008a, S. 62).

Um das Leistungsmotiv zu erfassen, könnte man zunächst daran denken, die Person direkt danach zu fragen, wie sie Alltagssituationen wahrnimmt: »Sehen Sie häufig die Gelegenheit, ihre Tüchtigkeit zu erproben?«, »Fühlen Sie sich oft herausgefordert, etwas besser zu machen?« oder »Verspüren Sie oftmals das Bedürfnis herauszufinden, was Sie leisten können?« Die direkte Befragung ist jedoch nicht gut geeignet, das Leistungsmotiv zu erfassen, vor allem, weil uns im Alltag die Beweggründe unseres Verhaltens nicht immer bewusst sind.

7.4.1 Projektive Verfahren zur Erfassung des Leistungsmotivs

Statt Testpersonen direkt zu befragen, welche Handlungsanreize sie wahrnehmen, wird auf *indirektem Wege* versucht, die Stärke des Leistungsmotivs zu messen. Dabei geht man davon aus, dass das Leistungsmotiv als eine »spezifisch eingefärbte Brille« (Rheinberg, 2008a, S. 63) darin zum Ausdruck kommt, dass Alltagssituationen vorzugsweise *leistungsthematisch* interpretiert werden. Eine Person mit einem starken Leistungsmotiv sollte danach in Alltagsituationen häufiger als eine Person mit einem schwachen Leistungsmotiv Anreize für eine Auseinandersetzung mit einem Gütemaßstab entdecken.

> **Projektive Testverfahren**
> Projektive Tests (Persönlichkeits-Entfaltungstest) sind diagnostische Verfahren, mit denen Reaktionen der Testperson auf mehrdeutiges Reizmaterial erhoben werden, aus denen der Diagnostiker auf die Eigenschaften, Intentionen, Probleme oder Bedürfnisse schließt. Diesem Vorgehen liegt die Annahme zugrunde, dass in den Reaktionen der Testperson auf mehrdeutiges Reizmaterial (z. B. »Tintenkleckse« beim Rorschach-Test) unbewusste Einstellungen, Motive und Bedürfnisse zum Ausdruck kommen.

Der Thematische Auffassungstest (TAT)

Um zu erfassen, welche Handlungsanreize in Alltagssituationen wahrgenommen werden, werden den Testpersonen Bilder mit verschiedenen Alltagsszenen präsentiert, zu denen sie sich Geschichten ausdenken sollen. Diese Phantasiegeschichten werden nun im Hinblick auf die darin zum Ausdruck kommenden Person-Umwelt-Bezüge analysiert. Diese Methode geht auf ein mittlerweile über siebzig Jahre altes Verfahren zur Erfassung von Motiven zurück, dem *Thematischen Auffassungstest* (*Thematischer Apperzeptionstest*) – kurz TAT genannt (zum Überblick Langens & Schüler, 2003). Der TAT wurde von Murray (1938, 1943) eingeführt und von McClelland und Mitarbeitern (McClelland, Atkinson, Clark & Lowell, 1953) als ein Messinstrument zur Erfassung des Leistungsmotivs weiterentwickelt. Für den deutschen Sprachraum hat Heckhausen (1963) den TAT adaptiert und erweitert.

Beim TAT werden den Testpersonen mehrere Schwarzweißbilder vorgelegt, auf denen eine oder mehrere Personen in mehrdeutigen Situationen dargestellt werden, die den Testpersonen viel Raum für die individuelle Ausgestaltung der Phantasiegeschichten lassen (vgl. Langens & Schüler, 2003; Schultheiss & Pang, 2007). Zu diesen Bildern, die jeweils nur kurzzeitig präsentiert werden, sollen die Testpersonen spontan eine kurze Geschichte schreiben, aus der hervorgeht, (1) was auf dem Bild gerade passiert, (2) was die beteiligten Personen denken, fühlen und wollen, (3) wie es zu der dargestellten Situation gekommen ist und (4) wie die Geschichte ausgehen wird. Um die Stärke des Leistungsmotivs zu messen, wird anhand eines *Auswertungsschlüssels* ermittelt, wie häufig in den Geschichten leistungsthematische Bedürfnisse und Ziele thematisiert werden, beispielsweise der Wunsch nach Erfolg, die Befürchtung von Misserfolg oder leistungsbezogene Emotionen (▶ Tab. 7.3).

Dieser Ansatz geht davon aus, dass Testpersonen Alltagssituationen in ähnlicher Weise wahrnehmen, wie es in ihren Phantasiegeschichten zu den Bildvorlagen zum Ausdruck kommt (Rheinberg, 2008a). Eine Person, die in ihren Geschichten viele Leistungsaspekte thematisiert, wird sich auch in ihrem Alltag in vielen Situationen angeregt fühlen, sich mit einem Gütemaßstab auseinanderzusetzen. Ein Vorteil dieser indirekten Methode der Motivmessung wird darin gesehen, dass den Testpersonen, die aufgefordert werden, Phantasiegeschichten zu den Bildern zu erzählen, nicht bewusst ist, dass aus ihren Phantasieprodukten Rückschlüsse auf ihre Motive gezogen werden.

Kontroverse zur Reliabilität des TAT

Der TAT als ein *projektives Testverfahren* geht von der Grundannahme aus, dass in den Reaktionen auf mehrdeutiges Stimulusmaterial verborgene, nicht-bewusste Motive zum Ausdruck kommen. In den Phantasiegeschichten sollen sich Motive zeigen, die nicht einer bewussten Kontrolle unterliegen, beispielsweise nicht durch den Wunsch bestimmt werden, sich in einer vorteilhaften Weise darzustellen oder dem Untersucher ein bestimmtes Selbstbild zu präsentieren.

Tab. 7.3: Inhaltskategorien für »Hoffnung auf Erfolg« und »Furcht vor Misserfolg«

Hoffnung auf Erfolg	Beispiele
Bedürfnis nach Leistung und Erfolg	»Diesmal will ich es noch besser machen.«
Instrumentelle Tätigkeit zur Zielerreichung	»Der Schüler beschäftigt sich konzentriert mit der Aufgabe.«
Erfolgserwartung	»Er glaubt fest daran, dass seine Anstrengungen zum Erfolg führen werden.«
Lob für gute Leistung	»Der Meister lobt ihn für seine Leistung.«
Positive Gefühle	»Die Aufgabe bereitet ihm viel Freude.«
Erfolgsthema	
Furcht vor Misserfolg	**Beispiele**
Bedürfnis nach Misserfolgsmeidung	»Er hofft darauf, dass niemand seinen Fehler bemerkt.«
Instrumentelle Tätigkeit zur Vermeidung eines Misserfolgs	»Der Schüler versteckt sich, um nicht aufgerufen zu werden.«
Misserfolgserwartung	»Wenn es diesmal nicht gelingt, bin ich blamiert.«
Kritik und Tadel	»Wenn er das nicht schafft, werden seine Eltern ihn tadeln.«
Negative Gefühle	»Er ärgert sich über seinen Fehler.«
Misserfolg	»Der Lehrling hat das Werkstück verdorben.«
Misserfolgsthema	

Anmerkungen. Inhaltskategorien nach Heckhausen (1963, S. 67)

Wie bei vielen projektiven Verfahren liegt auch beim TAT das Problem in der *mangelnden Auswertungsobjektivität*. Wenngleich differenzierte Auswertungsschlüssel vorliegen (z. B. Heckhausen, 1963), bleibt bei der Auswertung der Phantasiegeschichten doch ein erheblicher Ermessensspielraum, der dazu führt, dass zwei Personen, die die Phantasiegeschichten nach dem Inhaltschlüssel auswerten, bei der gleichen Geschichte oft zu unterschiedlichen Ergebnissen kommen. Zwar liegt die kategoriale Beurteilerübereinstimmung bei der Auswertung von TAT-Protokollen nach Brunstein und Heckhausen (2006) bei 85 % und die Korrelationen der TAT-Scores zweier Auswerter – die Interrater-Korrelation – zwischen $r = .80$ und $r = .95$, solche Werte werden jedoch nur erreicht, wenn die Beurteiler geschult sind. Ungeschulte Beurteiler dürften diese in der Literatur berichtete Beurteilerübereinstimmung bei weitem nicht erreichen (Langens & Schüler, 2003).

Ein Problem des TAT ist seine mangelnde Reliabilität (z. B. Klinger, 1966). Nach Entwisle (1972), die die Ergebnisse mehrerer Reliabilitätsstudien zusammenfasst, erreicht die *interne Konsistenz* des TAT nur Werte zwischen $\alpha = .30$ und $\alpha = .60$. Dies zeigt, dass der leistungsthematische Anreiz für die Testpersonen von Bild zu Bild erheblich variiert. Auch die *Retest-Reliabilität* (Stabilität) ist eingeschränkt, auch wenn sie sich durch geeignete Testinstruktionen und Auswertungsverfahren steigern lässt (z. B. Kuhl,

1978). Nach Entwisle (1972) liegt die Retest-Reliabilität bei einem Intervall von 3 bis 5 Wochen zwischen $r_{tt} = .40$ und $r_{tt} = .60$. In einer Metaanalyse lag der Median der Retest-Reliabilität nur bei $r_{tt} = .32$ (Fineman, 1977). Dies bedeutet, dass Testpersonen bei nochmaliger Vorlage des TAT häufig andere Werte erzielen. Aufgrund der mangelnden Homogenität und der geringen Reliabilität halten einige Autorinnen und Autoren (z. B. Entwisle, 1972) den TAT nicht für ein geeignetes Messinstrument.

Von den Befürwortern des TAT (z. B. Atkinson & Raynor, 1974; McClelland et al., 1953; Schmalt & Sokolowski, 2000) wird dagegen bezweifelt, ob die Reliabilitätsbestimmung nach den Prinzipien der klassischen Testtheorie (▶ Kap. 3.3.2) für ein projektives Verfahren wie den TAT überhaupt angemessen ist. Der TAT wird im Allgemeinen mit der Aufforderung vorgegeben, möglichst originelle Geschichten zu den Bildern zu erfinden, wodurch die Kreativität der Testperson gefordert ist. Die geringe Retest-Reliabilität könnte nun darauf zurückzuführen sein, dass die Testpersonen vermeiden wollen, in ihren Phantasiegeschichten immer wieder die gleichen Inhalte zu thematisieren und sich daher bemühen, bei der zweiten Vorgabe der TAT-Bilder möglichst unterschiedliche Geschichten zu erfinden. Dieser Erklärung zufolge würde sich durch die erste Vorgabe des TAT die *Einstellung* der Testpersonen zu den Bildern verändern, so dass sie mit einer anderen Voreinstellung an den Wiederholungstest herangehen. Weiner (1984, S. 148) erläutert diesen Einwand gegen die Kritik am TAT durch ein anschauliches Beispiel:

> »Stellen wir uns zum Beispiel vor, jemand hört einen Witz und reagiert darauf mit herzhaftem Lachen. Hört er den Witz ein zweites Mal, so wird dieser nur mehr wenig Lachen hervorrufen. In diesem Fall wäre es ungerechtfertigt, das Lachen auf Grund der geringen Retestreliabilität als invaliden Index für die Güte des Witzes anzusehen.«

Befürworter des TAT bezweifeln, dass die Retest-Reliabilität für den TAT ein sinnvolles Gütekriterium darstellt, da bei der Testwiederholung die ursprünglichen Bedingungen nicht wiederhergestellt werden können.

7.4.2 Semi-projektive Verfahren zur Erfassung des Leistungsmotivs

Zwar wird der TAT in der Motivationsforschung häufig eingesetzt, für die Praxis ist der TAT aufgrund des großen Auswertungsaufwandes jedoch nicht geeignet. Die Inhalte jeder Geschichte müssen mit Hilfe eines komplexen Auswertungsschlüssels kodiert werden, um zu einem Punktwert zu kommen. Einen Eindruck von dem Aufwand für die Auswertung des TAT geben Langens und Schüler (2003), die am Beispiel zweier fiktiver Schülerinnen und Schüler das Vorgehen bei der Kodierung der TAT-Protokolle demonstrieren. Aufgrund des hohen Aufwandes, aber auch deswegen, weil für die Auswertung eine spezielle Schulung notwendig ist, ist der TAT für den Einsatz durch die Lehrkraft im Unterricht nicht geeignet.

Das Multi-Motiv-Gitter (MMG)

Ein praxistaugliches Verfahren zur Motivmessung ist das *Multi-Motiv-Gitter* (MMG; Schmalt, Sokolowski & Langens, 2000; Sokolowski, Schmalt, Langens & Puca, 2000). Das MMG erfasst neben dem Leistungsmotiv auch das Machtmotiv und das Anschluss- bzw. Geselligkeitsmotiv. Der Testperson werden 14 schematisch dargestellte Alltagssituationen präsentiert, die Anreize für jedes der drei Motive bieten. Zu jeder Vorlage werden mehrere Aussagen vorgegeben, die jeweils Inhalte zu den drei Motiven (Erwartungen, Ziele, Affektantizipationen) wiedergeben. Aufgabe der Testperson ist es, für jede Aussage anzugeben, ob sie zu dem Bild passt.

Die schematisch dargestellte Alltagsszene bietet Anknüpfungspunkte für jedes der drei Motive. Um zu erfassen, welche Anreize die Testperson wahrnimmt, werden ihr Aussagen mit der Aufforderung vorgegeben, anzugeben, ob die Aussage zu dem Bild passt. Als Beispiel für dieses Vorgehen zeigt Tabelle 7.4 zu jedem der drei Motive jeweils zwei Aussagen.

Tab. 7.4: Motive und Itembeispiele aus dem Multi-Motiv-Gitter (MMG)

	Leistung
Hoffnung auf Erfolg	• Sich hierbei den Erfolg zutrauen. • Hierbei Stolz empfinden, weil man etwas kann.
Furcht vor Misserfolg	• Bei diesen Aufgaben an mangelnde spezielle Fähigkeiten denken. • Hier schwierige Aufgaben lieber nicht gleich in Angriff nehmen.
	Macht
Hoffnung auf Kontrolle	• Selber Einfluss haben wollen. • Hier kann man das eigene Ansehen erhöhen.
Furcht vor Kontrollverlust	• Hier kann das eigene Ansehen verloren gehen. • Die Macht anderer befürchten.
	Anschluss
Hoffnung auf Anschluss	• Man ist froh, den anderen getroffen zu haben. • Man hofft, dem anderen näher zu kommen, wenn man selbst die Initiative ergreift.
Furcht vor Zurückweisung	• Hier kann man leicht vom anderen zurückgewiesen werden. • Man fürchtet, den anderen zu langweilen.

Es wird davon ausgegangen, dass die Motivstruktur der Testperson in der Wahl der Aussagen zum Ausdruck kommt. Eine leistungsmotivierte Person wird demzufolge die Aussagen mit einem leistungsthematischen Inhalt für passend halten (z. B. »Sich hierbei den Erfolg zuzutrauen«), eine anschlussmotivierte Person wird eher Aussagen wählen, in denen der Wunsch nach Nähe und Kontakt zu anderen Menschen zum Ausdruck kommt (z. B. »Hier kann man leicht vom anderen zurückgewiesen werden«) und eine Person mit einem starken Machtmotiv wird zu Aussagen neigen, die das Ansehen und den Einfluss thematisieren (z. B. »Hier kann das eigene Ansehen verloren gehen«). Die Häufigkeit, mit der Aussagen zu einem bestimmten Motiv als passend erachtet werden, wird als Maß für Stärke dieses Motivs interpretiert.

Mit dem MMG können das Leistungs-, das Macht- und das Anschlussmotiv jeweils in einer aufsuchenden und einer meidenden Ausrichtung erfasst werden: die »Hoffnung auf Erfolg« und die »Furcht vor Misserfolg« beim Leistungsmotiv, die »Hoffnung auf Anschluss« und die »Furcht vor Zurückweisung« beim Anschlussmotiv sowie die »Hoffnung auf Kontrolle« und die »Furcht vor Kontrollverlust« beim Machtmotiv. Das Verfahren weist gute Güteeigenschaften auf. Für die drei Hoffnungskomponenten liegt die Retest-Reliabilität zwischen $r_{tt} = .88$ und $r_{tt} = .92$, für die drei Furchtkomponenten zwischen $r_{tt} = .77$ und $r_{tt} = .80$. Die interne Konsistenz der Skalen liegt zwischen $\alpha = .61$ und $\alpha = .72$. Das MMG wurde an einer Stichprobe von mehr als 1900 Testpersonen normiert. Es liegen

Prozenträge und T-Normen für Frauen und Männer vor.

Das Leistungsmotiv-Gitter (LMG)

Das Leistungsmotiv-Gitter (LMG; Schmalt, 1976; vgl. auch Schmalt, 2003) ist ein Verfahren zur Messung des Leistungsmotivs bei Schülerinnen und Schüler im Alter von 9 bis 16 Jahren. Es basiert auf dem gleichen Prinzip wie das MMG, erfasst jedoch nur das Leistungsmotiv.

Den Schülerinnen und Schülern werden 18 schematisch gezeichnete Szenen aus den Bereichen Schule, Sport und Freizeit mit jeweils 18 identischen Aussagen mit leistungsthematischem Inhalt vorgegeben. Abbildung 7.6 zeigt eine Bildvorlage des LMG. Die Testpersonen sollen angeben, welche der Aussagen sie für zutreffend halten. Die 18 Aussagen beziehen sich auf »die für Erfolgs- und Mißerfolgsmotivierte typischen Formen der Antizipation von Erfolg und Mißerfolg, auf das Engagement bei der Übernahme von Leistungsaktivitäten, auf Zielsetzungs- und Risikoverhalten, auf die Persistenz bei der Bearbeitung unterschiedlich schwieriger Aufgaben und schließlich auf die Einschätzung der eigenen Fähigkeit« (Schmalt, 1976, S. 8). Es werden beide Komponenten des Leistungsmotivs, die Hoffnung auf Erfolg und die Furcht vor Misserfolg, erfasst, wobei das Misserfolgsmotiv weiter in eine *passivmeidende Komponente* (z. B. »Er/Sie hat Angst, dass er/sie dabei etwas falsch machen könnte.«) und eine *aktive Komponente* (z. B. »Er/sie denkt: ›Ich frage lieber jemanden, ob er/sie mir helfen kann‹«) differenziert wird.

Abb. 7.6:
Vorlagen aus dem Leistungsmotivgitter (LMG)

Tab. 7.5: Beispielitems aus dem Leistungsmotiv-Gitter (LMG)

Hoffnung auf Erfolg

- Er/sie denkt: »Ich bin stolz auf mich, weil ich das kann.«
- Er/sie denkt: »Ich will das auch einmal können.«
- Er/sie will mehr können als alle anderen.

Furcht vor Misserfolg/aktive Komponente

- Er/sie denkt: »Wenn das schwierig ist, mache ich lieber ein anderes Mal weiter.«
- Er/sie denkt: »Ich frage lieber jemanden, ob er mithelfen kann.«
- Er/sie ist unzufrieden mit dem, was er kann.

Furcht vor Misserfolg/passiv-meidende Komponente

- Er/sie denkt: »Ob auch nichts falsch ist?«
- Er/sie hat Angst, dass er dabei etwas falsch machen könnte.
- Er/sie will nichts verkehrt machen.

Die Retest-Reliabilität des LMG liegt über ein Zeitintervall von zwei bis acht Wochen zwischen $r_{tt} = .67$ und $r_{tt} = .87$, die interne Konsistenz der drei Skalen liegt zwischen $\alpha = .88$ und $\alpha = .92$.

Wie der TAT gehen auch das LMG und das MMG von der Grundannahme aus, dass sich Motive in den *Anreizen* zum Ausdruck kommen, die in mehrdeutigen Situationen wahrgenommen werden. Im Unterschied zum TAT werden beim MMG und beim LMG vorformulierte Antworten vorgegeben, die von den Testpersonen hinsichtlich ihrer Passung zu den Bildvorlagen beurteilt werden. Mit der Vorgabe mehrdeutiger Bilder bleibt der projektive Charakter erhalten, die Auswertung der Verhaltensstichprobe erfolgt jedoch wie bei Fragebögen in standardisierter Form. Diese von den Testautoren »semiprojektiv« bezeichnete Methode ermöglicht eine im Vergleich zum TAT ökonomischere Auswertung. Ein weiterer Vorteil der »Gitter-Technik« liegt in den psychometrischen Gütekriterien. Die Verfahren erzielen meist eine ähnlich hohe Reliabilität wie Fragebogenverfahren; im Hinblick auf ihre prognostische Validität liegen vergleichbare Befunde wie beim TAT vor (Schmalt & Sokolowski, 2000).

7.4.3 Implizite versus explizite Motive

Das klassische Messinstrument zur Erfassung des Leistungsmotivs, der TAT, ist hinsichtlich der Auswertung sehr aufwändig und weist zudem nur eine geringe Reliabilität auf. Es lag daher nahe, zur Erfassung des Leistungsmotivs Fragebögen zu entwickeln, die eine ökonomische Auswertung ermöglichen und im Allgemeinen auch eine höhere Reliabilität als projektive Verfahren erzielen.

TAT und Fragebogen stellen jedoch konzeptionell unterschiedliche Zugangsweisen zur Diagnostik des Leistungsmotivs dar. Mit dem TAT werden Phantasieprodukte erhoben, um das Leistungsmotiv unbeeinflusst von Selbstdarstellungstendenzen der Testpersonen zu erfassen. Fragebögen erfassen demgegenüber *Selbstberichte*, die eine bewusste Offenlegung von Meinungen und Ansichten beinhalten. In den Fragebögen zur Leistungsmotivation geben die Befragten beispielsweise Auskünfte über ihre Ziele, Wünsche und Bedürfnisse (z. B. »Ich bemühe mich immer, mein Bestes zu geben«). Wenn tatsächlich mit beiden Ansätzen das gleiche Konstrukt, nämlich das Leistungsmotiv, erfasst wird, sollten im Sinne einer konvergenten Validität die Ergebnisse von TAT und Fragebögen auch hoch korrelieren.

Das ist jedoch nicht der Fall. In vielen Studien stellte sich heraus, dass die über den TAT und über Fragebögen erhobenen Motive nicht miteinander korrelieren. So ermittelte Spangler (1992) in seiner Metaanalyse auf der Basis von 36 Studien, in denen das Leistungsmotiv mit dem TAT und mit einem Fragebogen erfasst wurde, nur eine durchschnittliche Korrelation von $r = .088$ zwischen TAT-Maßen und Selbstberichten zur Leistungsmotivation. Fineman (1977) fand eine durchschnittliche Korrelation zwischen TAT- und Fragebogenmaßen zur Leistungsmotivation von $r = .15$. Für die Kritiker projektiver Verfahren liegt die Erklärung auf der Hand: Sie sehen den Grund für den geringen Zusammenhang zwischen den TAT-Maßen und der durch Selbstberichte erfassten Leistungsorientierung in der mangelnden Reliabilität des TAT: Mit einem messfehlerbehafteten Messinstrument wie dem TAT sind vornherein keine substanziellen Zusammenhänge mit anderen Messverfahren zu erwarten.

Überraschenderweise zeigten sich aber trotz eingeschränkter Reliabilität und geringer interner Konsistenz des TAT substanzielle Zusammenhänge mit Verhaltensmaßen. So fand Spangler (1992) in seiner Metaanalyse, dass der TAT im Hinblick auf eine bestimmte Art von Verhalten (siehe unten) eine höhere Validität aufweist als Fragebögen. Diese Beobachtung, dass TAT- und Fragebogenmaße praktisch nicht korrelieren, der TAT aber trotz geringer Reliabilität Leistungsverhalten vorhersagt, war für McClelland, Koestner und Weinberger (1989) der Ausgangspunkt für die Entwicklung eines *Modells dualer Motive*.

Zwei motivationale Systeme

Dieses Konzept geht von zwei unterschiedlichen Motivsystemen aus, den *impliziten* und den *expliziten* Motiven (vgl. Brunstein, 2003; Brunstein & Hoyer, 2002). Neben den klassischen Motiven, die die Autoren als implizite Motive bezeichnen, nehmen sie ein zweites motivational wirksames Steuersystem an. Dieses Motivsystem basiert auf dem Bild, das eine Person von sich und ihren Vorlieben, Interessen, Wünschen und überdauernden Zielsetzungen hat. Dieses *Selbstbild* kommt in sogenannten *expliziten* oder *selbst-attribuierten Motiven* zum Ausdruck, die den klassischen Motiven, den *impliziten Motiven* gegenübergestellt werden.

Implizite Motive

Implizite Motive beruhen auf »affektive[n] Präferenzen, sich immer wieder mit bestimmten Formen von Anreizen auseinanderzusetzen« (Brunstein, 2003, S. 63). Beim Leistungsmotiv gehen die Anreize von der wahrgenommenen Schwierigkeit der Anforderungen aus: Aufgaben, die lösbar erscheinen, deren Lösung aber Anstrengungen und Ausdauer erfordern, regen am stärksten zu leistungsmotiviertem Verhalten an, weil sie am besten Aufschluss über die eigene Tüchtigkeit geben. Diese Sensibilität für leistungsthematische Anreize ist in der Regel nicht-sprachlich repräsentiert und entzieht sich der Introspektion. Eine Person mit einem starken impliziten Leistungsmotiv ist sich in der Regel nicht bewusst, dass ihr Handeln im Alltag von ihrem Bestreben, sich mit einem Gütemaßstab auseinanderzusetzen, bestimmt wird. In diesem Sinne charakterisiert Bornstein (2002, S. 49) sie als »motives that influence individual's behaviour automatically, often without any awareness on the individual's part that his or her behaviour is influenced by these motives«.

Implizite Motive
Implizite Motive basieren auf vorsprachlichen Erfahrungen, die Kinder in einer frühen Entwicklungsperiode mit bestimmten Anreizen in ihrer Umwelt gemacht haben, etwa die frühe Erfahrung von Stolz, etwas geschafft zu haben. Aufgrund dieser affektiven Erfahrungen bilden sich stabile Präferenzen, ähnliche Situationen aufzusuchen, um positive Affekte zu erleben. Implizite Motive sind unbewusst und entziehen sich der Introspektion und können daher nicht über Selbstberichte erfasst werden.

Die impliziten Motive einer Person können daher nicht dadurch erfasst werden, indem man sie direkt nach ihren Intentionen und Zielen fragt. McClelland (1987, S. 11) bezweifelt rigoros, dass Motive überhaupt durch Selbstberichte erfasst werden können: »A scientist cannot believe what people say about their motives.« Seiner Ansicht nach erfassen Selbstberichte eher die Einschätzung der eigenen Leistungsfähigkeit als die basalen, handlungsleitenden Beweggründe einer Person. Implizite Motive kommen am ehesten in solchen Verhaltensaspekten zum Ausdruck, die nicht einer bewussten Kontrolle unterliegen, zum Beispiel in den Phantasiegeschichten, wie sie mit dem TAT erhoben werden.

Explizite Motive

Demgegenüber sind explizite oder *selbst-attribuierte* Motive Teil des *Selbstkonzepts* der Person. Es sind die persönlichen Anliegen und Ziele, die sich die Person selbst zuschreibt:

- »Ich möchte ein guter Sportler werden.«
- »Ich interessiere mich für amerikanische Geschichte und möchte alles über den amerikanischen Bürgerkrieg erfahren.«
- »Ich möchte in meinem Beruf erfolgreich sein.«

Explizite Motive spiegeln die Werte, Zielsetzungen, Wünsche und Erwartungen wieder, die die Person bewusst anstrebt. Explizite Motive als Teil des *Selbstkonzeptes* einer Person sind sprachlich repräsentiert und der Introspektion zugänglich. Sie lassen sich daher durch Selbstberichte, beispielsweise über Fragebögen, erfassen.

> **Explizite Motive**
> Explizite Motive sind bewusste Selbstzuschreibungen, die eng mit den sozialen Erwartungen und Normen der Umwelt zusammenhängen. Da explizite Motive Bestandteil des Selbstkonzepts der Person sind, können sie durch Selbstberichte erfasst werden.

Operantes versus respondentes Verhalten

Implizite und explizite Motive kommen in unterschiedlichen Formen des Verhaltens zum Ausdruck. Nach Ansicht von McClelland et al. (1989) haben implizite Motive keinen unmittelbaren Einfluss auf die rationale, bewusste Verhaltensplanung, sondern schlagen sich vornehmlich in solchen Handlungen nieder, die der Spontaneität der handelnden Person entspringen. McClelland (1980) bezeichnet dieses Verhalten als *operantes Verhalten*. Dazu zählt das spontane Verhalten, das nicht durch soziale Stimuli (z. B. durch die Aufforderung der Lehrkraft) ausgelöst oder durch äußere Verstärker (z. B. durch die Aussicht auf Anerkennung) kontrolliert wird. Der leistungsthematische Anreiz für operantes Verhalten liegt in der Aufgabe selbst, die zur Erprobung der eigenen Tüchtigkeit herausfordert.

Explizite oder selbst-attribuierte Motive kommen dagegen in Verhaltensweisen zum Ausdruck, die die Person bewusst reflektieren und kontrollieren kann. McClelland (1980) bezeichnet dieses Verhalten als *respondentes Verhalten*. Respondentes Verhalten wird durch soziale Anreize (z. B. durch die Aussicht auf Anerkennung) angeregt und durch soziale Verstärker (z. B. Anerkennung, Noten, Kritik) aufrechterhalten. Dazu zählen Verhaltensweisen, die auf bewussten Entscheidungen und auf einer willentlichen Kontrolle basieren (z. B. die Planung des Lernprozesses, die Entscheidung für ein bestimmtes Aufsatzthema, die Übernahme eines Referats) oder Handlungen, die einer Person von außen abverlangt werden (z. B. das Schreiben einer Klassenarbeit). Ergebnisse respondenten Verhaltens sind beispielsweise Schulnoten, die Wahl von Unterrichtsfächern oder die Auswahl von Interessengebieten.

Für die Unterscheidung McClellands (1980) zwischen operantem und respondentem Verhalten sprechen Studien, in denen gezeigt werden konnte, dass implizite (d. h., über den TAT erfasste) Motive besser operantes Verhalten vorhersagen und explizite

(d. h., über Fragebögen erfasste) Motive besser respondentes Verhalten vorhersagen (zur Übersicht Brunstein, 2003, 2006). So fanden beispielsweise DeCharms, Morrison, Reitman und McClelland (1955) sowie Biernat (1989), dass das mit dem TAT gemessene Leistungsmotiv besser als das selbstberichtete Leistungsstreben die Anstrengung und Schnelligkeit beim Lernen vorhersagte, wenn die Aufgaben ohne ausdrückliche Anweisung, sich um eine gute Leistung zu bemühen, vorgegeben wurden. Dagegen konnten Wahlpräferenzen und persönliche Wertungen, die auf bewussten Entscheidungen basieren, nur durch Fragebögen, nicht aber durch den TAT prognostiziert werden. Beispielsweise entschieden sich in der Studie von Biernat (1989) Personen mit hoher selbstzugeschriebener (expliziter) Leistungsorientierung häufiger für die Übernahme einer Leitungsfunktion bei einer Gruppenaufgabe als Personen mit geringer Leistungsorientierung.

Explizite Motive beeinflussen vor allem die Entscheidungen und Bewertungen, die einer bewussten Kontrolle unterliegen. In diesen Verhaltensaspekten sind Personen, die sich ein starkes Leistungsmotiv zuschreiben, bestrebt, sich ihrem *Selbstbild* entsprechend zu verhalten. So wird ein Schüler, der sich selbst für ehrgeizig und zielstrebig hält, auch die Frage, ob er gute Noten anstrebe, ob er sich bemühe, seine schulischen Kenntnisse zu verbessern oder ob für ihn eine berufliche Karriere wichtig ist, bejahen. Ebenso wird er die Gelegenheit nutzen, um sein Leistungsstreben zu dokumentieren, indem er sich zum Beispiel an einer Arbeitsgemeinschaft beteiligt oder sich für ein Referat meldet.

7.4.4 Fragebögen zur Erfassung der Leistungsmotivation

Als Alternative zu projektiven Verfahren wurden in den 1960er und 1970er Jahren zahlreiche Fragebögen entwickelt, um die Leistungsmotivation ökonomisch und reliabel zu messen. Diese Fragebögen werden in schulischen Kontexten vorwiegend eingesetzt. Die Schülerinnen und Schüler geben darin Auskunft über ihre Ziele, Absichten und Handlungsintentionen. Erfasst wird damit das *motivationale Selbstbild*. Die Antworten geben wieder, wie die Schülerinnen und Schüler ihr Leistungsstreben selbst einschätzen, beispielsweise ob sie sich bemühen, mehr zu leisten als andere oder ob sie danach streben, ihre Kenntnisse und Kompetenzen zu erweitern.

Selbstdarstellungstendenzen

Da die Antworten auf die Fragen eines Fragebogens das Ergebnis einer mehr oder weniger bewussten Reflexion beruhen, sind sie auch durch *Selbstdarstellungstendenzen* der Person beeinflussbar (Impression-Management; vgl. Mummendey, 2002). So werden Schülerinnen und Schüler bei der Bearbeitung eines Fragebogens zur Leistungsmotivation beispielsweise auch bedenken, welche *Wirkung* ihre Antworten haben könnten, insbesondere dann, wenn sie davon ausgehen müssen, dass ihre Ziele, Wünsche, Intentionen und Pläne von der Lehrkraft bewertet werden. Unter diesen Bedingungen wird man damit rechnen müssen, dass sich Schülerinnen und Schüler in ihren Antworten bemühen, sich möglichst vorteilhaft darzustellen. So dürften etwa Lernende, denen von der Lehrkraft ein Leistungsmotivationsfragebogen vorgelegt wird, bemüht sein, einen guten Eindruck zu machen, indem sie in ihren Antworten ihre Strebsamkeit und Leistungsbereitschaft zum Ausdruck bringen. Die Ergebnisse sind somit leicht durch Antworttendenzen zur *sozialen Erwünschtheit* verfälschbar. Die Fragebögen sollten daher nicht unter Bedingungen eingesetzt werden, unter denen sich die Schülerinnen und Schüler bewertet fühlen oder in denen sie erwarten, dass wichtige Entscheidungen von ihren Ergebnissen abhängig sind (z. B. eine Empfehlung auf eine weiterführende Schule).

Fragebogen zur Leistungsmotivation für Schüler (FLM)

Der *Fragebogen zur Leistungsmotivation für Schüler* (FLM; Petermann & Winkel, 2007a, b) misst nicht das Leistungsmotiv als eine stabile Persönlichkeitseigenschaft, sondern die Ausprägung der aktuellen *Leistungsmotivation* im schulischen Kontext (Zur Unterscheidung von Leistungsmotiv und Leistungsmotivation ▶ Kap. 7.2.2). Diese wird nicht allein vom Leistungsmotiv bestimmt, sondern ist auch von den Lernbedingungen abhängig, etwa davon, wie stark die Schülerinnen und Schüler im Unterricht zur Leistung angeregt werden, welche Erwartungen Lehrkräfte und Eltern an sie stellen oder welche Konsequenzen die Schülerinnen und Schüler im Hinblick auf die Ergebnisse ihrer Lernanstrengungen erwarten usw. Die *aktuelle Leistungsmotivation* als Ergebnis einer Wechselwirkung zwischen dem überdauernden Leistungsmotiv auf Seiten der Schülerinnen und Schüler und den Bedingungen ihres Lernumfeldes wird im Gegensatz zum Leistungsmotiv als grundsätzlich veränderbar und beeinflussbar angesehen.

Der *Fragebogen zur Leistungsmotivation für Schüler* ist eine inhaltlich überarbeitete und neu normierte Version des *Leistungs-Motivations-Tests* (LMT) von Hermans, Petermann und Zielienski (1978). Das Verfahren liegt in zwei Versionen vor, eine Version für Schülerinnen und Schüler der 4. bis 6. Klasse (FLM 4-6; Petermann & Winkel, 2007a) und eine Version für Schülerinnen und Schüler der 7. bis 13. Klasse (FLM 7-13; Petermann & Winkel, 2007b). Der FLM 4-6 erfasst vier Aspekte der Leistungsmotivation: Leistungsstreben, Ausdauer und Fleiß, Angst vor Erfolg und Hemmende Prüfungsangst; der FLM 7-13 enthält zusätzlich zu diesen vier Skalen die Skala Aktivierende Prüfungsangst. In Tabelle 7.6 sind die Skalen des FLM mit Beispielitems aufgeführt.

Tab. 7.6: Skalen und Beispielitems des Fragebogens zur Leistungsmotivation für Schüler (FLM)

Skala	Beispielitem
Leistungsstreben	• Gerade wenn es schwierig wird, habe ich das Gefühl, dass ich besonders gut bin. (FLM 4-6) • Ich bemühe mich darum, mehr zu leisten als die meisten anderen. (FLM 7-13)
Ausdauer und Fleiß	• Auch wenn mir eine Aufgabe keinen Spaß macht, arbeite ich weiter. (FLM 4-6) • Ich nehme mir viel Zeit, um mich auf Prüfungen vorzubereiten. (FLM 7-13)
Angst vor Erfolg	• Mit Kindern, die bessere Noten haben als die meisten, möchte niemand in der Klasse etwas zu tun haben. (FLM 4-6) • Wenn man sich viel am Unterricht beteiligt, wird man für einen Streber gehalten. (FLM 7-13)
Aktivierende Prüfungsangst[1]	• In Prüfungen bin ich erfolgreicher, wenn ich vorher ein wenig nervös bin. (FLM 7-13)
Hemmende Prüfungsangst	• Ich schäme mich, wenn ich etwas nicht geschafft habe. (FLM 4-6) • Wenn ich eine schwierige Aufgabe lösen muss, habe ich Angst, dabei zu versagen. (FLM 7-13)

Anmerkungen. Skalen und Beispielitems des *Fragebogens zur Leistungsmotivation* für Schüler der 4. bis 6. Klasse (FLM 4-6) und für Schüler der 7. bis 13. Klasse (FLM 7-13).
[1] Nur der FLM 7-13 enthält die Skala *Aktivierende Prüfungsangst*

Der FLM kann als Einzel- und Gruppentest durchgeführt werden. Die Version für Schülerinnen und Schüler der 4. bis 6. Klasse (FLM 4-6) wurde an einer Stichprobe von

602 Schülerinnen und Schülern der Jahrgangsstufen 4 bis 6 aus Hauptschulen, Realschulen, Gymnasien und Gesamtschulen normiert. Die Normierungsstichprobe des FLM 7-13 bestand aus 833 Schülerinnen und Schülern verschiedener Schulformen der Jahrgangsstufen 7 bis 13. Für jede Jahrgangsstufe wurden T-Werte und Prozentrangnormen für Schülerinnen und Schüler ermittelt.

Die Skalen des FLM weisen eine zufriedenstellende bis gute Reliabilität auf. Die interne Konsistenz der Skalen des FLM 4-6 liegt zwischen α = .62 (Angst vor Erfolg) und α = .80 (Ausdauer und Fleiß), die des FLM 7-13 liegt zwischen α = .62 (Hemmende Prüfungsangst) und α = .74 (Ausdauer und Fleiß).

Die Retest-Reliabilitäten liegen bei einem Zeitintervall von 6 Wochen für die Skalen des FLM 4-6 zwischen r_{tt} = .71 (Ausdauer und Fleiß) und r_{tt} = .85 (Hemmende Prüfungsangst) und für die Skalen des FLM 7-13 zwischen r_{tt} = .67 (Aktivierende Prüfungsangst) und r_{tt} = .76 (Ausdauer und Fleiß).

Der FLM wird für diagnostische Fragestellungen im Rahmen der schulpsychologischen Beratung und der Berufsberatung eingesetzt, um Beeinträchtigungen der schulischen Leistungsbereitschaft frühzeitig und differenziert erkennen zu können. Daher sollte das Verfahren enge Beziehungen zum schulischen Lernverhalten und zu schulischen Leistungen aufweisen.

Tab. 7.7: Korrelation zwischen den Skalen des FLM 7-13 und Zeugnisnoten

Leistungsstreben	Ausdauer und Fleiß	Angst vor Erfolg	Aktivierende Prüfungsangst	Hemmende Prüfungsangst
−.229**	−.023	−.109*	−.117*	.136**

Anmerkungen. Korrelation zwischen den Skalen des FLM 7-13 und der Durchschnittsnote aus den Fächern Mathematik, Deutsch und 1. Fremdsprache. Die Korrelationskoeffizienten basieren auf n = 404 Schülern der Normierungsstichprobe (Petermann & Winkel, 2007b). * $p < .05$; ** $p < .01$.

Tabelle 7.7 gibt die Korrelationen zwischen den Skalen des FLM 7-13 und der Durchschnittsnote im Zeugnis bei den 404 Schülern der Normierungsstichprobe im Alter von 7 bis 13 Jahren wieder (Petermann & Winkel, 2007b). Von den *leistungsfördernden* Skalen des FLM 7-13 wies nur die Skala *Leistungsstreben* einen statistisch bedeutsamen, jedoch geringen Zusammenhang mit der Durchschnittsnote auf. Die Skala *Ausdauer und Fleiß* korrelierte nicht mit den Zeugnisnoten. Von den leistungshemmenden Skalen des FLM 7-13 korrelierte nur die Skala *Hemmende Prüfungsangst* statistisch bedeutsam mit der Durchschnittsnote. Ähnliche Befunde ergaben sich für die Skalen des FLM 4-6, die in Tabelle 7.8 wiedergegeben sind (Petermann & Winkel, 2007a). Nur die Skala *Leistungsstreben* korreliert positiv und die Skala *Hemmende Prüfungsangst* negativ mit den Schulleistungen[1].

Wie die Ergebnisse zur Validierung des FLM zeigen, weist die Leistungsorientierung zwar einen statistisch bedeutsamen, aber doch nur sehr geringen Zusammenhang mit den Schulleistungen auf. Nach diesen Befunden wird man davon ausgehen müssen, dass Leistungsorientierung, die mit Hilfe von Fragebögen gemessen wird, nur wenig zu den Schulleistungen beiträgt. Ob Schülerinnen und Schüler gute Schulleistungen erzielen, hängt offenbar nicht in erster Linie davon ab, wie stark sie sich bemühen.

---

1 Da bei Schulnoten geringe Werte eine positive Leistung anzeigen, geben negative Korrelationen einen positiven Zusammenhang zwischen der Motivationsaspekt und der Schulleistung wieder und umgekehrt.

Tab. 7.8: Korrelation zwischen den Skalen des FLM 4-6 und Zeugnisnoten

Schulnote	Leistungsstreben	Ausdauer und Fleiß	Angst vor Erfolg	Hemmende Prüfungsangst
Deutsch	−.176*	−.038	.120	.284**
Mathematik	−.297**	−.129	.132	.368**
1. Fremdsprache	−.175	−.078	.182	.465**

Anmerkungen. Korrelation zwischen den Skalen des FLM 4-6 und der Zeugnisnote in Mathematik, Deutsch und erster Fremdsprache. Die Korrelationskoeffizienten basieren auf n = 190 Schülern der Normierungsstichprobe (Petermann & Winkel, 2007). * $p < .05$; ** $p < .01$.

Fragebogen zur Erfassung aktueller Motivation (FAM)

Die Konstruktion des *Fragebogens zur Erfassung aktueller Motivation* (FAM; Rheinberg, Vollmeyer & Burns, 2001) orientiert sich eng an der Theorie der Leistungsmotivation (▶ Kap. 7.2.2). Danach ist die aktuelle Motivation das Ergebnis einer Wechselwirkung zwischen dem Leistungsmotiv und dem Anregungsgehalt der Situation. Das Leistungsmotiv wird als eine zeitstabile Neigung der Person aufgefasst, Situationen als Gelegenheit zur Auseinandersetzung mit einem Gütemaßstab zu betrachten. Der situative Anregungsgehalt ist die von der Person erwartete Chance, in der konkreten Situation das Leistungsmotiv befriedigen zu können, das heißt, Stolz und Zufriedenheit im Falle eines Erfolgs erleben oder Unzufriedenheit und Ärger im Falle des Misserfolgs vermeiden zu können. Die Chance, das Leistungsmotiv befriedigen zu können, hängt von der Erfolgswahrscheinlichkeit (z. B. »Ich glaube, der Schwierigkeit dieser Aufgabe gewachsen zu sein«) und von dem Erfolgsanreiz (» z. B. »Wenn ich die Aufgabe schaffe, werde ich schon ein wenig stolz auf meine Tüchtigkeit sein«) ab. Zu leistungsmotivierten Verhalten kommt es dann, wenn eine Person mit einem starken Leistungsmotiv auf eine Gelegenheit findet, ihre Tüchtigkeit zu erproben.

Der FAM erfasst mit vier Skalen die wichtigsten Komponenten dieses Motivierungsprozesses: Misserfolgsbefürchtung, Erfolgswahrscheinlichkeit, Interesse und Herausforderung. In dem Fragebogen werden die Schüler aufgefordert, ihre »momentane Einstellung« zu einer vorgegebenen Aufgabe wiederzugeben. Tabelle 7.9 zeigt die 18 Items des FAM.

Tab. 7.9: Fragebogen zur Erfassung aktueller Motivation (FAM)

Skalen des FAM

Herausforderung

- Die Aufgabe ist eine richtige Herausforderung für mich.
- Ich bin fest entschlossen, mich bei dieser Aufgabe voll anzustrengen.
- Wenn ich die Aufgabe schaffe, werde ich schon ein wenig stolz auf meine Tüchtigkeit sein.
- Ich bin sehr gespannt darauf, wie gut ich hier abschneiden werde.

Interesse

- Ich mag solche Rätsel und Knobeleien.
- Bei der Aufgabe mag ich die Rolle des Wissenschaftlers, der Zusammenhänge entdeckt.
- Nach dem Lesen der Instruktion erscheint mir die Aufgabe sehr interessant.

Tab. 7.9: Fragebogen zur Erfassung aktueller Motivation (FAM) – Fortsetzung

Skalen des FAM
• Bei Aufgaben wie dieser brauche ich keine Belohnung, sie machen mir auch so viel Spaß. • Eine solche Aufgabe würde ich auch in meiner Freizeit bearbeiten.
Erfolgswahrscheinlichkeit
• Ich glaube, der Schwierigkeit dieser Aufgabe gewachsen zu sein. • Wahrscheinlich werde ich die Aufgabe nicht schaffen. • Ich glaube, dass kann jeder schaffen. • Ich glaube, ich schaffe diese Aufgabe nicht.
Misserfolgsbefürchtung
• Ich fühle mich unter Druck, bei der Aufgabe gut abschneiden zu müssen. • Ich fürchte mich ein wenig davor, dass ich mich hier blamieren könnte. • Es ist mir etwas peinlich, hier zu versagen. • Wenn ich an die Aufgabe denke, bin ich etwas beunruhigt. • Die konkreten Leistungsanforderungen hier lähmen mich.

Anmerkungen. Der *Fragebogen zur Erfassung aktueller Motivation* (FAM, Rheinberg, Vollmeyer & Burns, 2001). Die Items werden mit einer siebenstufigen Antwortskala (von »trifft nicht zu« bis »trifft zu«) vorgegeben.

Die Skalen des FAM weisen zufriedenstellende interne Konsistenzen auf. Hinweise auf die Validität des FAM geben substanzielle Zusammenhänge zwischen den Motivationskomponenten des FAM und den nachfolgendem Lernverhalten und der Lernleistung.

7.5 Das Leistungsmotiv und Schulleistungen

Die Leistungsmotivationsdiagnostik zielt darauf ab, mangelnde Lernmotivation zuverlässig zu entdecken, um Lernende gezielt unterstützen zu können. Dabei geht man davon aus, dass motivationale Lernvoraussetzungen wesentlich zum Lernerfolg beitragen. Lernende, die Herausforderungen in Schule und Universität suchen und die Befriedigung daraus schöpfen, stets ihr Bestes zu geben, sollten langfristig auch bessere Lernleistungen erzielen als Lernende, die Herausforderungen eher aus dem Weg gehen und kein besonderes Bedürfnis haben, ihre Leistungsfähigkeit zu erproben

Es stellte sich jedoch heraus, dass sich die Leistungsmotivation keineswegs so stark in der Schulleistung niederschlägt, wie ursprünglich vermutet wurde. Spangler (1992) wertete in einer Metaanalyse 108 Studien zum Zusammenhang zwischen Leistungsmotivation und Leistung aus. Die Leistungsmotivation wurde entweder durch Fragebögen (193 Korrelationen) oder durch den TAT (109 Korrelationen) erfasst. Einbezogen wurden nicht nur Schulleistungen, sondern auch außerschulische Leistungskriterien wie beispielsweise das Einkommen oder berufliche Erfolge. Die mittleren Korrelationen lagen zwischen $r = .13$ und $r = .15$, wenn die Leistungsmotivation mit Fragebögen erhoben wurde und zwischen $r = .19$ und $r = .22$, wenn TAT-Maße verwendet wurden. Ähnlich geringe

Zusammenhänge fanden auch Robbins et al. (2004), die sich in ihrer Metaanalyse mit der Bedeutung psychosozialer Faktoren (darunter auch der Leistungsmotivation) für den Erfolg im Studium beschäftigten. Die Leistungsmotivation wurde durch Fragebögen erfasst, als Kriterium für den Studienerfolg wurden die *Abschlussnoten* im Studium und die *Studiendauer* herangezogen. In den meisten Studien ergaben sich nur geringe Zusammenhänge zwischen der Leistungsmotivation und dem Studienerfolg. Im Durchschnitt korrelierte die Leistungsmotivation mit den Noten im Studium mit $r = -.26$ (17 Korrelationen) und mit der Studiendauer mit $r = -.10$ (7 Korrelationen). Nach diesen und weiteren Befunden (z. B. Collins, Hanges & Locke, 2004) muss man wohl davon ausgehen, dass die Leistungsmotivation nur einen geringen Einfluss auf den Studienerfolg hat.

Warum kommt das Leistungsmotiv kaum in den Schul- und Studienleistungen zum Ausdruck? Eigentlich sollten doch Schülerinnen und Schüler, die darauf aus sind, ihre Tüchtigkeit zu erproben, im Unterricht zahlreiche Gelegenheiten finden, sich zu beweisen. Und wenn sie sich durch die schulischen Anforderungen herausgefordert fühlen, sollte man auch erwarten, dass sich ihre Anstrengungen in den Schulleistungen niederschlagen. Diese zunächst naheliegende Annahme ist angesichts der vielfältigen Faktoren, die Einfluss auf die Schulleistungen haben, aber offenbar zu einfach.

Schulleistungen sind multifaktoriell bedingt

Schulleistungen sind nicht ausschließlich von der Leistungsmotivation abhängig. Das Leistungsmotiv bestimmt, wie stark sich Lernende anstrengen und wie viel Ausdauer sie investieren, wenn das Leistungsmotiv angeregt wird. Inwieweit sich ihre Anstrengungen auch in einem entsprechenden Lernergebnis niederschlagen, hängt jedoch von weiteren Faktoren ab, zum Beispiel von ihren kognitiven Fähigkeiten, ihrem Vorwissen, ihrer Konzentrationsfähigkeit oder ihren Lernstrategien.

Die Lernmotivation basiert nicht ausschließlich auf der Leistungsmotivation

Schülerinnen und Schüler lernen nicht nur, um die eigene Tüchtigkeit zu erproben, sondern verfolgen beim Lernen auch andere Ziele. Sie lernen beispielsweise auch, um Anerkennung zu bekommen, um Kritik aus dem Weg zu gehen oder um den angestrebten Schulabschluss zu erreichen. Von diesen und weiteren Beweggründen hängt es im Einzelfall ab, wie stark sich Schülerinnen und Schüler anstrengen und wie viel Ausdauer sie beim Lernen an den Tag legen (▶ Kap. 7.1).

Der Unterricht bietet keine optimale Anregung für leistungsmotiviertes Verhalten

Nach dem Risikowahl-Modell sollte das Leistungsmotiv am stärksten mittelschweren Anforderungen zur Geltung kommen, während sowohl leichte als auch schwierige Anforderungen kaum motivieren (▶ Kap. 7.2.3). Im Unterricht werden Schülerinnen und Schüler jedoch nicht immer mittelschwere Anforderungen antreffen, sondern auch mit Lernstoff konfrontiert, von dem sie sich unterfordert oder überfordert fühlen. Für erfolgsmotivierte Schülerinnen und Schüler sind solche Anforderungen unattraktiv, da sie ihnen keine Gelegenheit bieten, die eigene Tüchtigkeit zu erproben. Dafür sprechen Befunde, die nahelegen, dass sich die Leistungsmotivation dann in den Schulleistungen niederschlägt, wenn der Unterricht optimale Anregungsbedingungen bietet (Gjesme, 1971; O'Connor, Atkinson & Horner (1967).

Die Leistungsbedingungen in der Schule sind stark reglementiert.

Nach dem Modell dualer Motive (McClelland et al., 1989) kommt das implizite Leistungsmotiv nur im selbstinitiierten, spontanen Leistungsverhalten zum Ausdruck. Schulische Leistungen sind aber nur selten spontan und selbstinitiiert: Die Anforderungen werden von den Schülerinnen und Schülern nur selten frei gewählt, sondern in der Regel von der Lehrkraft gestellt; die Art und Weise, wie Leistungen zu erbringen sind, ist stark reglementiert (z. B. in Form einer Klassenarbeit) und die Kriterien, nach denen Schulleistungen beurteilt werden, werden von der Lehrkraft bestimmt. Diese Bedingungen bieten kaum Anreize für leistungsmotivierte Schüler.

Dass sich das Leistungsmotiv im Rahmen des schulischen Lernens nicht immer in den Lernleistungen niederschlägt, dürfte zum einen daran liegen, dass schulisches Lernen nicht nur vom Leistungsmotiv in Gang gehalten wird, sondern multifaktoriell bedingt ist: Außer dem Leistungsmotiv gibt es vielerlei Beweggründe, die Schülerinnen und Schüler veranlassen könnten, sich anzustrengen und ausdauernd für die Schule zu arbeiten. Zudem dürften die Lernbedingungen in der Schule nicht immer zu leistungsmotiviertem Verhalten anregen. Offenbar ist die Schule für leistungsmotivierte Schülerinnen und Schüler nicht immer ein geeignetes Feld, um die eigene Tüchtigkeit zu erproben.

7.6 Weiterführende Literatur

Brunstein, J., & Heckhausen, H. (2010). Leistungsmotivation. In J. Heckhausen & H. Heckhausen (Hrsg.), Motivation und Handeln (4. Aufl., S. 145-191). Berlin: Springer.

Heckhausen, J. & Heckhausen, H. (Hrsg.) (2006). *Motivation und Handeln* (3. Auflage). Berlin: Springer-Verlag.

Möller, J. (2008). Lernmotivation. In A. Renkl (Hrsg.), *Lehrbuch Pädagogische Psychologie* (S. 263-298). Bern: Huber.

Rheinberg, F. (2004). *Motivationsdiagnostik*. Göttingen: Hogrefe.

Rheinberg, F. & Krug, S. (2005). *Motivationsförderung im Schulalltag. Psychologische Grundlagen und praktische Durchführung* (3. Aufl.). Göttingen: Hogrefe.

Schmalt, H.-D. & Langens, T. A. (2009). Motivation (4. Aufl.). Stuttgart: Kohlhammer.

8 Motivationale Zielorientierungen

8.1	Lernzielorientierung	256
8.2	Leistungszielorientierung	256
8.3	Arbeitsvermeidung	257
8.4	Generalität versus Spezifität der Zielorientierungen	258
8.5	Typologischer Ansatz	260
8.6	Motivationale Zielorientierung und Leistungsattribution	260
8.7	Motivationale Zielorientierung und Bezugsnormorientierung	262
8.8	Motivationale Zielorientierung und Lernleistungen	263
	8.8.1 Erklärungsansätze zum Zusammenhang von Zielorientierungen und Lernleistung	265
8.9	Motivationale Handlungskonflikte	268
8.10	Diagnostik motivationaler Zielpräferenzen	270
8.11	Weiterführende Literatur	273

Wenn man wissen will, was einen Menschen bewegt, liegt es nahe, ihn danach zu fragen, welche Ziele er verfolgt (Spinath & Schöne, 2003). Was will er erreichen? Worauf kommt es ihm an? Dieser Gedanke liegt den motivationalen *Zieltheorien* zugrunde. Sie beschäftigen sich damit, in welcher Weise die Ziele, die eine Person in bestimmten Kontexten für erstrebenswert hält, ihr Verhalten leiten.

In *Lern- und Leistungskontexten* hat sich die Unterscheidung zweier grundlegender motivationaler Zielorientierungen als fruchtbar erwiesen, die Lernzielorientierung und die Leistungszielorientierung (Dweck & Leggett, 1988; zur Übersicht Köller, 1998: Köller & Schiefele, 2010). Diese beiden Zielorientierungen werden im Rahmen der motivationalen Zieltheorien mit unterschiedlichen Begriffen bezeichnet, die aber – abgesehen von kleineren Nuancierungen – die gleichen Phänomene beschreiben. Während Dweck und Leggett (1988) zwischen Lern- und Leistungszielen (learning vs. performance goals) unterscheiden, sprechen Ames und Archer (1988) von Bewältigungs- und Leistungszielen (mastery goals vs. performance goals) und Nicholls (1984) von Aufgaben- und Ichorientierung (task orientation vs. ego orientation).

8.1 Lernzielorientierung

Lernziele (learning goals) sind auf die Steigerung der eigenen Kompetenzen gerichtet. Schülerinnen und Schüler mit starker *Lernzielorientierung* sind vor allem bestrebt, ihr Wissen zu vermehren und ihre Kompetenzen zu erweitern. Sie lernen, um ihre Sprachkenntnisse zu verbessern, mehr über andere Länder zu erfahren oder ihre Kenntnisse in Geschichte zu vertiefen. Leistungssituationen betrachten sie daher in erster Linie als eine Chance, etwas zu lernen und ihre Kompetenzen zu erweitern (»Mir kommt es vor allem darauf an, etwas zu lernen«).

Dementsprechend ist ihre Aufmerksamkeit vor allem auf den *Lernprozess* gerichtet: Sie achten besonders darauf, ob die eingeschlagene Lernstrategie zur Erweiterung ihrer Kompetenzen beiträgt (»Wie kann ich am besten lernen?«) und inwieweit sie ihre Kenntnisse verbessern konnten (»Was habe ich gelernt?«). Da es ihnen in erster Linie um die Erweiterung ihrer Kenntnisse geht, bewerten sie ihre Lernergebnisse vorrangig danach, ob sie einen Lernfortschritt darstellen und betrachten Leistungsrückmeldungen als eine Chance, ihre Lernstrategie zu verbessern oder ihre Anstrengungen zu steigern.

> **Lernzielorientierung**
> Die Lernzielorientierung bezeichnet das Bestreben, die eigenen Kompetenzen zu steigern und die Kenntnisse zu erweitern.

8.2 Leistungszielorientierung

Während bei einer Orientierung an Lernzielen der Lernprozess durch das Streben nach Kompetenzzuwachs in Gang gehalten wird, sind es bei einer Orientierung an *Leistungszielen* (performance goals) die *sozialen Folgen der Leistung*, die den Lernenden motivieren. Schülerinnen und Schüler mit hoher *Leistungszielorientierung* sind vor allem daran interessiert, durch ihre Leistungen die Anerkennung ihrer Umwelt zu erreichen oder aber zu verhindern, die Anerkennung zu verlieren. Dementsprechend geht es ihnen in Leistungssituationen vor allem darum, ihr eigenes Wissen und Können zu demonstrieren (»Mir kommt es darauf an, zu zeigen, was ich kann«) oder aber mangelndes Wissen und Können zu verbergen (»Mir geht es vor allem darum, mich nicht zu blamieren«).

Ihre Aufmerksamkeit ist daher weniger auf den Lernprozess gerichtet, sondern darauf, wie ihre Leistung von anderen beurteilt wird. Sie achten daher besonders auf Hinweise, die ihnen Rückschlüsse darüber ermöglichen, wie ihre Leistungen bei anderen ankommen. Leistungsrückmeldungen sind für sie nicht in erster Linie eine Rückmeldung über ihren Lernstand, sondern vor allem eine Bewertung ihrer Fähigkeiten. Leistungszielorientierte Schülerinnen und Schüler betrachten ihre Leistungen vor allem als Ausdruck ihres Leistungsvermögens (»An meinen Schulleistungen sieht man, was ich kann«). Ihre Lernmotivation entspringt nicht dem Wunsch, die eigenen Kompetenzen zu verbessern, sondern dem Streben, anerkannt und respektiert zu werden.

> **Leistungszielorientierung**
> Die Leistungszielorientierung bezeichnet das Bestreben, die eigenen Fähigkeiten anderen gegenüber zu demonstrieren oder aber mangelnde Fähigkeiten zu verbergen.

Je nachdem, ob Lernende ihre eigenen Fähigkeiten hoch oder gering einschätzen (schulisches Selbstkonzept; ▶ Kap. 9), lassen sich zwei Ausrichtungen der Lernzielorientierung unterscheiden (Elliot, 1999).

- **Annäherungs-Leistungsziele**
  Halten leistungszielorientierte Schülerinnen und Schüler ihre eigenen Fähigkeiten für ausreichend, werden sie vor allem bestrebt sein, ihre eigenen Kompetenzen herauszustellen und ihre Stärken zu demonstrieren. Im Falle eines hohen schulischen Selbstkonzeptes stehen *Annäherungs-Leistungsziele* im Vordergrund:
  – »Wie kann ich am besten meine Fähigkeiten zeigen?«
  – »Wo kommen meine Fähigkeiten am besten zur Geltung?«
  – »Wie kann ich andere am besten von meinen Fähigkeiten überzeugen?«
- **Vermeidungs-Leistungsziele**
  Leistungszielorientierte Schülerinnen und Schüler mit einem geringen schulischen Selbstkonzept verfolgen dagegen vorrangig *Vermeidungs-Leistungsziele*. Da sie sich wenig zutrauen, sind sie vor allem bestrebt, mangelnde Kompetenzen zu verbergen, um negative Bewertungen zu vermeiden. In Leistungssituationen sind sie in erster Linie darauf bedacht, keine Schwächen zu zeigen und sich nicht zu blamieren:
  – »Wie kann ich am besten vorgehen, damit niemand bemerkt, wie wenig ich weiß?«
  – »Ich wähle mir solche Aufgaben aus, bei denen es nicht auffällt, wenn mir die nötigen Fähigkeiten fehlen sollten.«
  – »Wenn ich mir nicht sicher bin, eine gute Antwort zu haben, sage ich im Unterricht lieber nichts.«

Auch für die Lernzielorientierung wurde vorgeschlagen, zwischen Annäherungs- und Vermeidungs-Lernzielen zu unterscheiden (Elliot & McGregor, 2001). Lernende mit einer Annäherungs-Lernzielorientierung sind bestrebt, ihre Kompetenzen zu erweitern (»Ich möchte meine Englischkenntnisse verbessern«), Lernenden mit Vermeidungs-Lernzielorientierung geht es darum, einen geringen Lernzuwachs zu vermeiden (»Ich will vor allem verhindern, dass es beim Lernen nicht vorangeht«). Die Differenzierung ist jedoch umstritten, da bisher nur wenige Befunde für spezifische Effekte der Vermeidungs-Lernzielorientierung sprechen (Moller & Elliot, 2006).

8.3 Arbeitsvermeidung

Sowohl die Lernzielorientierung als auch die Leistungszielorientierung führen in Leistungssituationen zu einer Mobilisierung von Anstrengungen. Beide Zielorientierungen tragen damit zur Lernmotivation bei: Die Lernenden strengen sich an, um ihre Kompetenzen zu erweitern (Lernzielorientierung) oder um ihre Kompetenzen anderen gegenüber zu demonstrieren (Leistungszielorientierung). Die dritte Zielorientierung, die *Arbeitsvermeidung*, bewirkt dagegen keine Motivation zum Lernen (Spinath & Schöne, 2003).

Bei Schülerinnen und Schülern mit einer Tendenz zur Arbeitsvermeidung sind weder Lern- noch Leistungsanreize wirksam. Sie sind weder daran interessiert, ihre Kompetenzen zu verbessern, noch ist es ihnen wichtig, durch ihre Leistungen die Anerkennung ihres sozialen Umfeldes zu erzielen. Ihr Bemühen ist vielmehr darauf ausgerichtet, den Lernaufwand möglichst gering zu halten:

- »Bei welchen Aufgaben muss ich am wenigsten investieren?«
- »Wie kann ich den Lernaufwand möglichst gering halten?«
- »Wie kann ich am besten Arbeit aus dem Weg gehen?«

Tabelle 8.1 zeigt die motivationalen Zielorientierungen in der Übersicht.

Tab. 8.1: Übersicht über motivationale Zielorientierungen

Zielorientierung		Ziele
Leistungsziel-orientierung	Annäherungs-Leistungsziele	Kompetenzen demonstrieren
	Vermeidungs-Leistungsziele	Kompetenzdefizite verbergen
Lernzielorientierung	Annäherungs-Lernziele	Kompetenzen erweitern
	Vermeidungs-Lernziele	geringen Kompetenzzuwachs vermeiden
Arbeitsvermeidungs-orientierung		Anstrengung vermeiden

8.4 Generalität versus Spezifität der Zielorientierungen

Welche Zielorientierung Lernende verfolgen, kann durch die Leistungssituation selbst angeregt oder verstärkt werden. Wird zum Beispiel im Lernkontext deutlich, dass es vor allem darauf ankommt, die eigenen Kompetenzen zu verbessern – etwa dadurch, dass der Übungscharakter der Aufgaben betont wird –; werden Schülerinnen und Schüler im Sinne der Lernzielorientierung stärker darauf achten, ihre Kenntnisse und Fertigkeiten zu verbessern. Stehen dagegen kompetitive Aspekte im Vordergrund – etwa in einer Prüfungssituation, bei der es auf die Bewertung der individuellen Leistung ankommt oder in einer Wettbewerbssituation, bei der die Leistungen der Lernenden direkt verglichen werden –, werden Schülerinnen und Schüler ihre Aufmerksamkeit vor allem auf die Folgen ihrer Leistung richten und im Sinne der Leistungszielorientierung bestrebt sein, ihre Leistungsfähigkeit unter Beweis zu stellen oder aber mangelnde Kompetenzen zu verbergen.

Von diesen situativen Einflüssen abgesehen stellt sich die Frage, inwieweit Zielorientierungen stabile, über verschiedene Lern- und Leistungskontexte hinweg konsistente Dispositionen darstellen: Verfolgen Schülerinnen und Schüler in unterschiedlichen Leistungsbereichen die gleichen Ziele oder sind ihre Zielorientierungen vom Unterrichtsfach abhängig? Geht es ihnen beispielsweise in einem Fach vorwiegend darum, ihre Kompetenzen zu verbessern, in einem anderen Fach stärker darum, Anerkennung für ihre Leistungen zu erhalten und in einem dritten Fach darum, ihr Nichtwissen zu verbergen? (»In Physik lerne ich, weil mich die Themen interessieren. Ich möchte wissen, wie etwas funktioniert. Für Geschichte interessiere ich mich dagegen überhaupt nicht. Für dieses Fach lerne ich nur, weil ich mich vor meinem Lehrer und vor meinen Mitschülern nicht blamieren will«).

Um zu klären, ob eher von generellen oder spezifischen Zielorientierungen auszugehen ist, wurden Korrelationen der Zielorientierungen über verschiedene Unterrichtsfächer ermittelt. In den meisten Studien (z. B. Duda & Nicholls, 1992; Nolen, 1988; Stipek & Gralinsky, 1996) fanden sich relativ hohe korrelative Zusammenhänge sowohl für die Lernzielorientierung als auch für die Leistungszielorientierung zwischen verschiedenen Fächern (Sport, Mathematik, Sozialkunde). Danach scheinen Zielorientierungen generelle, fächerübergreifende motivationale Dispositionen darzustellen.

Neuere Studien lassen dagegen vermuten, dass dies vor allem für die Leistungszielorientierung und weniger für die Lernzielorientierung gilt. Die Befunde zeigen, dass eine Leistungszielorientierung fächerübergreifend zum Ausdruck kommt, wohingegen eine Lernzielorientierung stärker vom Unterrichtsfach abhängig ist. Sparfeld, Buch, Wirthwein und Rost (2007) ermittelten systematisch die Zielorientierungen in verschiedenen Unterrichtsfächern. Ebenso wie in anderen Studien ergaben sich hohe Korrelationen für die Leistungszielorientierung zwischen den Unterrichtsfächern. Insbesondere erwies sich die Orientierung an Vermeidungs-Leistungszielen und die Ausrichtung am Ziel der Arbeitsvermeidung als weitgehend unabhängig vom Unterrichtsfach. Lernende mit starker Vermeidungs-Leistungszielorientierung ebenso wie Lernende, die ihren Lernaufwand möglichst gering halten wollen (Arbeitsvermeidung), zeigten diese motivationalen Orientierungen in allen Unterrichtsfächern. Dagegen waren die Korrelationen der Lernzielorientierung zwischen den Unterrichtsfächern deutlich geringer. Offenbar ist die Lernzielorientierung stärker vom Unterrichtsfach abhängig.

> **Generalität versus Spezifität motivationaler Zielorientierungen**
> In den Studien zeigte sich, dass die Leistungszielorientierung fächerübergreifend zum Ausdruck kommt, während die Lernzielorientierung stärker von der Art des Schulfaches abhängig ist.

Diese fachspezifischen Unterschiede in der Lernzielorientierung werden verständlich, wenn man bedenkt, dass sich Inhalte, Fragestellungen und Herangehensweisen von Fach zu Fach erheblich unterscheiden. Daher ist auch zu erwarten, dass das Ausmaß, in dem Schülerinnen und Schüler Lernziele verfolgen, wesentlich davon abhängig ist, auf welche Inhalte sich diese Lernziele beziehen, ob es beispielsweise um Kenntnisse in Mathematik, Erdkunde oder Musik geht (Sparfeld et al., 2007). Lernziele sind primär an die Inhalte des Faches geknüpft, so dass Schülerinnen und Schüler, die im Fach Musik in hohem Maße Lernziele anstreben, nicht unbedingt auch im Mathematik- oder Physikunterricht Lernziele verfolgen müssen. Leistungsziele werden dagegen weniger stark von den konkreten Inhalten des Unterrichtsfaches bestimmt. Wer auf Lob und Anerkennung aus ist, kann dieses Ziel prinzipiell in allen Unterrichtsfächern erreichen. Daher ist verständlich, dass sich die Orientierung an Leistungszielen (z. B. »in den Klassenarbeiten besser als andere abzuschneiden«, »sich nicht zu blamieren«) von Fach zu Fach kaum unterscheiden.

8.5 Typologischer Ansatz

Schließen sich Lern- und Leistungsziele gegenseitig aus oder können beide Ziele gleichzeitig verfolgt werden? Zunächst wurde angenommen, dass Lernende entweder Lernziele oder Leistungsziele verfolgen. Dementsprechend wurde die Zielorientierung als ein *eindimensionales* Konstrukt mit den Polen Lernziel- versus Leistungszielorientierung konzipiert (z. B. Dweck & Leggett, 1988; Nicholls, 1984). Nach diesem Ansatz unterscheiden sich Lernende in dem Grad, in dem sie entweder Lernziele oder Leistungsziele anstreben. Angesicht der geringen Korrelationen zwischen den beiden Zielorientierungen (z. B. Duda & Nicholls, 1992; Nicholls et al., 1985) muss allerdings davon ausgegangen werden, dass beide Zielorientierungen weitgehend unabhängig voneinander sind.

Diese Befunde legen einen *dimensionalen Ansatz* nahe (z. B. Dowson & McInerney, 2003a; Harackiewicz, Barron, Pintrich, Elliot & Trash, 2002; Pintrich, 2000; Valle et al., 2003). Danach können beide Zielorientierungen gleichzeitig vorliegen. Lernende können demzufolge sowohl Lernziele als auch Leistungsziele in hohem Maße anstreben oder aber beide Zielorientierungen nur in geringem Maße besitzen. Werden beide Zielorientierungen als unabhängige Dimensionen konzeptualisiert (z. B. Ames & Archer, 1988; Bouffard, Boisvert, Vezeau & Larouche, 1995; Valle et al., 2003), lassen sich vier Typen von Zielorientierungen unterscheiden: hohe Leistungszielorientierung und hohe Lernzielorientierung, hohe Leistungszielorientierung und geringe Lernzielorientierung, geringe Leistungszielorientierung und hohe Lernzielorientierung sowie geringe Leistungszielorientierung und geringe Lernzielorientierung. Nach diesem Ansatz schließen sich die Zielorientierungen also nicht gegenseitig aus, sondern stellen voneinander unabhängige motivationale Orientierungen dar.

Wenn sich Lernende in Leistungssituationen an mehreren Zielen gleichzeitig orientieren können, stellt sich die Frage, welche Zielkombination die optimale Motivation in Leistungssituationen darstellt. Die aus den Zieltheorien abgeleiteten Vorhersagen über Auswirkungen der Zielorientierungen auf die Lernleistung beziehen sich auf die Fälle, bei denen eine Zielorientierung dominiert, also auf die Kombinationen hohe Leistungszielorientierung bei geringer Lernzielorientierung und hohe Lernzielorientierung bei geringer Leistungszielorientierung. Kapitel 8.7 geht der Frage nach, inwieweit sich motivationale Zielorientierung in der Lernleistung niederschlagen.

8.6 Motivationale Zielorientierung und Leistungsattribution

Die Ausrichtung an bestimmten Zielen in Lern- und Leistungssituationen gibt nicht nur wieder, ob die Aufmerksamkeit der Lernenden eher auf den Lernprozess selbst (Lernzielorientierung) oder die Folgen des Lernens (Leistungszielorientierung) gerichtet ist, sondern kommt auch darin zum Ausdruck, welche Faktoren sie für ihre Leistungen verantwortlich machen.

Für leistungszielorientierte Schülerinnen und Schüler, denen es vor allem darum geht, ihre Fähigkeiten zu demonstrieren, sind Lernleistungen in erster Linie Ausdruck ihrer eigenen Fähigkeiten. Lernerfolge führen sie auf ihre Fähigkeiten oder ihre Begabung zurück und sehen die Ursachen von Misserfolgen in mangelnden Fähigkeiten oder in einer fehlenden Begabung. Ein »sehr gut« in Mathematik werten sie als einen Beleg für ihre mathematischen Fähigkeiten, ein schlechtes Abschneiden in der Englischarbeit führen sie auf ihre mangelnde sprachliche Begabung zurück. Leistungszielorientierte Schülerinnen und Schüler machen also vornehmlich *stabile Faktoren* (z. B. die eigene Begabung) für ihre Lernergebnisse verantwortlich.

> **Zielorientierung und Leistungsattribution**
> Leistungszielorientierte Schülerinnen und Schüler führen ihre Leistungsergebnisse vornehmlich auf stabile Faktoren (z. B. die eigene Begabung), lernzielorientierte Schülerinnen und Schüler eher auf variable Faktoren (z. B. die eigene Anstrengung) zurück.

Lernzielorientierte Schülerinnen und Schüler richten ihre Aufmerksamkeit dagegen vor allem auf den Lernprozess. Sie achten besonders auf ihre Lernfortschritte und darauf, wie man etwas lernen kann und ob ihre Lernstrategie angemessen ist. Dieser Aufmerksamkeitsfokus rückt den Zusammenhang zwischen den eigenen Anstrengungen und dem Lernergebnis in den Vordergrund. Lernzielorientierte Schülerinnen und Schüler erleben daher stärker als leistungszielorientierte den Zusammenhang zwischen den eigenen Anstrengungen und dem Lernerfolg. Dementsprechend betrachten sie Erfolge oder Misserfolge beim Lernen weniger als Ausdruck ihrer Fähigkeiten, sondern als ein Ergebnis ihrer eigenen Anstrengung und der eingeschlagenen Lernstrategie (Ames, 1984).

Im Unterschied zu leistungszielorientierten Schülerinnen und Schülern, die ihre Lernergebnisse auf unveränderliche, *stabile* Faktoren (z. B. die eigene Begabung) zurückführen, gehen lernzielorientierte Schülerinnen und Schüler stärker davon aus, dass ihre Lernergebnisse von *variablen* Faktoren abhängen, die sie selbst beeinflussen können (z. B. die eigene Anstrengung).

Subjektive Theorien über Leistungen

Zielorientierungen haben aber nicht nur Einfluss auf die aktuellen Kausalattributionen bei schulischen Erfolgen oder Misserfolgen, sie schlagen sich auch in den Überzeugungen darüber nieder, wie schulische Leistungen zustande kommen. Solche Vorstellungen darüber, welche Bedingungen Einfluss auf die Lernleistungen haben, werden als *subjektive Theorien* bezeichnet. Lernzielorientierte Schülerinnen und Schüler glauben, schulische Erfolge seien vor allem durch Anstrengung, durch das Interesse an den Lerninhalten, durch die Kooperation mit anderen und durch angemessene Lernstrategien zu erreichen, während leistungszielorientierte Schülerinnen und Schüler eher davon überzeugt sind, gute Schulleistungen seien vor allem durch den Wettstreit mit Mitschülern zu erzielen (Nicholls, Cobb, Yackel, Wood & Wheatley, 1990a; Nicholls, Cobb, Wood, Yackel & Patashnick, 1990). In der Studie von Köller und Baumert (1998), die Schülerinnen und Schüler nach den Faktoren befragten, die sie für Schulleistungen als wichtig ansehen, korrelierte beispielsweise die Aufgabenorientierung (entspricht der Lernzielorientierung) relativ hoch ($r = .56$) mit der Meinung, dass Leistungen durch eigene Anstrengungen zu erzielen seien, und relativ gering ($r = .26$) mit der Ansicht, dass der Wettbewerb unter den Schülerinnen und Schülern die Schulleistungen fördere. Dagegen korrelierte die Ichorientierung (entspricht der Leistungszielorientierung) relativ hoch ($r = .58$) mit der Überzeugung, dass der Wettbewerb unter den Schülerinnen und Schülern zum Schulerfolg beitrage, und gering ($r = .26$)

mit der Meinung, dass Lernerfolge durch eigene Anstrengungen zu erzielen seien. Auch in ihrem Interesse an den Lerninhalten unterscheiden sich Lernzielorientierte und Leistungszielorientierte. Je stärker die Schülerinnen und Schüler Lernziele verfolgten, desto größer war ihr Interesse an Mathematik ($r = .27$) und an Englisch ($r = .22$), während die Ichorientierung (Leistungszielorientierung) keine substanziellen Zusammenhänge mit dem Interesse an den Unterrichtsfächern aufwies.

8.7 Motivationale Zielorientierung und Bezugsnormorientierung

Das Erreichen von Lern- und Leistungszielen kommt in unterschiedlichen Leistungsaspekten zum Ausdruck. Lernzielorientierte und leistungszielorientierte Schülerinnen und Schüler bewerten daher ihre Lernleistungen nach unterschiedlichen Maßstäben: Sie bevorzugen solche Bezugsnormen, denen sie entnehmen können, inwieweit sie das von ihnen verfolgte Ziel, entweder Verbesserung oder Demonstration eigener Kompetenzen, erreicht haben.

Lernzielorientierte Schülerinnen und Schüler messen ihren Lernerfolg daran, inwieweit es ihnen gelungen ist, ihr Wissen zu vermehren und ihre Fähigkeiten zu verbessern. Aufschluss über ihre Lernfortschritte erhalten sie am ehesten dadurch, dass sie ihre Leistungen nach einer *individuellen Bezugsnorm* bewerten, der sie entnehmen können, ob sie ihre Leistungen verbessern konnten. Leistungszielorientierten Schülerinnen und Schülern ist es demgegenüber wichtig, ihre Stärken herauszustellen oder ihre Schwächen zu verbergen. Ob dies gelungen ist, zeigt ihnen ein sozialer Vergleich mit Mitschülerinnen und Mitschülern, der ihre Stärken und ihre Schwächen deutlich werden lässt (Rheinberg, 2004). Daher bevorzugen leistungszielorientierte Schülerinnen und Schüler zur Beurteilung ihrer Leistungen eine *soziale Bezugsnorm* (▶ Kap. 4.2.1).

> **Zielorientierung und Bezugsnormorientierung**
> Leistungszielorientierte Schülerinnen und Schüler bewerten ihre Leistungen vorzugsweise nach der individuellen Bezugsnorm, lernzielorientierte Schülerinnen und Schüler vorrangig nach der sozialen Bezugsnorm.

Schöne, Dickhäuser, Spinath und Stiensmeier-Pelster (2004), die die Zusammenhänge zwischen der motivationalen Zielorientierung und der Bezugsnormorientierung von Schülerinnen und Schülern untersuchten, konnten dies bestätigen: Lernzielorientierte Schülerinnen und Schüler bewerten ihre Lernergebnisse bevorzugt danach, ob sie sich verbessern konnten (individuelle Bezugsnorm), leistungszielorientierte Schülerinnen und Schüler danach, wie sie im Vergleich mit den Lernleistungen ihrer Mitschülerinnen und Mitschüler abschneiden (soziale Bezugsnorm).

Offenbar ziehen Schülerinnen und Schüler bei der Selbstbewertung ihrer Leistung bevorzugt solche Informationen heran, die ihnen Aufschluss darüber geben, inwieweit sie ihrem Ziel – entweder Kompetenzzuwachs oder Demonstrieren der eigenen Kompetenzen – näher gekommen sind (Schöne et al., 2004). Lediglich zwischen der Orientierung an Vermeidungs-Leistungszielen und der Bevorzugung der sozialen Bezugsnorm ergab sich nur ein geringer Zusammenhang. Nach Ansicht der Autoren benötigen Lernende, die vor allem Vermeidungs-Leistungsziele verfolgen, zwar soziale Vergleiche, um sich vergewissern zu können, dass sie ihre Schwächen verbergen konnten; diese Vergleiche sind für sie aber nicht weiter attraktiv, da sie ihnen bestenfalls entnehmen können, dass es ihnen gelungen ist, sich nicht zu blamieren.

Tabelle 8.2 gibt eine Übersicht über das Konzept der motivationalen Zielorientierungen nach Nicholls (1984) und Dweck (1986).

Tab. 8.2: Motivationale Zielorientierungen

	Lernzielorientierung (learning goal)	Leistungszielorientierung (performance goal)
Ziel	Kompetenzen erwerben oder verbessern	Die eigenen Kompetenzen demonstrieren bzw. Inkompetenzen verbergen.
Stabilitätseinschätzung	Fähigkeiten werden als veränderbar angesehen	Fähigkeiten werden als stabil gesehen.
Leistungsrückmeldungen	Rückmeldungen gelten als lernrelevante Informationen. Misserfolge sind informativ und geben Hinweise zur Optimierung des Lernprozesses	Rückmeldungen werden als eine Bewertung der eigenen Person betrachtet. Misserfolge sind selbstwertbedrohlich
Bezugsnormorientierung	Bevorzugung individueller Bezugsnormen	Bevorzugung sozialer Bezugsnormen
Kausalattribution	Lernerfolge und Lernmisserfolge werden auf veränderbare Faktoren (z. B. die eigenen Anstrengungen, Lernstrategie) zurückgeführt	Lernerfolge und Lernmisserfolge werden auf unveränderbare Faktoren (z. B. Fähigkeiten, Begabung) zurückgeführt
Rolle der Lehrkraft	Lehrkraft als Helfer	Lehrkraft als Beurteiler

Anmerkungen. Motivationale Orientierungen nach Nicholls (1984) und Dweck (1986). Tabelle (modifiziert) nach Rheinberg (2004)

8.8 Motivationale Zielorientierung und Lernleistungen

Die Zielorientierungen geben motivationale Dispositionen wieder, die Energien zum Lernen freisetzen. Daher liegt die Annahme nahe, dass sich Zielorientierungen von Lernenden auch in den Schulleistungen niederschlagen.

Lernzielorientierung und Lernleistungen

In experimentellen Studien, in denen Zielorientierungen bei den Testpersonen durch den Lernkontext hervorgerufen oder verstärkt wurden, erwies sich die Orientierung auf

Lernziele als leistungsfördernder als die Orientierung auf *Leistungsziele*. Wurde – beispielsweise durch eine entsprechende Aufgabenstellung – der Kompetenzzuwachs in den Vordergrund gestellt, erzielten die Testpersonen durchschnittlich bessere Lernergebnisse als unter Lernbedingungen, die die Aufmerksamkeit der Testperson auf die Folgen des Lernens lenken (zum Überblick Utman, 1997). Aber auch in natürlichen Lernsituationen zeigte sich durchgehend ein positiver, wenngleich nicht sehr enger Zusammenhang zwischen der Stärke der Lernzielorientierung und dem Lernerfolg. Dies bestätigt eine Metaanalyse von 151 Studien, in denen die Zusammenhänge zwischen motivationalen Zielorientierungen und Lernleistungen untersucht wurden (Huang, 2012). So lagen beispielsweise die Korrelationen zwischen der Lernzielorientierung und den Schulnoten in der Studie von Spinath et al. (2002) über alle Klassen und Schulformen hinweg zwischen $r = -.14$ und $r = -.32$[2]. Offenbar fördert die Lernzielorientierung stärker die Lernleistungen als die Leistungszielorientierung.

Leistungszielorientierung und Lernleistungen

Die empirischen Befunde zu den Auswirkungen der *Leistungszielorientierung* sind dagegen uneinheitlich (zum Überblick Elliot, 1997). Für die *Annäherungs-Leistungszielorientierung* ergaben sich positive, aber zumeist geringe Korrelationen mit den Lernleistungen. Das Streben, die eigenen Fähigkeiten zu demonstrieren, scheint sich zumindest *kurzfristig* günstig auf die Lernleistungen auszuwirken. So dürften Schülerinnen und Schüler in mündlichen Prüfungen oder bei Klausuren, bei denen es darauf ankommt, den Prüfer von der eigenen Leistungsfähigkeit zu überzeugen oder aber ihre Schwächen zu verbergen, von einer Leistungszielorientierung profitieren.

Um den Lernerfolg langfristig zu sichern, ist jedoch eine ausdauernde Auseinandersetzung mit den Lerninhalten nötig. Inwieweit die dazu notwendige Motivation durch die Orientierung auf Leistungsziele mobilisiert werden kann, erscheint jedoch fraglich. Schülerinnen und Schülern, denen es vor allem um die Anerkennung für ihre Leistungen geht, dürfte es schwer fallen, ihre Lernmotivation auch dann aufrechtzuerhalten, wenn das Lernen keine oder nicht unmittelbar eine Anerkennung nach sich zieht. So zeigte sich, dass die Orientierung an Annäherungs-Leistungszielen, die kurzfristig die Lernleistung fördert, über einen längeren Zeitraum keinen Zusammenhang mit dem Lernerfolg aufwies (Elliot & McGregor, 1999). Die Leistungszielorientierung führt insbesondere dann zu schlechten Lernleistungen, wenn die Lernenden ihre eigenen Fähigkeiten gering einschätzen (Dweck & Leggett, 1988; Spinath & Stiensmeier-Pelster, 2000). Schülerinnen und Schülern, denen es wichtig ist, dass ihre Fähigkeiten die Anerkennung ihrer Umwelt finden, die aber gleichzeitig glauben, nicht über die notwendigen Fähigkeiten zu verfügen, fällt es verständlicherweise schwer, die notwendige Energie für das Lernen langfristig zu mobilisieren.

Eindeutig ungünstige Auswirkungen auf die Lernleistungen hat eine Orientierung auf *Vermeidungs-Leistungsziele*. Schülerinnen und Schülern, denen es vor allem darum geht, tatsächliche oder vermeintliche Kompetenzdefizite zu verbergen, zeigen besonders bei hohen schulischen Anforderungen schlechte Lernleistungen. Dies belegen zahlreiche Studien, in denen die Lernleistungen von Schülern und Studierenden in Abhängigkeit von ihrer Zielorientierung verglichen

---

2 Negative Korrelationskoeffizienten zwischen der Zielorientierung und den Schulnoten geben einen positiven Zusammenhang zwischen der Zielorientierung und den Schulleistungen wieder, da niedrige Schulnoten eine gute und hohe Schulnoten eine schlechte Leistung anzeigen.

wurden (z. B. Elliot & Harackiewicz, 1996; Elliott, McGregor & Gable, 1999; Skaalvik, 1997).

Arbeitsvermeidung und Lernleistungen

Lernende mit der Tendenz zur *Arbeitsvermeidung* verfolgen die Strategie, mit einem möglichst geringen Aufwand das gerade Notwendige zu erreichen. Bei ihrem Bestreben, Anstrengungen möglichst zu vermeiden, zeigen sie wenig Interesse an den Lerninhalten und vermeiden es, sich langfristig mit einem Thema auseinanderzusetzen oder Herausforderungen anzunehmen. Daher ist es nicht überraschend, dass die Arbeitsvermeidungstendenz mit geringen Lernleistungen einhergeht. So korrelierte beispielsweise bei Spinath et al. (2002) die Anstrengungsvermeidung über verschiedene Schulformen hinweg konsistent mit $r = .17$ bis $.35$ mit den Schulnoten in verschiedenen Unterrichtsfächern.

8.8.1 Erklärungsansätze zum Zusammenhang von Zielorientierungen und Lernleistung

Welche Prozesse sind dafür verantwortlich, dass sich motivationale Zielorientierungen auf die Lernleistung auswirken? Zur Erklärung des Zusammenhangs zwischen den motivationalen Zielorientierungen und dem Lernerfolg werden unterschiedliche Erklärungsansätze verfolgt.

Motivationale Zielorientierungen und Umgang mit Misserfolgen beim Lernen

Dweck und Leggett (1988; vgl. auch Stiensmeier-Pelster, Balke & Schlangen, 1996) nehmen an, dass sich Schülerinnen und Schüler mit Lernziel- und Leistungszielorientierung nicht grundsätzlich in ihrem Leistungsvermögen unterscheiden, aber in unterschiedlicher Weise mit *Misserfolgen* beim Lernen umgehen. Wie Lernende auf Schwierigkeiten und Fehlschläge beim Lernen reagieren, hängt nach Dweck (1986) davon ab, welche Ziele sie beim Lernen verfolgen (Zielorientierung) und wie sie ihre eigenen Fähigkeiten einschätzen (schulisches Selbstkonzept; ▶ Kap. 9).

Lernzielorientierte Schülerinnen und Schüler suchen im Falle eines Misserfolgs oder bei auftretenden Schwierigkeiten beim Lernen vor allem nach Informationen über die Ursachen. Sie wollen sich Klarheit darüber verschaffen, warum der Lernerfolg ausgeblieben oder gefährdet ist: »Woran liegt es, dass es mir momentan so schwer fällt, den Stoff in Mathematik zu verstehen?«, »Wie kommt es, dass ich mit dem Lernstoff so langsam vorankomme?«. Da ihre Aufmerksamkeit auf den *Lernprozess* gerichtet ist, erleben sie stärker als leistungszielorientierte Schülerinnen und Schüler den Zusammenhang zwischen den Lernergebnissen und ihrem eigenen Lernverhalten. Daher suchen sie die Ursachen für Misserfolge primär in *veränderbaren Faktoren*, zum Beispiel in mangelnden Anstrengungen (»Ich habe mir zu wenig Mühe gegeben«) oder in einer unangemessenen Lernstrategie (»Ich habe irgendwie falsch gelernt«). Diese Attribution beeinflusst ihre Reaktionen auf Misserfolge beim Lernen: Rückschläge sind für sie ein Anlass, ihre Anstrengungen zu steigern oder ihre bisherige Lernstrategie zu überdenken (»Ich glaube, ich muss anders lernen«). Da sie grundsätzlich davon überzeugt sind, durch eigene Anstrengungen oder durch eine angemessene Lernstrategie Lernerfolge erreichen zu können, sind Misserfolge und Fehlschläge beim Lernen für sie *auch dann* ein Anlass, ihre Anstrengungen zu steigern oder ihre Lernstrategie zu ändern, wenn sie ihre eigenen Fähigkeiten für gering halten (geringes schulisches Selbstkonzept).

Leistungszielorientierte Schülerinnen und Schüler erleben Leistungssituationen in erster

Linie als Situationen, in denen ihre Fähigkeiten auf dem Prüfstand stehen. Sie betrachten Misserfolge daher nicht als eine Rückmeldung über den Lernprozess, sondern sehen darin vor allem eine *Bewertung* der eigenen Person. Misserfolge und Probleme beim Lernen erleben sie daher als eine potenzielle Bedrohung ihres Selbstwerts. Diese *Selbstwertbedrohung* wird aber gemindert, wenn sie von ihren eigenen Fähigkeiten überzeugt sind (hohes schulisches Selbstkonzept). Schülerinnen und Schüler mit starker Leistungszielorientierung, die ihre eigenen Fähigkeiten hoch einschätzen (»Ich weiß, dass ich in Mathe gut bin«), lassen sich daher von Misserfolgen *nicht* entmutigen; sie werden sich auch dann weiter anstrengen, wenn sie beim Lernen auf Schwierigkeiten stoßen.

Eine andere Verarbeitungsstrategie verfolgen dagegen leistungszielorientierte Schülerinnen und Schüler *mit einem geringen schulischen Selbstkonzept*. Sie sehen in Misserfolgen beim Lernen in erster Linie eine Bestätigung ihrer Inkompetenz. Da sie glauben, nur über geringe Fähigkeiten zu verfügen (»In Mathematik bin ich völlig unbegabt«), sind ausbleibende Erfolge beim Lernen für sie kein Anlass, ihre Anstrengungen zu steigern, sondern eine Bestätigung ihres geringen Selbstkonzepts (»Meine ›fünf‹ in der Mathematikarbeit zeigt mir mal wieder, dass mir Mathematik nicht liegt«). Daraus resultiert nach Dweck (1986) ein *hilfloses Lernverhalten*, das gekennzeichnet ist durch eine geringe Bereitschaft, sich anzustrengen, durch eine geringe Ausdauer beim Lernen, durch die Vermeidung von Herausforderungen, durch handlungsirrelevante Gedanken, die den Lernprozess beeinträchtigen und durch das Bestreben, weiteren Lernanforderungen möglichst aus dem Weg zu gehen.

Tab. 8.3: Einfluss der Zielorientierung und des Begabungskonzepts auf das Lernverhalten nach Misserfolg (Tabelle modifiziert nach Stiensmeier-Pelster, Balke & Schlangen, 1996)

Zielorientierung	Schulisches Selbstkonzept	Misserfolgsattribution	Lernverhalten nach Misserfolg
Lernzielorientierung	hoch	Mangelnde Anstrengung/ andere veränderbare Ursache	meisternd
	niedrig	Mangelnde Anstrengung/ andere veränderbare Ursache	meisternd
Leistungszielorientierung	hoch	Mangelnde Anstrengung/ andere veränderbare Ursache	meisternd
	niedrig	Mangelnde Fähigkeit/andere unveränderbare Ursache	hilflos

Die Tabelle 8.3 zeigt das Modell von Dweck (1986) in der Übersicht. Befunde von Stiensmeier-Pelster et al. (1996) unterstützen die in diesem Modell postulierten Zusammenhänge zwischen Zielorientierungen, Selbstkonzept und Lernerfolg. In einer experimentellen Untersuchung konnten Studierende unter Bedingungen, die die *Lernziele* in den Vordergrund rückten, unabhängig von der Selbsteinschätzung ihrer Fähigkeiten ihre Leistung in einem Computerspiel steigern, während unter Bedingungen, die *Leistungsziele* in den Vordergrund stellten, nur bei den Studierenden eine Leistungssteigerung zu beobachten war, die von ihren Fähigkeiten überzeugt waren, während Testpersonen mit geringer Fähigkeitsselbsteinschätzung sich unter diesen Bedingungen nicht verbessern konnten. Diese Auswirkungen der Zielorientierung führen die Autoren auf die zielorientierungsspezifischen *Attributionsmuster* zurück. Ob Misserfolge zu bewältigendem oder aber zu hilflosem Lernverhalten führen, hängt entscheidend davon ab, ob Lernende ihre Leistungen auf *veränderbare oder unveränderbare Umstände* zurückführen. Lernzielorientierte, die ihre Lernleistungen auf veränderbare Faktoren (z. B. die eigene Anstrengung oder die eingeschlagene Lernstrategie) zurückführen, sind auch bei niedrigen Fähigkeitsselbsteinschätzungen weiter zum Lernen motiviert. Dagegen führt das Attributionsmuster von Leistungszielorientierten, die ihre Leistung als Ausdruck ihrer (unveränderbaren) Fähigkeit oder Begabung betrachten, nur dann zu günstigem Lernverhalten, wenn sie von ihren Fähigkeiten überzeugt sind. Halten sie dagegen ihre Fähigkeiten für gering, ist ein ausbleibender Lernerfolg kein Anlass, ihr Bemühen zu steigern oder ihre Lernstrategie zu ändern, sondern eine Bestätigung ihrer geringen Fähigkeitsselbsteinschätzung.

Motivationale Zielorientierung und Lernstrategien

Der Einfluss der Zielorientierung auf die Lernleistungen kann auch darauf zurückgeführt werden, dass lernzielorientierte Schülerinnen und Schüler anders lernen als leistungszielorientierte. So fanden sich in vielen Studien Zusammenhänge zwischen der Zielorientierung und der Art und Weise, wie gelernt wird (zum Überblick Meece, Anderman & Anderman, 2006; Urdan, 1997). Die positiven Auswirkungen der Lernzielorientierung auf die Schulleistungen werden darauf zurückgeführt, dass das Streben nach Kompetenzzuwachs mit einem *effektiven Lernverhalten* verbunden ist. Schülerinnen und Schüler mit hoher Lernzielorientierung erwiesen sich als ausdauernder beim Lernen, zeigten ein stärkeres Interesse an den Lerninhalten, günstigere Attributionen bei Erfolg und Misserfolg und wiesen ein positiveres Fähigkeitsselbstkonzept auf als leistungszielorientierte Schülerinnen und Schüler (Maehr & Meyer, 1997; Cury et al., 2006).

Lernzielorientiere Schülerinnen und Schüler scheinen auch beim Lernen effektivere Lernstrategien (▶ Kap. 10.1) einzusetzen als leistungszielorientierte. So konnte gezeigt werden, dass lernzielorientierte Schülerinnen und Schüler häufiger als leistungsorientierte sogenannte *Tiefenverarbeitungsstrategien* (Entwistle, 1988) verfolgen, die eine langfristige Speicherung des Lernstoffes im Langzeitgedächtnis fördern, während leistungszielorientierte Schülerinnen und Schüler stärker zu *Oberflächenstrategien* (z. B. Wiederholungsstrategien) neigen, die zwar zu kurzfristigen Lernerfolgen führen, aber keine langfristigen Lernerfolge bewirken (Al-Emadi, 2001; Ames & Archer, 1988; Bouffard et al., 1995; Elliot et al., 1999; Vermetten, Lodewijks & Vermunt, 2001; Wolters & Rosenthal, 2000). Lernstrategien haben offenbar eine *Mediatorfunktion*, die den Einfluss der Zielorientierungen auf die Lernleistungen vermitteln (▶ Abb. 8.1): Lernzielorientierte Schülerinnen und Schüler erzielen bessere Schulleistungen als leistungszielorientierte, weil sie beim Lernen effektivere Strategien verfolgen.

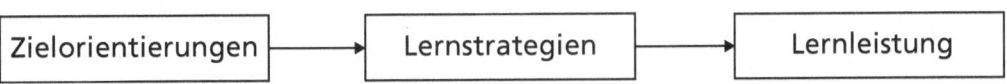

Abb. 8.1: Lernstrategien als Mediatoren zwischen Zielorientierungen und Lernleistung

8.9 Motivationale Handlungskonflikte

Die Zieltheorien gehen davon aus, dass Lernprozesse entweder durch das Streben nach Kompetenzzuwachs (Lernzielorientierung) oder durch das Streben nach einer positiven Leistungsbewertung (Leistungszielorientierung) in Gang gehalten werden. Dabei wird leicht übersehen, dass Schülerinnen und Schüler nicht ausschließlich lernbezogene Ziele verfolgen, sondern innerhalb und vor allem auch außerhalb des schulischen Kontextes auch andere Ziele verwirklichen wollen (Hofer, 2004). Neben dem Wunsch, ihre Kompetenzen zu verbessern oder Anerkennung für schulische Leistungen zu erhalten, sind für Schülerinnen und Schüler (und nicht nur für diese) vor allem auch solche Ziele bedeutsam, die auf eine Steigerung ihres Wohlbefindens und der Selbstaktualisierung gerichtet sind. Hofer (2004) sieht im Hinblick auf die für Schülerinnen und Schüler bedeutsamen Ziele einen Wertewandel, der darin zum Ausdruck kommt, dass schulische Ziele für Schülerinnen und Schüler zunehmend an Bedeutung verlieren und stattdessen Ziele in außerschulischen Lebensbereichen, die die Selbstentfaltung und das Wohlbefinden betreffen, immer wichtiger werden.

Nach Hofer (2004) haben Zieltheorien die Tatsache, dass Lernende in der Regel mehrere Ziele in unterschiedlichen Lebensbereichen anstreben, zu wenig beachtet. Schülerinnen und Schüler können sich beispielsweise das Ziel setzen, sich auf eine Klassenarbeit vorzubereiten, um eine gute Note zu bekommen, gleichzeitig können sie aber auch den Wunsch haben, sich mit Freunden zu treffen, sich beim Videospielen zu entspannen oder sich im Sportverein sportlich zu betätigen. Der Alltag von Schülerinnen und Schülern ist also durch eine *Pluralität* von Werten gekennzeichnet, die dazu führt, dass schulische Ziele zunehmend in Konkurrenz mit Zielen treten, die auf eine Steigerung des Wohlbefindens und Selbstverwirklichung gerichtet sind (Hofer & Saß, 2006).

Ideal wäre es, wenn beim Lernen sowohl Leistungsziele als auch eine Steigerung des Wohlbefindens (»Wohlbefindensziele«) realisiert werden könnten. Allerdings liegt die Vorstellung, mit dem Lernen auch das eigene Wohlbefinden steigern zu können, den meisten Schülerinnen und Schülern fern; Leistung und Wohlbefinden werden vielmehr als gegensätzliche Ziele empfunden, die nur auf Kosten des jeweils anderen Ziels verwirklicht werden können. Schülerinnen und Schüler, die sich auf ihre Klassenarbeit am nächsten Tag vorbereiten wollen, können sich nicht gleichzeitig mit ihren Freunden treffen oder im Internet surfen. Sind schulische und außerschulische Ziele nicht gleichzeitig in vollem Umfang zu realisieren oder ist ein Ziel nur auf Kosten anderer Ziele zu erreichen, erlebt der Schüler einen *motivationalen Handlungskonflikt*.

Selbstregulation

Das Erreichen verschiedener, hoch bewerteter Ziele, die nicht gleichzeitig verwirklicht werden können, erfordert Fähigkeiten zur *Selbstregulation* (▸ Kap. 10). Die Schülerinnen und Schüler müssen Handlungen, die unterschiedlichen Zielen dienen, aufeinander abstimmen, um angesichts begrenzter zeitlicher Ressourcen, vielfältiger Versuchungen und Hindernissen möglichst viele der Ziele realisieren zu können. Hinweise darauf, wie Schülerinnen und Schüler diese Zielkonflikte bewältigen, gibt die *Theorie der motivationalen Handlungskonflikte* (Hofer, 2003, 2004). Diese Theorie beschreibt verschiedene Sequenzierungsstrategien, die darauf abzielen, den Konflikt zwischen schulischem Lernen und Aktivitäten, die der Aufrechterhaltung oder Steigerung des eigenen Wohlbefindens dienen, zu regulieren.

- **Hinausschieben**
Das Lernen wird zugunsten von Aktivitäten, die dem aktuellen Wohlbefinden dienen, *hinausgeschoben*. Statt sich auf die Klassenarbeit vorzubereiten, hört die Schülerin bzw. der Schüler erst einmal Musik, chattet im Internet oder geht zum Training des Sportvereins. Diese Strategie ist dann effektiv, wenn die Lernenden die Reihenfolge ihrer Tätigkeiten fest vorausplanen und diesen Plan auch einhalten; andernfalls besteht die Gefahr, dass die hinausgeschobene Tätigkeit unterlassen oder nicht vollständig ausgeführt wird.
- **Springen**
Um mehrere Ziele gleichzeitig zu realisieren, springen die Schülerinnen und Schüler zwischen verschiedenen Tätigkeiten *hin und her*. Sie arbeiten an den Hausaufgaben und verfolgt währenddessen eine Sendung im Fernsehen. Ihre Aufmerksamkeit ist abwechselnd auf ihre Arbeit und auf die Sendung im Fernsehen gerichtet. Diese Strategie birgt zwei Risiken. Zum einen wird die Aufmerksamkeit durch Anreize, die aktuelle Wohlbefindlichkeitsziele aktualisieren (z. B. der Fernseher, die Spielkonsole), gestört, zum anderen kostet jeder Aufmerksamkeitswechsel Zeit, so dass sie am Schluss unter Umständen weder ihre Hausaufgaben vollständig erledigt haben noch die Sendung richtig verfolgen konnten.
- **Mehrfachhandlungen**
Handlungen zur Erreichung verschiedener Ziele werden simultan ausgeführt nach dem Prinzip, »das eine zu tun, ohne das andere zu unterlassen« (Hofer, 2004, S. 87). Die Schülerinnen und Schüler hören beispielsweise bei den Hausaufgaben Musik oder telefonieren mit Freunden oder sie nehmen ihre Arbeitsmaterialien mit zum Besuch bei ihren Freunden in der Absicht, während des Treffens für die anstehende Klassenarbeit zu lernen. Das gleichzeitige Verfolgen mehrerer Ziele dürfte die Aufmerksamkeit einschränken und die Qualität der Lernergebnisse beeinträchtigen.
- **Aufgeben**
Das *Aufgeben* eines der Ziele ist eine weitere Möglichkeit, mit Zielkonflikten umzugehen. Das (zeitweilige) Aufgeben von Lernzielen kann adaptiv sein, wenn sich beim Lernen unüberwindliche Hindernisse einstellen oder sich das angestrebte Lernziel als unerreichbar erweist, um Frustrationen zu vermeiden.

Nach der Theorie der *motivationalen Handlungskonflikte* führen Zielkonflikte in der Regel zu herabgesetzter Handlungseffizienz und reduziertem Wohlbefinden. Ziele, die nicht in konkrete Handlungsschritte umgesetzt werden können, bleiben weiterhin im Arbeitsgedächtnis aktiviert und drängen zur Realisierung, wodurch die Effizienz der ausgeführten Handlung beeinträchtigt wird. Auch nach der Entscheidung für eine der Verhaltensalternativen bleibt der Wertekonflikt weiter fortbestehen. Entscheidet sich die Schülerin oder der Schüler für das Lernen, bleibt der Wunsch nach Aufrechterhaltung oder Steigerung des Wohlbefindens weiter virulent, entscheidet sie oder er sich für Freizeitaktivitäten, wird der Genuss durch ein »schlechtes Gewissen« in Bezug auf das unterlassene, hinausgeschobene oder aufgegebene Lernen geschmälert.

Leistungsbeeinträchtigungen durch Zielkonflikte sind vor allem dann zu erwarten, wenn es den Lernenden nicht gelingt, Handlungen, die unterschiedlichen Zielen dienen, zu koordinieren und aufeinander abzustimmen. Um die Leistungseinbußen durch Zielkonflikte zu verringern, bedarf es *metakognitiver Strategien* zur Planung und Überwachung des Lernprozesses, die dazu beitragen, die Reibungsverluste durch Zielkonflikte zu verringern, in dem sie die Bindung an Lernziele stärken oder die Lernaktivitäten von konkurrierenden Intentionen abschirmen (▶ Kap. 10.1.2). Es gehört zu den Aufgaben der Schule, solche Selbstregulierungskompetenzen im Umgang mit Zielkonflikten zu fördern.

8.10 Diagnostik motivationaler Zielpräferenzen

Ein Anlass dafür, sich mit den Zielen, die Schülerinnen und Schüler beim Lernen verfolgen, genauer zu beschäftigen, ist dann gegeben, wenn ihre Lernleistungen hinter ihrem Leistungsvermögen zurückfallen. Möglicherweise liegt es an motivationalen Defiziten, dass sie ihr Leistungspotenzial nicht ausschöpfen können: Es gelingt ihnen nicht, die notwendige Energie zum Lernen aufzubringen, so dass sie trotz ausreichender Fähigkeiten die Lernziele nicht erreichen.

Aufschluss über motivationale Defizite könnten die Ziele geben, die Schülerinnen und Schüler in schulischen Leistungskontexten verfolgen: Was ist ihnen eigentlich wichtig, worauf kommt es ihnen beim Lernen an? Schülerinnen und Schülern, die in Leistungssituationen vor allem besorgt sind, dass ihre Schwächen nicht auffallen (Vermeidungs-Leistungszielorientierung) oder denen es vor allem darum geht, mit möglichst wenig Aufwand das Nötigste zu erreichen (Arbeitsvermeidung), dürfte es schwer fallen, sich zum Lernen zu motivieren.

Motivationale Zielorientierung und Lernbedingungen

Die Diagnostik sollte sich aber nicht ausschließlich auf die Lernenden richten. Auch durch die Lernbedingungen könnten Zielorientierungen hervorgerufen oder verstärkt werden, die die Lernmotivation beeinträchtigen. Prüfungen, in denen es vor allem darauf ankommt, sein Wissen zu präsentieren (z. B. mündliche Prüfungen), oder Lernbedingungen, die stark vom Wettbewerbscharakter geprägt sind und in denen der Leistungsvergleich mit anderen Schülerinnen und Schülern im Vordergrund steht, dürften die Leistungszielorientierung der Schülerinnen und Schüler verstärken. Diese Lernbedingungen könnten bei den Schülerinnen und Schülern den Eindruck hervorrufen, dass es nicht auf Lerninhalte, sondern vor allem auf Selbstdarstellungskompetenzen ankommt (»Bei Prüfungen geht es vor allem darum, einen kompetenten Eindruck zu machen«). Bei der Orientierung auf Leistungsziele besteht die Gefahr, dass Schülerinnen und Schüler in erster Linie für die Prüfung lernen (»Ich lerne nur das, was auch geprüft wird«) und in Phasen, in denen sie ihre Lernergebnisse nicht unter Beweis stellen müssen, schnell die Motivation zum Lernen verlieren.

Steht beim Lernen der Prüfungs- und Wettbewerbscharakter im Vordergrund, sind vor allem Schülerinnen und Schüler in ihrer Lernmotivation gefährdet, die glauben, nur über geringe Kompetenzen zu verfügen, ihre Leistungen zu zeigen (»In der Prüfung bin ich meist so blockiert, dass ich nichts herausbringe, auch wenn ich gut gelernt habe«). Schülerinnen und Schüler, die sich in Prüfungssituationen nicht zutrauen, ihr Wissen und ihre Fähigkeiten präsentieren zu können, sehen auch nur geringe Chancen, ihre Leistungsziele zu erreichen und werden daher ihr Bemühen möglicherweise einstellen.

Zielorientierungen als motivationale Disposition

Die Lernzielorientierung hat sich als günstige Voraussetzung für erfolgreiches Lernen erwiesen. Demgegenüber sind leistungszielorientierte Schülerinnen und Schüler dann gefährdet, wenn sie vorrangig Vermeidungs-Leistungsziele verfolgen. In Leistungssituationen sind sie vor allem darauf bedacht, ihre vermeintlichen Schwächen und Wissenslücken zu verbergen. Ihr Bemühen richtet sich in erster Linie darauf, andere nicht merken zu lassen, dass sie etwas nicht wissen oder nicht können. Leistungsrückmeldungen gehen sie daher nach Möglichkeit aus dem Weg.

Eine für das Lernen ungünstige Motivationslage kann sich auch dann ergeben, wenn Lernende vorwiegend Leistungsziele verfolgen, aber über ein geringes schulisches Selbstkonzept verfügen. Schülerinnen und Schüler, denen es darum geht, ihre Fähigkeiten unter Beweis zu stellen, die aber gleichzeitig davon überzeugt sind, nur geringe Fähigkeiten zu besitzen, werden im Falle von Misserfolgen in ihrer Motivation nachlassen. Ihnen sie ist es wichtig, ihre Fähigkeiten zu demonstrieren, sie sind aber nicht davon überzeugt, diese Fähigkeiten zu besitzen. Unter diesen Bedingungen wird es ihnen schwer fallen, die für das Lernen notwendige Energie zu mobilisieren, wenn Hindernisse auftreten oder sich Schwierigkeiten beim Lernen einstellen.

Eine besonders ungünstige motivationale Lernvoraussetzung ist die Tendenz zur *Anstrengungsvermeidung*. Schülerinnen und Schüler, die vor allem darauf bedacht sind, möglichst wenig Anstrengungen zu investieren, interessieren sich im Allgemeinen auch wenig für die Lerninhalte und gehen Leistungsrückmeldungen nach Möglichkeit aus dem Weg. In Lern- und Leistungssituationen verfolgen sie keine positiven Ziele, ihnen geht es darum, Anforderungen aus dem Weg zu gehen.

Skala zur Erfassung von Zielorientierungen bei Schülerinnen und Schülern

Köller und Baumert (1998) haben die *Motivational Orientation Scales* (MOS) von Nicholls, Patashnick und Nolen (1985, vgl. auch Nicholls, Patashnick, Cheung, Thorkildsen & Lauer, 1989) adaptiert. Ihre *Skala zur Erfassung von Zielorientierungen bei Schülerinnen und Schülern* basiert auf der Terminologie der Arbeitsgruppe um Nicholls, die zwischen Aufgabenorientierung (Lernzielorientierung) und Ichorientierung (Leistungszielorientierung) unterscheidet. Zusätzlich enthält das Messinstrument eine Skala zur Erfassung der Anstrengungsvermeidung. Ausgehend von dem Itemstamm »Ich fühle mich in der Schule wirklich zufrieden, wenn ...« werden Ergänzungen vorgegeben, die die *Ichorientierung* (z. B. »... ich bessere Noten bekomme als andere«), die *Aufgabenorientierung* (z. B. »... der Unterricht mich zum Nachdenken bringt«) und die *Anstrengungsvermeidung* (z. B. »... wenn ich mich nicht anstrengen muss«) erfassen. Die Skala enthält 21 Items, die auf einer vierstufigen Antwortskala von 1 (»trifft überhaupt nicht zu«) bis 4 (»trifft völlig zu«) beantwortet werden (▶ Tab. 8.3).

Skalen zur Erfassung der Lern- und Leistungsmotivation (SELLMO)

Ebenfalls nach dem Vorbild der *Motivational Orientation Scales* (Nicholls et al., 1985) wurden für den deutschen Sprachraum die *Skalen zur Erfassung der Lern- und Leistungsmotivation* (SELLMO; Spinath, Stiensmeier-Pelster, Schöne & Dickhäuser, 2002) entwickelt. Die SELLMO, die für Schülerinnen und Schüler der 4. bis 10. Klasse (SELLMO-S) normiert wurden und in einer Version für Studierende (SELLMO-ST) vorliegen, enthalten 31 Items zur Selbsteinschätzung mit jeweils einer fünfstufigen Antwortskala, die vier situationsübergreifende Zielorientierungen erfassen: *Lernziele, Annäherungs-Leistungsziele, Vermeidungs-Leistungsziele* und *Arbeitsvermeidung*. Tabelle 8.4 zeigt zu jeder der vier Subskalen jeweils Beispielitems.

Tab. 8.3: Skala zur Erfassung von Zielorientierungen (Köller & Baumert, 1998)

Ich fühle mich in der Schule wirklich zufrieden, wenn ...

Ichorientierung

- ich mehr weiß als die anderen.
- ich als einziger die richtige Antwort weiß.
- ich zeigen kann, dass ich ein schlauer Typ bin.
- ich vor meinen Klassenkameraden fertig bin.

Aufgabenorientierung

- das Gelernte wirklich Sinn für mich macht.
- die Aufgaben von mir wirkliches Nachdenken verlangen.
- ich etwas herausbekomme, das mich beim Thema festhält.
- ich ein kompliziertes Problem endlich verstehe.

Anstrengungsvermeidung

- ich mich nicht anstrengen muss.
- ich ohne Mühe gute Noten bekommen.
- der Unterricht einfach ist.
- es einfach ist, Aufgaben richtig zu haben.

Anmerkungen. Beispielitems der Skala zur Erfassung von Zielorientierungen nach Köller und Baumert (1998).

Tab. 8.4: Skalen zur Erfassung der Lern- und Leistungsmotivation (SELLMO)

In der Schule (im Studium) geht es mir darum ...

Lernziele

- zum Nachdenken angeregt zu werden.
- komplizierte Inhalte zu verstehen.
- neue Ideen zu bekommen.

Annäherungs-Leistungsziele

- das, was ich kann und weiß, auch zu zeigen.
- zu zeigen, dass ich bei einer Sache gut bin.
- dass andere denken, dass ich klug bin.

Vermeidungs-Leistungsziele

- dass niemand merkt, wenn ich etwas nicht verstehe.
- keine falschen Antworten auf Fragen der Lehrer/Dozenten zu geben.
- nicht durch dumme Fragen aufzufallen.

Arbeitsvermeidung

- mit wenig Arbeit durch die Schule (durch das Studium) zu kommen.
- zu Hause keine Arbeiten erledigen zu müssen.
- den Arbeitsaufwand stets gering zu halten.

Anmerkungen. Beispielitems aus den *Skalen zur Erfassung der Lern- und Leistungsmotivation* (SELLMO; Spinath, Stiensmeier-Pelster, Schöne & Dickhäuser, 2002).

8.11 Weiterführende Literatur

Köller, O. (1998). Zielorientierungen und schulisches Lernen. Münster: Waxmann.

Stiensmeier-Pelster, J., Balke, S. & Schlangen, B. (1996). Lern- versus Leistungszielorientierung als Bedingungen des Lernfortschritts. Zeitschrift für Entwicklungspsychologie und Pädagogische Psychologie, 28, 169–187.

9 Schulisches Selbstkonzept

9.1	Selbstkonzeptmodelle	276
9.2	Selbstkonzept und Schulleistung	278
	9.2.1 Der Self-Enhancement-Ansatz	280
	9.2.2 Der Skill-Development-Ansatz	284
	9.2.3 Das Reciprocal-Effect-Modell	284
9.3	Ausbildung fachspezifischer Selbstkonzepte	285
	9.3.1 Selbstkonzeptentwicklung im Vorschul- und Grundschulalter	286
	9.3.2 Bezugsrahmenmodell	287
	9.3.3 Big-Fish-Little-Pond-Effekt	290
	9.3.4 Basking-in-reflected-glory-Effekt	292
9.4	Diagnostik schulischer Selbstkonzepte	293
	9.4.1 Verfahren zur Erfassung schulischer Selbstkonzepte	295
9.5	Weiterführende Literatur	298

In der Schule, aber auch außerhalb der Schule, im Elternhaus oder im Kontakt mit Gleichaltrigen, bekommen Schülerinnen und Schüler vielfältige Rückmeldungen über ihre Schulleistungen. Rückmeldungen erhalten sie nicht nur durch formale Leistungsbewertungen, etwa durch Schulnoten oder Zeugnisse, sondern auch durch die Reaktionen ihrer Umwelt auf ihre Leistungen, etwa in Form von Anerkennung oder Kritik durch ihre Eltern (»Mit Zahlen kannst du ja gut umgehen.«, »Aufsätze zu schreiben, fällt dir schwer.«) oder durch ihre Mitschülerinnen und Mitschüler zum Beispiel bei der Zusammenstellung von Mannschaften im Sport oder bei der Mitarbeit in Arbeitsgruppen. Infolge dieser Erfahrungen entwickeln sie im Laufe ihrer Schulzeit immer differenziertere Vorstellungen über ihre eigenen Stärken und Schwächen. Schülerinnen und Schüler, die beispielsweise die Erfahrung machen, dass sie im Allgemeinen gut im Mathematikunterricht zurechtkommen, aber im Sport in vielen Disziplinen von ihren Mitschülerinnen und Mitschülern übertroffen werden und immer als letzte in die Mannschaft gewählt werden, werden im Laufe der Zeit wahrscheinlich die Überzeugung entwickeln, in Mathematik begabt, aber völlig unsportlich zu sein. Ebenso werden Schülerinnen und Schüler, die gewöhnlich schlechte Noten bekommen und deren Versetzung gefährdet ist, ihre schulischen Fähigkeiten gering einschätzen, aber möglicherweise aufgrund ihrer Erfahrung, dass sie in ihrer Klasse beliebt sind und leicht Kontakt zu ihren Mitschülerinnen und Mitschülern finden, zu der Überzeugung kommen, über gute soziale Fertigkeiten im Umgang mit anderen Menschen zu verfügen.

Diese Überzeugungen hinsichtlich der eigenen Fähigkeiten sind Teil des Selbstkonzepts. Das Selbstkonzept ist jedoch nicht nur auf die Selbsteinschätzung schulischer Fähigkeiten beschränkt, sondern umfasst alle *mentalen Repräsentationen* der eigenen Person, also alle Vorstellungen darüber, welche Eigenschaften und Merkmale man besitzt (vgl. Möller & Trautwein, 2015). Zum Selbstkonzept gehört beispielsweise auch die Einschätzung der eigenen physischen Eigenschaften (»Ich sehe eigentlich ganz gut aus«), der sozialen Eigenschaften (»Fremden Menschen gegenüber bin ich eher schüchtern«) oder der emotionalen Eigenschaften (»Ich bin im Grunde ein optimistischer Mensch«).

Selbstkonzept
Das Selbstkonzept umfasst die kognitiven Repräsentationen der eigenen Person, also alle Gedanken, Vorstellungen und Einschätzungen, die sich auf Merkmale, Eigenschaften und Fähigkeiten der eigenen Person beziehen.

Selbstbeschreibung und Selbstbewertung

Grundsätzlich kann zwischen Selbstbeschreibung und Selbstbewertung unterschieden werden (Moschner & Dickhäuser, 2006). Die *Selbstbeschreibung* kennzeichnet den *kognitiv-deskriptiven Aspekt* der mentalen Repräsentationen und beinhaltet die Überzeugungen bezüglich der eigenen Fähigkeiten und Eigenschaften:

- »In Sport bin ich gut.«
- »Im Allgemeinen bemühe ich mich, pünktlich zu sein.«
- »Ich interessiere mich für Politik.«
- »Ich sehe gut aus.«

Die *Selbstbewertung* kennzeichnet den *affektiv-evaluativen Aspekt* der mentalen Repräsentationen und gibt den emotionalen Bezug zu dem Inhaltsbereich oder zu den Fähigkeitseinschätzungen wieder:

- »Ich finde Biologie gut.«
- »Ich lege viel Wert auf gutes Aussehen.«
- »Ich bin stolz darauf, in Sport zu den Besten zu gehören.«
- »Dass ich so wenig über Geschichte weiß, ist mir peinlich.«

Inwieweit selbstbeschreibende und selbstbewertende Aspekte des Selbstkonzepts differenziert werden sollten, ist umstritten (Bong & Clark, 1999). Beide Aspekte lassen sich nicht immer exakt voneinander trennen, da die Einschätzungen der eigenen Eigenschaften und Fähigkeiten meist auch einen emotionalen Bezug oder eine Bewertung beinhalten (»Mit Mathematik kann ich überhaupt nichts anfangen«). Zudem korrelieren kognitiv-beschreibende und affektiv-evaluative Komponenten der Selbstbeschreibungen hoch miteinander, so dass einige Autoren keinen Anlass sehen, beide Aspekte zu trennen (z. B. Marsh, 1986). Andere Autoren plädieren demgegenüber für eine Differenzierung kognitiv-deskriptiver und affektiv-evaluativer Aspekte des Selbstkonzepts (z. B. Bong & Clark, 1999; Möller & Köller, 2004; Stiensmeier-Pelster & Schöne, 2007), da deskriptive und affektiv-evaluative Aspekte nicht notwendigerweise übereinstimmen müssen. So kann eine Person durchaus davon überzeugt sein, nicht sprachbegabt oder unsportlich zu sein, ohne dies jedoch negativ zu bewerten. Nach dieser Auffassung werden die bereichsspezifischen Selbstkonzepte auf die kognitiv-deskriptive Komponente, das heißt die *Fähigkeitsselbstwahrnehmungen* einer Person beschränkt (»In Geschichte kenne ich mich überhaupt nicht aus«), während der affektiv-evaluative Aspekt der Selbstbeschreibungen (»Es ist mir peinlich, dass ich so wenig über Geschichte weiß«) dem *Selbstwert* (engl. »self-esteem«) zugeordnet wird.

Schulisches Selbstkonzept

Die Eigenschaften, die man sich selbst zuschreibt, stehen nicht unverbunden nebeneinander, sondern bilden eine Gesamtstruktur, innerhalb der sich jedoch einzelne Segmente unterscheiden lassen. Für das schulische Lernen sind die Selbsteinschätzungen in *leistungsthematischen Kontexten* bedeutsam, also die Selbsteinschätzung der eigenen Fähigkeiten, Kenntnisse und Kompetenzen in Bezug auf schulische Leistungen. Diese Selbsteinschätzungen werden als *akademisches* oder *schulisches Selbstkonzept* bezeichnet.

> **Schulisches Selbstkonzept**
> Das schulische (akademische) Selbstkonzept umfasst die Selbsteinschätzung der eigenen Fähigkeiten, Kenntnisse und Kompetenzen in Bezug auf schulische Leistungen.

Die Einschätzungen der eigenen Stärken und Schwächen sind deswegen bedeutsam, weil sie nachhaltige Auswirkungen auf das Lernen haben. So werden Schülerinnen und Schüler, die sich in Mathematik für unbegabt halten, sich auch in diesem Fach wenig zutrauen, bei Klassenarbeiten von vornherein mit einem Misserfolg rechnen und daher versuchen, Leistungsanforderungen in Mathematik aus dem Weg zu gehen. Ganz anders werden Schülerinnen und Schüler mit Leistungsanforderungen umgehen, die von ihren Fähigkeiten in Mathematik überzeugt sind. Diese Schülerinnen und Schüler trauen sich in diesem Fach mehr zu und werden daher beim Lernen wahrscheinlich eine größere Ausdauer an den Tag legen und sich durch auftretende Schwierigkeiten nicht so leicht entmutigen lassen. Sie werden Leistungssituationen eher optimistisch entgegensehen und nicht versuchen, Leistungsanforderungen zu vermeiden, sondern sie als Herausforderungen anzunehmen.

9.1 Selbstkonzeptmodelle

Shavelson, Hubner und Stanton (1976) gehen in ihrem Selbstkonzeptmodell von einer hierarchischen Struktur des Selbstkonzepts aus (▶ Abb. 9.1). Die allgemeinste Ebene bildet das *generelle Selbstkonzept* (»Ich bin mit mir zufrieden«), das sich weiter über mehrere Ebenen bis hin zur Selbsteinschätzung konkreter Verhaltensweisen ausdifferenziert. Unterhalb des generellen Selbstkonzepts wird zwischen dem akademischen (schulischen) und dem nicht-akademischem Selbstkonzept unterschieden. Das *nicht-akademische Selbstkonzept* besteht aus dem sozialen, dem emotionalen und dem physischen Selbstkonzept, die sich wiederum jeweils auf den nächsten beiden Ebenen in spezifischere Komponenten aufspalten. Das *akademische* oder *schulische Selbstkonzept* wird in verschiedene Leistungsbereiche untergliedert, die die Fähigkeitsselbsteinschätzungen zum Beispiel in Deutsch, Geschichte, Mathematik oder Biologie beinhalten. Diese Selbstkonzeptkomponenten werden weiter differenziert bis hin zur Bewertung konkreter, situationsgebundener Verhaltensweisen auf der untersten Stufe der Hierarchie.

Das Selbstkonzeptmodell von Shavelson et al. (1976) lässt sich durch drei Annahmen näher kennzeichnen.

- Das Selbstkonzept ist multidimensional. Das Modell postuliert verschiedene Selbstkonzeptkomponenten, die miteinander korrelieren, aber dennoch als einzelne

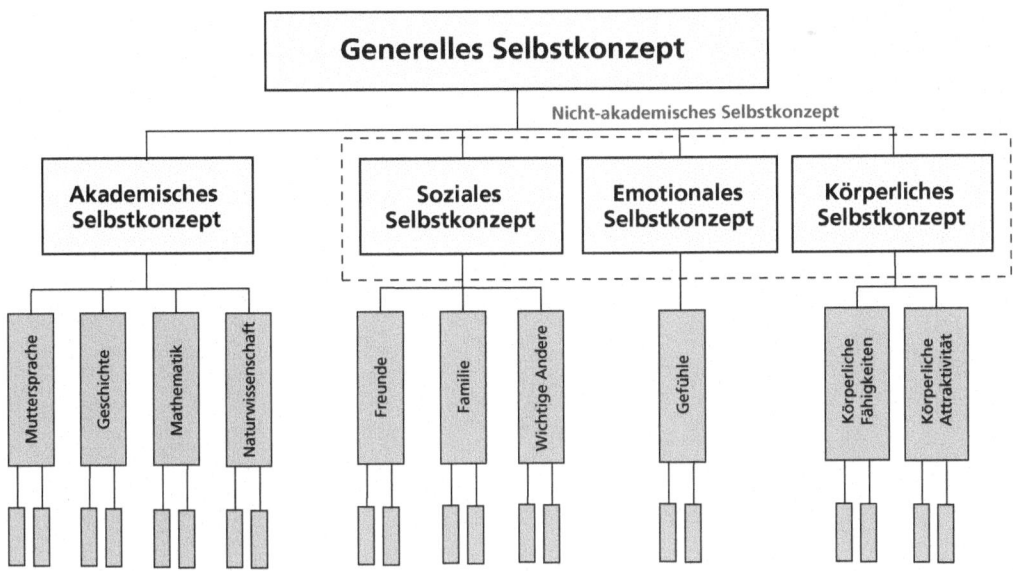

Abb. 9.1: Selbstkonzeptmodell (nach Shavelson et al., 1976)

Konstrukte messbar sind, wie zum Beispiel das emotionale, das physische, das soziale oder das schulische Selbstkonzept.
- Die Stabilität der Selbstkonzepte nimmt mit zunehmender Spezifität ab.

Das generelle Selbstkonzept ist relativ stabil, es verändert sich nur infolge bedeutsamer selbstkonzeptdiskrepanter Erfahrungen. Spezifische Selbstkonzepte sind dagegen leichter veränderbar.
- Das Selbstkonzept wird mit dem Alter differenzierter und situationsunabhängiger.

Kinder besitzen noch ein undifferenziertes Bild von der eigenen Person. Im Laufe ihrer Entwicklung machen sie die Erfahrung, dass sie in den verschiedenen Bereichen über unterschiedliche Stärken und Schwächen verfügen, so dass sich zunehmend spezifischere Selbstkonzepte herausbilden.

Nach dem Selbstkonzeptmodell von Shavelson et al. (1976) wird das generelle Selbstkonzept auf der darunter liegenden Hierarchiestufe in ein akademisches (schulisches) und ein nicht-akademisches Selbstkonzept untergliedert. Das schulische Selbstkonzept wird wiederum durch die *fachspezifischen Selbstkonzepte* bestimmt, die die Fähigkeitsselbsteinschätzungen in den einzelnen Leistungsbereichen wie zum Beispiel in Deutsch, Englisch, Biologie oder Mathematik (z. B. »Ich bin gut in Mathematik«) beinhalten. Diese fachspezifischen Selbstkonzepte sollten dem Modell zufolge miteinander korrelieren und in dem allgemeinen akademischen Selbstkonzept (»Ich bin ein guter Schüler«) zum Ausdruck kommen.

Entgegen dieser Annahme zeigen sich in empirischen Studien aber keine oder nur geringe Zusammenhänge zwischen den Fähigkeitsselbsteinschätzungen im mathematisch-naturwissenschaftlichen und im verbal-sprachgebundenen Leistungsbereich. Dieser Befund war Anlass für eine Revision des Modells (Marsh, 1986; Marsh, Byrne & Shavelson, 1988). Nach dem modifizierten Selbstkonzeptmodell wird das schulische Selbstkonzept in zwei unabhängige Selbstkonzepte unterteilt, das verbale und das mathematische Selbstkonzept. Wie aus der Abbildung 9.2 hervorgeht, besteht das *mathematische schulische Selbstkonzept* aus den fachspezifischen Selbstkonzepten in mathematisch-naturwissenschaftlichen Fächern (z. B. Mathematik, Physik, Chemie), das *verbale schulische Selbstkonzept* aus den Fähigkeitsselbsteinschätzungen in sprachlichen Fächern (z. B. Deutsch, Englisch).

> **Mathematisches und verbales schulisches Selbstkonzept**
> Das schulische Selbstkonzept besteht aus zwei unabhängigen Selbstkonzepten, das verbale und das mathematische Selbstkonzept. Das mathematische schulische Selbstkonzept setzt sich aus den Selbstkonzepten in den naturwissenschaftlich-mathematischen Bereichen zusammen, das verbale Selbstkonzept besteht aus den Selbstkonzepten in den sprachlichen Bereichen.

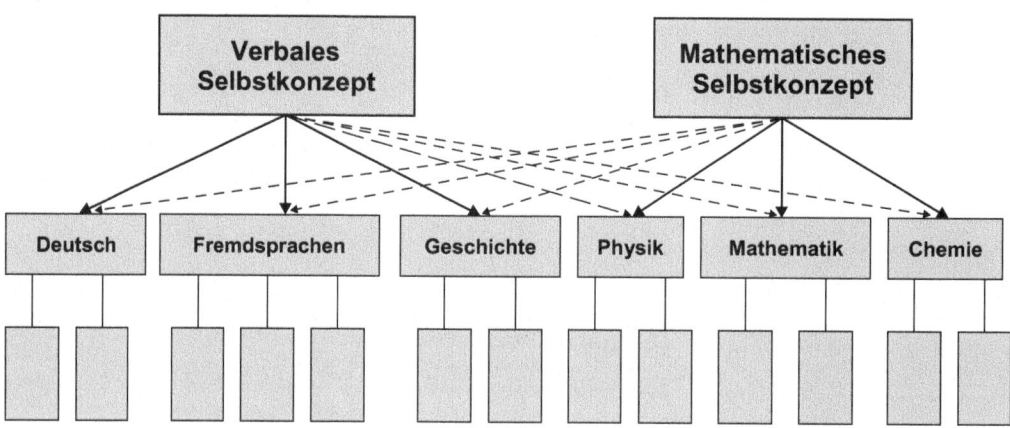

Abb. 9.2: Modifiziertes Selbstkonzeptmodell (nach Marsch, Byrne & Shavelson, 1988).

9.2 Selbstkonzept und Schulleistung

Nach den Alltagserfahrungen würde man wohl einen engen Zusammenhang zwischen den Schulleistungen und den Einschätzungen der eigenen Fähigkeiten erwarten. Schülerinnen und Schüler, die gute Schulleistungen erzielen, sollten ihre Fähigkeiten auch hoch einschätzen, und umgekehrt, Schülerinnen und Schüler mit schlechten Schulleistungen sollten auch ein geringes schulisches Selbstkonzept besitzen. Empirische Studien bestätigen dies. Zwischen dem Selbstkonzept und den Schulleistungen bestehen umso engere Zusammenhänge, je spezifischer das Selbstkonzept erfasst wird.

Dies geht aus Metaanalysen hervor, in denen die Ergebnisse zahlreicher Studien zum Zusammenhang zwischen Selbstkonzeptmaßen und Leistungsindikatoren analysiert wurden (Byrne, 1996; Hansford & Hattie, 1982). Während das globale Selbstkonzept nur schwach mit der akademischen Leistung korreliert, weisen spezifischere Selbstkonzeptmaße in der Regel schon einen engeren Zusammenhang mit der Schulleistung auf. Am engsten ist der Zusammenhang zwischen den fachspezifischen Selbstkonzepten und den Schulleistungen in dem betreffenden Unterrichtsfach. So ermittelten Hansford und Hattie (1982) in ihrer Metaanalyse von 128 Studien eine durchschnittliche Korrelation von $r = .21$ zwischen globalen Selbstkonzeptmaßen und Leistungsindikatoren. Deutlich enger – mit einer durchschnittlichen Korrelation von $r = .42$ – erwies sich der Zusammenhang zwischen spezifischen Selbstkonzeptmaßen und den entsprechenden Schulleistungen.

Schilling, Sparfeldt, Rost und Nickels (2004) untersuchten an einer Stichprobe von 989 Schülerinnen und Schülern der siebten bis zehnten Klasse den Zusammenhang zwischen fachspezifischen Selbstkonzepten und den Schulleistungen. Mit Hilfe des *Differentiellen Selbstkonzept Gitters* (DISK-Gitter, ▶ Kap. 9.4) wurden die Fähigkeitsselbsteinschätzungen in verschiedenen Unterrichtsfächern erfasst (▶ Tab. 9.1). Die fachspezifischen Selbstkonzepte korrelierten mit durchschnittlich $r = .57$ relativ hoch mit den Schulnoten in dem entsprechenden Unterrichtsfach und relativ gering – mit durchschnittlich $r = .16$ – mit den Zensuren in den nichtkorrespondierenden Schulfächern. Deutlich geringer korrelierten die Schulleistungen mit dem allgemeinen schulischen Selbstkonzept, das mit der *Skala zur Erfassung schulischer Leistungen und Fähigkeiten* (SKSLF; Rost & Lamsfuss, 1992) erhoben wurde. Die Korrelationen des allgemeinen schulischen Selbstkonzepts mit den Schulnoten in den einzelnen Fächern lagen zwischen $r = .34$ und $r = .43$.

Tab. 9.1: Schulisches Selbstkonzept und Schulnoten

Selbstkonzept	Schulnoten					
	Mathematik	Deutsch	Physik	Englisch	Geschichte	Biologie
Mathematik	.68	.00	.39	.03	.09	.13
Deutsch	.04	.57	.11	.32	.22	.26
Physik	.34	.01	.57	.01	.18	.20
Englisch	.03	.27	.10	.56	.16	.16
Geschichte	.07	.16	.17	.14	.51	.30
Biologie	.08	.16	.20	.07	.21	.49
Schulisches Selbstkonzept	.43	.35	.40	.35	.39	.34

Anmerkungen. Korrelationen zwischen schulischen Selbstkonzepten und den Schulnoten. Ergebnisse der Studie von Schilling et al. (2004) an 989 Schülerinnen und Schülern der 7. bis 10. Klasse. Erläuterungen im Text.

Die korrelativen Zusammenhänge zwischen den Selbstkonzepten und den Schulleistungen zeigen, dass Schülerinnen und Schüler umso bessere Schulleistungen aufweisen, je positiver sie ihre Fähigkeiten einschätzen; sie lassen aber offen, wie dieser Zusammenhang zustande kommt. So könnte man vermuten, dass sich die Einschätzung der eigenen Leistungsfähigkeit auf die Schulleistungen auswirkt, dass also eine positive Selbsteinschätzung der eigenen Fähigkeiten das Lernen fördert und eine negative Selbsteinschätzung das Lernen erschwert. In diesem Fall sind Schulleistungen eine Folge positiver oder negativer schulischer Selbstkonzepte. Ebenso plausibel ist aber auch die Annahme, dass die Einschätzung des eigenen Leistungspotenzials von den Schulleistungen abhängig ist und somit die Leistungen, die man in einem Fach erzielt, die Fähigkeitsselbsteinschätzungen in diesem Fach bestimmen. Hat das schulische Selbstkonzept nun Einfluss auf die zukünftigen Schulleistungen oder bestimmen die Schulleistungen das schulische Selbstkonzept? Zur Aufklärung der Beziehung zwischen dem Selbstkonzept und den Schulleistungen werden zwei Ansätze verfolgt, der Self-Enhancement-Ansatz und der Skill-Development-Ansatz.

9.2.1 Der Self-Enhancement-Ansatz

Der *Self-Enhancement-Ansatz* schreibt dem Fähigkeitsselbstkonzept eine motivierende bzw. verhaltenssteuernde Funktion zu. Eine positive Einschätzung der eigenen Fähigkeiten fördert das schulische Lernen, ein negatives Selbstkonzept beeinträchtigt den Lernprozess und wirkt sich ungünstig auf die Schulleistungen aus.

Die Annahme einer motivierenden und verhaltenssteuernden Funktion des schulischen Selbstkonzepts stützt sich auf Studien, in denen gezeigt werden konnte, dass aufgrund fachbezogener Selbstkonzepte die Leistungen in diesem Fach *vorhergesagt* werden können (z. B. Helmke & van Aken, 1995; Köller, Klemmert, Möller & Baumert, 1999). Beispielsweise fand Marsh (1990) in einer zweijährigen Längsschnittstudie an Schülerinnen und Schülern der 10. bis 12. Klasse von einem Schuljahr zum nächsten kausale Pfade der fachspezifischen Selbstkonzepte auf die Noten im nachfolgenden Schuljahr, aber keinen bedeutsamen Einfluss in umgekehrter Richtung. In einer Metaanalyse auf der Basis von mehr als 60 Längsschnittstudien zum Einfluss von Fähigkeitsselbsteinschätzungen auf die zukünftigen Schulleistungen (Valentine, DuBois & Cooper, 2004) zeigten sich auch dann positive Effekte der Fähigkeitsselbsteinschätzungen, wenn andere bedeutsame Einflussfaktoren wie zum Beispiel die Ausgangsleistung, die Intelligenz oder das Vorwissen der Schülerinnen und Schüler kontrolliert wurden (vgl. auch Helmke, 1992). Das bedeutet, von Schülerinnen und Schülern mit gleichem Leistungsstand und vergleichbaren kognitiven Fähigkeiten werden diejenigen bessere Schulleistungen erzielen, die ihre Fähigkeiten in dem Fach positiver einschätzen.

> **Self-Enhancement-Ansatz**
> Nach dem Self-Enhancement-Ansatz haben Fähigkeitsselbstkonzepte eine motivierende und verhaltenssteuernde Funktion. Eine positive Einschätzung der eigenen Fähigkeiten fördert das schulische Lernen, eine negative Fähigkeitsselbsteinschätzung wirkt sich ungünstig auf die Schulleistungen aus.

Diese Befunde sprechen dafür, dass eine positive Einschätzung der eigenen Fähigkeiten das Lernen fördert und eine negative Fähigkeitsselbsteinschätzung sich ungünstig auf das Lernen auswirkt. Wie aber kommt dieser Einfluss zustande? In welcher Weise beeinflussen die Fähigkeitsselbstkonzepte die Schulleistung? Wenn Schülerinnen und Schüler in einem Vokabeltest eine Vokabel nicht wissen oder in einer Klassenarbeit eine Mathematikaufgabe nicht lösen können, wird es ihnen sicherlich auch nicht weiterhelfen, wenn sie glauben, sprachbegabt zu sein bzw. über gute mathematische Kompetenzen zu verfügen. Ein direkter Einfluss der Fähigkeitsselbsteinschätzungen auf den Lernerfolg ist nicht anzunehmen, vielmehr ist davon auszugehen, dass sich die Fähigkeitsselbstkonzepte über *vermittelnde Mechanismen* auf die Lernleistungen auswirken.

Motivationale Defizite bei geringem schulischen Selbstkonzept

Aufschluss darüber, in welcher Weise sich die Fähigkeitsselbsteinschätzungen auf die Schulleistungen auswirken, geben die Befunde von Wigfield und Eccles (1992). Die Autoren konnten für verschiedene Unterrichtsfächer zeigen, dass sich eine positive Einschätzung der eigenen Leistungsfähigkeit günstig auf die *Lernmotivation* auswirkt. Schülerinnen und Schüler, die von ihren Fähigkeiten in einem Fach überzeugt sind, zeigen auch mehr Anstrengungen und Ausdauer beim Lernen, wohingegen diejenigen, die glauben, nur über geringe Fähigkeiten zu verfügen, sich auch wenig zutrauen, bei auftretenden Schwierigkeiten schnell aufgeben und nur geringe Anstrengungen unternehmen, um ihre Leistungen in dem Fach zu verbessern. Nach diesen Ergebnissen ist anzunehmen, dass die Fähigkeitsselbsteinschätzungen die *Lernmotivation* des Lernenden beeinflussen und sich über diesen Weg auf die Schulleistungen auswirken.

Schöne, Dickhäuser, Spinath und Stiensmeier-Pelster (2003) führen die *motivationale Funktion* des schulischen Selbstkonzepts auf die *Attributionsmuster* zurück, die mit den Fähigkeitsselbsteinschätzungen einhergehen. Schülerinnen und Schüler, die glauben, nur über geringe Fähigkeiten in einem Fach zu verfügen, neigen dazu, ihre Lernmisserfolge in diesem Fach auf internal-stabile Faktoren wie zum Beispiel auf eine mangelnde Begabung zurückzuführen und ihre Lernerfolge auf externale Faktoren, das heißt in außerhalb der Person liegenden Ursachen wie zum Beispiel Glück oder geringe Anforderungen zurückzuführen.

Schülerinnen und Schüler, die sich zum Beispiel für mathematisch unbegabt halten, werden ihr schlechtes Abschneiden in der Mathematikarbeit ihrer mangelnden mathematischen Begabung zuschreiben und damit ihre negative Selbsteinschätzung bestätigt sehen. Schneiden sie in der Mathematikarbeit aber gut ab, werden sie dafür eher externale Faktoren verantwortlich machen und zum Beispiel annehmen, dass sie einfach Glück gehabt hatten oder dass die Aufgaben in der Mathematikarbeit dieses Mal ziemlich leicht waren. Günstiger ist dagegen das Attributionsmuster bei einem *hohen* schulischen Selbstkonzept. Schülerinnen und Schüler, die von ihren Kompetenzen überzeugt sind, führen Lernerfolge auf ihre Fähigkeiten, Misserfolge jedoch auf externale Faktoren zurück. Schülerinnen und Schüler, die beispielsweise von ihren mathematischen Fähigkeiten überzeugt sind, werden ihre Selbsteinschätzung durch eine gute Leistung in der Mathematikarbeit bestätigt sehen, bei einem Misserfolg in der Mathematikarbeit dagegen eher annehmen, dass sie ungerecht benotet wurden, dass die Aufgaben viel zu schwer waren oder dass sie dieses Mal einfach Pech gehabt hatten.

Die bevorzugten Kausalattributionen von Schülerinnen und Schülern mit einem hohen oder geringen schulischen Selbstkonzept bestätigen die jeweiligen Fähigkeitsselbsteinschätzungen (▶ Tab. 9.2) und wirken sich im Sinne einer *Sich-selbst-erfüllenden-Prophezeiung* auf die Schulleistungen aus:

- Schülerinnen und Schüler mit einem hohen schulischen Selbstkonzept fühlen sich durch Lernerfolge in ihrer Selbsteinschätzung bestätigt, durch Lernmisserfolge in ihrer positiven Selbstwahrnehmung aber *nicht* in Frage gestellt.
- Umgekehrt fühlen sich Schülerinnen und Schüler mit einem geringen schulischen Selbstkonzept durch Misserfolge im Lernen in ihrer negativen Selbsteinschätzung bestärkt, Lernerfolge sind für sie aber kein Anlass, ihre negative Selbsteinschätzung zu revidieren.

Bei Schülerinnen und Schülern mit einem hohen schulischen Selbstkonzept führen *positive* Leistungsrückmeldungen damit langfristig zu einer Stabilisierung und Erhöhung ihrer positiven Selbsteinschätzungen, negative Leistungsrückmeldungen haben dagegen nur einen geringen Einfluss auf die Selbsteinschätzungen. Bei Schülerinnen und Schülern mit einem geringen schulischen Selbstkonzept bewirken dagegen *negative* Leistungsrückmeldungen eine Verfestigung ihrer negativen Selbsteinschätzungen, während positive Leistungsrückmeldungen nur wenig bewirken. Dieses ungünstige Attributionsmuster von Schülerinnen und Schülern mit einem geringen schulischen Selbstkonzept führt langfristig zu *Motivationsproblemen*. Lernerfolge, zum Beispiel gute Noten oder die Anerkennung durch die Lehrkraft, beziehen sie nicht auf ihre eigenen Fähigkeiten, Misserfolge erleben sie dagegen als unausweichliche Folge ihrer geringen Fähigkeiten oder ihrer geringen Begabung. Dadurch werden sie nach Misserfolgen schnell entmutigt und zeigen beim Lernen wenig Ausdauer und Anstrengungsbereitschaft, wenn Schwierigkeiten auftreten.

Tab. 9.2: Auswirkungen eines hohen und niedrigen schulischen Selbstkonzepts

	Niedriges schulisches Selbstkonzept	Hohes schulisches Selbstkonzept
Leistungsattribution bei Misserfolg	Internal-stabile Ursachen Mangelnde Fähigkeiten Geringe Begabung	Variable Ursachen Mangelnde Anstrengung Pech
Leistungsattribution bei Erfolg	Externale Ursache Geringe Aufgabenschwierigkeit Glück	Internal-stabile Ursachen Gute Fähigkeiten Hohe Begabung
Erfolgserwartung	Misserfolg führt zu sinkenden Erfolgserwartungen Erfolg führt *nicht* zu steigenden Erfolgserwartungen	Misserfolg führt *nicht* zu sinkenden Erfolgserwartungen Erfolg führt zu steigenden Erfolgserwartungen
Lernmotivation	Lernmotivation sinkt	Lernmotivation steigt
Lernleistung	Geringer Lernerfolg Leistungsminderung	Hoher Lernerfolg Leistungssteigerung
Schulisches Selbstkonzept	stabilisiert sich	stabilisiert sich

Anmerkungen. Tabelle modifiziert nach Schöne et al. (2003). Erläuterungen im Text.

Das asymmetrische Attributionsmuster von Schülerinnen und Schülern mit geringem und hohem schulischen Selbstkonzept beeinflusst aber nicht nur ihre Lernmotivation, sondern hat auch Auswirkungen auf das Selbstwertgefühl. Schülerinnen und Schüler mit einem hohen schulischen Selbstkonzept neigen dazu, Lernerfolge den eigenen Fähigkeiten zuzuschreiben, sich aber für schlechte Schulleistungen nicht verantwortlich zu fühlen. Sie verfolgen damit eine *selbstwertdienliche Attributionsstrategie*, da Lernerfolge ihr Selbstwertgefühl erhöhen, Misserfolge es dagegen nicht oder nur wenig beeinträchtigen. Schülerinnen und Schüler mit einem geringen schulischen Selbstkonzept verfolgen dagegen eine *selbstwertschädliche Attributionsstrategie*. Sie schreiben Lernerfolge nicht ihren eigenen Fähigkeiten zu, machen sich aber für die Misserfolge selbst verantwortlich. Sie profitieren daher kaum von guten Leistungen, werden aber durch Misserfolge in ihrem Selbstwertgefühl beeinträchtigt.

Leistungsbeeinträchtigung durch aufgabenirrelevante Kognitionen

Eine andere Erklärung für die negativen Folgen eines geringen schulischen Selbstkonzeptes bieten Helmke und Weinert (1997). Die Autoren sehen die Ursache für den negativen Einfluss geringer Fähigkeitsselbstkonzepte auf die Schulleistungen in den *belastenden Emotionen*, die mit einem negativen schulischen Selbstkonzept einhergehen. Bei Schülerinnen und Schülern, die glauben, nur über geringe Fähigkeiten zu verfügen, wird eine Prüfungssituation wahrscheinlich Versagensängste und Selbstzweifel (»Das schaffe ich sowieso nicht«), Schamgefühle (»Es ist peinlich für mich, wenn ich selbst einfache Aufgaben nicht schaffe«) oder Sorgen über das erwartete schlechte Abschneiden (»Ich werde es bestimmt wieder nicht schaffen«) hervorrufen. Bei solchen *aufgabenirrelevanten Gedanken* dürfte ihnen schwerfallen, sich in Prüfungssituationen zu konzentrieren. Dagegen werden Schülerinnen und Schüler, die von ihren Fähigkeiten überzeugt sind, sich in Prüfungssituationen viel weniger Sorgen um ihr Abschneiden machen und nicht befürchten zu versagen. In diesem Sinne können positive Fähigkeitsselbsteinschätzungen als »Puffer gegen aufgabenirrelevante, leistungsbehindernde Selbstzweifel« (Helmke & Weinert, 1997, S. 148) wirken.

Ansatzpunkte für pädagogische Interventionen

Der lernfördernde Effekt eines positiven schulischen Selbstkonzepts geht vor allem auf seine motivierende Funktion zurück: Wer seine eigenen Fähigkeiten in einem Unterrichtsfach hoch einschätzt, ist auch eher bereit, Energie zum Lernen zu mobilisieren. Die motivierende Funktion schulischer Selbstkonzepte eröffnet damit Ansatzpunkte für pädagogische Interventionen zur Verbesserung der motivationalen Lernvoraussetzungen. Schülerinnen und Schüler, die in ihrer Überzeugung gestärkt werden, dass sie über ein hohes Leistungspotenzial in dem Fach verfügen, werden sich auch mehr anstrengen und ausdauernder lernen, sich mehr zutrauen und sich schwierigen Aufgaben stellen und damit langfristig ihre Schulleistungen verbessern (Marsh, 1990; Marsh & Yeung, 1997). Die Ausbildung eines positiven schulischen Selbstkonzepts ist somit selbst ein *schulisches Erziehungsziel* (Marsh & Craven, 1997): Die Schülerinnen und Schüler sollen ihre eigene Leistungsfähigkeit positiv einschätzen, damit sie sich etwas zutrauen, schwierigen Aufgaben nicht ausweichen, ausdauernder lernen und den schulischen Herausforderungen zuversichtlich entgegentreten.

Maßgeblichen Einfluss auf die Ausbildung schulischer Selbstkonzepte hat die Lehrkraft durch ihre Leistungsrückmeldungen. Positive Effekte auf die schulischen Selbstkonzepte sind dann zu erwarten, wenn den Leistungsrückmeldungen anstelle einer sozialen die *individuelle Bezugsnorm* zugrunde liegt (zur Übersicht Rheinberg & Krug, 2005). Damit bietet die Lehrkraft den Schülerinnen und Schülern einen Bezugsrahmen zur Einschätzung ihres eigenen Leistungspotenzials, der nicht auf einem Leistungsvergleich mit Mitschülerinnen und Mitschülern, sondern auf den individuellen Lernfortschritten beruht (▶ Kap. 4.9). Dadurch erleben die Lernenden stärker als bei Leistungsrückmeldungen nach einer sozialen Bezugsnorm, dass Lernerfolge von ihren eigenen Anstrengungen abhängen und dass sie selbst maßgeblich zum Lernerfolg beitragen können. Von Leistungsrückmeldungen nach der individuellen Bezugsnorm profitieren insbesondere auch leistungsschwächere Schülerinnen und Schüler, die erleben, dass sie ungeachtet ihres im Vergleich zu ihren Mitschülerinnen und Mitschülern geringeren Leistungsniveaus Lernfortschritte erzielen, die ihr schulisches Selbstkonzept stärken. So konnten Lüdtke und Köller (2002) positive Effekte der individuellen Bezugsnormorientierung der Lehrkraft auf die schulischen Selbstkonzepte belegen. Es liegt somit zum Teil in der Hand der Lehrkraft, auch den leistungsschwächeren Schülerinnen und Schülern durch die Leistungsrückmeldungen auf der Basis eines individuellen Bezugsrahmens ein Kompetenzerleben zu ermöglichen, das zur Ausbildung eines positiven schulischen Selbstkonzepts beiträgt.

9.2.2 Der Skill-Development-Ansatz

Nach dem *Skill-Development-Ansatz* sind die Fähigkeitsselbstkonzepte nicht wie im Self-Enhancement-Ansatz die *Ursache*, sondern das *Ergebnis* vorausgegangener Leistungen. Dieser Ansatz geht davon aus, dass sich fachbezogene Fähigkeitsselbsteinschätzungen aufgrund der Rückmeldungen entwickeln, die Lernende über ihre Leistungen erhalten.

> **Skill-Development-Ansatz**
> Nach dem Skill-Development-Ansatz sind Fähigkeitsselbstkonzepte das Ergebnis vorausgegangener Leistungen. Bei guten Schulleistungen entwickelt die Schülerin oder der Schüler positive Fähigkeitsselbsteinschätzungen, bei schlechten Schulleistungen negative Fähigkeitsselbsteinschätzungen.

Indem sie ihre Leistungen mit denen ihrer Mitschülerinnen und Mitschüler vergleichen und im Rahmen von Attributionsprozessen überprüfen, inwieweit ihre Leistungen tatsächlich auf ihre Fähigkeiten zurückzuführen sind, gelangen sie zur Einschätzung ihrer eigenen Fähigkeiten. Erzielen sie beispielsweise wiederholt gute Noten in Mathematikarbeiten und führen sie diese Lernerfolge auf ihre Fähigkeiten und nicht etwa auf ihre besonderen Anstrengungen oder auf ihr Glück zurück, wird sich bei ihnen langfristig die Überzeugung festsetzen, in Mathematik begabt zu sein. Auch der *Skill-Development-Ansatz* wird durch zahlreiche empirische Befunde gestützt, die zeigen, dass Schulleistungen die Entwicklung von Selbstkonzepten bestimmen (z. B. Chapman & Tunmer, 1997; Marsh, Trautwein, Lüdtke, Köller & Baumert, 2005).

9.2.3 Das Reciprocal-Effect-Modell

Sind gute Schulleistungen nun die Voraussetzung für die Entwicklung positiver Fähigkeitsselbsteinschätzungen, wie es der Skill-Development-Ansatz behauptet, oder die Folge eines positiven schulischen Selbstkonzepts, wie es Vertreter des Self-Enhancement-Ansatzes meinen? Für beide Ansätze finden sich empirische Belege. Dies legt die Vermutung nahe, dass sich Selbstkonzept und Schulleistungen gegenseitig beeinflussen: Positive Fähigkeitsselbsteinschätzungen verbessern die Lernmotivation und führen auf diesem Wege zu Leistungsverbesserungen und umgekehrt, die fachbezogenen Selbstkonzepte entwickeln sich auf der Grundlage der Rückmeldungen, die Schülerinnen und Schüler über ihre Schulleistungen in dem Fach erhalten (Helmke & van Aken, 1995).

Im *Reciprocal-Effect-Modell* (Marsh, 2007) werden die Grundannahmen beider Modelle integriert (▶ Abb. 9.3). Empirische Belege für reziproke Effekte liefern Marsh und Yeung (1997), die in ihrer Längsschnittstudie den Zusammenhang zwischen dem schulischen Selbstkonzept und den schulischen Leistungen von 603 männlichen Schülern der siebten bis zehnten Klasse in den Fächern Mathematik, Englisch und Naturwissenschaften über einen Zeitraum von drei Jahren verfolgten. In den Ergebnissen zeigen sich beide Wirkungsrichtungen, der Einfluss der Schulleistung auf die Fähigkeitsselbstwahrnehmung erwies sich jedoch als bedeutsamer als der Einfluss der Fähigkeitsselbstwahrnehmung auf die Schulleistungen. Weitere Befunde unterstützen das Reciprocal-

Effect-Modell. Guay, Marsh und Boivin (2003) fanden in ihrer Längsschnittstudie an 385 Grundschülerinnen und Grundschülern sowohl einen bedeutsamen Einfluss ihrer Schulleistungen auf das ein Jahr später erhobene schulische Selbstkonzept als auch einen bedeutsamen Einfluss des schulischen Selbstkonzepts auf ihre späteren Schulleistungen.

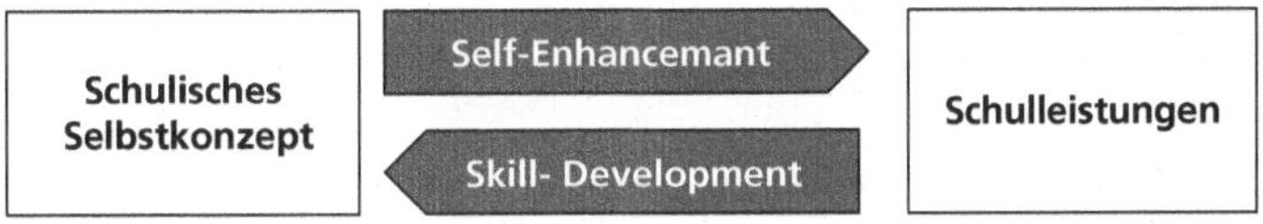

Abb. 9.3: Schulisches Selbstkonzept und Schulleistungen

Schulisches Selbstkonzept ⇄ (Self-Enhancement / Skill-Development) ⇄ Schulleistungen

Einige Befunde lassen vermuten, dass sich die Beziehung zwischen dem schulischen Selbstkonzept und den Schulleistungen im Verlauf der Schulzeit wandelt. Für Grundschülerinnen und Grundschüler kommt es vor allem darauf an, ihre tatsächlichen Leistungsmöglichkeiten realistisch einzuschätzen und ihre anfänglich optimistischen Fähigkeitsselbsteinschätzungen (▶ Kap. 9.3.1) an ihre realen Leistungen anzupassen. Sie orientieren sich daher bei der Einschätzung ihrer eigenen Fähigkeiten stärker an den Leistungsrückmeldungen, mit der Folge, dass sich ihre Schulleistungen im Sinne des Skill-Development-Ansatzes in ihren Fähigkeitsselbsteinschätzungen niederschlagen (Helmke, 1998). Demgegenüber versuchen Jugendliche, positive Fähigkeitsselbstkonzepte durch entsprechende Schulleistungen zu untermauern. Schülerinnen und Schüler, die von ihren Fähigkeiten überzeugt sind, möchten diese auch zeigen. Für sie haben Fähigkeitsselbstkonzepte daher eine stärkere motivationale Funktion, die dazu führt, dass sich ihre Fähigkeitsselbstkonzepte stärker im Sinne des Self-Enhancement-Ansatzes auf ihre Schulleistungen auswirken (Köller et al., 1999).

Die Bedeutung des schulischen Selbstkonzepts scheint überdies auch von den Lernbedingungen abhängig zu sein (Helmke & van Aken, 1995). Nach einem *Wechsel der Schulform* ist es zunächst das Selbstkonzept, das sich stärker auf die Schulleistungen auswirkt. In einer neuen Lernumwelt orientieren sich die Schülerinnen und Schüler zunächst an ihrer eigenen Einschätzung ihrer Fähigkeiten. Sind sie von ihren Fähigkeiten überzeugt, zeigen sie im Vertrauen auf ihre Stärken auch eine höhere Lernmotivation und ein effektiveres Lernverhalten; halten sie dagegen ihre eigenen Fähigkeiten für gering, trauen sie sich auch in der neuen Lernumwelt nur wenig zu und zeigen nur wenig Ausdauer beim Lernen, so dass sie auch nur geringe Lernleistungen erreichen. Mit zunehmender Verweildauer in der neuen Lernumgebung verschiebt sich die Kausalrichtung jedoch, so dass längerfristig die schulischen Leistungen als Determinanten der Selbstkonzeptentwicklung an Bedeutung gewinnen.

9.3 Ausbildung fachspezifischer Selbstkonzepte

Schon in den ersten Schuljahren zeigen sich Ansätze zu fachspezifischen Selbstkonzepten. Bereits Erstklässler haben schon gewisse Vorstellungen über ihre Fähigkeiten in den Fächern Mathematik, Lesen, Musik und Sport (Eccles, Wigfield, Harold & Blumenfeld,

1993). Aber erst im Laufe der Grundschulzeit, wenn die Schülerinnen und Schüler in der Lage sind, Leistungsrückmeldungen aus verschiedenen Bewertungsquellen (Lehrkraft, Eltern, Mitschüler) zu integrieren und soziale Vergleiche anzustellen, differenziert sich das Selbstkonzept in verschiedene Leistungsbereiche (Chapman & Tunmer, 1997). Dadurch, dass die Schülerinnen und Schüler von der Lehrkraft, von ihren Eltern oder auch von ihren Mitschülerinnen und Mitschülern *Rückmeldungen* über ihre Schulleistungen erhalten, aber auch dadurch, dass sie ihre Leistungen mit den Leistungen anderer Schülerinnen und Schülern vergleichen können, entwickeln sie zunehmend differenziertere Vorstellungen über ihre Fähigkeiten. Sie kommen beispielsweise zu der Überzeugung, über gute sportliche Fähigkeiten zu verfügen, aber nur geringe Fähigkeiten im Lesen zu besitzen.

9.3.1 Selbstkonzeptentwicklung im Vorschul- und Grundschulalter

Im Vorschulalter neigen die Kinder noch zu einer starken Überschätzung der eigenen Fähigkeiten. Diese Selbstüberschätzung verringert sich nach der Einschulung, wenn sich die Schülerinnen und Schüler mit ihren Mitschülerinnen und Mitschülern, an die dieselben Leistungsanforderungen gestellt werden, vergleichen können, und von der Lehrkraft zunehmend differenziertere Rückmeldungen über ihre Schulleistungen erhalten. Dies führt dazu, dass sich im Verlauf der Grundschulzeit das schulische Selbstkonzept vor allem bei den leistungsschwächeren Schülerinnen und Schülern verringert.

Helmke (1991, 1998) verfolgte in einer Längsschnittuntersuchung die Entwicklung des Fähigkeitsselbstkonzepts in Deutsch und Mathematik vom Kindergarten bis zur sechsten Klasse. Nach dem Schuleintritt nahmen die Fähigkeitsselbsteinschätzungen der Kinder zunächst zu. Besonders deutlich war die Selbstüberschätzung der eigenen Fähigkeiten zu Beginn der Grundschulzeit: Etwa 60 % der Erstklässler hielten sich für »am besten«, obgleich der Prozentanteil der Schülerinnen und Schüler im »Einserbereich« über die Grundschulzeit etwa 10 % betrug. Im Verlauf der Grundschulzeit nahmen die Fähigkeitsselbsteinschätzungen der Kinder langsam ab, verblieben im Durchschnitt aber bis zur sechsten Klasse noch im positiven Bereich. Die meisten Sechstklässler waren der Meinung, besser als ihre Mitschülerinnen und Mitschüler lesen bzw. rechnen zu können. Der Autor führt dies unter anderem auf die in der Regel besonders positive Beurteilung der Schulleistungen in der Grundschule zurück. Diese anfängliche Selbstüberschätzung hat nach Helmke (1991, 1998) jedoch einen fördernden Einfluss auf das Lernen, da sich die Kinder dadurch von Misserfolgen nicht so schnell entmutigen lassen und sich etwas mehr zutrauen, als es ihren Möglichkeiten entspricht.

Motor für die Ausbildung der Fähigkeitsselbsteinschätzungen ist die fortschreitende *kognitive Entwicklung* der Kinder, die ihnen zunehmend komplexere Vergleichsprozesse ermöglicht (Nicholls, 1978). Im Vorschulalter nimmt das Kind zunächst nur die Effekte des eigenen Bemühens wahr. Es bemerkt, dass es etwas geschafft oder nicht geschafft hat. Die Wahrnehmung von Handlungseffekten wird zunehmend durch *intraindividuelle Vergleiche* ergänzt. Das Kind bemerkt, dass es etwas geschafft hat, was es früher nicht konnte.

Durch diese intraindividuelle Vergleichsperspektive macht das Kind die Erfahrung, dass die aufgebrachte Anstrengung nicht immer im Leistungsresultat zum Ausdruck kommt. Das Kind unterscheidet zunehmend zwischen der eigenen Anstrengung und dem Ergebnis seiner Anstrengung. Beispielsweise erlebt das Kind, dass es eine Aufgabe nicht lösen konnte, obwohl es sich angestrengt hat oder aber, dass es eine Aufgabe lösen konnte, obwohl es sich nicht besonders bemühen musste. Im Zuge dieser Erfahrungen gelingt es dem Kind immer besser, zwischen Anstrengung und Fähigkeit zu differenzieren und Handlungseffekte entweder mehr auf seine Fähigkeit oder mehr auf seine Anstrengung zurückzuführen.

Die intraindividuelle Vergleichsperspektive bei der Bewertung der eigenen Leistung wird in der Grundschulzeit zunehmend durch *soziale Vergleiche* ergänzt, die die Grundlage für die Ausbildung schulischer Selbstkonzepte im engeren Sinne darstellen. Indem die Schülerinnen und Schüler ihre eigenen Leistungen mit den Leistungen ihrer Mitschülerinnen und Mitschüler vergleichen, lernen sie ihre Stärken und Schwächen kennen und entwickeln so eine Vorstellung von ihren eigenen Fähigkeiten.

Veridikalisierung der Fähigkeitsselbstkonzepte

Neben der zunehmenden Bedeutung sozialer Vergleiche ist Selbstkonzeptentwicklung in der Grundschulzeit durch eine *Veridikalisierung* des Fähigkeitsselbstkonzepts gekennzeichnet (Helmke, 1991). Die Veridikalisierung bezeichnet die zunehmende *Realitätsangemessenheit der Selbstwahrnehmungen*, die in steigenden Korrelationen zwischen Schulnoten und den Fähigkeitsselbstkonzepten zum Ausdruck kommt (Helmke, 1991; Wigfield et al., 1997). Die Fähigkeitsselbsteinschätzungen der Kinder entsprechen im Verlauf der Grundschulzeit also immer mehr ihren tatsächlichen Schulleistungen. Diese Angleichung der Fähigkeitsselbsteinschätzungen an die tatsächlichen Lernleistungen wird darauf zurückgeführt, dass die Kinder immer besser in der Lage sind, Leistungsrückmeldungen und soziale Vergleiche für die Bewertung ihrer eigenen Fähigkeiten zu nutzen.

> **Veridikalisierung der Fähigkeitsselbstkonzepte**
> Die Veridikalisierung bezeichnet die zunehmende Realitätsangemessenheit der Selbstwahrnehmungen.

9.3.2 Bezugsrahmenmodell

Wie kommen Schülerinnen und Schüler zur der Einschätzung ihrer eigenen Fähigkeiten? Entscheidende Informationen über die eigenen Fähigkeiten erhalten sie durch die *Leistungsrückmeldungen*, die sie von der Lehrkraft, von Mitschülern oder von ihren Eltern erhalten. In welcher Weise die Leistungsrückmeldungen zur Entwicklung der schulischen Selbstkonzepte beitragen, erklärt das *Internal-External-Frame-of-Reference Model* (I/E-Modell) – häufig auch als *Bezugsrahmenmodell* bezeichnet – von Marsh (Marsh, 1986).

Externaler und internaler Referenzrahmen

Dem Bezugsrahmenmodell (I/E-Modell) zufolge basiert die Ausbildung fachspezifischer Selbstkonzepte auf der Nutzung zweier *Vergleichsquellen*: (1) Soziale Vergleiche (external frame of reference), bei denen die eigenen Leistungen in einem Schulfach mit denen der Mitschülerinnen und Mitschüler verglichen werden, und (2) internale Vergleiche (internal frame of reference), bei denen die Leistungen in einem Fach mit den Leistungen in anderen Fächern verglichen werden (zum Überblick Möller & Köller, 2004). Zur Einschätzung ihrer eigenen Fähigkeiten gelangen die Schülerinnen und Schüler, indem sie ihre Leistungen sowohl nach einem externalen als auch nach einem internalen Referenzrahmen bewerten.

> **Bezugsrahmenmodell**
> Das Bezugsrahmenmodell (Internal-External-Frame-of-Reference Model) beschreibt die Vergleichsprozesse bei der Entwicklung schulischer Selbstkonzepte. Danach basiert die Ausbildung fachspezifischer Selbstkonzepte auf Leistungsvergleiche nach einem internalen und einem externalen Referenzrahmen.

Den *externalen Referenzrahmen* bilden die Schulleistungen der Mitschülerinnen und Mitschüler. Die Schülerinnen und Schüler vergleichen ihre Schulleistungen in dem Fach mit den Leistungen ihrer Mitschülerinnen und Mitschüler. Positive Ergebnisse dieser Vergleiche tragen zu einem positiven Selbstkonzept bei, negative Ergebnisse wirken sich ungünstig auf die Einschätzungen der eigenen Fähigkeiten in diesem Fach aus. Wer beispielsweise häufig erlebt, dass er in den Klassenarbeiten in Englisch schlechter abschneidet als seine Mitschülerinnen und Mitschüler, wird langfristig zu der Überzeugung kommen, dass ihm Englisch nicht liegt.

Den *internalen Referenzrahmen* bilden die eigenen Leistungen in den anderen Schulfächern. Die Schülerinnen und Schüler vergleichen ihre Leistungen in verschiedenen Schulfächern miteinander. In diesem Fall spricht man von *dimensionalen Vergleichen*. Bei diesen dimensionalen Vergleichen kontrastieren die Schülerinnen und Schüler ihre Schulleistungen in sprachlichen Fächern mit ihren Schulleistungen in mathematisch-naturwissenschaftlichen Fächern. Dieser Vergleich führt zu einem *Kontrast-Effekt* in Bezug auf die Einschätzung der eigenen Fähigkeiten.

Der Kontrast-Effekt zeigt sich darin, dass die Schülerinnen und Schüler ihre Leistungsfähigkeit in ihrem stärkeren Leistungsbereich eher überschätzen und ihre Leistungsfähigkeit in ihrem schwächeren Leistungsbereich eher unterschätzen. Schülerinnen und Schüler mit guten Leistungen im Fach Deutsch schätzen ihre Fähigkeiten in Mathematik geringer ein als diejenigen, die die gleichen Leistungen in Mathematik erzielen, in Deutsch aber schlechte Noten bekommen. Ebenso werden Schülerinnen und Schüler mit guten Leistungen in Mathematik ihre Fähigkeiten im Fach Deutsch schlechter bewerten als diejenigen mit gleichen Leistungen im Fach Deutsch aber schlechteren Mathematikleistungen.

Dem Bezugsrahmenmodell zufolge bestimmt der *Leistungsunterschied* im verbalen und mathematisch-naturwissenschaftlichen Leistungsbereich die Selbstkonzepte auch *unabhängig* von dem tatsächlichen Leistungsniveau in diesen Fächern. Infolge des dimensionalen Leistungsvergleichs entwickeln beispielsweise zwei Lernende mit *gleichem* Leistungsniveau in Mathematik *unterschiedliche* Selbstkonzepte in Mathematik, wenn sich ihr Leistungsniveau im Fach Deutsch unterscheidet. Schülerinnen und Schüler mit guten Leistungen in Deutsch werden ein geringeres mathematisches Selbstkonzept entwickeln als Schülerinnen und Schüler, die die gleichen Leistungen in Mathematik, aber schlechtere Leistungen im Fach Deutsch aufweisen. Ebenso werden Schülerinnen und Schüler trotz gleicher Schulleistungen im Fach Deutsch unterschiedliche Selbstkonzepte in Deutsch entwickeln, wenn sich ihre Mathematikleistungen unterscheiden. Schülerinnen und Schüler mit guten Mathematikleistungen werden ihre Fähigkeiten in Deutsch geringer einschätzen als diejenigen mit geringen Mathematikleistungen. Solche Kontrast-Effekte dimensionaler Vergleiche auf die schulischen Selbstkonzepte konnten sowohl in experimentellen Studien (z. B. Möller & Köller, 2001a) als auch in Längsschnittstudien (z. B. Möller & Köller, 2001b) belegt werden.

Insgesamt stimmen die empirischen Befunde mit den Vorhersagen aus dem Bezugsrahmenmodell (▶ Abb. 9.4) gut überein. Als *Folge sozialer Vergleiche* ergeben sich positive Zusammenhänge zwischen den Schulleistungen in Mathematik und dem mathematischen Selbstkonzept sowie zwischen den verbalen Schulleistungen und dem verbalen Selbstkonzept. Je besser die Leistung in diesen Fächern, desto positiver ist auch das Selbstkonzept (▶ Abb. 9.4). Die Folgen *dimensionaler Vergleiche* zeigen sich in dem *negativen* Zusammenhang zwischen den Leistungen in Mathematik und dem verbalen Selbstkonzept sowie zwischen den Schulleistungen in verbalen Fächern und dem mathematischen Selbstkonzept. Gute Leistungen im verbalen Leistungsbereich vermindern

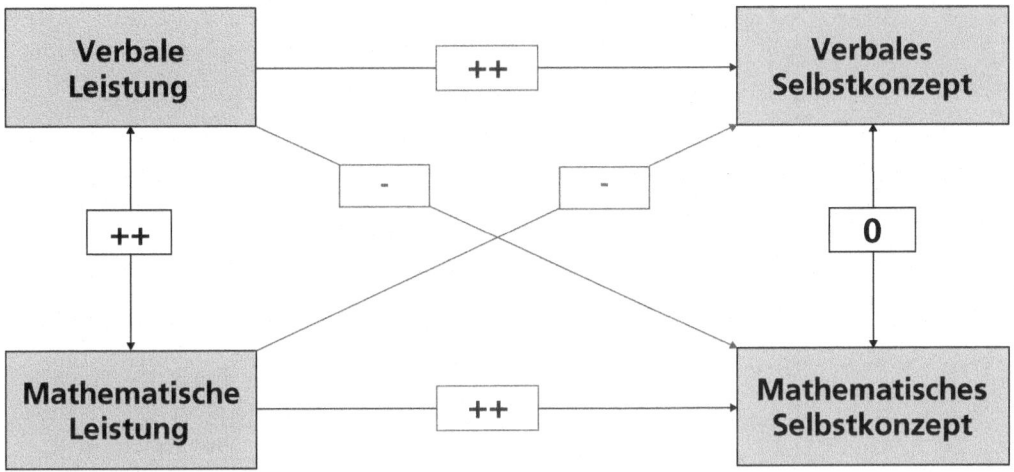

Abb. 9.4: Das Bezugsrahmenmodell (nach Marsch, 1986, S. 132)

das mathematische Selbstkonzept und umgekehrt, gute Leistungen in Mathematik vermindern das verbale Selbstkonzept. Als Folge dieser dimensionalen Vergleiche sind die Selbsteinschätzungen verbaler und mathematischer Leistungen unkorreliert, *obwohl* beide Selbstkonzepte von den entsprechenden Schulleistungen abhängen, die wiederum relativ hoch miteinander korrelieren.

Schulleistungen und fachbezogene Selbstkonzepte

Das Bezugsrahmenmodell erklärt nicht nur den Einfluss von Leistungsvergleichen auf die Ausbildung fachbezogener Selbstkonzepte, sondern enthält auch Annahmen über den Zusammenhang zwischen den Schulleistungen und den fachbezogenen Selbstkonzepten (▶ Abb. 9.4). Dabei zeigt sich, dass die Einschätzung der eigenen Fähigkeiten kein exaktes Abbild objektiver Leistungen ist, sondern das Resultat komplexer Vergleichsprozesse, bei denen die Schülerinnen und Schüler ihre Leistungen nicht nur mit den Leistungen ihrer Bezugsgruppe vergleichen, sondern auch ihr eigenes Leistungsprofil analysieren. Als Folge dieser dimensionalen Vergleiche wird das fachbezogene Selbstkonzept nicht immer mit den schulischen Leistungen korrespondieren.

Durch die Kontrastierung der Schulleistungen in sprachlichen und in mathematisch-naturwissenschaftlichen Fächern im Rahmen der dimensionalen Vergleiche ist beispielsweise zu erwarten, dass Schülerinnen und Schüler mit guten Leistungen in Mathematik ihre verbalen Fähigkeiten unterschätzen und solche mit guten Leistungen in Deutsch ihre mathematischen Kompetenzen unterschätzen. Empirische Studien bestätigen diese Vorhersage. So fanden zum Beispiel Möller, Streblow und Pohlmann (2002) bei lernschwachen Schülerinnen und Schülern einen negativen Zusammenhang zwischen ihren Schulleistungen in Mathematik und ihrem verbalen Selbstkonzept: Schülerinnen und Schüler mit guten Noten in Mathematik schätzten ihre Fähigkeiten im Fach Deutsch geringer ein, als es ihrer Deutschnote entspräche. Der Kontrast-Effekt kann sich für lernschwache Schülerinnen und Schüler aber auch als Vorteil erweisen, da sie ihre Leistungsfähigkeit in ihrem jeweils stärkeren Leistungsbereich positiver einschätzen als es aufgrund ihrer tatsächlichen Schulleistungen zu erwarten ist.

9.3.3 Big-Fish-Little-Pond-Effekt

Nach dem Bezugsrahmenmodell erhalten Schülerinnen und Schüler wesentliche Informationen über ihr Fähigkeitsniveau durch den Vergleich ihrer Leistungen mit den Leistungen ihrer Mitschülerinnen und Mitschüler. Je nachdem, ob sie besser oder schlechter als ihre Mitschülerinnen und Mitschüler abschneiden, werden sie ein eher positives oder ein eher negatives schulisches Selbstkonzept entwickeln. Wie gut sie ihre Fähigkeiten einschätzen, hängt demzufolge entscheidend vom *Leistungsniveau der Klasse* ab. In einer leistungsschwachen Klasse werden sie ihre Fähigkeiten höher einschätzen als in einer leistungsstarken Klasse.

Dieser Effekt des Leistungsniveaus der Klasse auf das schulische Selbstkonzept wird als *Big-Fish-Little-Pond-Effekt* (Fischteicheffekt; Marsh, 2005) oder *Bezugsgruppeneffekt* bezeichnet (zum Überblick Köller, 2004), der bereits im Kapitel 4.9.1 im Zusammenhang mit der Bezugsnormorientierung erläutert wurde.

Die Bezeichnung dieses Effekts nimmt Bezug auf die Analogie eines Fischteiches, die die Auswirkung unterschiedlicher Bezugsgruppen (»Fischteiche«) veranschaulicht (▶ Abb. 9.5). Schülerinnen und Schüler mit durchschnittlichen Schulleistungen sind in einer leistungsschwachen Klasse ›große Fische in einem kleinen Teich‹. Sie werden ein positives Selbstkonzept entwickeln, da sie ihre Leistungen vor allem mit leistungsschwächeren Mitschülerinnen und Mitschülern vergleichen. Besuchen sie dagegen eine leistungsstarke Klasse, sind sie mit gleichen Schulleistungen ›kleine Fische in einem großen Teich‹. In diesem Fall werden sie ein geringeres Selbstkonzept entwickeln, da sie sich in ihrer Klasse häufiger mit leistungsstärkeren Mitschülerinnen und Mitschülern vergleichen.

Danach hat das Leistungsniveau der Klasse einen negativen Effekt auf das schulische Selbstkonzept: Je höher das Leistungsniveau der Klasse ist, desto geringer ist das (durchschnittliche) schulische Selbstkonzept. Bezugsgruppeneffekte zeigen sich typischerweise in negativen Korrelationen der schulischen Selbstkonzepte mit der durchschnittlichen Leistung der Klassen und positiven Korrelationen der schulischen Selbstkonzepte mit den individuellen Schulleistungen.

> **Bezugsgruppeneffekt**
> Der Bezugsgruppeneffekt (Big-Fish-Little-Pond-Effekt) beschreibt die Veränderungen des schulischen Selbstkonzepts bei einem Wechsel der Bezugsgruppe.

Änderung des schulischen Selbstkonzepts nach Bezugsgruppenwechsel

Die Bedeutung des Leistungsniveaus der Klasse für die Selbstkonzeptentwicklung zeigt sich beim *Wechsel* in eine andere Klasse, wenn diese sich im Leistungsniveau von der alten Klasse unterscheidet. Infolge des Bezugsgruppenwechsels kommt es zu Selbstkonzeptveränderungen. So ist zum Beispiel der Übergang von der Primar- in die Sekundarstufe mit einem Wechsel der Bezugsgruppe verbunden, der sich auf die Selbstkonzeptentwicklung der Schülerinnen und Schüler auswirkt (Aust, Watermann & Grube, 2009; Schwarzer, Lange & Jerusalem, 1982a). Beim Übergang von der Grundschule auf das Gymnasium treffen die Schülerinnen und Schüler auf eine leistungsstärkere Bezugsgruppe, in der Leistungsvergleiche für sie häufiger ungünstig ausfallen. Schülerinnen und Schüler, die in der Grundschule immer zu den Besten der Klasse gehörten, treffen nun häufiger auf leistungsstärkere Mitschülerinnen und Mitschüler. Als Folge dieser *Aufwärtsvergleiche* werden sie ihre eigenen Fähigkeiten geringer einschätzen als zuvor in ihrer Grundschulklasse. Ein Wechsel von der Grundschule in die Hauptschule hat

9.3 Ausbildung fachspezifischer Selbstkonzepte

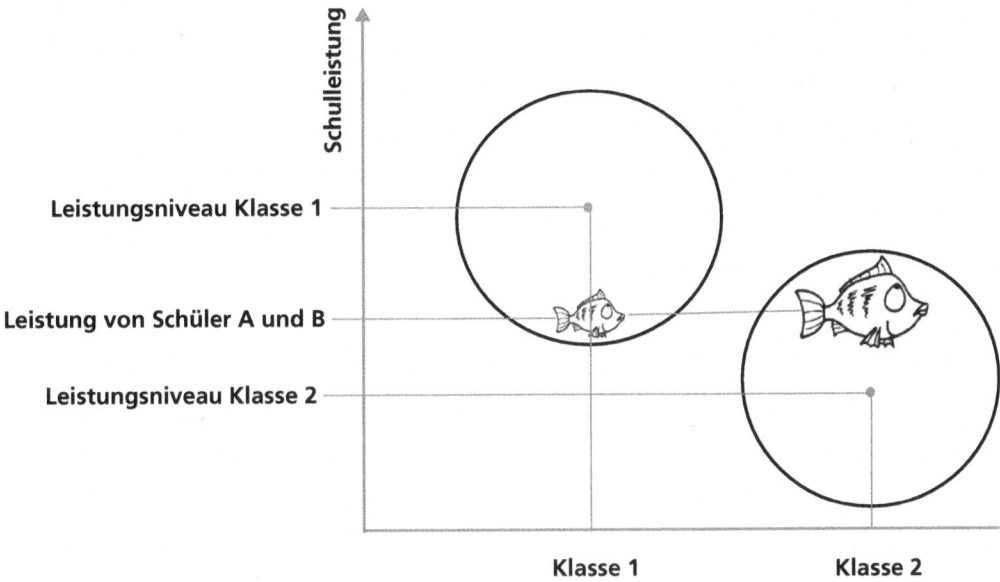

Abb. 9.5: Fischteich-Effekt (nach Köller, 2004, S. 2)

dagegen einen positiven Effekt auf das schulische Selbstkonzept, weil die Schülerinnen und Schüler, die in der Grundschule nicht zu den leistungsstärksten gehörten, ihre Schulleistungen nun häufiger mit leistungsschwächeren Mitschülerinnen und Mitschülern vergleichen. Diese *Abwärtsvergleiche* führen dazu, dass sie ihre Fähigkeiten höher einschätzen.

Im Vergleich zu den Leistungen der gesamten Altersgruppe kommt es also aufgrund des Bezugsgruppeneffekts beim Wechsel auf das Gymnasium zu einer Unterschätzung und beim Wechsel auf die Hauptschule zu einer Überschätzung der eigenen Fähigkeiten. Als Folge der Bezugsgruppeneffekte gleicht sich das (durchschnittliche) schulische Selbstkonzept in den verschiedenen Schulformen im Laufe der Sekundarstufe I an. Bei den leistungsstarken Schülerinnen und Schülern verringert sich mit dem Wechsel auf das Gymnasium das schulische Selbstkonzept, bei den leistungsschwächeren Schülerinnen und Schülern verbessert sich mit dem Wechsel auf die Hauptschule das schulische Selbstkonzept.

Bezugsgruppeneffekte finden sich auch bei hochbegabten Schülerinnen und Schülern, die in eine spezielle Förderklasse wechseln (z. B. Brüll, 2010). In der Förderklasse mit ebenfalls hochbegabten Mitschülerinnen und Mitschülern sind Aufwärtsvergleiche häufiger, die dazu führen, dass die Schülerinnen und Schüler ihre eigenen Fähigkeiten geringer einschätzen.

Nach dem Bezugsgruppeneffekt hat das Leistungsniveau der Schulklasse einen maßgeblichen Einfluss auf das schulische Selbstkonzept der Schülerinnen und Schüler. Wie stark dieser Einfluss ist, hängt auch von der *Bezugsnorm* ab, an der sich die Lehrkraft bei ihrer Leistungsbewertung orientiert (▶ Kap. 4.6.1). Eine Leistungsbewertung, bei der stärker die individuelle Bezugsnorm herangezogen wird, hat im Allgemeinen günstige Auswirkungen auf das schulische Selbstkonzept. Davon profitieren insbesondere leistungsschwächere Schülerinnen und Schüler. Wenn die Lehrkraft bei der Leistungsbeurteilung eine intraindividuelle Vergleichsperspektive anlegt und damit die Lernfortschritte der

Schülerinnen und Schüler unabhängig von ihrem Leistungsniveau honoriert, erhalten auch leistungsschwächere Schülerinnen und Schüler positive Leistungsrückmeldungen. Werden dagegen Schulleistungen ausschließlich nach der sozialen Bezugsnorm bewertet, schneiden leistungsschwache Schülerinnen und Schüler im sozialen Vergleichsprozess mit ihren Mitschülerinnen und Mitschülern – unabhängig von ihren Lernfortschritten – fast immer schlecht ab, so dass sie ein geringes schulisches Selbstkonzept entwickeln.

9.3.4 Basking-in-reflected-glory-Effekt

Nach dem *Big-fish-little-pond-Effekt* (Fischteicheffekt) sinkt das schulische Selbstkonzept, wenn Schülerinnen und Schüler in eine leistungsstärkere Klasse wechseln. Den gegenteiligen Effekt beschreibt der *Basking-in-reflected-glory-Effekt* (»sich im Ruhm sonnen«; Cialdini et al., 1976). Danach führt der Wechsel in eine Klasse mit höherem Prestige zu einer Erhöhung des Selbstkonzepts. Die Schülerinnen und Schüler sind stolz darauf, einer Gruppe anzugehören, die ein hohes Ansehen genießt und von anderen Menschen geachtet wird. Aufgrund der Identifikation mit einer prestigeträchtigen Gruppe – zum Beispiel mit einer leistungsstarken Klasse oder einer Eliteschule – entwickeln die Schülerinnen und Schüler ein positives Selbstkonzept (»Wenn ich zu dieser Schule gehöre, dann muss ich ein guter Schüler sein«).

Mit positiven Effekten auf die Fähigkeitsselbsteinschätzungen ist beispielsweise zu rechnen, wenn Schülerinnen und Schüler von einer Regelklasse in eine Förderklasse für hochbegabte Schülerinnen und Schüler oder von der Grundschule auf das Gymnasium wechseln. Das höhere Ansehen der neuen Schule strahlt gewissermaßen auf das schulische Selbstkonzept der Schülerinnen und Schüler aus, so dass sie ihre eigenen Fähigkeiten positiver bewerten (»Nur gute Schüler kommen auf diese Schule«, »Wenn ich es geschafft habe, auf diese Schule zu kommen, dann muss ich auch über gute Fähigkeiten verfügen«).

> **Basking-in reflected-glory-Effekt**
> Nach dem »Basking-in reflected-glory-Effekt« führt der Wechsel in eine Gruppe mit hohem Prestige (z. B. Eliteschule) zu einer Erhöhung des schulischen Selbstkonzepts

Beide Effekte, der *Basking-in-reflected-glory-Effekt* und der *Big-fish-little-pond-Effekt*, führen zu konträren Vorhersagen im Hinblick auf die Auswirkungen von Fähigkeitsgruppierungen auf das schulische Selbstkonzept. Wechseln beispielsweise hochbegabte Schülerinnen und Schüler in eine Förderklasse für Hochbegabte, sollte sich ihr schulisches Selbstkonzept nach dem Big-fish-little-pond-Effekt vermindern, nach dem Basking-in-reflected-glory-Effekt aber verbessern.

Beide Effekte sind empirisch belegt, jedoch unterschiedlich stark ausgeprägt. In Studien, in denen das (positive) Ansehen der Schule miterhoben wurde (z. B. Köller, 2004; Marsh & Hau, 2003; Marsh, Kong & Hau, 2000), zeigt sich meist ein geringer (positiver) Effekt der Reputation der Schule auf das schulische Selbstkonzept, und ein deutlich stärkerer (negativer) Effekt des Leistungsniveaus der Klasse. Zwar profitieren die Schülerinnen und Schüler nach einem Schulwechsel vom hohen Ansehen der neuen Schule, diese positive Ausstrahlung des Prestiges der Schule kann jedoch die Einbußen im schulischen Selbstkonzept aufgrund des höheren Leistungsniveaus der neuen Klasse nicht vollständig ausgleichen. Offenbar kann der »Basking-in-reflected-glory-Effekt« die Kosten des »Big-fish-little-pond-Effekts« für das schulische Selbstkonzept nicht kompensieren.

9.4 Diagnostik schulischer Selbstkonzepte

Schulische Selbstkonzepte sind nicht nur ein Niederschlag der bisherigen Schulleistungen (Skill-Development-Ansatz; ▶ Kap. 9.2.2), sondern haben auch eine motivierende Funktion, indem sie entweder Energien zum Lernen mobilisieren oder blockieren (Self-Enhancement-Ansatz; ▶ Kap. 9.2.1). Ein Anlass zur Diagnostik der Fähigkeitsselbstkonzepte besteht immer dann, wenn der Verdacht besteht, dass die Schülerinnen und Schüler infolge *negativer Selbsteinschätzung* in ihren Lernmöglichkeiten eingeschränkt sind und ihr Leistungspotenzial nicht abrufen können. Beeinträchtigungen oder Blockaden des Lernprozesses infolge negativer Fähigkeitsselbsteinschätzungen können auf verschiedenen Ebenen auftreten:

Vermeidung von Leistungsanforderungen

Schülerinnen und Schüler, die ihre Fähigkeiten in einem Fach gering einschätzen, werden sich nur wenig zutrauen und Herausforderungen aus dem Weg gehen:

- »Von Geschichte verstehe ich überhaupt nichts. Daher werde ich mich auch nicht für das Referat melden.«
- »In Geographie fehlt mir einfach das Vorwissen, um mich am Unterricht beteiligen zu können.«
- »Ich bin mathematisch völlig unbegabt, so dass es zu nichts führen würde, wenn ich versuchen würde, dem Unterricht zu folgen.«

Schülerinnen und Schüler, die Leistungsanforderungen aus dem Weg gehen, werden selten die Erfahrung machen, die Anforderungen doch meistern zu können. Die Gefahr, dass ein geringes Vertrauen in die eigenen Fähigkeiten die Initiierung von Lernaktivitäten (z. B. die Annahme von Herausforderungen beim Lernen) blockiert, besteht besonders bei *binnendifferenzierenden Unterrichtsformen*, die einzelnen Schülerinnen und Schülern einen großen Freiraum überlassen, ihre Aufgaben selbst zu wählen oder die Anforderungen selbst zu bestimmen (Schöne et al., 2002).

Geringe Lernmotivation

Ein geringes schulisches Selbstkonzept verringert die Lernmotivation. Schüler, die ihre Fähigkeiten in einem Fach für gering halten, werden auch keinen Lernerfolg erwarten und sich dementsprechend in diesem Fach auch nicht besonders anstrengen, nur eine geringe Ausdauer an den Tag legen und schnell aufgeben, wenn sich Schwierigkeiten einstellen:

- »In Mathematik bin ich sowieso unbegabt; da bearbeite ich meistens nur die einfachen Aufgaben und versuche gar nicht erst, schwierige Aufgaben zu lösen.«
- »In Chemie fehlt mir das Verständnis, da bleibt mir nichts anderes übrig, als die Formeln auswendig zu lernen.«
- »In Biologie habe ich so viele Wissenslücken, da beschränke ich mich meistens darauf, mir die wichtigsten Begriffe einzuprägen.«

Die geringe Lernmotivation führt zu geringen Schulleistungen und bestätigt auf lange Sicht das negative schulische Selbstkonzept.

Aufgabenirrelevante Kognitionen

Schülerinnen und Schüler mit einem geringen schulischen Selbstkonzept werden in Leistungssituationen von vornherein Misserfolge erwarten. Dies kann mit negativen *aufgabenirrelevanten Kognitionen* beim Lernen einhergehen, die ihre Fähigkeit beeinträchtigen können, ihr Wissen in Prüfungssituationen – etwa bei einer Klassenarbeit – abzurufen. Solche aufgabenirrelevanten Kognitionen beinhalten zum Beispiel Selbstzweifel oder die Sorge über das schlechte Abschneiden:

- »Ich werde es sicher wieder nicht schaffen.«
- »Ich kann das bestimmt nicht.«
- »In Mathematik schreibe ich sowieso immer eine fünf.«
- »Hoffentlich blamiere ich mich nicht schon wieder.«

Ein Anlass zur Diagnostik schulischer Selbstkonzepte besteht aber nicht nur bei unrealistisch ungünstigen Selbsteinschätzungen, wenn also Schülerinnen und Schüler ihre Fähigkeiten geringer einschätzen als sie tatsächlich sind oder aufgrund ihres Leistungsvermögens zu erwarten sind. Auch dann, wenn die Fähigkeitseinschätzungen ihrem geringen Leistungspotenzial entsprechen, stellen negative schulische Selbstkonzepte ungünstige motivationale Lernvoraussetzungen dar. In der Praxis kommt es daher darauf an, *unabhängig* von der Realitätsangemessenheit der Fähigkeitsselbsteinschätzungen das schulische Selbstkonzept der Schülerinnen und Schüler zu stärken. Dies kann dazu beitragen, ihre Lernmotivation auch dann aufrechtzuerhalten, wenn sich der Lernerfolg nicht unmittelbar einstellt oder keine herausragenden Schulerfolge in dem Fach erwartet werden können.

Drei Spezifitätsebenen

Ausgehend von der hierarchischen Struktur kann das Selbstkonzept auf drei *Spezifitätsebenen* erfasst werden (▶ Tab. 9.3).

- **Allgemeiner Selbstwert**
  Der *allgemeine Selbstwert* beschreibt die Gesamtheit der auf die eigene Person bezogenen Gedanken und Gefühle und wird mit globalen Selbstwertskalen wie zum Beispiel mit den *Frankfurter Selbstkonzeptskalen* (FSKN; Deusinger, 1986) gemessen. Die FSKN enthalten Aussagen zur allgemeinen Bewertung der eigenen Person (z. B. »Ich bin zufrieden mit mir«).
- **Allgemeines schulisches Selbstkonzept**
  Das *allgemeine schulische Selbstkonzept* ist auf der mittleren Spezifitätsebene angesiedelt und beschreibt die Vorstellungen über die eigenen Fähigkeiten in Bezug auf schulische Leistungen (z. B. »Ich bin ein guter Schüler«). Das allgemeine schulische Selbstkonzept erfasst zum Beispiel die *Skala zur Erfassung des Selbstkonzeptes schulischer Leistungen und Fähigkeiten* (SKSLF; Rost & Lamsfuss, 1992).
- **Fachspezifische Fähigkeitsselbstkonzepte**
  Die unterste Spezifitätsebene bilden die *fachspezifischen Fähigkeitsselbstkonzepte* wie zum Beispiel das Mathematik-Selbstkonzept (»Ich bin gut in Mathematik«) oder das Deutsch-Selbstkonzept (»Deutsch fällt mir schwer«). Fachspezifische Selbstkonzepte in Mathematik, Physik, Deutsch und Geschichte können mit dem *Differentiellen Schulischen Selbstkonzept-Gitter* (DISK-Gitter; Rost, Sparfeldt & Schilling, 2007) erfasst werden. Im schulischen Kontext sind vor allem schulfachspezifische Fähigkeitsselbstkonzepte, insbesondere das Mathematik- und Deutsch-Selbstkonzept bedeutsam.

Tab. 9.3: Spezifitätsebenen des Selbstkonzeptes

Spezifitätsebene	Selbsteinschätzung
Allgemeiner Selbstwert	• Ich bin zufrieden mit mir. • Ich halte mich für unbedeutend.
Allgemeines schulisches Selbstkonzept	• Ich bin ein guter Schüler. • In der Schule komme ich nicht gut zurecht.
Fachspezifische Fähigkeitsselbstkonzepte	• Ich bin gut in Mathematik. • Deutsch fällt mir schwer. • Von Geschichte habe ich überhaupt keine Ahnung.

9.4 Diagnostik schulischer Selbstkonzepte

Kognitiv-deskriptive und affektiv-evaluative Aspekte des schulischen Selbstkonzepts

Die Selbstkonzeptskalen unterscheiden sich darin, ob sie neben dem kognitiv-deskriptiven Aspekt auch affektiv-evaluative Aspekte des Fähigkeitsselbstkonzepts erfassen. Der kognitiv-deskriptive Aspekt betrifft die Wahrnehmung der eigenen Fähigkeiten (»In Physik bin ich gut«), die affektiv-evaluative Komponente bezeichnet die Bewertung und den emotionalen Bezug zu den eigenen Fähigkeiten. Beispielsweise erfassen die *Frankfurter Selbstkonzeptskalen* (FSKN; Deusinger, 1986) neben der kognitiven Repräsentation der eigenen Fähigkeiten auch den emotionalen Bezug zu den Fähigkeitseinschätzungen (z. B. »Ich fühle mich als Versager, wenn ich vom Erfolg eines Bekannten höre«). Auch die *Skala zur Erfassung des Selbstkonzeptes schulischer Leistungen und Fähigkeiten* (SKSLF, Rost & Lamsfuss, 1992) enthält Aussagen zur emotionalen Bewertung der Fähigkeitsselbsteinschätzungen (z. B. »Ich habe ein gutes Gefühl, was meine Arbeit in der Schule angeht«).

Schöne et al. (2003) plädieren demgegenüber dafür, bei der Erfassung des Selbstkonzepts zwischen Selbstbeschreibung (»Meine Kenntnisse in Chemie sind gut«) und Selbstbewertung (»Ich bin stolz darauf, in Chemie zu den Besten zu gehören«) zu unterscheiden, da Selbstbeschreibung und Selbstbewertung nicht notwendigerweise übereinstimmen müssen. So können Schülerinnen und Schüler überzeugt sein, in Sport völlig unbegabt zu sein, ohne dass dies mit Scham oder Selbstzweifel verbunden ist; umgekehrt können Schülerinnen und Schüler von ihren sportlichen Fähigkeiten überzeugt sein, ohne damit positive Emotionen wie Stolz oder Befriedigung zu verbinden.

9.4.1 Verfahren zur Erfassung schulischer Selbstkonzepte

Derzeit liegen drei normierte Verfahren zur Erfassung schulischer Selbstkonzepte vor, die in schulischen Kontexten eingesetzt werden können, um motivationale Ursachen von Leistungsproblemen aufzuklären.

Skalen zur Erfassung des schulischen Selbstkonzepts (SESSKO)

Die *Skalen zur Erfassung des schulischen Selbstkonzepts* (SESSKO; Schöne, Dickhäuser, Spinath & Stiensmeer-Pelster, 2002) werden zur Erfassung des schulischen Fähigkeitskonzepts bei Schülerinnen und Schülern der vierten bis zehnten Klassenstufe eingesetzt. Als einzige der derzeit vorliegenden Selbstkonzeptskalen erfassen die SESSKO die Fähigkeitsselbsteinschätzungen in Abhängigkeit von der Bezugsnorm.

Die SESSKO bestehen aus vier Skalen mit jeweils fünf oder sechs Items, die Fähigkeitseinschätzungen entweder nach der kriterialen Bezugsnorm, nach der individuellen Bezugsnorm, nach der sozialen Bezugsnorm oder ohne Festlegung einer Bezugsnorm (»absolute Bezugsnorm«) erfassen. Dazu beurteilten die Schülerinnen und Schüler ihre Leistungsfähigkeit im Vergleich zu den schulischen Anforderungen (sachliche oder kriteriale Bezugsnorm), im Vergleich zu ihren früheren Leistungen (individuelle Bezugsnorm), im Vergleich zu den Leistungen ihrer Mitschülerinnen und Mitschüler (soziale Bezugsnorm) sowie ohne Festlegung einer Vergleichsperspektive (»absolute« Bezugsnorm). Tabelle 9.4 zeigt für jede der vier Bezugsnormen ein Beispielitem.

Tab. 9.4: Itembeispiele der *Skalen zur Erfassung des schulischen Selbstkonzepts* (SESSKO; Schöne, Dickhäuser, Spinath & Stiensmeier-Pelster, 2002).

Bezugsnorm	Itembeispiel	
kriterial	Wenn ich mir angucke, was wir in der Schule können müssen, finde ich, dass ich mit den Aufgaben in der Schule	
	nicht gut zurecht komme	gut zurecht komme.
	Wenn ich mit angucke, was wir in der Schule können müssen, finde ich, dass ich	
	wenig kann	viel kann.
individuell	Das Lernen von neuen Sachen in der Schule fällt mir	
	schwerer als früher	leichter als früher.
	Ich komme mit den Aufgaben in der Schule	
	schlechter zurecht als früher	besser zurecht als früher.
sozial	Etwa Neues zu lernen fällt mir	
	schwerer als meinen Mitschüler/innen	leichter als meinen Mitschüler/innen,
	Ich denke, ich bin für die Schule	
	weniger begabt als meine Mitschüler/innen	begabter als meine Mitschüler/innen
absolut	Ich bin in der Schule	
	nicht begabt	sehr begabt
	In der Schule fallen mir viele Aufgaben	
	schwer	leicht

Die SESSKO wurden an einer umfangreichen Stichprobe von über 3000 Schülerinnen und Schülern normiert, es liegen T-Werte und Prozentrangnormen für Schülerinnen und Schüler der vierten bis zehnten Klasse vor (Dickhäuser, Schöne, Spinath & Stiensmeier-Pelster, 2002). Die vier Skalen weisen relativ hohe interne Konsistenzen von $\alpha = .80$ bis $\alpha = .88$ auf, die Retest-Reliabilität nach sechs Monaten liegt zwischen $r_{tt} = .62$ und $r_{tt} = .68$. Die relativ hohen Interkorrelationen der bezugsnormspezifischen Fähigkeitsselbsteinschätzungen von $r = .46$ bis $r = .75$ werfen allerdings die Frage auf, ob es sinnvoll ist, schulische Selbstkonzepte nach der Bezugsnorm zu differenzieren, zumal sich auch die Korrelationen der bezugsnormspezifischen Selbstkonzepte mit den Schulnoten sowie mit konstruktnahen Variablen wie zum Beispiel der schulischen Selbstwirksamkeit, Prüfungsängstlichkeit und Leistungsmotivation kaum unterscheiden.

Differentielles Schulisches Selbstkonzept-Gitter (DISK-Gitter)

Das *Differentielles Schulisches Selbstkonzept-Gitter* (DISK-Gitter) mit der Skala zur Erfassung des Selbstkonzepts schulischer Leistungen und Fähigkeiten (SKSLF-8; Rost, et al., 2007) ermöglicht eine ökonomische Erfassung sowohl des allgemeinen schulischen Selbstkonzepts als auch der fachspezifischen Selbstkonzepte in den Fächern Mathematik, Deutsch, Englisch, Physik, Geschichte und Biologie von Schülern der 7. bis 10. Klassenstufe (Gymnasium, Realschule).

Dem modifizierten Selbstkonzeptmodell (Marsh, 1986, ▶ Kap. 9.1) entsprechend wird das allgemeine schulische Selbstkonzept nicht als verallgemeinerter Ausdruck der fachspezifischen Selbstkonzepte interpretiert, sondern mit der *Skala zur Erfassung des Selbstkonzepts schulischer Leistungen und Fähigkeiten* (SKSLF-8) gesondert erfasst. Die SKSLF-8 enthält 8 Aussagen, die fächerübergreifende leistungs- und fähigkeitsbezogene Aspekte in Bezug auf die eigene Person thematisieren (z. B. »Ich gehöre in der Schule zu den Guten«, »Ich habe ein gutes Gefühl, was meine Arbeit in der Schule angeht«, »Ich weiß in der Schule die Antwort auf eine Frage schneller als die Anderen«). Die fachspezifischen Selbstkonzepte werden im DISK-Gitter anhand derselben 8 Itemstämme wie das allgemeine schulische Selbstkonzept erfasst, anstelle der Einfügung »in der Schule« werden jedoch verschiedene Fächer eingesetzt (z. B. »Ich weiß in Mathematik die Antwort auf eine Frage schneller als die Anderen«). Die Itemstämme als Zeilen und die Fächer als Spalten bilden das DISK-Gitter. Die Beantwortung jeder Zelle des Gitters erfolgt auf einer 6-stufigen Antwortskala mit den Polen »trifft gar nicht zu« und »trifft genau zu«. Die Fragebögen können unabhängig voneinander eingesetzt werden. Kommen alle zum Einsatz, liegt die Gesamtarbeitszeit bei 10 Minuten.

Zur Prüfung der kriteriumsbezogenen Validität wurden die Zusammenhänge der Selbstkonzeptskalen mit den Schulnoten ermittelt. Erwartungsgemäß ergaben sich enge korrelative Zusammenhänge zwischen den DISK-Skalen und den entsprechenden Fachzensuren. Geringere, aber ebenfalls positive Zusammenhänge zeigten sich zwischen den Zensuren und den fachspezifischen Selbstkonzepten innerhalb des sprachlichen Bereichs (Deutsch, Englisch) und innerhalb des mathematisch-naturwissenschaftlichen Bereichs (z. B. Mathematik, Physik). In Übereinstimmung mit bisherigen Befunden ergaben sich keine bedeutsamen Korrelationen zwischen den Selbstkonzepten des sprachlichen und mathematisch-naturwissenschaftlichen Bereichs (z. B. Mathematik und Deutsch oder Physik und Englisch). Für die Validität des Verfahrens sprechen darüber hinaus Zusammenhänge mit konstruktnahen Merkmalen wie zum Beispiel Selbstwirksamkeitserwartungen, Leistungsmotivation, Leistungsängstlichkeit und das Lern- und Arbeitsverhalten.

Frankfurter Selbstkonzeptskalen (FSKN)

Die *Frankfurter Selbstkonzeptskalen* (FSKN) von Deusinger (1986) werden vorwiegend für klinische Fragestellungen eingesetzt. Die FSKN bestehen aus zehn Skalen, die verschiedene Selbstkonzeptbereiche (Leistungsfähigkeit, Problembewältigung, Verhaltens- und Entscheidungssicherheit, Selbstwertschätzung, Empfindlichkeit und Gestimmtheit, Standfestigkeit gegenüber bedeutsamen anderen, soziale Kontakte und Umgangsfähigkeit, Wertschätzung durch andere, Irritierbarkeit durch andere und Gefühle und Beziehungen zu anderen) erfassen. Für Fragestellungen in schulischen Kontexten kann die FSKN-Skala *Selbstkonzeptskala zur allgemeinen Leistungsfähigkeit* (FSAL) eingesetzt werden. Sie enthält 10 Items, die Einstellungen des Individuums zur eigenen Leistungsfähigkeit erfassen. Den FSKN liegt eine breite Definition des Selbstkonzepts zugrunde, die nicht zwischen kognitiv-deskriptiven Aspekten (Selbstbeschreibung) und affektiv-evaluativen Aspekten trennt. Dementsprechend erfassen die Items der FSKN auch die Selbstbewertung der eigenen Fähigkeiten (z. B. »Ich bin mit meinen Schulleistungen zufrieden«).

9.5 Weiterführende Literatur

Dickhäuser, O. (2006). Fähigkeitsselbstkonzepte: Entstehung, Auswirkung, Förderung. *Zeitschrift für Pädagogische Psychologie, 20,* 5-8.

Filipp, S.-H. & Mayer, A.-K. (2005). Selbstkonzept-Entwicklung. In J. Asendorpf & H. Rauh (Hrsg.), *Enzyklopädie der Psychologie, Themenbereich C: Theorie und Forschung. Serie V: Entwicklungspsychologie. Band 3* (S. 259–334). Göttingen: Hogrefe.

Möller, J. & Trautwein, U. (2015). Selbstkonzept. In E. Wild & J. Möller (Hrsg.), *Pädagogische Psychologie* (S. 177–199). Heidelberg: Springer.

Helmke, A. (1992). *Selbstvertrauen und schulische Leistung.* Göttingen: Hogrefe.

10 Lernstrategien und selbstgesteuertes Lernen

10.1	Taxonomie der Lernstrategien	302
	10.1.1 Kognitive Lernstrategien	303
	10.1.2 Metakognitive Lernstrategien	305
	10.1.3 Ressourcenstrategien	307
	10.1.4 Emotional-motivationale Stützstrategien	309
10.2	Modell der guten Informationsverarbeitung	309
10.3	Lernstrategien und Lernerfolg	311
	10.3.1 Selbstberichtetes und tatsächliches Lernverhalten	313
	10.3.2 Eingeschränkte Lernerfolgskriterien	314
10.4	Diagnostik von Lernstrategien	315
	10.4.1 Defizite in der Selbststeuerung des Lernens	316
	10.4.2 Standardisierte Tests zur Erfassung von Lernstrategien	317
	10.4.3 Fragebögen zur Erfassung von Lernstrategien	323
	10.4.4 Eingeschränkte Validität von Tests und Fragebögen zur Erfassung von Lernstrategien	328
	10.4.5 Weitere diagnostische Ansätze zur Erfassung von Lernstrategien	329
10.5	Weiterführende Literatur	332

Schulisches Lernen ist nicht auf den Unterricht beschränkt, sondern findet zum großen Teil außerhalb der formalen, von der Lehrkraft strukturierten Lernprozesse statt. So ist das Anfertigen der Hausaufgaben, die Vorbereitung auf eine Klassenarbeit oder die Ausarbeitung eines Referats in der Regel nicht in den Rahmen der formalen Unterrichtsorganisation eingebunden, sondern vollzieht sich außerhalb des Unterrichts unter Bedingungen, die die Schülerinnen und Schüler weitgehend selbst bestimmen können. Aber auch im Unterricht eröffnen sich den Schülerinnen und Schülern – ungeachtet der von der Lehrkraft festgelegten Rahmenbedingungen – mehr oder weniger große Freiräume für *selbstbestimmtes Lernen*. Je nachdem, wie die Lehrkraft den Unterricht gestaltet, ergeben sich für die Lernenden Möglichkeiten und Notwendigkeiten, ihre Lerninhalte selbstständig zu wählen und über ihr Vorgehen beim Lernen selbst zu entscheiden. Diese Art des Lernens wird – in Abhebung zu Lernprozessen, die weitgehend durch die Lehrkraft initiiert, angeleitet und kontrolliert werden – als *selbstgesteuertes* oder *selbstreguliertes Lernen* bezeichnet (Köller & Schiefele, 2003).

> **Selbstgesteuertes Lernen**
> Weinert (1982, S. 102) definiert selbstgesteuertes Lernen als eine Lernform, bei der der Lernende »... die wesentlichen Entscheidungen, ob, was, wann, wie und woraufhin er lernt, gravierend und folgenreich beeinflussen kann«.

In diesem umfassenden Sinne wird selbstgesteuertes Lernen in der schulischen Praxis wohl selten auftreten. Eine Selbststeuerung beim schulischen Lernen wird vielmehr in verschiedenen Ausschnitten des Lernprozesses in unterschiedlichem Ausmaß möglich und erforderlich sein (Kraft, 1999):

- **Lernorganisation**
  Der Lernende entscheidet selbst über Lernorte, Lernzeit, Lerntempo und den Einsatz seiner Ressourcen sowie über die Verteilung und Gliederung des Lernstoffs.
- **Lernkoordination**
  Der Lernende koordiniert seine Lernaktivitäten mit anderen Anforderungen in Beruf, Freizeit und Familie.
- **Lernzielbestimmung**
  Der Lernende wählt die Lerninhalte selbst aus und legt seine Lernziele fest.
- **Lernerfolgskontrolle**
  Der Lernende kontrolliert selbst den Fortschritt seines Lernens und seinen Lernerfolg.

Selbststeuerung des Lernprozesses

Während behavioristische Ansätze den Lernenden als passiven Empfänger von Input und das Lernen vorwiegend als einen durch externe Einflüsse gesteuerten Prozess betrachten, basiert das Konzept des selbstgesteuerten Lernens auf kognitionspsychologischen Ansätzen, die von einem aktiven, selbstreflexiven und dem eigenen Lernen gegenüber verantwortungsbewussten Lernenden ausgehen. Im Mittelpunkt steht folglich die *Selbststeuerung des Lernprozesses* durch den Lernenden. In diesem Sinne kennzeichnen Schiefele und Pekrun (1996, S. 258) selbstgesteuertes Lernen als »eine Form des Lernens, bei der die Person in Abhängigkeit von der Art ihrer Lernmotivation selbstbestimmt eine oder mehrere Selbststeuerungsmaßnahmen (kognitiver, metakognitiver, volitionaler oder verhaltensmäßiger Art) ergreift und den Fortgang des Lernens selbst überwacht«.

Selbstgesteuertes Lernen setzt *Freiräume* voraus, die dem Lernenden die Möglichkeit eröffnen, sein Lernen selbstständig zu gestalten. Um diese Freiräume aber nutzen zu können, benötigt der Lernende Kompetenzen zur Steuerung seines Lernprozesses, die über jene hinausgehen, die für ein fremdbestimmtes, das heißt, weitgehend durch die Lehrkraft initiiertes, gesteuertes und überwachtes Lernen benötigt werden. Eine erste Systematik über die zur Selbststeuerung notwendigen Kompetenzen bietet das *Drei-Schichten-Modell der Selbstregulation* (Boekaerts, 1999a).

> **Drei-Schichten-Modell der Selbstregulation**
> Das Drei-Schichten-Modell der Selbstregulation (Boekaerts, 1999a) beschreibt drei Ebenen, auf denen sich die Selbstregulation des Lernprozesses vollzieht: Die Regulation des Informationsverarbeitungsprozesses, die Regulation des Lernprozesses und die Regulation des Selbst.

Die Autorin beschreibt die Regulationsprozesse bei selbstregulierten Lernen auf drei Ebenen, die in Abbildung 10.1 durch konzentrische Ellipsen veranschaulicht werden.

- **Das kognitive System**
  Die erste Schicht betrifft die Regulation des *Informationsverarbeitungsprozesses*. Wie geht der Lernende vor, um die Lerninhalte aufzunehmen, zu verarbeiten und im Gedächtnis zu speichern? Auf dieser Ebene stellt sich dem Lernenden die Aufgabe, geeignete kognitive Lernstrategien (▶ Kap. 10.1.1) auszuwählen und miteinander zu kombinieren, die gewährleisten, dass Lerninhalte gelernt werden.
- **Das metakognitive System**
  Die zweite Schicht betrifft die Regulation und Steuerung des *Lernprozesses*. Dazu bedarf es metakognitiver Lernstrategien und Kompetenzen (▶ Kap. 10.1.2), die

erforderlich sind, um den Einsatz kognitiver Lernstrategien zu planen, den Lernfortschritt zu überwachen und zu bewerten und bei Bedarf das gewählte Vorgehen beim Lernen zu korrigieren und jeweils an die Lernanforderungen anzupassen. Die Steuerung kognitiver Lernstrategien kann internal, das heißt eigenständig durch den Lernenden, oder external, das heißt durch die Unterstützung von außen oder aber gemischt, das heißt sowohl internal als auch external, erfolgen.

- **Das motivationale System**
Die äußere Schicht betrifft Regulationsprozesse, die sich nicht auf den eigentlichen Lernprozess, sondern auf die Person des Lernenden beziehen. Die Selbstregulation auf der Ebene des Selbst ist notwendig, weil Menschen verschiedene, miteinander konkurrierende Ziele verfolgen, so dass dem Lernen zunächst eine Auswahl von Zielen und die Ausrichtung der verfügbaren Ressourcen auf die angestrebten Ziele vorausgehen müssen. Die Selbstverpflichtung auf ein Lernziel erfordert es weiter, die zur Zielerreichung erforderlichen Ressourcen zu mobilisieren und die motivational-volitionalen Prozesse zu steuern, um das Lernen in Gang zu setzen.

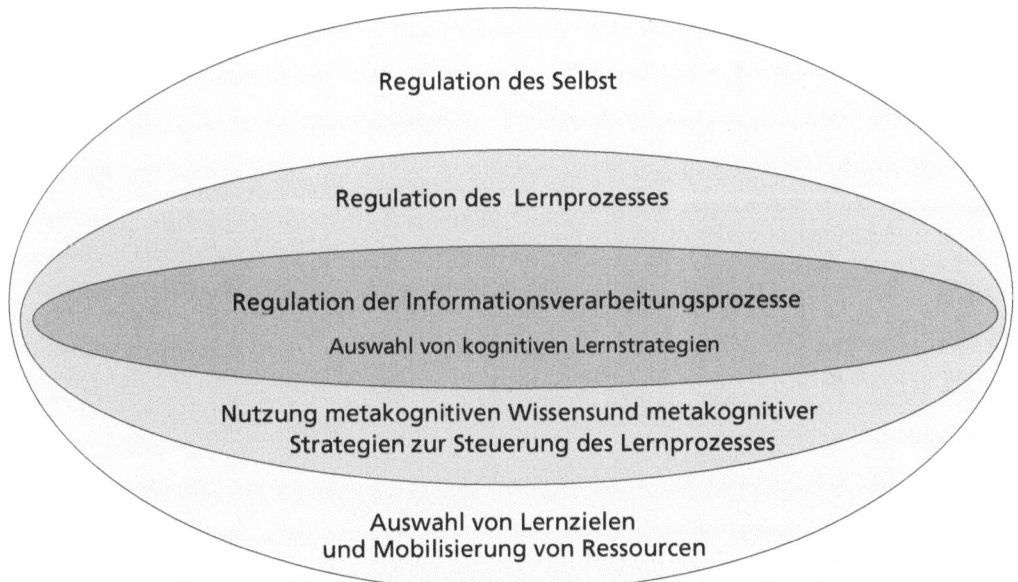

Abb. 10.1: Drei-Schichten-Modell des selbstregulierten Lernens (nach Boekaerts, 1999a, S. 449)

Das Drei-Schichten-Modell der Selbstregulation (Boekaerts, 1999a) gibt eine Übersicht über die am selbstregulierten Lernen beteiligten Regulationsprozesse. Es beschreibt selbstreguliertes Lernen als ein System von kognitiven, metakognitiven und motivational-affektiven Regulationsprozessen, die wechselseitig aufeinander bezogen sind. Dabei wird deutlich, dass selbstgesteuertes Lernen nicht nur die selbstständige Planung, Kontrolle und Evaluation des Lernens beinhaltet, sondern auch vom Lernenden fordert, sich selbst zu motivieren und die notwendigen Energien für das Lernen zu mobilisieren.

10.1 Taxonomie der Lernstrategien

Selbstgesteuertes Lernen setzt voraus, dass der Lernende über Strategien verfügt, die eigenen Lernprozesse selbstständig zu steuern, zu kontrollieren, zu regulieren und zu bewerten. Diese *Lernstrategien* stellen internale Handlungspläne zur Steuerung des eigenen Lernverhaltens dar, die darauf ausgerichtet sind, Lernprozesse zu optimieren (Wild, 2010). Sie beinhalten »jene Verhaltensweisen und Gedanken, die Lernende aktivieren, um ihre Motivation und den Prozess des Wissenserwerbs zu beeinflussen und zu steuern« (Mandl & Friedrich, 2006, S. 1). Lernstrategien geben somit eine Antwort auf die Frage, *wie* gelernt wird.

> **Lernstrategien**
> Lernstrategien sind mental repräsentierte Handlungspläne zur Steuerung des eigenen Lernverhaltens, die darauf ausgerichtet sind, Lernprozesse im Hinblick auf ein Lernziel zu optimieren.

Die Taxonomie der Lernstrategien lässt sich am besten vor dem Hintergrund eines allgemeinen *Informationsverarbeitungsmodells* (Boekaerts, 1999b; Weinstein & Mayer, 1986; Wild & Schiefele, 1994; Zimmerman, 2002) verstehen, nach dem vier Komponenten des Lernprozesses unterschieden werden: Selektion, Konstruktion, Erwerb und Integration.

- **Selektion**
  Die Selektion kennzeichnet die Steuerung und Ausrichtung der Aufmerksamkeit auf die relevanten Informationen und deren Übertragung in das Arbeitsgedächtnis. Der Lernende steht vor der Aufgabe, seine Aufmerksamkeit auf die Lerninhalte zu richten, Irrelevantes auszublenden und die aufgenommenen Informationen in das Arbeitsgedächtnis zu übertragen.

- **Konstruktionsphase**
  In der Konstruktionsphase werden die neu aufgenommenen Informationen im Arbeitsgedächtnis verarbeitet. Dort werden die Einzelinformationen untereinander verknüpft, gewichtet und mit anderen Informationen in Beziehung gesetzt.
- **Erwerbsphase**
  In der Erwerbsphase werden die Informationen vom Arbeits- in das Langzeitgedächtnis übertragen.
- **Integration**
  Damit die Lerninhalte langfristig im Gedächtnis gespeichert werden können, muss der Lernende die neu aufgenommenen Informationen mit seinem Vorwissen verknüpfen und sie in bereits vorhandene Wissensstrukturen integrieren.

Lernstrategien haben in der Regel Einfluss auf mehrere dieser Teilprozesse der Informationsverarbeitung. Eine erste Orientierung über das strategische Vorgehen beim Lernen bietet die Unterscheidung von Lernstrategien nach der *Verarbeitungstiefe* des Lernstoffes und nach der Zielausrichtung der Lernstrategien.

Oberflächen- versus Tiefenstrategien

Im Hinblick auf die *Verarbeitungstiefe* unterscheidet Entwistle (1988) zwischen Oberflächenstrategien und Tiefenstrategien. *Oberflächenstrategien* streben kein tiefes Verständnis des Lernstoffes an, sondern zielen darauf ab, die neuen Informationen im Gedächtnis zu speichern. Zu den Oberflächenstrategien zählen beispielsweise die Wiederholungsstrategien, die direkt darauf ausgerichtet sind, die Lerninhalte zu behalten (siehe unten). *Tiefenstrategien* fördern demgegenüber die Integration des Lernstoffes in bereits bestehende Wissensstrukturen und tragen damit zum Verständnis des Gelernten bei. Zu den Tiefenstrategien werden die *Elaborationsstrategien* oder das *kritische Prüfen* gezählt (siehe unten).

Primär- versus Stützstrategien

Friedrich und Mandl (1992) unterscheiden zwischen Primärstrategien und Stützstrategien. *Primärstrategien* nehmen direkt Einfluss auf die Verarbeitung der zu erlernenden Informationen, so dass diese besser aufgenommen, gespeichert und abgerufen werden können. Zu den Primärstrategien zählen beispielsweise die kognitiven Strategien, die die Verarbeitung des Lernstoffes betreffen (siehe unten). *Stützstrategien* zielen demgegenüber darauf ab, den Lernprozess zu »stützen« und abzusichern, indem sie Lernprozesse in Gang setzen, für die notwendige Energie für das Lernen sorgen oder externe Ressourcen für das Lernen mobilisieren. Zu den Stützstrategien gehören beispielsweise Strategien der Selbstmotivierung, der Aufmerksamkeitssteuerung und der Zeitplanung (siehe unten).

Lernstrategien können in Abhängigkeit davon, welche Funktion sie im Lernprozess ausüben, in vier Klassen unterteilt werden, kognitive Strategien, metakognitive Strategien, Ressourcenstrategien und emotional-motivationale Stützstrategien (Wild, 2000).

10.1.1 Kognitive Lernstrategien

Kognitive Lernstrategien zielen direkt auf die Optimierung der kognitiven Verarbeitungsprozesse ab. Sie dienen der Aufnahme, Verarbeitung und Speicherung der zu erlernenden Informationen und werden daher auch als *Informationsverarbeitungsstrategien* bezeichnet (Wild, 2000). Innerhalb der kognitiven Lernstrategien werden vier Einzelstrategien unterschieden.

Wiederholungsstrategien

Wiederholungsstrategien sind darauf ausgerichtet, durch Wiederholen, Memorieren und Repetieren den Lernstoff im Langzeitgedächtnis zu speichern. Sie dienen dazu, neue Informationen im Arbeitsgedächtnis aktiv zu halten, um die Speicherung im Langzeitgedächtnis zu erleichtern. Zu den Wiederholungsstrategien zählen zum Beispiel:

- Merksätze oder Fachbegriffe mehrfach abschreiben,
- den Text mehrfach durchlesen und sich anschließend vorsagen,
- Stichworte oder Schlüsselbegriffe auswendig lernen,
- den gesamten Text oder zentrale Textpassagen auswendig lernen oder
- die Gliederung eines Textes auswendig lernen.

Wiederholungsstrategien können nützlich sein, wenn Informationen kurzfristig verfügbar gehalten werden sollen, beispielsweise wenn ein Gedicht auswendig zu lernen ist oder im Fach Geschichte Jahreszahlen abgefragt werden. Sie tragen aber wenig zur Vernetzung der neuen Informationen in bereits bestehende Wissensstrukturen bei und werden daher zu den Oberflächenstrategien gezählt.

> **Kognitive Lernstrategien**
> Kognitiven Lernstrategien regulieren unmittelbar den Informationsverarbeitungsprozess. Sie dienen der Aufnahme, der Verarbeitung und Speicherung des Lernstoffes.

Elaborationsstrategien

Elaborationsstrategien dienen der *Integration* des Lernmaterials in bereits bestehende Wissensstrukturen. Sie erleichtern es, die neu zu erlernenden Inhalte in vorhandene Ordnungssysteme einzuordnen und mit dem Vorwissen in Beziehung zu setzen. Diese Vernetzung der neuen Informationen in bereits bestehende Wissenszusammenhänge kann beispielsweise dadurch gefördert werden, dass der Lernende

- das Gelernte mit eigenen Worten wiedergibt,
- sich eigene Beispiele aus seinem Alltag überlegt,
- das Gelernte mit seinen eigenen Erfahrungen in Zusammenhang bringt und Querverbindungen zu bereits Bekanntem herstellt,
- sich Anwendungsmöglichkeiten in der Praxis überlegt,
- den Lernstoff mit zusätzlichen Informationen in Verbindung bringt oder
- versucht, das Gelernte auf andere Kontexte zu übertragen.

Dadurch werden die neu aufgenommenen Informationen mit dem Vorwissen verknüpft, wodurch eine langfristige Speicherung im Langzeitgedächtnis ermöglicht wird. Ein Beispiel für eine Elaborationsstrategie ist die *Schlüsselwortmethode* beim Vokabellernen. Dabei eignet sich der Lernende eine neue Vokabel dadurch an, dass er sie mit einem klangähnlichen Wort der eigenen Muttersprache verknüpft (Schlüsselwort), um sie dadurch besser in bereits vorhandene Gedächtnisstrukturen integrieren zu können.

Organisationsstrategien

Organisationsstrategien dienen dazu, die neu aufgenommenen Informationen in geeigneter Weise zu *reorganisieren* und auf das Wesentliche zu reduzieren, damit sie leichter und nachhaltiger im Gedächtnis gespeichert und zuverlässiger aus dem Gedächtnis abgerufen werden können. Da die Aufnahmekapazität des Arbeitsspeichers beschränkt ist, müssen komplexe Detailinformationen reduziert und strukturiert werden, um sie zuverlässig im Langzeitgedächtnis speichern zu können. Dazu ist es notwendig, die Informationsfülle zu verdichten, Wichtiges von Unwichtigem zu trennen und die wesentlichen Inhalte herauszuarbeiten, indem die Lerninhalte gruppiert, sortiert oder nach übergeordneten Gesichtspunkten geordnet werden. Zu den Organisationsstrategien zählen beispielsweise

- den Text anhand von Überschriften gliedern,
- wichtige Begriffe unterstreichen,
- Fachausdrücke und Definitionen herausschreiben und in einer Liste zusammenstellen,
- das Gelernte mit eigenen Worten zusammenfassen,
- die zentralen Ideen in Form von Schlüsselbegriffen herausarbeiten oder
- die Lerninhalte durch Tabellen, Abbildungen oder in Form von Mind-Maps verdichten.

Kritisches Prüfen

Das kritische Prüfen besteht in der Analyse von Aussagen und Argumentationslinien des gelernten Stoffes. Dazu kann der Lernende beispielsweise

- die logischen Zusammenhänge im Text herausarbeiten,
- über Alternativen zu den Behauptungen oder Schlussfolgerungen im Text nachdenken,
- verschiedene theoretische Konzeptionen oder Ansätze zum gleichen Thema miteinander vergleichen oder
- die Schlüssigkeit der Behauptungen an verschiedenen Beispielen oder Szenarien überprüfen.

Beim kritischen Prüfen werden die neuen Lerninhalte dem bereits erworbenen Wissen gegenübergestellt und kritisch bewertet. Diese Prüfung trägt zur Vernetzung der neuen Informationen in vorhandene Wissensstrukturen bei und fördert damit das Verständnis des Lernstoffes.

10.1.2 Metakognitive Lernstrategien

Nicht das automatische Abarbeiten eines Standardrepertoires von Strategien führt zum Lernerfolg, erfolgreiches Lernen erfordert vielmehr eine flexible und reflektierte Koordination verschiedener kognitiver Lernstrategien. Die Notwendigkeit, aus dem verfügbaren Repertoire geeignete Strategien auszuwählen, sie aufeinander abzustimmen und an die jeweilige Lernaufgabe anzupassen, steigt mit der Komplexität der Lernanforderungen. Ist lediglich eine überschaubare Menge von Vokabeln zu lernen, werden die Schülerinnen und Schüler in der Regel auf mehr oder weniger bewährte und eingeübte Lerntechniken des Auswendiglernens zurückgreifen können. Stehen sie jedoch vor der Aufgabe, einen längeren Text über ein neues, anspruchsvolles Thema zu bearbeiten, stellen sich komplexere Anforderungen.

- Zunächst werden sich die Schülerinnen und Schüler wohl darüber klar werden müssen, was überhaupt von ihnen gefordert ist: Wird von ihnen erwartet, dass sie Einzelheiten des Textes wiedergeben können oder reicht es aus, wenn sie die groben Zusammenhänge oder die wichtigsten Begriffe des Textes kennen? Geht es darum, die Inhalte des Textes zu verstehen und sie in einen größeren Kontext einzuordnen und auf andere Bereiche zu übertragen oder kommt es eher darauf an, bestimmte Schlüsselbegriffe wiedergeben zu können?
- Haben die Schülerinnen und die Schüler in dieser Weise ihre Lernziele abgesteckt, werden sie möglicherweise erst einmal abschätzen, wie viel Zeit sie benötigen, um die Lernziele zu erreichen, wie sie sich ihre Zeit und den Lernstoff am besten einteilen können und ob sich ihre Lernziele mit anderen Zielen vereinbaren lassen.
- Ist der zeitliche Rahmen abgesteckt und das Lernpensum festgelegt, stehen Schülerinnen und Schüler vor der Frage, wie sie sich die Inhalte des Textes am besten aneignen können. Beim Durchlesen der Kapitelüberschriften des Textes fällt ihnen vielleicht auf, dass sie bereits einiges über das Thema wissen und sie fragen sich, wie sie an ihr Vorwissen anknüpfen können.
- Bevor sie mit dem Durcharbeiten des Textes beginnen, überlegen sie, wie sie den Inhalt am besten lernen können: Reicht es aus, sich die wichtigsten Passagen des Textes anzustreichen oder sollten sie nicht besser ein ausführliches Exzerpt anfertigen? Hilft es, sich mit einer Tabelle zunächst einen Überblick über den Lernstoff zu verschaffen? Sollen sie versuchen, den Inhalt des Textes mit eigenen Worten wiederzugeben oder können sie sich darauf beschränken, sich Stichworte zu den einzelnen Kapiteln des Textes herauszuschreiben?
- Nachdem sie ihre Vorgehensweisen beim Lernen geplant und aufeinander abgestimmt haben, fragen sie sich bei dem Gedanken an die bevorstehende Klassenarbeit, wie sie sich vergewissern können, dass sie die Inhalte des Textes auch richtig verstanden haben. Sollen sie sich Fragen zum Text überlegen und sie beantworten oder ist es nicht doch sicherer, sich von Mitschülerinnen und Mitschülern abfragen zu lassen?

Wie an diesem Beispiel deutlich wird, erfordern komplexe Lernanforderungen eine flexible und durchdachte Planung, Kontrolle und Überwachung des Lernprozesses. Die dazu notwendigen Strategien werden als *metakognitive Lernstrategien* bezeichnet. Metakognitive Strategien stellen übergeordnete Handlungspläne dar, die der Planung, Steuerung und Kontrolle der kognitiven Prozesse beim Lernen dienen. Beim Lernen übernehmen sie vor allem *Kontroll-, Steuerungs- und Regulationsfunktionen* und werden daher auch als *Kontrollstrategien* oder als *Selbstkontroll- und Selbstregulationsstrategien* (Mandl & Friedrich, 2006) bezeichnet. Sie dienen der Planung, Überwachung und Regulation der Lernaktivitäten.

> **Metakognitive Lernstrategien**
> Metakognitive Strategien sind übergeordnete Konzepte zur Planung, Überwachung und Regulation der kognitiven Prozesse beim Lernen.

- Planungsprozesse beinhalten die Festlegung von Lernzielen sowie die Auswahl geeigneter Lernstrategien und ihre inhaltliche und zeitliche Koordination.
- Strategien zur Selbstüberwachung (Monitoring) beinhalten die Überwachung der kognitiven Prozesse.
- Im Rahmen der Regulationsprozesse werden die Lernstrategien an die aktuellen Lernanforderungen adaptiert.

Strategien zur Planung

Die Planungsstrategien dienen der Vorbereitung des Lernens. Der Lernende legt fest, welche Ziele er beim Lernen anstrebt und wie er vorgehen will, um diese Ziele zu erreichen. Dazu zählt zum Beispiel:

- angemessene Lernziele festlegen,
- die Anforderungen der anstehenden Lernaufgabe analysieren,
- den nötigen Aufwand für das Lernen kalkulieren und festlegen,
- das inhaltliche Vorwissen zu der anstehenden Aufgabe aktivieren,
- eine angemessene Lernstrategie auswählen,
- Lernschritte festlegen.

K. C. Klauer (2000) unterscheidet zwischen primären Planungszielen und Effizienzzielen. *Primäre Planungsziele* beinhalten die Handlungspläne zur Organisation des Lernprozesses, beispielsweise die Festlegung des zu erlernenden Lernstoffs oder die Wahl einer geeigneten Lernstrategie.

- »Zuerst verschaffe ich mir anhand der Gliederung einen Überblick über den Text, dann lese ich die einzelnen Kapitel und streiche die wichtigen Passagen des Textes an. Zum Schluss versuche ich, die Inhalte der Kapitel mit eigenen Worten wiederzugeben.«
- »Mein erster Schritt bei der Klausurvorbereitung besteht immer darin, herauszufinden, was in der Klausur dran kommen könnte. Dann besorge ich mir die Vorlesungsmitschriften oder Notizen von Kommilitonen, schreibe die Inhalte in Stichworten heraus und versuche, mir das Wichtige einzuprägen. In der Woche vor der Klausur lasse ich mich dann von einem Kommilitonen abfragen.«

Bei der Festlegung von *Effizienzzielen* geht es um den optimalen Einsatz der eigenen Ressourcen, zum Beispiel durch die Begrenzung des Lernaufwandes, den man zur Erreichung des Ziels investieren will, durch die Festlegung des Lernpensums, das zu schaffen ist oder die Einplanung von Pausen, um die eigenen Ressourcen nicht zu erschöpfen.

- »Wenn ich am Wochenende noch an zwei Nachmittagen arbeite, müsste es eigentlich reichen, um die Klausur mindestens zu bestehen.«
- »Um in der Klassenarbeit gut abzuschneiden, reicht es sicher nicht, wenn ich mir vorher noch einmal das Kapitel im Buch durchlese. Um sicher zu gehen, sollte ich mich anschließend noch von einem Mitschüler abfragen lassen.«

Strategien zur Selbstüberwachung

Die Strategien zur Selbstüberwachung oder *Monitoringstrategien* sind darauf ausgerichtet, den Lernfortschritt zu überwachen, um ineffektive Lernstrategien, Wissenslücken oder Hindernisse beim Lernen rechtzeitig erkennen und entsprechende Korrekturen vornehmen zu können. Sie beinhalten einen Vergleich der erzielten Lernfortschritte mit den angestrebten Lernzielen, zum Beispiel:

- das Verständnis anhand von Kontrollfragen überprüfen,
- sich von Mitschülern abfragen lassen, um sich zu vergewissern, dass man den Lernstoff verstanden hat oder
- nach jedem Abschnitt des Lehrbuches versuchen, den Inhalt wiederzugeben.

Strategien zur Regulation

Strategien zur Regulation zielen darauf ab, den Lernprozess zu evaluieren, um daraus Schlüsse zur Optimierung des eigenen Lernens abzuleiten. Sie ermöglichen es, ineffektives Vorgehen beim Lernen zu korrigieren, Veränderungen der Lernanforderungen zu erkennen und die eingeschlagenen Lernstrategien gegebenenfalls an die geänderten Lernanforderungen anzupassen. Regulationsstrategien knüpfen an die Ergebnisse der Monitoringstrategien an und zielen darauf ab, die eingeschlagenen Lernstrategien in Abhängigkeit von den Ergebnissen des Monitoring zu modifizieren:

- die Lernzeit und das Lerntempo anpassen,
- die Lernziele präzisieren oder modifizieren,
- die eingeschlagene Lernstrategie modifizieren,
- den Aufwand für den Lernstoff neu analysieren.

10.1.3 Ressourcenstrategien

Unter Ressourcenstrategien werden Aktivitäten zusammengefasst, die für die Bereitstellung und den optimalen Einsatz der Ressourcen sorgen. Da Ressourcenstrategien nicht direkt auf den Lernprozess selbst gerichtet sind, sondern darauf abzielen, günstige Voraussetzungen für das Lernen zu schaffen, werden sie auch zu den *Stützstrategien* gezählt

> **Ressourcenstrategien**
> Ressourcenstrategien (Stützstrategien) »zielen auf die Beeinflussung jener motivationalen und exekutiven Funktionen, die auf den Prozess der Informationsverarbeitung indirekt einwirken, indem sie ihn in Gang setzen, aufrechterhalten und steuern.« (Konrad, 2008, S. 48).

Wild und Schiefele (1994) trennen Strategien, die auf die Optimierung *externer* Ressourcen gerichtet sind von denen, die auf *interne* Ressourcen abzielen.

Optimierung externer Ressourcen

Die Optimierung externer Ressourcen beinhaltet die angemessene Gestaltung der *Lernumgebung* und der *Lernbedingungen*, indem der Lernende beispielsweise Sorge dafür trägt, dass

- keine Ablenkungen auftreten können (z. B. durch Fernsehen, Geschwister),
- potenzielle Störquellen (z. B. Handy, Radio) ausgeschaltet werden,
- notwendige Hilfsmittel (z. B. Stifte, Rechner, Papier) und das geeignete Lernmaterial (z. B. Lehrbücher, Skripte, Aufzeichnungen) zur Verfügung stehen oder
- zusätzliche Informationsquellen (z. B. Lexika, Wörterbücher, Internet) zugänglich sind.

Zu den externen Ressourcen gehört auch die Nutzung der Unterstützung durch andere Personen – zum Beispiel im Rahmen von Lerngruppen oder Diskussionsgruppen – sowie die Mobilisierung der Unterstützung des sozialen Umfeldes.

Optimierung interner Ressourcen

Die Optimierung interner Ressourcen betrifft das *Verfügbar-Machen* und den optimalen Einsatz lernrelevanter Fertigkeiten sowie die optimale Nutzung der Lernzeit. Dies erfordert zum Beispiel:

- ein angemessenes Zeitmanagement (z. B. das Einhalten von Pausen), um die Ausdauer beim Lernen aufrechtzuerhalten,
- Selbstinstruktion und Selbstverstärkung, um auch bei uninteressanten oder schwierigen Themen die notwendige Konzentration zu sichern,
- die rechtzeitige Mobilisierung der eigenen Ressourcen zum Beispiel für Prüfungen oder beim Lernen unter Zeitdruck.

Tab. 10.1: Übersicht über Lernstrategien

Kognitive Lernstrategien	Metakognitive Lernstrategien	Ressourcenstrategien
Wiederholungsstrategien • Auswendiglernen • Mehrfaches Lesen • Abschreiben von Merksätzen	**Strategien zur Planung** • Festlegung von Lernzielen • Festlegung von Effizienzzielen • Festlegung von Lernschritten	**Optimierung interner Ressourcen** • Aufmerksamkeitssteuerung • Sicherung der Anstrengungsbereitschaft
Elaborationsstrategien • Paraphrasieren • Alltagsbeispiele finden • Gelerntes mit eigenen Erfahrungen verbinden • Transfer herstellen	**Strategien zur Überwachung** • Kontrolle der Lernfortschritte • Aufdecken von Wissenslücken	**Optimierung externer Ressourcen** • Gestaltung des Arbeitsplatzes • Zeitmanagement • Sicherstellen des Zugangs zu Lernmaterialien • Mobilisierung der Hilfe von anderen
Organisationsstrategien • den Lernstoff zusammenfassen • den Lernstoff gliedern • den Lernstoff durch Grafiken visualisieren	**Strategien zur Bewertung** • Bewertung des Lernerfolgs • Bewertung der Lernstrategie • Korrektur der Lernstrategie	
Kritisches Prüfen • die Schlüssigkeit der Argumentation überprüfen • vergleichen mit alternativen Ansätzen		

10.1.4 Emotional-motivationale Stützstrategien

Die bisher vorgestellten Strategien (▶ Tab. 10.1) beinhalten Handlungspläne des Lernenden zur Informationsverarbeitung (kognitive Strategien), zur Selbststeuerung des Lernprozesses (metakognitive Strategien) oder zur Optimierung interner und externer Ressourcen (Ressourcenstrategien). Diese Strategien können jedoch nur dann zum Lernerfolg beitragen, wenn sie auch eingesetzt werden. Ob Lernstrategien in einem konkreten Fall genutzt werden, hängt von *motivationalen Dispositionen* des Lernenden ab. Der Lernende muss die Bereitschaft aufbringen, die Strategien beim Lernen auch umzusetzen (Baumert, 1993; Rheinberg & Donkoff, 1993).

Emotional-motivationale Stützstrategien zielen darauf ab, optimale emotional-motivationale Voraussetzungen für das Lernen herzustellen und aufrechtzuerhalten. Dazu zählen sowohl die Herstellung lernförderlicher Emotionen und Motivationen auf Seiten des Lernenden als auch die Gestaltung eines Lernumfeldes, das die Motivation zum Lernen unterstützt (Mandl & Friedrich, 2006). Emotional-motivationale Stützstrategien tragen nicht direkt zum Lernerfolg bei, sie schaffen aber die motivationalen Voraussetzungen dafür, dass andere Strategien erfolgreich eingesetzt und sich bietende Freiräume für selbstbestimmtes Lernen genutzt werden können. Zu den emotional-motivationalen Stützstrategien zählen beispielsweise:

- **Die Förderung und Aufrechterhaltung der Lernmotivation**
  Der Lernende kann seine Lernmotivation aufrechterhalten, indem er sich zum Beispiel für seine Lernleistungen belohnt oder sich durch positive Suggestion anspornt.
- **Die Regulation lernbegleitender Emotionen**
  Lernbegleitende Emotionen, die den Lernprozess stören, müssen begrenzt und kontrolliert werden. Dazu zählen zum Beispiel der Umgang mit Frustrationen und Rückschlägen beim Lernen, die Bewältigung von Prüfungsangst und die Aufrechterhaltung der Zuversicht angesichts eines umfangreichen Lernstoffes.
- **Die Abschirmung des Lernprozesses**
  Der Lernprozess muss gegenüber anderen Motiven oder Intentionen, die das Lernen beeinträchtigen, abgeschirmt werden, etwa dadurch, dass der Lernende konkurrierende Ziele und Wünsche (▶ Kap. 8.5) oder emotional belastende Ereignisse zeitweilig ausblendet.

Emotional-motivationale Stützstrategien zielen auf eine Optimierung motivationaler und affektiver Bedingungen des Lernens ab und schaffen damit die Voraussetzungen für einen effektiven Einsatz kognitiver und metakognitiver Lernstrategien.

10.2 Modell der guten Informationsverarbeitung

Damit Lernstrategien auch zum Lernerfolg beitragen, müssen sie nicht nur bekannt sein, sondern beim Lernen auch effizient eingesetzt und in angemessener Weise miteinander koordiniert und aufeinander abgestimmt werden. *Strategiewissen* und *Strategieverfügbarkeit* garantieren noch keinen Lernerfolg, erst wenn die verfügbaren Lernstrategien auch an die konkreten Lernanforderungen angepasst und flexibel im Verlauf des Lernprozesses eingesetzt werden, unterstützen sie das Lernen.

Das *Modell der guten Informationsverarbeitung* (good information processing; Pressley, Borkowski & Schneider, 1989; Borkowski, Carr, Rellinger & Pressley, 1990; Pressley, 1995) beschreibt das Zusammenspiel verschiedener kognitiver und motivationaler Strategien, die zum erfolgreichen Lernen beitragen.

> **Modell der guten Informationsverarbeitung**
> Das Modell der guten Informationsverarbeitung (Pressley, 1995) beschreibt das Zusammenwirken verschiedener strategischer Orientierungen, die zu einem erfolgreichen Lernen beitragen.

»Gute Informationsverarbeiter« zeichnen sich dadurch aus, dass sie über ein gutes Allgemeinwissen verfügen, verschiedene kognitive, metakognitive und motivationale Lernstrategien kennen und diese beim Lernen planvoll und den jeweiligen Lernanforderungen gemäß einsetzen. Hasselhorn und Gold (2013, S. 69) haben die Eigenschaften aufgelistet, die einen guten Informationsverarbeiter auszeichnen. »Ein guter Informationsverarbeiter:

- plant sein Lernverhalten,
- kennt und nutzt effiziente Lernstrategien,
- weiß, wie, wann und warum solche Strategien einzusetzen sind,
- ist motiviert, diese Lernstrategien zu nutzen,
- überwacht seine Lernfortschritte,
- reflektiert sein Lernverhalten,
- verfügt über ein Kurzzeitgedächtnis mit hoher Kapazität,
- verfügt über reichhaltiges Weltwissen,
- vertraut seinen Lernfähigkeiten,
- ist davon überzeugt, dass er sich weiter verbessern kann und hält dies auch für wünschenswert,
- stellt sich immer wieder neuen Herausforderungen.«

Das Modell der guten Informationsverarbeitung betont die Wichtigkeit einer angemessenen *Koordination* des bereichsspezifischen Wissens, des Strategiewissens, der metakognitiven Kontrollprozesse und der motivationalen Überzeugungen für erfolgreiches Lernen. Nicht einzelne Lerntechniken, sondern erst das Ineinandergreifen verschiedener Strategien trägt zum Lernerfolg bei.

Damit Lernstrategien zum Lernen beitragen können, müssen Lernende aber erst einmal bereit und motiviert sein, beim Lernen systematisch vorzugehen. Daher nehmen die *motivationale Lernvoraussetzungen* der Lernenden im Modell der guten Informationsverarbeitung eine Schlüsselposition ein. Von ihnen hängt es letztlich ab, ob Lernstrategien überhaupt eingesetzt werden. Die Bereitschaft, Lernstrategien beim Lernen zu nutzen, entspringt nach Baumert und Köller (1996, S. 142) vier Grundüberzeugungen:

- **Die Überzeugung von der Kontrollierbarkeit des Lernvorgangs und der Verfügbarkeit der erforderlichen persönlichen Ressourcen**
Gute Informationsverarbeiter sind davon überzeugt, dass sie selbst ihre Lernergebnisse beeinflussen können und über die dazu notwendigen Ressourcen verfügen.
- **Die Überzeugung von der Nützlichkeit von Lernstrategien**
Gute Informationsverarbeiter sind davon überzeugt, dass ein systematisches Vorgehen beim Lernen nützlich ist und wesentlich zum Lernerfolg beiträgt.
- **Die inhaltliche Gerichtetheit der motivationalen Dynamik**
Gute Informationsverarbeiter haben eindeutige Zielpräferenzen oder verfolgen solche Interessen, die ihn zum Lernen motivieren.
- **Die volitionale Kontrolle**
Gute Informationsverarbeiter sind in der Lage, den Lernprozess gegenüber konkurrierenden Zielen (z. B. Freizeitinteressen) oder negativen Emotionen (z. B. Frus-

trationen, Leistungsängste) abzuschirmen und eine schwache Lernintention auszugleichen.

Nach dem Modell der guten Informationsverarbeitung sind bestimmte *Grundüberzeugungen* notwendig, damit Lernende Lernstrategien nutzen. Sie müssen davon überzeugt sein, dass ein strategisches Vorgehen beim Lernen zum Lernerfolg führt und dass sie selbst in der Lage sind, Lernstrategien angemessen umzusetzen.

Aus dem Modell der guten Informationsverarbeitung ergeben sich Ansätze zur Diagnostik von strategischen Defiziten beim Lernen. Ist davon auszugehen, dass die Lernprobleme einer Schülerin oder eines Schülers in einem unangemessenen Lern- und Arbeitsverhalten begründet sind, stellt sich für die Lehrkraft die Aufgabe, zu differenzieren, auf welcher Ebene sich Probleme ergeben:

- Kennt die Schülerin oder der Schüler keine geeignete Strategie zur Bewältigung der aktuellen Lernanforderungen?
- Kennt die Schülerin oder der Schüler zwar geeignete Lernstrategien, kann sie aber nicht für die aktuellen Lernaufgaben nutzen?
- Fehlt der Schülerin oder dem Schüler die Bereitschaft, Lernstrategien anzuwenden?

Um die Probleme beim strategischen Lernen zu lösen, reicht es nicht aus, den Schülerinnen und Schülern Kenntnisse über effektive Lernstrategien zu vermitteln. Sie müssen auch in der Überzeugung gestärkt werden, dass sie von einem strategischen Vorgehen beim Lernen profitieren können und dass sie selbst die Lernstrategien erfolgreich umsetzen können.

10.3 Lernstrategien und Lernerfolg

Die *Lernstrategieforschung* (zum Überblick Artelt, 2006; Artelt & Moschner, 2006; Mandl & Friedrich, 2006; Wild, 2000) hat nicht nur grundlegende Lernstrategien beschrieben und systematisiert, sondern verfolgte von Beginn an auch das Ziel, effektive Lernstrategien zu identifizieren, um dann auf der Grundlage gesicherter Erkenntnisse geeignete Methoden zur Verbesserung des Lernens in Schule und Studium zu entwickeln.

Dabei ging man zunächst selbstverständlich davon aus, dass Lernstrategien für das Lernen wichtig sind und sich dementsprechend auch im Lernerfolg niederschlagen. Schülerinnen und Schüler, die dafür sorgen, dass sie beim Lernen nicht abgelenkt werden, die Texte systematisch durcharbeiten, indem sie den Text gliedern, Wichtiges unterstreichen und sich anhand von Tabellen und Abbildungen eine Übersicht über die Lerninhalte verschaffen, die sich systematisch auf Klassenarbeiten vorbereiten, in dem sie sich über die Anforderungen informieren, ihr Lernpensum einteilen, sich schwierige Inhalte von ihren Mitschülerinnen und Mitschülern erklären lassen und die sich in jeder Lernphase vergewissern, dass sie auch wirklich den Stoff beherrschen – deren Anstrengungen sollten sich auch in einer guten Note niederschlagen.

Ein Blick auf die Befundlage zeigt jedoch, dass die empirische Evidenz für den Nutzen von Lernstrategien erheblich schwächer ist, als man zunächst erhofft hatte. In vielen Studien zeigten sich nur geringe Zusammenhänge zwischen der Nutzung von Lernstrategien und der Lernleistung (vgl. Artelt, 2000b). So fanden zum Beispiel Pintrich und De Groot (1990) nur schwache Zusammenhänge zwischen den Schulnoten und der Nutzung kognitiver Lernstrategien ($r = .20$) und der Nutzung selbstregulatorischer Strategien ($r = .36$). Auch Schiefele, Streblow, Ermgassen und Moschner (2003) ermittelten in einer Längsschnittstudie nur geringe Korrelationen zwischen den mit Hilfe des *Inventars zur Erfassung von Lernstrategien im Studium* (LIST; Wild & Schiefele, 1994, ▶ Kap. 10.4.3) erfassten Lernstrategien und den Studienleistungen in Psychologie. Lediglich die List-Skalen *Anstrengung* ($r = .30$) und *Monitoring* ($r = .20$) korrelierten statistisch bedeutsam mit der Note im Vordiplom. Insgesamt liegen die ermittelten Korrelationen »... nicht selten nahe Null und überschreiten in keiner der methodisch anspruchsvolleren Untersuchungen den Wert von $r = .30$« (Wild, 2000, S. 55). Am ehesten sprechen noch die Ergebnisse kognitionspsychologischer Experimente für die Wirksamkeit von Lernstrategien (z. B. Hamilton, 1997). In diesen Studien, in denen einzelne Lernstrategien vorgegeben oder durch die Lernbedingungen experimentell induziert wurden, zeigte sich, dass Lernende durch das Organisieren, Wiederholen und Elaborieren der Lerninhalte ihre Behaltensleistungen deutlich verbessern konnten.

> **Lernstrategien und Lernerfolg**
> Entgegen der Erwartung, dass sich ein strategisches Vorgehen beim Lernen positiv auf die Lernergebnisse auswirkt, zeigen empirische Studien meist nur geringe Zusammenhänge zwischen dem Einsatz von Lernstrategien und dem Lernerfolg.

Allerdings lassen sich diese Befunde nicht einfach auf reale Lernsituationen in Schule und Studium übertragen. Anders als in den experimentellen Studien, in denen die wichtigsten Einflussgrößen kontrolliert werden können, sind die Lernergebnisse in realen Lernsituationen von zahlreichen Einflussfaktoren (z. B. von der Lernzeit, von kognitiven Lernvoraussetzungen, vom Interesse oder vom Vorwissen) abhängig, die mögliche Effekte der Lernstrategien überdecken können. Im Unterschied zu den experimentellen Befunden fanden sich in Feldstudien häufig keine oder allenfalls schwache Zusammenhänge zwischen dem Ausmaß, in dem Lernende bestimmte Lernstrategien verfolgen und ihren Lernleistungen (zum Überblick Artelt, 2000a; Wild, 2000). Insbesondere in Studien, in denen Lernstrategien mit Hilfe von Fragebögen abgefragt wurden, ergaben sich oftmals keine substanziellen Zusammenhänge zwischen den selbstberichteten Lernstrategien und dem Lernerfolg.

Ist aus diesen Befunden nun zu schließen, dass ein strategisches Vorgehen beim Lernen nur eine untergeordnete Bedeutung für das Lernen hat? Sind andere Faktoren, wie zum Beispiel die Lernmotivation oder die Lerndauer viel wichtiger als Lernstrategien? Eine solche Schlussfolgerung wäre sicherlich voreilig, bevor nicht nach den Ursachen für den schwachen Zusammenhang zwischen den Lernstrategien und den Lernleistungen gesucht wird. Für den Befund, dass sich Lernstrategien nicht in entsprechenden Lernleistungen niederschlagen, bieten sich zwei Erklärungen an.

- Der erste Erklärungsansatz sieht die Hauptursache für den geringen Zusammenhang zwischen selbstberichteten Lernstrategien und den Lernleistungen in den Schwierigkeiten, das strategische Vorgehen beim Lernen valide zu erfassen, (▶ Kap. 10.3.1).
- Nach dem zweiten Erklärungsansatz ist die gängige Prüfungspraxis in Schule und Studium dafür verantwortlich, dass sich Lernstrategien nicht in entsprechenden Lernleistungen niederschlagen (▶ Kap. 10.3.2).

10.3.1 Selbstberichtetes und tatsächliches Lernverhalten

Die Hauptursache für den geringen Zusammenhang zwischen selbstberichteten Lernstrategien und den Lernleistungen wird in der *mangelnden Validität von Fragebögen* zur Erhebung der Lernstrategien gesehen (Artelt, 2000b, 2006; Schiefele, 2005; Spörer & Brunstein, 2006). Werden, Lernstrategien über Selbstberichte erfasst, ergeben sich einige Probleme.

- **Eingeschränkte Einsicht in das strategische Vorgehen beim Lernen**
  Fragebögen zur Erfassung von Lernstrategien setzen voraus, dass Lernende *Einsicht* in die Art und Weise haben, wie sie beim Lernen vorgehen. Denn nur dann, wenn Lernende ihre Lernprozesse gewissermaßen von einer Außenperspektive analysieren und sich bewusst sind, wie sie ihre Lernaktivitäten steuern, können sie auch Auskünfte über ihre Handlungspläne beim Lernen geben. Diese Fähigkeit dürfte jedoch insbesondere bei jüngeren Kindern eingeschränkt sein.
- **Das Lern- und Arbeitsverhalten in konkreten Lernsituationen wird nicht erfasst.**
  In den Fragebögen werden Lernende danach gefragt, wie sie *üblicherweise* lernen oder sich auf die Prüfung vorbereiten (»Wie gehst Du beim Lernen vor?«). Das gewohnheitsmäßige Vorgehen beim Lernen muss aber nicht notwendigerweise mit dem Lern- und Arbeitsverhalten in konkreten Lernsituationen übereinstimmen. So besagt zum Beispiel die Zustimmung zu der Aussage »Nach jedem Lernschritt kontrolliere ich anhand von Kontrollfragen, ob ich das Gelernte auch verstanden habe« noch nicht unbedingt, dass der Lernende diesen Vorsatz auch bei einer konkreten Lernaufgabe beherzigt.
- **Fragebögen erfassen vorzugsweise das Strategiewissen, nicht die Strategienutzung.**
  Gegen den Einsatz von Fragebögen zur Erfassung von Lernstrategien wird eingewandt, dass die Zustimmung zu Aussagen über allgemeine Lernstrategien lediglich zeigt, dass die Schülerin oder der Schüler die Strategie *kennt*. Ob sie oder er sie auch richtig umsetzen kann, wird jedoch nicht erhoben. Der Schritt vom »Kennen« zum »Können« (Spörer & Brunstein, 2006, S. 151) dürfte aber entscheidend für das Lernergebnis sein. Ob Schülerinnen und Schüler eine Lernstrategie, die sie kennen und die sie beherrschen, auch tatsächlich nutzen, hängt weiter von ihrer Bereitschaft ab, sich beim Lernen an die strategischen Handlungspläne zu halten. *Strategiewissen* (Die Schülerinnen und Schüler kennen die Strategie) und *Strategieverfügbarkeit* (Die Schülerinnen und Schüler können die Strategie umsetzen) sind daher keine hinreichenden Bedingungen für den *Strategieeinsatz*.
- **Fragebögen erfassen nicht die konkrete Umsetzung von Lernstrategien.**
  Mit den Lernstrategiefragebögen werden *allgemeine Strategien* erfragt, die sich erst dann in den Lernergebnissen niederschlagen können, wenn sie auf die *spezifischen* Lernanforderungen übertragen werden. Eine allgemeine strategische Orientierung beim Lernen (z. B. »Ich verschaffe mir zunächst einen Überblick über den Lernstoff«) trägt erst zum Lernerfolg bei, wenn sie bei einer konkreten Lernaufgabe (z. B. Durcharbeiten eines Textes, sich informieren über ein Thema) eingesetzt wird. Inwieweit es dem Lernenden gelingt, die allgemeinen Lernstrategien auch in den einzelnen Fächern oder bei spezifischen Themen umzusetzen, wird jedoch nicht erhoben.

Diese Hinweise begründen Zweifel daran, dass die mit Fragebögen erfassten strategischen Orientierungen beim Lernen zuverlässige Rückschlüsse darauf erlauben, wie der Lernende in einer konkreten Lernsituation tatsächlich lernt. So konnte denn auch mehrfach gezeigt werden, dass die Selbstberichte von Schülerinnen und Schülern über ihre Lernstrategien häufig nicht mit ihrem beobachteten Lernverhalten übereinstimmen (z. B. Artelt, 2000b; Hellmich & Höntges, 2009; Wernke, 2009). Der Vergleich der Selbstberichte mit den beobachteten Lernverhalten lässt vielmehr vermuten, dass Schülerinnen und Schüler in ihren retrospektiven Auskünften über ihr Lernverhalten dazu neigen, den Strategieeinsatz beim Lernen zu überschätzen (Artelt, 2000b). Offenbar geben die mit Fragebögen erhobenen Stellungnahmen der Schülerinnen und Schüler zu allgemeinen Vorgehensweisen beim Lernen eher allgemeine Orientierungen beim Lernen wieder, die letztlich nur wenig mit ihrem Vorgehen angesichts konkreter Lernanforderungen zu tun haben. Statt auf einer *Reflexionsebene* zu erfragen, wie Schülerinnen und Schüler ihre Lernprozesse analysieren und bewerten, sollten Lernstrategien besser auf der *Handlungsebene* erfasst werden (Lompscher, 1996). Für eine handlungsnahe Erfassung des strategischen Vorgehens beim Lernen nennen Ericsson und Simon (1980) drei Bedingungen, die erfüllt seien müssen, damit Selbstberichte valide Rückschlüsse auf das tatsächliche Lernverhalten erlauben.

- Statt hypothetische Lernsituationen vorzugeben, sollten die Fragen zum Strategieeinsatz auf Lernanforderungen bezogen werden, mit denen die Lernenden auch aktuell konfrontiert sind, zum Beispiel die gestellten Hausaufgaben. Dies kann dazu beitragen, dass die Lernenden bei Beantwortung der Fragen ihr tatsächliches Vorgehen beim Lernen wiedergeben und nicht ihre Vorstellungen darüber, wie man am besten lernt oder wie man lernen sollte.
- Damit das konkrete Vorgehen beim Lernen noch im Gedächtnis verfügbar ist und die Lernenden bei der Beantwortung der Fragen nicht auf allgemeines Wissen über Lernstrategien aus dem Langzeitgedächtnis zurückgreifen müssen, sollte die Befragung zu ihrem Lern- und Arbeitsverhalten idealerweise unmittelbar oder zumindest zeitnah nach der Ausführung der Aufgaben erfolgen (»Wie willst Du jetzt bei der Aufgabe vorgehen?«).
- Statt eine unbestimmte Problemstellung anzusprechen (»Wie bist Du beim Lernen vorgegangen?«) sollten die Fragen zum Strategieeinsatz einen direkten Bezug zu den konkreten Lernanforderungen aufweisen (»Wie hast Du Dir die schwierigen Vokabeln gemerkt?«).

Bei der Berücksichtigung dieser Prinzipien bei der Erfassung der Lernstrategien zeigten sich auch substanzielle Zusammenhänge zwischen den Lernstrategien und den Lernleistungen (z. B. Schiefele, 2005; Leopold & Leutner, 2002; Souvignier & Gold, 2004). Insbesondere wenn die Informationen über die Lernstrategien nicht über Fragebögen, sondern über Handlungsanalysen oder durch gezielte Befragungen der Schülerinnen und Schüler gewonnen wurden, ergaben sich engere Zusammenhänge mit dem Lernerfolg (z. B. Lehtinen, 1992; Spörer & Brunstein, 2006).

Lernstrategien sollte daher möglichst handlungsnah, situationsspezifisch und zeitnah, das heißt, während oder unmittelbar nach der Lernphase erhoben werden. Statt nach übergreifenden Prinzipien des Lernens zu fragen (z. B. »Wenn ich lerne, versuche ich den Inhalt mit früheren Erfahrungen zu verknüpfen«), sollten die Schülerinnen und Schüler daher nach ihrem konkreten Vorgehen in einer spezifischen Lernsituation befragt werden.

10.3.2 Eingeschränkte Lernerfolgskriterien

Die zumeist geringen Zusammenhänge zwischen Lernstrategien und Lernleistungen dürften auch darauf zurückzuführen sein, dass die verwendeten Lernerfolgskriterien nicht immer eine tiefergehende Verarbeitung des Lernstoffs wiederspiegeln. Sicher zu Recht geben einige Autoren (z. B. Baumert & Köller, 1996; Streblow & Schiefele, 2006) zu bedenken, dass bei der Überprüfung des Lernerfolgs in Schule und Studium häufig nicht das Verständnis der Lerninhalte, sondern auswendig gelerntes Faktenwissen bewertet wird. Anspruchsvolle Lernstrategien, die auf ein tiefes Verstehen der Lerninhalte ausgerichtet sind, werden sich in solchen Lernerfolgskriterien nicht unbedingt niederschlagen. Wenn in erster Linie reproduktives, parzelliertes und nur kurzfristig verfügbares Wissen benotet wird, haben Schülerinnen und Schüler, die tiefenorientierte Lernstrategien verfolgen, keinen Vorteil gegenüber denen, die sich beim Lernen auf Oberflächenstrategien (z. B. Auswendiglernen) beschränken. Aber nicht nur in den Schulen, auch durch die an den Universitäten mittlerweile gängige (und angesichts der hohen Studierendenzahlen wohl auch notwendige) Bewertungspraxis, Studienleistungen über multiple-choice Klausuren zu überprüfen, wird häufig eher oberflächliches, schnell abrufbares Wissen als ein tieferes Verständnis honoriert.

Die Vermutung, dass der Zusammenhang zwischen Strategieeinsatz und dem Lernerfolg vom Lernkriterium abhängig ist, wird durch Souvignier und Gold (2004) gestützt. Die Autoren fanden keine signifikanten Korrelationen zwischen den verwendeten Lernstrategien und dem Lernerfolg, wenn als Lernerfolgskriterium das Faktenwissen herangezogen wurde. Dagegen zeigten sich substanzielle Zusammenhänge zwischen den Lernstrategien und dem Lernerfolg, wenn ein tieferes Verständnis des Lernstoffes gefordert war.

10.4 Diagnostik von Lernstrategien

Mit zunehmender Komplexität des Lernstoffes wird es für Lernende immer wichtiger, das Lernen selbst zu organisieren und zu steuern. Während das Lernen in der Grundschule weitgehend von der Lehrkraft bestimmt und organisiert wird, sind Lernende in der gymnasialen Oberstufe und erst recht im Studium gefordert, ihr Lernen selbst und eigenverantwortlich zu gestalten. Die dazu notwendigen Kompetenzen zur Selbststeuerung müssen im Unterricht vermittelt und gefördert werden.

Selbstgesteuertes Lernen ist daher nicht nur ein Mittel, sondern auch ein wichtiges Ziel des schulischen Lernens: Die Schülerinnen und Schüler sollen befähigt werden, ihr eigenes Lernen zu planen, auszuführen, zu kontrollieren und zu optimieren. Um einen Einblick darüber zu bekommen, über welche Kompetenzen zum selbstgesteuerten Lernen die Schülerinnen und Schüler verfügen, kann die Lehrkraft im Unterricht diagnostische Verfahren einsetzen, die ihr Aufschluss darüber geben, auf welchen Selbststeuerungskompetenzen der Unterricht aufbauen kann und welche Kompetenzen noch vermittelt werden müssen. Die Ergebnisse bieten Ansatzpunkte zur Förderung oder Anregung von Lernstrategien innerhalb und außerhalb des Unterrichts.

Anlass für eine Diagnostik des strategischen Vorgehens beim Lernen besteht aber auch dann, wenn die Ursachen *individueller Lernprobleme* aufgeklärt werden sollen. Die genauere Analyse des Lern- und Arbeitsverhaltens der Schülerinnen und Schüler könnte wichtige Hinweise für eine gezielte Intervention bei Lern- und Leistungsproblemen der Schülerinnen und Schüler geben (Butler,

1998). Im Schulalltag ergeben sich vielfältige Anlässe, sich ein genaues Bild vom Lern- und Arbeitsverhalten einzelner Schülerinnen und Schüler zu verschaffen.

Ungünstiges Verhältnis von Lernaufwand und Lernertrag

Ein Anlass, sich mit dem Lern- und Arbeitsverhalten von Schülerinnen und Schülern zu beschäftigen, ist dann gegeben, wenn sich diese motiviert und lernwillig zeigen, die Ergebnisse ihrer Anstrengungen aber hinter ihrem Lernaufwand zurückbleiben. Lernaufwand und Lernertrag stehen in einem ungünstigen Verhältnis zueinander (»Ich habe mir doch den Prüfungsstoff genau angeschaut, wie kommt es, dass ich keine gute Note bekommen habe?«). Die Schülerinnen und Schüler wenden zwar viel Zeit zum Lernen auf, der erwartete Lernerfolg stellt sich jedoch nicht ein. Ineffektive oder falsche Lernstrategien könnten eine Ursache dafür sein, dass sich Bemühungen nicht in Lernergebnissen niederschlagen.

Lernprobleme trotz ausreichender kognitiver Fähigkeiten

Ein weiterer Anlass zur gezielten Diagnostik des Lern- und Arbeitsverhaltens ist dann gegeben, wenn sich Schülerinnen und Schüler vom Lernstoff überfordert fühlen und sich Lernschwierigkeiten eingestellt haben (»Ich habe mir den Text mehrfach durchgelesen, aber den Inhalt immer noch nicht richtig verstanden«). Möglicherweise sind fehlende oder ineffektive Lernstrategien die Ursache für die Überforderung. Insbesondere bei komplexen Lernstoffen – etwa schwierigen Texten, komplizierten Zusammenhängen oder umfangreichen Themen – oder wenn Zeitdruck besteht – etwa bei einer unmittelbar bevorstehenden Prüfung –, führt ein ineffektives Vorgehen beim Lernen häufig zu unbefriedigenden Lernergebnissen und langfristig auch zu Motivationsverlusten. Machen Schülerinnen und Schüler wiederholt die Erfahrung, dass trotz großer Anstrengungen der gewünschte Lernerfolg ausbleibt, verlieren sie schnell die Lust am Lernen und gehen weiteren Lernanforderungen aus dem Weg. Die Korrektur unangemessener Arbeitsweisen oder die Vermittlung neuer, effektiverer Lernstrategien könnte die Lernmotivation der Schülerinnen und Schüler stärken und ihnen helfen, ihre Lernschwierigkeiten zu überwinden.

10.4.1 Defizite in der Selbststeuerung des Lernens

Um die Ursachen von Lernschwierigkeiten aufzuklären, ist zunächst grundsätzlich zu klären, welche Defizite bei der Selbststeuerung des Lernens vorliegen. Defizite können auf vier Stufen der Strategienutzung auftreten (Hasselhorn & Gold, 2013):

- **Wissensdefizit**
  Der Lernende *kennt* keine geeignete Lernstrategie. Er weiß zum Beispiel nicht, wie man am besten Vokabeln lernt, wie man sich einen komplexen Text erschließt oder wie man optimal seine Zeit zum Lernen einteilt.
- **Mediationsdefizit**
  Die Lernenden kennen zwar geeignete Lernstrategien, sind aber nicht in der Lage, diese *umzusetzen*. Sie schaffen es zum Beispiel nicht, die relevanten Stichwörter aus einem komplexen Text zu exzerpieren, weil ihnen das inhaltliche Wissen fehlt, um Wichtiges von Unwichtigem zu unterscheiden, sich die Lernzeit einzuteilen, weil sie ihren Lernaufwand nicht einschätzen können oder sich in der Bibliothek oder im Internet die Informationen zu beschaffen, weil ihnen die dazu notwendigen Kompetenzen fehlen.

- **Produktionsdefizit**
  Die Lernenden kennen zwar geeignete Lernstrategien und sind auch in der Lage, sie umzusetzen; sie wenden sie aber nicht an, weil ihnen die Bereitschaft fehlt, sich der Anstrengung bei der Anwendung der Lernstrategie zu unterziehen.
- **Nutzungsdefizit**
  Die Lernenden kennen geeignete Lernstrategien und sind auch motiviert, sie einzusetzen, sie sind aber nicht in der Lage, sie effektiv zu nutzen. Der erwartete Lernerfolg bleibt aus, weil sie die Strategie nicht richtig anwenden oder nicht an die konkreten Lernanforderungen anpassen

Je nachdem, auf welcher Ebene Defizite in der Strategienutzung auftreten, sind unterschiedliche Fördermaßnahmen notwendig. Schülerinnen und Schüler, die nicht wissen, wie man am besten seine Zeit einteilt, wie man effektiv Vokabeln lernt oder wie man seine Lernergebnisse überprüfen kann, müssen zunächst die notwendigen Strategiekenntnisse und -fertigkeiten vermittelt werden. Im Unterschied dazu benötigen Schülerinnen und Schüler, die Lernstrategien zwar in allgemeiner Form kennen, aber nicht in der Lage sind, diese zu nutzen, vor allem Unterstützung bei der Umsetzung der Strategie bei konkreten Lernanforderungen. Andere Schülerinnen und Schüler wiederum, die zwar effektive Lernstrategien kennen und diese auch einsetzen können, aber wenig Bereitschaft zeigen, sie beim Lernen anzuwenden, müssen vor allem motiviert werden, beim Lernen strategisch vorzugehen.

> **Defizite in der Selbststeuerung des Lernens**
> Defizite in der Selbststeuerung des Lernens können sich auf unterschiedlichen Ebenen ergeben. Je nachdem, auf welcher Ebene Defizite in der Strategienutzung auftreten, sind unterschiedliche Fördermaßnahmen notwendig.

10.4.2 Standardisierte Tests zur Erfassung von Lernstrategien

Eine differenzierte Analyse des Lern- und Arbeitsverhaltens der Schülerinnen und Schüler ist erforderlich, wenn es um die Abklärung von Lernproblemen und Leistungsschwächen geht, deren Ursache in einem ineffektiven Arbeitsverhalten vermutet wird. Dazu stehen standardisierte Tests zur Verfügung, die Hinweise auf fehlende oder ineffektive Lernstrategien geben. Lernstrategietests können auch herangezogen werden, wenn der Erfolg pädagogisch-psychologischer Maßnahmen zur Verbesserung des Lern- und Arbeitsverhaltens kontrolliert werden soll.

Mit den Lernstrategietests wird das *selbstberichtete Lernverhalten* der Schülerinnen und Schüler erfasst. Selbstberichte sind jedoch anfällig für Tendenzen zur *sozialen Erwünschtheit*. Daher ist damit zu rechnen, dass Schülerinnen und Schüler, die über ihr Lernverhalten befragt werden, ihr Vorgehen beim Lernen so darstellen, dass es den Erwartungen ihrer Lehrkraft entspricht (z. B. ein Hausaufgabenheft führen) oder Verhaltensweisen beim Lernen verschweigen, die den vermuteten Erwartungen ihrer Lehrkraft nicht entsprechen. Bei der Interpretation der Befunde standardisierter Testverfahren zum Lern- und Arbeitsverhalten empfiehlt es sich daher, die Testergebnisse mit eigenen Beobachtungen der Schülerinnen und Schüler zu vergleichen und gegebenenfalls auffällige Testbefunde durch eine gezielte Beobachtung des Lern- und Arbeitsverhaltens der Schülerin oder des Schülers abzusichern.

Das Arbeitsverhaltensinventar (AVI)

Das *Arbeitsverhaltensinventar* (AVI; Thiel, Keller & Binder, 1979) erfasst ein breites Spektrum des Lern- und Arbeitsverhaltens von Schülerinnen und Schülern ab der 10. Klasse. Neben Lern- und Arbeitstechniken im engeren Sinne (z.B. Stoffverarbeitung, Gestaltung der Lernumgebung) werden auch emotionale, motivationale und sozialpsychologische Aspekte des Lern- und Arbeitsverhaltens erfasst.

Das AVI besteht aus 20 bipolaren Dimensionen mit je 10 Items, die auf einer dreistufigen Skala beantwortet werden. Erfasst werden unter anderem das Anspruchsniveau, Bedürfnisaufschub, Erfolgs-, Lern- und Misserfolgsmotivation, Selbstwert, Denk- und Lernstil, Stressresistenz sowie Einstellung zur Schule. Die Bearbeitungszeit des mit 200 Items recht umfangreichen Verfahrens liegt bei ca. 40 bis 45 Minuten. Das AVI kann daher in einer Unterrichtsstunde bearbeitet werden. Die Ergebnisse werden in einem *Polaritätenprofil* mit 20 Dimensionen dargestellt, die jeweils durch bipolare Anker gekennzeichnet sind (▶ Tab. 10.2).

Tab. 10.2: Lernstrategieprofil des Arbeitsverhaltensinventars (AVI)

Skala		T-Werte							
		20	30	40	50	60	70	80	
Anspruchsniveau	niedrig	O	O	O	O	O	O	O	hoch
Bedürfnisaufschub	unfähig	O	O	O	O	O	O	O	fähig
Erfolgsmotivation	niedrig	O	O	O	O	O	O	O	hoch
Lernmotiviertheit	extrinsisch	O	O	O	O	O	O	O	intrinsisch
Misserfolgsmotivation	niedrig	O	O	O	O	O	O	O	hoch
Selbstwertbild	leistungszentriert	O	O	O	O	O	O	O	multithematisch
Stoffverarbeitung	langsam	O	O	O	O	O	O	O	schnell
Aktualisierungsphase	gestört	O	O	O	O	O	O	O	nicht gestört
Gestaltung der Lernbedingungen	schlecht	O	O	O	O	O	O	O	gut
Denken	impulsiv	O	O	O	O	O	O	O	reflexiv
Lernen	faktenorientiert	O	O	O	O	O	O	O	substanzorientiert
Misserfolgstoleranz	gering	O	O	O	O	O	O	O	groß
Rezeptionsphase	gestört	O	O	O	O	O	O	O	nicht gestört
Leistungskontrolle	unfähig	O	O	O	O	O	O	O	fähig
Stressresistenz	anfällig	O	O	O	O	O	O	O	resistent
Lernfeldunabhängigkeit	abhängig	O	O	O	O	O	O	O	unabhängig
Lernverhalten	interessenabhängig	O	O	O	O	O	O	O	interessenunabhängig
Lerntechniken	schlecht	O	O	O	O	O	O	O	gut
Einstellungen zur Schule	negativ	O	O	O	O	O	O	O	positiv
Leistungsgefühle	insuffizient	O	O	O	O	O	O	O	suffizient

Für die Validität des AVI sprechen hohe korrelative Zusammenhänge der AVI-Skalen mit den Schulleistungen. Die Korrelationen der verschiedenen Lernstrategien mit der Gesamtnote des Versetzungszeugnisses der folgenden Klasse liegen bei $r = .63$. Die mit dem AVI erfassten Aspekte des Lern- und Arbeitsverhaltens klärten etwa 30 % (Sekundarstufe I) und 40 % (Sekundarstufe II) auf. Für die interne Konsistenz des Gesamttests wurden Werte zwischen $\alpha = .87$ und $\alpha = .92$ ermittelt.

Mit dem AVI wird ein breites Spektrum des Arbeits- und Lernverhaltens erfasst, das neben Lern- und Arbeitstechniken (z. B. »Ich arbeite nur dann intensiv, wenn Klassenarbeiten anstehen«) auch motivationale und emotionale Lernvoraussetzungen sowie schulbezogene Einstellungen (z. B. Einstellungen zur Schule) mit einschließt. Dies vermittelt ein breit gefächertes Bild des Lern- und Arbeitsverhaltens. Daher kann das AVI für eine große Bandbreite diagnostischer Fragestellungen herangezogen werden, zum Beispiel zur Bildungsberatung, zur Abklärung der Ursachen für Lernschwierigkeiten aber auch zur Evaluation von Maßnahmen zur Verbesserung des Lern- und Arbeitsverhaltens. Allerdings setzen viele Items des AVI eine differenzierte Reflexion des eigenen Lernverhaltens voraus und sind auf Schülerinnen und Schüler des Gymnasiums zugeschnitten. Dies zeigt sich auch daran, dass die Normierung des Verfahrens auf eine einzige Alters- und Schulstufe beschränkt ist. Die enge Normstichprobe schränkt den Einsatzbereich des Verfahrens ein. Die Autoren selbst bemängeln, dass das AVI erst ab Ende der Sekundarstufe I eingesetzt werden kann, in einer Phase, in der sich Lernschwierigkeiten und ineffektives und Arbeitsverhalten meist schon chronifiziert haben.

Das Lern- und Arbeitsverhaltensinventar (LAVI)

Das *Lern- und Arbeitsverhaltensinventar* (LAVI; Keller & Thiel, 1998) erfasst das Lern- und Arbeitsverhalten von Schülerinnen und Schülern der 5. bis 10. Klasse. Das LAVI enthält 58 Items, die jeweils eine typische Lern- und Arbeitssituation im schulischen Kontext beschreiben. Dazu werden jeweils drei Antwortmöglichkeiten vorgegeben, die spezifische Reaktionsweisen auf die vorgestellte Anforderungssituation (z. B. »Du musst Dir ein schwieriges Fachwort einprägen«) wiedergeben und die von Experten (Schulpsychologen, Beratungslehrer) hinsichtlich ihrer Qualität als lernstrategisch unbefriedigend, teilbefriedigend oder voll befriedigend eingeschätzt werden. Die Schülerinnen und Schüler sollen die Antwort auswählen, die am besten ihren Lern- und Arbeitsverhalten in dieser Anforderungssituation wiedergibt. Die Items sind drei faktorenanalytisch gebildeten Skalen zugeordnet, die grundlegende Dimensionen des Lern- und Arbeitsverhaltens beschreiben.

- **Arbeitshaltung**
  Die Skala *Arbeitshaltung* erfasst »die grundsätzliche Bereitschaft des Schülers zum pflichtbewußten, konzentrierten und gründlichen Lernen und Problemlösen«.
- **Stressbewältigung**
  Die Skala *Stressbewältigung* erfasst »die Fähigkeit des Schülers, Lernprozessstörungen zu bewältigen«.
- **Lerntechnik**
  Die Skala *Lerntechnik* erfasst »die Fähigkeit des Schülers zur wirksamen Verarbeitung des Lernstoffs« (Keller & Thiel, 1998).

Die Skalen des LAVI weisen gute interne Konsistenzen auf. Die interne Konsistenz der Skala *Arbeitshaltung* liegt bei .90, für die Skala *Stressbewältigung* bei .81 und für die Skala *Lerntechnik* bei .72. Die Retestreliabilität bei einem Intervall von sieben Monaten liegt für die Skala *Arbeitshaltung* bei $r_{tt} = .78$, für die Skala *Stressbewältigung* bei $r_{tt} = .68$ und für die Skala *Lerntechnik* bei $r_{tt} = .73$. Zur Validierung verweisen die

Testautoren auf die multiple Korrelation der LAVI-Skalen mit der Schulleistung von $r = .47$. Wird zusätzlich zu den drei Skalen des LAVI das *Prüfsystem für Schul- und Bildungsberatung* (PSB; Horn, Lukesch, Kormann & Mayrhofer, 2002) als Prädiktor zur Vorhersage der Schulleistungen mit einbezogen, steigt die multiple Korrelation auf .74.

Im Vergleich zum AVI (siehe oben) ist das LAVI mit 58 Items weitaus ökonomischer. Die Bearbeitungszeit beträgt ca. 30 Minuten. Darüber hinaus ist der Einsatzbereich des Verfahrens breiter als der des AVI. Für das LAVI liegen T-Normen für Schülerinnen und Schüler von der 5. bis zur 10. Klasse im Alter von 10 bis 18 Jahren vor. Als einen weiteren Vorzug bietet das LAVI die Möglichkeit, aus dem Antwortmuster der Schülerin bzw. des Schülers Förderziele und Änderungsempfehlungen abzuleiten. Dazu enthält das Testmanual konkrete Anleitungen zu Förderformen, die in verschiedenen Lernbereichen eingesetzt werden können. Zur Verbesserung der Arbeitshaltung wird beispielsweise empfohlen, die Selbststeuerung durch Tagesprotokolle (Selbstbeobachtung, Selbstbewertung, Selbstverstärkung) einzuüben, sich durch Selbstinstruktionen (z. B. »Tu's gleich!«) selbst zu motivieren oder zu festgelegten Zeiten zu lernen. Zur Stressbewältigung wird empfohlen, sich nicht in angstmachende Gespräche verwickeln zu lassen, Klassenarbeiten früh und gründlich vorzubereiten oder sich ein realistisches Anspruchsniveau zu setzen. Zur Verbesserung der Lerntechnik sollen beispielsweise Hausaufgaben und wichtige Termine schriftlich notiert werden, die Lerntexte sollen gegliedert, mit eigenen Worten wiedergegeben und unter verschiedenen Gesichtspunkten strukturiert werden.

Der Selbstregulations-Strategietest für Kinder (SRST-K)

Der *Selbstregulations-Strategietest für Kinder* (SRST-K; Kuhl & Christ, 1993; vgl. auch Baumann & Kuhl, 2003) basiert auf der *Handlungskontrolltheorie* (Kuhl, 1983, 1998). Im Rahmen dieses Ansatzes wird unter der *Selbstregulation* die Fähigkeit verstanden, einmal gefasste Absichten (Intentionen) trotz gleichzeitig vorhandener konkurrierender Handlungsabsichten beizubehalten (▶ Kap. 8.5). So könnte beispielsweise die Absicht von Schülerinnen und Schülern, sich auf die bevorstehende Klassenarbeit vorzubereiten, mit ihrem Wunsch in Konflikt geraten, Musik zu hören oder im Internet zu surfen. Der *Impulsivitätsannahme* zufolge wird im Falle eines solchen Konflikts zwischen einer *kognitiven Präferenz* (z. B. die Absicht, sich auf die Klassenarbeit vorzubereiten) und einer emotionalen Präferenz (z. B. der Wunsch, Musik zu hören und sich zu entspannen) die Ausführung der emotionalen Präferenz leichter fallen. Danach sollte sich die emotionale Präferenz stets gegenüber der kognitiven Präferenz durchsetzen, sobald die emotionale Präferenz die gleiche Stärke erreicht wie die kognitive Präferenz. Anstatt sich auf ihre Klassenarbeit vorzubereiten, würden die Schülerinnen und Schüler Musik hören, sobald ihre Lust, Musik zu hören, genauso stark ist wie ihre Absicht, sich auf die Klassenarbeit vorzubereiten. Selbstregulationsstrategien sorgen nun dafür, dass bei einem Konflikt zwischen einer kognitiven und einer emotionalen Präferenz die erwünschte kognitive Präferenz realisiert werden kann.

Die Realisierung einer kognitiven Präferenz im Falle eines Konflikts setzt voraus, dass sich die Lernenden ihrer Intention verpflichtet fühlen (Commitment). Sie müssen also die feste Absicht haben, sich zum Beispiel auf die Klassenarbeit vorzubereiten. Die Abschirmung dieser Absicht durch Selbstregulationsstrategien erfordert zudem die Fähigkeit, die unmittelbare »impulsive« Ausführung der aktuellen emotionalen Präferenz zu blockieren (»Freeze-Funktion«). Dies ist erforderlich, um Zeit zu gewinnen, damit die Selbstregulationsstrategien der

Intention, für die Klassenarbeit zu lernen, zum Durchbruch verhelfen können. Würden die Schülerinnen und Schüler beispielsweise sofort, wenn sie Lust dazu verspüren, ihre Musikanlage einschalten, könnten die Selbstregulationsstrategien nichts zur Umsetzung ihrer Absicht, sich auf die Klassenarbeit vorzubereiten, beitragen. Erst dann, wenn die Schülerinnen und Schüler *nicht unmittelbar* ihrem Impuls, Musik zu hören, nachgeben, sondern eine kurze Zeitspanne innehalten, können Selbstregulationsstrategien wirksam werden.

Selbstregulationsstrategien sind volitional (willentlich) gesteuerte Prozesse, die die Realisierungsmöglichkeiten der erwünschten Intention, der Lernabsicht – trotz konkurrierender Handlungsintentionen – verbessern. Eine Strategie, die Lernabsicht zu stärken, besteht zum Beispiel darin, die Gedanken von konkurrierenden Handlungsintentionen abzuwenden und auf die beabsichtigte Handlung zu richten. In einer Konfliktsituation könnten die Schülerinnen und Schüler etwa ihre Aufmerksamkeit *willentlich* vom »Musik hören« auf die bevorstehende Klassenarbeit lenken und sich überlegen, was sie noch nachholen oder welche Aufgaben sie noch üben sollten. Als eine weitere Möglichkeit, die Umsetzungschancen der Lernabsicht zu verbessern, könnten sich die Schülerinnen und Schüler vorstellen, welche angenehmen Folgen eine gute Vorbereitung auf die Klassenarbeit (z. B. eine gute Note) und welche unangenehmen Folgen das Musikhören haben könnte (z. B. Erhöhung des Zeitdrucks bei der Vorbereitung auf eine Klassenarbeit). Auf diese Weise könnten sie ihre Lernabsicht stärken und gegenüber anderen Intentionen abschirmen.

Im Rahmen dieses Ansatzes sind Selbstregulationsstrategien verallgemeinerte, mehr oder weniger bewusste Vorgehensweisen, in einer ›*Versuchssituation*‹ der Lernabsicht zum Durchbruch zu verhelfen: »Unter dem Begriff Selbstregulation werden Prozesse zusammengefasst, die dazu beitragen, Absichten auch dann beizubehalten und in die Tat umzusetzen, wenn sie durch konkurrierende Motivationstendenzen gefährdet sind« (Baumann & Kuhl, 2003, S. 196). Dazu müssen Lernende diese Strategien kennen und sie müssen wissen, wie sie in einer Versuchungssituation ihre Lernabsicht stärken und gegenüber konkurrierenden Handlungstendenzen verteidigen können (»Wie kann ich in einer Versuchungssituation verhindern, dass ich meine Lernabsicht aufgebe?«). Der SRST-K erfasst dieses *Strategiewissen* von Kindern im Grundschulalter. Im Einzelnen werden vier explizite (bewusste) *Selbstregulationsstrategien* unterschieden.

- **Aufmerksamkeitskontrolle**
  Bei der *Aufmerksamkeitskontrolle* wird die Aufmerksamkeit auf solche Informationen gelenkt, die die derzeitige Handlungsabsicht stärken und konkurrierende Handlungsalternativen schwächen. So wird beispielsweise die Absicht, zu lernen, dadurch gestärkt, dass sich die Lernenden Gedanken über die bevorstehende Klassenarbeit machen oder sich damit beschäftigen, wie sie sich auf die Klassenarbeit vorbereiten könnten und nicht daran denken, wie sie sich beim Musikhören entspannen können.
- **Motivationskontrolle**
  Die *Motivationskontrolle* zielt darauf ab, die emotionale Präferenz für die beabsichtigte Handlung zu stärken, indem man sich die positiven Konsequenzen der beabsichtigten Handlung oder die negativen Konsequenzen der konkurrierenden Handlungsalternativen bewusst macht. Die Schülerinnen und Schüler könnten etwa an die Anerkennung denken, die sie von der Lehrkraft erhalten, wenn sie in der Klassenarbeit gut abschneiden oder sich die unangenehmen Folgen in Erinnerung rufen, wenn sie in der Klassenarbeit versagen.
- **Emotionskontrolle**
  Die Strategie der *Emotionskontrolle* ist darauf ausgerichtet, gezielt förderliche Emotionen hervorzurufen und hinderliche Emotionen zu vermeiden, um leichter

an der Lernabsicht festhalten zu können. Schülerinnen und Schüler, die trotz Verführungen für die bevorstehende Klassenarbeit lernen wollen, könnten etwa versuchen, ihre Stimmung zu heben und negative Emotionen (z. B. die Enttäuschung über die verpasste Gelegenheit, sich mit Freunden zu treffen) zu reduzieren, um sich dadurch das Festhalten an der Lernabsicht zu erleichtern.

- **Misserfolgsbewältigung**
  Die Strategie der *Misserfolgsbewältigung* betrifft den Umgang mit Gedanken an vergangene Misserfolge. Misserfolgsgedanken können zur Beibehaltung der Lernabsicht motivieren, wenn die Aussicht besteht, die Kontrolle über die Situation wiederzuerlangen; sie können jedoch auch demotivieren, wenn keine Hoffnung besteht, es durch eigene Anstrengung diesmal besser machen zu können. So werden Schülerinnen und Schüler in ihrer Absicht, sich auf die bevorstehende Klassenarbeit vorzubereiten, gestärkt, wenn sie bei dem Gedanken an ihr schlechtes Abschneiden bei der letzten Klassenarbeit das Gefühl haben, es durch eine richtige Vorbereitung diesmal besser machen zu können. Gehen sie dagegen davon aus, dass sie trotz aufwändiger Vorbereitung nur geringe Chancen auf eine gute Note in der Klassenarbeit haben, dürfte die Erinnerung an die letzte Klassenarbeit ihre Lernabsicht nicht fördern.

Beim SRST-K werden in Form von Bildergeschichten drei Szenarien vorgegeben, die typische *Versuchungssituationen* für Kinder wiedergeben. In diesen Versuchungssituationen ist jeweils das Festhalten an einer gefassten Absicht durch verführerische Handlungsalternativen erschwert:

- Hausaufgaben machen, wenn man von Freunden zum Mitspielen eingeladen wird,
- ein Geheimnis bewahren, wenn der Freund sein Fahrrad anbietet, um das Geheimnis zu erfahren und
- sein Taschengeld für die begehrten Rollschuhe sparen, wenn man sich nach einer anstrengenden Sportstunde etwas zu trinken kaufen möchte.

Dem Kind werden acht Strategiebilder vorgelegt, die Gedanken des Protagonisten in der jeweiligen Szene wiedergeben. Diese Strategiebilder enthalten für jede der vier Selbstregulationsstrategien (Aufmerksamkeitskontrolle, Motivationskontrolle, Emotionskontrolle, Misserfolgsbewältigung) einen Gedanken, der die Selbstregulationsstrategie fördert (z. B. »Eine gute Note im Diktat wäre klasse«) und einen Gedanken, der die Selbstregulationsstrategie beeinträchtigt (z. B. »Was die wohl draußen spielen?«). Um zu überprüfen, ob das Kind ein Verständnis dafür entwickelt hat, welcher Gedanke das Festhalten an der Lernabsicht unterstützt und welcher Gedanke die Absicht schwächt, soll es angeben, wie die Geschichte ausgehen wird, wenn der Protagonist der Szene den jeweiligen Gedanken hat. Dazu soll es ein Ergebnisbild auswählen, auf dem entweder das Beibehalten der Handlungsabsicht (z. B. an den Hausaufgaben weiterarbeiten) oder das Aufgeben der Handlungsabsicht (z. B. mit den anderen Kindern spielen) dargestellt ist. So soll beispielsweise das Kind angeben, ob der Protagonist, der in der Konfliktsituation denkt »Was die wohl draußen spielen?« weiter an seinen Hausaufgaben arbeiten oder zu den Freunden zum Spielen gehen wird.

Die Bearbeitungsdauer des SRST-K beträgt einschließlich der Instruktion etwa 30 Minuten. Der SRST-K wurde an einer Stichprobe von 752 Grundschülerinnen und Grundschülern normiert. Zur Verfügung stehen T-Werte und Prozentrangnormen für Jungen und Mädchen der ersten bis vierten Grundschulklasse. Die interne Konsistenz (Cronbachs Alpha) der Subskalen liegt zwischen $\alpha = .30$ und $\alpha = .59$ und für den Gesamtwert bei $\alpha = .71$. Die Retest-Reliabilitäten der Skalen nach einem Intervall von zwei Monaten liegen zwischen $r_{tt} = .38$ für die Emotionskontrolle und $r_{tt} = .52$ für die Motivationskontrolle. Die Retestreliabilität des Gesamtwertes des SRST-K beträgt $r_{tt} = .54$. Die geringen internen Konsistenzen dürften vor allem auf die geringe Testlänge des SRST-K zurückzuführen sein; die geringe Retestreliabilität wirft die Frage auf, ob die erfassten Selbstregulationsstrategien bei Grundschulkindern stabile Konstrukte darstellen.

10.4.3 Fragebögen zur Erfassung von Lernstrategien

Zur Erfassung von Lernstrategien liegen einige Fragebögen vor, mit denen retrospektive Selbstberichte von Schülerinnen und Schülern oder Erwachsenen über ihr Lernverhalten erhoben werden.

Inventar zur Erfassung von Lernstrategien im Studium (LIST)

Das *Inventar zur Erfassung von Lernstrategien im Studium* (LIST; Wild & Schiefele, 1994) ist ein standardisierter Fragebogen zur Erfassung von kognitiven, metakognitiven und ressourcenbezogenen Lernstrategien von Studierenden, der an das *Motivated Strategies for Learning Questionnaire* (MSLQ; Printrich, Smith & McKeachie, 1989) anknüpft. Das LIST besteht aus insgesamt 77 Items, die 11 Subskalen[3] zugeordnet werden, die spezifische Strategien des selbstgesteuerten Lernens erfassen: kognitive Lernstrategien (Organisation, Zusammenhänge, Kritisches Prüfen, Wiederholen), ressourcenbezogene Lernstrategien (Anstrengung, Konzentration, Zeitmanagement, Lernumgebung, Lernen mit Kollegen, Literatur) und metakognitive Lernstrategien (Ziele und Planung, Kontrolle, Regulation). In Tabelle 10.3 sind die Subskalen des LIST jeweils mit Beispielitems aufgeführt.

Tab. 10.3: Inventar zur Erfassung von Lernstrategien im Studium (LIST)

Inventar zur Erfassung von Lernstrategien im Studium (LIST)

Organisation

- Ich stelle wichtige Fachausdrücke und Definitionen in einer Liste zusammen.
- Ich unterstreiche in Texten oder Mitschriften die wichtigsten Stellen.

Zusammenhänge

- Zu neuen Konzepten stelle ich mir praktische Anwendungen vor.
- Ich denke mir konkrete Beispiele zu bestimmten Lehrinhalten aus.

Kritisches Prüfen

- Ich vergleiche die Vor- und Nachteile verschiedener theoretischer Konzeptionen.
- Ich denke über Alternativen zu den Behauptungen oder Schlussfolgerungen in den Lerntexten nach.

Wiederholen

- Ich lerne Regeln, Fachbegriffe und Formeln auswendig.
- Ich präge mir den Lernstoff von Texten durch Wiederholen ein.

---

3 Aufgrund ihrer mangelnden Reliabilität wurden die drei metakognitiven Strategien (Ziele und Planung, Kontrolle, Regulation) zu einer Skala zusammengefasst.

Tab. 10.3: Inventar zur Erfassung von Lernstrategien im Studium (LIST) – Fortsetzung

Inventar zur Erfassung von Lernstrategien im Studium (LIST)

Anstrengung

- Ich gebe nicht auf, auch wenn der Stoff sehr schwierig und komplex ist.
- Ich lerne auch spätabends und am Wochenende, wenn es sein muss.

Konzentration

- Beim Lernen merke ich, dass meine Gedanken abschweifen.
- Meine Konzentration hält nicht lange an.

Zeitmanagement

- Beim Lernen halte ich mich an einen bestimmten Zeitplan.
- Ich lege vor jeder Lernphase eine bestimmte Zeitdauer fest.

Lernumgebung

- Wenn ich lerne, sorge ich dafür, dass ich alles schnell finden kann.
- Zum Lernen sitze ich immer am selben Platz.

Studienkollegen

- Wenn mir etwas nicht klar ist, so frage ich Studienkollegen um Rat.
- Ich nehme mir Zeit, um mit meinen Studienkollegen über den Lernstoff zu diskutieren.

Literatur

- Ich suche nach weiterführender Literatur, wenn mir bestimmte Inhalte noch nicht ganz klar sind.
- Ich ziehe zusätzliche Literatur heran, wenn meine Aufzeichnungen unvollständig sind.

Zielsetzung und Planung[1]

- Ich mache mir vor dem Lernen Gedanken, wie ich lernen will.
- Ich formuliere Lernziele, an denen ich mein Lernen ausrichte.

Kontrolle[1]

- Ich stelle mir Fragen zum Stoff, um zu überprüfen, ob ich alles verstanden habe.
- Ich erzähle mir die wichtigsten Inhalte selbst, um zu überprüfen, ob ich alles verstanden habe.

Regulation[1]

- Ich verändere meine Lernpläne, wenn ich merke, dass ich sie nicht umsetzen kann.
- Wenn ich beim Lernen feststelle, dass der Lernstoff völlig anders strukturiert ist als ich dachte, strukturiere ich mein gesamtes Vorgehen noch mal neu.

Anmerkungen. Subskalen und Beispielitems des Inventars zur Erfassung von Lernstrategien im Studium (LIST; Wild & Schiefele, 1994).
[1] Aufgrund ihrer mangelnden Reliabilität wurden die drei metakognitiven Strategien (Ziele und Planung, Kontrolle, Regulation) zu einer Skala zusammengefasst.

Die interne Konsistenz der LIST-Skalen liegt zwischen $\alpha = .71$ für die Subskala *Lernumgebung* und $\alpha = .90$ für die Subskala *Aufmerksamkeit*. Lediglich die metakognitiven Lernstrategien weisen mit $\alpha = .64$ eine unbefriedigende interne Konsistenz auf (Wild &

Schiefele, 1994). Die geringen Interkorrelationen der Subskalen zeigen, dass das LIST weitgehend voneinander unabhängige Lernstrategien erfasst. Dies spricht für die dem Verfahren zugrundeliegende Klassifikation der Lernstrategien. Zur Validierung des LIST wurden Zusammenhänge mit dem Lernerfolg im Studium ermittelt. Dabei ergaben sich signifikante, jedoch in der Höhe geringe Zusammenhänge zwischen einzelnen Lernstrategien und verschiedenen Indikatoren des Studienerfolgs, wie der Abschlussnote im Vordiplom oder dem selbsteingeschätzten Studienerfolg (Boerner, Seeber, Keller & Beinborn, 2005; Schiefele et al., 2003). Die geringe Höhe der Korrelation mit dem Studienerfolg entspricht den Befunden anderer Studien zum Zusammenhang zwischen Lernstrategien und Lernerfolg (▶ Kap. 10.3).

Wie lernen Sie? (WLS)

Souvignier und Gold (2004) entwickelten den Fragebogen »Wie lernen Sie?« (WLS) zur Erfassung von Lernstrategien von Oberstufenschülerinnen und -schülern. Der WLS enthält 35 Items, die 6 Skalen zugeordnet sind. Vier Skalen (Memorieren, Elaborieren, Veranschaulichen und Transformieren) zielen auf eine Optimierung der Informationsverarbeitung ab und werden zu den kognitiven Lernstrategien gezählt. Zwei Skalen (Zeitmanagement und Anstrengung) erfassen das Bemühen des Lernenden, die eigenen Ressourcen zu mobilisieren und zu kontrollieren. Diese Skalen werden den Stützstrategien zugeordnet. Tabelle 10.4 zeigt Beispielitems für die 6 Skalen des WLS.

Wie lerne ich (WLI)

Der Fragebogen »Wie lerne ich« (WLI; Metzger, Weinstein & Palmer, 2002) ist die deutschsprachige Version des »Learning and Study Strategies Inventory-High School« (LASSI-HS; Weinstein & Palmer, 1990), der in einer Ausführung für Studierende (WLI-Hochschule; Metzger, Weinstein & Palmer,

Tab. 10.4: Fragebogen »Wie lernen Sie?

Wie lernen Sie? (WLS)

Memorieren

- Wenn ich lerne, präge ich mir alles Neue möglichst so ein, dass ich es hersagen kann.
- Wenn ich lerne, sage ich mir alle Sachen immer wieder auf.
- Wenn ich mich auf eine Klausur vorbereite, versuche ich alles auswendig zu lernen, was drankommen könnte.

Transformieren

- Wenn ich lerne, halte ich oft mit dem Lesen ein und schreibe die Hauptaussagen des Textes heraus.
- Wenn ich lerne, fasse ich die wichtigsten Inhalte mit eigenen Worten zusammen.
- Wenn ich einen Text lese, schreibe ich kurze Zusammenfassungen der wichtigsten Punkte.

Veranschaulichen

- Wenn ich lerne, mache ich mir währenddessen Zeichnungen und Skizzen, damit ich den Stoff besser verstehe.
- Ich erstelle einfache Listen, Tabellen und schematische Darstellungen, um den Unterrichtsstoff zu ordnen und zusammenzufassen.
- Wenn ich einen Text lese, veranschauliche ich mir die wichtigsten Zusammenhänge in einer Skizze.

Tab. 10.4: Fragebogen »Wie lernen Sie? – Fortsetzung

Wie lernen Sie? (WLS)
Elaborieren
• Wenn ich lerne, versuche ich Beispiele zu finden, die zum Stoff passen.
• Wenn ich lerne, versuche ich, Zusammenhänge zwischen verschiedenen Inhalten, Ideen, Themen herzustellen.
• Ich versuche, Beziehungen zu finden zwischen dem, was ich gerade lerne, und dem, was ich bereits weiß.
Zeitmanagement
• Wenn ich lerne, halte ich mich an einen bestimmten Zeitplan.
• Ich lege bestimmte Zeiten fest, zu denen ich dann lerne.
• Ich lege im Vorhinein fest, wie weit ich mit der Durcharbeit des Stoffes kommen möchte.
Anstrengung
• Ich strenge mich auch an, wenn mir der Stoff überhaupt nicht liegt.
• Ich gebe nicht auf, auch wenn der Stoff sehr schwierig und komplex ist.
• Ich arbeite so lange, bis ich mir sicher bin, eine Klausur gut bestehen zu können.

Anmerkungen. Skalen und Beispielitems des Fragebogens »Wie lernen Sie?« (WLS; Hasselhorn & Gold, 2013, S. 338)

2008) und einer Ausführung für Berufsschülerinnen und -schüler (WLI-Schule; Metzger, 2010) vorliegt. Mit Hilfe des Fragebogens können sich Schülerinnen und Schüler einen Überblick über ihre Lernstrategien verschaffen. Der WLI weist einen engen Bezug zum schulischen Lernen auf und eignet sich vor allen zur Überprüfung des Lernverhaltens, wenn neben dem eigentlichen Unterricht ein umfangreiches Selbststudium erforderlich ist, welches Lernende weitgehend selbst bestimmen können.

Der WLI ist zur Selbstprüfung der Schülerinnen und Schüler vorgesehen. Dies erfordert von ihnen, neben dem Lernen noch Zeit und Energie zu investieren, um sich mit ihren Lernstrategien auseinanderzusetzen. Sie werden gefragt, wie sie gewöhnlich beim Lernen vorgehen und welche Schwierigkeiten beim Lernen auftreten (z. B. »Ich habe Mühe, zusammenzufassen, was ich eben im Unterricht gehört oder in einem Lehrbuch gelesen habe«). Ein solcher Ansatz setzt nicht nur voraus, dass die Befragten bereit sind, ihr Lernverhalten einer kritischen Prüfung zu unterziehen; sie müssen auch über die notwendige Problemeinsicht und Kritikfähigkeit verfügen, um ineffektive Lernstrategien (z. B. »Für Prüfungen lerne ich Begriffe, Definitionen, Formeln usw. auswendig, ohne sie zu verstehen«) und Lernprobleme (z. B. »Ich schneide in Prüfungen schlecht ab, weil ich Mühe habe, die knappe Prüfungszeit richtig einzuteilen«) zu erkennen.

Der WLI erfasst metakognitive, motivationale und volitionale Aspekte des Lernens. Unterschieden werden vier Oberklassen von Lernstrategien: Strategien zum (1) Erwerb von Wissen, (2) zur positiven Gestaltung der Lernsituation, (3) zur Bewältigung von typischen Lernanforderungen und (4) zur Kontrolle. Die insgesamt 65 Items des WLI sind acht Einzelstrategien zugeordnet *Wesentliches erkennen, Informationsverarbeitung, Motivation, Zeitmanagement, Konzentration, Selbstkontrolle, Angstmanagement* und *Prüfungsstrategien*. Die Lernenden können den Fragebogen selbst auswerten. Der Vergleich des individuellen Strategieprofils mit Normstrategien führt zu einer direkten Empfehlung: »Lernverhalten beibehalten«, »Lernverhalten kritisch überprüfen und verbessern« oder »Dringend Verbesserungsmöglichkeiten suchen und einleiten«.

Die erfolgreiche Nutzung des WLI zur Verbesserung der Lernstrategien setzt voraus, dass die Schülerinnen und Schüler motiviert sind, Zeit und Energie in die Analyse ihres Lernverhaltens zu investieren und bereit und auch in der Lage sind, ihr Lernverhalten einer kritischen Überprüfung zu unterziehen. Zudem erfordert die eigenständige Bearbeitung und Auswertung des Fragebogens eine gewisse Selbstständigkeit, die nicht bei allen Schülerinnen und Schülern vorausgesetzt werden kann.

Wie lernst Du?

Im Unterschied zu den meisten Lernstrategiefragebögen, deren Struktur auf der Klassifikation der Lernstrategien aufbaut – wie zum Beispiel der WLS –, geht der Fragebogen »Wie lernst Du?« (Lompscher, 1996) von *Anforderungsbereichen* aus. Das strategische Vorgehen beim Lernen wird dabei in sechs inhaltlich beschriebenen Anforderungsbereichen erfasst.

- **Textverstehen**
  »Häufig erhaltet Ihr von Eurer Lehrerin oder Eurem Lehrer die Aufgabe, einen Text im Lehrbuch oder in anderen Sachbüchern zu lesen. Manche Texte sind ziemlich schwer. Wie gehst Du vor, um solche Texte zu verstehen?«
- **Unterrichtliches Kommunizieren**
  »Im Unterricht führt Eure Lehrerin oder Euer Lehrer oft Gespräche mit der Klasse oder hält Euch einen Vortrag zum Thema der Stunde. Wie gehst Du vor, um dabei etwas zu lernen?«
- **Problemlösen**
  »Eure Lehrer stellen Euch in den verschiedenen Fächern oft Aufgaben, die Ihr lösen sollt. Manche Aufgaben sind ganz schön schwer. Wie gehst Du vor, um schwierige Aufgaben zu lösen?«
- **Organisieren der eigenen Lerntätigkeit**
  »In vielen Fächern bekommt Ihr schriftliche Hausaufgaben. Ihr habt aber noch andere Pflichten und Interessen. Wie gehst Du vor, damit Du auch Deine Hausaufgaben gut erledigst?«
- **Einprägen/Reproduzieren**
  »Vieles müsst Ihr Euch fest einprägen, damit Ihr es später noch wisst und nutzen könnt oder auch eine Klassenarbeit gut übersteht. Wie gehst Du vor, um Dir etwas fest einzuprägen?«
- **Kooperieren beim Lernen**
  »Manche Aufgaben im Unterricht oder zu Hause sollt Ihr gemeinsam mit anderen Schülern lösen. Wie gehst Du vor, wenn Ihr gemeinsam lernt?«

Zu jedem der sechs Anforderungsbereiche werden drei Strategien erfasst. Dazu werden in jedem Bereich Items vorgegeben, die auf die spezifischen Anforderungen in diesem Bereich Bezug nehmen. Die nachfolgenden Itembeispiele beziehen sich auf den Anforderungsbereich *Textverstehen*.

- **Qualität der kognitiven Auseinandersetzung mit der Lernanforderung**
  Dabei werden Oberflächenstrategien (z. B. »Ich lese mir den Text so lange durch, bis ich ihn kann«) und Tiefenstrategien (z. B. »Ich versuche, beim Lesen herauszufinden, was wichtig ist«) unterschieden.
- **Qualität der Eigenregulation**
  Die Qualität der Eigenregulation wird durch metakognitive Strategien zur Planung, Überwachung, Kontrolle und Bewertung des Lernprozesses und des Lernergebnisses erfasst (z. B. »Ich versuche, den Inhalt mit meinen eigenen Worten wiederzugeben«).
- **Nutzung von Hilfsmitteln zur Bewältigung der jeweiligen Lernanforderung**
  Diese Skala erfasst nicht die Benutzung von Hilfsmitteln im engen Sinne (z. B. Lehrbücher, Lexika oder Lernmaterialien), sondern die angemessene Anwendung

konkreter Lerntechniken, wie zum Beispiel etwas notieren, unterstreichen oder aufzeichnen (z. B. »Ich unterstreiche, was ich für wichtig halte«).

Die Erprobung des Fragebogens bei Schülerinnen und Schülern der vierten bis achten Klassenstufe ergab eine befriedigende interne Konsistenz der Skalen für die sechs Anforderungsbereiche. Die Werte für Cronbachs Alpha liegen im Bereich von α = .75 für den Anforderungsbereich *Unterrichtliches Kommunizieren* bis α = .87 für den Anforderungsbereich *Kooperieren beim Lernen*. Auch die internen Konsistenzen der über alle sechs Anforderungsbereiche hinweg zusammengefassten Strategiedimensionen liegen im Bereich von α = .74 für die *Oberflächenstrategien* bis α = .92 für die *Tiefenstrategien*. Deutlich geringer sind die internen Konsistenzen für die Lernstrategien innerhalb der einzelnen Anforderungsbereiche. Dies dürfte sicherlich auch auf die geringe Anzahl von Items pro Strategie und Anforderungsbereich zurückzuführen sein.

Mit der Vorgabe verschiedener Anforderungsbereiche kann auch der Frage nachgegangen werden, inwieweit die Lernstrategien tatsächlich bereichsübergreifende Strategien darstellen, die bei unterschiedlichen Lernanforderungen eingesetzt werden. Dies scheint vor allem bei den Tiefenstrategien und – in geringerem Maße – auch bei metakognitiven Strategien der Fall zu sein. Dafür sprechen die relativ hohen Korrelationen der Tiefenstrategien bzw. der metakognitiven Strategien zwischen den Anforderungsbereichen *Textverstehen*, *Unterrichtliches Kommunizieren*, *Problemlösen* und *Einprägen/Reproduzieren*. Schülerinnen und Schüler, die beim Durcharbeiten von Texten eher Elaborationsstrategien verfolgen, nutzen diese auch in anderen Lernbereichen, beispielsweise beim Problemlösen und bei der Vorbereitung auf Klassenarbeiten. Ebenso nutzen Schülerinnen und Schüler, die beim Textverstehen auf metakognitive Strategien (z. B. »Ich lese die Aufgabenstellung genau durch und überlege, wie ich am besten vorgehe«) zurückgreifen, diese auch in anderen Anforderungsbereichen. Offenbar haben die Schülerinnen und Schüler bereits bestimmte Arbeitsstile entwickelt, die sich darin zeigen, dass sie bei verschiedenen Lernanforderungen in gleicher Weise vorgehen.

Der Ansatz, die strategische Orientierung beim Lernen *anforderungsspezifisch* zu erfassen, hat sich als fruchtbar erwiesen. Dafür spricht, dass die Strategien in den sechs Anforderungsbereichen erheblich variieren. Ein Vorteil dieses Ansatzes ist darin zu sehen, dass die Befunde der Lehrkraft Ansatzpunkte für Maßnahmen in konkreten Lernbereichen bieten, die entweder auf einzelne Schülerinnen und Schüler oder auf die ganze Klasse gerichtet sein können. Ergeben sich beispielsweise strategische Schwächen im Organisieren der eigenen Lerntätigkeit, so kann die Lehrkraft diese Probleme im Unterricht oder im Kontakt mit einer einzelnen Schülerin bzw. mit einem einzelnen Schüler direkt aufgreifen.

10.4.4 Eingeschränkte Validität von Tests und Fragebögen zur Erfassung von Lernstrategien

Mit Tests und Fragebögen werden die Schülerinnen und Schüler gefragt, wie sie beim Lernen gewöhnlich vorgehen, in der Regel ohne dass die Art der Lernanforderung näher spezifiziert wird. Dabei wird davon ausgegangen, dass Lernstrategien stabile Dispositionen des Lernenden darstellen, die bei unterschiedlichen Lernanforderungen in entsprechenden Lernaktivitäten zum Ausdruck kommen. Methodisch bedingte Grenzen dieses diagnostischen Ansatzes ergeben sich hinsichtlich zweier Gesichtspunkte:

Generalisierte Aussagen

Mit Tests und Fragebögen werden Stellungnahmen zu generalisierten Aussagen über das Vorgehen beim Lernen erhoben (z. B. »Beim Lernen halte ich mich an einen bestimmten Zeitplan«). Ob jedoch die Selbstberichte der Schülerinnen und Schüler zuverlässige Rückschlüsse auf ihr tatsächliches Lernverhalten bei konkreten Lernanforderungen ermöglichen, ist ungewiss. Insbesondere bei jüngeren Schülerinnen und Schülern ist damit zu rechnen, dass sie zu Strategien Stellung beziehen sollen, die sie selbst nicht kennen und über die sie noch gar nicht nachgedacht haben. Die Zustimmung zu Aussagen über Lernstrategien kann nicht einfach mit deren Nutzung in realen Anforderungssituationen gleichgesetzt werden (▶ Kap. 10.3.1). Möglicherweise gibt die Zustimmung zu Aussagen über allgemeine Orientierungen beim Lernen (z. B. »Ich gebe nicht auf, auch wenn der Stoff sehr schwierig und komplex ist«) eher den Wunsch oder die Absicht als das tatsächlich realisierte Lernverhalten wieder.

Validität von Selbstberichten

Die Tests und Fragebögen erfassen die strategische Orientierung beim Lernen auf einer *Reflexionsebene*, womit vorausgesetzt wird, dass Lernende über eine gewisse Einsicht darin verfügt, wie sie Lernanforderungen bewältigen (Lompscher, 1996). Ob den Schülerinnen und Schülern tatsächlich die übergeordneten mentalen Prozesse beim Lernen – zum Beispiel das Setzen von Zielen oder die Abschätzung des Lernaufwands – immer bewusst sind, ist jedoch fraglich. Insbesondere bei jüngeren Schülerinnen und Schülern dürfte die Einsicht in die Selbststeuerung des Lernprozesses begrenzt sein. Zwar kann man bereits bei Grundschülerinnen und -schülern ein systematisches Vorgehen beim Lernen beobachten (Schneider, Körkel & Vogel, 1987), ob sie jedoch in der Lage sind, ihre Selbststeuerungsaktivitäten beim Lernen zu analysieren und darüber Auskunft zu geben, ist eine ganz andere Frage.

10.4.5 Weitere diagnostische Ansätze zur Erfassung von Lernstrategien

Zur Aufdeckung fehlender oder ineffektiver Lernstrategien sind standardisierte Fragebögen nicht immer das Mittel der ersten Wahl. Ihre Praxistauglichkeit ist vor allem dadurch eingeschränkt, dass sie eher das *Wissen* über Lernstrategien und weniger die konkrete Nutzung von Lernstrategien erfassen. In vielen Fällen sind aber nicht mangelnde Kenntnisse über Lernstrategien die Ursache für Lernprobleme, sondern unzureichende Kompetenzen, die Strategien bei spezifischen Lernanforderungen angemessen umzusetzen oder eine mangelnde Motivation der Schülerinnen und Schüler, beim Lernen systematisch vorzugehen. Diese Probleme, die Lernstrategien im konkreten Einzelfall – etwa bei der Vorbereitung auf eine Klassenarbeit – auch anzuwenden, werden durch Fragebögen, in denen Lernende danach gefragt werden, wie sie gewöhnlich beim Lernen vorgehen, nicht erfasst.

Direkte Befragungen

Anstelle standardisierter Tests oder Fragebögen ist es oftmals ergiebiger, die Schülerinnen und Schüler direkt nach ihren Lern- und Arbeitsverhalten zu befragen, um den Ursachen von Lernschwierigkeiten auf die Spur zu kommen – insbesondere dann, wenn bereits konkrete Anhaltspunkte für ineffektives Lernverhalten vorliegen. Dabei können sie entweder retrospektiv danach befragt werden, wie sie bisher gelernt haben oder prospektiv, wie sie bei einer konkreten, vor ihnen liegenden Lernaufgabe vorgehen wollen.

Tab. 10.5: Fragen zum Strategieeinsatz

Hinweise auf Defizite in der Verwendung kognitiver Strategien

- Werden Notizen gemacht?
- Werden Lerninhalte durch Wiederholung präsent gehalten?
- Werden die wesentlichen Aspekte einer Aufgabe identifiziert?
- Wird auf Vorerfahrungen und Vorwissen zurückgegriffen?
- Werden Bedeutungszusammenhänge zwischen Lerninhalten gebildet?
- Findet eine vertiefte Bearbeitung der Aufgabe statt? (z. B. sich Fragen stellen, Analogien bilden)
- Wird das Lernmaterial strukturiert?
- Werden übergeordnete Kategorien gebildet?
- Werden Diagramme und Tabellen erstellt, um den Lernstoff zu strukturieren?

Hinweise auf Defizite in der Verwendung metakognitiver Strategien

- Wird das Lernziel verstanden? Werden Teilziele beim Lernen formuliert?
- Wird ausreichend Zeit für das Lernen eingeplant?
- Werden Strategien auf ihre Brauchbarkeit hin verglichen?
- Werden Fortschritte überwacht?
- Werden Fehler bemerkt? Werden Korrekturen vorgenommen?
- Werden auch schwierige Aspekte bei der Aufgabenbewältigung berücksichtigt?
- Wird das Lernen reflektiert und optimiert?
- Wird das Handeln an die Erfordernisse der Aufgabe angepasst?
- Sind selbstgerichtete Fragen zu beobachten?
- Wird das Lernen durch Selbstanweisung angeleitet?

Hinweise auf Defizite in der Verwendung motivierender Strategien

- Besteht Interesse an der Aufgabe?
- Ist die Aufmerksamkeit auf die Aufgabe gerichtet?
- Besteht die Bereitschaft sich anzustrengen?
- Wird bei auftretenden Schwierigkeiten die Anstrengung erhöht?
- Gelingt es dem Lernenden, sich gegen ablenkende Einflüsse abzuschirmen und negative Einflüsse zu ignorieren?
- Glaubt der Lernende daran, die Aufgabe erfolgreich bewältigen zu können?
- Werden angemessene Erklärungen für Erfolge und Misserfolge gegeben?

Anmerkungen. Fragen zum Strategieeinsatz nach Mackowiak (2004, S. 150)

Gezielte Fragen zur Aufdeckung von Defiziten im strategischen Lernen hat Mackowiak (2004) zusammengestellt (▶ Tab. 10.5).

In der Rückschau über das Lernen können die Schülerinnen und Schüler durch gezielte Leitfragen zu einer Reflexion ihres Lernprozesses angehalten werden. Dazu formulierten Guldimann und Lauth (2004, S. 183) folgenden Leitfragen:

- Was gelang dir beim Lernen besonders gut?
- Wobei hattest du Schwierigkeiten?
- Welche Fehler hast du gemacht?
- Wie bist du mit Schwierigkeiten und Fehlern umgegangen?
- Was kannst du jetzt besser als früher?
- Wo kannst du dich in Zukunft noch weiter verbessern?
- Welche Vorsätze hast du für die kommenden Arbeiten?

Die direkte Befragung ermöglicht es, die Schülerinnen und Schüler zu ihrem Lern- und Arbeitsverhalten bei einer konkreten Lernaufgabe, zum Beispiel beim Bearbeiten eines Textes oder bei der Vorbereitung eines Referats, zu befragen, um den Schwierigkeiten bei der Umsetzung der Lernstrategien oder bei der Anpassung einer Lernstrategie an die spezifischen Lernanforderungen nachzugehen. Zudem kann in einer Befragung mit einem offenen Antwortformat vermieden werden, dass die Befragten die vorformulierten Strategien – zum Beispiel in einem Fragebogen – lediglich ankreuzen, ohne dass sie diese Lernstrategien beim Lernen auch anwenden. Die Lehrkraft kann im Einzelnen nachfragen, wie die Schülerinnen und Schüler vorgehen (Guldimann & Lauth, 2004, S. 183):

- »Du sagst, dass du immer überprüfst, was du gelernt hast. Was meinst du damit genau? Wie gehst du vor, wenn du wissen willst, ob du alles richtig gelernt hast?«
- »Du sagst, dass du dir immer vorher einen Plan machst, wenn du dich auf eine Klassenarbeit vorbereiten musst. Wie sieht das denn genau aus? Was machst du, bevor du mit dem Lernen anfängst?«
- »Wenn du bemerkst, dass du im Mathematikunterricht etwas nicht richtig verstanden hast, was tust du dann?«

Beobachtung des Lern- und Arbeitsverhaltens

Beim Einsatz von Lernstrategiefragebögen bleibt letztlich unsicher, inwieweit die Lernenden die erfragten Lernstrategien bei der Bearbeitung konkreter Aufgaben auch anwenden. Um Aufschluss über das tatsächliche Lern- und Arbeitsverhalten zu bekommen, bietet es sich im Einzelfall an, die Schülerinnen und Schüler beim Lernen direkt zu beobachten, beispielsweise beim Lösen komplexer mathematischer Aufgaben, bei der Bearbeitung eines anspruchsvollen Textes oder bei der Abfassung einer Ausarbeitung (Garner, 1988). Dabei kann das offene Lern- und Arbeitsverhalten beobachtet werden, etwa wie lange die Schülerinnen und Schüler für die Aufgabe benötigen, wie sich ihre Zeit einteilen, wie häufig sie das Lernen unterbrechen, welche Hilfsmittel sie benutzen oder in welcher Reihenfolge sie einzelne Arbeitsschritte bearbeiten, usw.

Der Einblick in das strategische Vorgehen beim Lernen durch eine Beobachtung des Lern- und Arbeitsverhaltens ist jedoch begrenzt. So sind metakognitive Strategien einer direkten Beobachtung kaum zugänglich, beispielsweise ihre Überlegungen zur Planung des Lernens oder zur Evaluation des Lernprozesses. Ebenso entziehen sich Strategien zur Regulierung der emotional-motivationalen Lernvoraussetzungen weitgehend einer direkten Beobachtung, beispielsweise wie die Schülerinnen und Schüler sich motivieren, wie sie mit lernbegleitenden Emotionen (z. B. Prüfungsangst) umgehen oder in welcher Weise sie das Lernen gegenüber konkurrierenden Intentionen (z. B. Freizeitaktivitäten) abschirmen. Zudem dürfte die Beobachtung auf zeitlich kurze Lernanforderungen beschränkt sein; längerfristige Planungsprozesse und ebenso wie die Koordination der Lernanforderungen mit anderen außerschulischen Anforderung und Interessen werden durch direkte Beobachtungen nicht erfasst.

Lerntagebücher

Eine weitere Möglichkeit, einen Einblick in das Lern- und Arbeitsverhalten der Schülerinnen und Schüler zu bekommen, bieten *Lerntagebücher* (Souvignier & Rös, 2005). In den Lerntagebüchern protokollieren die Schülerinnen und Schüler anhand gezielter Fragen, wie sie beim Lernen vorgehen. Ein solches Lerntagebuch setzte beispielsweise Otto (2007) bei Schülerinnen und Schülern der vierten Grundschulklasse ein, um die Wirksamkeit eines Trainings zur Förderung des selbstregulierten Lernens in Mathematik zu überprüfen. Während der siebenwöchigen Trainingsphase beantworteten die Schülerinnen und Schüler täglich vor und nach den

Hausaufgaben Fragen zu ihrem Vorgehen (z. B. »Am Ende der Hausaufgaben habe ich mir alles noch einmal angesehen und überprüft, ob ich Fehler gemacht habe«).

Gegenüber Fragebögen und standardisierten Testverfahren weisen Lerntagebücher zwei Vorteile auf: Zum einen können Lerntagebücher über einen längeren Zeitraum regelmäßig (z. B. täglich) eingesetzt werden und sind damit besonders gut geeignet, um Veränderungen des Lern- und Arbeitsverhaltens zu erfassen, beispielsweise Verbesserungen des Lern- und Arbeitsverhaltens infolge von Fördermaßnahmen (Otto, 2007). Ein weiterer Vorteil besteht darin, dass mit Hilfe der Lerntagebücher nicht – wie mit Fragebögen – das allgemeine Lernverhalten, sondern das konkrete Vorgehen beim Lernen erfasst wird. Die Lernenden werden gezielt darüber befragt werden, wie sie bei konkreten Lernanforderungen – zum Beispiel bei den Hausaufgaben in Mathematik – vorgegangen sind. Damit wird unmittelbar und zeitnah zum eigentlichen Lernprozess das strategische Vorgehen bei spezifischen Lernanforderungen (z. B. bei der Bearbeitung der Hausaufgaben) erfasst. Die Protokolle der Schülerinnen und Schüler lassen daher besser als die Ergebnisse allgemeiner Fragebögen erkennen, inwieweit bestimmte Lernstrategien im Alltag auch umgesetzt werden (Landmann & Schmitz, 2007).

10.5 Weiterführende Literatur

Artelt, C. (2000a). *Strategisches Lernen*. Münster: Waxmann.
Boekaerts, M. (Ed.). (2000). *Handbook of Self-Regulation*. San Diego: Academic Press.
Götz, T. (2006). *Selbstreguliertes Lernen. Förderung metakognitiver Kompetenzen im Unterricht der Sekundarstufe*. Donauwörth: Auer.
Köller, O. & Schiefele, U. (2003). Selbstreguliertes Lernen im Kontext von Schule und Hochschule. *Zeitschrift für Pädagogische Psychologie, 17*, 155–157.
Konrad, K. (2008). *Erfolgreich selbstgesteuert lernen. Theoretische Grundlagen, Forschungsergebnisse, Impulse für die Praxis*. Bad Heilbrunn: Klinkhardt.
Landmann, M., Perels, F., Otto, B., Schnick-Vollmer, K. & Schmitz, B. (2015). Selbstregulation und selbstreguliertes Lernen. In E. Wild & J. Möller (Hrsg.), *Pädagogische Psychologie* (S. 45–65). Heidelberg: Springer.
Spörer, N. & Brunstein, J. C. (2006). Erfassung selbstregulierten Lernens mit Selbstberichtsverfahren. *Zeitschrift für Pädagogische Psychologie, 20*, 157–160.

Literaturverzeichnis

Ackerman, T. A. (1992). A didactic explanation of item bias, item impact and item validity from a multidimensional perspective. *Journal of Educational Measurement, 29,* 67-91.

Al-Emadi, A. A. (2001). The relationships among achievement, goal orientation, and study strategies. *Social Behavior and Personality, 29,* 823-832.

Alvidrez, J. & Weinstein, R. S. (1999). Early teacher perceptions and later student academic achievement. *Journal of Educational Psychology, 91,* 731-746.

Amelang, M., Bartussek, D., Stemmler, G. & Hagemann, D. (2006). *Differentielle Psychologie und Persönlichkeitsforschung* (6. Aufl.). Stuttgart: Kohlhammer.

Amelang, M. & Bartussek, D. (1990). *Differentielle Psychologie und Persönlichkeitsforschung*. Stuttgart: Kohlhammer.

Amelang, M. & Schmidt-Atzert, L. (2006). *Psychologische Diagnostik und Intervention* (4. Aufl.). Berlin: Springer.

Ames, C. (1984). Achievement attributions and self-instructions in competitive and individualistic goal structures. *Journal of Educational Psychology, 76,* 478-487.

Ames, C. & Archer, J. (1988). Achievement goals in the classroom: Students' learning strategies and motivation processes. *Journal of Educational Psychology, 80,* 260-267.

Amthauer, R. (1973). *Intelligenzstrukturtest I-S-T 70. (IST 70)*. Göttingen: Hogrefe

Anders, Y., Kunter, M., Brunner, M., Krauss, S. & Baumert, J. (2010). Diagnostische Fähigkeiten von Mathematiklehrkräften und ihre Auswirkungen auf die Leistungen ihrer Schülerinnen und Schüler. *Psychologie in Erziehung und Unterricht, 3,* 175-193.

Arnold, K.-H. (2014). Qualitätskriterien für die standardisierte Messung von Schulleistungen. Kann eine (vergleichende) Messung von Schulleistungen objektiv, repräsentativ und fair sein? In F. E. Weinert (Hrsg.), *Leistungsmessungen in Schulen* (S. 117-130) (3. Aufl.) Weinheim: Beltz.

Arnold, K.-H., Graumann, O. & Rakhkochkine, A. (2008). *Handbuch Förderung*. Weinheim: Beltz Verlag.

Artelt, C. (2000a). *Strategisches Lernen*. Münster: Waxmann.

Artelt, C. (2000b). Wie prädiktiv sind retrospektive Selbstberichte über den Gebrauch von Lernstrategien für strategisches Lernen? *Zeitschrift für Pädagogische Psychologie, 14,* 72-84.

Artelt, C. (2006). Lernstrategien in der Schule. In H. Mandl & H. F. Friedrich (Hrsg.), *Handbuch Lernstrategien* (S. 337-351). Göttingen: Hogrefe.

Artelt, C. & Gräsel, C. (2009). Diagnostische Kompetenz von Lehrkräften. *Zeitschrift für Pädagogische Psychologie, 23,* 157-160.

Artelt, C., Demmrich, A. & Baumert, J. (2001). Selbstreguliertes Lernen. In Deutsches PISA Konsortium (Hrsg.), *PISA 2000. Basiskompetenzen von Schülerinnen und Schülern im internationalen Vergleich* (S. 271-298). Opladen: Leske und Buderich.

Artelt, C. & Moschner, B. (Hrsg.). (2006). *Lernstrategien und Metakognition. Implikationen für Forschung und Praxis*. Münster: Waxmann.

Artelt, C., Stanat, P., Schneider, W. & Schiefele, U. (2001). Lesekompetenz: Testkonzeption und Ergebnisse. In Deutsches PISA-Konsortium (Hrsg.), *PISA 2000 – Basiskompetenzen von Schülerinnen und Schülern im internationalen Vergleich* (S. 67-137). Opladen: Leske & Buderich.

Asendorpf, J. (2004). *Psychologie der Persönlichkeit* (3. Aufl.). Berlin: Springer.

Atkinson, J. W. (1957). Motivational determinants of risk-taking behaviour. *Psychological Review, 64,* 359-357.

Atkinson, J. W. (1964). *An introduction to motivation*. Princeton, N.J.: Van Nostrand.

Atkinson, J. W. & Feather, N. T. (1966). *A theory of achievement motivation*. New York: Wiley.

Atkinson, J. W. & Raynor, J. O. (1974). *Motivation and achievement*. Washington, D.C: Winston.

Atteslander, P. (1971). *Methoden der empirischen Sozialforschung.* Berlin: De Gruyter.

Aust, K., Watermann, R. & Grube, D. (2009). Konsequenzen von Leistungsgruppierungen für die Entwicklungsverläufe des allgemeinen und fachspezifischen Fähigkeitsselbstkonzepts nach dem Übergang in die Sekundarstufe. In J. Baumert, K. Maaz & U. Trautwein (Hrsg.), *Bildungsentscheidungen. Zeitschrift für Erziehungswissenschaft, Sonderheft 12* (S. 328-351). Wiesbaden: VS Verlag für Sozialwissenschaften.

Bachor, D. G. & Anderson, J. O. (1994). Elementary teachers' assessment practices as observed in the province of British Columbia. *Assessment in Education, 2,* 65-95.

Bales R. F. (1950). *Interaction process analysis: A method for the study of small groups.* Chicago: University Press.

Bales, R. F. (1999). *Social interaction systems: Theory and measurement.* New Brunswick/London: Transaction Publishers.

Bales R. F. & Cohen S. P. (1982). *SYMLOG. Ein System für die mehrstufige Beobachtung von Gruppen.* Stuttgart: Klett-Cotta.

Baron-Boldt, J., Schuler, H. & Funke, U. (1988). Prädiktive Validität von Schulabschlussnoten. Eine Metaanalyse. *Zeitschrift für Pädagogische Psychologie, 2,* 79-90.

Bates, C. & Nettelbeck, T. (2001). Primary school teachers' judgments of reading achievement. *Educational Psychology, 21,* 177-187.

Baumann, J. (1975). Aufsatzbenotung und Reihenfolgeeffekt. Beeinflußt die Reihenfolge im Beurteilungsvorgang die Aufsatzbenotung? *Psychologie in Erziehung und Unterricht, 22,* 181-185.

Baumann, N. & Kuhl, J. (2003). Der Selbstregulations- und Konzentrationstest für Kinder (SRKT-K) und Erwachsene und der Selbstregulations-Strategietest für Kinder (SRST-K). In J. Stiensmeier-Pelster & F. Rheinberg (Hrsg.), *Diagnostik von Motivation und Selbstkonzept* (S. 183-200). Göttingen: Hogrefe.

Baumert, J. (1993). Lernstrategien, motivationale Orientierungen und Selbstwirksamkeitsüberzeugungen im Kontext schulischen Lernens. *Unterrichtswissenschaft, 21,* 327-354.

Baumert, J. & Köller, O. (1996). Lernstrategien und schulische Leistung. In J. Möller & O. Köller (Hrsg.), *Emotionen, Kognitionen und Schulleistung* (S. 137-154). Weinheim: Beltz PVU.

Baumert, J., Stanat, P. & Watermann, R. (Hrsg.). (2006). *Herkunftsbedingte Disparitäten im Bildungswesen: Differenzielle Bildungsprozesse und Probleme der Verteilungsgerechtigkeit. Vertiefende Analysen im Rahmen von PISA 2000* (S. 95-188). Wiesbaden: VS Verlag für Sozialwissenschaften.

Baumert, J. & Watermann, R. (2000). Institutionelle und regionale Variabilität und die Sicherung gemeinsamer Standards in der gymnasialen Oberstufe. In J. Baumert, W. Bos & R. H. H. Lehmann (Hrsg.), *TIMSS/III. Dritte Internationale Mathematik- und Naturwissenschaftsstudie. Mathematische und naturwissenschaftliche Bildung am Ende der Schullaufbahn. Band 2: Mathematische und physikalische Kompetenzen am Ende der gymnasialen Oberstufe* (S. 317-372). Opladen: Leske & Budrich.

Bear, G., Minke, K. & Manning, M. (2002). Self-concept of students with learning disabilities. A meta-analysis. *School Psychology Review, 31,* 405-427.

Beck, E., Baer, M., Guldimann, T., Bischoff, S., Brühwiler, C., Müller, P., Niedermann, R., Rogalla, M. & Vogt, F. (2008). *Adaptive Lehrkompetenz. Analyse von Struktur, Veränderbarkeit und Wirkung handlungssteuernden Lehrerwissens.* Münster: Waxmann.

Begeny, J. C., Eckert, T. L., Montarello, S. A. & Storie, M. S. (2008). Teachers' perception of student's abilities: An examination of the relationship between teachers' judgements and students' performance across a continuum of rating methods. *School Psychology Quarterly, 23,* 43-55.

Behrmann, L. & Souvignier, E. (2013). The relation between teachers' diagnostic sensitivity, their instructional activities, and their students' achievement gains in reading. *Zeitschrift für Pädagogische Psychologie, 27,* 283-293.

Berry, C. M. & Sackett, P. R. (2009). Individual differences in course choice result in underestimation of the validity of college admissions systems. *Psychological Science, 20,* 822-830.

Beutel, S.-I., Lütgert, W., Tillmann, K.-J. & Vollstädt, W. (1999). *Ermittlung und Bewertung schulischer Leistungen. Expertisen zum Entwicklungs- und Forschungsstand.* Hamburg: Freie und Hansestadt Hamburg, Behörde für Schule, Jugend und Berufsbildung.

Biernat, M. (1989). Motive and values to achieve. Different constructs with different effects. *Journal of Personality, 57,* 69-95.

Binet, A. & Simon, T. (1905). Classics in the history of psychology. *L'Année Psychologique, 12,* 191-244.

Birkel, P. (2005). Beurteilungsübereinstimmung bei Mathematikarbeiten? *Journal für Mathematik-Didaktik, 26,* 28-51.

Birkel, P. (2009). Rechtschreibleistung im Diktat – eine objektiv beurteilbare Leistung? *Didaktik Deutsch, 15* (27), 5-30.

Birkel, P. & Birkel, C. (2002). Wie einig sind sich Lehrer bei der Aufsatzbeurteilung? Eine Replikationsstudie zur Untersuchung von Rudolf Weiss. *Psychologie in Erziehung und Unterricht, 49,* 219-224.

Blumenthal, Y., Kuhlmann, K. & Hartke, B. (2014). Diagnostik und Prävention von Lernschwierigkeiten im Aptitude Treatment Interaction-(ATI-) und Response to Intervention-(RTO-)Ansatz. In M. Hasselhorn, W. Schneider & U. Trautwein (Hrsg.), *Lernverlaufsdiagnostik* (S. 61-81). Göttingen: Hogrefe.

Boekaerts, M. (1999a). Metacognitive experience and motivational Stat aspects of self-awareness: Review and discussion. *European Journal of Psychology of Education, 14,* 571-584.

Boekaerts, M. (1999b). Self regulated learning: Where we are today. *International Journal of Educational Research, 31,* 445-457.

Boerner, S., Seeber, G., Keller, H. & Beinborn, P. (2005). Lernstrategien und Lernerfolg im Studium: Zur Validierung des LIST bei berufstätigen Studierenden. *Zeitschrift für Entwicklungspsychologie und Pädagogische Psychologie, 37,* 17-26.

Boekaerts, M. (Ed.). (2000). *Handbook of Self-Regulation.* San Diego: Academic Press.

Bös, K. (1987). *Handbuch sportmotorischer Tests.* Göttingen: Hogrefe.

Bong, M. & Clark, R. E. (1999). Comparison between self-concept and self-efficacy in academic motivation research. *Educational Psychologist, 34,* 139-153.

Boring, E. G. (1923). Intelligence as the test tests it. *The New Republic, 6,* 35-37.

Borkowski, J. G., Carr, M., Rellinger, E. & Pressley, M. (1990). Self-regulated cognition: Interdependence of metacognition, attributions and self-esteem. In: B. F. Jones & L. Idol (Eds.), *Dimensions of thinking and cognitive instruction* (pp. 53-92). Hillsdale, NJ: Erlbaum.

Bornstein, R. F. (2002). A process dissociation approach to objective-projective test score interrelationships. *Journal of Personality Assessment, 78,* 47-68.

Bortz, J. & Döring, N. (2006). *Forschungsmethoden und Evaluation für Human- und Sozialwissenschaftler* (4. Aufl.). Berlin: Springer.

Bos, W. & Postlethwaite, T. N. (2001). Internationale Schulleistungsforschung: Ihre Entwicklungen und Folgen für die deutsche Bildungslandschaft. In F. E. Weinert (Hrsg.), *Leistungsmessungen in Schulen* (S. 251-267). Weinheim: Beltz.

Bos, W., Voss, A., Lankes, E. M., Schwippert, K., Thiel, O. & Valtin. R. (2004). Schullaufbahnempfehlungen von Lehrkräften für Kinder am Ende der vierten Jahrgangsstufe. In W. Bos (Hrsg.), *IGLU – einige Länder der Bundesrepublik Deutschland im nationalen und internationalen Vergleich* (S. 191-228). Münster: Waxmann.

Bouffard, T., Boisvert, J., Vezeau, C. & Larouche, C. (1995). The impact of goal orientation on self-regulation and performance among college students. *British Journal of Educational Psychology, 65,* 317-329.

Brand, C. (1996). The importance of intelligence in western societies. *Journal of Biosocial Science, 28,* 387-404.

Brickenkamp, R. (2002). *Test d2 – Aufmerksamkeits-Belastungs-Test.* (9. Aufl.). Göttingen: Hogrefe.

Brookhart, S. M. (1991). Grading practice and validity. *Educational Measurement: Issues and Practice, 10* (1), 35-36.

Brookhart, S. M. (1993). Teachers' Grading Practices: Meaning and Values. *Journal of Educational Measurement, 30,* 123-142.

Brühwiler, C. (2006). Die Bedeutung schulischer Kontexteffekte und adaptiver Lehrkompetenz für das selbstregulierte Lernen. *Schweizerische Zeitschrift für Bildungswissenschaften 28,* 425-451.

Brühwiler, C. (2014). *Adaptive Lehrkompetenz und schulisches Lernen. Effekte handlungssteuernder Kognitionen von Lehrpersonen auf Unterrichtsprozesse und Lernergebnisse der Schülerinnen und Schüler.* Münster: Waxmann.

Brüll, M. (2010). *Akademisches Selbstkonzept und Bezugsgruppenwechsel: Einfluss spezieller Förderklassen bei hochbegabten Schülern.* Göttingen: Hogrefe.

Brunner, M., Kunter, M., Krauss, S., Klusmann, U., Baumert, J., Blum, W. et al. (2011). Die professionelle Kompetenz von Mathematiklehrkräften: Konzeptualisierung, Erfassung und Bedeutung für den Unterricht. Eine Zwischenbilanz des COACTIV-Projekts. In M. Prenzel & L. Allolio-Näcke (Hrsg.), *Untersuchungen zur Bildungsqualität von Schule. Abschlussbericht des DFG-Schwerpunktprogramms* (S. 54-82). Münster: Waxmann.

Brunstein, J. C. (2003). Implizite Motive und motivationale Selbstbilder. In J. Stiensmeier-Pelster & F. Rheinberg (Hrsg.), *Diagnostik von Motivation und Selbstkonzept* (S. 59-88). Göttingen: Hogrefe.

Brunstein, J. C. (2006). Implizite und explizite Motive. In J. Heckhausen & H. Heckhausen (Hrsg.), *Motivation und Handeln* (3. Aufl.) (S. 235-253). Berlin: Springer.

Brunstein, J. C. & Hoyer, J. (2002). Implizites und explizites Leistungsstreben: Befunde zur Unabhängigkeit zweier Motivsysteme. *Zeitschrift für Pädagogische Psychologie, 16,* 51-62.

Brunstein, J. & Heckhausen, H. (2006). Leistungsmotivation. In J. Heckhausen & H. Heckhausen (Hrsg.), *Motivation und Handeln* (3. Aufl.) (S. 143-191). Berlin: Springer.

Budde, J. (2009). Bildungs(miss)erfolge von Jungen in der Schule?! In A. Henschel, R. Krüger, C. Schmitt & W. Stange (Hrsg.), *Jugendhilfe und Schule. Handbuch für eine gelingende Kooperation* (S. 394-408). Wiesbaden: VS Verlag für Sozialwissenschaften.

Büttner, G. & Schmidt-Atzert, L. (Hrsg.).(2004). *Diagnostik von Konzentration und Aufmerksamkeit*. Göttingen: Hogrefe.

Bulheller, S. & Häcker H. O. (Hrsg.). (1998). *Advanced Progressive Matrices (APM). Deutsche Bearbeitung und Normierung nach J. C. Raven*. Frankfurt: Pearson Assessment.

Bulheller, S. & Häcker H. O. (Hrsg.). (2002). *Coloured Progressive Matrices (CPM). Deutsche Bearbeitung und Normierung nach J. C. Raven*. Frankfurt: Pearson Assessment.

Bulheller, St. (2003). Normwert. In K. D. Kubinger & R. S. Jäger (Hrsg.), *Schlüsselbegriffe der Psychologischen Diagnostik* (S. 300-302). Weinheim: Beltz Verlag.

Butler, D. L. (1998). A strategic content learning approach to promote self-regulated learning by students with learning disabilitites. In D. H. Schunk & B. J. Zimmerman (Eds.), *Self-regulated learning: From teaching to self-reflective practice* (pp. 160-183). New York: Guilford.

Byrne, B. M. (1996). *Measurement self-concept across life span: Issues and instrumentation*. Washington DC: American Psychological Association.

Cameron, J., Banko, K. & Pierce, W. D. (2001). Pervasive negative effects of rewards on intrinsic motivation. The myth continues. *The Behavior Analyst, 24,* 1-44.

Carroll, J. B. (1993). *Human cognitive abilities: A survey of factor-analytic studies*. Cambridge: Cambridge University Press.

Carroll, J. B. (2003). The higher-stratum structure of cognitive abilities: Current evidence supports g and about ten broad factors. In H. Nyborg (Ed.), *The scientific study of general intelligence: Tribute to Arthur R. Jensen* (pp 5-21), San Diego: Pergamon Press.

Cattell, R. B. (1961). *Culture Free Intelligence Test, scale 3* (2nd ed.). Champaign, Il: Institut for Personality and Ability Testing.

Cattell, R. B. (1963). Theory of fluid and crystallized intelligence: A critical experiment. *Journal of Educational Psychology, 54,* 1-22.

Cattell, R. B. (1987). *Intelligence: Its structure, growth and action*. New York: North-Holland.

Cattell, R. B. & Weiß, R. H. (1973). *Grundintelligenztest Skala 3 (CFT 3)*. Göttingen: Hogrefe.

Chapman, J. (1988). Learning disabled children's self-concept. *Review of Educational Research, 58,* 347-371.

Chapman, J. & Tunmer, W. E. (1997). A longitudinal study of beginning reading achievement and reading self-concept. *British Journal of Educational Psychology, 67,* 279-291.

Chen, J.-Q. Morgan, S & Gardner, H. (2009). *Multiple intelligences around the world*. San Francisco, CA: Jossey-Bass.

Cialdini, R. B., Borden, R. J., Thorne, A., Walker, M. R., Freeman, S. & Sloan, L. R. (1976). Basking in reflected glory: Three (football) field studies. *Journal of Personality and Social Psychology, 34,* 366-375.

Cizek, G. J., Fitzgerald, S. M. & Rachor, R. E. (1995/1996). Teachers' assessment practices: Preparation, isolation, and the kitchen sink. *Educational Assessment, 3* (2), 159-179.

Cleary, T. A. (1968). Testbias: Prediction of grades of negro and white students in integrated colleges. *Journal of Educational Measurement, 5,* 115-124.

Cole, N. (1993). History and development in DIF. In P. W. Holland & H. Wainer (Eds.), *Differential Item Functioning*. Hillsdale, NJ: Lawrence Erlbaum Associates.

Collins, C. J., Hanges, P. J. & Locke, E. A. (2004). The relations of achievement motivation to entrepreneurial behavior: A meta-analysis. *Human Performance, 17,* 95-117.

Corno, L. (2008). On teaching adaptively. *Educational Psychologist, 43,* 161-173.

Corno, L. & Snow, R. E. (1986). Adapting teaching to individual differences in learners. In M. C. Wittrock (Ed.), *Third handbook of research on teaching* (pp. 605-629). Washington, DC: American Educational Research Association.

Crabtree, J. & Ruthland, A. (2001). Self-evaluation and social comparisons amongst adolescent with learning difficulties. *Journal of Community and Applied Social Psychology, 11,* 347-359.

Cronbach, L. J. (1990). *Essentials of psychological testing*. (5th ed.). New York: Harper & Row

Cronbach, L. J. (1951). Coefficient alpha and the internal structure of tests. *Psychometrika, 16,* 297-334.

Cronbach, L. J. & Snow, R. E. (1977). *Aptitudes and instructional methods. A handbook for research an interaction*. New York, NY: Irvington Publishers.

Cross, L. H. & Frary, R. B. (1999). Hodgepodge grading: Endorsed by students and teachers alike. *Applied Measurement in Education, 12*, 53-72.

Cury, F., Elliot, A. J., Da Fonseca, D. & Moller, A. C. (2006). The social-cognitive model of achievement motivation and the 2 x 2 achievement goal framework. *Journal of Personality and Social Psychology, 90*, 666-679.

Daniels, J. C. (1962). *Figure reasoning test.* London: Lookwood.

Daniels, J. C. & Booth, J. (2004). *Figure Reasoning Test. (FRT/FRT-J).* Neubearbeitung des »klassischen« Tests durch Neunormierung und die Erstellung einer Parallelform. Frankfurt/Main: Harcourt.

Dauenheimer, D. & Frey D. (1996). Soziale Vergleichsprozesse in der Schule. In J. Möller & O. Köller (Hrsg.), *Emotion, Kognition und Schulleistung* (S. 158-174). Weinheim: Beltz PVU.

Deary, I. J., Strand, S., Smith, P. & Fernandes, C. (2007). Intelligence and educational achievement. *Intelligence, 35*, 13-21.

DeCharms, R. & Davé, P. N. (1965). Hope of success, fear of failure, subjective probability. *Journal of Personality and Social Psychology, 1*, 558-568.

DeCharms, R., Morrison, H. W., Reitman, W. R. & McClelland, D. C. (1955). Behavioral correlates of directly and indirectly measured achievement motivation. In D.C. McClelland (Ed.), *Studies in motivation* (pp. 414-423). New York: Appleton-Century-Crofts.

Deci, E. L. (1971). Effects of external mediated rewards on intrinsic motivation. *Journal of Personality and Social Psychology, 18*, 105-115.

Deci, E. L. & Ryan, R. M. (1985). *Intrinsic motivation and self-determination in human behavior.* New York: Plenum Press.

Deci, E. L. & Ryan, R. M. (1993). Die Selbstbestimmungstheorie der Motivation und ihre Bedeutung für die Pädagogik. *Zeitschrift für Pädagogik, 39*, 223-238.

Deci, E. L. & Ryan, R. M. (1994). Promoting self-determinated education. *Scandinavian Journal of Educational Research, 38*, 3-14.

Deci, E. L. & Ryan, R. M. (2000a). The «what« and «why« of goal pursuits: Human needs and the self-determination of behavior. *Psychological Inquiry, 11*, 227-268.

Deci, E. L. & Ryan, R. M. (2000b). Self-determination theory and the facilation of intrinsic motivation, social development, and well-being. *American Psychologist, 55*, 68-78.

Deci, E. L. & Ryan, R. M. (2002). Overview of self-determination theory: An organismic dialectical perspective. In E. L. Deci & R. M. Ryan (Eds.), *Handbook of self-determination research* (pp. 3-33). Rochester: University of Rochester Press.

Deci, E. L., Ryan, R. M. & Koestner, M. (1999). A meta-analytic review of experiments examining the effects of extrinsic rewards on intrinsic motivation. *Psychological Bulletin, 125*, 627-668.

Demaray, M. K. & Elliot, S. N. (1998). Teachers' judgments of students' academic functioning: A comparison of actual and predicted performances. *School Psychology Quarterly, 13*, 8-24.

Deno, S. L. (2003). Developments in curriculum-based measurement. *Journal of Special Education, 37*, 184-192.

Deusinger, I. M. (1986). *Die Frankfurter Selbstkonzeptskalen (FSKN).* Göttingen: Hogrefe.

Deutsches PISA-Konsortium (Hrsg.) (2001). *PISA 2000. Basiskompetenzen von Schülerinnen und Schülern im internationalen Vergleich.* Opladen: Leske + Budrich.

Dicker, H. (1995). Die Reliabilität der Beurteilung von Mathematikarbeiten. In K. Ingenkamp (Hrsg.), *Die Fragwürdigkeit der Zensurengebung. Texte und Untersuchungsberichte* (S. 173-176). Weinheim: Beltz.

Dickhäuser, O. (2006). Fähigkeitsselbstkonzepte: Entstehung, Auswirkung, Förderung. *Zeitschrift für Pädagogische Psychologie, 20*, 5-8.

Dickhäuser, O. & Rheinberg, F. (2003). Bezugsnormorientierung: Erfassung, Probleme, Perspektiven. In J. Stiensmeier-Pelster & F. Rheinberg (Hrsg.), *Diagnostik von Motivation und Selbstkonzept* (S. 41-55). Göttingen: Hogrefe.

Dickhäuser, O., Schöne, C., Spinath, B. & Stiensmeier-Pelster, J. (2002). Die Skalen zum akademischen Selbstkonzept (SASK): Konstruktion und Überprüfung eines neuen Instrumentes. *Zeitschrift für Differentielle und Diagnostische Psychologie, 23*, 393-405.

Ditton, H. (2008). Der Beitrag von Schule und Lehrern zur Reproduktion von Bildungsungleichheit. In R. Becker & W. Lauterbach (Hrsg.), *Bildung als Privileg. Erklärungen und Befunde zu den Ursachen der Bildungsungleichheit* (3. Aufl.) (S. 247-275). Wiesbaden: VS Verlag für Sozialwissenschaften.

Dörner, D. (1986). Diagnostik der operativen Intelligenz. *Diagnostica, 32*, 290-308.

Dowson, M. & McInerney, D. M. (2003). Psychological parameters of students' social and work-avoidance goals: A qualitative investigation. *Journal of Educational Psychology, 93*, 35-42.

Dowson, M. & McInerney, D. M. (2003a). What do students say about their motivational goals? Toward a more complex and dynamic perspec-

tive on student motivation. *Contemporary Educational Psychology, 28,* 91-113.
Duda, J. L. & Nicholls, J. G. (1992). Dimensions of achievement motivation in schoolwork and sport. *Journal of Educational Psychology, 84,* 290-299.
Dweck, C. S. (1986). Motivational processes affecting learning. *American Psychologist, 41,* 1040-1048.
Dweck, C. S. & Leggett, E. L. (1988). A social cognitive approach to motivation and personality. *Psychological Review, 95,* 256-273.
Eccles, J., Wigfield, A., Harold, R. & Blumenfeld, P. (1993). Age and gender differences in children's self- and task perceptions during elementary school. *Child Development, 64,* 830-847.
Eckert, T. L., Dunn, E. K., Codding, R. S., Begeny, J. C. & Kleinmann, A. E. (2006). Assessment of mathematics and reading performance: An examination of the correspondence between direct assessment of student performance and teacher report. *Psychology in the Schools, 43,* 247-265.
Eells, W. C. (1995). Die Zuverlässigkeit wiederholter Benotungen von aufsatzähnlichen Prüfungsarbeiten. In K. Ingenkamp (Hrsg.), *Die Fragwürdigkeit der Zensurengebung. Texte und Untersuchungsberichte* (S. 167-172). Weinheim: Beltz.
Eid, M. & Schmidt, K. (2014). *Testtheorie und Testkonstruktion.* Göttingen: Hogrefe.
Eisenberger, R. & Cameron, J. (1996). Detrimental effects of reward: Reality or Myth? *American Psychologist, 51,* 1153-1166.
Elliot, A. J. (1997). Integrating «classic« and «contemporary« approaches to achievement motivation: A hierarchical model of approach and avoidance achievement motivation. In P. Pintrich & M. Maehr (Eds.), *Advances in motivation and achievement* (Vol. 10, pp. 143-179). Greenwich, CT: JAI Press.
Elliot, A. J. (1999). Approach and avoidance motivation and achievement goals. *Educational Psychologist, 34,* 169-189.
Elliot, A. J., & Harackiewicz, J. M. (1996). Approach and avoidance achievement goals and intrinsic motivation: A mediational analysis. *Journal of Personality and Social Psychology, 70,* 461-475.
Elliot, A. J. & Church, M. (1997). A hierarchical model of approach and avoidance achievement motivation. *Journal of Personality and Social Psychology, 72,* 218-232.
Elliot, A. J. & McGregor, H. A. (1999). Test anxiety and the hierarchical model of approach and avoidance achievement motivation. *Journal of Personality and Social Psychology, 76,* 628-644.
Elliot, A. J. & McGregor, H. A. (2001). The 2 x 2 achievement goal framework. *Journal of Personality and Social Psychology, 80,* 501-519.
Elliot, A. J., McGregor, H. A. & Gable, S. (1999). Achievement goals, study strategies, and exam performance: A mediational analysis. *Journal of Educational Psychology, 91,* 549-563.
Entwisle, D. R. (1972). To dispel fantasies about fantasy-based measures of achievement motivation. *Psychological Bulletin, 77,* 377-391.
Entwistle, N. J. (1988). Motivation factors in students' approaches to learning. In R. R. Schmeck (Ed.), *Learning strategies and learning styles* (pp. 21-52). New York: Plenum.
Ericsson, K. A. & Simon, H. A. (1980). Verbal reports as data. *Psychological Review, 87,* 215-251.
Feather, N. T. (1961). The relationship of persistence at a task to expectation of success and achievement-related motives. *Journal of Abnormal and Social Psychology, 63,* 552-561.
Feinberg, A. B. & Shapiro, E. S. (2003). Accuracy of teacher judgments in predicting reading fluency. *School Psychology Quarterly, 18,* 52-65.
Feingold, A. (1992). Good-looking people are not what we think. *Psychological Bulletin, 104,* 226-235.
Ferdinand, W. (1971). Das Vorurteil des Lehrers über die Leistungsfähigkeit bestimmter Schüler im Spiegel der Aufsatzzensur. *Schule und Psychologie, 18* (3), 92-95.
Festinger, L. (1954). A theory of social comparison processes. *Human Relations, 7,* 117-140.
Filipp, S.-H. & Mayer, A.-K. (2005). Selbstkonzept-Entwicklung. In J. Asendorpf & H. Rauh (Hrsg.), *Enzyklopädie der Psychologie, Themenbereich C: Theorie und Forschung. Serie V: Entwicklungspsychologie. Band 3* (S. 259-334). Göttingen: Hogrefe.
Fineman, S. (1977). The achievement motive construct and its measurement: Where we are now? *British Journal of Psychology, 68,* 1-22.
Fischer, C. (Hrsg.). (2012). *Diagnose und Förderung statt Notengebung? Problemfelder schulischer Leistungsbewertung.* Münster: Waxmann.
Fischer, F. T., Schult, J. & Hell, B. (2013). Sex-specific differential prediction of college admission tests: A metaanalysis. *Journal of Educational Psychology, 105,* 478-488.
Formann, A. K., Waldherr, K. & Piswanger, K. (2011). *Wiener Matrizen-Test 2 (WMT-2). Ein Rasch-skalierter sprachfreier Kurztest zur Erfassung der Intelligenz.* Göttingen: Hogrefe.
Fraser, B. J., Walberg, H. J., Welch, W. W. & Hattie, J. A. (1987). Syntheses of educational

productivity research. *International Journal of Educational Research, 11*, 147-252.

Friedrich, H. F. & Mandel, H. (1992). Lern- und Denkstrategien – ein Problemaufriß. In H. Mandl & H. F. Friedrich (Hrsg.), *Lern- und Denkstrategien* (S. 3-54). Göttingen: Hogrefe.

Friedman, S. J. & Manley, M. (1992). Improving high school grading practices: «Experts« vs. «practitioners«. *NASSP Bulletin, 76*, 100-104.

Fuchs, L. S. (2004). The past, present, and future of curriculum-based measurement. *School Psychology Review, 33*, 188-192.

Funke, J. & Vaterrodt, B. (2009). *Was ist Intelligenz* (3. aktual. Aufl.). München: C. H. Beck.

Gardner, H. (1983). *Frames of mind: The theory of multiple intelligences.* New York: Basic Books.

Gardner, H. (1993). *Creating minds: Anatomy of creativity seen through the lives of Freud, Einstein, Picasso, Stravinsky, Elliot, Graham, and Gandhi.* New York, NY: Basic Books.

Gardner, H. (2001). *Abschied vom IQ. Die Rahmen-Theorie der vielfachen Intelligenzen.* Stuttgart: Klett-Cotta.

Gardner, H. (2006). *Multiple intelligences: New horizons in theory and practice.* New York: Perseus.

Garner, R. (1988). Verbal-report data on cognitive and metacognitive strategies. In C. E. Weinstein, E. T. Goetz & P. A. Alexander (Eds.), *Learning and study strategies: Issues in assessment, instruction, and evaluation.* San Diego: Academic Press.

Gebhardt, M., Heine, J-H., Zeuch, N. & Förster, N. (2015). Lernverlaufsdiagnostik im Mathematikunterricht der zweiten Klasse. Raschanalysen zur Adaptation eines Testverfahrens für den Einsatz in inklusiven Klassen. *Empirische Sonderpädagogik, 3*, 206-222.

Giesen, H., Gold, A., Hummer, A. & Jansen, R. (1986). *Prognose des Studienerfolgs. Ergebnisse aus Längsschnittuntersuchungen.* Frankfurt a. M.: Institut für Pädagogische Psychologie.

Gjesme, T. (1971). Motive to achieve success and motive to avoid failure in relation to school performance for pupils of different ability levels. *Scandinavian Journal of Educational Research, 15*, 81-99.

Gniewosz, B. (2011). Beobachtung. In H. Reinders, H. Ditton, C. Gräsel & B. Gniewosz (Hrsg.), *Empirische Bildungsforschung. Strukturen und Methoden* (S. 99-107). Wiesbaden: VS-Verlag.

Götz, T. (2006). *Selbstreguliertes Lernen. Förderung metakognitiver Kompetenzen im Unterricht der Sekundarstufe.* Donauwörth: Auer.

Götz, T., Pekrun, R., Zirngibl, A., Jullien, S., Kleine, M., vom Hofe, R. & Blum, W. (2004). Leistung und emotionales Erleben im Fach Mathematik: Längsschnittliche Mehrebenenanalysen. *Zeitschrift für Pädagogische Psychologie, 18*, 201-212.

Gold, A. & Souvignier, E. (2005). Prognose der Studierfähigkeit. Ergebnisse aus Längsschnittanalysen. *Zeitschrift für Entwicklungspsychologie und Pädagogische Psychologie, 37*, 214-222.

Goldhammer, F. & Hartig, J. (2007). Interpretation von Testresultaten und Testeichung. In H. Moosbrugger & A. Kelava (Hrsg.), *Testtheorie und Fragebogenkonstruktion* (S. 165-192). Heidelberg: Springer.

Goleman, D. (1995). *Emotional intelligence: Why it can matter more than IQ.* New York: Bantam Books.

Gottfredson, L. S. (1997a). Why g matters: The complexity of everyday life. *Intelligence, 24*, 79-132.

Gottfredson, L. S. (1997b). Mainstream science on intelligence: An editorial with 52 signatories, history, and bibliography. *Intelligence, 24*, 13-23.

Greene B. A. & Miller R. B. (1996). Influence on achievement: Goals, perceived ability, and cognitive engagement. *Contemporary Educational Psychology, 21*, 181-192.

Greenwood J. D. (2015) Intelligence defined: Wundt, James, Cattell, Thorndike, Goddard, and Yerkes. In S. Goldstein, D. Princiotta & J. Naglieri (Eds), *Handbook of Intelligence* (pp 123-135). Springer: New York.

Greve, W. & Wenturea, D. (1997). *Wissenschaftliche Beobachtung.* Weinheim: Beltz Psychologie Verlags Union.

Groffmann, K.-J. (1983). Die Entwicklung der Intelligenzmessung. In K.-J. Groffmann & L. Michel (Hrsg.), *Intelligenz- und Leistungsdiagnostik. Enzyklopädie der Psychologie, Themenbereich B: Methodologie und Methoden. Serie II: Psychologische Diagnostik. Band 2* (S. 1-103). Göttingen: Hogrefe.

Guay, F., Marsh, H. W. & Boivin, M. (2003). Academic self-concept and academic achievement: Developmental perspectives on their causal ordering. *Journal of Educational Psychology, 95*, 124-136.

Guilford, J. P. (1967). *The nature of intelligence.* New York: McGraw-Hill.

Guilford, J. P. (1985). The structure-of-intellect model. In W. B. Wolman (Ed.), *Handbook of intelligence* (pp. 225-266). New York: Wiley.

Guilford, J. P. & Hoepfner, R. (1971). *The analysis of intelligence.* New York: McGraw-Hill.

Guldimann, T. & Lauth, G. W. (2004). Förderung von Metakognition und strategischem Lernen. In G. W. Lauth, M. Grünke & J. Brunstein (Hrsg.), *Interventionen bei Lernstörungen. Förderung, Training und Therapie in der Praxis* (S. 176-186). Göttingen: Hogrefe.

Gulliksen, H. (1950). *Theory of mental tests.* New York: Wiley.

Haecker, H. (1971). Subjektive Faktoren im Leistungsurteil der Lehrer. *Schule und Psychologie, 18*, 74-84.

Hamilton, J. O. (1974). Motivation and risk-taking behaviour: A test of Atkinson's theory. *Journal of Personality and Social Psychology, 29*, 856-864.

Hamilton, R. J. (1997). Effects of three types of elaboration a learning concepts from text. *Contemporary Educational Psychology, 22*, 299-318.

Hamilton, C. & Shinn, M. (2003). Characteristics of word callers: An investigation of the accuracy of teachers' judgments of reading comprehension and oral reading skills. *School Psychology Review, 32*, 228-240.

Hannover, B. & Kessels, U. (2011). Sind Jungen die neuen Bildungsverlierer? Empirische Evidenz für Geschlechtsdisparitäten zuungunsten von Jungen und Erklärungsansätze. *Zeitschrift für Pädagogische Psychologie, 25*, 89-103.

Hansford, B. C. & Hattie, J. A. (1982). The relationship between self and achievement / performance measures. *Review of Educational Research, 52*, 123-142.

Harackiewicz, J. M., Barron, K. E., Pintrich, P. R., Elliot, A. J. & Trash, T. M. (2002). Revision of achievement goal theory: Necessary and illuminating. *Journal of Educational Psychology, 94*, 638-645.

Hardesty, F. P. & Priester, H. J. (1966). *Handbuch für den Hamburg-Wechsler-Intelligenztest für Kinder.* Bern: Huber.

Hartig, J., Frey, A. & Jude, N. (2007). Validität. In H. Moosbrugger & A. Kelava (Hrsg.), *Testtheorie und Fragebogenkonstruktion* (S. 135-164). Heidelberg: Springer.

Hartog, P. & Rhodes, E. C. (1995). Die Beurteilung mündlicher Prüfungen. In K. Ingenkamp (Hrsg.), *Die Fragwürdigkeit der Zensurengebung: Texte und Untersuchungsberichte* (9. Aufl.) (S. 177-183). Weinheim: Beltz.

Hascher, T. (2005). Diagnostizieren in der Schule. In A. Bartz, C. Kloeft, J. Fabian, S. Huber, H. Rosenbusch & H. Sassenscheidt (Hrsg.), *Praxiswissen Schulleitung* (S. 1-8). Bonn: Wolters Kluwer.

Hascher, T. (2008). Diagnostische Kompetenzen im Lehrberuf. In C. Krahler & M. Schratz (Hrsg.), *Wissen erwerben, Kompetenzen entwickeln. Modell zur kompetenzorientierten Lehrerbildung* (S. 71-86). Münster: Waxmann.

Hasebrook, J. & Brünken, R. (2010). Aptitude-Treatment-Interaktion. In D. H. Rost (Hrsg.), *Handwörterbuch Pädagogische Psychologie* (4. Aufl.) (S. 23-29). Weinheim: Beltz.

Hasselhorn, M. & Gold, A. (2013). *Pädagogische Psychologie. Erfolgreiches Lernen und Lehren* (3. Aufl.). Stuttgart: Kohlhammer.

Heckhausen, H. (1963). *Hoffnung und Furcht in der Leistungsmotivation.* Meisenheim: Hain.

Heckhausen, H. (1965). Leistungsmotivation. In H. Thomae (Hrsg.), *Handbuch der Psychologie* (Vol. 2, S. 602-702). Göttingen: Hogrefe.

Heckhausen, H. (1972). Die Interaktion der Sozialisationsvariablen in der Genese des Leistungsmotivs. In C. F. Graumann (Hrsg.), *Handbuch der Psychologie* (Vol. 7/2, S. 955-1019). Göttingen: Hogrefe.

Heckhausen, H. (1974). *Leistung und Chancengleichheit.* Göttingen: Hogrefe.

Heckhausen, H. (1975). Fear of failure as a self-reinforcing motive system. In I. G. Sarason & C. Spielberger (Eds.), *Stress and anxiety* (pp. 117-128). Washington, D. C.: Hemisphere.

Heckhausen, H. (1989). *Motivation und Handeln* (2.Aufl.). Berlin: Springer.

Heckhausen, J. & Heckhausen, H. (Hrsg.). (2010). *Motivation und Handeln* (4. Aufl.). Berlin: Springer-Verlag.

Heckhausen, H., Schmalt, H.-D. & Schneider, K. (1985). *Achievement motivation in perspective.* New York: Academic Press.

Hell, B., Trapmann, S. & Schuler, H. (2007). Eine Metaanalyse der Prognosekraft von Studierfähigkeitstests. *Empirische Pädagogik, 21*, 251-270.

Hell, B., Trapmann, S. & Schuler, H. (2008). Synopse der Hohenheimer Metaanalysen zur Prognostizierbarkeit des Studienerfolgs und Implikationen für die Auswahl- und Beratungspraxis. In H. Schuler & B. Hell (Hrsg.), *Studierendenauswahl und Studienentscheidung* (S. 43-54). Göttingen: Hogrefe.

Hellmich, F. & Höntges, J. (2009). Möglichkeiten der Erfassung von Lernstrategien im Leseunterricht der Grundschule. In F. Hellmich & S. Wernke (Hrsg.), *Lernstrategien im Grundschulalter. Konzepte, Befunde und praktische Implikationen* (S. 61-70). Stuttgart: Kohlhammer.

Helmke, A. (1991). Entwicklung des Fähigkeitsselbstbildes vom Kindergarten bis zur dritten Klasse. In R. Pekrun & H. Fend (Hrsg.), *Schule und Persönlichkeitsentwicklung* (S. 83-99). Stuttgart: Enke.

Helmke, A. (1992). *Selbstvertrauen und schulische Leistung.* Göttingen: Hogrefe.

Helmke, A. (1997). Entwicklung lern- und leistungsbezogener Motive und Einstellungen: Ergebnisse aus dem SCHOLASTIK-Projekt. In F. E. Weinert & A. Helmke (Hrsg.), *Entwicklung im Grundschulalter*. Weinheim: Beltz.

Helmke, A. (1998). Vom Optimisten zum Realisten? Zur Entwicklung des Fähigkeitsselbstkonzeptes vom Kindergarten bis zur 6. Klassenstufe. In F. E. Weinert (Hrsg.), *Entwicklung im Kindesalter* (S. 115-132). Weinheim: Beltz PVU.

Helmke, A. (2008). *Unterrichtsqualität erfassen, bewerten, verbessern*. Stuttgart: Klett/Kallmeyer.

Helmke, A. & Renkl, A. (1992). Das Münchner Aufmerksamkeitsinventar (MAI): Ein Instrument zur systematischen Verhaltensbeobachtung der Schüleraufmerksamkeit im Unterricht. *Diagnostica 38*, 130-141.

Helmke, A. & van Aken, M. A. G. (1995). The causal ordering of academic achievement and self-concept of ability during elementary school: A longitudinal study. *Journal of Educational Psychology, 87*, 624-637.

Helmke, A. & Weinert, F. E. (1997). Bedingungsfaktoren schulischer Leistungen. In F. E. Weinert (Hrsg.), Enzyklopädie der Psychologie, Themenbereich D, Pädagogische Psychologie. Band 3: *Psychologie des Unterrichts und der Schule* (S. 71-176). Göttingen Hogrefe.

Helmke, A., Hosenfeld, I. & Schrader, F. -W. (2004). Vergleichsarbeiten als Instrument zur Verbesserung der Diagnosekompetenz von Lehrkräften. In R. Arnold & C. Griese (Hrsg.), *Schulleistung und Schulentwicklung* (S. 119-143). Hohengehren: Schneider-Verlag.

Helmke A. & Schrader, F. -W. (2010). Determinanten der Schulleistung. In D. H. Rost (Hrsg.), *Handwörterbuch Pädagogische Psychologie* (4. Aufl.) (S. 90 - 102). Weinheim: Beltz.

Hermans, H. J. M., Petermann, F. & Zielinski, J. (1978). *Leistungsmotivationstest (LMT)*. Frankfurt: Swets Test Services.

Hitpass, J. H. (1978). Hochschulzulassung. - Besondere Auswahltests Zahnmedizin (BATZ). *Zeitschrift für experimentelle und angewandte Psychologie, 25*, 75-96.

Hofer, M. (2003). Wertewandel, schulische Motivation und Unterrichtsorganisation. In W. Schneider & K. Stapf (Hrsg.), *Entwicklung, Lehren und Lernen* (S. 235-253). Göttingen: Hogrefe.

Hofer, M. (2004). Schüler wollen für die Schule lernen, aber auch anderes tun. *Zeitschrift für Pädagogische Psychologie, 18*, 79-92.

Hofer, M. & Saß, C. (2006). »Also, man würde lieber rausgehen, wenn viele Hausaufgaben zu machen sind.« Motivationale Handlungskonflikte aus Elternsicht. *Psychologie in Erziehung und Unterricht, 53*, 122-133.

Hofstätter, P. R. (1966). Zum Begriff der Intelligenz. *Psychologische Rundschau,17*, 229-248.

Hoge, R. D. & Coladarci, T. (1989). Teacher-based judgements of academic achievement: A review of literature. *Review of Educational Research, 59*, 297-313.

Holland, P. W. & Wainer, H. (Eds.). (1993). *Differential Item Functioning*. Hillsdale, NJ: Lawrence Erlbaum Associates.

Holling, H., Preckel, F. & Vock, M. (2004). *Intelligenzdiagnostik. Kompendien psychologische Diagnostik – Band 6*. Göttingen: Hogrefe.

Hopkins, K. D., George, C. A. & Williams, D. D. (1985). The concurrent validity of standardized achievement test by content area using teachers' ratings as criteria. *Journal of Educational Measurement, 22*, 177-182.

Horn, J. L. & Cattell, R. B. (1966). Refinement and test of the theory of fluid and crystallized general intelligence. *Journal of Educational Psychology, 57*, 253-270.

Horn, J. L., & Noll, J. (1997). Human cognitive capabilities: Gf-Gc theory. In D. P. Flanagan, J. L. Gensaft, & P. L. Harrison (Eds.), *Contemporary intellectual assessment: Theories, tests, and issues* (pp. 53-91). New York: Guilford.

Horn, W. Lukesch, H., Kormann, A. & Mayrhofer S. (2002). *Prüfsystem für Schul- und Bildungsberatung für 4. bis 6. Klassen - revidierte Fassung* (PSB-R 4-6). Göttingen: Hogrefe.

Horn, W. Lukesch, H., Mayrhofer S. & Kormann, A. (2003). *Prüfsystem für Schul- und Bildungsberatung für 6. bis 13. Klassen - revidierte Fassung (PSB-R 6-13)*. Göttingen: Hogrefe.

Horn, R. (Hrsg.). (2009). *Standard Progressive Matrices (SPM). Deutsche Bearbeitung und Normierung nach J. C. Raven* (2. Aufl.). Frankfurt: Pearson Assessment.

Hosenfeld, I., Helmke, A. & Schrader, F.-W. (2002). Diagnostische Kompetenz: Unterrichts- und lernrelevante Schülermerkmale und deren Einschätzung durch Lehrkräfte in der Unterrichtsstudie SALVE. In M. Prenzel & J. Doll (Hrsg.), *Bildungsqualität von Schule: Schulische und außerschulische Bedingungen mathematischer, naturwissenschaftlicher und überfachlicher Kompetenzen. Zeitschrift für Pädagogik, 45*. Beiheft (S. 65-82). Weinheim: Beltz.

Hossip, R. Turck, D. & Hasella, M. (2001). *BOMAT – advanced – short version. Bochumer Matrizentest*. Göttingen: Hogrefe.

Hunt, E. (2000). Let's hear for crystallized intelligence. *Learning and Individual Differences, 12*, 123-129.

Ingenkamp, K. (1969). *Zur Problematik der Jahrgangsklasse.* Weinheim: Beltz.

Ingenkamp, K. (Hrsg.).(1995). *Die Fragwürdigkeit der Zensurengebung: Texte und Untersuchungsberichte* (9. Aufl.). Weinheim: Beltz. (Original: 1971).

Ingenkamp, K. & Lissmann, U. (2005). *Lehrbuch der Pädagogischen Diagnostik* (5. überarbeitete Aufl.). Weinheim: Beltz.

Jäger, A. O. (1982). Mehrdimensionale Klassifikation von Intelligenzleistungen: Experimentell kontrollierte Weiterentwicklung des deskriptiven Intelligenzstrukturmodell. *Diagnostica, 28*, 314-333.

Jäger, A. O. (1984). Intelligenzstrukturforschung. Konkurrierende Modelle, neue Entwicklungen, Perspektiven. *Psychologische Rundschau, 35*, 21-35.

Jäger, A. O., Süß, H.-M. & Beauducel, A. (1997). *BIS-Test. Berliner Intelligenzstruktur-Test. Form 4.* Göttingen: Hogrefe.

Jäger, A. O., Holling, H., Preckel, F., Schulze, R., Vock, M., Süß, H.-M. & Beauducel, A. (2006). *BIS-HB. Berliner Intelligenzstrukturtest für Jugendliche: Begabungs- und Hochbegabungsdiagnostik.* Göttingen: Hogrefe.

Jensen, A. R. (1998). The g factor and the design of education. In R. J. Sternberg & W. M. Williams (Eds.), *Intelligence, instruction, and assessment: Theory into practice* (pp. 111-131). Mahwah, NJ: Lawrence Erlbaum.

Kail, R. & Pellegrino, J. W. (1989). *Menschliche Intelligenz* (2. Aufl.). Heidelberg: Spektrum.

Kane, M. T. (2001). Current concerns in validity theory. *Journal of Educational Measurement, 38*, 319-342.

Keller, G. & Thiel, R.-D. (1998). *Lern- und Arbeitsverhaltensinventar (LAVI).* Göttingen: Hogrefe.

Kersting, M., Althoff, K. & Jäger, A. O. (2008). *Wilde-Intelligenz-Test 2 (WIT-2).* Göttingen: Hogrefe.

Kiper, H. (2008). Zur Diskussion um Heterogenität in Gesellschaft, Pädagogik und Unterrichtstheorie. In H. Kiper, C. Palentien, S. Miller & C. Rohlfs (Hrsg.), *Lernarrangements für heterogene Gruppen* (S. 78-105). Bad Heilbrunn: Klinkhardt.

Klauer, K. C. (2000). Planen im Alltag: Ein wissensbasierter Prozess. In J. Möller, B. Strauß & S. M. Jürgens (Hrsg.), *Psychologie und Zukunft. Prognosen – Prophezeiungen – Pläne* (S. 171-187). Göttingen: Hogrefe.

Klauer, K. J. (2011). Lernverlaufsdiagnostik – Konzepte, Schwierigkeiten und Möglichkeiten. *Empirische Sonderpädagogik, 3*, 207-224.

Klauer, K. J. (2014). Formative Leistungsdiagnostik: Historischer Hintergrund und Weiterentwicklung zur Lernverlaufsdiagnostik. In M. Hasselhorn, W. Schneider & U. Trautwein (Hrsg.), *Lernverlaufsdiagnostik* (S. 1-17). Göttingen: Hogrefe.

Klauer, K. J. & Leutner, D. (2007). *Lehren und Lernen. Einführung in die Instruktionspsychologie.* Weinheim: Beltz Psychologie Verlags Union.

Klieme, E. & Baumert, J. (2001). Identifying national cultures of mathematics education: Analysis of cognitive demands and differential item functioning in TIMSS. *European Journal of Psychology in Education, 16*, 385-402.

Klinger, E. (1966). Fantasy need achievement as a motivational construct. *Psychological Bulletin, 66*, 291-308.

KMK (1968). Beschluss der Ständigen Konferenz der Kultusminister der Länder der Bundesrepublik Deutschland (KMK) vom 3. 10. 1968, Erg.-Lfg. 12 v. 21.4. 1969, 671, S. 1.

Köller, O. (1998). *Zielorientierungen und schulisches Lernen.* Münster: Waxmann.

Köller, O. (2004). *Konsequenzen von Leistungsgruppierungen.* Münster: Waxmann.

Köller, O. (2005). Bezugsnormorientierung von Lehrkräften: Konzeptionelle Grundlagen, empirische Befunde und Ratschläge für das praktische Handeln. In R. Vollmeyer & J. Brunstein (Hrsg.), *Motivationspsychologie und ihre Anwendung* (S. 189-202). Stuttgart: Kohlhammer.

Köller, O. & Baumert, J. (1998). Ein deutsches Instrument zur Erfassung von Zielorientierungen bei Schülerinnen und Schülern. *Diagnostica, 44*, 173-181.

Köller, O. & Schiefele, U. (2003). Selbstreguliertes Lernen im Kontext von Schule und Hochschule. *Zeitschrift für Pädagogische Psychologie, 17*, 155-157.

Köller, O., Klemmert, H., Möller, J. & Baumert, J. (1999). Eine längsschnittliche Überprüfung des Modells des Internal/External Frame of Reference. *Zeitschrift für Pädagogische Psychologie, 13*, 128-134.

Kohn, A. (1993). *Punished by Rewards.* Boston: Houghton-Mifflin.

Konrad, K. (2008). *Erfolgreich selbstgesteuert lernen. Theoretische Grundlagen, Forschungsergebnisse, Impulse für die Praxis.* Bad Heilbrunn: Klinkhardt.

Kraft, S. (1999). Selbstgesteuertes Lernen. Problembereiche in Theorie und Praxis. *Zeitschrift für Pädagogik, 45*, 833-845.

Krajewski, K., Liehm, S. & Schneider, W. (2004). *Deutscher Mathematiktest für zweite Klassen (DEMAT 2+)*. Göttingen: Hogrefe.

Krampen, G. (1984). Welche Funktionen haben Zensuren in der Schule? Eine empirische Untersuchung zu Funktionswahrnehmungen von Lehrern, Lehramtskandidaten und Schülern. *Zeitschrift für Erziehungswissenschaftliche Forschung, 18*, 89-102.

Krug, S. & Peters, J. (1977). Persönlichkeitsänderung nach Sonderschuleinweisung. *Zeitschrift für Entwicklungspsychologie und Pädagogische Psychologie, 9*, 181-184.

Krug, S. & Lecybyl, R. (2005). Die Veränderung von Einstellung, Mitarbeit und Lernleistung im Verlauf einer bezugsnormspezifischen Motivationsintervention. In F. Rheinberg & S. Krug (Hrsg.), *Motivationsförderung im Schulalltag* (3. Aufl.) (S. 95-114). Göttingen: Hogrefe.

Kuhl, J. (1978). Situations-, reaktions- und personenbezogene Konsistenz des Leistungsmotivs bei der Messung mittels des Heckhausen TAT. *Archiv für Psychologie, 130*, 37-52.

Kuhl, J. (1983). *Motivation, Konflikt und Handlungskontrolle*. Berlin: Springer.

Kuhl, J. (1998). Wille und Persönlichkeit: Von der Funktionsanalyse zur Aktivierungsdynamik psychischer Systeme. *Psychologische Rundschau, 49*, 61-77.

Kuhl, J. & Christ, E. (1993). *Selbstregulations-Strategietest für Kinder (SRST-K)*. Göttingen: Hogrefe.

Kulik, J. A. & Kulik, C-L. C. (1992). Meta-analytic findings on grouping programs. *Gifted Child Quarterly, 36*, 73-77.

Kuncel, N. R., Herzlett, S. A. & Ones, D. S. (2004). Academic performance, career potential, creativity, and job performance: Can one construct predict them all? *Journal of Personality and Social Psychology, 86*, 148-161.

Landmann, M. & Schmitz, B. (2007). Nutzen und Grenzen standardisierter Selbstregulationstagebücher. *Empirischen Pädagogik, 21* (2), 138-156.

Landmann, M., Perels, F., Otto, B., Schnick-Vollmer, K. & Schmitz, B. (2015). Selbstregulation und selbstreguliertes Lernen. In E. Wild & J. Möller (Hrsg.), *Pädagogische Psychologie* (S. 45-65). Heidelberg: Springer.

Landy, D. & Sigall, H. (1974) Beauty is talent: Task evaluation as a function of the performer's physical attractiveness. *Journal of Personality and Social Psychology, 29*, 299-304.

Langens, T. A. & Schüler, J. (2003). Die Messung des Leistungsmotivs mittels des Thematischen Auffassungstests. In J. Stiensmeier-Pelster & F. Rheinberg (Hrsg.), *Diagnostik von Motivation und Selbstkonzept* (S. 89-104). Göttingen: Hogrefe.

Langfeldt, H.-P. (2006). *Psychologie für die Schule*. Weinheim: Beltz.

Langfeldt, H.-P. & Imhoff,, M. (1999). Schulleistungsdiagnostik. In C. Perleth & A. Ziegler (Hrsg.), *Pädagogische Psychologie. Grundlagen und Anwendungsfelder* (S. 280-289). Bren: Huber.

Langfeld, H. P. & Büttner, G. (2008). *Trainingsprogramme zur Förderung von Kindern und Jugendlichen*. Weinheim: Beltz Verlag.

Langhorst, E. (1984). Beobachtung und Beurteilung des Schülerverhaltens im Unterricht. In K. A. Heller (Hrsg.), *Leistungsdiagnostik in der Schule* (S. 208-228) (4. Aufl.) Bern: Huber.

Lauth, G. W. & Mackowiak, K. (2004). Unterrichtsverhalten von Kindern mit Aufmerksamkeits-/Hyperaktivitätsstörungen. *Kindheit und Entwicklung, 13*, 158-166.

Lehmann, R. H., Peek, R., Gänsfuß, R., Lutkat, S., Möcke, S. & Barth, J. (2002). Qualitätsuntersuchungen an Schulen zum Unterricht in Mathematik (QuaSUM). In Ministerium für Bildung, Jugend und Sport des Landes Brandenburg (Hrsg.), *Schulforschung in Brandenburg, Heft 1*. Teltow: Grabow.

Lehtinen, E. (1992). Lern-und Bewältigungsstrategien im Unterricht. In H. Mandl & H. F. Friedrich (Hrsg.), *Lern- und Denkstrategien* (S. 125-149). Göttingen: Hogrefe.

Leibniz-Zentrum für Psychologische Information und Dokumentation (ZPID). (Hrsg.). (2014). *Verzeichnis Testverfahren. Kurznamen. Langnamen. Autoren. Testrezensionen* (21. aktualisierte Auflage. Trier: ZPID [Online im Internet, URL Einführung: http://www.zpid.de/¬pub/tests/verz_einf.pdf; Stand: 31.8.2014].

Leopold, C. & Leutner, D. (2002). Der Einsatz von Lernstrategien in einer konkreten Lernsituation bei Schülern unterschiedlicher Jahrgangsstufen. *Zeitschrift für Pädagogik, 45*, (Beiheft), 240-258.

Lepper, M., Greene, D. & Nisbett, R. E. (1973). Undermining children's intrinsic interest with extrinsic rewards: A test of the «overjustification«- hypothesis. *Journal of Personality and Social Psychology, 28*, 129-137.

Lepper, M. R., Sagotsky, G., Dafoe, J. L. & Greene, D. (1982). Consequences of superfluous social constraints: Effects on young children's social inferences and subsequent intrinsic interest. *Journal of Personality and Social Psychology, 42,* 51-64.

Leutner, D. (1992). *Adaptive Lehrsysteme. Instruktionspsychologische Grundlagen und experimentelle Analysen.* Weinheim: Beltz.

Lienert, G. A. & Raatz, U. (1998). *Testaufbau und Testanalyse* (6. Aufl.). Weinheim: Beltz PVU.

Lompscher, J. (1996). Erfassung von Lernstrategien auf der Reflexionsebene. *Empirische Pädagogik, 10,* 245-275.

Lord, F. M. & Novick, M. R. (1968). *Statistical theories of mental test scores.* Reading, MA: Addison-Wesley.

Lorenz, C. & Artelt, C. (2009). Fachspezifität und Stabilität diagnostischer Kompetenz von Grundschullehrkräften in den Fächern Deutsch und Mathematik. *Zeitschrift für Pädagogische Psychologie, 23,* 211-222.

Lou, Y., Abrami, P.C., Spence, J. C., Poulsen, C., Chambers, B. & d'Apollonia, S. (1996). Within-Class Grouping: A Meta-Analysis. *Review of Educational Research. 66,* 423-458.

Lubinski, D. (2004). Introduction to a special section on cognitive abilities: 100 years after Spearman's (1904) »›General intelligence‹, objectively determined and measured«. *Journal of Personality and Social Psychology, 86,* 96-111.

Lüdtke, O. & Köller, O. (2002). Individuelle Bezugsnormorientierung und soziale Vergleiche im Mathematikunterricht: Der Einfluss unterschiedlicher Referenzrahmen auf das fachspezifische Selbstkonzept der Begabung. *Zeitschrift für Entwicklungspsychologie und Pädagogische Psychologie, 34,* 156-166.

Lüdtke, O., Köller, O., Artelt, C., Stanat, P. & Baumert, J. (2002). Eine Überprüfung von Modellen zur Genese akademischer Selbstkonzepte: Ergebnisse aus der PISA-Studie. *Zeitschrift für Pädagogische Psychologie, 16,* 151-164.

Mackintosh, N. J. (2011). History of theories and measurement of intelligence. In R. J. Sternberg & S. B. Kaufman (Eds.), *The Cambridge Handbook of Intelligence* (3-19). Cambridge: Cambridge University Press.

Mackowiak, K. (2004). Vermittlung von Lernstrategien. In G. W. Lauth, M. Grünke, & J. C. Brunstein (Hrsg.), *Interventionen bei Lernstörungen* (S. 145-158). Göttingen: Hogrefe.

Mackowiak, K. (2007). Verhaltensbeobachtung. In M. Borg-Lauf (Hrsg.), *Lehrbuch der Verhaltenstherapie mit Kindern und Jugendlichen,* Bd. 2: Diagnostik und Intervention (S. 159-187). Tübingen: DGVT-Verlag.

Madelaine, A. & Wheldall, K. (2005). Identifying low-progress readers: Comparing teacher judgement with curriculum-based measurement procedure. *International Journal of Disability, Development and Education, 52,* 33-42.

Maehr, M. L. & Meyer, H. A. (1997). Understanding motivation in schooling: Where we've been, where we are, and where we need to go. *Educational Psychology Review, 9,* 371-409.

Maier, U. (2014). Formative Leistungsbeurteilung in der Sekundarstufe – Grundlegende Fragen, domänenspezifische Verfahren und empirische Befunde. In M. Hasselhorn, W. Schneider & U. Trautwein (Hrsg.), *Lernverlaufsdiagnostik* (S. 19-39). Göttingen: Hogrefe.

Mandl, H. & Friedrich, H. F. (Hrsg.). (2006). *Handbuch Lernstrategien.* Göttingen: Hogrefe.

Marsh, H. W. (1986). Verbal and math self-concepts: An internal/external frame of reference model. *American Educational Research Journal, 23,* 129-149.

Marsh, H. W. (1990). A multidimensional, hierarchical model of self-concept: Theoretical and empirical justification. *Educational Psychology Review, 2,* 77-171.

Marsh, H. W. (2005). Der «Big-fish-little-pond»-Effekt und das akademische Selbstkonzept. *Zeitschrift für Pädagogische Psychologie, 19,* 119-127.

Marsh, H. W. (2007). *Self-concept theory, measurement and research into practise: The role of self-concept in educational psychology.* Leicester, UK: British Psychology Society.

Marsh, H. W. & Shavelson, R. J. (1985). Self-concept. Its multifaceted, hierarchical structure. *Educational Psychologist, 20,* 107-125.

Marsh, H. W. & Craven, R. G. (1991). Self-other agreement on multiple dimensions of preadolescent self-concept: Inferences by teachers, mothers, and fathers. *Journal of Educational Psychology, 83,* 393-404.

Marsh, H. W. & Yeung, A. S. (1997). Causal effects of academic self-concept on academic achievement: Structural equation models of longitudinal data. *Journal of Educational Psychology, 89,* 41-54.

Marsh, H. W. & Hau, K. (2003). Big-fish-little-pond-effect on academic self-concept. A cross-cultural (26 country) test of the negative effects of academically selective schools. *American Psychologist, 58,* 364-376.

Marsh, H. W., Byrne, B. M. & Shavelson, R. J. (1988). A multifaceted academic self-concept: Its hierarchical structure and its relation to academic achievement. *Journal of educational Psychology, 80,* 366-380.

Marsh, H. W., Kong, C. K. & Hau, K. (2000). Longitudinal multilevel models of the Big-Fish-Little-Pond Effect on academic self-concept: Counterbalancing contrast and reflecting glory effects in Hong Kong schools. *Journal of Personality and Social Psychology, 78*, 337-349.

Marshall, J. C. (1967). Composition errors and essay examination grades re-examined. *American Educational Research Journal, 4*, 375-385.

Marx, H. & Krocker, N. (2005). Das Prokrustesbett der deutschen Lehrpläne für die Entwicklung von lehrplanvaliden Testverfahren. Zur Konstruktion der Deutschen Mathematiktests für fünfte und sechste Klassen (DEMAT 5+ und DEMAT 5+). In M. Hasselhorn, H. Marx & W. Schneider (Hrsg.), *Diagnostik von Mathematikleistungen* (S. 199-231). Göttingen: Hogrefe.

McClelland, D. C. (1980). Motive dispositions: The merits of operant and responsive measures. In L. Wheeler (Ed.), *Review of personality and social psychology* (Vol. 1). Beverly Hills, CA: Sage.

McClelland, D. C. (1987). Biological aspects of humen motivation. In F. Halisch & J. Kuhl (Eds.), *Motivation, intention and volition* (pp. 11-19). Berlin: Springer.

McClelland, D. C., Koestner, R. & Weinberger, J. (1989). How do self-attributed and implicit motives differ? *Psychological Review, 96*, 690-702.

McClelland, D. C., Atkinson, J. W., Clark, R. A. & Lowell, E. L. (1953). A scoring manual for the achievement motive. In D. C. McClelland, J. W. Atkinson, R. A. Clark & E. L. Lowell (Eds.), *The achievement motive* (pp. 153-178). New York: Appleton-Century-Crofts.

McMillan, J. H. (2001). Secondary teachers' classroom assessment and grading practices. *Educational Measurement: Issues and Practice, 20* (19), 20-32.

McMillan, J. H., Myran, S. & Workman, D. (2002). Elementary teachers' classroom assessment and grading practices. *Journal of Educational Research, 95* (4), 203-213.

Meece, J. L., Anderman, E. M. & Anderman, L. H. (2006). Classroom goal structure, student motivation, and academic achievement. *Annual Review of Psychology, 57*, 487-503.

Metzger, C. (2010). *WLI-Schule. Wie lerne ich? Eine Anleitung zum erfolgreichen Lernen* für Mittelschulen und Berufsschulen (8. Aufl.). Oberentfelden: Sauerländer.

Metzger, C., Weinstein, C. E. & Palmer, D. R. (2008). *WLI-Hochschule. Wie lerne ich? Lernstrategieninventar für Studentinnen und Studenten*. Aarau: Sauerländer Verlag für Berufsbildung.

Milek, A., Lüdtke, O., Trautwein, U., Maaz, K. & Stubbe, T. C. (2009). Wie konsistent sind Referenzgruppeneffekte bei der Vergabe von Schulformempfehlungen? Bundeslandspezifische Analysen mit Daten der IGLU-Studie. In J. Baumert, K. Maaz & U. Trautwein (Hrsg.), *Bildungsentscheidungen. Zeitschrift für Erziehungswissenschaft, Sonderheft 12* (S. 282-301). Wiesbaden: VS Verlag für Sozialwissenschaften.

Mischo, C. & Rheinberg, F. (1995). Erziehungsziele von Lehrern und individuelle Bezugsnormen der Leistungsbewertung. *Zeitschrift für Pädagogische Psychologie, 9*, 139-151.

Möller, J. (2008). Lernmotivation. In A. Renkl (Hrsg.), *Lehrbuch Pädagogische Psychologie* (S. 263-298). Bern: Huber.

Möller, J. & Köller, O. (2001a). Frame of reference effects following the announcement of exam results. *Contemporary Educational Psychology, 26*, 277-287.

Möller, J. & Köller, O. (2001b). Dimensional comparisons: An experimental approach to the Internal/External frame of reference model. *Journal of Educational Psychology, 93*, 826-835.

Möller, J. & Köller, O. (2004). Die Genese akademischer Selbstkonzepte: Effekte dimensionaler und sozialer Vergleiche. *Psychologische Rundschau, 55*, 19-17.

Möller, J. & Trautwein, U. (2015). Selbstkonzept. In E. Wild & J. Möller (Hrsg.), *Pädagogische Psychologie* (S. 177-199). Berlin: Springer.

Möller, J., Streblow, L. & Pohlmann, B. (2002). Leistung und Selbstkonzept bei lernbehinderten Schülern. *Heilpädagogische Forschung, 28*, 132-139.

Moller, A. C. & Elliot, A. J. (2006). The 2 x 2 achievement goal framework: An overview of empirical research. In A. Mittel (Ed.), *Focus on educational psychology* (pp. 307-326). New York: Nova Science.

Moosbrugger, H. (2007a). Klassische Testtheorie (KTT). In H. Moosbrugger & A. Kelava (Hrsg.), *Testtheorie und Fragebogenkonstruktion* (S. 99-112). Heidelberg: Springer.

Moosbrugger, H. (2007b). Item-Response-Theorie (IRT). In H. Moosbrugger & A. Kelava (Hrsg.), *Testtheorie und Fragebogenkonstruktion* (S. 215-259). Heidelberg: Springer.

Moschner, B. & Dickhäuser, O. (2006). Selbstkonzept. In H. D. Rost (Hrsg.), *Handwörterbuch Pädagogische Psychologie* (S. 685-692). Weinheim: Beltz.

Moulton, R. W. (1965). Effect of success and failure on levels of aspiration as related to achievement motives. *Journal of Personality and Social Psychology, 1*, 399-406.

Mummendey, H. D. (2002). Selbstdarstellungstheorie. In D. Frey & M. Irle (Hrsg.), Theorien der Sozialpsychologie. Band 3: *Motivations-, Selbst- und Informationsverarbeitungstheorien* (S. 212-233). Bern: Huber.

Murray, H. A. (1938). *Explorations in personality.* New York: Oxford University Press.

Murray, H. A. (1943). *Thematic Apperceptive Test Manual.* Cambridge: Harvard University Press.

Neisser, U., Boodoo, G., Bouchard, T. J., Jr., Boykin, A. W., Brody, N., Ceci, S. J., Halpern, D. F., Loehlin, J. C., Perloff, R., Sternberg, R. J. & Urbina, S. (1996). Intelligence: Knowns and unknowns. *American Psychologist, 51*, 77-101.

Neubauer, A. & Stern, E. (2007). *Lernen macht intelligent: Warum Begabung gefördert werden muss.* München: Deutsche Verlags-Anstalt.

Nicholls, J. G. (1978). The development of the concepts of effort and ability. Perception of academic attainment, and the understanding that difficult tasks require more ability. *Child Development, 49*, 800-814.

Nicholls, J. G. (1984). Achievement motivation: Conceptions of ability, subjective experience, task choice, and performance. *Psychological Review, 91*, 328-346.

Nicholls, J. G., Patashnick, M., Cheung, C. P., Thorkildsen, T. A. & Lauer, J. M. (1989). Can achievement motivation theory succeed with only one conception of success? In F. Halisch & von der Bercken (Eds.), *International perspectives on achievement and task motivation* (pp. 187-208). Lisse: Swets und Zeitlinger.

Nicholls, J. G., Coob, P., Wood, T., Yackel, E. & Patashnick, M. (1990). Assessing students' theories of success in mathematics: Individual and classroom differences. *Journal of Research in Mathematics Education, 21*, 109-122.

Nicholls, J. G., Coob, P., Wood, T., Yackel, E. & Wheatley, G. (1990a). Students' theories about mathematics and their mathematical knowledge: Multiple dimensions of assessments. In G. Kuhn (Ed.), *Assessing higher order thinking in mathematics* (pp. 137-154). Washington, DC: American Association for Advancement of Science.

Nolen, S. B. (1988). Reasons for studying: Motivational orientations and study strategies. *Cognition and Instruction, 5*, 269-287.

O'Conner, P., Atkinson, J. W. & Horner. M. (1967). Motivational implications of ability grouping in a school. In J. W. Atkinson & N. T. Feather (Eds.), *A theory of achievement motivation* (pp. 231-248). New York: Wiley.

Osnes, J. (1995). Der Einfluß von Handschrift und Fehlern auf die Aufsatzbeurteilung. In: K. Ingenkamp (Hrsg.), *Die Fragwürdigkeit der Zensurengebung. Texte und Untersuchungsberichte* (9. Aufl.) (S. 131-147). Weinheim: Beltz

Otto, B. (2007). *SELVES – Schüler-, Eltern- und Lehrertraining zur Vermittlung effektiver Selbstregulation.* Berlin: Logos.

Pajares, F. (1992). Teachers beliefs and educational research: Cleaning up a messy concept. *Review of Educational Research, 62*, 307-332.

Paradies, L., Linser, H. J. & Greving, J. (2007). *Diagnostizieren, Fordern und Fördern.* Berlin: Cornelsen Scriptor.

Pauli, C. (2008). Unterrichtsbeobachtung. In F. Hellmich (Hrsg.), *Lehr-Lernforschung und Grundschulpädagogik* (S. 143-155). Bad Heilbrunn: Klinkhardt.

Pawlik, K. (1976). Modell- und Praxisdimensionen psychologischer Diagnostik. In K. Pawlik (Hrsg.), *Diagnose der Diagnostik* (S. 13-43). Stuttgart: Klett.

Pawlik, K. (1979). Hochschulzulassungstests: Kritische Anmerkungen zu einer Untersuchung von Hitpaß und zum diagnostischen Ansatz. *Psychologische Rundschau, 45*, 63-78.

Petermann, F. & Winkel, S. (2007a). *Fragebogen zur Leistungsmotivation für Schüler der 4. bis 6. Klasse (FLM 4-6).* Frankfurt/Main: Pearson Assessment.

Petermann, F. & Winkel, S. (2007b). *Fragebogen zur Leistungsmotivation für Schüler der 7. bis 13. Klasse (FLM 7-13).* Frankfurt/Main: Pearson Assessment.

Pintrich, P. R. (2000). Multiple goals, multiple pathways: The role of goal orientation in learning and achievement. *Journal of Educational Psychology, 92*, 544-555.

Pintrich, P. R. & De Groot, E. V. (1990). Motivational and self-regulated components of classroom academic performance. *Journal of Educational Psychology, 82*, 33-40.

Pintrich, P. R., Smith, D. & McKeachie, W. (1989). *Motivated strategies for learning questionnaire (MSLQ).* Ann Arbor: University of Michigan.

Prengel, A. (1995). *Pädagogik der Vielfalt.* (2. Aufl.). Opladen: VS Verlag für Sozialwissenschaften.

Prengel, A. (2005). Heterogenität in der Bildung – Rückblick und Ausblick. In K. Bräu & U. Schwerdt (Hrsg.), *Heterogenität als Chance. Vom produktiven Umgang mit Gleichheit und*

Differenz in der Schule (S. 19-35). Münster: Lit-Verlag.

Pressley, M. (1995). What is intellectual development about in the 1990s? Good information processing. In F. E. Weinert & W. Schneider (Eds.), *Memory performance and competencies: Issues in growth and development* (pp. 375-404). Hillsdale, NJ: Erlbaum.

Pressley, M., Borkowski, J. G. & Schneider, W. (1989). Good information processing. What it is and how education can promote it. *International Journal of Educational Research, 13*, 857-867.

Prenzel, M. (1997). Sechs Möglichkeiten, Lernende zu demotivieren. In H. Gruber & A. Renkl (Hrsg.), *Wege zum Können Determinanten des Kompetenzerwerbs* (S. 32-44). Bern: Huber.

Pressley, M., Borkowski, J. G. & Schneider, W. (1989). Good information processing: What it is and how education can promote it. *International Journal of Education Research, 13*, 857-867.

Raven, J. C., Raven, J. & Court, J. H. (2002). *Raven's Progressive Matrices und Vocabulary Scales. Coloured Progressive Matrices mit der Parallelform des Tests und der Puzzle-Form (APM)*. Deutsche Bearbeitung und Normierung Stephan Bulheller und Hartmut Häcker. Frankfurt/Main: Pearson Assessment.

Retelsdorf, J. & Südkamp, A. (2012). Professionalisierung von Lehrerinnen und Lehrern: Editorial zum Themenheft. *Zeitschrift für Pädagogische Psychologie, 26*, 227-231.

Südkamp, A., Krawinkel, S., Lange, S., Wolf, S. M. & Tröster, H. (in Druck). Lehrkrafteinschätzungen sozialer Akzeptanz und sozialer Kompetenz: Akkuratheit und systematische Verzerrung in inklusiv geführten Schulklassen. *Zeitschrift für Pädagogische Psychologie*.

Rheinberg. F. (1980). *Leistungsbewertung und Lernmotivation*. Göttingen: Hogrefe.

Rheinberg, F. (1998). Motivation und Emotion im Lernprozeß. In M. Jerusalem & R. Pekrun (Hrsg.), *Emotion, Motivation und Leistung* (S. 189-204). Göttingen: Hogrefe.

Rheinberg, F. (2001). Bezugsnormorientierung. In D. Rost (Hrsg.), *Handwörterbuch Pädagogischer Psychologie* (3. Aufl.) (S. 55-62). Weinheim: Beltz.

Rheinberg. F. (2004). *Motivationsdiagnostik*. Göttingen: Hogrefe.

Rheinberg, F. (2006). Intrinsische Motivation und Flow-Erleben. In J. Heckhausen & H. Heckhausen (Hrsg.), *Motivation und Handeln* (3. Aufl.) (S. 331-354). Berlin: Springer-Verlag.

Rheinberg, F. (2008a). *Motivation* (7. Aufl.). Stuttgart: Kohlhammer.

Rheinberg. F. (2008b). Bezugsnormen und die Beurteilung von Lernleistung. In W. Schneider & M. Hasselhorn (Hrsg.), *Handbuch der Pädagogische Psychologie* (S. 178-186). Göttingen: Hogrefe.

Rheinberg. F. (2014). Bezugsnormen und schulische Leistungsbeurteilung. In F. E. Weinert (Hrsg.), *Leistungsmessungen in Schulen* (S. 59-71) (2. Aufl.) Weinheim: Beltz.

Rheinberg, F. & Enstrup, B. (1977). Selbstkonzept der Begabung bei normalen und Sonderschülern gleicher Intelligenz: Ein Bezugsgruppeneffekt. *Zeitschrift für Entwicklungspsychologie und Pädagogische Psychologie, 9*, 171-180.

Rheinberg, F. & Peter, R. (1982). Selbstkonzept, Ängstlichkeit und Schulunlust von Schüler/innen: Eine Längsschnittstudie zum Einfluss des Klassenlehrers. In F. Rheinberg (Hrsg.), *Bezugsnormen zur Schulleistungsbewertung: Analyse und Intervention* (S. 143-159). Jahrbuch für Empirische Erziehungswissenschaft 1982. Düsseldorf.

Rheinberg, F. & Weich, K.-W. (1988). Wie gefährlich ist Lob? Eine Untersuchung zum »paradoxen Effekt« von Lehrersanktionen. *Zeitschrift für Pädagogische Psychologie, 2*, 227-233.

Rheinberg, F. & Donkoff, D. (1993). Lernmotivation und Lernaktivität: Eine modellgeleitete Erkundungsstudie. *Zeitschrift für Pädagogische Psychologie, 7*, 117-123.

Rheinberg, F. & Krug, S. (2005). *Motivationsförderung im Schulalltag. Psychologische Grundlagen und praktische Durchführung* (3. korrigierte Aufl.). Göttingen: Hogrefe.

Rheinberg, F., Schmalt, H. D. & Wasser, J. (1978). Ein Lehrerunterschied, der etwas ausmacht. *Zeitschrift für Entwicklungspsychologie und Pädagogische Psychologie, 10*, 3-7.

Riemann, R. (2009). Implizite Persönlichkeitstheorien. In J. Bengel & M. Jerusalem (Hrsg.), *Handbuch der Gesundheitspsychologie und Medizinischen Psychologie* (S. 19-26). Göttingen: Hogrefe.

Rindermann, H. (2006). Was messen internationale Schulleistungsstudien? Schulleistungen, Schülerfähigkeiten, kognitive Fähigkeiten, Wissen oder allgemeine Intelligenz? *Psychologische Rundschau, 57*, 69-86.

Rjosk, C., McElvany, N., Anders, Y. & Becker, M. (2011). Diagnostische Fähigkeiten bei der Einschätzung der basalen Lesefähigkeit ihrer Schülerinnen und Schüler. *Psychologie in Erziehung und Unterricht, 58*, 92-105.

Robbins, S. B., Lauver, K., Le, H., Davis, D., Langley, R. & Carlstrom, A. (2004). Do psychosocial and study skill factor predict college outcomes? A meta-analysis. *Psychological Bulletin, 130*, 261-288.

Rogalla, M. & Vogt, F. (2008). Förderung adaptiver Lehrkompetenz: eine Interventionsstudie. *Unterrichtswissenschaft, 2*, 17-36.

Rohracher, H. (1965). *Einführung in die Psychologie* (9. Aufl.) Wien: Urban & Schwarzenberg.

Rost, J. (2004). *Lehrbuch. Testtheorie – Testkonstruktion* (2. Aufl.). Bern: Huber.

Rost, D. H. (2008a). (Hrsg.). *Adaptive Lehrkompetenz. Analyse und Struktur, Veränderbarkeit und Wirkung handlungssteuernden Lehrerwissens*. Münster: Waxmann.

Rost, D. H. (2008b). Multiple Intelligenzen, multiple Irritationen. *Zeitschrift für Pädagogische Psychologie, 22*, 97-112.

Rost, D. H. (2009). *Intelligenz. Fakten und Mythen*. Weinheim: PVU.

Rost, D. H. & Lamsfuss, S. (1992). Entwicklung und Erprobung einer ökonomischen Skala zur Erfassung des Selbstkonzepts schulischer Leistungen und Fähigkeiten (SKSLF). *Zeitschrift für Pädagogische Psychologie, 6*, 239-250.

Rost, D. H. & Hanses, P. (1997). Wer nichts leistet, ist nicht begabt? Zur Identifikation Underachiever durch Lehrkräfte. *Zeitschrift für Entwicklungspsychologie und Pädagogische Psychologie, 29*, 167-177.

Rost, D. H., Sparfeldt, J. R. & Schilling, S. R. (2007). *DISK-GITTER mit SKSLF-8. Differentielles Schulisches Selbstkonzept-Gitter mit Skala zur Erfassung des Selbstkonzepts schulischer Leistungen und Fähigkeiten*. Göttingen: Hogrefe.

Roussos, L. & Stout, W. (2004). Differential Item Functioning Analysis: Detecting DIF items and testing DIF hypotheses. In D. Kaplan, (Ed.), *Sage Handbook of quantitative methodology for the social sciences* (pp.107-116). Sage: Thousand Oaks.

Sacher, W. (1994). *Prüfen - Beurteilen - Benoten. Theoretische Grundlagen und praktische Hilfestellungen für den Primar- und Sekundarbereich*. Bad Heilbrunn: Klinkhardt

Saleh, M., Lazonder, A. W. & De Jong, T. (2005). Effects of within-class ability grouping on social interaction, achievement, and motivation. *Instructional Science, 33*, 105-119.

Sauer, J. & Gämsjäger, E. (1996). *Ist Schulerfolg vorhersagbar? Die Determinanten der Grundschulleistung und ihr prognostischer Wert für den Sekundarschulerfolg*. Göttingen: Hogrefe.

Sauer, S., Ide, S. & Borchert, J. (2007). Zum Selbstkonzept von Schülerinnen und Schüler an Förderschulen und in integrativer Beschulung. Eine Vergleichsuntersuchung. *Heilpädagogische Forschung, 33*, 135-141.

Schermelleh-Engel, K. & Werner, C. S. (2007). Reliabilität. In H. Moosbrugger & A. Kelava (Hrsg.), *Testtheorie und Fragebogenkonstruktion* (S. 113-133). Berlin: Springer.

Schiefele, U. (2005). Prüfungsnahe Erfassung von Lernstrategien und deren Vorhersagewert für nachfolgende Lernleistungen. In C. Artelt & B. Moschner (Hrsg.), *Lernstrategien und Metkognition* (S. 13-41). Münster: Waxmann.

Schiefele, U. (2008). Lernmotivation und Interesse. In W. Schneider & M. Hasselhorn (Hrsg.), *Handbuch der Pädagogischen Psychologie* (S. 38-49). Göttingen: Hogrefe.

Schiefele, U. & Schreyer, I. (1994). Intrinsische Lernmotivation und Lernen. Ein Überblick zu Ergebnissen der Forschung. *Zeitschrift für Pädagogische Psychologie, 8*, 1-13.

Schiefele, U. & Pekrun, R. (1996). Psychologische Modelle des fremdgesteuerten und selbstgesteuerten Lernens. In F. E. Weinert (Hrsg.), *Enzyklopädie der Psychologie, Pädagogische Psychologie. Psychologie des Lernens und der Instruktion* (S. 249-278). Göttingen: Hogrefe.

Schiefele, U. & Schiefele, H. (1997). Motivationale Orientierungen und Prozesse als Wissenserwerb. In H. Gruber & A. Renkl (Hrsg.), *Wege zum Können. Determinanten des Kompetenzerwerbs* (S. 14-31). Bern: Huber.

Schiefele, U. & Köller, O. (2006). Intrinsische und extrinsische Motivation. In D. H. Rost (Hrsg.), *Handwörterbuch Pädagogische Psychologie*. Weinheim: Beltz PVU.

Schiefele, U., Streblow, L., Ermgassen. U. & Moschner, B. (2003). Lernmotivation und Lernstrategien als Bedingungen der Studienleistung. *Zeitschrift für Pädagogische Psychologie, 17*, 185-198.

Schilling, S. R., Sparfeldt, J. R., Rost, D. H. & Nickels, G. (2004). Schulische Selbstkonzepte – Zur Validität einer erweiterten Version des Differentiellen Selbstkonzept Gitters (DISK-Gitter). *Diagnostica, 51*, 21-28.

Schmalt, H.-D. (1976). *Das LM-Gitter. Ein objektives Verfahren zur Messung des Leistungsmotivs bei Kindern. Handanweisung*. Göttingen: Hogrefe.

Schmalt, H.-D. (1999). Assessing the achievement motive using the grid technique. *Journal of Research in Personality, 33*, 109-130.

Schmalt, H.-D. (2003). Leistungsmotivation im Unterricht. Über den Einsatz des LM-Gitters in der Schule. In J. Stiensmeier-Pelster & F. Rheinberg (Hrsg.), *Diagnostik von Motivation und Selbstkonzept* (S. 105-127). Göttingen: Hogrefe.

Schmalt, H.-D. & Sokolowski, K. (2000). Zum gegenwärtigen Stand der Motivdiagnostik. *Diagnostica, 46*, 115-123.

Schmalt, H.-D. & Sokolowski, K. (2005). Motivation. In H. Spada (Hrsg.) *Allgemeine Psychologie*. Bern: Huber.

Schmalt, H.-D. & Langens, T. A. (2009). *Motivation* (4. Aufl.). Stuttgart: Kohlhammer.

Schmalt, H.-D., Sokolowski, K. & Langens, T. (2000). *Das Multi Motiv Gitter für Anschluss, Leistung und Macht*. Frankfurt/M.: Swets Test Services.

Schmidt, W. H., McKnight, C. C., Valverde, G. A., Houang, R. T. & Wiley, D. E. (1997). *Many visions, many aims. Volume 1: A cross-national investigation of curricular intentions in school mathematics*. Dordrecht: Kluwer Academics Publisher.

Schmidt-Atzert, L. & Amelang, M. (2012). *Psychologische Diagnostik* (5. Aufl.). Berlin: Springer.

Schmidt, F. & Hunter, J. (1998). The validity and utility of selection methods in personnel psychology: Practical and theoretical implications of 85 years of research findings. *Psychological Bulletin, 124*, 262-274.

Schneider, K. (1973). *Motivation unter Erfolgsrisiko*. Göttingen: Hogrefe.

Schneider, K. & Meise, C. (1973). Leistungs- und anschlussmotiviertes Risikoverhalten bei der Aufgabenwahl. In K. Schneider (Hrsg.), *Motivation unter Erfolgsrisiko* (S. 212-238). Göttingen: Hogrefe.

Schneider, W., Körkel, J. & Vogel, K. (1987). Zusammenhänge zwischen Metagedächtnis, strategischem Verhalten und Gedächtnisleistungen im Grundschulalter: Eine entwicklungspsychologische Studie. *Zeitschrift für Entwicklungspsychologie und Pädagogische Psychologie, 14*, 99-115.

Schölmerich, A., Mackowiak, K. & Lengning, A. (2003). Verhaltensbeobachtung. In H. Keller (Hrsg.), *Handbuch der Kleinkindforschung* (S. 615-653). Bern: Huber.

Schöne, C., Dickhäuser, O., Spinath, B. & Stiensmeier-Pelster, J. (2002). *Skalen zur Erfassung des schulischen Selbstkonzepts (SESSKO)*. Göttingen: Hogrefe.

Schöne, C., Dickhäuser, O., Spinath, B. & Stiensmeier-Pelster, J. (2003). Das Fähigkeitsselbstkonzept und seine Erfassung. In J. Stiensmeier-Pelster & F. Rheinberg (Hrsg.), *Diagnostik von Motivation und Selbstkonzept* (S. 3-14). Göttingen: Hogrefe.

Schöne, C., Dickhäuser, O., Spinath, B. & Stiensmeier-Pelster, J. (2004). Zielorientierung und Bezugsnormorientierung: zum Zusammenhang zweier Konzepte. *Zeitschrift für Entwicklungspsychologie und Pädagogische Psychologie, 18*, 93-99.

Scholz, G. (1993). Statusdiagnostik vs. Prozeßdiagnostik? Anmerkungen zu einer Kontroverse in der pädagogisch-psychologischen Diagnostik. In C. Tarnai (Hrsg.), *Beiträge zur empirischen pädagogischen Forschung* (S. 124-134). Münster: Waxmann.

Schrader, F.-W. (1989). *Diagnostische Kompetenzen von Lehrern und ihre Bedeutung für die Gestaltung und Effektivität des Unterrichts*. Frankfurt: Lang.

Schrader, F.-W. (2008). Diagnoseleistungen und diagnostische Kompetenzen von Lehrkräften. In W. Schneider & M. Hasselhorn (Hrsg.), *Handbuch der Pädagogischen Psychologie* (S. 168-178). Göttingen: Hogrefe.

Schrader, F. W. (2010). Diagnostische Kompetenz von Eltern und Lehrern. In D. Rost (Hrsg.), *Handwörterbuch Pädagogische Psychologie* (S. 102-108). Weinheim: Beltz.

Schrader, F.-W. (2013). Diagnostische Kompetenz von Lehrpersonen. *Beiträge zur Lehrerbildung, 31*, 154-165.

Schrader, F.-W. & Helmke, A. (1987). Diagnostische Kompetenz von Lehrern: Komponenten und Wirkungen. *Empirische Pädagogik, 1*, 27-52.

Schrader, F.-W. & Helmke, A. (2014). Alltägliche Leistungsbeurteilung durch Lehrer. In F. E. Weinert (Hrsg.), *Leistungsmessung in Schulen* (S. 45-58). Weinheim: Beltz.

Schuck, K.-D., Eggert, D. & Raatz, U. (1994). *Columbia Mental Maturity Scale (CMM 1-3)* (2. Aufl.). Weinheim: Betz Test.

Schultheiss, O. C. & Pang, J. S. (2007). Measuring implicit motives. In R. W. Robins, R. C. Fraley & R. Krueger (Eds.), *Handbook of research methods in personality psychology* (pp. 322-344). New York: Guilford.

Schwarzer, R., Lange, B. & Jerusalem, M. (1982a). Selbstkonzeptentwicklung nach einem Bezugsgruppenwechsel. *Zeitschrift für Entwicklungspsychologie und Pädagogische Psychologie, 14*, 125-140.

Schwarzer, R., Lange, B. & Jerusalem, M. (1982b). Die Bezugsnorm des Lehrers aus der Sicht des Schülers. In F. Rheinberg (Hrsg.), *Bezugsnormen zur Schulleistungsbewertung. Jahrbuch für Empirische Erziehungswissenschaft 1982* (S. 161-172). Düsseldorf: Schwann.

Schweizer, K. (2006). Intelligenz. In K. Schweizer (Hrsg.). *Leistung und Leistungsdiagnostik* (S. 2-15). Berlin: Springer.

Schwindt, K. (2008). *Lehrpersonen betrachten Unterricht. Kriterien für die kompetente Unterrichtswahrnehmung*. Münster: Waxmann.

Seidel, T. & Prenzel, M. (2010). Beobachtungsverfahren: Vom Datenmaterial zur Datenanalyse. In H. Holling & B. Schmitz (Hrsg.), *Handbuch Statistik, Methoden und Evaluation* (S. 139-152). Göttingen: Hogrefe.

Seifert, T. (1996). The stability of goal orientations in grade five students: Comparison of two methodologies. *British Journal of Educational Psychology, 66*, 73-82.

Shavelson, R. J., Hubner, J. J. & Stanton, G. C. (1976). Self-concept: Validation of construct interpretation. *Review of Educational Research, 46*, 407-444.

Skaalvik, E. M. (1997). Self-enhancing and self-defeating ego orientation: Relations with task and avoidance orientation, achievement, self-perceptions, and anxiety. *Journal of Educational Psychology, 89*, 71-81.

Slavin, R. E. (1987). Ability grouping and student achievement in elementary schools: Best evidence synthesis. *Review of Educational Research, 57*, 293-336.

Snow, R. E. & Yalow, E. (1982). *Education and intelligence*. In R. J. Sternberg (Ed.), *Handbook of human intelligence* (pp. 493-585). Cambridge, UK: Cambridge University Press.

Snow, R. E. (1989). Aptitude-treatment interaction as a framework of research in individual differences in learning. In P. L. Ackerman, R. J. Sternberg & R. Glaser (Eds.), *Learning and individual differences* (pp. 13-59). New York, NY: Freeman.

Snow, R. E. & Swanson, J. (1992). Instructional psychology: Aptitude, adaption, and assessment. *Annual Review of Psychology, 43*, 583-626.

Sokolowski, K., Schmalt, H.-D., Langens, T. A. & Puca, R. M. (2000). Assessing achievement, affiliation, and power motives all at once-the Multi-Motive-Grid (MMG). *Journal of Personality Assessment, 74*, 126-145.

Souvignier, E. & Gold, A. (2004). Lernstrategien und Lernerfolg bei einfachen und komplexen Lernanforderungen. *Psychologie in Erziehung und Unterricht, 51*, 308-318.

Souvignier, E. & Rös, K. (2005). *Lernstrategien und Lernerfolg bei komplexen Leistungsanforderungen – Analysen mit Fragebogen und Lerntagebuch*. In C. Artelt & B. Moschner (Hrsg.), *Lernstrategien und Metakognition: Implikationen für die Praxis* (S. 65-76). Münster: Waxmann.

Souvignier, E. & Förster, N. (2011). Effekte prozessorientierter Diagnostik auf die Entwicklung der Lesekompetenz leseschwacher Viertklässler. *Empirische Sonderpädagogik, 3*, 243-255.

Spangler, W. D. (1992). Validity of questionnaire and TAT measures of need for achievement: Two meta-analyses. *Psychological Bulletin, 112*, 140-154.

Sparfeldt, J. R., Buch, S. R., Wirthwein, L. & Rost, F. H. (2007). Zielorientierungen: Zur Relevanz der Schulfächer. *Zeitschrift für Entwicklungspsychologie und Pädagogische Psychologie, 39*, 165-176.

Spearman, C. E. (1904). «General Intelligence» objectively determined and measured. *American Journal of Psychology, 15*, 201-292.

Spinath, B. (2005). Akkuratheit der Einschätzung von Schülermerkmalen durch Lehrer und das Konstrukt der diagnostischen Kompetenz. *Zeitschrift für Pädagogische Psychologie, 19*, 85-95.

Spinath, B. & Stiensmeier-Pelster, J. (2000). Zielorientierung und Leistung: Die Rolle des Selbstkonzepts eigener Fähigkeiten. In H. Metz-Göckel, B. Hannover & S. Leffelsend (Hrsg.), *Selbst, Motivation und Emotion. Dokumentation des 4. Dortmunder Symposions für Pädagogische Psychologie* (S. 44-55). Berlin: Logos.

Spinath, B. & Schöne, C. (2003). Ziele als Bedingungen von Motivation am Beispiel der Skalen zur Erfassung der Lern - und Leistungsmotivation (SELLMO). In J. Stiensmeier-Pelster & F. Rheinberg (Hrsg.), *Diagnostik von Motivation und Selbstkonzept* (S. 29-40). Göttingen: Hogrefe.

Spinath, B., Stiensmeier -Pelster, J., Schöne, D. & Dickhäuser, O. (2002) *Skalen zur Erfassung der Lern- und Leistungsmotivation (SELLMO)*. Göttingen: Hogrefe.

Spörer, N. & Brunstein, J. C. (2006). Erfassung selbstregulierten Lernens mit Selbstberichtsverfahren. *Zeitschrift für Pädagogische Psychologie, 20*, 157-160.

Starch, D. & Elliot, E. C. (1995). Die Verlässlichkeit der Zensierung von Mathematikarbeiten. In K. Ingenkamp (Hrsg.), *Die Fragwürdigkeit der Zensurengebung. Texte und Untersuchungsberichte* (S. 81-89). Weinheim: Beltz.

Stern, W. (1912). *Die psychologischen Methoden der Intelligenzprüfung und deren Anwendung an Schulkindern*. Leipzig: Barth.

Stern, W. (1935). *Allgemeine Psychologie auf personalitischer Grundlage*. Haag: Martinus Nijhoff.

Sternberg, R. J. (1998). *Erfolgsintelligenz. Warum wir mehr brauchen als EQ und IQ*. München: Lichtenberg.

Sternberg, R. J. & Wagner, R. K. (1986). *Practical intelligence: Nature and origins of competence in the everyday world*. New York: Cambridge University Press.

Stiensmeier-Pelster, J. & Schöne, C. (2007). Fähigkeitsselbstkonzept. In W. Schneider & M. Hasselhorn (Hrsg.), *Handbuch der Pädagogischen Psychologie*. Göttingen: Hogrefe.

Stiensmeier-Pelster, J., Balke, S. & Schlangen, B. (1996). Lern- versus Leistungszielorientierung als Bedingungen des Lernfortschritts. *Zeitschrift für Entwicklungspsychologie und Pädagogische Psychologie, 28*, 169-187.

Stiggins, R. J., Frisbie, D. A. & Griswold, P. A. (1989). Inside high school grading practices: Building a research agenda. *Educational Measurement: Issues and Practice, 8*, 5-14.

Stipek, D. & Gralinsky, J. H. (1996). Children's beliefs about intelligence and school performance. *Journal of Educational Psychology, 88*, 397-407.

Strathmann, A., Klauer, K. J. & Greisbach, M. (2010). Lernverlaufsdiagnostik – Dargestellt am Beispiel der Entwicklung der Rechtschreibkompetenz in der Grundschule. *Empirische Sonderpädagogik, 1*, 64-77.

Streblow, L. & Schiefele, U. (2006). Lernstrategien im Studium. In H. Mandl & H. F. Friedrich (Hrsg.), *Handbuch Lernstrategien* (S. 352-364). Göttingen: Hogrefe.

Südkamp, A. & Möller, J. (2009). Referenzgruppeneffekte im simulierten Klassenraum. *Zeitschrift für Pädagogische Psychologie, 23*, 161-174.

Südkamp, A., Möller, J. & Pohlmann, B. (2008). Der Simulierte Klassenraum: Eine experimentelle Untersuchung zur diagnostischen Kompetenz. *Zeitschrift für Pädagogische Psychologie, 22*, 261-276.

Südkamp, A., Kaiser, J. & Möller, J. (2012). Accuracy of teachers' judgments of students' academic achievement: A meta-analysis. *Journal of Educational Psychology, 104*, 743-762.

Südkamp, A., Krawinkel, S., Lange, S., Wolf, S. M. & Tröster, H. (2018). Lehrkrafteinschätzungen sozialer Akzeptanz und sozialer Kompetenz: Akkuratheit und systematische Verzerrung in inklusiv geführten Schulklassen. *Zeitschrift für Pädagogische Psychologie, 32*, 39-51.

Süß, H.-M. (2001). Prädiktive Validität der Intelligenz im schulischen und außerschulischen Bereich. In E. Stern & J. Guthke (Hrsg.), *Perspektiven der Intelligenzforschung* (S. 109-135). Lengerich: Pabst.

Süß, H.-M. (2003). Culture fair. In K. D. Kubinger & R. S. Jäger (Hrsg.), *Schlüsselbegriffe der Psychologischen Diagnostik* (S. 82-86). Weinheim: Beltz PVU.

Tent, L. (2006). Zensuren. In D. H. Rost (Hrsg.), *Handwörterbuch Pädagogische Psychologie* (3. Aufl.) (S. 873-875). Weinheim: Psychologie Verlags Union.

Teo, A., Carlson, E., Mathieu, P. J., Egeland, B., & Sroufe, L. A. (1996). A prospective longitudinal study of psychosocial predictors of academic achievement. *Journal of School Psychology, 34*, 285-306.

Ter Laak, J., DeGoede, M. & Brugman, G. (2001). Teacher's judgment of pupils: Agreement and accuracy. *Social Behavior and Personality, 29*, 257-270.

Terman, L. M. (1916). *The measurement of intelligence: An explanation of and a complex guide for the use of the Stanford revision and extension of Binet-Simon Intelligence Scale.* Bosten, MA: Hougthon Mifflin.

Terman, L. M. (1921). Intelligence and its measurement: A symposium. *Journal of Educational Psychologie, 12*, 123-133.

Tewes, U., Rossmann, U. & Schallberger, P. (Hrsg.). (1999). *Hamburg-Wechsler-Intelligenztest für Kinder III (HAWIK III). Handbuch und Testanweisung.* Bern: Huber Verlag.

Thiel, O. & Valtin, R. (2002). Eine Zwei ist eine Drei ist eine Vier. Oder: sind Zensuren aus verschiedenen Klassen vergleichbar? In R. Valtin, (Hrsg.), *Was ist ein gutes Zeugnis. Noten und verbale Beurteilungen auf dem Prüfstand* (S. 67-76). Weinheim & München: Juventa.

Thiel, R. D., Keller, G. & Binder, A. (1979). *Das Arbeitsverhaltensinventar (AVI).* Göttingen: Hogrefe.

Thomas, A. E. & Müller, F. H. (2011). *Skalen zur motivationalen Regulation beim Lernen von Schülerinnen und Schülern. Skalen zur akademischen Selbstregulation von Schüler/innen SRQ-A [G] (überarbeitete Fassung).* Wissenschaftliche Beiträge aus dem Institut für Unterrichts- und Schulentwicklung Nr. 5. Klagenfurt: Alpen-Adria-Universität.

Thurstone, L. L. (1938). *Primary mental abilities.* Psychometric Monographs, No.1. Chicago: University of Chicago Press.

Thurstone, L. L. & Thurstone, T. G. (1941). *Factorial studies of intelligence.* Chicago, IL: University of Chicago Press.

Thurstone, L. L. & Thurstone, T. G. (1941-1943). *The Chicago Tests of Primary Mental Abilities. Six-booklet edition and single-booklet edition.* Chicago: Science Research Associates.

Tiedemann, J. & Billmann-Mahecha, E. (2007). Zum Einfluss von Migration und Schulklassenzugehörigkeit auf die Übergangsempfehlung für die Sekundarstufe I. *Zeitschrift für Erziehungswissenschaft, 10*, 108-120.

Tillmann, K.-J. & Vollstädt, W. (2000). Ziffernnote versus Lernbericht. Funktionen der Leistungsbeurteilung in unterschiedlichen Schulstufen und Bildungsgängen. Eine schultheoretische Einordnung. In M. Sertl, K.-J. Tilmann & W. Vollstädt (Hrsg.), *Noten – nicht zu umgehen? Alternative Formen der Leistungs-*

beurteilung auf dem Prüfstand (S. 30-60). Wien: Verein der Förderer der Schulhefte.

Tillmann, K.-J. (2007). Viel Selektion – wenig Leistung. Ein empirischer Blick auf Erfolg und Scheitern in deutschen Schulen. In D. Fischer & V. Elsenbast (Hrsg.), *Zur Gerechtigkeit im Bildungssystem* (S. 25-37) Münster: Waxmann.

Trapmann, S., Hell, B., Weigand, S. & Schuler, H. (2007). Die Validität von Schulnoten zur Vorhersage des Studienerfolgs – Eine Metaanalyse. *Zeitschrift für Pädagogische Psychologie, 21*, 11-27.

Trautmann, M. & Wischer, B. (2011). *Heterogenität in der Schule. Eine kritische Einführung.* Wiesbaden: VS Verlag für Sozialwissenschaften.

Trautwein, U. & Baeriswyl, F. (2007). Wenn leistungsstarke Klassenkameraden ein Nachteil sind: Referenzgruppeneffekte bei Übertrittsentscheidungen. *Zeitschrift für Pädagogische Psychologie, 21*, 119-133.

Treutlein, A. & Schöler, H. (2009). Zum Einfluss der schulischen Lernumwelt auf die Schulleistung. In Roos, J. & Schöler, J. (Hrsg.), *Entwicklung des Schriftspracherwerbs in der Grundschule. Längsschnittanalyse zweier Kohorten über die Grundschulzeit* (S. 109-144). Wiesbaden: VS Verlag für Sozialwissenschaften.

Todorov, A., Pakrashi, M. & Oosterhof, N. N. (2009). Evaluating faces on trustworthiness after minimal time exposure. *Social Cognition, 27*, 813-833.

Tröster, H. (2009). *Früherkennung im Kindes- und Jugendalter. Strategien bei Entwicklungs-, Lern- und Verhaltensstörungen.* Göttingen: Hogrefe Verlag

Trudewind, C. & Kohne, W. (1982). Bezugsnorm-Orientierung der Lehrer und Motiventwicklung: Zusammenhänge mit Schulleistung, Intelligenz und Merkmalen der häuslichen Umwelt in der Grundschule. In F. Rheinberg (Hrsg.), *Bezugsnormen zur Schulleistungsbewertung: Analyse und Intervention* (S. 115-142), Jahrbuch für Empirische Erziehungswissenschaft 1982. Düsseldorf: Schwann.

Urdan, T. C. (1997). Examining the relation among early adolescent students' goals and friends' orientation toward efforts and achievement in school. *Contemporary Educational Psychology, 22*, 165-191.

Utman, C. H. (1997). Performance effects of motivational state: A meta-analysis. *Personality and Social Psychology Review, 1*, 170-182.

Valentine, J. C., DuBois, D. L. & Cooper, H. (2004). The relation between self-beliefs and academic achievement: A meta-analysis. *Educational Psychology, 39*, 11-133.

Valle, A., Cabanach, R. G., Núnez, J. C., González-Pienda, J., Rodríguez, S. & Pineiro, I. (2003). Multiple goals, motivation and academic learning. *British Journal of Educational Psychology, 73*, 71-87.

Valtin, R. & Wagner, C. (2004). Der Übergang in die Sekundarstufe I: Psychische Kosten der externen Leistungsdifferenzierung. *Psychologie in Erziehung und Unterricht, 51*, 52-68.

Vermetten, Y. J., Lodewijks, H. G. & Vermunt, J. D. (2001). The role of personality traits and goal orientations in strategy use. *Contemporary Educational Psychology, 26*, 149-170.

Visser, B. A., Ashton, M. C. & Vernon, P. A. (2006a). Beyond g: Putting multiple intelligence theory to the test. *Intelligence, 34*, 487-502.

Visser, B. A., Ashton, M. C. & Vernon, P. A. (2006b). G and the measurement of multiple intelligence: A response to Gardner. *Intelligence, 36*, 507-510.

Wagner, J. W. L. (1999). *Soziale Vergleiche und Selbsteinschätzungen.* Münster: Waxmann.

Walter, J. (2009). Theorie und Praxis Curriculumbasierten Messens (CBM) in Unterricht und Förderung. *Zeitschrift für Heilpädagogik, 60*, 162-170.

Wang, M. C., Haertel, G. D. & Walberg, H. J. (1993). Toward a knowledge base for school learning. *Review of Educational Research, 63*, 249-294.

Waterhouse, L. (2006). Inadequate evidence for multiple intelligence, Mozart effect, am emotional intelligence theories. *Educational Psychologist, 41*, 247-255.

Weber, H. & Westmeyer, H. (2001). Die Inflation der Intelligenzen. In E. Stern & J. Guthke (Hrsg.), *Perspektiven der Intelligenzforschung* (S. 251-267). Lengerich: Pabst.

Wechsler, D. (1944). *The measurement of adult intelligence* (3rd ed.). Baltimore MD: Williams & Wilkins. (Deutsch: Wechsler, D. (1964). Die Messung der Intelligenz Erwachsener. Bern: Huber.

Wechsler, D. (1949). *Wechsler Intelligence Scale for Children.* New York: Psychological Corporation.

Wechsler, D. (1964). *Die Messung der Intelligenz Erwachsener.* Bern: Huber.

Weiner, B. (1984). *Motivationspsychologie.* Weinheim: Beltz PVU.

Weinert, F. E. (1982). Selbstgesteuertes Lernen als Voraussetzung, Methode und Ziel des Unterrichts. *Unterrichtswissenschaft, 10*, 99-110.

Weinert, F. E. (1997). Notwendige Methodenvielfalt. Unterschiedliche Lernfähigkeiten erfordern variable Unterrichtsmethoden. In M. A. Meyer (Hrsg.), *Lernmethoden, Lehrmethoden. Wege zur Selbständigkeit* (S. 50-52). Seelze: Friedrich.

Weinert, F. E. (1998). Vermittlung von Schlüsselqualifikationen. In S. Matalik & D. Schade (Hrsg.), *Entwicklungen in Aus- und Weiterbildung: Anforderungen, Ziele, Konzepte* (S. 23-43). Baden-Baden: Nomos.

Weinert, F. E. (2014). Vergleichende Leistungsmessung in Schulen – eine umstrittene Selbstverständlichkeit. In F. E. Weinert (Hrsg.), *Leistungsmessungen in Schulen* (S. 17-31) (3. Aufl.). Weinheim: Beltz.

Weinert, F. E. (Hrsg.). (2014). *Leistungsmessungen in Schulen* (3. Aufl.). Weinheim: Beltz.

Weinert, F. E. & Schrader, F.-W. (1986). Diagnose des Lehrers als Diagnostiker. In H. Petillon, J. W. L. Wagner & B. Wolf (Hrsg.), *Schülergereichte Diagnose: Theoretische und empirische Beiträge zur Pädagogischen Diagnostik* (S. 11-29). Weinheim: Beltz.

Weinert, F. E., Schrader, F.-W. & Helmke, A. (1990). Educational expertise: Closing the gap between educational research and classroom practice. *School Psychology International, 11,* 163-180.

Weinstein, C. E. & Mayer, R. E. (1986). The teaching of learning strategies. In M. C. Wittrock (Ed.), *Handbook of research in teaching* (pp. 315-327). New York: Macmillan.

Weinstein, C. E. & Palmer, D. R. (1990). *LASSI-HS Learning and Study Strategies Inventory - High School Version*. Clearwater, FL: H & H Publishing.

Weinstein, C. E., Metzger, C. & Palmer, D. R. (2010). *Wie lerne ich? WLI-Schule: Lernstrategieninventar für Schülerinnen und Schüler* (10. Aufl.). Aarau: Sauerländer-Cornelsen.

Weiss, R. (1995). Die Zuverlässigkeit der Ziffernbenotung bei Aufsätzen und Rechenarbeiten. In K. Ingenkamp (Hrsg.), *Die Fragwürdigkeit der Zensurengebung: Texte und Untersuchungsberichte* (9. Aufl.) (S. 104-116). Weinheim: Beltz.

Weiß, R. H. (2008). *Grundintelligenztest Skala 2 - Revision (CFT 20-R) mit Wortschatztest und Zahlenfolgentest - Revision (WS/ZF-R)*. Göttingen: Hogrefe.

Weiß, R. H. & Osterland, J. (2012). *Grundintelligenztest Skala 1 – Revision (CFT 1-R)*. Göttingen: Hogrefe.

Wember, F. B. (2001). Adaptiver Unterricht. *Sonderpädagogik, 31,* 161-181.

Wember, F. B. (2013). Herausforderung Inklusion: Ein präventiv orientiertes Modell schulischen Lernens und vier zentrale Bedingungen inklusiver Unterrichtsentwicklung. *Zeitschrift für Heilpädagogik, 64,* 380-388.

Wernke, S. (2009). Handlungsnahe Erfassung von Lernstrategien mit Fragebögen im Grundschulalter. In F. Hellmich & S. Wernke (Hrsg.), *Lernstrategien im Grundschulalter. Konzepte, Befunde und praktische Implikationen* (S. 45-60). Stuttgart: Kohlhammer.

Wettstein, A. (2008). *Beobachtungssystem zur Analyse aggressiven Verhaltens in schulischen Settings (BASYS)*. Bern: Huber.

Wieczerkowski, W. & Kessler, G. (1970). Über den Einfluß der Leistungserwartung auf die Bewertung von Schüleraufsätzen. *Schule und Psychologie, 17,* 240-250.

Wigfield, A. & Eccles, J. S. (1992). The development of achievement task values: A theoretical analysis. *Developmental Review, 12,* 265-310.

Wigfield, A., Eccles, J. S., Yoon, K. S., Harold, R. D., Arbreton, A. J. A., Freedman-Doan, C. & Blumenfeld, P. C. (1997). Change in children's competence beliefs and subjective task values across the elementary school years: A 3-year study. *Journal of Educational Psychology, 89,* 451-469.

Wild, K.-P. (2000). *Lernstrategen im Studium*. Münster: Waxmann.

Wild, K.-P. (2010). Lernstrategien und Lernstile. In D. H. Rost (Hrsg.), *Handwörterbuch Pädagogische Psychologie* (4. Aufl.) (S. 479-485). Weinheim: Beltz PVU.

Wild, K.-P. & Schiefele, U. (1994). Lernstrategien im Studium: Ergebnisse zur Faktorenstruktur und Reliabilität eines neuen Fragebogens. *Zeitschrift für Differenzielle und Diagnostische Psychologie, 15,* 185-200.

Wild, K.-P. & Rost, D. H. (1995). Klassengröße und Genauigkeit von Schülerbeurteilungen. *Zeitschrift für Entwicklungspsychologie und Pädagogische Psychologie, 27,* 78-90.

Wirtz, M. & Caspar, F. (2002). *Beurteilerübereinstimmung und Beurteilerreliabilität. Methoden zur Bestimmung und Verbesserung der Zuverlässigkeit von Einschätzungen mittels Kategoriensystemen und Ratingskalen*. Göttingen: Hogrefe.

Wischer, B. (2009). Der Diskurs um Heterogenität und Differenzierung. Beobachtungen zu einem schulpädagogischen »Dauerbrenner«. In B. Wischer & K.-J. Tillmann (Hrsg.), *Erziehungswissenschaft auf dem Prüfstand* (S. 69-93). Weinheim: Juventa.

Wischer, B. (2009). Umgang mit Heterogenität im Unterricht – Das Handlungsfeld und seine Herausforderungen. TIPP (Teachers in Practice and Process), Handbuch: Heterogenität ruft nach Dialog.

Wolters, C. A. & Rosenthal, H. (2000). The relation between students' motivational beliefs and their use of motivational regulation strategies. *International Journal of Educational Research, 33*, 801-820.

Yousfi, S. & Steyer, R. (2006). Klassische Testtheorie. In F. Petermann & M. Eid (Hrsg.), *Handbuch der Psychologischen Diagnostik* (S. 288-303). Göttingen: Hogrefe.

Ziegenspeck, J. W. (1999). *Handbuch Zensur und Zeugnis in der Schule: Historischer Rückblick, allgemeine Problematik empirische Befunde und bildungspolitische Implikationen. Ein Studien- und Arbeitsbuch*. Bad Heilbrunn: Klinkhardt.

Zimmerman, B. J. (2002). Becoming a self-regulated learner: An overview. *Theory into Practice, 41*, 64-70.

Zumbo, B. D. (2007). Three generations of differential item functioning (DIF) analyses: Considering where it has been, where it is now, and where it is going. *Language Assessment Quarterly, 4*, 223-233.

Sachverzeichnis

A

Adaptive Lehrkompetenz 22–24
Adaptiver Unterricht 18–19, 21, 156–157
Allokationsentscheidungen 114, 119
Amotivation 220
Angebotsgleichheit 132–134
Annäherungs-Leistungsziele 257
Anspruchsniveau 234–236
Antwortformat 59, 72, 331
Aptitude-Treatment-Interaction Ansatz 19–21
Äquivalentnormen 179
Arbeitsverhaltensinventar (AVI) 317–320
Arbeitsvermeidung 257
Aufmerksamkeits-Belastungs-Test 63
Auswertungsobjektivität 70
– Quantifizierung 70

B

Basking-in reflected-glory-Effekt 292
Beobachtungssystem zur Analyse aggressiven Verhaltens in schulischen Settings (BASYS) 39
Berechtigungsfunktion 119
Berichtsfunktion 118
Berichtszeugnisse 157
Berliner Intelligenzstrukturmodell (BIS) 198–200
Beurteilerfehler 46–52
Bezugsnormen 98–99, 121–131
– individuelle 123, 129, 153
– klasseninterne 124–126
– lernzielorientierte 127
– sachliche 99, 123, 127–128
– soziale 99, 122, 126–127
Bezugsnormorientierung 130–137, 139–140, 263–264
– Diagnostik 136–140
– und Leistungsfeststellung 132–133
– und Leistungsattribution 134–135
– und Sanktionsstrategien 135
– und Unterrichtsgestaltung 134
– und Zielorientierung 262–263
Bezugsrahmenmodell 148–149, 287–289
Big-Fish-Little-Pond-Effekt 148–150, 290–292
Bochumer Matrizentest (BOMAT) 187

C

Coloured Progressive Matrices (CPM) 188
Computerbasierte Testadministration 60, 112
Cronbachs Alpha 77–78
C-Skala 102–103
Culture-fair-Test 112, 193–195
Curriculare Validität 65, 82–83
Curriculum-Based Measurement (CBM) 128

D

Dekategorisierung 14
Deutscher Mathematiktest für dritte Klassen (DEMAT3+) 60
Diagnostik 11–12
– als Methode zur Problemlösung 11–12
– als Methodendisziplin 12
Diagnostische Kompetenz 23, 156–162, 164–170, 172
– Diagnostische Expertise 171–172
– Spezifität 166–167
Didaktische Funktion 118
Didaktische Kompetenz 23
Differentielles Schulisches Selbstkonzept-Gitter (DISK-Gitter) 296–297
Differenzielle-Item-Funktion 110
Differenzierung des Unterrichts 18, 20, 134
Diskriminante Validität 83–84
Disziplinierungsfunktion 117
Drei-Schichten-Modell der Intelligenz 201
Drei-Schichten-Modell der Selbstregulation 300, 301
Durchführungsobjektivität 68–69

Sachverzeichnis

E

Effizienzziel 306
Eichstichprobe 105
Elaborationsstrategien 303–304
Emotional-motivationale Stützstrategien 309
Ereignisstichprobe 36
Erfolgsmotiv 228–229, 231–234
Erinnerungseffekte 76
Erwartung-mal-Wert-Theorien 232
Erwartungsbereich 90–101
Evaluationsfunktion 118
Externale Regulation 218
Extrinsische Lernmotivation 217–220

F

Faktorenanalyse 185
Figure Reasoning-Test (FRT) 187–188
Fragebogen zur Bezugsnormorientierung bei der Selbstbewertung (SPLB) 140
Fragebogen zur Erfassung aktueller Motivation (FAM) 251–252
Fragebogen zur Erfassung der Bezugsnormorientierung (FEBO) 138
Fragebogen zur Leistungsmotivation für Schüler (FLM) 249–250
Frankfurter Selbstkonzeptskalen (FSKN) 297
Furcht vor Misserfolg 228–229, 245

G

Grundintelligenztest Skala 1 (CFT 1-R) 112, 194
Grundintelligenztest Skala 2 (CFT 20-R) 194
Gruppentests 60
Gütekriterien 67–83
Gütemaßstab 226

H

Halbierungsmethode 77
Halo-Effekt 48, 49
Hamburg-Wechsler-Intelligenztests für Kinder (HAWIK) 188
Hodgepodge Grading 146–147
Hoffnung auf Erfolg 228–229
Homogene Lerngruppen 15
Hypothetisches Konstrukt 214

I

Identifizierte Regulation 220
Individualisierung des Unterrichts 18
Individuelle Bezugsnorm 152
Inferenz 40–41, 46
– hoch-inferente Urteile 45–46
– niedrig-inferente Urteile 45–46
Inferenzprozesse 27–28, 45, 48, 57
Inhaltsvalidität 82–83
Integrierte Regulation 220
Intelligenz, 173–197, 199–207, 209–212
– fluide 191–195, 200
– kristalline 191–195, 200
Intelligenzalter 177–179
Intelligenzquotient 179–182
– Abweichungs-IQ 181–182
– nach Stern 179–180
Intelligenz Struktur Test (IST, IST 70) 94–95, 97, 102, 107, 110, 112, 163, 166, 173, 176–177, 182, 184, 186–188, 190–191
Intelligenztheorien 185–191, 193–194, 196–201, 203–204
– pluralistische 203–206, 208
Interaktions-Prozess-Analyse 38
Interne Konsistenz 77–78
Interpretationsobjektivität 70, 72–73
Intrinsische Lernmotivation 217–220
– Diagnostik 223–224
– und Lernerfolg 223
Inventar zur Erfassung von Lernstrategien im Studium (LIST) 323–324
Investment-Theorie 192
IQSkala 102–103
Irrtumswahrscheinlichkeit 91–93
Item Bias 107

K

Kategoriensysteme 35–40
Klassenführungskompetenz 23
Kleine Beurteilungsaufgabe (KBA) 136–137
Kognitive Lernstrategien 303–305
Kompensatorische Strategie 17–18
Konfidenzintervall 90–93
Konkurrente Validität 81, 143
Konsistenzanalyse 77–78
Konsistenzfehler 50–51
Konstruktvalidität 83
Konvergente Validität 83
Korrumpierungseffekt 221–223
Kriteriumsorientierter Test 99
Kriteriumsvalidität 80, 95
Kritische Differenzen 93–95

Kritisches Prüfen 304
Kulturfairer Intelligenztest 193, 195

L

Leistungsattribution 22, 134–136, 153–154, 227, 229, 238, 260–262
Leistungsbeurteilung 114–122, 124–128, 131–135, 137–142, 143–154, 160–164
– explizite 115–116, 157–158
– gesellschaftliche Funktion 24–25, 118–119
– implizite 115–116, 157–158
– pädagogische Funktion 24–25, 116–118
Leistungsbewertung 129–130
Leistungshomogenisierung 16
Leistungsmotiv 229–230
– explizit 245–247
– implizit 245–247
– Messung 239–252
Leistungsmotivation 225–227, 229–238
Leistungsmotiv-Gitter (LMG) 244–245
Leistungsrückmeldungen 131–132
Leistungstest 61–62
Leistungsziele 257
– Annäherungs-Leistungsziele 257
– Vermeidungs-Leistungsziele 257
Lernmotivation 215–218, 221–224, 227
– extrinsisch 215–216, 219
– intrinsisch 215–217, 223
Lernstrategien 267, 299–315, 320–323
– Definition 302
– Diagnostik 315, 317–332
– Fragebögen 323–329
– kognitive 303–305
– metakognitive 305–307
– Ressourcenstrategien 307–309
– Tests 317–320
– und Lernerfolg 311–312
Lerntagebücher 331–332
Lernverlaufsdiagnostik 128–129
Lernvoraussetzungen
– affektiv-motivationale 165
– heterogene 13
– heterogene 14
– kognitive 163
– schulische 13, 67
Lernzielorientierung 256–257, 263–265
Logischer Fehler 50

M

Matrizenaufgaben 188
Mediationsdefizit 316
Mehrfachnormen 105

Messfehler 73–74, 85–87
Metakognitive 305
Metakognitive Lernstrategien 307
Milde-Fehler 48
Minderungskorrektur 95–98
– doppelte 95–96
– einfache 97–98
Misserfolgsmotiv 228–229, 233–234, 237–238
Modell der fairen Vorhersagen 109
Modell der guten Informationsverarbeitung 309–311
Modell der multiplen Intelligenzen 204–208
Modell der proportionalen Repräsentation 108
Motivationale Handlungskonflikte 268–269
Motivationale Zielorientierung 255–261, 263–269
– Diagnostik 269–272
– Spezifität vs. Generalität 258–259
– und Lernleistung 263–265, 267
Motivierungsfunktion 117
Multi-Motiv-Gitter (MMG) 242–244
Multiple Choice Aufgaben 72
Münchener Aufmerksamkeitsinventar 37

N

Niveau-Test 62
Normen 99–106
– Äquivalentnorm 179
– Geltungsbereich 105
– Normwert 104
– Prozentrangnormen 103, 104
– Standardnormen 101, 102, 103
– verteilungsunabhängige 104
Nutzungsdefizit 317

O

Oberflächenstrategien 302–304
Objektivität 68–73, 140–142
– Auswertungsobjektivität 140–141
– der schulischen Leistungsbeurteilung 71–73, 140–142
– Durchführungsobjektivität 68–69
– Interpretationsobjektivität 70–71, 140–142
operationale Definition 183–184
Overachiever 163

P

Pädagogik der Vielfalt 14, 18
Papier- und Bleistift-Test 60, 204

Sachverzeichnis

Paralleltest 76–77
Paralleltest-Reliabilität 76–77
Persönlichkeitstest 60–61
Pluralistische Intelligenztheorien 204, 206–208
Positionseffekte 51–52
Primacy-Effekt 52
Primärfaktorentheorie 189–190
Produktionsdefizit 317
Produktivitätsmodell 211
Prognostische Validität 81–82, 144–145
Progressive Matrizen 188
projektive Tests 239–240
Prozentrangnormen 103–104

R

Rating 44
– forciertes 44
– nicht-forciertes 44
Ratingskala 40–46
– bipolare 44
– grafische 42
– numerische 42
– Symbolskala 44
– unipolare 44
– verbale 42
Reaktive Messung 14
Recency-Effekt 52
Reciprocal-Effect-Modell 284–285
Regulationsstrategien 307
Reliabilität
Reliabilität 73–76, 78–79, 87–88, 142
– Anforderungen an die Reliabilität 78–79
– der Benotung 142
– Interne Konsistenz, 77–78
– Paralleltest-Reliabilität 88
– Reliabilitätskoeffizient 74–75
– Retest-Reliabilität 75–76, 88
Remediale Strategie 16–17
Ressourcenstrategien
– externe Ressourcen 307
– interne Ressourcen 308
Retest-Intervall 75–76
Retest-Reliabilität 75–76, 88
Risikowahl-Modell 230–234
– Formalisierung 231–234
– Vorhersagen 234
Rückmeldefunktion 117

S

Sachkompetenz 23
Schülerperzipierte Lehrerbezugsnorm (SPLB) 139

Schulische Leistungsbeurteilung
– explizite 115
– Funktion 116–119
– implizite 115
Schulisches Selbstkonzept 148–151, 153–154, 274–296
– Ausbildung 285–287
– Diagnostik 293–298
– Selbstkonzeptmodelle 276–278
– und Attributionsstrategien 281–282
– und Schulleistung 278–284, 289
Schulleistungstest 64–65
– informelle 66–67
– Lehrplanbezug 64–65
– lehrzielorientierte 66
– normorientierte 65–66
Selbstbestimmungstheorie 217
Selbstbewertungsaffekte 226–227
Selbstbewertungsmodell 236–239, 247
Selbstgesteuertes Lernen 299–301
– Definition 299
– Defizite 316–317
Selbstregulation 268
Selbstregulations-Strategietest für Kinder (SRST-K) 320–323
Selektionsentscheidungen 114, 119
Selektionsprozesse 27–28
Self-Enhancement-Ansatz 280–284
Sicherheitswahrscheinlichkeit 90–91
Simulierter Klassenraum 159
Skalen zur Erfassung der Lern- und Leistungsmotivation (SELLMO) 271–272
Skalen zur Erfassung des schulischen Selbstkonzepts 295–296
Skalen zur Erfassung von Zielorientierungen bei Schülerinnen und Schülern 271
Skill-Development-Ansatz 284
Sozialisierungsfunktion 117
Standard Progressive Matrices (SPM) 188
Standardisierung 59, 69–70
Standardmessfehler 89–90
Standardnormalverteilung 101–102
Standardnormen 101–103
Stanine Norm 102
Strenge-Fehler 48
Strukturmodell der Intelligenz 195–197
Studierfähigkeitstests 144–145
Subjektive Theorien 261–262
Subtest 60

T

T-Norm (T-Skala) 102–103
Tendenz zur Milde 48
Tendenz zur Mitte 47–48

Tendenz zur Strenge 48
Test 58–66
- Aufbau 59–60
- Definition 58–59
- Niveau-Test 62
- Speed-Test 62–63
- Standardisierung 59, 69–70
- Testdarbietung 60
- Testeichung 100
- Testinstruktion 59–73
- Testitem 59–60
Testeichung 100
Testfairness 106–112
Testinterpretation 104–106
- kriteriumsorientiert 99
- normorientiert 99, 104–106
Testroutine 112
Testtheorie 64, 84–95, 96–98
- Axiome der Testtheorie 85–87
- Klassische 84–98
- probabilistische 84
Theorie der multiplen Intelligenzen 204–208
Tiefenstrategien 302, 303

U

Unabhängigkeitsaxiom 86
Underachiever 163
Unterrichtsbeobachtung 53–57
Urteilsgenauigkeit 160–162
- Differenzierungskomponente 160
- Niveaukomponente 159
- Rangordnungskomponente 160

V

Validität 79–84, 142
- curriculare 82, 83
- der Benotung 142–145
- diskriminante 83–84
- inhaltliche 82
- konkurrente 81, 142–143
- Konstruktvalidität 83
- konvergente 83
- Kriteriumsvalidität 80
- maximale Höhe 96–97
- prognostische 81–82, 144–145
- Validitätskoeffizient 80–81
Verhaltensbeobachtung 28–34
- freie 28
- im Feld 30
- kontrollierte 30
- offene 33
- systematische 29–31
- teilnehmende 31
- verdeckte 33
Veridikalisierung 287
Verknüpfungsaxiom 85

W

Wahrer Wert (True Score) 85–86
Wie lerne ich (WLI) 325–326
Wie lernen Sie? (WLS) 325
Wie lernst Du? 327, 328
Wiederholungsmethode 74–75
Wiederholungsstrategien 303
Wilde-Intelligenz-Test 2 191
Wissensdefizit 316

Z

Zeichensysteme 34–35
Zeitstichprobe 36
Zwei-Faktoren-Theorie der Intelligenz 185–188
z-Wert 91